글로벌시대의

윤리경영론

-직업과 윤리-

윤대혁 · 윤정현 · 김대수

BUSINESS ETHICS

탑북스

머 리 말

21세기는 윤리경영의 시대다. 우리가 직면하고 있는 많은 변화와 도전 속에서 무엇보다도 시급히 해결해야 할 과제는 인간가치의 상실과 같은 가치관의 문제이다.

산업기술의 발전과 정보화의 진전은 풍요로운 삶과 컴퓨토피아와 같은 희망찬 미래의 꿈을 갖게 하였다. 그러나 새로운 기술의 발전은 새로운 윤리적 문제를 낳았고, 정보화의 진전과 국제화의 거대한 변화의 물결은 새로운 경제활동의 패러다임과 정치 · 법률 · 경제 · 문화 등 이질성에 기인된 제반 문제들을 사회정의를 향한 다양한 요구들 앞에 현실적으로 수용되게 하고 있다.

기업윤리란 기업활동에서 나타나는 행동이나 태도의 옳고 그름이나 선과 악을 체계적으로 구분하는 판단기준이나 이를 연구하는 활동을 의미하는데, 오늘날 윤리적인 경영의 문제는 세계화의 급진전으로 이제는 세계 모든 기업에게 요구되는 사항이 되었으며, 한국경제의 미래를 위한 필수적인 과제가 되고 있다.

오늘날 기업경쟁력의 원천은 윤리경영을 실천하는 데 있다. 따라서 높은 윤리수준을 유지하는 것이 장기적인 기업발전과 수익성 제고의 지름길이 되기 때문에 우리는 윤리적인 경영기법을 교육해야 하고, 윤리적으로 경영을 할 수 있는 인재를 양성하여야만 한다. 그리고 기업실무에 상용화할 수 있는 윤리경영기법을 개발 · 보급시켜서 모든 산업계가 윤리경영을 실천할 수 있도록 하여야 한다.

본서는 이와 같은 문제의식에서 출발하여 배움의 길에 있는 학생이나 현재 직업에 종사하고 있는 경영실무자들로 하여금 갖추어야 할 바람직한 마음가짐과 기업경영에 대한 긍지와 보람을 갖고 사회적 역할을 충실히 수행할 수 있는 경영자가 되기를 바라는 마음에서 인간과 기업경영 그 자체에 대한 철학적이고 근원적인 의미를 탐색하고, 기업활동에 대한 구체적인 윤리적 지침을 제공할 수 있는 이론적 기틀을 마련하고자 하였다.

따라서 본서는 단순한 윤리경영의 교육적 차원을 넘어 보다 깊이 성찰해 보아야 할 과제들이 많이 있다는 사실에 주목하면서 다음과 같은 내용으로 구성해 보았다.

제1장 변화하는 사회와 인간생활, 제2장 기업윤리의 기초, 제3장 기업윤리의 발전, 제4장 윤리성의 판별기준, 제5장 자본주의와 기업윤리, 제6장 기업윤리 환경의 변화, 제7장 기업윤리의 유형, 제8장 기업윤리의 실천, 제9장 윤리시스템과 윤리경영, 제10장 환경윤리, 제11장 직능별 기업윤리, 제12장 직장생활과 근로자 윤리, 제13장 전문직 근로자의 윤리문제를 급변하는 사회환경과 인간 삶의 질 향상이라는 두 차원에서 근본적으로 검토해 보았다.

아무쪼록 본서가 경제적 격동기에서 방황하기 쉬운 젊은이들과 직장인들에게 조금이라도 도움이 되어 유능한 직업인으로서 또는 경영자로서의 성공적인 삶의 길잡이가 되었으면 하는 바람이 간절하다. 끝으로 본서의 출판을 맡아 편집과 교정을 독려해 주신 도서출판 탑북스 김광식 사장님과 편집부 여러분에게 진심으로 감사드린다.

2019. 7.

저 자 씀.

차 례

제1장 변화하는 사회와 인간생활

제2장 기업윤리의 기초

제3장 기업윤리의 발전

제4장 윤리성의 판별기준

제5장 자본주의와 기업윤리

제6장 기업윤리 환경의 변화

제7장 기업윤리의 유형

제8장 기업윤리의 실천

제9장 윤리시스템과 윤리경영

제11장 직능별 기업윤리

제 1 장

변화하는 사회와 인간생활

1 변화하는 사회와 인간생활

Ⅰ. 급변하는 사회

오늘날의 환경변화는 과거 어느 때보다 심각하고 절실하게 다가오고 있다. 생활양식, 직업의식, 의식구조, 가치관, 태도, 소비자의 욕구, 기술변화, 정부의 정책, 기업의 경영전략, 경쟁여건 등등… 우리 주위를 둘러싸고 있는 이 모든 것들은 엄청나게 변화하고 있다.

인간은 누구나 변화하는 환경 속에서 삶을 살아가고 있기 때문에 변화하는 사회환경을 올바르게 인식하고 적응해 나가지 않으면 아니 된다. 환경변화를 모르고 살아간다는 것은 마치 산 위에서 바위덩어리가 자신을 향해 굴러오고 있는데 이를 모르고 있는 것과 같다. 또한 환경변화에 적응하지 않고 맞서거나 환경을 역행하려는 것은 계란으로 바위를 부수려는 행위와도 같다

인류역사는 새로운 문명의 탄생역사라 할 수 있을 만큼 새로운 문명은 지속적으로 출현해 왔으며 앞으로도 계속 출현할 것이고 우리 인간은 나타나는 새로운 문명에 적응하면서 삶을 이어갈 수밖에 없다. 그런데 이러한 새로운 문명의 출현들이 인류의 운명을 전환시키는 도화선이 되곤 하였다.

우리는 역사를 통해 문명과 문화를 바꾸면서 적응하지 못한 민족과 나라는 멸망하거나 역사의 뒷전으로 사라져 버린 사실을 잘 기억한다.

자신의 문화와 문명을 지키지 못하고 역사 속으로 사라져버린 국가와 민족이 얼마나 많았던가? 예컨대 마야문명, 중남미의 인디오, 중국의 소수민족, 동남아의 소수민족, 아프리카의 미개민족, 북극의 에스키모족 등등.....

미래학자 엘빈 토플러(A. Toffler)는 오늘날 급격한 사회변화가 진행되고 있는데 이는 산업주의의 종언과 새로운 문명의 출현을 뜻한다고 예견하고 있다. 새로운 문명은 새로운 사고, 공식, 도그마(dogma), 이데올로기 등의 현실적 적응력과 사회적 타당성을 상실하게 한 혁명적인 것으로써 새로운 가치관이나 기술, 새로운 생활양식이나 커뮤니케이션 등의 부침 속에서 그 모습을 분명히 해가고 있다. 이 새로운 문명의 출현은 농업의 시작에 따라 일어난 '제1의 물결'과 산업혁명에 의한 '제2의 물결', 지식·정보혁명에 의한 '제3의 물결'의 시대를 의미한다.

'제1의 물결'에 의한 농업혁명은 수천 년에 걸쳐 서서히 전개되었고, 산업혁명에 의한 '제2의 물결'의 변혁은 겨우 300년 밖에 안 걸렸는데, 정보혁명에 의한 '제3의 물결'은 향후 30년 내 완결될 것이라고 하여 환경변화가 더욱 가속화될 것임을 예견하였다. 그러나 우리 곁에는 이미 지능혁명에 의한 '제4의 물결'이 다가오고 있다.

[그림 1-1]에서 보는 바와 같이 인류는 수 만년 이상 수렵, 어로, 채취에 의존하여 유랑생활을 하여왔다. 그러나 농업기술이 발달함에 따라 정착생활을 할 수 있는 농경사회라는 문화를 형성하게 되었는데 이때 농업기술의 충격을 적극 수용하고 발전시켰던 국가와 민족은 융성한 반면 그렇지 못한 국가와 민족은 역사의 뒷전으로 사려져 버렸다.

제1의 물결 (농경사회)	→	제2의 물결 (산업사회)	→	제3의 물결 (지식정보사회)	→	제4의 물결 (개인자본주의사회)
1차 산업시대		2차 산업시대		3차 및 특수시대		4차 및 특수산업시대
고대문명 문명의 핵심: (농업기술)		산업문명 문명의 핵심: (제조기술)		지식 · 정보문명 문명의 핵심: (첨단지식 · 기술)		DNA문명 문명의 핵심: (지능혁명, 유전공학 등)

그림 1-1. 인류문명의 변천

자료: Alvin Toffler, *The Third Wave*, 1980.

그리고 산업혁명에 의한 공업기술을 바탕으로 한 '제2의 물결'이 밀려 왔을 때에도 변화의 충격을 잘 수용하고 발전시킨 국가와 민족은 융성했고, 그렇지 못한 국가와 민족은 역사의 뒷전으로 전락할 수밖에 없었다.

이후 2~3백년이 지나 '제3의 물결'이 밀어 닥쳤다. 이는 첨단의 고도기술과 지식 그리고 정보의 힘이 지배하는 '지식기반사회', '정보화사회'의 도래를 의미하는데 이러한 충격을 잘 수용하고 발전시키는 국가와 민족은 크게 번영하고 있는 반면 그렇지 못한 국가와 민족은 쇠퇴와 몰락을 길을 걸을 수밖에 없다.

엘빈 토플러는 '제4의 물결'은 이후 20~30년 후면 나타날 것이라고 예언한 바 있다. 그러나 이미 우리에게는 현실화되어 가고 있다. 생명공학, DNA에 의한 게놈(GENORM)[1)]혁명, 지능혁명이 바로 그것들이다.

지난날 농경사회에서는 근면·성실이, 산업사회에서는 합리적인 사고와 기술력이, 그리고 지식정보사회에서는 부가가치를 창출할 수 있는 지식과 정보가 경쟁력의 원천이 되었다. 그러나 게놈혁명과 지능혁명이 예견되는 21세기 특수산업의 시대에는 유전공학과 더불어 윤리성의 제고가 다른 어떤 요인보다도 개인이나 기업, 국가 모두에게 강력한 경쟁력의 원천으로 작용될 것이다.

또한, 20세기 중후반에 일어난 금융혁명과 정보혁명은 개인자본주의를 출현시킨 중요한 2가지 추동력(driving forces)이라 할 수 있다. 상업자본주의와 산업자본주의를 지나 20세기 후반에 개인자본주의가 등장했다면 21세기는 개인자본주의가 완성되는 시대가 될 것이다. 개인자본주의를 완성하는 힘은 지능혁명에서 나올 것이다.

아직도 많은 기업들이 성장과 효율을 경영목표로 삼는 전통적인 경영방식에서 벗어나지 못하고 있다. 이로 인해 가치와 윤리적 공백은 확대되고, 해당 기업들은 경쟁력을 점차 상실해 가고 있다. 오늘날 우리기업들이 선락적 경영에서 신진국기업에 뒤떨어지고 있는 것은 윤리적인 전략적 사고와 발상의 전환이 없기 때문이며, 많은 기업들이 아직도 사회적으로 지탄을 받고 표류하고 있는 것은 가치와 윤리의 조화를 바탕으로 한 윤리경영을 실천하지 못하고 있기 때문일 것이다.

이제 윤리경영의 실천은 기업의 신뢰도 향상의 기본이 되고, 가치와 조화를 이루는 경영혁신의 지름길이며, 국가경쟁력의 원천이다. 따라서 인류는 행복과 번영의 수단으로서 윤리적인 삶의 태도를 강조한다. 그리고 미래학자들은 21세기를 '윤리의 시대'라고 지칭하고 있다.

---

1) '게놈'(genome)이란 '유전자'(gene)와 '염색체'(chromosome)의 합성어로서, 생물의 염색체 속에 담긴 유전정보 전체를 의미. 유전자 지도 '게놈'이 모든 것을 담고 있음.

Ⅱ. 세계화의 진전과 자본주의 4.0

1. 국제간의 협상

- 1950년대 말까지 4차례 협상 : 모두 관세협상이었음.
- 1960-1962년 5차 협상 : 딜런(미 국무장관)라운드
- 1964-1967년 6차 협상 : 케네디 라운드
- 1973-1979년 7차 협상 : 동경라운드
- 1차 오일쇼크(73년 중동전)
  2차 오일쇼크(79. 6. 27. 23.7%) 선진국 중심의 신보호무역
- 1986-1994년 8차례 협상 : 우르과이라운드
- 1995년1월 WTO출범

2. 세계화의 의의

세계화란 국경을 넘나드는 사람, 자본, 상품의 이동이 급증하고 가속하고 있음을 의미하는 것으로서 국경을 넘는 '시장 확대'를 의미한다.

3. 세계화의 효과

- 긍정적 효과 : 부의 증대, 빈곤의 축소
  산업혁명 직전 1750년 세계 평균소득 180불
  2000년 현재 6,600불
- 부정적 효과 : 세계금융위기, 지구온난화, 빈부격차, 자원고갈
  절대빈곤인구 : 1980년 14.7억 명(세계인구의 40.1%)
  2018년 9월 현재 13억 명(세계인구의 23.64%)
  (굶주림에 처해 있는 인구 9억 2500만 명)

4. 세계화의 진전과정

1) 제1차 세계화

- 1860년경부터 시작하여 1917년 제1차 세계대전으로 중단됨
  (1차 세계대전 1914년 7월 28일~1918년 11월 11일 약 4년 4개월)
- 1945년 2차 세계대전이 종식될 때까지 반세계화의 길을 걸었음.
- 관세장벽(관세 높이기 경쟁)
  ① 세계 교역량 30% 격감
  ② 주요국의 실업률 25% 증가
  ③ 경제공황 엄습
  ④ 혁명과 전쟁, 볼세비즘과 파시즘 등장 – 인류에게 엄청난 고통을 줌

볼세비즘

- 마르크스주의적 사회주의 혁명을 위한 활동이나 운동을 의미한다.
- 마르크스주의자들(스탈린, 트로츠키, 모택동)이 공유하는 혁명적 사회변혁에 대한 접근방법을 의미한다.
- 볼세비즘은 1903년 러시아 사회민주주의 노동당 제2차 당 대회에서 생겨났다. 그날 이후 레닌은 '하나의 정치사상의 흐름으로서 그리고 하나의 정당으로서 볼세비즘의 존재를 인정하였다.
- 볼세비키(bol' shinstvo)라는 러시아 말에서 유래한 '다수'라는 의미와 멘세비키(men'shinstvo)에서 유래한 '소수'라는 의미의 양 진영으로 분리되었다.
- 볼세비키라는 용어가 당의 명칭(러시아 사회민주주의 노동당(볼세비키)으로 공식적으로 나타난 것은 1917년 제7차 (4월) 당 대회 이후부터이다.
- 1918년 3월부터 그 당은 러시아 공산당(볼세비키)이라고 불렸으며, 1925년 12월에 다시 전(全)연방 공산당(볼세비키)으로 바뀌었는데 그 명칭은 마지막으로 소비에트 연방 공산당으로 바뀐 1952년부터는 소비에트 당을 가리키는 말로서는 더 이상 사용되지 않았다.

파시즘

- 파시즘은 일종의 정치운동으로서 1922~43년 이탈리아, 1933~45년 독일, 1939~75년 스페인 정계를 지배했다.
- 일반적으로 국가주의적 전체주의 운동이나 그런 정부를 가리킬 때 이 용어를 사용한다.

★ 파시즘의 중요한 특징
- 국가의 절대 우위이고, 다른 특징들은 모두 여기에서 유래한다. 개인의 뜻을 굽혀 국가가 명시한 대로 국민의 통합된 뜻에 따르고 국가를 상징하는 보통 카리스마적인 지도자에게 완전히 복종하는 것이 파시즘의 특징이다.
- 군사적 가치관과 전투, 정복을 찬양하고, 자유주의적인 민주주의와 합리주의 및 부르주아적 가치관은 낮게 평가한다.
- 무솔리니가 로마제국의 부활을 예언한 것에서도 볼 수 있듯이 국가나 민족을 신성한 것으로 받들고 그 운명을 선언하는 피시즘의 표현에는 대개 신비주의의 요소가 짙게 배어 있다.

2) 제2차 세계화

- 1980년경부터 시작
- 지난 200년간 세계중심은 유럽과 미국이었다.
- 19세기는 영국의 시대
- 20세기는 미국의 시대
- 21세기는 아세아의 시대다.
- 1990년 미국의 GNP는 일본, 중국, 인도 세 나라를 합친 것보다 컸다.
- 2050년이 되면 중국과 인도의 GNP가 미국과 서유럽의 합계를 크게 앞서게 될 것이다.

골드만 삭스의 예측

- 2025년 한국의 GNP : 4만 달러-미국, 일본, 한국(세계 3위)
- 2050년 한국의 GNP : 8만 달러-미국, 한국(세계 2위)

해결과제

- 불안한 세계금융구조와 질서
- 환경파괴
- 양극화의 진행

5. 자본주의 4.0

영국 경제평론가 아나톨 칼레츠키(Anatole Kaletsky)는 자본주의 발전 궤적을 18세기 후반부터의 실증자료를 토대로 살펴보았는데 그는 2008년 리먼브러더스의 파산을 계기로 촉발된 세계금융위기 이후 자본주의의 새로운 패러다임이 도래하면서 자본주의는 4.0이라고 불리는 단계로 진화하고 있다고 주장하였다.

1) 자본주의의 발달

◇ **제1단계** : 시장의 중요성을 강조한 자유방임경제 단계

◇ **제2단계** : 수정자본주의

정부역할이 강조되는 케인즈 경제로서 시기적으로 제1차 세계대공황 이후를 의미한다.

◇ **제3단계** : 신자유주의 경제(자본주의 3.0시대)

정부의 실패로 스태그플레이션(물가와 실업률 동반상승 현상)이 발생하면서 다시 시장주의로 회귀하는 신자유주의의 자본주의 3단계 시대가 30여 년 간 계속되었다.

◇ **제4단계** : 자본주의 4.0시대

2) 자본주의 4.0시대의 특징

자본주의 4.0시대에서 찾아 볼 수 있는 특징은 다음과 같다.

첫째, 과거 자본주의가 승자를 위한 사회를 표방하였다면, 자본주의 4.0은 공동체의식 속에서 상생과 조화를 추구하는 "나눔과 배려의 따뜻한 자본주의"를 의미한다.

둘째, 정부와 시장의 관계가 적대적이 아니라 협력의 관계로 인식되어야 한다는 주장이다.

셋째, 시장과 정부 모두가 불완전하므로 오류를 범할 수 있음을 이해하여야 한다.

넷째, 실수를 기꺼이 인정하는 태도와 적응력이 기업인과 금융인들 뿐만 아니라 정치인과 중앙은행들이 반드시 갖추어야 할 덕목이 될 것이라고 주장한다.

다섯째, 교육을 통해 성공하는 사람을 독려하고 그렇지 못한 사람들을 이끌 수 있는 책임을 강조하는 형태의 자본주의다.

여섯째, 모두가 행복한 성장을 추구할 수 있는 것을 의미한다.

일곱째, 나눔과 책임을 다하는 기업인의 자세를 요구한다.

Ⅲ. 윤리적인 삶의 태도

1. 합법성보다 중요한 윤리[2)]

2000년대 초에, 미국의 엔론(Enron)사가 분식회계로 파산했다. 엘론사의 불명예는 곧 월드콤(Worldcom), 타이코 인터내셔널(Tyco International), 임클론(Imclone), 헬스 사우스(Health South), 보잉(Boeing)과 같은 주요 대기업의 스캔들로 번져나갔다. 1997년 외환위기 때 우리나라의 간판 대기업이었던 대우 또한 분식회계로 파산했다. 이러한 기업 스캔들은 대기업뿐만 아니라 중소기업들 또한 마찬가지였다.

우리는 수많은 기업들이 윤리적인 타락으로 몰락하는 모습들을 지켜보아왔다. 이처럼 기업의 윤리적인 타락이 보편화되어 간다면, 자유시장경제와 비즈니스 리더들에 대한 신뢰를 어떻게 회복할 수 있을까?

우선 범법자들에게는 그에 상응한 형벌을 가해야만 한다. 기업 경영자들을 체포하고 형무소로 보내는 것이 가혹해 보일 수도 있다. 그러나 이들 범법자들을 일벌백계하는 것은 경제 사회활동에서 합법적이고 윤리적인 행동을 하는 것이 얼마나 중요한 것인지를 일반대중들이 깨닫게 되는 첫 단계이기 때문에 매우 중요하다. 종교인이든, 정치인이든, 기업가든, 지위의 고하를 불문하고 그 어느 누구도 법 위에 존재해서는 안 된다.

더욱 투명한 회계자료를 만드는 새로운 법안을 도입하여 비즈니스에 종사하는 사람들 뿐만 아니라 다른 업종에 종사하는 사람들도 회계에 대한 이해를 높이도록 해주는 것이 도움이 될 것이다. 그러나 법이 곧 인간들을 정직하고 신뢰할 만하며 진실되게 만드는 것은 아니다.

만약 훌륭한 법이 인간을 정직하고 신뢰할 수 있고 진실되게 만들 수 있었다면 우리 사회의 범죄는 이미 사라졌을 것이다. 잘못된 행동을 바로잡기 위해 새로운 법률을 제정하는데도 위험이 따른다. 그것은 사람들이 어떠한 행위라도 법의 테두리 안에서 하면 괜찮다고 생각하고 행동할 수 있기 때문이다. 어떠한 행위를 규제하기 위한 법이 제정되고 나면, 인간행동의 기준은 "이것이 합법적인가?"가 될 것이다.

윤리와 합법성이 동일한 개념으로 취급된다면, 그 사회는 큰 혼란에 빠지고 말 것

---

2) W.G. Nickels, J. M. McHugh, and S. M. McHugh, *Understanding Business*, 8th, McGraw-Hill Irwin, 권구혁외 5인 공역, 생능출판사, 2010, pp. 108-130.

이다. 윤리와 합법성은 아주 다른 개념이다. 비록 법을 준수하는 것이 첫 단계이기는 하지만, 윤리적인 행동은 그 이상의 것을 요구한다. 다시 말해 윤리의 개념은 사람과 사람 사이의 적절한 관계를 반영한다. 우리가 다른 사람을 대할 때 어떻게 하는가?

합법성이란 윤리보다는 매우 좁은 개념이다. 합법성은 사기, 절도, 폭력 등의 범죄로부터 우리 자신을 어떻게 보호해야 하는가에 관해 알 수 있는 법에 관한 문제이다.

그러나 우리는 현실 생활 속에서 부도덕하고 비윤리적인 행동들이 법과 잘 맞아떨어지는 경우가 많다는 것을 잘 알고 있다.

2. 근본으로서 삶의 윤리

일반적으로 윤리(ethics)를 도덕적인 기준, 즉 옳고 그름을 따져 사회적으로 옳다고 용납되는 행위로 정의한다. 현대사회에서 도덕적인 절대기준을 갖고 있는 사람들은 그리 많지 않다. 대부분의 사람들은 훔쳐도 되는지, 거짓말을 해도 되는지, 음주를 해도 되는지, 운전할 때 신호위반을 해도 되는지, 줄을 서서 기다릴 때 살짝 새치기를 해도 되는지 등에 대해 절대적인 기준을 가지고 판단하고 행동하는 것이 아니라 대부분은 상황적으로 판단하고 행동한다.

사람들은 자신에게 가장 좋은 것을 '옳은 것'이라고 생각하고 믿으며, 옳고 그름 사이에서 자신에게 유리하도록 행동하려 한다. 그래서 내가하면 로맨스이고, 다른 사람이 하면 스캔들이 되는지도 모른다. 정부와 기업 등에서 터져 나오는 스캔들의 대부분은 이러한 사고방식에 기인된 것들이다.

그러나 항상 그런 것만은 아니다. 토머스 제퍼슨(Thomas Jefferson)은 모든 인간은 생존권, 사유권, 행복추구권이 있으나, 이는 자명한 진리라고 신인했다.

매우 다양한 이질적인 문화를 가진 미국과 같은 사회에서 윤리적 행동에 대한 공통의 기준을 명시한다는 것이 어쩌면 불가능해 보이기도 한다. 하지만 다양한 시간과 공간으로부터 빚어진 출처들–성경, 아리스토텔레스의 윤리론, 윌리엄 셱스피어의 리어왕, 코란, 논어 등–속에서 기본적인 도덕적 가치에 대한 다음과 같은 언급을 찾아 볼 수 있다.

즉, 청렴(integrity), 인간생명 존중, 자제, 정직, 용기, 자기희생 등은 옳은 것이며, 부정, 비겁함, 잔혹함 등은 그릇된 것이다. 더욱이 세계의 모든 종교가 비록 부정형으로 서술되어 있다 할지라도 "타인이 네게 하지 않았으면 하는 일을 너도 남에게 하지 말라"는 성서의 황금률(The Golden Rule)을 지지하고 있다.

3. 윤리의 출발점

우리는 도덕적 윤리적인 문제로 정치인이나 기업인들을 쉽게 비판한다. 그러나 비판에 앞서 대부분의 사람들이 항상 정직하고 명예롭지만은 않다는 점을 주의해야 한다. 한 연구결과에 따르면, 3분의 2 이상의 사람들이 그들이 살고 있는 지역사회를 위해 전혀 시간을 할애하지 않은 것으로 보고되었다. 거의 3분의 1의 사람들은 단 한 번도 자선단체에 기부를 하지 않았다고 했다. 경영자와 종업원 모두 관리상의 낮은 윤리의식이 기업의 경쟁력을 약화시키는 주요 원인이라고 언급했다. 종업원들은 종종 안전기준을 무시하며 일주일에 7시간 정도를 빈둥거리거나 게으름을 피우는 데 시간을 보낸다고 보고되었다.

젊은이들은 이러한 행동을 배운다. 어느 대학에서 실시된 연구결과에 따르면, 80%의 학생들이 부정행위를 한다고 인정했다. 최근 미국의 메릴랜드(Maryland)대학에서는 한 그룹의 강사들이 '기술적 함정수사'를 실행하였다. 강사들은 회계시험의 오답을 웹사이트에 게재하였다. 12명의 학생들이 이 오답을 적었고, 그들 중 몇몇은 그 회계시험 중에 휴대폰을 이용해 사이트에 방문하여 답을 얻었다고 시인하였다. 인터넷을 이용한 표절은 오늘날 이루어지는 가장 대표적인 부정행위이다. 한 학교는 표절의 절반 이상이 웹사이트로부터 획득한 정보를 편집하여 출처를 밝히지 않고 사용하고 있는 것으로 조사되었다.

표절문제를 해결하기 위해 지금은 많은 교수들이 학생들의 리포트나 논문들을 60억 페이지의 문서와 비교하여 수초 안에 해당 문서의 복사여부에 대한 증거자료를 제시해주는 Turnition.com과 같은 서비스를 사용하고 있다.

최근의 두 연구조사 결과에 따르면, 학생시절의 부정직성이 졸업 후 직장생활에서의 부정직성과 매우 높은 상관관계가 있음이 확인되었다. 이에 따라 부정행위에 대한 매우 강도 높은 처벌을 하는 강화된 명예정책(honor policies)을 실행하고 있다. 과연 이러한 정책들이 학생들의 행동을 변화시킬 수 있을까?

도덕적이고 윤리적인 이슈에 관해 논의하기에 앞서 윤리적 행동이란 나와 너, 즉 개인에서부터 시작된다는 것을 기억할 필요가 있다. 우리 개개인이 더 윤리적이고 도덕적으로 거듭나기로 스스로에게 약속하지 않는 이상 사회가 더 윤리적이고 도덕적이 될 것이라고 기대할 수는 없다.

'윤리적 의사결정'이라는 글상자에서는 불법 음반 및 음원 다운로드 사례가 실려 있다. 이는 비즈니스 의사결정을 할 때에는 항상 윤리적인 것인지를 묻는 마음의 자세가 매우 중요하다는 것을 설명하기 위함이다. 선택을 한다는 것이 항상 쉬운 일은 아니다. 때로는 윤리적인 관점에서 볼 때 너무나도 자명한 해법이 개인적 또는 직업적인 면에서 볼 때 불리한 경우도 있다.

직장상사가 여러분에게 비윤리적인 일을 하도록 요구했다고 가정하자. 여러분에게는 1개월 안에 상환해야만 할 은행채무가 있고, 직장생활을 그만 두면 생계유지가 곤란하다. 상사의 비윤리적인 요구를 거절하면 해고당할 수도 있다. 어떤 선택을 하겠는가?

때로는 어떠한 바람직한 대안도 없는 법이다. 이러한 상황을 윤리적 딜레마라고 한다. 왜냐하면 똑같이 만족스럽지 못한 대안들 중에서 하나를 선택해야만 하기 때문이다.

윤리를 실천하는 일과 이해당사자들을 만족시키거나 경력을 쌓기 위한 목표들 사이에서 마음의 평정을 찾는 것은 매우 어려운 일일 수도 있다. 윤리적 딜레마에 직면했을 때 자신에게 다음과 같은 윤리적 질문을 해 보면 큰 도움이 될 것이다.

윤리점검 질문사항

1. 합법적인 행동인가? 법률이나 기업방침을 위반하고 있지는 않은가?
   음주운전을 하거나 마케팅 정보를 모으거나 제품을 다자인하거나 종업원을 고용 또는 해고하거나 산업폐기물을 버릴 계획이거나 종업원에게 문제가 될 만한 별명을 사용한다거나 할 경우에, 여러분의 행동이 가져올 법률적인 결과를 생각해보는 것이 필요하다.
   이 질문은 비즈니스에서 윤리적인 행동을 함에 있어 필수적인 것이지만, 첫 단계일 뿐이다.

2. 균형 잡힌 행동인가? 공정하게 행동하고 있는가? 자신이라면 이런 대접을 받고 싶은가? 다른 사람의 희생을 대가로 모든 것을 얻을 것인가?
   윈-루즈 상황(win-lose situation)은 자주 루즈-루즈 상황(lose-lose situation)으로 끝난다. 패자와의 관계로부터 생성되는 손실만큼 큰 손해는 없다. 우리는 이런 상황을 오늘날의 주식시장에서 볼 수 있다. 비행을 저지르는 것으로 거저 의심을 받고 있는 기업들의 주가가 급격히 하락하는 것을 보아왔다. 모든 상황이 완벽하게 균형을 취할 수는 없지만, 시간이 흐를수록 주요한 불균형을 피하는 것은 인간관계에 있어서 중요한 일이다.
   윤리적인 사람은 윈-윈 상황(win-win situation)을 만든다. 다시 말해 연관된 모든 사람들에게 유익한 결정이 되도록 노력한다는 것이다.

3. 스스로 어떻게 느끼는가? 가족이나 지인들이 내 결정에 대해 알게 될 경우 자부심을 느낄 수 있는가? 내 직속상사나 소비자들과 내가 처한 상황과 행동에 대해 상의할 수 있는가? 만약 내 결정이 언론에 보도될 경우 어떤 느낌이 들 것인가? 내 행동을 숨기거나 비밀로 유지해야 하는가? 누군가 내 행동에 대해 누설하지 말라고 경고했는가? 평상시와 다르게 불안한가?

사리분별에 어긋나는 행동들은 자긍심을 좀먹기 때문에 우리를 불편하게 만든다. 이것이 윤리적인 비즈니스맨이 수익을 추구하는 것뿐만 아니라 적절한 행동을 하는 이유이다.

윤리적 딜레마에는 쉬운 해결책이 없다. 윤리규범을 만들어 준수하고 위에서 제시된 윤리 점검질문들을 활용하고 있는 개인과 기업은 대부분 더 윤리적으로 행동하고 있는 것으로 판단할 수 있다. 만약 여러분이 윤리적 딜레마에 처했을 때, 문제를 인식하고 해결하는 데 어떤 방식을 더 선호하는지 알고 싶다면 다음과 같은 윤리적 성향 질문에 답해보기 바란다.

윤리적 성향 판별 질문지

1. 어떤 것이 더 나쁜가?
   ① 진실을 말함으로써 상대방의 기분을 해치는 행위 (　)
   ② 거짓을 말함으로써 상대방의 기분이 상하지 않게 하는 행위(　)
2. 어떤 것이 더 나쁜 실수인가?
   ① 너무 쉽게 예외사항을 만드는 것(　)
   ② 너무 엄격하게 규정을 지키는 것(　)
3. 어떤 것이 나쁜 상태인가?
   ① 자비롭지 않은 것(　)　　② 공정하지 않은 것(　)
4. 어떤 것이 더 나쁜가?
   ① 아무 이유 없이 다른 사람의 귀중품을 훔치는 행위(　)
   ② 별 이유 없이 친구에게 한 약속을 어기는 행위(　)
5. 어떤 것이 더 나은 것인가?
   ① 공명정대하고 공평한 (　)　　② 동정심 많고 감정적인(　)
6. 어떤 것이 더 나쁜가?
   ① 곤경에 처한 사람을 돕지 않는 행위(　)
   ② 좋아하는 사람만 편애하는 불공정한 행위(　)
7. 의사결정을 함에 있어서 어디에 더 많이 의존하는가?
   ① 명백한 사실(　)　　② 개인적 감정과 직관(　)
8. 여러분의 상사가 어떤 사람을 해칠 수 있는 명령을 내렸다. 만약 그 명령에 따랐다면, 여러분은 실제 잘못을 저지른 것인가?
   ① 예(　)　　② 아니오(　)
9. 어떤 행동이 옳은지 그른지를 판단함에 있어서 어떤 것이 더 중요한가?
   ① 어떤 사람이 상처를 받을 수 있는가(　)
   ② 규정, 법률, 명령, 도덕적 원칙에 위배되는가(　)

윤리적 성향 판별 질문지의 채점방법과 결과의 의미

1. 채점방법

※ 답은 J(정당성 또는 공정함) 또는 C(윤리적 배려나 보살핌)의 두 종류로 구분한다.

1. ①=C, ②=J 2. ①=J, ②=C 3. ①=C, ②=J 4. ①=J, ②=C 5. ①=J, ②=C
6. ①=C, ②=J 7. ①=J, ②=C 8. ①=C, ②=J 9. ①=C, ②=J

※ J와 C의 개수를 각각 계산한다.

2. 결과의 의미

J점수가 높을수록 정당성이나 공정함을 더 중시한다는 것을 의미하고, C점수가 높을수록 윤리적 배려나 보살핌을 더욱 중시한다는 것을 의미한다.

어떠한 결과도 어느 한쪽이 더 낫다는 것을 의미하지는 않는다. 단지 서로 다를 뿐이다. 두 유형이 전혀 다르게 보이기 때문에 서로 상반되는 것처럼 생각될 수도 있다. 하지만 이 둘은 상호 보완적이다. 사실상 나타난 점수는 다소간의 정도 차이만을 보여줄 뿐이다. 양 극단에 편중되는 사람은 아주 드물다.

두 유형에 균형을 가진 사람일수록 윤리적 딜레마를 해결하고 다른 유형의 윤리관을 선호하는 사람들을 더 잘 이해하고 의사소통을 수월히 할 확률이 높다. 공정함을 중시하는 윤리관은 정의, 공정함, 평등, 권한 등과 같은 원칙에 근거를 두고 있다. 이 유형의 사람들은 윤리적 딜레마를 권리의 갈등으로 보고 일반론적 원칙을 공평하게 적용하면 해결 가능하다고 본다. 이 접근방식의 이점은 문제를 논리적이고 공평하게 본다는 것이다. 이 유형의 사람들은 특정 개인의 이익보다 더 높은 단계의 기준에 따라 의사결정하기를 희망하며 객관적이고 공정한 태도를 유지하려고 애쓴다. 단점은 특정 개인의 즉각적인 이익을 보는 시각을 잃은 사람들에게 나타날 수 있다. 이 유형은 여자보다는 남자들에게 더 많다.

배려를 중시하는 윤리관은 실제적 피해나 고통을 줄이려는 책임감에서 비롯된다.

이 유형의 사람들은 도덕적 딜레마를 의무나 책임의 갈등으로 본다. 그들은 개인적 정황에 따른 특수성을 감안하여 해결책을 제시해야 한다고 생각한다. 또한 예외 없이 강행되는 정책에 대해 구속감을 느낀다. 이 유형의 장점은 즉각적인 피해나 고통에 대응할 수 있는 접근방법이라는 점이다. 단점은 극단적일 경우 단순히 주관적이라고 할 수는 없지만 임의의 독단적인 의사결정을 내릴 수도 있다는 점이다. 이 유형은 남자보다는 여자에게 더 흔하다.

4. 비즈니스와 윤리적 책임감

조직윤리는 위에서부터 시작된다. 윤리란 가르친다기보다 행동으로 보고 배우는 것이다. 사람들은 타인이 말하는 것을 들어서가 아니라, 다른 사람들의 행동을 보고 윤리적 기준과 가치를 배우게 된다. 가정에서 부모의 언행을 통해 배우듯이 직장생활이나 비즈니스 세계에서도 마찬가지이다. 최고경영자의 리더십과 모범적인 언행들이 종업원들에게 기업의 도덕적 가치를 공유하게 만들 수 있다. 기업 및 국가 간의 관계에서도 이와 같은 원리는 동일하게 적용된다.

최근의 한 연구조사에 따르면, 대다수의 최고경영자들은 부도덕한 종업원이 도덕적 윤리규범과 조직문화를 확립하려는 조직의 리더십에 실패요인이 된다고 응답하였다.

그러나 종업원과 경영자 간의 어떠한 협력과 신뢰도 공정함, 정직성, 개방성, 도덕적 청렴함에 기반을 두고 있다. 기업은 좋은 평판을 유지하기 위해서, 기존 고객을 유지하기 위해서, 법률 소송을 피하기 위해서, 종업원의 이직률을 낮추기 위해서, 정부의 간섭이나 통제를 피하기 위해서(경영활동을 제한하는 규제나 법안의 통과 등), 고객과 종업원과 사회를 기쁘게 하기 위해서, 단순히 옳은 일을 하기 위해서 등 수많은 이유로 윤리적으로 운영되어야 한다.

어떤 관리자들은 윤리란 개인적인 문제일 뿐이라고 생각한다. 그들은 개인의 그릇된 행동에 대하여 아무런 책임이 없다고 느끼며, 그것은 개인의 윤리적 기준의 문제이고, 경영과는 아무런 관련이 없다고 생각한다.

하지만, 점점 더 많은 사람들이 윤리는 경영의 처음부터 끝까지 밀접한 관련이 있다고 생각하고 있다. 개인은 보통 혼자서 행동하지 않는다. 암묵적이든 직접적이든 기업 내에서 비윤리적으로 행동하는 사람들이 있을 경우 따라서 행동한다.

예를 들어, 시어스(Sears)와 로우벅 앤 컴퍼니(Roebuck & Company)의 경우 자동차 서비스에 대한 고객들의 불만이 쇄도하였는데, 이는 경영진이 자동차 센터 종업원들에게 새로운 경영목표와 인센티브제도를 도입하면서부터 비롯되었다.

종업원들은 자신들에게 할당된 서비스 수량을 맞춰야 하는 데 따른 부담감으로 부주의한 서비스를 제공하거나 필요 없는 수리에 대해서까지 고객들에게 과장하여 서비스를 받게 하였다. 경영진이 직접적으로 "고객을 속여라."라고 지시한 것은 아니지만, 새로운 목표와 인센티브제는 실수와 비행이 일어나는 환경을 조성하게 되었고, 경영진은 이를 시정할 의사를 보이지 않았다.

시어스는 불편한 수리에 비용을 지불한 고객들에게 쿠폰을 제공해 계류 중인 소송을 진정시켰다. 시어스가 부담한 비용은 6,000억 달러로 추정되었다. 이러한 비행이 고객을 속이려는 경영진의 철학을 반영하는 것은 아니다. 하지만 이것은 윤리적 고려사항에 대해 무감각하고 무관심함을 보여 준다. 이러한 윤리적 둔감성을 치유하기 위한 노력으로, 시어스는 정책과 절차를 상식적으로 접근할 수 있는 경영활동과 기업규범에 관하여 다룬 『자유와 책임(*Freedoms & Obligations*)』이라는 23,000페이지의 책자를 만들었다.

존슨 앤 존슨(Johnson & Johnson)의 윤리규범 개요(Credo)

- 우리의 고객 : 우리는 고객에게 신뢰할 수있는 공정한 가격에 제공되는 높은 품질의 제품을 생산할 책임이 있다.
- 우리의 종업원 : 우리는 종업원을 존경하고 품위 있게 대하여야 할 책임이 있고 공정임금을 지불하며 개인의 경력을 발전시킬 수 있도록 지원한다.
- 우리의 지역사회 : 우리는 선량한 시민이 되어야 할 책임이 있고, 선행과 건강한 삶, 환경보호를 지원한다.
- 우리의 주주 : 우리는 주주들의 투자에 대하여 공정한 수익을 되돌려 주어야 할 책임이 있다.

존슨 앤 존슨은 고객이 가장 먼저이고 주주가 가장 나중이라는 대담한 경영철학을 갖고 있다. 만약, 고객, 종업원, 지역사회에 대한 책임을 잘 수행할 수 있다면 주주에 대한 책임은 저절로 실현될 수 있을 것이다. 이러한 크레도의 가치를 유지하기 위해 조직구성원들의 실천여부를 주기적으로 평가하고, 크레도에 기반한 윤리적 체계를 거스르는 행동을 모니터링 하여 기업으로서 최선을 다해 책임 있는 의사결정을 하려고 다짐한다.

5. 비즈니스와 윤리규범 세우기

1) 윤리규범 세우기

비즈니스 세계에서 윤리규범을 확립하는 일은 이제 보편화되었다. 기업이 윤리경영을 실천한다는 것은 법규범을 준수하는 차원을 넘어 정직, 공정한 경쟁, 고객에 대한 좋은 서비스, 다양성에 대한 존중, 지역사회에 대한 관여 등의 핵심가치를 강조하여 "옳은 것을 행하라(do-it-right)."는 조직풍토를 조성하여 마음을 움직이는 것이다. 이러한 가치들은 윤리적으로는 바람직한 것이긴 하지만 반드시 법적인 강제성이 있는 것은 아니다.

오늘날 기업생존과 발전의 핵심요인이 되고 있는 윤리경영을 실천하기 위해 기업들은 제각기 실천할 수 있는 다양한 윤리규범을 확립하고 있다. 이러한 다양한 윤리규범은 일반적으로 준수기반 윤리규범(compliance-based ethics codes)과 청렴기반 윤리규범(integrity-based ethics codes)으로 대별할 수 있다.

준수기반 윤리규범은 잘못을 범한 사람을 벌하거나 제재를 통하여 불법적인 행위를 예방하는 것을 강조한다. 준수기반 윤리규범이 법률상의 처벌을 회피하는 데 기반을 둔 것에 반해 청렴기반 윤리규범은 조직의 지침과 가치를 제시하고 윤리적으로 건전한 행동을 지지하는 환경을 조성하며 종업원들 간의 책임에 대해 정의를 내린다. 이들 윤리규범의 형태를 비교해보면 다음과 같다.

표 1-1. 윤리규범 형태의 비교

구 분	준수기반 윤리규범	청렴기반 윤리규범
이 상	외적 기준(법이나 규제 등)을 준수하는 것	외적 기준(법이나 규제 등) 뿐만 아니라 선택된 내적 기준도 준수하는 것
목 표	범죄행위를 피하는 것	종업원이 책임감 있는 행동을 할 수 있게 하는 것
지도자	변호사	변호사와 다른 조언자들의 도움을 받는 관리자들
방 법	교육, 종업원의 자유재량 축소, 규제, 처벌	교육, 리더십, 책임감, 의사결정과정, 규제, 처벌

2) 윤리규범 확립의 수행단계

비즈니스의 효과적인 윤리규범을 확립하기 위해 요구되는 몇 가지 단계별 내용을 정리해 보면 다음과 같다.

첫째, 최고경영진은 명확한 행동규범을 채택하고 확고한 지지를 보내야 한다.

둘째, 조직구성원들은 윤리적 행동에 대한 기대가 최고 경영진 수준에서 시작되며 고위관리자들 역시 모든 종업원들이 윤리적으로 행동할 것을 기대하고 있음을 숙지하고 있어야 한다.

셋째, 관리자와 조직구성원들은 비즈니스의 모든 의사결정 과정에서 윤리적인 고려를 하도록 훈련받아야 한다.

넷째, 윤리담당 부서의 사무실은 항상 개방되어 있어야 한다. 조직구성원들이 윤리적인 문제에 관하여 불필요하게 남의 눈에 띄는 일이 없이 익명으로 상의할 수 있도록 직통전화 등의 통신수단을 개통하여야 한다. 내부고발자(whistle blowers)는 보복으로부터 반드시 보호되어야 한다.

다섯째, 거래관계자(공급자와 하도급업자, 판매 대리점, 고객)들도 기업의 윤리프로그램에 대해 이해하고 있어야 한다. 윤리적 고려사항들을 무시하려는 압력은 종종 외부로부터 오며, 어떠한 윤리적 기준들이 있는지 모두가 인지하고 있을 때 조직구성원들이 그런 압박에 대처하는 데 도움이 된다.

여섯째, 윤리규범은 반드시 실행되어야 한다. 어떠한 규칙이 위반되었을 경우 윤리 프로그램을 참고하여 적시에 적절한 행동을 취하는 것은 매우 중요한 일이다.

이 마지막 단계가 아마도 가장 중요한 부분일 것이다. 기업의 윤리규범이 얼마나 잘 입안되었든지 간에 실행에 옮겨지지 않으면 아무런 의미가 없다. 분식회계로 파산한 엘론사도 문서화된 윤리규범은 있었다. 하지만 이사진과 경영진이 이 규범을 무시함으로써 조직구성원들에게 규칙이란 불편할 경우 책상 서랍 속에 넣어도 된다는 메시지를 보냈다.

윤리규범을 실행하는 데 있어서 가장 중요한 성공요인은 윤리사무관(ethics officer)을 선택하는 데 있다. 유능한 윤리사무관은 긍정적이고 명확한 어조로 효과적인 커뮤니케이션을 하며 기업 내 모든 수준에서의 종업원들과 관계를 잘 유지해야 한다. 상담자나 조사관으로서의 역할 또한 편안히 수행해야 한다. 많은 윤리사무관들이 법률적인 배경을 가지고 있는데, 규칙과 규제위험 등에 대한 구체적 지식보다 더 중요한 것은 설득력 있는 커뮤니케이션 능력이다. 기밀을 유지할 수 있고, 객관적인 조사를 할 수 있으며, 공정한 절차에 따르며 신뢰받을 수 있는 사람이 유능한 윤리사무관이다. 또한 모든 이해당사자들에게 기업이 하는 모든 일에 있어서 윤리가 중요함을 설명할 수 있어야 한다.

Ⅳ. 인류를 바꾼 5가지 혁명

1. 항해혁명

우리의 미래가 될 지능혁명시대를 이해하려면 기술과 산업 그 자체가 아니라 기술과 산업이 만들어낸 사회적 변화의 관점에서 역사를 살펴볼 필요가 있다. 이런 관점에서 지난 산업의 역사에서는 크게 5가지 혁명이 전개되었다.

첫 번째는 15세기 초 과학의 힘으로 인류의 미래, 글로벌 패권의 미래를 바꾸는 위대한 혁명이 일어났다. 인간의 이동거리와 방법에서 일대 전환을 이룬 항해혁명이다. 지중해에서 일어난 항해혁명은 수천 년 이어져 오던 항해의 관행과 항해 가능 영역을 혁명적으로 바꾸었다. 자기나침반, 정교한 해도를 비롯하여 항해에 필요한 신기술을 동방교류를 통해 얻은 포르투갈, 스페인은 주먹구구식 항해에서 벗어나 과학적이고 정교한 항해 기술을 완성시켰다. 이들은 과학기술의 힘으로 원거리 항해를 가능케 했으며, 지중해에 한정되었던 무역구조를 전 세계로 확장하면서 일약 유럽의 강대국으로 급부상하였고, 이러한 대항해 시대는 17세기 중반까지 이어졌다.

2. 상업혁명

두 번째 혁명은 16세기 초부터 18세기 중반까지 이어진 상업혁명이다. 상업의 영역과 방식의 극적 변화를 만들면서 유럽 변방의 작은 나라 네덜란드는 일약 유럽 최고의 부자나라가 되었다.

15세기부터 시작된 항해혁명의 결과로 신항로가 개척되고, 신대륙이 발견되면서 유럽 상업자본의 활동영역이 전 세계로 확대되었다. 상업의 영역과 규모의 변화는 필연적으로 새로운 상업의 방식과 상업자본의 구조적 변화로 연결되었다.

네덜란드는 과거 이탈리아 상인들이 활약하던 지중해·북해·발트해 중심의 舊상업권에서 벗어나 포르투갈과 스페인이 개척한 동인도 상업권으로 영역을 확대했다. 또한 전통적 상업방식에서 벗어나 상품유통의 획기적 변화, 주식회사, 증권거래소, 은행 등 새로운 상업방식을 창조했다. 국가적으로는 중상주의 정책이 중심 사상이 되었고, 상업자본주의가 이 시대를 이끌었다. 유럽인들의 삶은 상품의 유통과 소비, 가격의 일대 전환을 맞이하게 되었다.

3. 산업혁명

세 번째 혁명은 18세기 중반부터 20세기 중반까지의 산업혁명시대이다. 영국이 중심이 된 산업혁명은 16세기 초부터 일어난 상업혁명에 기반을 둔다. 영국인들은 신기술에 자본을 결합하여 새로운 상품을 만들거나 기계를 이용해서 기존의 상품을 대량으로 생산하는 혁신들을 연달아 성공시켰다. 산업혁명은 과학기술을 이용해서 산업, 즉 무언가를 생산하는 활동방식에 혁명적 변화를 일으켰다. 산업혁명을 주도했던 영국과 미국은 19~20세기 강대국으로 부상했다. 그리고 생산 활동방식의 혁명적 변화로 왕실이나 귀족들만 사용할 수 있는 특별한 상품을 저렴한 가격으로 대량생산해서 역사상 최초로 국민 전체의 삶의 질이 일거에 향상되는 결과를 만들어냈다. 상업혁명시대는 중상주의 국가 이념을 주도하는 상업자본주의시대였지만, 산업주의에서는 제조업이 주도하는 산업자본주의시대가 되었다.

4. 금융혁명

네 번째 혁명은 20세기 중후반 미국에서 시작된 금융혁명이다. 금융혁명(Financial

Revolution)이란 1970년대 후반 미국에서 시작된 금융제도 개혁과 금융시장의 변화 및 이에 따른 각국의 금융자유화 등의 제 변화를 말한다. 1978년경부터 미국이 금융제도를 개혁하면서 고금리를 배경으로 자유금리 상품이 확대되고, 대규모의 자금이 국제적으로 활발하게 이동하면서 전 세계 금융질서가 크게 변화하기 시작했다. 금융기관에 대한 규제가 완화되거나 철폐되면서 유통회사 같은 상업회사가 증권이나 금융회사를 인수합병하고 거대 은행이 중소 저축은행을 흡수하는 등 금융시장의 판도도 크게 변했다. 이런 변화는 미국을 넘어 전 세계로 빠르게 퍼져나갔다. 금융혁명은 2008년 서브파라임 모기지 사태에서 보듯이 금융파생상품의 무분별한 생성과 비도덕적인 금융상품의 거래와 같은 부작용도 만들었다. 하지만 금융혁명은 주식, 부동산, 채권, 금융상품 등 자산시장의 창조적이고 폭발적인 성장을 이끌면서 상업자본주의나 산업자본주의시대에서는 없었던 개인자본주의 형성에 크게 기여했다.

5. 정보혁명

다섯 번째 혁명은 20세기 중후반을 장식한 정보혁명(Information Revolution)이다. 컴퓨터와 인터넷을 중심으로 한 정보기술의 발전으로 개인의 삶과 산업과 사회구조가 근본적인 변화를 겪었다.

미국에서 시작된 정보혁명은 아시아의 작은 나라 한국을 정보혁명의 선두국가로 부상시켰다. 정보의 생산, 처리, 전달, 소비의 새롭고도 혁명적인 방식의 개발은 생산, 경영은 물론이고 사회구조와 개인의 삶에서도 새로운 양식을 창조했다. 정보혁명은 금융혁명과 함께 20세기 후반부터 개인자본주의의 시대를 여는 강력한 힘이었다. 이제 개인에게 권력, 자본, 영향력의 주체가 될 수 있는 힘을 주었다.

끝으로 21세기는 개인자본주의가 완성되는 시대가 될 것이다. 그리고 개인자본주의시대를 완성하는 힘은 지능혁명에서 나올 것이다.

인공지능, 로봇, 바이오 및 나노기술이 산업이나 경제, 사회에서만 큰 변화를 일으키지는 않을 것이다. 이 기술들이 일으킬 진정 위대하고 혁명적인 변화의 중심은 인간의 지능에서 일어날 것이다.

인간의 지능에서 일어나는 '지능혁명'은 항해혁명, 상업혁명, 산업혁명, 금융혁명, 정보혁명 같은 과거 5가지 혁명보다 인간의 삶을 더 극적이고 근본적으로 바꿀 것이다. 지능혁명은 말 그대로 인간의 지능을 혁명적으로 발전시켜서 개인의 역량을 최고조로 높이게 될 것이다. 개인의 능력이 혁명적으로 증가하게 되면 자본주의의 중심이 상업이나 산업이 아니라 하나하나의 개인이 될 것이다.

21세기 지능혁명으로 완성될 개인자본주의시대에 개인은 도구나 구조의 일부가 아닌 자본축적의 완성된 구조자체가 될 것이며, 하위 요소가 아니라 주체가 되는 개인이 많아질 것이다.

토의과제

1. 윤리적 딜레마란 무엇이고, 이를 극복할 수 있는 방안은 무엇인가?
2. 오늘날 윤리경영이 중시되고 있는 이유는 무엇일까?
3. 올바른 삶에 대한 가치와 태도에 대해 논의해 보자.
4. 윤리란 무엇이며, 윤리와 합법성은 어떻게 다른가?
5. 인류를 바꾼 5가지 혁명에 대해 논의해 보자.

제 2 장

기업윤리의 기초

2 기업윤리의 기초

Ⅰ. 기업윤리의 본질 이해

1. 기업윤리의 개념

실용적인 성격을 띤 기업윤리를 논의할 때는 상식적인 선에서 머물러야 한다고 전문가들은 말한다. 또 기업윤리는 시대와 상황에 따라서 동태적으로 변하고, 국가경제가 발전할수록 기업에게 사회가 기대하는 윤리기준(ethical standard)은 이상형(what ought to be) 쪽으로 높아진다고 한다. 현재 우리나라에서 기업윤리는 그러한 시대와 상황에 처해 있다고 본다. 위의 두 가지 점이 기업윤리를 개념적으로 설명하고 이해하는 것을 어렵게 한다. 기업윤리(business ethics)는 일반적 의미의 윤리(ethics)라는 용어에서 연유되었기 때문에 기업윤리의 개념을 확실하게 파악하기 위해서는 먼저 윤리란 무엇인가에 관한 개념의 정의가 필요하다.

사람은 누구나 윤리 또는 도덕이라고 하는 사회적 규범 속에서 삶을 영위하고 있다. 이웃과 더불어 사는 사회에서[1] 윤리·도덕적 규범을 지키지 않을 경우, 사람은 양심의 가책을 받을 뿐만 아니라 다른 사람들로부터 비난을 받게 된다. 이렇듯 윤리는 마치 물과 물고기의 관계처럼 우리 인간의 사회생활과 밀접한 관계를 맺고 있기 때문에 예로부터 윤리는 철학, 신학, 교육학, 사회학 등 여러 인문·사회 과학의 중요한 관심사 내지 연구의 대상이 되어 온 것이다. 그러므로 윤리는 그러한 여러 학

1) 여기서 이웃과 더불어 사는 사회란 공존과 공영을 바탕으로 생각하고 행동하는 사회를 지칭한다.

문의 입장에 따라 강조점을 달리하여 논의할 수 있을 것이다.

그러나 일반적으로 윤리는 생각과 말, 그리고 태도와 행위의 옳고 그름이나 선하고 악함을 판별해 주는 원칙 내지 판단기준의 체계라든지, 사회생활에서 사람과 사람 사이의 관계를 규제하는 규범의 총체라고 정의한다. 나아가서 보다 실천적인 성격이 강조되어, 인간행위가 마땅히 어떠해야 하겠는가에 관한 도덕적 원리 내지 가치체계 혹은 인간복지와 공동선(共同善)을 증진시키는 데 요구되는 행위를 밝히는 규범이라고 정의되기도 한다.[2] 이것은 결국 현대사회가 요구하는 윤리에는 실천을 위한 도구적 행위까지도 포함시켜야 한다는 것으로 이해할 수 있다.

윤리는 이러한 실천적·동태적 성격에 더하여 사회적 산물이라는 성격도 지닌다. 윤리는 개인의 내면적인 양심과 가치관에 관련된 것이기 때문에 사회의 영향을 받지 않는다고 흔히 생각하기 쉽지만, 윤리는 인간의 사회생활 안에서 사회적인 기대나 관습에 의해 학습되어 경험적으로 생긴 역사적 산물이며 사회적 산물이라고 할 수 있다. 즉, **윤리는 사람들의 생각과 말과 행위가 사회적 규범에 일치되느냐를 판단하는 기준이기 때문에, 특정 사회나 조직의 관습이나 가치관의 영향을 많이 받는다고 볼 수 있다.**

요컨대, 윤리란 인간이 사회생활을 올바르게 영위할 수 있도록 질서를 확립해 주는 것, 혹은 사람이 사람답게 살아가기 위해서 마땅히 행하거나 지켜야 할 도리와 이치이며, 인간사회의 가장 기본적인 규범이라고 할 수 있으며, 이는 종교적, 문화적(culture), 철학적 신념에 기초한 원칙들로써 다음과 같은 매우 다양한 원천에서 비롯된다.

- 친구나 동료들
- 가족
- 인종적 배경
- 종교
- 학교
- 미디어 - 텔레비전, 라디오, 신문, 잡지, 인터넷
- 개인적인 역할 모델과 Mentor 들

---

2) V. E. Henderson, "The Ethical Side of Enterprise", *Sloan Management Review*, Spring 1982, p. 38; 鈴木辰治, 現代社會の經營と倫理(東京: 文眞堂, 1992), p. 131

따라서 개인의 도덕성(Morality)은 일생에 걸쳐 쌓여 온 모든 영향들의 총체라 할 수 있으며, 엄격한 가정교육이나 종교적 교육은 개인의 도덕 기준에 직접적이고 분명한 영향을 미친다. 이렇게 형성된 기준들은 우리가 살아가면서 어떤 결정을 내려야 할 때 지침을 제공해 주는 도덕적 나침반 역할을 한다.

그리고 기업은 사회라고 하는 큰 시스템의 한 하위시스템으로 인식된다. 그러므로 기업윤리라는 것은 사회에서 일반적으로 통용되는 윤리적 규범을 기업에 적용한 것으로 보아야 한다. 그러므로 위에서 살펴본 윤리에 관한 일반적이고 보편적인 정의에 입각할 때, 기업윤리는 기업활동에서의 의사결정이나 행동 또는 태도의 옳고 그름이나 선하고 악함을 판별해 주는 기준 또는 이상적인 행동강령이나 행동규범을 의미하게 된다. 이렇게 기업윤리는 기업경영이라는 특정 상황에 적용되는 응용윤리의 하나인 것이다.

보다 구체적으로 이러한 기업윤리에 대한 정의는 연구시각에 따라 다양하게 이루어지고 있는데, 바움하르트(C. R. Baumhart)는 기업윤리란 주주, 근로자, 타기업, 소비자 등 이해관계자 집단과 밀접하게 연관된 기업 의사결정의 옳고 그름 또는 선하고 악함에 관련된 문제이며, 아울러 의사결정의 과정과 그 결과에 관련된 것이라고 했다.[3] 또한 그는 기업윤리를 사회가 일반적으로 기대하고 또 받아들일 만한 기업행동에 관한 불문율이라고 하였다. 도날드슨(T. Donaldson)은 기업윤리를 기업이 부담해야 하는 도덕적 책임, 기업의 도덕적 행위를 위한 최소한의 기준 혹은 도덕적 역할을 수행하기 위한 책임의 체계로 규정하였다.[4] 그리고 신유근(1992)은 기업윤리란 기업경영이라는 상황에서 나타나는 행동이나 태도의 옳고 그름이나 선과 악을 체계적으로 구분하는 판단기준 또는 이를 연구하는 것을 의미한다고[5] 하였다.

따라서 기업윤리란 기업이 정당하고 공정하며 정의롭게 경영활동을 수행하도록 인도해 주는 지침 혹은 준칙이며, 기업이 계속하여 존속·발전하기 위해서 마땅히 행하거나 준수해야 할 도리 또는 규범이라고 할 수 있다.

그러므로 기업에서의 의사결정이나 행동이 경제원칙에만 따르지 않고 윤리적인 판별기준에 따라 이루어지고, 법규를 지키는 수준 이상으로 공정하고 정당하며, 사회의 가치기준에 맞는 것일 때 그 기업은 기업윤리를 지키고 있다고 말할 수 있게 된다.

---

3) R. C. Baumhart, *An Honest Profit : What Business Say about Ethics in Business*, N.Y.: Holt Rinehart and Winston, 1968.
4) 유장선 역, 기업윤리, 법문사, 1990, p. 247.
5) 신유근, "기업윤리와 경영교육", 한국의 기업윤리, 세경사, 1992, p. 27.

보다 구체적으로, 기업경영활동에 있어서 사회에 해를 끼치지 않고, 비도덕적인 종업원이나 경쟁자로부터 기업을 보호하며, 또한 사용자의 부당행위로부터 종업원을 보호하고, 기업구성원으로 하여금 자기의 윤리적 신념에 따라 행동할 수 있도록 허용하는 경우, 이를 윤리적 기업행위라고 말할 수 있을 것이다.

이상에서 논의된 내용을 바탕으로 기업윤리의 개념을 정의해 보면, 기업윤리란 기업이 사회 속의 한 조직으로서 그 사회에서 활동함에 있어서 마땅히 지켜야 할 도리, 또는 기업경영이라는 상황에서 이루어지는 구성원들의 의사결정이나 행동 또는 태도에 관한 도의적 가치로서, 그들의 의사결정이나 행동 또는 태도의 옳고 그름을 판별하는 규범이라고 말할 수 있겠다.

이웃과 더불어 사는 민주사회에 있어서 기업은 그 영향력이 크면 클수록 그만큼 사회성이 증가되어 사회의 다양한 요구와 가치의 실현에 기여하지 않을 수 없게 되며, 기업의 윤리성은 더욱 강조될 수밖에 없다.

2. 상도(商道)

상도란 조선시대 상인들의 윤리정신을 뜻한다. 우리나라에서 윤리적인 비즈니스 활동이 시작된 것은 오랜 역사를 자랑한다. 옛날 보부상(褓負商)은 전통사회에서 시장을 중심으로 행상을 하면서 생산자와 소비자 사이에서 교환경제를 매개하였던 전문적 상인으로 보상(褓商: 물건을 보자기에 싸서 머리에 이거나 등에 지고 팔러 다니던 여자행상)과 부상(負商: 물건을 지게에 지고 팔러 다니던 남자 행상)을 총칭하는 명칭이다.

부상의 기원은 고대사회로부터 비롯된 것으로 보이는데 부상단(負商團)이 조직된 것은 조선 초로 조정에서는 국가대사나 국난위기 때 이들을 수시로 사역하였고 보상조직의 경우 전국적 조직이 형성된 것은 1879년 발표된 한성부완문에서 찾아볼 수 있다.

보부상은 일종의 상인조합임에도 불구하고 이익사회의 요소보다는 신의를 생명으로 결합한 공동사회의 성격을 기반으로 삼고 있다는 점에서 특이하다. 보부상들은 상도의를 비롯한 예의와 정조를 귀중하게 여기면서 서로 존중하는 정신을 잃지 않았다. 이러한 시각과 인식이 바탕 위에서 보부상의 활동이념은 충의와 신의를 생명선으로 삼았으며, 본업인 상행위에서 신의를 위배하였을 때에는 상도의를 위반한 것으로 보았다. 만일 동료 중에서 상업에 실패하여 자본이 없는 사람이 발생하면 솔선수범으로 자본을 융통해 준 반면 폭리를 취하거나 사기를 감행하여 상도의를 어기는 사람이 있으면 벌칙을 적용하여 엄중하게 단속했던 것이다. 그리고 행상의 상거래에서 금전이 관련된 회계관계는 도의에 어긋나지 않도록 각별히 주의하였고 금전관계를 명확하게 처리하여 훗날에 실패가 없도록 항상 경계하였던 것이다.

보부상은 나름의 규율로 그들이 품속에 지니고 다니던 채장(신분증)의 앞면에는 소속임방과 성명이 기재되어 있고 뒷면에는 ① 물망언(勿妄言) ② 물패행(勿悖行) ③ 물도적(勿盜賊) ④ 물음란(勿淫亂)의 4대 계명(誡命)이 적혀 있어 행실의 도덕적 기틀로 삼고 있었다.

여기서 첫 번째 계명인 물망언(勿妄言)이란 자신이 한 말은 반드시 지킨다는 것으로 상인의 신용을 뜻한다. 오늘날에도 경영의 제1원칙이 신용임을 생각할 때 예나 지금이나 경영원리는 같다고 할 수 있겠다.

두 번째 계명인 물패행(勿悖行)은 사회적으로 손가락질 받는 행동을 하지 말라는 것으로 이들 상인은 이미 사회적으로 천대받는 낮은 신분을 갖고 있기 때문에 사회적 윤리에 어긋나는 행동을 했을 경우, 보통 사람이 똑같은 행동을 했을 경우보다 더욱 비난을 받게 된다. 그리하여 일반 사람들보다 훨씬 몸조심을 하여 상인에 대한 부정적인 인식을 최대한 제거하려고 하였다.

세 번째 계명인 물도적(勿盜賊)은 남의 물건을 훔치는 것뿐만 아니라 강매, 매점매석, 폭리 등을 취하여 부당이득을 보는 것도 도적과 같다고 생각하는 것이다. 기업의 존재이유가 이윤창출에 있다고 볼 때 정당한 이윤만 인정이 되는 것이지 부정이나 탈법행위를 통하여 부를 축적하는 것도 도둑질과 같다고 인식하였던 것이다.

끝으로 네 번째 계명인 물음란(勿淫亂)은 상인의 생활여건상 이들은 장과 장 사이를 오가기 때문에 집에 들어가는 것이 일정하지 않아 외박을 하는 일이 비일비재하고, 장사를 하는 이들로서는 항상 수중에 현금을 지니고 있으며, 이들이 활동하는 무대가 당시로서는 가장 번화하다고 할 수 있는 장터이기에 보부상의 생활은 세상의 유혹을 가장 많이 받기 때문에 스스로의 마음을 경계하는데 최선을 다하였다.

이러한 보부상들의 도덕적 상업의 전통은 오늘날 윤리경영의 내용과 맥을 같이하면서 우리에게 많은 교훈을 주고 있다.

조선일보의 「이규태 코너」에 의하면, "재(財)가 재(嶺)를 넘으면 재(災)가 된다"는 것이 옛날 우리나라 상인들의 윤리정신인 상도(商道)라고 하였다. 즉, 돈을 많이 번 사람이나 돈을 많이 벌려는 사람이 윤리적 경계를 넘으면 재앙이 된다는 것이다. 이 윤리정신은 상업활동을 할 때 상인이 윤리라는 경계선을 넘게 되면 재앙을 맞게 된다는 선악(善惡) 내지 옳고 그릇된 행동(right and wrong behavior)의 일반적인 지침인 동시에 경고의 뜻을 담고 있다. 이것은 오늘날에도 일반적인 기업윤리규범으로서 실용가치가 있다고 본다.

옛날 조선시대의 경제권은 종로바닥을 중심으로 육의전(六矣廛)상인들이 장악했었다. 육의전에는 지금의 전경련과 같은 도중(都中)이라는 단체가 있었다. 그 우두머리를 대행수(大行首)라 부르고 상인들이 꼭 지켜야 할 도중도(都中道)를 만들어 엄격히 시행했었다. 말하자면 정부의 간섭 없이 상인들 스스로 절체절명의 윤리강령을 만들어 놓고 위반 행위를 감시하는 것에서부터 벌칙 기능까지를 자체적 수단으로 해결했었다. 이 같은 도중도 강령에는 5금 3권(五禁 三勸)이 있었다. 다섯 가지를 금하는,

첫째가 난전(亂廛)을 금하는 것이었다. 금난전(禁亂廛)이란 전문 업종 이외에 문어발식으로 업종을 늘려 영세 상인들의 생업권을 위협하는 장사행위를 일컫는 것이다.

둘째는 금매점(禁買占), 즉 매점매석(買點賣惜)을 금했다.

셋째는 금락가(禁落價)라고 해서 덤핑을 못하도록 했다.

넷째가 금유객(禁誘客)으로 남의 단골손님을 뺏는 행동을 금했다.

다섯째는 금세도(禁勢道)로 이는 정경유착으로 이권을 노리는 행위를 금기로 삼았다.

그리고 삼권(三勸)이란 권장했던 세 가지로 그 첫째가 도중의 식구들을 내 부모 형제를 대하듯 하고, 둘째, 도중 식구들의 환난을 제 일처럼 여기고, 셋째, 명절 때를 골라 가난한 백성에게 적선하라는 것이다.

도중도(都中道)에는 번 돈의 사회 환원까지를 이렇게 강령으로 정해 놓았었다. 옛 조선시대 상인단체가 이처럼 엄격한 윤리강령을 만들어 시행한데는 그래야 할 만한 무슨 정치적 이유 같은 게 있지 않았다. 다만 재(財)가 도를 넘어서 시장을 어지럽히고 민심과 멀어지면 반드시 재(財)가 재(災)를 부르게 되는 섭리를 꿰뚫은 지혜일 것이다.

우리는 현대를 살면서 이 땅 기업들의 흥망성쇠 과정을 꾸준히 봐 왔고, 그에 얽힌 숱한 비화들도 들어서 익히 알고 있다. 그 가운데는 정경유착의 밀실거래로 기업 빌딩을 높이고 문어발식 상업 확장으로 시장 질서를 교란시키다가 멸망해서 사라진 반짝 기업 이야기도 적잖이 있지만, 반면에는 반칙을 기반으로 대기업 대열 진입에까지 성공했던 기업 뒷얘기도 없지 않다. 기업이 이런 태생적 문제를 안고 있다면 그런 기업은 정치권력이 작심만 하면 언제든 알거지로 만들어 버릴 수가 있을 것이다.

우리나라에는 부자가 꽤 있지만 국민으로부터 존경받는 부자가 드문 사실도 이와

무관치 않을 것이다. 또 기업은 망해도 기업주는 황제처럼 살 수 있는 나라가 우리 대한민국 아니었던가? 차라리 시장경제를 옛날처럼 경제단체가 자율로 장악해서 자체의 규범과 법도로 시장 질서를 지키게 했으면 서민경제가 오늘 같지는 않았을 것이란 생각이 든다.

그랬으면 최소한 재벌기업이 택배사업에까지 뛰어들고, 바나나 수입에 안경장사, 심지어 김치장사, 만두장사에 이르도록 잡탕 장사꾼이 되어 재래시장의 영세상인들 숨통을 조이는 일 따위는 없었을 것이다.

한편으로는 재래시장을 황폐화 시키는 무슨(??)마트(mart)니 뭐니 하는 것들이 생겨나기가 어려웠을 것이다. 또한 권력의 눈치를 볼 필요가 없을 테니 정치권력과의 유착 시비도 훨씬 덜 할밖에 없다. 그뿐일 텐가. 기업 종사자들이 그들 가족들을 서로 내 부모 형제 대하듯 하여 누군가가 환난에 처하면 함께 제 일처럼 여기니 그 지긋지긋해 보이는 노사분규가 일어날 까닭도 없다. 게다가 가끔씩 가난한 국민에게 적선을 아끼지 않으니 부자들에 대한 존경심이 절로 생길 것이다. 옛 도중도의 오금삼권이 현실에 다시 살아올 방법은 없을까?

그러나 우리가 논의하는 기업과 기업인・경영자 등의 행동요강(code of conduct)에 적용되는 윤리적 기준은 「五禁」이나 삼강오륜보다는 서유럽의 가치관에 더 가깝다고 본다.

유럽사회에서 말하는 윤리는 개인 간・집단 간 그리고 개인과 집단 간의 관계를 규정짓는 것으로써, 가장 중요한 바탕은 '형평'의 개념(concept of equity)이다. 형평의 개념이란 원래 "정직하게 살고 남을 해치지 않으며 모든 사람에게 당연히 갚아야 할 빚을 갚는 것"을 뜻했다. 그러나 이 개념이 윤리뿐만 아니라 법 체제(legal system)의 바탕을 이루면서 공명정대 내지 공정성(fairness), 정의(justice) 그리고 정직한 거래와 처신(honest dealings) 등의 의미까지 포함하게 되었다. 이것이 특히 영・미 계통의 국가에서 사회윤리의 근간을 이루고 있고 그들의 기업윤리 역시 그것에 바탕을 두고 있다.

하바드 비즈니스 리뷰誌(1987년 9월~10월호)에 실린 기업윤리에 관한 글 중에서 최우수작으로 선정되어 1987년도 기업윤리賞을 받았던 『윤리적인 경영자들은 스스로 자신의 규칙을 만든다(*Ethical Managers Make Their Own Rules*)』의 저자인 캐드버리卿(Adrian Cadbury)은 "나는 윤리라는 단어를 우리 인간이 지키면서 살려는 행동의 지침이나 규칙(the guidelines or rules of conduct)이란 뜻으로 사용 한다"라고 말한 바 있다. 그는 또 경영자들의 의사결정에는 윤리가 중요한 부분을 차지함으로써 상업(경제)적 판단과 윤리적 판단을 잘 혼합시켜 의사결정을 해야 한다고 하였다.

3. 기업윤리의 성격

기업윤리는 나름대로의 독특한 성격을 지니고 있는데, 주요 특징을 요약하면 다음과 같다.

첫째, 윤리의 가변성이다. 기업윤리는 시대와 상황에 따라 동태적으로 변화하며, 그러한 변화는 사회가 기대하는 이상형의 방향으로 점차 그 수준이 높아져 간다는 사실이다.

둘째, 일반법규와는 달리 기업윤리는 강제적 구속력 내지 집행력이 없다. 본시 윤리적 명령이라는 것은 인격과 주체성을 지니는 인간 각자에게 내재하는 양심적 · 내적 명령이기 때문에, 그 명령에의 복종 여부는 각자의 자유의지에 맡겨져 있다. 그런 의미에서 윤리는 국가권력이라는 외부의 힘에 의해 강제됨을 원칙으로 하는 법률과는 본질적으로 다른 것이다. 같은 맥락에서 기업윤리는 강제적 구속력과 집행력이 없다.

셋째, 기업윤리는 그 자체의 암시적 혹은 묵시적 성격으로 인하여 구체적인 기준이나 지침을 제공하지 못하는 한계성을 지닌다. 기업에 있어서의 윤리문제는 거의 대부분이 종업원과 관련되는 것이고, 그 나머지는 고객 및 사회공동체와 관계되는 것들이다. 그리고 21세기 기업경영에서는 환경, 제품의 안정성, 종업원의 건강, 기업기록의 안전보장, 주주의 이익, 작업장의 안전 등의 문제가 특히 중요한 윤리적 이슈가 되고 있다.[6)]

기업경영에 있어서 윤리상의 문제가 야기되는 원인 내지 이유는 여러 가지가 있을 수 있는데, 그 중에서 특히 기업구성원의 이기심과 이윤확보를 위한 치열한 경쟁, 그리고 기업목표와 개인 가치관의 상충 및 전통적 문화나 가치관의 상이함을 중요한 이유로 들 수 있다. 기업경영에서 윤리문제가 야기되는 이유와 윤리문제의 성격을 요약해 보면 다음과 같다.

---

6) W. C. Frederick, J. E. Post and K. Davis, *Business and Society* : *Corporate Strategy, Public Policy, Ethics*, 7th ed., N.Y.: McGraw-Hill, 1992, p. 55.

표 2-1. 기업경영상의 윤리문제

발생이유	윤리문제의 성격		지배적 사고 · 논리
기업구성원의 사리사욕	개인이익과 타인이익의 문제	자기이익중심 (이기주의)	개인적 이익에의 집착
사회전반의 치열한 경쟁	사회이익과 타사이익의 문제	손익계산위주 (실리주의)	경쟁자 제압에의 집착
기업목표와 개인가치관의 상충	경영자의 관심과 구성원의 가치관 문제	권위주의적 (전체주의)	명령과 복종의 논리
문화 · 가치관의 상이	기업이익과 상이한 전통 · 가치관의 문제	민족중심적 (민족주의)	옳고 그름에 대한 독단

자료: W.C. Frederick, J. E. Post and K. Davis, *Business and Society*: *Corporate Strategy, Publish Policy*, Ethics, 7th ed., N.Y.; McGraw-Hill, 1992, p. 55.

첫째, 기업구성원 개인의 가치관이 바람직하지 못할 경우 그는 자기의 사리사욕을 자기의 이성과 양심 또는 기업과 사회의 이익에 앞세우게 되는데, 이러한 논리적 이기주의자의 이기심이나 명예욕구, 승진욕구, 공명심 등이 윤리상의 문제를 일으키게 된다.

둘째, 치열한 경쟁상황에 처하게 되면 기업은 이윤확보를 위해 흔히 비윤리적 행위를 하게 된다. 기업구성원에게 이익증대를 위한 지나친 압력을 가하여 그들로 하여금 경쟁자들도 다 그렇게 하니까 나와 우리 기업도 그렇게 하지 않을 수 없다는 심리를 불러일으키기도 하고, 비윤리적 행위를 기업활동에서의 필요악쯤으로 여기게 하기도 한다. 그리하여 결과적으로 수단 · 방법을 가리지 않는 비윤리적 행위를 유발시킨다.

셋째, 기업목표가 구성원의 가치관과 상충되는 경우에도 윤리상의 문제가 야기된다. 즉, 기업에서 구성원이 윤리적 신념상 받아들일 수 없는 목표를 추구하거나 그러한 방법을 사용하는 경우에도 윤리적 갈등이 야기되고 문제가 생긴다.

넷째, 다국적기업이나 세계기업의 경우처럼 문화적 전통이나 가치관 혹은 윤리표준이 자국과 다른 나라, 다른 사회에서 기업활동을 할 경우에도 매우 곤란한 윤리적 문제가 야기되기도 한다.

4. 기업윤리의 특징

기업윤리가 사회적 관심사로 대두된 것은 미국에서 1950년대 이후 사회가 물질적으로 풍요로워지고 일반시민의 의식수준이 높아짐에 따라 사람들이 삶의 질을 추구하게 되면서부터라고 볼 수 있다. 그런데 역사적으로 볼 때 기업윤리가 하나의 독립된 학문분야로서 본격적으로 연구되기 시작한 것은 그리 오래 되지 않아서 다른 학문분야에 비해 그 역사가 상대적으로 짧은 편이라고 할 수 있다. 즉, 기업윤리는 1960년대에 들어와서 일즈(R. Eelles), 바움하르트(R. C. Baumhart), 맥가이어(J. W. McGuire), 바텔즈(R. Bartels), 데이비스(K. Davis) 등에 의해서 본격적으로 연구되기 시작하여 하나의 독립된 학문분야로 발전하였다.[7)]

이렇듯 기업윤리의 역사는 일천하기 때문에 연구의 대상이나 방법도 아직은 명확히 정립되지 못한 실정이다. 또한, 학자에 따라서는 기업윤리와 유사한 용어를 혼용하는 경우도 없지 않은데, 여러 가지 유사한 용어가 혼용되고 있는 이유 중의 하나는 이 방면의 연구가 학문적 관점에서 비롯된 것이 아니라 현실적 중요성에서 시작되었기 때문에 상대적으로 개념의 엄밀성이 등한시된 결과라고 할 수 있다.

이와 같이 기업윤리는 학문적 역사가 일천하여 그 특징을 간단히 설명하거나 정의하기란 대단히 어렵다. 뿐만 아니라 기업윤리는 법률과 같이 정부가 제정할 성질의 것도 아니며 강제집행력을 가질 수도 없다.

따라서 기업윤리는 애매하지만 일반적으로 받아들여지는 사회윤리를 기업에 적용한 것에 불과하다. 그러므로 기업윤리는 사회가 일반적으로 용납(accept)하고 기대(expect)하는 기업행동에 관한 불문율(unwritten or customary law)에 불과하다.

이와 같이 **기업윤리는 불문율의 성격을 띠고 있으며, 명시적(explicit)이기보다는 암시적(implicit)인 성격을 띠고 있다는 점에서 그 특징을 찾을 수 있다.** 그러므로 어떤 행동이 명확히 윤리적이라든가 또는 비윤리적이라고 잘라서 판단할 수 있는 구체적인 기준 내지 지침을 제공하지는 못한다. 다만 일반적인 기준・규칙・규범만을 제공할 뿐이다.

이와 같이 애매한 성격을 띠고 있는 것이 기업윤리의 특징임에도 불구하고 우리 사회에서 기업윤리를 논의하고 기업들에게 윤리요강을 만들고 지키라고 압력을 가하는 데에는 실행적인 차원에서 문제점이 있으나 기업들이 그런 방향으로 노력하지 않을 수 없는 것이 오늘의 현실이다.

---

7) R. Eelles, *The Meaning of Modern Business*, New York: Columbia Univ., 1960.

Ⅱ. 윤리적인 기업경영과 기업윤리의 중요성

1. 윤리적인 기업경영

1) 경영환경의 변화

오늘날 경영환경은 급속한 세계화로 인해 세계 모든 기업이 동일한 평가기준을 통해 평가되어지고 있으며, 부패라운드의 등장으로 기업윤리문제가 중요한 이슈로 떠오르고 있다. 그러나 우리나라는 사회전반에 있어 기업의 부패문제와 투명성 결여문제가 매우 심각하다. 윤리지수의 국제 간 비교를 통해서 한국 및 한국기업의 윤리성 정도가 상당히 낮은 것을 알 수 있다.

1993년에 창립된 국제투명성기구(Transparency International)에서는 1995년부터 부패지수(Corruption Perceptions Index : CPI)를 발표하고 있는데, 2019년도 한국의 부패지수(CPI)는 조사대상 180개국 중 45위를 차지하였다. 그래서 혹자들은 한국을 부패공화국이라고까지 말하고 있다. 지난 1997년 말 유동성 위기(IMF)의 원인도 경영의 투명성 결여, 관리금융, 탈세, 뇌물수수, 비자금조성, 가격조작, 공해배출, 부동산투기, 부당한 금융관행, 외화도피 등 기업의 비윤리적이고 부패한 행위의 결과와 무관하지 않다고 평가하고 있다.

이러한 결과는 우리 기업들의 국제신인도를 추락시켰고 이로 인해 국제경쟁력이 낙후되어 세계 초우량기업과 경쟁하는데 커다란 장애요인으로 작용하였다. 따라서 오늘날에는 기업윤리의 중요성이 더욱 강조되고 있다.

그리고 1999년 2월 15일 OECD(The Organization for Economic Cooperation and Development)와 WTO(World Trade Organization)는 외국공무원 뇌물방지협정을 체결함으로써, 이제는 외국에서 행한 뇌물행위도 국내법에 의해서 처벌을 받게 되었다. 그리고 1995년 5월 채택된 기업경영의 투명성 강화를 위한 OECD의 기업지배원칙도 국제 간의 자본유치와 자본이동에 큰 영향을 미치게 되었다. 또한 국제공통의 기업윤리강령 제정을 위한 국제적 필요성과 더불어 1995년 8월에 미국 상무성이 발표한 윤리적 기업의 활동계획(Best Global Practice)으로 21세기 기업윤리 라운드(Ethic Round)가 시작되었던 것이다.

또한 국제경영개발원(IMD)의 국가경쟁력보고서상에 나타난 부적절한 관행, 로비,

정부투명성, 정부의 기업통제, 정치제도 개혁분야에 있어서도 경쟁 개도국에 비해 상당히 뒤떨어져 있는 것으로 나타났다. 한국이 국가차원에서 윤리성이 낮은 것과 같이 한국기업도 기업차원에서 윤리에 대한 실천의지가 약한 것으로 나타났다.

다국적기업(multi-national enterprise)의 경우, 기업윤리강령을 제정하여 이를 적극적으로 실천에 옮기고 있는 반면 한국을 대표할 수 있는 한국 그룹기업의 경우 대부분 윤리성을 이해하지만 실천의지가 부족한 모습을 보이고 있다. 또한 국제경영개발원의 국가경쟁력보고서상에 나타난 내부자거래, 기업신용도, 이사회의 윤리적 기능, 사회적 책임분야에서 15개 경쟁 개도국 중에서 7 내지 10위를 나타내고 있어 기업윤리성이 상당히 열악한 것으로 나타났다.

기업윤리(윤리적인 기업경영)는 세계화로 인해 세계의 모든 기업들에게 요구되는 사항이며, 한국기업 나아가 한국경제의 미래를 위한 필수적인 준비과제라 할 수 있으나, 현재 국내의 연구와 경영실태는 체계적으로 준비되어지지 못하고 있는 실정이다. 따라서 한국기업의 윤리경쟁력에 관한 심도 깊은 연구가 요구되고 있다. 따라서 국제경쟁력을 높이기 위해서는 세계화시대에 필요한 경쟁력 요소 중 하나가 기업의 윤리성이며, 이러한 윤리성을 제고할 수 있는 방안을 연구·개발하여 기업의 경쟁력을 제고시켜야 하며, 기업윤리교육을 통한 한국기업의 투명성 제고를 도모하여야 한다.

2) 한국기업의 윤리의식

전통적 가치와 서구적 합리성이 공존하는 한국기업의 윤리문제는 복잡하다. 기업활동이 더 이상 발전이라는 명제로 정당화될 수 없으며 이제 더 이상 파이의 크기를 키우는 일만이 모든 것을 정당화해 주는 것이 아니라 어떻게 파이를 만드는가가 더욱 중요한 관심사로 대두되고 있다.

특히 기업과 경영자의 윤리적 또는 비윤리적 이사결정과 행동은 전통사회의 가치와 관계들이 발전된 자본주의체계에 적응하지 못해서 나타나는 것인지 아니면 기본적인 풍토 자체가 윤리의식을 뒷받침할 만한 가치를 배제하고 있는 것인지를 면밀히 검토할 필요가 있다.

그러나 경영자들의 윤리적 의사결정과 행동의 유형이 어떻게 나타나고 그들의 윤리수준은 도대체 어디에 머무르고 있는가를 밝히는 일에는 그들의 가치체계 내에 배태된 주관적 기준의 파악이 전제되어야 하며 한국 경영자들이 지니고 있는 윤리가치를 통해서 기업조직의 논리와 구성원들의 행동논리를 탐구하고 해석할 필요가 있다.

한국기업의 윤리경쟁력은 경영자 개인의 윤리기준과 밀접한 관련을 갖는다. 기업윤리의 문제가 과연 개인경영자, 즉 사과 한 두 개가 썩은 것인지, 아니면 사과 상자가 온통 썩었기 때문에 기업윤리에 문제가 있는 것인지 따져보아야 한다. 그러나 한국의 기업경영자들이 지니고 있는 윤리기준은 근본적으로 이중적이며 도덕적 해이의 위험이 큰 것으로 나타나고 있다.

다시 말해 윤리적 딜레마 상황에 마주쳐 윤리적 행위로 이끄는 기준은 자신의 이익이나 윤리적 가치 또는 상사의 기준, 즉 개인적 원칙에 따르며 비윤리적 행위로 이끄는 기준은 기업과 업계의 관행을 따르려는 모습을 보이며 각기 다른 행위기준을 적용하고 있다.

따라서 한국기업의 윤리경영수준은 아직까지 걸음마 단계로 볼 수밖에 없다. 기부금 제공 등 기업의 사회공헌활동도 대부분 '사회적 압력'에 의해 수동적으로 이루어지고 있음을 부정할 수 없다. 다행하게도 최근에는 국내 기업의 윤리경영에 대한 관심이 점차 높아지고는 있다. 그러나 아직까지 윤리경영을 시급한 과제로 받아들이지는 않고 있는 실정이다.

한국기업의 윤리경영 수준이 아직도 초보단계를 면치 못하고 있다는 주장은 형식적인 기업윤리헌장이나 경영성과 극대화에만 몰두하는 경영자의 태도 때문일 것이다. 대다수의 기업들은 경영성과의 '과실'을 사회와 어떻게 나눌 것인지에 대해서는 무관심하다. 이 때문에 대량해고 등 사회·경제적 갈등이 생길 때마다 대기업에 대한 불신이 높아지고 있다.

한 보고서에 의하면 "경기변동이나 소유주가 누가 되느냐 등의 변수에 따라 기업의 기부금 액수가 달라지고 있으며 사회공헌활동도 가진 자의 자선활동이라고 생각하는 경향이 강하다"고 꼬집고 있다.

오늘날에는 회계부정 사태에서 볼 수 있듯이 기업의 경영성과가 아무리 우수해도 윤리의식이 희박하면 시장에서 신뢰를 상실해 결국 기업을 계속 유지할 수 없게 된다. 최근 국제사회에서는 '윤리라운드'(윤리문제를 다루는 다자간 협정)를 추진하고 있다. 따라서 이제 비윤리적 기업경영이 국제적 무역제재의 대상이 되게 되었다.

이제 기업은 윤리경영의 도입이 경영성과와 직접 연결되며 사회공헌활동은 시혜(施惠)가 아니라 사회적 투자에 해당된다는 점을 명심해야 한다. 그리고 기업의 사회공헌활동을 활성화하기 위해 기부금에 대한 세제혜택의 확대나 정부조달, 발주사업 입찰에서는 윤리경영을 실천한 기업에 대해 우대하는 등의 정부조치가 있어야 할 것이다.

지금까지 대부분의 경영자들은 윤리적 문제가 개인의 양심과 관련된 개인 고유의 문제라고 간주해 왔다. 예를 들어, 직원 중 한 사람이 부도덕한 행위를 저지른 경우 경영자들은 그를 비윤리적인 사람이라고 생각은 하지만, 경영자 또는 기업이 그의 행위에 대한 책임을 져야 한다고 생각하지는 않았다. 즉, 윤리적 문제와 경영은 별개의 것으로 생각했다.

그러나 이제 경영자들은 직원들의 윤리문제에 관심을 갖지 않을 수 없게 되었다. 최근 한 보고서에 따르면, 기업 안팎에서 발생하는 직원들의 비윤리적 행동은 그 행위를 저지른 개인의 성격적 문제보다는 **기업의 조직문화와 관련된 경우가 많다는 것이다.** 예를 들어, 직장 내에서의 여직원에 대한 가벼운 성적 희롱 및 학대행위는 그 사람의 개인적인 성격에 큰 문제가 있다기보다는 대부분 기업의 조직풍토와 관련되어 있다. 즉, 조직문화를 결정하는 직원들의 가치관·태도·신뢰도·말씨·행동양식 등은 조직구성원의 윤리문제와 깊은 관련이 있다.

따라서 기업윤리 문제는 개인의 문제로 국한되는 것이 아니라 조직 전체적인 문제로 확대시켜야 한다는 것이다. 더욱이 최근의 정부지침에 의하면, 직원들의 윤리적 행동을 장려하는 제도가 기업 내에 마련되어 있지 않거나 경영자가 직원들의 윤리의식을 개선시키려는 노력이 부족할 경우, 기업 및 경영자에게도 책임을 묻는다는 것이다.

경영자는 건전한 기업윤리를 세우고 건전한 조직풍토를 창조하는 역할도 담당해야 한다. 왜냐하면 기업이 건전하면 대외관계가 향상되고 평판이 좋아져 성공적인 기업이 될 수 있기 때문이다. 더욱이 최근에는 윤리문제를 등한시 할 경우, 법적 소송에 휘말려 경영자뿐만 아니라 기업에도 큰 피해를 안겨줄 수 있다.

최근 미국 연방정부의 지침서에 의하면, 사내에서 비윤리적인 문제가 발생할 경우 가해자 본인뿐만 아니라 소속기업에도 유죄판결을 내릴 수 있다고 한다.

이 판결지침서는 위법행위에 대한 책임을 기업이나 경영자에게도 부과시킴으로써 기업과 경영자가 사전예방을 위하여 노력하도록 촉구하기 위한 것이다. 실제로 소송이 제기되었을 때, 기업이 사전예방을 위하여 얼마나 노력했는지의 여부에 따라 기업에 대한 벌금액수가 달라진다.

이와 같은 지침서에 자극되어 많은 기업들은 서둘러 자체적인 윤리규정을 만들었다. 사내윤리규정은 기업의 고문변호사들에 의하여 만들어 졌으며 위법사항의 사전예방 및 적발 그리고 처벌을 목적으로 하고 있다. 조직구성원들에게 윤리강령을 제시함으로써 어떤 행동이 위법인지를 규정하고 있다. 기업들은 또한 윤리적인 조직풍토를 조성하기 위하여 처벌위주의 정책보다는 좀 더 적극적인 방법을 강구하기도 한다.

기업들은 깨끗한 조직을 만들기 위해 자체적인 처벌 및 권장제도를 도입하고 있을 뿐만 아니라 경영자책임 제도를 도입하고 있다. 이와 같은 깨끗한 기업 만들기 전략은 기업마다 형태는 다르지만 기업이 지향하는 가치관·이상·사고 및 행동체계 등 근본적인 문제에 대해서 대체로 합의가 이루어지고 있다. 그러나 기업들은 깨끗한 기업 만들기 전략이 매일의 영업활동을 위축시키지나 않을지 고심하고 있다.

다시 말해 기업들은 직원들의 활동을 위축시키지 않으면서 깨끗한 기업을 만들 수 있는 방법에 관심이 높다. 이를 위해서는 평소에 도덕적 사고와 행동을 유발시킬 수 있는 조직문화를 형성하는 것이다. 이와 같은 조직문화가 형성되면 윤리문제 같은 것은 더 이상 기업에 짐이 되지 않으며 오히려 기업에 긍정적인 효과를 주게 될 것이다.

3) 윤리경영에 대한 사회적 관심

돌이켜 보건대, 우리나라 기업들은 1960년대부터 1980년대 중반까지 성장위주의 정책적 뒷받침을 받으면서 고도성장의 대로를 달려 왔다고 볼 수 있다. 그러다가 1987년의 소위 6·29선언을 전후하여 정치·경제·사회적으로 민주화의 소용돌이가 일어나면서 성장위주 기업경영의 여러 가지 병폐가 표출되었고, 1997년 말 IMF 사태를 맞으면서 기업의 윤리성과 사회적 정당성에 대한 의문과 비난의 소리는 크게 증폭되어 기업의 윤리성 문제가 사회적으로 크게 부각되었다고 볼 수 있다.

이처럼 기업윤리에 관한 사회적 관심이 일찍이 볼 수 없었던 높은 수준으로 고조된 원인은 여러 가지가 있겠지만, 그 중에서 특히 다음과 같은 것들을 지적할 수 있다.

첫째, 기업의 규모가 커지고 사회전반에 걸친 영향력이 증대됨에 따라 기업의 사회성이 비례적으로 증가되었다.

둘째, 사회전반의 생활수준과 의식수준이 높아짐에 따라 사람들이 생활의 질을 추구하게 되고 자연과 환경의 보전에 대한 관심과 요구가 증대되었다.

셋째, 기업의 윤리적 경영활동과 사회적 역할수행에 대한 사회전반의 요구와 압력이 커졌다.

넷째, 기업의 핵심자원이 물자에서 인간으로 바뀌게 되어 물자중심의 경영에서 인간중심의 경영으로 이행하게 됨에 따라 기업구성원의 윤리의식 제고의 중요성 이 더욱 증대되었다는 사실을 지적할 수 있다.

이제 기업의 윤리적 경영이라는 문제는 도의심이나 시혜(施惠)의 차원을 넘어서 기업 자체의 존속과 발전의 필요조건이라는 차원에서 인식하지 않으면 안 되게 되었다. 결국 이것은 기업이 사회의 규범과 가치관 및 여론을 적극적으로 수용해야 할 당위성이 증대되었음을 의미하는 것이기도 하다.

그러나 우리나라의 기업들은 선진국 기업들이 장기간에 걸친 산업화과정에서 밟아온 경영가치관의 변천과정을 거치지 못했고, 또한 공익과 사익의 조화라는 문제에 대한 사회적 학습이 제대로 이루어지지 못했다. 따라서 기업의 경제적 목적과 비경제적 목적 간의 상충관계를 조정할 수 있는 준거체계를 미처 마련하지 못한 상태에서, 사회의 복지와 공동선(共同善)의 증진에 적극적으로 공헌할 것과 높은 수준의 윤리성을 유지할 것을 사회로부터 강력히 요청받고 있는 실정이라고 할 수 있다. 다시 말하면 기업의 사회성 증대에 따른 공익성・공공성과 본래의 영리성・수익성을 어떻게 조화시키느냐가 중요한 과제로 등장하고 있는 것이다.

따라서 21세기에는 선한 기업(Good Company)을 만들기 위한 노력이 전개될 것이며, 기업윤리의 중요성은 더욱 강조될 것이다. 여기서 말하는 선한 기업이란 ① 사회적 가치를 창조하는 기업, ② 이익의 질을 중요시하는 기업, ③ 사회의 일원인 시민기업, ④ 인간성을 존중하는 기업, ⑤ 환경친화적인 기업, ⑥ 기업지배구조가 건전한 기업, ⑦ 전사적 윤리기업 등을 의미한다.

즉, 21세기 선한 기업이 되기 위해서는 다음과 같은 조건을 갖추어야 한다.

- 사회적 가치창조가 기업의 근본목적이 되어야 한다.
- 종업원을 비용으로 인식하지 않고 자산으로 인식하는 인간성 기업으로서 복지 향상에 기업목적을 두어야 한다.
- 환경친화적인 기업으로서 Reduce, Reuse, Recycle, Recreate 등이 실천되어야 한다.
- 이익을 중요시하는 기업으로서 재무제표, 환경보고서, 윤리감사보고서가 정직하게 만들어져야 한다.
- 시민기업으로서 사회적 책임을 다하는 기업이 되어야 한다.

4) 윤리적 기업경영에 대한 요구와 압력

오늘날 기업경영에서 윤리적인 경영활동에 대한 요구와 압력은 날로 가중되고 있다. 이는 다음과 같은 이유에서 비롯되었다고 볼 수 있다. 즉, 현대기업은 윤리적인

경영활동으로,

첫째, 기업의 경쟁력을 제고시켜야 한다.
둘째, 사회적 가치를 창조하는 기업이 되어야 한다.
셋째, 사회의 일원인 시민기업이 되어야 한다.
넷째, 근로생활의 질(Quality of Working Life)을 향상시켜야 한다.
다섯째, 환경친화적인 기업경영을 해야 한다.
여섯째, 건전한 기업지배구조를 가져야 한다.
일곱째, 자유시장경제체제를 유지 · 발전시켜야 한다.

오늘날 기업경영에서 윤리적인 경영활동이 중시되고 있는 것은 위에서 언급한 일곱 가지 요인 외에도, 21세기 기업환경변화에 대응하기 위한 기업의 사회적 신뢰회복을 위한 노력과 뇌물방지법의 영향, 기업지배구조에 대한 인식의 변화, 비윤리적 행위로 인한 손실개선 등과 같은 국내 경영환경 변화에서 뿐만 아니라 세계무역기구(WTO)의 출범, 그린라운드(GR), 공정경쟁(부패)라운드(CR), 윤리라운드(ER) 등에 대처하기 위한 노력에서도 인식할 수 있다.

(1) '범세계 윤리'의 도입

21세기는 윤리의 시대(The Era of Ethics)이다. 새로운 세계질서의 구축과 고도로 발달한 기술에 대한 통제수단의 일환으로써 범세계적인 윤리도입의 필요성이 강력히 제기되고 있다. 복잡한 기업업무와 경영환경의 급속한 변화로 가중되고 있는 위험을 효과적으로 관리하기 위하여 선진 우량기업들은 임직원의 의사결정과 행동에 관한 윤리를 도입하여 기업윤리시스템을 위험 보완장치로 활용하고 있다.

세계경제기구, 즉 UN 및 TI에서는 공정경쟁(부패방지)라운드를 전개하고 강화시킬 것이며, OECD의 '뇌물방지협약' 체결에 대하여 우리도 '국제상거래뇌물방지법'을 제정하였다. 또 OECD는 '공직사회 윤리인프라'(Ethics Infrastructure)구축을 추진하였고, 선진국들은 윤리를 국가기반시설로 보고 있으며, 이를 통해 국가경쟁력 향상을 꾀하고 있다. 따라서 향후에는 기업윤리를 자본주의 시장경제체제의 척도로 이용할 것이라 판단된다.

여기서 최근 미국에서 전개되고 있는 기업윤리 강화 및 윤리적인 환경변화의 내용을 살펴보면 다음과 같다.

- 해외부패방지법(The Foreign Corrupt Practices Act, 1997)의 제정
- 정부윤리법(The Ethics in Government Act, 1978)의 실시
- 연방조직범죄 판결지침(The Federal Sentencing Guidelines, 1991) 적용
- 새로운 내부통제제도의 도입(1992)
- 기업윤리원칙모델(Model Business Principles)의 권고(1995)
- 내부비리고발자보호법(양심선언자보호법)(Whistle-Blower Protection Act)의 제정
- 부정청구법(The Federal false Claim Act)의 제정

오늘날 미국은 기업윤리강화를 통하여 기업의 경쟁력을 제고시키려는 경제정책을 강력히 추진하고 있으며, 국제경제기구를 통해 '부패방지라운드'를 주도하고, OECD 뇌물방지협약이 실행되도록 회원국들에게 「국제상거래뇌물방지법」을 제정하여 시행할 것을 권고하고 있다.

(2) 부패방지(공정경쟁)라운드의 추진

부패라운드란 부패를 막아 국가 간에 공정한 무역질서가 확립될 수 있도록 하기 위해 이루어지는 다자 간의 협상노력을 말한다. 부패를 막기 위한 국제사회의 분위기는 높아지고 있고 선진국이나 개도국들은 저마다 부패를 규제하는 규범들을 가지고 있다. 부패라운드는 주로 선진국이 주도하고 있는데 그 중에서도 미국이 가장 중요한 역할을 하고 있다.

예컨대 미국기업의 국제적 부패사건이 터지면서 미국은 해외부패방지법을 제정하였다. 또한 경제협력개발기구(OECE) 회원국들에게 "국제상거래에서 뇌물에 관한 OECD이사회 권고"를 채택하게 하여 부패규제에 대한 의지를 보였다. 미국을 비롯한 선진국들이 국제 간 거래에서 건전하고 투명한 경쟁을 위해 추진히었던 구체적인 '부패방지라운드'의 내용을 보면 다음과 같다.

① OECD

- OECD뇌물방지협약체결(1997. 12.)
- 회원국들은 국제상거래뇌물방지법을 제정하여 시행(1999. 2. 15)
- '공직윤리관리원칙'을 OECD권고안으로 채택(1998. 4.)
- '공직사회 윤리인프라' 구축을 추진하고 있다.

② ICC

- 국제상거래상의 금품강요와 뇌물수수방지에 관한 행동규칙 발표(1996. 7.)
- OECD 및 WTO의 관련규정과 연계활동 추진

③ UN(국제연합)

- '국제상거래에 있어서 부패와 뇌물에 관한 선언문' 채택(1996. 12.)
- 세계 각국 공직자를 위한 행동강령으로 권고하고 있음.

④ WTO(세계무역기구)

- 정부조달의 투명성을 위한 협정체결(1996. 1.)
- 우리나라는 1997년 1월 1일부터 이행하고 있음.

⑤ TI(국제투명성위원회)

- 비정부기구인 TI는 국제 반부패회의를 주최하여 1995년을 '세계 반부패의 해'로 지정하고 매년 국가별 청렴도를 발표하고 있다.

우리나라 부패인식지수(CPI) 연도별 변동 추이 (단위 : 점, 국가수, 순위)

		2009	2010	2011	2012	2013	2014	2015	2016	2017	2018
CPI	점수	5.5	5.4	5.4	56	55	55	54	53	54	57
	조사대상국	180	178	183	176	177	175	168	176	180	180
	순위	39	39	43	45	46	44	43	52	51	45
OECD	회원국	30	33	34	34	34	34	34	35	35	36
	순위	22	25	27	27	27	27	28	29	29	30

자료 : 국제투명성기구, 통계청 '아이엠피터'(CPI점수는 2012년 이후 100점 만점으로 변경)

우리나라는 '국제상거래뇌물방지법'을 제정(1999년 2월15일 시행)하여 법인이 해외에서 뇌물의 제공으로 형사상의 처벌을 받을 경우, 해당 기업은 정부조달 구매 입찰 제한 등의 불이익을 받도록 하였다. 법인의 형사처벌 면책을 위해서는 '국제상거래뇌물방지법'을 준수할 수 있는 '효과적인 준법시스템'을 구축하여 실행하여야 한다. 법인의 직원이 대표이사 또는 상급자가 인지하지 못한 상태에서 외국공무원에게 뇌물을 제공할 경우에도 법인은 형사처벌을 받기 때문에 자기단속을 강화할 수 있는 시스템의 구축이 절실히 요구된다.

오늘날 강화되고 있는 부패라운드에 우리 기업들이 효과적으로 대처하기 위해서는 기업윤리시스템이나 내부통제시스템을 구축하고 윤리적인 조직풍토를 조성하여 건전한 경쟁력을 확보할 수 있도록 해야 할 것이다.

2. 기업윤리의 중요성

1) 현대사회와 기업윤리

현대사회에서 기업윤리는 조직구성원에게 행동의 규범을 제시할 뿐만 아니라 건전한 시민으로서의 인간의 윤리적 성취감을 충족시켜 주기도 한다. 또한, 기업활동에 대해 어떤 것이 윤리적이고 어떤 것이 비윤리적인지를 알게 하며, 부도덕적인 부패행위 등을 구분할 수 있게 함으로써 사회의 이득이 되는 행위의 기준을 제시할 뿐만 아니라 기업내부의 구성원, 즉 최고경영자로부터 관리자, 종업원에 이르기까지 행동에 대한 올바른 판단기준을 제시함으로써 구성원의 심리적 갈등을 완화시켜 주며, 만족감과 성장·발전을 저해하는 문제점 등을 해소시켜 주기도 한다.

따라서 현대사회에서 기업윤리의 중요성은 다음과 같은 여러 가지 측면에서 찾을 수 있다.

첫째, 기업윤리는 기업의 무절제하고 비윤리적인 방법에 의한 이윤추구 행위를 적절히 규제 혹은 순화시켜 준다는 측면에서 그 중요성을 찾을 수 있다. 물론, 어떻게 해서든지 될수록 많은 이윤을 획득하지 않으면 안 된다는 것은 치열한 경쟁 속에서 기업이 살아남기 위한 숙명적 과제라고 할 수 있다. 또한 자유기업체제의 관점에서 볼 때 기업의 극대이윤추구는 정당한 것일 수도 있다.

그러나 이러한 무한정한 극대이윤추구는 사회의 공익성·공공성과 상충되어 윤리적 문제를 야기하게 된다.

자본주의사회가 기업에 자유로운 이윤추구를 허용하고 있는 것은 이윤추구 그것 자체가 정당성을 가지고 있기 때문이라기보다 이윤을 획득함으로써 사회에 유용한 재화나 서비스를 제공할 수 있기 때문이라고 보아야 한다. 이것이 자본주의의 이념이며 기업윤리의 기초가 된다고 할 수 있다. 그러므로 기업의 이윤추구는 사회적으로 용인되고 수용될 수 있는 범위 안에서 이루어져야 할 것이다.

이러한 맥락에서 볼 때, 기업윤리는 기업으로 하여금 영리성·수익성을 공익성·사회성과 조화시킬 수 있도록 도와주고 촉진시켜 주는 역할을 한다고 볼 수 있다.

즉, 일반적으로 윤리 또는 사회적 규범이 사람들의 무절제하고 충동적인 행동을 적절히 규제해 주듯이, 기업윤리도 기업의 무절제한 이윤추구 행위를 규제해 준다. 그리하여 기업으로 하여금, 자원과 환경의 보전 등 사회일반과 이해관계자 집단의 다양한 요구나 기대도 함께 고려하여 사회 속의 기업으로서 경제적 성과를 사회와 공유할 수 있도록 유도해 준다고 볼 수 있다.

이처럼 기업윤리는 기업으로 하여금 동기로서의 이윤보다 결과로서의 이윤을 추구하고, 순수한 사적 이익보다 계몽된 사적 이익을 추구하도록 유도하고 촉구한다는 면에서 기업윤리의 중요성을 찾을 수 있다.

둘째, 실리적 측면에서도 그 중요성을 찾을 수 있다. 오늘날처럼 정보체계가 발달되고 기업과 사회 간의 상호작용 내지 상호의존성이 심화된 사회에서는, 기업의 성장과 발전은 사회로부터 받게 되는 신뢰도에 크게 의존한다고 볼 수 있다.

그러므로 장기적으로 볼 때, 한 사회에서 윤리·도덕적인 규범을 잘 지키는 사람은 그 사회에서 존경과 신뢰를 받게 되는 반면에, 비윤리적이고 부도덕한 사람은 그 사회로부터 인정을 받지 못하고 사람대접을 받을 수 없는 것처럼, 높은 수준의 윤리성을 유지하는 기업은 사회로부터 두터운 신뢰와 좋은 평판을 얻어서 성장·발전할 수 있을 것이다.

그러나 부도덕하고 비윤리적인 기업은 사회에서 존립할 수 있는 기반을 상실하게 될 것이다. 이렇게 기업이 높은 수준의 윤리성을 유지한다는 것은 단기적으로는 기업의 부담이 될 수도 있겠으나, 장기적인 안목으로 볼 때에는 대내외적으로 호의적인 관계를 형성하고 좋은 평판을 얻게 되어 결과적으로 기업의 신뢰성을 높여주고 수익성·성장성·안정성도 증대시켜 줄 것이다.

실제로 높은 기업윤리수준을 유지하는 기업이 상대적으로 급속한 성장과 발전을 이룩하고 있다는 연구결과도 있어서,[8] '윤리는 결과적으로 이득이 된다'(ethics does pay)든지, '윤리를 잘 지키는 것이 바로 사업을 잘하는 것'(good ethics means good business)이라는 주장을 뒷받침해 주고 있다.

셋째, 사회비용의 증가, 이해관계자 집단의 압력 및 여론의 지탄을 예방한다는 측면에서도 기업윤리의 중요성을 찾을 수 있다. 기업이 비윤리적 경영활동을 하게 되면 사회적 불신과 지탄의 소리가 높아지고 그러한 비윤리적 경영활동을 규제하는 각종 법규가

---

8) T. Peters and R. Waterman, *In Search of Excellence*, New York : Harper & Row, 1982. ; W. Ouchi, *Theory Z*, Reading, Mass. : Addison-Wesley, 1981. ; 한국경제정의연구소, 경제정의 성과로 본 우량기업 평가, 서울 : 경실련, 1993.

많아지게 될 것이다. 그렇게 되면 그러한 법규를 준수해야 하는 기업이나 비윤리적 경영을 규제·감독하는 정부의 비용이 증가하게 되어 결과적으로 전반적인 사회비용의 증가를 가져오게 된다. 그러므로 기업이 높은 수준의 윤리성을 유지함으로써 이러한 사회비용의 증가와 이해관계자 집단의 압력 또는 여론의 지탄을 사전에 예방할 수가 있다.

다른 한편, 비윤리적 경영활동으로 일단 사회적 신뢰와 평판이 실추되면 그것을 다시 회복하기 위해서는 막대한 비용과 노력이 필요하게 된다. 그러므로 애당초부터 높은 윤리성을 유지함으로써 그러한 비용과 노력의 부담을 사전에 방지할 수 있는 것이다.

넷째, 기업윤리는 기업 자체의 존립과 발전의 필요조건이 된다는 점에서 그 중요성을 찾을 수 있다. 무릇, 기업이라는 것은 자원을 활용하여 생산활동을 함으로써 이윤을 획득하도록, 달리 말하면 일종의 사업권을 사회로부터 위임 내지 허가받았기 때문에 존재한다고 보아야 할 것이다.

다시 말해 기업은 그 능률성과 합리성으로 인해서 사회로부터 경제적 기능을 위임받았다고 보아야 한다. 그러므로 기업은 그 위임받은 바를 충실히 수행해야 하며, 동시에 사회의 한 구성인자로서 사회의 가치규범을 준수할 의무가 있는 것이다. 이것이 기업과 사회 간의 계약 혹은 사회적 계약이라고 할 수 있는 것이다.[9)]

이렇게 볼 때, 기업의 윤리성 제고에 대한 사회적 요구는 사회가 기업에게 사업권 혹은 경제적 기능을 위임 내지 허가해 준 데 대한 일종의 반대급부적인 요구라고 볼 수 있을 것이다.

여기에서, 사회가 기업에게 일종의 사업권을 허가 내지 위임한 것은 기업활동이 근본적으로 공정하고 윤리적이며 사회의 공동선에 기여하는 것이어야 한다는 것을 전제로 하고 있다고 해석해야 될 것이다. 따라서 만일 기업이 사회의 장기적 이익과 공동선을 저해하는 비윤리적인 방법으로 자기이익만을 추구할 경우에는, 사회는 언제든지 그 사업권을 기업으로부터 되돌려 갈 수 있다고 보아야 한다.

바꾸어 말하면 기업이 사회적 양식이 요구하는 윤리수준을 유지할 경우에만 사회적 정당성을 얻게 되고, 사회의 인정을 받아서 계속기업(going concern)으로서 계속 발전할 수 있게 되는 것이다.

이와 같이 현대사회에서 기업윤리의 준수는 단지 도의심이나 시혜적 차원의 문제

---

9) G. A. Steiner, *Business and Society*, 2nd ed., N.Y.: Random House, 1975, p. 8.

가 아니라 바로 기업존립의 필요조건과 기반이 되는 것이다.

다섯째, 인적자원관리와 생산성 향상의 측면에서도 기업윤리의 중요성을 찾을 수 있다. 구성원 개인의 양심이나 윤리적 신념에 반대되는 행동이 강요되는 경우와 같은 비윤리적 기업에서 일하는 구성원은 윤리적 갈등과 스트레스를 받아 노동의욕을 상실하게 될 것이고, 이직률도 높아질 것이다. 반면에 구성원의 가치관과 양심에 반대되는 부도덕한 행위가 강요되지 않으며, 정당한 대우가 보장되는 등 높은 수준의 윤리성이 유지되는 기업에서 일하는 구성원들은 심리적·정서적인 면에서 만족감과 안정감을 느끼게 되어 기업에 대한 귀속의식과 애착심이 강화되고 이직률도 자연히 저하될 것이다. 뿐만 아니라 자신들이 그러한 기업에 근무하는데 대해 뿌듯한 자부심과 보람을 느끼게 되고 사기가 진작되어 생산성이 향상될 것이다.

이렇게 기업이 높은 수준의 윤리성을 유지한다는 것은 기업과 기업구성원, 그리고 사회 모두에게 이득을 주는 결과(win-win situation)를 가져올 것이다.

여섯째, 윤리적 환경의 창조라는 수동적 성격과 아울러, 역으로 내외환경에 큰 영향을 미쳐서 환경을 변화시키고 나아가서 환경을 창조하는 동태적 성격도 지닌다. 즉, 기업의 이념 혹은 윤리수준에 큰 영향을 미쳐서 그것을 혁신시키기도 한다. 이렇게 기업은 대외적인 환경형성의 주요 요인이 되는 것이다. 이런 측면에서 기업에는 엄격한 윤리성이 요구된다. 달리 말하면 윤리적 환경을 창조하는 데 이바지할 책임이 기업에도 있다고 보아야 할 것이다. 이러한 측면에서도 기업윤리의 중요성을 찾을 수 있다.

일곱째, 기업윤리는 21세기에 강화되고 있는 국제적인 윤리라운드에 대응하고, 국제적인 신뢰수준을 향상시켜 국제경쟁력을 제고시켜 준다.

오늘날 기업윤리가 사회에 중요한 이슈로 등장한 이유는 무엇일까? 현대사회에는 기업을 둘러싼 수많은 이해관계자 집단이 존재하며, 기업과 관련된 사회적·경제적 이슈들이 증대하고 있다. 특히 한국기업은 기업윤리적인 측면에 존재하는 여러 가지 문제점으로 인하여 그 주요한 역할에도 불구하고 일반대중의 비판의 대상이 되어 왔다.

우리 사회는 해방 이후 오늘에 이르기까지 자유민주주의와 시장경제체제를 지향해 왔지만, 제대로 실행할 만한 경제적·정신적 토대를 가지지 못한 것도 사실이다. 자유민주주의와 시장경제체제는 구성원들에게 많은 자유와 권리를 부여하지만, 동시에 규율의 준수와 그에 따르는 책임을 요구하게 되며 아울러 공정한 경쟁을 요구하게 된다. 따라서 학연, 지연, 혈연, 인맥 등 경쟁원리와는 본질적으로 거리가 먼 환경요인에 의해서 경쟁이 제한되는 관행과 제도는 타파되어야 한다.

한국의 도덕적 현실을 놓고 볼 때, 우리 사회의 각계각층이 윤리적 삶을 기본적 과제로 삼아야 된다는 것은 분명해진다. 근본적으로 절차적 정의를 준수하지 않는 기업활동을 방치하는 것은 시장경제체제의 자기모순을 심화시키는 결과를 낳을 뿐이다. 따라서 우리는 기업이 윤리적으로 운영되는 것을 연구하기 위한 기업윤리의 필요성이 요청된다.

2) 21세기 새로운 기업경영 환경

21세기 기업경영에서 윤리가 중요한 이슈로 등장하고 있는 이유는 무엇일까? 이에 대한 해답은 다양한 측면에서 다양하게 논의될 수 있겠으나 대체로 다음과 같은 이유에서 그 해답을 찾을 수 있다.

첫째, 미래학자들은 향후 펼쳐질 미래사회를 고도로 발달한 기술과 정보통신산업이 주도하는 정보화사회, 지식기반사회로 예측하고 있다.

여기서 미래사회를 주도할 기술(technology)이 잘못 쓰여 질 경우에는 인류에게 엄청난 재난을 줄 가능성이 있으므로 고도의 기술(high technology)을 통제할 수단으로써 '기업윤리'를 중요한 개념으로 다루고 있는 것이다. 또한 이들은 공산주의의 몰락과 함께 종식된 냉전시대 이후 새로운 세계질서 구축을 위하여 전세계인에게 보편적으로 적용할 수 있는 '범세계 윤리'에 대하여 논의하고 있다.

둘째, 선진국들은 '기업윤리'를 국가의 기반시설로 인식하고 있으며 여기에서 선진국의 건전한 경쟁력이 나온다. 경제선진국들의 모임인 OECD에서 '국제상거래 뇌물방지' 협상을 마무리 짓고 이제는 '윤리 인프라'(ethics infrastructure)에 대하여 논의하고 있다. 이제 세계경제 무대에서는 건전하고 공정한 경쟁시장이 펼쳐지게 될 것이다.

셋째, 세계적인 유수한 언론사를 회원사로 두고 지구촌 언론의 공통 관심사와 인류 보편적 과제를 공동취재 하는 「World Media Network」는 21세기 세계흐름을 주도할 127개의 Power를 지닌 백악관, 다국적기업, 국가주의, 국민주의를 대신하여 미래에는 자본의 황금시대에 매머드 자본을 소유한 '기업 Power', Green Peace를 중심으로 한 초국가적 '시민 Power', Global Media를 소유한 '초정부 Power', Global 문화 레포츠를 구가하는 '소비 Power'가 등장하여 세계를 주도할 것으로 예측하고 있다.

이들은 지금의 세계를 Power의 세대교체가 진행되는 시기로 파악하여 미래 기업에 대한 전망 및 역할에 있어 앞으로는 정부가 국가의 권력중심으로부터 밀려 나고

위의 Power Group이 사회를 주도하게 될 것이며, 특히 기술, 지식, 정보, 그리고 자본을 소유한 '기업 Power'가 인류에게 상당한 영향을 끼치게 될 것으로 예측하고 있다.

이러한 시대에 세계를 시장으로 하는 미래 기업은 국가, 인종, 문화 등의 다양성을 포함하고 인류에게 지도력을 발휘할 수 있어야 하며, 이를 위하여 미래 기업은 인류복지증진과 새로운 세계질서에 기여할 수 있는 '기업철학과 기업윤리'를 필수적으로 정립하여야 한다.

이러한 내용의 논의가 다양한 국제모임에서 범세계 윤리(global ethics)와 기업윤리(business ethics)를 중심으로 활발히 진행되고 있다.

위와 같이 '기업윤리'를 매우 중요한 개념으로 다루는 세계적인 움직임, 특히 선진국들을 중심으로 하는 세계경제가 국제교역시장에서 '부패방지 라운드'를 활발하게 추진하는 상황은 모든 국가에게 '기업윤리'를 필수적으로 갖추지 않으면 생존할 수 없는 상황으로 몰고 있다. 이러한 시대적 상황에서 펼쳐지고 있는 21세기를 '윤리의 시대'(the era of ethics)라고 보는 것이다.

우리나라도 이제는 선진국들이 강력히 추진하고 있는 것처럼 모든 국가 구성조직이 조직윤리(organization ethics)와 실행시스템(compliance system)을 신속히 갖추어야 한다. 조직윤리란 국가를 구성하는 모든 조직이 '윤리적이고 합법적인 활동'(ethical and legal activities)을 해야만 하는 '윤리실행시스템 구축과 실천'을 말한다. 이를 통하여 우리 사회는 윤리와 준법, 그리고 절차적 정의(procedural justice)와 신뢰기반을 갖추어야 할 것이다.

3. 사회적 이슈로서의 기업윤리

과거와는 달리 오늘날에는 기업 전체의 윤리수준이 대단히 높아졌다고 본다. 대규모 기업일수록 그리고 제조 기업일수록 특히 더 그렇다. 그럼에도 불구하고 기업윤리가 하나의 사회적 이슈로서 계속 대두되고 있고, 이에 대해 기업계가 긍정적인 반응을 보이고 있는 이유는 무엇일까?

첫째, 과거와는 달리 오늘날 기업이나 기업경영자가 의사결정을 할 때는 의사결정 자체의 경제적 합리성뿐만 아니라 그 배후에 깔린 윤리적 판단까지도 중요시해야 한다고 사회가 바라고 기대하기 때문이다.

기업은 사회제도의 일부이니 만큼 제대로 된 기업인들과 경영자들은 주요 의사결정의 경제적 측면을 그 사회적 귀결(social consequences)로부터 고립시킬 수 없다는 것을 잘 알고 있다. 그러므로 그런 경영자들이 제한된 정보를 가지고 제한된 시간 내에 의사결정을 할 때에 그 결정의 경제적 · 사회적 귀결에 대해 최선을 다해 평가하고 결론에 도달하려고 노력하는 것은 그들 스스로도 윤리적 판단을 중요시하는 것으로 보아야 한다.

둘째, 국민경제에서 기업이 차지하는 역할 · 기능 · 비중 등이 확대되고 있어서 기업이 사회전반에 미치는 영향 역시 증대되고 있기 때문이다. 특히 영향력이 막강한 대기업들의 경우 그 소유 · 경영권이 소수의 대주주에게 집중되어 있어 그러한 힘이 바람직하지 못한 방향으로 작용할지도 모른다는 사회의 우려도 기업윤리를 제고하도록 하는 계기가 되고 있다.

셋째, 투기꾼들과 일부 기업이나 기업인이 몰지각하게 방임적이고, 반사회적인 행동을 해 오면서 정경유착의 혐의를 받아 왔기 때문에 사회구성원들로부터 기업 전체가 비윤리적 행동을 일삼는 것같이 매도되는 경향이 있어서 정통성을 지닌 기업계는 이제 스스로 정화하고 기업윤리를 제고해야 할 처지에 놓였다.

넷째, 많은 기업들과 최고경영자들은 공개적으로 기업의 윤리성 · 도덕성을 논의하고 논리적인 비판과 제의를 받아들이며 실천으로 옮기는 등 사회의식이 높아지고 성숙되어 있다는 데서도 그 이유를 찾아볼 수 있다. "기업의 윤리성 확보를 위해서는 기업 스스로의 도덕성 회복과 함께 국민들의 철저한 비판이 있어야 한다. 기업윤리가 회복될 때 기업에 대한 비판이 사라진다."는 소신이 최고경영자들의 높아진 사회의식과 성숙도를 단적으로 반영한다고 본다.

다섯째, 기업들은 경영다각화 · 대형화 · 국제화 등의 전화(轉化)과정을 거듭하고 있어 점증적으로 전문가정신(professionalism)을 발휘하는 전문경영자들에 의해 경영되고 있다. 이들이 받은 교육 · 의식구조 · 가치관 등이 옛날의 소상인과 달라서 개인적 이득이나 기업체 이익만을 위해 마구 행동할 수 없게 윤리의식이 성숙되어 있기 때문이다. 사회 역시 전문경영자들이 소상인과 같이 행동하는 것을 용납하지 않기 때문이다.

여섯째, 윤리적인 기업일수록 성장과 발전이 보장된다. 반대로 말하면 비윤리적인 기업이나 경영자들이 스스로 쇠퇴를 초래함을 뜻한다. 경영자들의 올바른 사고와 신조 및 연구조사에 의해 밝혀진 실증도 기업윤리의 논의와 제고를 고무시키고 있다. 또한 그렇게 하지 않고서는 기업에 대한 일반대중의 불신감을 씻어 버리고 기업의 이미지를 개선시키기 어렵기 때문이다.

일곱째, 최근 우리나라에서는 어느 분야나 과제를 막론하고 전혀 다르게 전매특허나 낸 것처럼 애매한 말로만 민주화 · 민족 · 통일 · 민생 그리고 윤리성과 도덕성까지 강조하면서 설익은 지식과 편견으로 논리와 설득력이 결여된 일방적인 주장으로 어떤 체제나 집단 또는 기구의 의사결정과 행동을 마구잡이로 매도하는 등 매우 유감스러운 현상이 벌어지고 있다.

기업과 그 윤리성에 대한 메스미디어의 보도, 출판물에 실린 글, 일부 정치인과 이익단체의 발언 등에서도 위에 지적한 현상과 같거나 비슷한 패턴을 발견할 수 있다. 그 중에는 이념적 또는 기타 이유로서 기업뿐만 아니라 자유기업제도 자체에 대해서까지 비판하고 더 나아가서 붕괴시키려는 무리도 있는 것으로 본다. 이들 세력의 득세를 막고 자유기업제도를 건전하게 유지 · 발전시키기 위해서도 기업계는 기업윤리를 제고시킬 필요가 있는 것이다.

Ⅲ. 기업윤리에 영향을 미치는 요인

1. 정치 · 사회윤리

기업계와 개별기업체의 윤리기준에 영향을 미치는 가장 중요한 환경요소는 정치 · 사회윤리이다. 오늘날과 같이 급변하는 사회에 있어서 사람들의 사고방식 · 가치관 · 태도 · 판단 · 행동 등은 계속 변하고 다원화되게 마련이다. 그러한 상황 하에서 개인이 자기나 타인을 평가할 때 기준으로 가장 많이 사용하는 것은 동류집단이나 준거집단의 집단규범이다.

그래서 사회 전체적인 집단규범은 사회윤리(social ethics)에 해당된다. 우리나라에서는 정치권력의 구조나 정부 · 정치단체 등 정치권이 전체 사회에 미치는 작용과 영향이 불행히도 너무나 컸기 때문에 정치윤리를 포함시킨 뜻으로 사회윤리라는 말을 흔히 사용한다.

이러한 사회윤리의 기준은 사회 안에서 작용하는 다양한 요소들에 의해 높아지고 낮아지는데, 아래와 같은 요소들은 사회윤리기준을 높이는 작용을 하게 될 것이다.

① 정치인 및 그 가족 · 공무원 · 기업인 등의 비리폭로
② 정치 · 사회 · 생활환경 · 교육 · 지역사회 · 노동 등의 문제에 대한 일반대중의 증가하는 관심과 의식, 비판 · 항의 등 사회적 압력과 집단시위
③ 정부의 공정한 개입과 규제, 강력한 사법처리
④ 기업의 역할과 기능에 대한 사회의 새로운 기대, 특히 청소년의 기업에 대한 긍정적인 태도 변화
⑤ 기업윤리와 사회적 책임에 대한 기업의 의식개선, 사회적 기대에 부응하려는 기업인과 전문경영자들의 경향, 특히 전문경영자들의 높아지는 교육수준과 전문가 정신의 발휘

이와는 반대로 아래와 같은 요소들은 사회윤리기준을 낮추는 작용을 하게 될 것이다.

① 사회전반에 걸쳐 낮아진 윤리수준, 사회적 · 도덕적 부패와 무질서, 물질주의와 한탕주의 풍조의 만연, 실정법 위반에 대해 사법적 처리를 공정하게 하지 않고 사람과 정치적 상황이나 시류에 따라서 '정치적으로 해결'하는 사례, 대학생을 포함한 일부 집단이나 계층에 대해 지나치게 관대하는 경향
② 정치권력의 구조, 정부 · 국회 · 정당 · 기타 정치권에서의 비리, 부정부패, 부조리 · 불법적 행동 · 공정한 게임규칙의 무시, 일부 정치인의 자질과 이념문제, 문제해결 대안의 제시가 없는 양비론과 어정쩡한 태도, 무책임성 · 공짜심리 · 특권의식 · 윤리적 타락, 그리고 그러한 시류에 따른 일부 기업인의 정경유착
③ 비리 · 부정부패 · 불법행위 등에 대한 언론매체 적용범위(coverage)가 대상인물이 누구냐에 따라서 공백이 있고, 왜곡되거나 충분하지 않고 편향적이며, 명백한 범죄행위조차 때로는 이를 영웅시하고 옹호하려는 경향
④ 일부 계층이나 집단의 욕구분출 · 자제력 부족, '내 몫 하기'보다 '내 몫 찾기'에 급급한 행동, 적법절차보다 폭력행위 등 수단과 방법을 가리지 않는 행위, 일부 시민의 지나친 금전만능주의 · 이기주의 · 공짜심리, '남이 그렇게 하니까 나도'식의 군중심리나 호기심, 전반적으로 해이해져 가는 도덕심과 질서의식
⑤ 빨라지는 생활 속도, 사회적 · 직업적 이동성의 증가, 대도시화에 따른 무명씨(anonymity) 증가
⑥ 정통적 기업활동이 아닌 비합법적 · 탈세적인 투기행위와 밀매행위의 난무
⑦ 경제환경의 비약적인 변화, 시장경쟁의 심화, 기업경영비(급증하는 노무비 및 실제

로 줄어들지 않는 음성적 정치자금과 준조세 등 한국적 기업문화에서 비롯되는 제반 비용 포함)의 증대와 이익감소

⑧ 회사의 주주 및 상사로부터의 이익증대 압력, 회사가 추구하는 목적 · 정책 · 전략 등의 성격

2. 기업계의 경쟁환경

시장경제체제와 자유기업제도는 개인 간 및 집단 간의 공정경쟁원칙을 근본의 하나로 삼고 있어서 기업윤리기준은 기업계의 경쟁환경에 의해서도 영향을 받는다. 공정경쟁체제의 논리와 윤리는 공정한 게임규칙(공정거래법 등이 규정한)을 준수하면서 기업이나 그 경영자가 목적달성이나 문제해결에서 타 기업과 타경영자를 능가하는 데 있다. 따라서 기업계는 상대적으로 뛰어난 경영실적의 달성을 기업과 경영자의 성공척도로 삼고 있다.

특히 기업들은 경쟁상의 성공(즉, 경영실적) 여부를 매출액 · 이익 · 시장점유율 · 자산규모 · 주가 등을 기준으로 계량적으로 측정할 수 있기 때문에 기업경쟁은 치열할 수밖에 없고, 또 경영실적에 대해 임직원들이 받는 압력과 고민은 대단하다. 그래서 그들에게는 비윤리적 행동을 자행하려는 충동이 있게 마련이고 실제로도 비윤리적 행동의 예를 찾아볼 수 있다.

비윤리적 행동의 자행 여부는 근본적으로 임직원 개개인이 판단하고 책임져야 할 문제이다. 그러나 우리 사회는 임직원들이 비윤리적 행동을 자행하게끔 그들에게 핑계를 만들어 주거나 모방심리를 부추겨 주지 않게끔 사회윤리기준을 전반적으로 높이도록 해야 한다. 그러나 현실은 불행하게도 정치권을 위시한 사회전반에 걸쳐 게임의 규칙 등이 합리적으로 설정되어 있지도 않고 또 잘 지켜지지도 않는 등 임직원들에게 핑계를 만들어 주고 모방심리를 자극할 만한 일들이 너무나 많이 벌어지고 있다.

3. 기업의 법률적 환경

기업윤리기준은 기업의 법률적 환경에 의해서도 영향을 받는다. 합법적이지만 비윤리적인 행동이 없는 것은 아니지만 기업이 윤리적으로 행동한다고 말할 수 있으려면 최소한 법률은 지켜야 하기 때문이다.

그런데 기업윤리기준의 하나로 삼아야 할 법률이 시대착오적이고 애매한 데가 많고 준수하면 오히려 불공정한 손해를 볼 수도 있고, 있어야 할 법률이 없는 것도 있고, 있는 것도 공정하게 강력히 집행하지 않는 경우도 있고, 불법행위를 지나치게 관대하게 또는 체형이 아닌 벌금형만으로 처벌하는 경향 등이 큰 문제이다.

또 기업관계 법률이 날로 늘어나고 있고, 개폐도 많으며 집행상의 불공정성도 많고 법정의 해석이 시류와 국민여론에 따라서 달라지기도 하는 등 "코에 걸면 코걸이, 귀에 걸면 귀걸이가 될 수 있는" 것이 기업의 법률적 환경이다.

법률적 리스크(legal risk)가 많은 그러한 환경 하에서 기업과 경영자들은 어떻게 의사결정과 행동을 해야 합법적이면서 동시에 윤리적일 수 있는가에 대해 고심하는 경우가 많다. 법대로 해서는 정상적인 국내 기업활동은 물론 국제경영활동은 더더욱 불가능에 가까울 때가 있고, 있어야 할 법이 없으면 정부 관료가 재량권과 '운영의 묘'를 행사하는 일이 늘어나 부정부패와 정실(favoritism) 등의 길을 터줄 수 있고, 애매한 법은 집행하는 정부기관까지도 명확한 이해와 해석을 할 수 없게 하거나 주관적으로 판단하게 할 확률이 높다.

그 결과 기업과 경영자는 의도하지 않은 경우에도 결과적으로 비윤리적인 의사결정과 행동을 취하게 될 가능성이 높아지게 된다. 법률의 제정과 개폐는 정부와 국회가 협력하여 해야 할 책임이고 책무(obligation)인데, 정부와 국회가 당연히 해야 할 일을 안 하는 것은 가장 비윤리적인 행위에 속한다.

4. 다양한 이해집단과 행동집단

최근에 다양한 이해집단 · 행동집단(action group)이 계속 등장하여 조직력을 강화하고, 평화적인 비판 · 항의 · 요구 · 시위, 폭력적 시위와 파괴, 법정투쟁, 작업태만과 사보타지 · 파업 · 정치운동 등의 행동을 하고 있다. 그 중에는 정치적 · 이념적인 동기로 기업에게 당장 또는 잠재적으로 큰 피해를 줄 수 있는 누가 보나 명확히 불법적 · 비윤리적인 행동도 포함된다. 물론 합리적 · 논리적이고 정당성이 있는 행동도 있다. 이들도 직접 · 간접으로 기업윤리기준에 영향을 미친다. 그렇기 때문에 기업경영자는 의사결정을 하고 집행할 때에 그 결정과 집행으로 초래될 것으로 예견되는 결과(outcome) 및 그 결과와 정당한 이해관계가 있는 모든 당사자들의 논거를 고려해서 넣을 필요가 있다.

고객과 소비자 · 노동조합 · 공급업체 · 유통업체 · 소비자 및 환경보호단체 · 지역사회 주민 등이 그러한 당사자들이다. 경영자는 그들의 정당하고 논리적인 논거를 고려해서 넣음으로 합법적이고 윤리적인 의사결정과 집행을 도모할 수 있다.

한편, 오늘날에는 기업이 원하든 원치 안든 이른바 '제3자들'이 기업활동에 간접적으로 개입하는 경우가 많다. 기업은 이들 중에서 정치적 · 이념적 동기에 의해 움직이는 행동집단들을 특히 주시하고 또 공권력을 빌리더라도 스스로를 방어하는 것이 윤리적이라고 본다. 일반적으로 행동집단들은,

첫째, 단일목적에 전심전력하고 흑백논리를 전개한다는 점에서 그렇게 할 수 없는 기업들에 비해 우위를 갖고 있고,

둘째, 윤리 · 도덕적 고지를 점령하는데 기업경영층에 비해 기민하고,

셋째, 경영층은 의사결정 결과와 직접적인 경제적 이해관계가 있으므로 경영층이 최선을 다해 판단해 봤자 행동집단들은 이것을 편견이 개입되고 사적인 이득을 취하기 위한 것이라고 흔히 주장하며,

넷째, 대안의 제시도 없이 자기들의 행동결과에 대해 절대로 책임을 지지 않고 다른 사람만 탓하는 사람들이 지니는 윤리적 우월성(the ethical superiority of irresponsibility)을 즐겨 활용한다.

그러한 행동집단들의 폭력이나 압력에 기업들과 경영자들이 만일 굴복하여 고유한 권리와 특전(inherent rights and privileges)을 지나치게 양보하거나 포기하기 시작하면 언젠가는 시장경제체제와 자유기업제도의 붕괴에까지 동조하는 격이 되는 가장 비윤리적인 행동까지 범할 위험성이 있다. 그런 위험성을 회피하는 가장 좋은 방법은 경영자들이 윤리 · 도덕적으로나 법적으로 누구에게든지 '빌미'를 잡힐 의사결정과 행동을 자제하는 것이다.

5. 비윤리적인 기업행동의 유형과 발생이유

윤리문제가 개입되는 기업의 대외적 행동은 다양하고 많을 것이다. 그 중에서 가장 빈번하고 심각한 유형은 지나친 선물 · 사례금과 뇌물, 불량품과 규격미달 제품의 생산 · 판매, 불공정한 가격행위, 부정직한 광고 · 판촉, 불공정한 계약조건 및 계약 불이행, 생산 · 공급 · 가격의 담합행위, 탈세, 음성적 정치헌금과 정경유착, 환경오염행위, 비업무용 부동산 투기 등일 것이다.

윤리적으로 문제시되는 기업행동 유형을 구체적으로 제시해 보면 그 내용은 다음과 같다.

1) 기업활동의 윤리성

(1) 근로조건

• 고용차별 • 인사비리 • 성희롱 • 부당노동행위 • 작업장환경 • 노사관계

(2) 환경침해

• 산업폐기물 • 환경오염(수질오염, 대기오염, 토양오염, 해양오염)

(3) 소비자권익침해

• 불량품 제조 • 허위정보유출 • 허위과대광고

(4) 정경유착

• 불법정치자금제공 • 과대접대비 • 정부로부터 특혜
• 뇌물수수 • 비자금 • 촌지제공

(5) 불투명성

• 무자료거래, 탈세 • 주식위장 분산 • 접대비/공금유용
• 불법거래/불법영업 • 돈세탁 • 지적재산권침해 • 분식회계
• 변칙 상속/증여 • 정보 은폐/비실명거래

2) 기업활동의 공정성

(1) 재벌규제

• 지주회사 행위제한 • 기업결합 제한 • 출자총액제한
• 부당내부거래 금지 • 독과점지위남용금지

(2) 부당한 공동행위의 제한

• 가격/판매조건 • 상품종류/규격제한 • 생산, 출고제한
• 타사업자활동제한 • 거래지역/거래상대 제한

(3) 불공정 거래행위 금지

• 불공정 거래행위 • 불공정하도급 거래행위 • 재판매 가격유지행위
• 부당한 표시 및 광고

3) 기업지배구조의 건전성

(1) 이사회기능의 정상화

- 대주주의 경영간섭 정도 • 그룹차원에서의 의사결정
- 이사회의 구성, 결의방법 • 이사회 개최일수, 결의

(2) 사외이사제도의 정착

- 선임, 수 • 추천절차 • 경력 • 보수, 활동상황

(3) 소수주주의 보호

- 이익배당 • 장부열람권의 행사 • 주주총회 참석, 발언권
- 대표소송의 활용

(4) 회계, 업무감사의 투명성

- 회계담당자의 윤리의식 • 외부감사 보고 내용 • 감사심리 결과
- 감사의 선임, 경력, 활동 • 감사위원회제도 채택

(5) 기업재무상태의 건전성

- 부채비율 • 악성부채 • 사채발행 상환 • 부동산 투자 상태

이러한 유형의 비윤리적인 기업행동이 발생하는 직접적인 이유는 다음과 같다.

첫째, 크게는 전반적으로 낮은 정치・사회윤리, 기업의 법률적 환경, 말로만 떠들어대는 민주화와 사회정의의 구현, 공정한 게임규칙을 어기는 사회적 풍조의 만연

둘째, 일부 기업의 소유권과 경영권의 불충분한 분리에 따른 대주주의 소유권자적인 행동

셋째, 기업들이 단기실적주의를 강조하는 경향

넷째, 경쟁업체들이 그렇게 하니까 우리 기업도 그것을 따라야 한다는 경쟁적 압력

다섯째, 임직원이 이성과 양심보다 그리고 사회와 기업체의 이득보다 사리사욕을 앞세우는 사례

여섯째, 기업체나 대주주 등에 대한 지나친 충성심

일곱째, 비윤리적인 행동일지라도 회사에 도움이 되는 것은 상사가 너그럽게 보아주거나 칭찬해 줄 것이라는 부하들의 가정

여덟째, 목적을 달성하고 실적을 올리라는 부하들에 대한 상사의 압력(대주주의 전문경영자에 대한 압력 포함)

아홉째, 뇌물을 주는 행위 등이 비윤리적인 것을 알고 있지만 우리나라에서는 기업을 영위하는 하나의 수단으로 생각하는 사회적 · 문화적 풍조

열 번째, 윤리적으로 규범을 보이고 윤리기준을 만들어 지키도록 부하들을 교육시키고 감독해야 할 책임이 있는 경영자들의 실패

마지막으로 경상계열 대학 및 대학원에서 기업윤리교육을 전적으로 등한시해 왔다는 사실 등을 들 수 있다.

선물과 뇌물의 구분

- 돈이나 물건을 받고도 잠이 잘 오면 그것은 선물이고, 그렇지 못하면 뇌물이다.
- 언론에 보도된 후 뒤탈이 나면 그것은 뇌물이다.
- 현직에서 자리를 옮겨도 받을 수 있는 것이라면 그것은 선물이고 현재의 위치 때문에 받을 수 있는 것이라면 그것은 뇌물이다.

[사례] 모두가 다 하는데...

제인(Jane)은 인적자원담당자로서 그녀의 직무를 즐기며 잘 일하고 있다. 그녀는 새로운 종업원을 모집 · 채용하고 그들이 회사에서 성공할 수 있도록 도와주는 일에 매우 큰 보람을 느끼고 있다. 때로는 직무수행이 기대에 못 미치는 종업원들에게는 회사를 떠나도록 권유하기도 한다. 오늘이 바로 그런 날이었다.

스티브(Steve)가 자신의 월 할당량을 채우기 위해 영업보고서를 위조한 것이 발각되어 제인은 스티브의 팀장이 그 소식을 가지고 스티브를 만나는 자리에 동석하도록 부탁을 받았다. 제인을 놀라게 한 것은 스티브의 반응 이었다. "모든 사람이 어떤 형태로든 다들 그렇게 하는데요. 이 회사가 관심이 있는 것은 우리가 지난 분기에 얼마나 영업을 잘 했느냐? 뿐이거든요. 그래서 그러한 기대를 충족하기 위해서는 가끔은 규정을 조금씩 어겨야만 해요." 스티브의 대답은 적절한 방어인가? 왜 그런가? 아니면 왜 그렇지 않은가? 당신은 "세 장의 카드 속임수" 혹은 "프리카드 몬데"라고 알려진 전형적인 사기로 "당신의 행운을 점쳐보라"고 독려하는 노점상을 본 적이 있는가? 퀸 카드를 보여준 다음 카드 세 장을 빠른 속도로 섞는다. 그런 다음 노점상이 멈추면 그 퀸 카드가 있다고 생각하는 곳에 내기를 건다. 처음에는 당신이 이기지만 그러나 그 다음에는.....

마이크로소프트, 애플, 휴렛팩커드(HP), 구글과 같은 IT회사들은 최근 그러한 노점상과 같은 수완으로 그들의 수입을 전 세계로 이동시키는 것에 대해 집중적인 조사를 받고 있다. 그러한 자금을 이동시키는 이유는 무엇인가? 비판자들은 그것을 의도적인 조세회피라고 부르고, 지지자들은 이익 극대화라고 부른다.

예를 들어 마이크로소프트사는 미국에서 개발한 소프트웨어에 대한 지적재산권을 푸에토리코, 아이랜드, 싱가포르로 이전하기로 했다. 그 결과 그러한 지적재산권에서 얻는 수입은 36%의 미국 세율보다는 훨씬 낮은 세율로 세금을 납부한다.

이는 마이크로소프트사의 전체 세금 부담률을 4%로 낮추는데 크게 기여한다. 구글은 수입 가운데 98억 달러를 버뮤다(법인 소득세가 없음)에 있는 명의뿐인 회사(shell company)로 이전함으로써 2011년에 약 20억 달러에 달하는 소득세를 피할 수 있었다. 하지만 2016년 1월 구글은 2005년부터 2015년까지 영국에서의 매출 인식과 관련한 영국정부의 소송을 1억3천만 파운드, 미화 약 2억 달러에 합의하였다.

조세정의를 위한 시민모임에 따르면, 본국으로 송금되지 않은 해외에서의 이익이 2015년에 24조 달러 정도이며, 기업들은 6,950억 달러 정도의 세금을 피할 수 있다고 한다. 이들 가운데 어느 한 기업이라도 해외에 보유하고 있는 자금이 필요한 적이 있는가? 그들은 기금을 본국으로 송금하는(그래서 세금을 내는)대신 자회사로부터 단기자금 대여를 받는다고(그래서 세금을 내지 않는다). HP는 벨기에와 케이만제도(Cayman Islands)에 있는 자회사로부터 자금을 빌리는 전략을 활용해 왔다.

질문

1. 조세전략에 대한 비판자들과 지지자들의 입장을 요약해 보자.
2. 이러한 조세전략에 대한 비판자들과 지지자들은 기업들이 현 세법 하에서 이용 가능한 법적 재정적 대안을 활용하고 있다는데 동의한다. 그러나 이것이 윤리적 사업행동과 같다고 할 수 있는가?
3. 루이뷔통(Louis Vuitton)의 프랑스인 회장이자 CEO인 베르나르 아르노(Bernard Arnault)는 최근 새로 제정된 75%에 달하는 고소득 세율을 피하기 위해 프랑스를 떠나 벨기에로 가겠다고 발표했다. 이는 일반 기업들이 하고 있는 행동과 별반 다를 바가 있는가? 왜 그런가? 아니면 왜 그렇지 않은가?
4. 법인세 납부에 대한 더 윤리적인 사업 접근방법을 보여주는 다른 잠재적 해결책이 있는가? 당신의 대답을 설명해 보라.

토의과제

1. 기업윤리란 무엇인가? 개념을 정의해 보자.
2. 기업윤리의 성격과 특성에 대해 논의해 보자.
3. 기업윤리에 미치는 긍정적인 영향요인과 부정적 영향요인에 대해 알아보자.
4. 점증하는 윤리경영에 대한 요구와 압력에 대해 논의해 보자.
5. 윤리경영을 실천해야만 하는 이유는 무엇인가? 실천의 당위성에 대해 논의해 보자.
6. 작업환경 내의 윤리적 딜레마를 확인하고 그 해결방안을 제시해 보라.
7. 경영자와 종업원이 어떻게 비윤리적인 행동을 정당화하려고 하는지 설명해 보라.

제 3 장

기업윤리의 발전

3

기업윤리의 발전

Ⅰ. 기업윤리의 발전단계

기업윤리의 발전단계는 기업이 이윤추구와 기업윤리를 어떻게 적절하게 상호 균형을 유지하면서 기업수준에 맞는 윤리경영을 도입하여 실천할 것인가에 대한 하나의 방향을 제시하고 있다. 라이덴바흐와 로빈(R.E. Reidenbach & D. P. Robin, 1991)은 기업윤리의 발전단계를 5단계로 구분하였다.

1. 무도덕단계(amoral stage)

소유주와 경영자를 가장 중요한 이해관계자로 인식하며 이익극대화가 기업행동의 유일한 목적이다. 이 단계에서는 이윤극대화를 위해 어떤 대가도 흔쾌히 치룰 수가 있다.

2. 준법단계(legalistic stage)

기업이 적극적으로 윤리적인 행동을 취하려고 노력하지는 않지만, 최소한 법규는 준수하려고 노력하는 단계이다. 이 단계에서는 기업은 윤리문제를 법규를 어기지 않으면 된다고 판단하고 그 이상의 노력은 하지 않는다.

3. 대응단계

이 단계에서부터 기업은 윤리문제를 생각하기 시작한다. 즉, 기업이 사회적 책임을 인식하기 시작하고, 회사의 공장이나 사업장이 있는 지역주민들의 이해관계를 고려하고, 대외적 이미지를 고려하려고 노력한다. 그러나 기업은 이익의 극대화를 염두에 두고, 그것을 위하여 윤리적인 경영을 실천한다.

4. 윤리관 태동단계(emerging ethical stage)

기업활동에서 기업윤리와 기업이익의 균형을 찾으려고 노력한다. 따라서 기업의 목적 및 경영이념 등을 규정할 때 윤리성을 반영시킨다. 기업윤리헌장이나 기업윤리강령을 제정하고 기업윤리위원회나 윤리전담부서를 설치하는 등 윤리문제를 인사고과에도 반영시킨다.

5. 윤리선진단계(developed ethical stage)

이 단계는 윤리적 수준이 가장 높은 단계로서 기업은 명확한 윤리관과 윤리원칙을 천명하여 모든 기업구성원들이 그 원칙에 따라서 윤리와 관련된 기업문제를 해결하도록 요구하게 된다. 이 단계에서는 기업이익을 윤리 다음의 고려사항으로 취급하고 윤리와 관련된 문제를 우선적으로 해결하도록 요구한다.

이처럼 기업윤리의 중요성은 날이 갈수록 더욱 강조되고 있는 추세다. 오늘날 대부분의 국내기업들은 제2단계(준법단계)에서 제3단계(대응단계)로 이행하는 중이라고 판단된다.[1] 하지만 2009년 전경련에서 발표한 기업윤리의 현황 및 사회적 책임 추진실태 조사에 따르면,[2] 조사대상 기업체들의 95%가 기업윤리헌장을 보유하고 있는 것으로 나타났는데 이는 기업윤리헌장의 도입이 정착단계에 들어선 것으로 평가될 수 있겠다. 또한 윤리교육을 시행하고 있다고 응답한 기업이 92%로 나타나 2005년 이후 꾸준히 증가하고 있는 것으로 나타났으며, 기업윤리 전담부서를 운영하고 있다고 응답한 기업이 70%로 나타났다. 이 역시 2005년 이후 꾸준한 증가세를 보이고 있다. 따라서 현재 우리나라 기업들은 대부분 기업윤리 실천의 필요성을 인식하고 있으며 전사적 차원에서 기업윤리의 실천을 추진하고 있는 것으로 밝혀졌다.

---

1) 최인철, "윤리경영의 선진사례와 도입방안", 삼성경제연구소, 2002, p. 4.
2) 이준섭, "윤리경영 현황 및 CSR추진 실태조사 결과", 전국경제인연합회, 2009, pp. 2-5.

제5단계 : 윤리선진단계
- 윤리원칙에 의한 행동
- 윤리실천 우선

제4단계 : 윤리관 태동단계
- 윤리와 기업이익의 균형
- 윤리경영시스템 구축(윤리헌장, 윤리강령 발표, 윤리담당부서, 윤리위원회 등 조직화)

제3단계 : 대응단계
- 기업의 사회적 책임을 다하는 것이 기업에 이익이 됨을 인식
- 지역사회에 봉사하고 대외적으로 홍보

제2단계 : 준법단계
- 위법만 안 하면 비윤리적이 아니라고 인식
- 법규만 지키며 그 이상의 윤리는 고려하지 않는다.

제1단계 : 무도덕단계
- 기업주와 경영자들만이 중요한 이해관계자라고 생각한다.
- 대가를 치르더라도 기업의 이익만 극대화시키면 된다고 판단한다.

그림 3-1. 기업윤리의 발전단계

자료: R. E. Reddenbach & D. P. Robin, A Conceptional Model of Corporate Moral Development, *Journal of Business Ethics*, April, 1991, p. 274.

Post et al.(2002)은 기업이 윤리적이어야 하는 이유를 다음과 같이 들고 있다.[3)]

첫째, 기업에 대한 공중의 기대를 실현한다.

둘째, 다른 사람에 대한 손상을 예방한다.

셋째, 기업의 종업원 관계와 생산성을 개선한다.

넷째, 기업의 처벌을 감소한다.

다섯째, 사회로부터 기업을 보호한다.

---

3) J. E. Post, A. T. Lawrence & J. Werber, "Business and Society: Corporate Strategy", *Public Policy Ethics*, McGraw-Hill, Irwin, 2002, p. 104.

여섯째, 사용자로부터 종업원을 보호한다.
일곱째, 개인적 도덕성을 촉진한다.

오늘날 기업경영에서는 기업이 경영에 영향을 미치는 경제적·환경적·사회적 이슈들을 종합적으로 균형있게 고려하면서 기업의 지속가능성을 추구하는 경영활동을 해야 한다. 이는 기업들이 전통적으로 중요하게 생각했던 매출과 이익 등 재무성과 뿐 아니라 윤리·환경·사회문제 등 비재무성과에 대해서도 함께 고려하는 경영을 통해 기업의 가치를 지속적으로 향상시키려는 경영기법이다. 따라서 경제·환경·사회적 가치가 지속가능경영의 3대 축(TBL: Triple Bottom Line) 역할을 하며 지속가능경영은 사회책임경영, 윤리경영, 이해관계자경영 등으로도 불린다. 선진국들이 윤리경영의 기반구축을 통해 오늘날의 기업성장 동력을 창출했다면 향후 미래성장 동력은 아마도 윤리경영의 실천에서 찾아야 할 것이다.

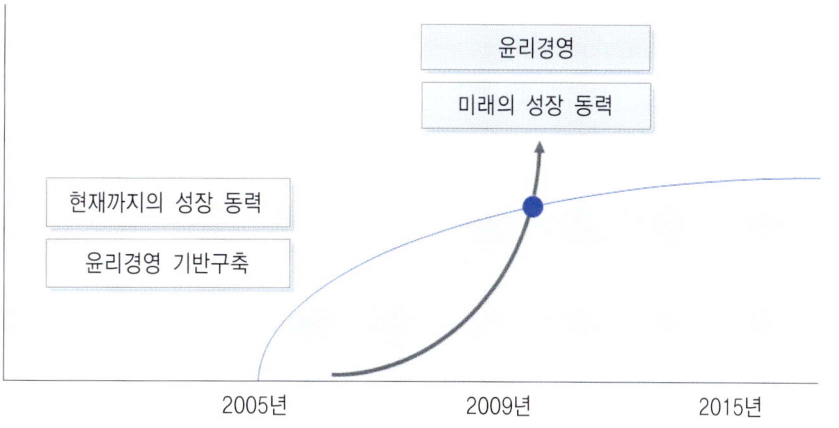

그림 3-2. 미래의 기업성장의 동력

기업윤리 수준의 5단계 발전이론은 기업의 윤리수준을 분석하는데 유용한 면이 있는 것은 사실이지만, 이윤추구와 윤리적 고려와의 상관관계를 토대로 분석한 모델은 아니다. 그러므로 기업의 윤리경영 실천정도와의 관계에서 실행모델을 고려하기에는 부적절한 측면이 없지 않다. 따라서 현실적인 기업의 윤리경영 실천정도를 판단하고 그에 따라 기업이 취할 적절한 실천 로드맵을 제시해 주지는 못하는 단점이 있다. 이러한 단점을 보완하여 제시한 것이 4단계 이론이다.

기업의 경영이념과 윤리경영 실천정도에 따라 기업윤리의 발전단계를 첫째, 도입단계, 둘째, 제도화단계, 셋째, 정착 및 체계화단계, 넷째, 윤리적 명성유지단계로 구분하고 각 구분에 따른 실천프로그램을 [그림 3-3]과 같이 제시하였다.

제1단계 : 도입단계

- 최고경영자 윤리경영 실천의지 선언
- 윤리경영을 기업이념으로 정립
- 회사 내 윤리경영추진 조직의 구성
- 윤리규범의 제정

→

제2단계 : 제도화단계

- 전 직원에 대하여 주기적인 최고경영자 윤리경영 의지 선포
- 윤리경영 실천에 관한 홍보
- 윤리경영 위반 신고제도 설치 및 활성화
- 윤리실천 수준 자기진단
- 주기적인 교육 실시 및 평가
- 기타 윤리경영 제도화 프로그램

↓

제3단계 : 윤리경영 정착 및 체계화단계

- 윤리경영 감시시스템
- 윤리경영 실천수준 평가
- 적절한 내부통제시스템 구축

←

제4단계 : 윤리적 명성유지단계

- 글로벌스탠더드 윤리경영
- 기업의 사회적 책임을 위한 경제적 기여도 향상

그림 3-3. 기업윤리의 발전 4단계론

Ⅱ. 기업윤리의 학문적 연구

기업윤리에 대하여 각각의 학문적 입장과 접근시각의 차이에 따라 강조되는 부분이 다르겠지만, 일반적으로 윤리라 함은 행위의 옳고 그름이나 선과 악 또는 도덕적인 것과 비도덕적인 것에 대한 판단기준체계 또는 이를 대상으로 연구하는 학문분야를 일컫는다.

기업윤리는 기업의 모든 이해관계자, 즉 기업의 구성원, 경영진, 조직내부, 경쟁자 및 협력업체, 소비자, 주주, 시민사회, 정부, 환경 등과의 관계에서 기업이 준수해야 할 가치와 사명이라고 정의할 수 있다. 이는 기업의 건전하고 투명한 경영 그

리고 공정한 기업문화를 위한 기업활동의 대내외적인 지향목표를 의미한다. 그 중에서도 기업윤리는 주주, 근로자, 정부, 타 기업, 그리고 소비자와 관련되어 기업 의사결정의 결과와 과정에 대하여 옳고 그름이나 선과 악을 체계적으로 연구하는 것이라 할 수 있다.

이러한 관점에서 볼 때 기업윤리는 기업이 책임을 수행함에 있어서 보다 적극적이고 주체적인 자세를 갖고서 기업경영에 직접적으로 관련이 없는 분야에까지 넓은 관심을 보이며, 사회적 요구와 기대를 민감하게 받아들여 보다 동태적인 의사결정과 사회참여를 수행해야 한다는 가치지향적인 성격을 띤 개념이다. 즉, 기업윤리는 일반적인 윤리와는 다른 어떤 특별한 윤리개념이 아니라 단지 일반적인 윤리규범을 기업경영을 위한 기업행동이라는 특수한 사회적 상황에 적용했을 뿐이다.

이러한 보편적인 정의에 기초할 때, 기업윤리는 여러 가지 기업상황에서 경영자나 여타 기업구성원의 행위에 관한 것이다. 즉, 기업에서의 의사결정이 엄격한 경제원리에만 기초하는 것이 아니라 윤리적인 판단을 전제조건으로 하여 의사결정이 내려지는 법이나 정부규제의 준수 이상으로 공정하고 정당할 때 그 기업은 기업윤리를 지키고 있다고 말할 수 있을 것이다.

그리고 기업윤리는 개인을 통해 구현되므로 윤리의 내용은 경영자의 차원에서 문제시된다. 이에 비해 고도로 구조화된 거대기업에 있어서는 경영자라는 개인적 차원을 떠나 기업의 독자적인 행위의 차원이 있으므로 기업윤리는 따로 있고 경영자 개인의 차원에서 요구되는 윤리는 이와는 달리 축소되거나 변형되어 나타날 수 있다.

또한 기업윤리를 사회가 일반적으로 기대하고, 또 받아들일 만한 기업행동에 관한 불문율이라고 말하기도 하는데, Donaldson은 기업윤리를 기업이 부담해야 하는 도덕적 책임, 기업이 도덕적 행위를 위한 최소한의 기준 혹은 도덕적 역할을 수행하기 위한 책임의 체계로 규정하고 있다.

흔히 기업윤리를 논할 때에는 기업과 직접적인 이해관계에 있는 여러 집단에 대한 기업의 윤리만을 말할 수도 있고, 일반사회 등의 간접적 관계까지도 포함시켜 말할 수도 있다. 오늘날 기업윤리는 기업과 직접 관련 없는 사회문제까지도 포괄적으로 다루어지는 경우가 대부분이다.

오늘날 기업윤리와 함께 논의되고 있는 유사개념으로는 사회적 책임, 지속가능경영 등이 있는데 이에 대한 구체적인 개념을 비교해 보면 그 내용은 〈표 3-1〉과 같다.

표 3-1. 기업윤리와 유사개념 비교

	기업윤리	사회적 책임	지속가능경영
개념의 발전 과정	· 법규준수 및 직원의 윤리적 의사결정과 판단기준	· 기업이 갖는 책임으로서 사회적 측면에서 발전	· 지구환경을 보전하기 위한 '지속가능한 발전' 개념에서 출발
현재 정의	· 기업정보 공개에 관한 투명경영과 기업의 사회적 책임개념까지 일부 도입되었으나 직원의 윤리적 의사결정을 위한 준거기능이 더 강함	· 사회적 측면 이외에 환경적 측면에서 수용해야 됨	· 지속가능한 발전이라는 개념에서 출발
포괄범위	· Corporate Standards which include Legal but also "Go Beyond" legal requirement.	· Focus on External Stakeholder's Relation	· Focus on Environment
목표	· 폭넓은 의미의 기업가치, 기업경쟁력의 극대화에 초점	· 정부가 사회적 책임을 수행하지 못하는 부분을 대신하여 수행하는 민간부문에 대하여 보완의 목적으로 기업의 사회공헌에 초점	· 주로 미래 환경문제 해결에 초점
구현부서	· 윤리경영 전담부서, 감사실, 인사팀 등(회사에 따라 전부서)	· 사회공헌 관련 부서 외에 특정한 부서가 존재하는 경우 별로 없음	· 환경부서

자료: 산업정책연구원, 「지속가능경영 논의 동향과 대응방안」, 2005.; 전경련, 「미국윤리경영수단 방문결과 보고서」, 2005.

일반적으로 기업윤리는 이를 바라보는 입장에 따라 크게 세 가지 범주로 경영형태를 구분할 수 있다.

첫째는 비윤리 경영형태(immoral management type)로 이는 기업의 이윤추구를 위해 법과 제도도 장애물로 간주하는 전근대적인 경영형태인데 최근에는 거의 존재하지 않고 있다.

둘째는 초윤리 경영형태(amoral management type)로 이는 경영과 윤리가 전혀 별개의 영역에 있는 개념이므로 합법적인 범위 내에서는 어떠한 행동을 해도 좋다는 생각을 한다. 따라서 기업윤리를 경영의 외적 요인 중 하나로 간주하고 위험관리 차원에서 기업윤리 문제를 접근한다.

셋째는 윤리경영형태(moral management type)로 합법적인 테두리를 넘어 입법의 취지와 사회통념까지지도 감안하여 기업윤리를 준수하는 경영방식이다. 그러나 기업의 이윤추구를 벗어나지 않아야 하며, 막연히 도덕적이 되자는 개념이 아니라 잘못된 점을 윤리적인 기준에 맞도록 바로잡아 기업경쟁력을 향상시키고 경제적 부가가치를 극대화하는 형태로서 기업들이 추구해 나가야 할 바람직한 형태이다.

오늘날 급변하는 기업환경 속에서 경영이념이나 기업목적의 변화에 따라 기업역할과 기업윤리가 어떻게 발전되는가에 관한 몇몇 연구결과를 정리해보면 다음과 같다.

1. 세디의 연구

세디(S. P. Sethi)[4]는 기업역할과 기업윤리의 발전과정을 사회적 의무, 사회적 책임, 사회적 반응의 세 단계로 구분하여 설명하고 있다.

1) 사회적 의무(social obligation)단계

기업이 이미 부과된 경제적·법적 제약에만 소극적으로 반응하는 기업행동의 단계로서 이 단계에서는 법적·경제적 기준에서 기업의 정당성을 찾으려고 하며, 따라서 법규의 준수를 중요시한다. 또한 기업의 사회적 참여를 외부압력에 따라 기업이 수동적으로 수행하는 것으로 여긴다. 그러므로 이 단계에서는 오직 이윤을 극대화하는 것이 사회의 기대에 부응하는 일이며 기업의 윤리적 의무라고 본다.

2) 사회적 책임(social responsibility)의 단계

기업이 법적·경제적 제약에만 반응하는 단계를 넘어서, 변화하는 사회규범과 가치관에 적응하면서 사회적 요구와 기대에 부응하는 기업활동을 하는 단계이다. 그러므로 이 단계에서는 기업에 대한 사회의 요구와 기대가 법적으로 규정되기 전에 자발적으로 그에 부응하는 것이 바로 기업의 사회적 책임이며 윤리적 의무라고 본다.

3) 사회적 반응(social responsiveness)의 단계

기업이 사회적 압력과 요구에 수동적으로 부응하는 단계를 넘어서, 사회에서 기업이 해야 할 바람직한 역할이 무엇인지를 스스로 찾아서 능동적으로 수행하며, 사회문제의 해결에 적극적으로 참여하는 단계이다. 그러므로 이 단계에서는 기업활동과

4) S. P. Sethi, "Dimensions of Corporate Social Performance", *California Management Review*(1975), p. 63; 최종태, 기업의 목적과 책임, 삼화인쇄, 1984, p. 144.

직접 관련하여 제기되는 사회문제뿐만 아니라 기업이 효율적으로 해결할 수 있는 사회문제라면 앞장서서 창조적으로 리더십을 발휘하는 것이 바로 기업의 책임이고 윤리적 의무라고 본다.

이상의 내용을 그림으로 나타내 보면 그 내용은 [그림 3-4]와 같다.

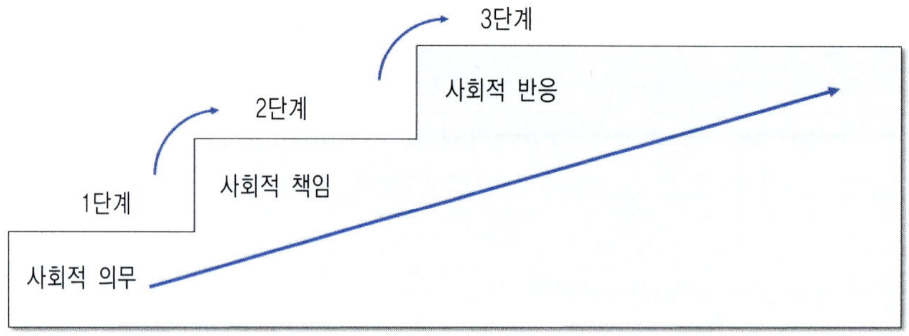

그림 3-4. 세디의 단계별 기업역할과 윤리

자료: S. P. Sethi, "Dimensions of Corporate Social Performance," California Management Review (1975), p. 63.

2. 월턴의 연구

월턴(C.Walton)은 기업역할과 기업윤리의 변화과정을 엄격모형, 가계모형, 판매자모형, 투자모형, 시민모형, 예술모형과 같은 여섯 가지 윤리모형을 연속선상에서 설명하고 있다.

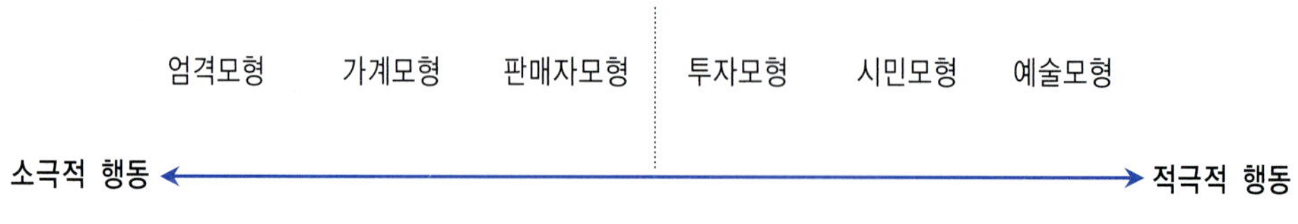

그림 3-5. 월턴의 모형에 따른 기업역할과 기업윤리

자료: T. J. Zenisek, "Corporate Social Responsibility : A Conceptualization Based on Organizational Literature," *Academy of Management Review*, Vol. 3, No. 4, 1979, p. 361.

월턴의 모형의 특징을[5] 요약해 보면, ① 엄격모형은 전통적인 기업관에 입각하여 이윤극대화의 추구를 강조하는 모형이다. 그러므로 이 단계에서는 이윤추구를 기업의 본질적 기능 내지 윤리적 의무라고 보는 것이다. ② 가계모형은 이윤추구에 부가하여 고용, 개인의 소득과 권리 등 종업원에 대한 책임과 인사정책 등을 강조하는 모형이며, ③ 판매자모형에서는 소비자에 대한 책임을 추가하여 강조한다. 소비자의 기호, 이익, 권리 등을 존중하는 소비자 중심경영을 기업의 윤리적 책임과 의무로 보는 것이다. ④ 투자모형에서는 기업의 장기적 존속과 이익을 위한 투자를 책임으로 보며, ⑤ 시민모형에서는 기업은 권력에 걸 맞는 책임과 윤리적 의무를 지고 있다고 본다. 마지막 ⑥ 예술모형은 물질적 가치를 넘어선 문화적 가치의 실현에 기여하는 것이 윤리적 의무라고 보는 모형이다. 이 중에서 가장 소극적인 행동이 엄격모형이고, 가장 적극적인 행동이 예술모형이며, 나머지 네 가지 행동은 연속선상의 중간수준의 모형이 된다.

3. 헤이와 그레이의 연구

헤이와 그레이(R. Hay & E. Gray)는 기업역할과 기업윤리의 변화를 이익극대화 경영, 수탁경영 그리고 생활의 질 경영의 세 단계로 구분하여 설명하고 있다.[6]

1) 이익극대화 경영단계

기업이 순수한 사적이익만을 추구하는 단계로서 이 단계에서는 이익극대화가 기업의 유일한 목표가 된다. 그러므로 이 단계에서는 될수록 이익을 많이 획득하는 것이 곧 기업의 사회적 책임의 수행과 윤리적 덕행이 되는 것이다.

2) 수탁경영단계

기업이 순수한 사적이익뿐만 아니라 이해관계자 집단의 이익도 함께 고려하게 되는 단계이다. 이 단계에서 경영자는 소유자뿐만 아니라 기업의 모든 참여자에 대해

---

5) T. J. Zenisek, "Corporate Social Responsibility : A Conceptualization Based on Organizational Literature", *Academy of Management Review*, Vol. 3, No. 4, 1979, p. 361.

6) R. Hay and E. Gray, "Social Responsibilities of Business Manager", *Academy of Management Journal* (March 1974), pp. 135-143.

서 책임을 지는 수탁자로서, 기업의 이익과 이해관계자 집단의 이익을 균형 있게 고려하는 것이 윤리적 의무가 된다.

3) 생활의 질 경영단계

기업이 모든 사람의 생활의 질을 향상시킬 윤리・도덕적인 의무를 지니게 되는 단계이다. 이 단계에서는 순수한 사적이익의 극대화만을 추구하는 첫 단계와 이해관계자 집단의 다양한 요구를 조화시키는 두 번째 단계를 넘어서 사회의 이익까지를 고려하고 부(富)보다도 인간을 중시하는 단계이다.

따라서 경영자는 직접적인 이해관계자뿐만 아니라 사회일반에 대해서도 책임을 지는 이른바 생활의 질의 경영이 요청되는 단계라고 할 수 있다.

표 3-2. 헤이와 그레이의 단계별 기업역할과 기업윤리

단계	제1단계	제2단계	제3단계
	이익극대화 경영	수탁경영	생활의 질 경영
경영이념	나에게 유익한 것은 국가에도 유익하다	내 기업에 유익한 것은 국가에도 유익하다	사회에 유익한 것은 기업에도 유익하다
	돈과 부가 가장 중요함	돈과 부가 중요하지만 인간도 중요하다.	인간이 돈과 부보다 더 중요하다.
경영목표	순수한 사적이익	사적이익과 공헌자의 이익	계몽된 사적이익, 공헌자의 이익, 사회의 이익
	극대 이윤추구	만족이윤 추구	이윤은 필요하다 그러나...
경영자 책임	소유자만을 위함	소유자, 고객, 종업원, 기타 공헌자를 위함	소유자, 공헌자 및 사회일반을 위함

자료: R. Hay and E. Gray, "Social Responsibilities of Business Managers," *Academy of Management Journal*(1974), p. 142.

4. 한국기업의 발전과 기업윤리

자본주의가 비교적 늦게 도입된 우리나라의 경우는 선진국 자본주의의 일반적 발전과정이나 속성과는 다른 특징을 가지고 있다. 즉, 우리나라는 선진산업국들이 밟아온 자본주의의 역사적 진화과정을 거치지 않고, 자립경제의 달성이라는 역사적 대

명제 아래 국가가 주도권을 갖고 강력한 경제개발 의지와 힘을 기반으로 국민경제의 개발을 주도해 왔다는 특징을 지니고 있는데, 이러한 정부의 의지는 계획적 경제개발로 나타나게 되어 이른바 국가자본주의 혹은 계획적 자본주의를 이룩했다고 볼 수 있다.[7] 그리하여 우리나라 경제는 과거 30여 년 간에 이른바 '한강의 기적'이라고 불릴 정도로 눈부신 고도성장을 이루어 왔다. 그러다가 이제 1990년대에 들어와 내외환경과 여건의 불리한 변화로 성장속도가 둔화되면서 급기야는 1997년 말 유동성 부족으로 인한 외환위기(IMF사태)까지 초래하였으나 2000년대에 들어서면서 그 해결의 실마리를 찾게 되었다.

우리나라 기업은 주로 대내적으로는 가족주의적 경영방식을 채택하고, 대외적으로는 정부의존형 성장전략을 통해 오늘날의 성장을 이룩했다고 할 수 있다. 보다 구체적으로 우리나라 기업의 성장·발전단계를 크게 1945년 광복 이후부터 1961년까지 근대적 형태의 기업이 형성되기 시작한 형성기와 1962년부터 1976년까지 3차에 걸친 정부주도의 5개년 경제개발정책에 따라 기업이 고도성장을 이룩한 성장기, 1977년부터 1986년까지 제4·5차 경제개발계획이 시행되는 동안 성장기반을 견고하게 하여 경제안정기반의 정착을 이룩한 발전기, 그리고 제6차 5개년 경제개발계획이 실시되기 시작한 1987년 이후 오늘날까지의 조정기의 네 단계로 구분할 수 있다.

물론, 20세기 초반 한말의 개화기에 선진화된 서구 문물제도에 접하게 됨으로써 자본주의가 도입되고 소규모나마 우리나라 기업이 설립되기 시작한 시기를 도입기로 볼 수도 있겠으나 여기서는 논외(論外)로 하기로 한다.

제1단계 성장기는 광복 이후 6·25의 혼란기를 겪으면서 귀속재산의 불하와 외국의 원조에 의지하여 우리나라 기업이 그 모습을 갖추기 시작한 요람기로, 이때 기업의 지향은 전쟁으로 파괴된 시설의 복구와 생산의 증대에 초점을 맞추었다고 볼 수 있다. 따라서 이 시기에는 아직 기업윤리를 고려할 만한 겨를이 없었다고 보아야 하겠다.

그 후 한국기업은 1962년까지 시행된 제1·2차 경제개발계획 동안에 산업발전의 기틀이 되는 전력·석유 등 에너지 공급원의 확보, 기간산업과 사회간접자본의 확충 등을 목표로 한 정부주도형·수출지향형으로 일컬어지는 경제성장을 이룩하였다.

이리하여 우리나라 기업은 정부주도 하의 외자도입, 월남전쟁 특수경기 등의 경영외적 요인에 의해 성장하기 시작했다. 이어서 제3차 경제개발계획이 시행된 1970년

7) 신유근, 한국의 경제, 박영사, 1992, pp. 87-88.

대는 수출증대에 의한 국제수지의 개선, 기업집단 위주의 경제성장, 중화학공업의 확충 등에 중점을 둔 경제성장정책에 힘입고, 금융모체와 종합상사제도의 활용, 중동건설 붐에의 편승 등을 통해 오늘날의 재벌기업들이 크게 성장할 수 있었다.[8)]

이렇게 우리나라는 대외지향적 고도성장정책에 힘입어 1970년대 후반에는 수출지향적 대외의존형 공업국이 되어 대만, 홍콩, 싱가포르와 함께 이른바 '아시아의 네 마리 용'이라 불리는 신흥공업국(NICS)으로 성장했다. 이 시기의 우리나라 기업의 경영이념 혹은 지향하는 목표는 생산증가와 시장확대에 초점을 맞추게 되었다고 할 수 있다. 따라서 이때의 기업윤리는 소극적·수동적 성격을 띠고 있다고 할 수 있을 것이다.

제4차, 제5차 경제개발계획이 실행된 1977년부터 제3단계의 발전기에 접어들게 되었는데, 1970년대 후반에 들어서서 정치·사회적 혼란으로 한국경제는 마이너스 성장을 기록하기도 했으나 1980년대 중반부터 저유가·저금리·저달러 가치라는 소위 3저 현상으로 활기를 되찾아, 1987년에는 사상 처음으로 국제무역수지면에서 43억 달러의 흑자를 기록하는 등 한국은 급성장공업국(FICS)이라는 표현이 걸맞다는 주장이 나올 정도로 발전하였다. 그리하여 창업한지 30, 40년밖에 안 되는 한국의 대기업들이 세계 우수기업들과 어깨를 견주며 경쟁할 수 있을 정도로 성장·발전하였다. 그러므로 이 시기의 경영이념이나 경영지향은 시장확대와 고객중심에 주안점을 두게 되었다고 볼 수 있다. 이 시기의 기업윤리는 보다 적극적이고 동태적인 성격을 띠게 되었다고 할 수 있다.

제6차 5개년계획이 시작되고 이른바 6·29선언으로 정치·경제·사회적으로 민주화의 소용돌이가 일어난 1987년 이후의 제4단계에 접어들어서는 특히 IFM사태 이후 기업의 사회적 책임과 윤리성 문제가 사회적으로 크게 부각되었고, 세계화·개방화가 촉진되어 국경 없는 무한경쟁의 시대에 돌입하게 되었다.

이렇듯이 한국기업은 이른바 5고(高)현상, 즉 고임금과 고원자재 값에 따른 고원가(高原價)와 경쟁의 세계화에 따른 고경쟁(高競爭), 그리고 정보통신기술의 급격한 발달에 따른 高변화와 인력개발 투자의 확대에 따른 고지가(高知價) 및 정부의 각종 보호조치의 해제와 이해관계자 집단들의 자주화에 의한 고자율(高自律) 등의 5고현상과 그린라운드(Green Round)의 부각에 따른 자원과 생태계의 보전에 관한 사회적 관심과 압력이 높아진 격변과 도전의 국면을 맞이하여 이른바 조정기에 들어갔다고 할 수 있다.

---

8) 신유근, 한국의 경제, 박영사, 1992, pp. 22-26.

그리하여 오늘날의 경영지향은 생활의 질 향상과 환경 및 자원의 보전에 중점을 두는 방향으로 변화되지 않을 수 없게 되었고, 기업윤리는 대중적 · 사회적인 성격을 띠게 되었다고 할 수 있다.

이상에서 살펴본 한국기업의 발전단계와 그에 따른 기업윤리의 성격을 〈표 3-3〉과 같다.

표 3-3. 한국기업의 발전과정과 기업윤리

발전 단계		년대	경영지향	기업윤리
제1단계	형성기	1945~1961	시설복구 생산증대	잠재적 잠복적
제2단계	성장기	1962~1976	생산증대 시장 확대	소극적 수동적
제3단계	발전기	1977~1986	시장 확대 고객중심	적극적 능동적
제4단계	조정기	1987~현재	생활의 질 환경보전	대중적 사회적

Ⅲ. 근로윤리의 형성과 발전과정

1. 전통사회의 근로윤리

전통사회에서는 직업을 단순히 사회의 한 구성원으로서 맹목적인 봉사와 희생이라는 측면에서 이해하였으나 근대시민사회에서는 개인의 소질과 능력을 발휘하고 개인의 자아실현의 욕구를 충족시켜 가는 과정으로 보게 되었다. 따라서 자유로운 직업의 선택은 개인의 정당한 기본권리로서 주장하기에 이르렀다.

원시사회는 혈연중심의 공동체로서 거의 모든 경제활동이 자급자족으로 이루어졌다. 그러나 원시사회 이후 전통적인 봉건사회에서는 개인의 신분이 직업에 의해 결정되었는데 귀족은 영주나 기사로서 활동하였고, 상민들은 농업 · 상업 · 수공업에 종사하였다.[9] 우리나라도 전통적인 사회에서는 신분에 따라 사(士) · 농(農) · 공(工) ·

9) 김태길, 삶과 일, 정문사, 1986, pp. 149-152.

상(商)의 직업이 서열에 따라 평가되었으며 이들 중 관료가 가장 높은 직업으로 선망의 대상이 되었고 상민들은 대부분 농업・상업・공업에 종사하였다.[10] 전통사회에서 농업은 가장 중요한 생산직으로서 상민들의 직업 중에서는 가장 높게 평가받았는데 이는 농민 중에는 상당수가 공사노비들과 조선 후기의 몰락한 양반들이 포함되어 있었기 때문이기도 하다.

전통사회에서 직업의 의미는 생계를 유지하기 위한 생업이라는 의미가 아니라, 신하가 관직으로서 맡은 일을 의미하는 것이었다. 즉, 관료적 사회질서 속에서 관리로서의 직분 그리고 나아가서는 평민으로서의 분수를 의미하는 경향이 현저하였다.

이와 같이 동서양의 전통사회는 개인의 자각과 권리가 실현되기 이전의 전체주의 사회였으며[11] 전체주의 사회에서는 일반적으로 사회 전체가 하나의 유기체로 간주되고, 개인은 이 유기체를 구성하는 하나의 요소에 지나지 않았다. 이러한 전체주의 사회관에 기초해서 나타난 것이 바로 신분의 윤리였다.

각 개인이 직업에 충실하는 것이 사회에 봉사하는 길이고, 더 나아가 인간으로서도 바른 길이라고 믿었던 것이다.

그러나 전통사회의 직업은 세습적이었기 때문에 직업선택의 자유가 극히 제한되었고 개인의 특성과 능력발휘는 무시된 채 전체적인 역할분담과 사회봉사만이 강조되었다.

막스 베버(Max Weber)는 이러한 직업윤리를 자본주의 사회의 금욕적 직업윤리와 구별하기 위하여 유기적 직업윤리라고 했다. 다시 말해 유기체가 생존하고 성장하기 위해서는 그 유기체의 모든 부분들이 제각기 맡은 바의 기능을 충분히 발휘할 수 있어야 하는 것처럼, 각 개인이 맡은바 직업에 충실할 때 사회는 유지되고 발전된다는 것이다.

이와 같은 전통사회의 유기적 직업윤리를 요약하면 다음과 같다.

첫째, 개인은 자신의 소질이나 능력과는 무관하게 직업을 통해서 사회에 봉사하고 헌신해야만 한다. 왜냐하면 전통사회에서의 개인은 사회를 구성하는 하나의 세포로

---

10) 관료 중에서도 무관보다는 문관을 높게 평가하였고, 관직으로 진출할 수 있는 신분을 양반이라 칭했다. 양반은 지체나 신분이 높은 상류계급의 사람들로서 세습적으로 문관이나 무관이 될 자격이 있는 계급을 의미하고, 문관을 동반, 무관을 서반이라고 했다. 이는 임금에게 하례할 때 문관은 동쪽, 무관은 서쪽에 줄을 나열한데서 연유된 말이다. 이기백, 한국사신론, 일조각, 1981, pp. 209-221.

11) 전체주의(Totalitarianism)란 개인주의에 반대되는 말로 개인의 모든 활동은 전체의 존립과 발전을 위해 바쳐야 한다는 이념 하에 국민의 자유를 억압하는 사상 및 체제를 의미한다.

간주되었기 때문이다.

둘째, 직업은 숙명적인 신분에 따라 세습되는 것으로서 직업의 변동은 거의 허용되지 않았고, 허용된다 하더라도 그것은 사회 전체의 변화에 따라 이루어진 것만을 허용하였다.

셋째, 직업은 전통적인 방식에 따라 수행되어야 하고, 개인의 창의성과 능력의 발휘보다는 윗사람에 대한 복종이 중시되었다. 다시 말해 직업활동에서는 개인의 소질과 적성여부 보다는 개인에게 부여된 업무를 잘 수행하여 그가 속한 집단에 충성을 다 하는 것만이 요구되었던 것이다.

넷째, 신분질서의 유지를 위한 제도적 사회규범으로서 청백리정신은 청렴결백의 윤리의식을 지닌 신분윤리로서 뿐만 아니라 유기적인 직업윤리의 관점에서 볼 수도 있을 것이다.[12)]

이상에서 살펴본 바와 같이 서구사회에서는 "일하기 싫으면 먹지도 말라"는 보편적인 사고가 노동을 인간의 당연한 의무로 받아들이게 하였다. 그러나 우리나라 전통사회에서는 이와 같이 노동의 신성함을 주장하는 글은 그 어디에서도 찾아 볼 수 없다.[13)] 즉, 우리나라의 전통사회에서는 직업별 윤리는 존재하지 않았고, 두레나 장인정신 그리고 청백리정신과 같은 직업일반의 윤리만이 존재하였음을 알 수 있다.

2. 근대 자본주의사회에서의 윤리성

근대 자본주의사회의 태동은 대립되는 두 이론에 의하여 설명할 수 있는데, 첫째는 중세 봉건사회의 경제적 모순에 의해 근대 자본주의가 출현하였다는 유물사관에 입각한 마르크스(Marx)의 이론이고, 둘째는 '프로테스탄티즘의 윤리와 자본주의정신'에서 베버(Max Wcbcr)가 주장한 이론으로 근대 자본주의는 캘빈주의(Calvinism)라는 종교적 윤리의 부산물로서 출현하였다고 보고 있다.

1) 루터의 직업소명의식

종교개혁자로 널리 알려진 루터(Martin Luther: 1483~1546)는 신학자인 동시에 언

12) 진교훈, 직업윤리 일반의 방향에 관한 연구, 철학사상의 제 문제, 한국정신문화연구원, 1983, p. 293.
13) 진교훈, 전게논문, p. 287.

어학자, 정치학자, 과학자, 역사가, 교육자, 사회학자의 재능과 조건을 갖추고 있었다.

루터가 처음 '소명'(vocation)이라는 말을 사용하기 시작한 것은 수도원의 삶이 악한 것으로 판단되기 시작하면서, 1521년에 발표한 「수도원의 맹세에 관하여(De Votis Monasticis)」라는 글 속에서 처음으로 세상의 직업문제를 제기하였다.

물론 이때 소명이라는 의미는 '복음의 선언'을 내포하고 있다. 복음을 통하여 인간들은 하나님의 자녀들이라고 부름(the calling)을 받는다. 그 말은 또 각자가 농부로서, 장인으로서, 또 각각의 직업인으로서 하는 일을 의미하는 말로 사용하였다.

모든 사람은 자기의 위치(stand)와 직책(office)에 의해서 크리스천의 지상과업 또는 노동개념을 가지게 되는데, 이것은 하나님의 명령과 사랑과 이성에 합치되어야 한다. 만약 그렇지 못할 때 「수도원의 맹세」는 악을 행하는 허위의 맹세일 수밖에 없다고 하였다. 크리스천의 복음에 성실하지 못한 맹세는 어떤 이유에서든지 간에 논의되어서는 안 된다고 하였다.

그는 또한 교회의 의식 가운데 가장 거룩한 '성찬식'을 집행하고 있는 성직자의 일이나 식모가 마루를 열심히 닦고 있는 일이나 하나님이 보시기에는 동일한 일이라고 주장하여 모든 직업은 신으로부터 부여받은 사명, 즉 소명이라는 의식을 갖게 하였다.

인간은 태어나면서 신의 의지를 거역하고 자신의 욕망을 추구하여 타락한 죄인이 되었지만...... 예수그리스도의 은총과 사랑으로 십자가의 구속을 통해 죄로부터 해방되었다. 이러한 인간은 이제 신에게 자유롭게 봉사하며 직업활동을 통해 새로운 관계를 형성할 수 있게 되었다는 점에서 루터는 모든 직업이 하나님의 소명에 의한 것이라는 직업소명의식을 주장하였으며, 후일 종교개혁의 핵심주제의 하나가 되기도 했다. 다시 말해 인간은 복음을 통해 하나님의 자녀로 부름(the calling)을 받고, 하나님께서 각 사람에게 부여한 자신의 일에 열심히 봉사하고 충성하는 일이야말로 가장 거룩한 예배요 찬송이라는 믿음을 갖게 하였다.

그래서 루터는 구약성서의 십계명에 대한 적극적 해명을 통해 신앙생활(제1계명에서부터 제4계명까지) 뿐만 아니라 일상생활(제5계명에서부터 제10계명까지)에서 인간이 지켜야 할 의무와 책임을 다음과 같이 설명하고 있다.

첫째, 인간은 하나님의 사랑과 섭리를 깨닫고 그의 뜻대로 살아가려고 노력해야 함을 강조한다. 탐욕을 버리고 자기의 분수를 지켜 자족할 줄 아는 검소한 생활을 요구했는데, 이와 같은 '근면', '절제', '청렴'은 청교도의 생활신조와 윤리규범이 되었다.

둘째, 인간은 자신이 하고 있는 일을 하나님께서 부여한 사명으로 알고 최선을 다해야 함을 역설하고 있다. "일하기 싫으면 먹지도 말라"는 성서의 가르침으로 직업의 귀천의식을 없애고, 모든 직업을 필요에 따라 두루 발달하게 하여 분업과 전문화를 촉진시킬 수 있었다. 뿐만 아니라 검소한 생활로 저축이 증대되었고, 기술혁신의 의욕을 불러일으켜 서구 자본주의 발전의 원동력이 되기도 하였다.

셋째, 사유재산제도가 인간의 본능, 존엄성 그리고 사회정의의 측면에서 정당한 제도임을 알려 주고 있다. 다른 사람의 재산이나 소유물을 탐내거나 도둑질해서는 안 된다는 계명은 곧 모든 사람이 수고하여 모은 재산에 대해 정당한 소유권을 보장하고 있다고 볼 수 있다.

넷째, 부자는 항상 사랑의 정신으로 가난한 사람들에게 가진 것을 나누어주어야 함을 가르쳐 주고 있는데, 이는 현대사회의 당면과제 중의 하나인 분배와 형평의 문제를 해결할 수 있는 대안을 제시하고 있기도 하다.

루터의 종교개혁은 낙후된 독일 농민을 바탕으로 인간은 누구나 성직자를 통하지 않고서도 하나님과 직접 교통할 수 있다는 만인제사의 복음신앙, 하나님의 절대주권, 죄의 회개, 하나님과 이웃에 대한 사랑이라는 개인적 차원의 양심과 영혼을 강조하였다. 다시 말해 하나님의 계율에 따라 열심히 일하고 살아가는 자는 이미 믿음을 가진 자이며, 따라서 하나님의 백성으로서 직분을 수행하고 봉사하는 자로서 의로운 구원을 받는다는 것이다. 그의 이러한 사상은 "이마에 땀을 흘리며 생활에 헌신하면서 구원을 묵묵히 기다린다"는 근대적 의미의 소명적 직업관을 전개하였다.

루터의 종교개혁이 이윤의 추구와 상업적 발전을 부정하고, 기존의 정치권력에 대해 보수적이었음에도 불구하고, 자신 외에는 어느 것에도 의존하지 않고 생산활동에 전념하면서 세속적 생활에 경건하게 헌신한다는 이러한 소명적 직업관에서 근대사상으로서의 면모를 발견할 수 있게 된다.

2) 캘빈의 금욕적인 생활윤리

캘빈(J. Calvin: 1509~1564)의 종교개혁은 루터의 종교개혁과는 달리 비교적 상공업이 발달한 프랑스나 스위스의 신흥 부르주아 시민계층을 바탕으로 종교를 통해 개인의 생활뿐만 아니라 교회와 국가사회에서 적극적이고 급진적으로 개혁을 이루려는 국제적 운동으로 발전하였다.

캘빈은 수도원에서 신을 경배하는 차원에서 벗어나 세속적 생활과 직업을 통해 신에게 예배하고 찬송하는 일에 더 깊은 종교적 의미를 부여하였다. 따라서 노동이 고통과 저주의 대상이나 낮은 단계의 일상생활로부터 하나님께 영광을 돌리며 예정의 확신을 줄 수 있는 근거로 대두됨으로써 자본주의적 프로테스탄트의 노동윤리로 자리 잡게 되었다.

그리고 캘빈은 종교적 일과 세속적 일을 구분하는 가톨릭에 반대하여, 모든 신앙인의 노동과 직업은 신성할 뿐만 아니라 평신도도 성직자 못지 않게 그리스도 예수 안에서 소명을 갖는다고 주장하였다.

캘빈은 루터의 주장에 진일보하여 세속적 직업에 보다 깊은 종교적 의미를 부여하는 것은 '예지예정론'에 근거한다. 캘빈에 따르면 인간의 멸망과 구원은 인간의 능력과 공로에 의해서가 아니라 절대적인 하나님의 주권과 은혜로 구원받는 다는 것이다. 예를 들어, 한 노인이 백사장을 거닐다가 한 줌의 모래를 집었다고 가장하자. 이때 손에 든 모래알이 구원받은 백성이다. 손에 든 모래알이 잘 생겨서도 특별해서도 아니다. 이처럼 구원은 하나님의 절대주권에 의해 은혜로 주어지는 것이다. 손에 들지 못한 모래알들은 불평을 할 수도 없다. 이처럼 인간의 삶은 만세전부터 예정하신 하나님의 뜻에 따라 이루어진다는 것이 예지예정론의 핵심이다. 그런데 어떤 사람이 구원받을 백성으로 예정이 되어 있고 어떤 사람이 멸망 받는 백성으로 예정되어 있는지는 외적으로 분명히 알 수는 없다. 그렇다고 불안하고 나태한 생활로 지새울 수는 없다. 확실한 증거는 없어도 이 세상에서 하나님께 영광을 돌리는 독실한 신앙생활을 해야만 구원을 받았다는 확신을 가질 수 있다.

그 결과 "일하기 싫은 사람은 먹지도 말라"는 사도 바울의 훈계를 좌우명으로 나태하거나 시간을 낭비하는 일, 심지어 휴식마저도 내일의 노동을 위한 준비가 아닐 경우에는 엄격히 금지하였던 것이다. 근면·정직·절제가 삶의 목표와 표어가 되었고, 그렇지 못한 생활은 종교적 죄악으로 지탄의 대상이 되었다. 또한 정직한 상거래를 위해 명백한 규칙도 마련하였다.

첫째, 통상적인 시장가격 이상으로 팔거나, 다른 사람이 그 상품을 사용할 기회를 가졌을 때 그 상품의 대가 이상으로 판매해서는 안 된다.

둘째, 기술 등이 부족하여 자신의 상품에 손실을 입었을 때 그것을 자신의 잘못이나 시련으로 여겨야 하며, 따라서 그것을 다른 사람에게 전가해서는 안 된다.

셋째, 해상재난 등으로 손실을 입은 경우, 그것은 섭비에 의한 손실이다. 그래서 그 손실을 남에게 전가함으로써 자신의 마음을 편하게 만들어서는 안 된다. 왜냐하면 결코 손실을 입지 않으려면 모든 섭리에 어긋나서는 안 되기 때문이다. 그러나 상품이 부족한 경우 가격을 인상할 수 있다. 왜냐하면 이때 그것은 그 상품에 대한 신의 수단이지, 그 개인의 수단이 아니기 때문이다.

넷째, 자신의 상품에 대해 판매가격 이상을 요구해서는 안 된다. 종교개혁 이전에는 물질적 부를 획득하는 것을 종교적 교리나 신앙생활과는 무관한 세속적인 것으로 간주하고 죄악시해 왔다. 그러나 캘빈은 근검 · 정직 · 절제를 통해 그리고 합리적이고 창조적인 직업활동에 자발적으로 참여함으로써 부를 획득하는 것이 하나님께 영광을 돌리 수 있는 신앙인의 정당하고 신성한 의무와 책임임을 강조하였다. 즉, 사유재산은 부도덕한 것이 아니라, 하나님이 주신 은총이자 정당한 대가이기 때문에 어느 누구도 침범할 수 없는 신성한 것이다. 다른 사람들의 노동의 성과를 남용하거나 착취하는 것은 죄악이며, "하나님의 축복이 일하는 자의 손에 있다. 하나님은 분명히 게으른 자가 빵을 먹는 것을 저주하신다"고 하면서, 직업이 없이는 인간이 인간다울 수 없다고 강조하였다. 그래서 노동과 직업이 인간에게 내려진 저주가 아니라 하나님의 부름을 받은 소명이 되었으며, 먹고 살기 위한 삶의 단순한 수단과 방편에서 부유하거나 풍족하더라도 보수나 이익에 얽매이지 않고 근면하게 일해야만 하는 종교적 행위로 승화되었다.

이상에서 살펴본 캘빈의 금욕적 직업윤리는 서구 자본주의가 지속적인 성장과 발전을 거듭할 수 있는 정신적 기초가 되었을 뿐만 아니라, 종교 · 정치 · 문화 · 경제 · 사회 전반에 걸친 시민의식의 근거가 되기도 하였던 것이다.

3) 프로테스탄티즘과 자본주의정신

베버(M.Weber)는 자본주의가 서구사회에서 발전할 수 있었던 조건이 무엇인가를 분석하였다. 그는 『프로테스탄티즘의 윤리와 자본주의정신』에서 서구의 독특한 문화적 속성으로 합리성 · 체계성 · 조직성 · 합법성을 들었고, 이러한 속성들이 종교개혁의 운동을 통한 세속적 금욕생활과 직업윤리에 의해 조성되었다고 파악하였다.

베버의 주장에 따르면 무제한의 탐욕은 자본주의와 무관하며, 오히려 자본주의는 이러한 비합리적 충동을 억제하는 최소한의 절제인 것이다. 즉, 자본주의는 탐욕의 산물이 아니라, 합리적으로 자본을 축적하고 사업을 경영함으로써 지속적으로 새로운 이윤을 창출해 가는 것이다.

경제가 단순히 먹고사는 데 그치는 자연적 욕망충족 차원의 경제나 정치적 기회와 비합리적 투기의 활용을 지향하는 모험적 자본주의에서와는 달리, 엄밀하게 예측된 토대 위에서 합리화되며 예측과 분별력을 갖고 추구되는 경제적 성공을 지향한다는 점이 자본주의경제의 기본특성이다.

베버는 이와 같이 근대자본주의의 정신을 추적해 가는 가운데 그 주도세력, 즉 기업가・자본가・숙련노동자・고도기술자 등이 대부분 프로테스탄트들이었으며, 자본주의가 크게 번성하였던 지역에서 종교개혁이 우호적으로 받아들여졌다는 점에 주목하였다. 또한 기술의 연구와 상공업의 원활한 활동을 위해 설립된 근대적 교육기관에 프로테스탄트의 출신비율이 훨씬 높았으며, 프로테스탄트들은 수공업공장에서 오랜 세월 안정된 직업훈련을 통해 장인(匠人)이 되기보다 고도의 숙련노동이나 관리로서 수행능력을 연마하기 위해 대규모공장에 집결하였다는 사실에 주목하였다.

이러한 인구변동과 경제논리에 따른 역사적 통계자료를 바탕으로 베버는 근대자본주의와 종교개혁, 특히 캘빈주의 사이에 긴밀한 상관관계가 있음을 파악하였다. 베버는 부단히 지속적이며 체계적인 세속적 활동이야말로 최고의 금욕적 수단인 동시에 구원을 받은 자와 그의 신앙심에 대한 가장 확실하고 분명한 증거였으며, 이러한 캘빈주의는 근대 자본주의의 정신과 생활관을 확장하기 위한 가장 강력한 버팀목이었다고 분석하였다.

이러한 베버의 주장은 서구 자본주의정신을 파악하는 데 새로운 시각을 열어 주기도 하였지만, 그 이론에 대한 다양한 비판들도 있다. 예컨대 캘빈주의가 전통적인 공정가격제도에 집착하고 자유경쟁을 배척하며 자본주의적 영리활동에 대해 뚜렷이 적대적 태도를 취하였음을 간과하였다. 또한 종교개혁이 자본주의정신의 형성에 기여한 것은 분명하지만, 산업혁명을 이룩한 과학기술이 발전할 수 있었던 토대나 부르주아 시민계급의 형성 등을 배제함으로써 프로테스탄트의 종교를 위주로 너무나 단순화하였다는 주장도 있다. 혹자는 자본주의의 발전을 통해 교회가 스스로 적응하고 동화해가려는 노력 가운데 종교의 발전이 이룩된 측면도 있다고 주장한다. 더구나 프로테스탄티즘의 종교가 초기 자본주의정신에 끼친 영향은 지속된 것이 아니라 종교적 권위의 퇴조와 함께 종교적 제재를 받지 않는 경제욕구가 보편화됨으로써 자본주의의 발흥이 가능할 수 있었다는 것이다.

이상에서 논의된 내용을 종합적으로 정리해 보면, 청교도정신에 입각한 생활양식은 다음과 같은 경제적인 효과를 유발할 수 있었다고 본다.[14]

14) Kemper Fullerton, "Calvinism and Capitalism", *The Harvard Theological Review* (1928), pp. 163-191; Robert W. Green. ed., *Protestantism and It's Capitalism The Weber Thesis and It's Critics*(Boston : D.C. Health and Company, 1959); 이동화 역, 프로테스탄티즘과 자본주의, 종로서적, 1975, pp. 23-49.

첫째, 금욕적인 생활은 소비를 억제하였다. 청교도들은 사치를 경멸하며 감각적인 향락을 거부하면서 근검절약을 중요한 미덕으로 여겼는데 이는 중세 귀족들의 낭비적 생활에 대한 반항으로서 청지기로서의 직분이라는 관념에서부터 비롯되었다.

둘째, 직업소명의식은 노동을 신성시함으로써 저축을 촉진시켜 결과적으로는 자본을 축적하게 만들었고 열성적으로 직업생활을 고무시켜 생산성을 높였다. 뿐만 아니라 부를 경멸했던 종래 전통적 기독교 윤리로부터 벗어나 부의 축적과 이윤의 획득에 정당성을 부여받게 되었다. 따라서 청교도적인 생활의 실천이 있는 곳에서는 합리적이고 경제적인 생활양식이 강화되었던 것이다.

셋째, 청교도들에게 있어서 이윤이란 소명을 충실하게 실천한 자에게 신이 내린 은총이었다. 그러나 이러한 이윤은 개인적인 이익을 위해서는 사용될 수 없었다. 왜냐하면 자본가는 단지 신의 은총에 의한 심부름꾼이며, 자본을 증가시키고 사회 전체의 이익을 위해서 자본을 활용하는 것이 주된 의무로 간주되었기 때문이다. 또한, 청교도들은 노동을 신에 대한 봉사로 생각했기 때문에 인간은 신의 은총을 위해 끊임없이 노력하면서, 쾌락의 추구나 자기 탐닉을 배격하고, 모든 이윤을 박애주의정신에 입각하여 사용할 것을 강조하면서 게으름과 태만을 모든 악의 원천으로 보았다.

베버에 의하면 금욕적 직업윤리는 유기적 직업윤리와 같이 국가에 봉사하는 직업윤리로서 동일한 의미를 가지나, 국가에 대한 헌신이 자발적이라는 점에서 차이가 있으며, 일과 노동은 고통과 괴로움만 주는 것이 아니라 보람과 행복을 주며 자아실현을 할 수 있게 한다는 윤리의식을 깊게 뿌리내리게 하였던 것이다.[15)]

이상에서 살펴본 금욕적 직업윤리와 유기적 직업윤리의 특징을 비교해 보면 그 내용은 다음과 같다.

첫째, 금욕적 직업윤리는 집단 및 사회와 같은 인간적 질서의 유지에 목표가 있는 것이 아니라 신의 창조물인 인간의 사명인 것이다.

둘째, 인간이 자기 직업에 헌신하기 위해서는 무엇보다 금욕이 필요하다. 나태함, 향락에 대한 욕구, 소비욕구 등 여러 가지 일상생활의 유혹들은 인간의 연약함에서부터 비롯되는데 이러한 욕망을 스스로 억제하는 것이 바로 금욕인 것이다.

셋째, 유기적인 직업윤리는 전체와 부분, 그리고 개체와의 고정적인 관계를 형성하지만, 금욕적 직업윤리에서는 개인은 자유롭게 직업이나 집단을 선택할 수 있을

15) 김후영, 직업윤리, 도서출판 양명각, 1995, p. 142.

뿐만 아니라 자유롭게 바꿀 수도 있다. 따라서 직장생활 속에서 개인의 위치는 능력과 업적에 의하여 결정된다.

넷째, 금욕적인 직업생활은 결코 쉬운 일이 아니다. 그러기 때문에 어떤 일을 성취했을 때의 기쁨은 그 경지에 이르기까지의 모든 노고를 보상하고도 남음이 있어야 한다.

이러한 금욕적 직업윤리는 근대적 시민사회의 윤리로서 가장 합리적이고 건전한 자주적인 직업윤리라고 할 수 있다. 특히 부와 기술을 통해 자본주의경제를 발전시켜야만 되는 현실에서는 가장 절실하게 요구되는 직업윤리가 아닐 수 없다.

그러나 이러한 금욕적 직업윤리를 기독교 문화가 발달하지 않은 나라에서 적용하기란 그리 쉽지는 않다. 하지만 우리나라를 비롯한 동양사회에서도 산업화 과정에서 이러한 금욕적 직업윤리의 정신을 본받아 기업윤리가 나타났다. 다시 말해 기업 내 모든 종업원이 평등하다는 생각이나 신용과 정직에 높은 가치를 부여하여 이를 기업이 실천함으로써 기업을 사회에 유익한 제도로서 인식하게 만들었고 이러한 바탕 위에서 기업은 오늘날과 같이 발전할 수 있었던 것이다. 따라서 우리는 이러한 금욕적 직업윤리를 우리의 전통윤리와 현실에 맞게 적용시킬 수 있는 새로운 직업윤리의 확보방안을 강구해 보아야 할 것이다.

3. 현대사회에서의 직업윤리

현대사회에서는 직업의 종류에 따라 사회적 지위에 차이가 나타나는 것은 아니다. 그러나 직업 내에서의 지위에 따라 개인의 사회적·경제적 지위가 결정된다고 볼 수 있다. 다시 말해 직업의 다양화와 전문화가 동시에 일어나면서 직업별 사회적 인정이나 소득격차에 따라 종래와 같은 신분적 근거에서의 계급과는 다른 직업상의 신분체계가 형성되고 있는 것이다.

또한, 현대산업사회는 소득, 교육, 생활수준의 향상과 더불어 개인들에게 폭 넓은 선택의 자유를 제공하고 있지만, 한편에서는 치열한 경쟁도 유발시킨다. 따라서 개인은 모두 타인과의 분업관계에서 맡은 일을 제대로 수행하여야 하고 만약 그렇지 못하면 타인에게는 물론 더 나아가 사회경제 전체에까지 영향을 미치게 된다. 이러한 관점에서 볼 때 현대산업사회에서는 직업윤리의 필요성이 더욱 강조되어야 할 것이다.

현대인의 직업생활은 특별한 경우를 제외하고는 거의 대부분 직장이라고 하는 일터에서 이루어진다. 우리 사회를 지탱하고 있는 크고 작은 모든 직장은 하나의 조직체로서 나름대로의 목표를 지니고 있다. 이러한 조직의 목표는 직장인 모두가 맡은 바 자신의 역할과 책임을 성실히 수행함으로서 달성할 수 있게 된다. 자신에게 맡겨진 직무를 수행하면서 그 일을 자기 삶의 목표로 받아들이느냐, 그렇지 않으면 하나의 노역으로 보느냐에 따라 얻어지는 보람이나 행복감의 정도는 달라진다.

이상적인 직장은 직장의 목표와 구성원 개인의 목표가 일치하는 상황일 것이다. 따라서 현대사회에서의 직장은 구성원들의 개인적인 욕구를 최대한 충족시켜 줄 수 있는 여건과 동기부여에 대한 노력을 아끼지 말아야 한다. 그리고 구성원들은 자신의 욕구충족을 극대화시킬 수 있는 직장을 만들기 위해 최선의 노력을 경주해야 할 것이다.

현대사회에서 이상적인 직장을 만들기 위해 요구되는 윤리덕목으로는 다음과 같은 것들을 들 수 있겠다.

첫째, 직분의식이 필요하다. 직분의식이란 타인과의 관계 속에서 내가 상대방에 대하여 하여야 할 일을 자각하고 그것을 자기의 소명으로 받아들이는 의식과 태도를 의미한다.

직분의식이 강한 사람은 직장생활 속에서 내가 타인을 위해 무엇을 해야 하는가를 먼저 생각한다는 점에서 봉사와 희생정신의 기초가 된다. 오늘날 많은 사람들이 자신의 이익만을 위해 수단과 방법을 가리지 않고 행동하고 있는 비인간화되어 가는 사회생활 속에서 이러한 직분의식이야말로 믿음과 신뢰사회를 구축할 수 있는 토대가 될 수 있을 것이다.

둘째, 책임의식이 필요하다. 현대사회에서는 개인에게 많은 선택의 자유를 보장하고 있지만, 그 자유는 사회규범과 질서의 테두리 안에서 가능하다. 자본주의사회에서 사유재산을 개인이 자유롭게 사용, 수익, 처분할 수 있는 권리가 법률적으로 보장되어 있다 하더라도 그것은 어디까지나 사회공공의 복리나 질서를 해치지 않는 범주 내에서만 가능하다.

셋째, 장인정신이 필요하다. 오늘날 현대사회에서는 대량생산체제가 확립되면서 모든 제품이 표준화·기계화되었고, 도제제도나 장인도 점차 사라지고 있는 추세이지만, 지난날 장인들이 가지고 있었던 직업정신만은 소중히 여기지 않을 수 없다. 자신이 하고 있는 일을 예술과 도(道)의 경지로까지 승화시킬 수 있는 직업정신을 가지고 직업생활을 영위하는 사람과 자신이 맡은 직무에 정성을 다하는 사람들이 많으면 많을수록 그 사회는 경제적·문화적으로 크게 발전하지 않을 수 없을 것이다. 자신이 하는 일을 통해 스스로의 인간됨을 완성시켜 나가려 했던 장인정신이야 말로 우리가 배우고 계승·발전시켜 나가야 할 소중한 직업정신이 아니겠는가?

넷째, 명예심이 필요하다. 명예란 도덕적 존엄에 대한 자각으로서 이것이 다른 사람에게 승인되고 존경과 상찬(賞讚)되는 일을 말한다. 현대인들은 이러한 명예에는 관심을 접어두고 실리만 있으면 수단과 방법을 가리지 않는 비윤리적이고 파렴치한 행동을 선택하는 경우가 많다.

민주사회에서는 불명예를 수치로 생각하는 문화풍토의 조성이 사회발전의 선결과제가 된다. 직업에 대한 명예심은 그 일을 하기 위해서 내가 존재한다는 확신이다. 직업에 대한 사명감이나 소명의식이 직업을 더욱 명예롭게 만들며, 자신이 하는 일에 정성을 기울이고 최선을 다하게 한다. 우리는 직장생활 속에서 상호 명예를 존중하고 귀중하게 여기는 풍토를 조성해 나가야만 할 것이다.

다섯째, 직업에 대한 귀천의식이 없어야 한다. 직업에 대한 편견과 차별의식이 존재하는 사회에서는 이상적인 직장생활이 영위될 수 없다. 아직도 우리사회에는 관존민비(官尊民卑)의 사상이나 사(士)·농(農)·공(工)·상(商)의 차별의식과 같은 불합리한 편견이 남아 있음을 부인할 수는 없다. 직업은 사회구성원의 한 사람으로서 역할을 분담하는 것이라는 자각을 갖고 있는 사람은 흔치 않다.

자신의 능력과 적성을 고려하여 직업을 선택하고 투철한 장인정신으로 각자의 역할과 임무를 성실히 완수하고자 할 때, 우리의 삶의 질은 보다 향상될 수 있을 것이고 바람직한 직업윤리의 정착도 가능하게 될 것이다.

여섯째, 금욕정신이 필요하다. 서구사회를 발전시킨 자본주의 정신을 한마디로 표현하기란 어렵겠지만, 일찍이 브랜타노(L. Brentano)는 영리추구에 대한 욕망을, 좀바르트(W. Sombart)는 기업가정신·시민정신·합리주의를, 그리고 베버(M. Weber)는 금욕적 근면을 자본주의 정신의 원동력으로 보았다. 이러한 자본주의 정신이야말로 우리에게 건전하고 합리적인 직업윤리관을 갖게 하는 토대가 될 수 있을 것이다.

[사례 탐구] 올바르게 일하기

메간(Megan)은 옥스퍼드 레이크 아파트 단지를 위해 일하는 부동산 중개사이다. 이 일은 꽤나 지루하지만 저녁에는 학교에 가려는 그녀에게 공부할 수 있는 조용한 시간이 주어지고, 게다가 아파트 월세를 할인받는 것도 큰 도움이 된다. 다만 다른 두 아파트 단지가 생기고 난 뒤부터 이 아파트 단지의 영업은 좀 시원찮아지고 공실률도 조금 높아지기 시작했다.

회사는 최근에 새로 지역 관리자를 임명했는데 이는 해당지역 영업에 새로운 활기와 창의성을 불어넣고 신규 임대계약 성과를 높이기 위한 것이었다. 이 관리자의 이름은 케이트 존스(Kate Johns)인데, 메간은 케이트가 월세만 더 올릴 수 있다면 그녀의 할머니에게라도 임대해 줄 사람이라는 인상을 받았다. 케이트의 첫 행사는 오픈 하우스였는데, 무료 핫도그, 콜라, 아이들을 위해 막대풍선으로 동물을 만드는 광대가 준비되었다. 그는 신문과 라디오에 광고를 게재하였고, 많은 사람을 끌어 모았다.

그들의 첫 손님은 마이클 윌슨(Michael Wilson)과 타니아 윌슨(Tania Wilson)부부였는데 이들은 어린 아들 타일러(Tyler)를 둔 흑인 커플이었다. 메간은 그들의 신청서를 받았다. 그들은 안정적인 직업경력을 가진 사람들로서 월세를 감당하고도 남을 소득을 올리고 있고, 이전 집주인들로부터도 좋은 평가를 받았다. 메간은 그들에게 표준적인 절차의 하나로 그들의 배경을 조사하겠다고 알리고 그들의 신청서가 아주 좋아 보인다고 귀뜸해 주었다. 그들이 떠난 뒤, 케이트가 임대사무소에 들러서 “그 사람들, 어때 보여요” 신청서에 무슨 문제라도 있나요? 하고 물었다. 메간은 “전혀요, 그 사람들은 이 동네 수준에 아주 잘 맞는 새 이웃이 될 것 같은데요” 그러자 케이트가 대답했다. “서두르지 마세요. 신청자들을 좀 더 만나 볼 시간이 있어요. 내 경험에 의하면 저런 사람들은 월세계약을 중도에 파기하거나 월세가 밀린 채 마을을 떠나곤 하지요”

질문

1. 여기서 해야 할 올바른 일은 무엇인가? “황금률”이 여기서는 어떻게 관련되어 있는가?
2. 당신은 이 윤리적 딜레마를 어떻게 해결하겠는가?
3. 메간은 지금 무엇을 해야 하는가?

토의과제

1. 기업윤리의 발전단계와 한국기업의 윤리수준에 대해 토의해 보자.
2. 기업윤리수준을 향상시킬 수 있는 구체적인 방안에 대해 토의해 보자.
3. 현대사회에서의 건전한 직업윤리에 대해 논의해 보자.
4. 프로테스탄티즘과 자본주의 정신의 요체는 무엇인가?
5. 금욕적인 생활윤리와 직업소명의식에 대해 논의해 보자.

제 4 장
윤리성의 판별기준

4 윤리성의 판별기준

직업생활 속에서 우리는 흔히 윤리적 딜레마에 직면하게 되는데, 그때마다 의사결정이나 행위의 윤리성을 신속하게 판별할 수 있는 기준이 필요하게 된다. 그러나 개개의 상황에 적용될 수 있는 윤리적 판별기준을 제시하기란 쉬운 일이 아니다. 그러므로 본 장에서는 직업이나 직장생활에서 행위의 윤리성을 판별하는 여러 기준 중에서 일반적이고 보편적인 기준을 정태적 접근법과 동태적 접근법으로 구별하여 고찰하기로 한다.

Ⅰ. 정태적 접근법

정태적 접근법에는, ① 동기, 행위, 결과 기준접근법, ② 공리적 · 권리적 · 정의적 추론에 의한 접근법, ③ 인간본성 윤리접근법, ④ 기타 요인 접근법 등이 있다.

1. 동기, 행위, 결과 기준 접근법

이는 동기나 행위 그리고 행위의 결과를 윤리성의 판별기준으로 삼는 접근방법이다.

1) 동기주의

동기주의란 행위의 동기를 중시하여 행위를 하게 된 동기를 윤리성의 판별기준으로 삼는다. 즉, 어떤 행위를 하였느냐 보다는 어떤 마음으로, 어떤 동기에서 행위를 하느냐를 중요한 윤리성의 판단기준으로 삼는 것이다.

결과가 아무리 타인과 사회에 도움이 되는 행위일지라도 그 동기가 순수하지 못하고 바람직하지 못한 경우라면 그런 행위는 윤리적인 행위가 되지 못한다는 것이다.

예를 들어, 수재의연금이나 불우이웃돕기 성금을 내는 경우, 그것이 생색을 내기 위해서 하는 것이라면 그것은 윤리적으로 바람직한 행위가 되지 못한다는 논리이다.

2) 행위주의

행위주의는 윤리이상주의라고 할 수 있는 것으로서, 행위 자체에 초점을 맞추는 경우를 생각해 볼 수 있다. 이는 행위 자체를 윤리성의 판별기준으로 삼는 경우이다. 마치 성서를 읽기 위해 촛불을 훔치는 행위가 정당화될 수 없듯이, 직장생활에 있어서도 그 목적 또는 기대되는 결과가 아무리 바람직하고 직장이익에 부합될 만한 것일지라도, 그 수단이 되는 행위 자체가 부도덕하고 비윤리적이라면 그런 행위는 비윤리적이라는 것이다. 이것은 목적이 수단을 정당화시킬 수 없다는 윤리적 명제에 근거한 것으로 볼 수 있다.

예를 들어, 회사자금을 불법적인 방법으로 빼내서 자선사업에 희사하는 행위나, 경쟁회사의 기밀을 불법적으로 빼내는 행위 또는 기업의 이윤추구를 위해 소비자를 기만하는 행위 등이 이 경우에 해당된다고 볼 수 있겠다.

이 접근법은 어떤 행위의 옳고 그름을 그 동기나 결과를 기준으로 하여 판별하는 것이 아니라, 해야 할 일과 하지 말아야 할 일, 그 자체를 기준으로 해서 판별하는 것이다. 그러나 이 경우 보편적인 원칙에 대한 확실한 근거를 제시하는 것이 현실적으로 곤란하다는 한계를 지닌다고 하겠다.

3) 결과주의

윤리성의 판별기준으로서 공리주의 또는 결과주의를 생각할 수 있다. 이는 행위의 결과에 초점을 맞추어 윤리성을 판단하는 기준이다. 즉, 어떤 행위가 가져올 결과 혹은 효익(效益)을 윤리성의 판별기준으로 삼는 접근법이다.

아무리 동기가 순수하고 그 수단이 정당한 것일지라도, 바람직하지 못한 결과를 가져올 경우라면 그러한 행위는 윤리적인 것이 못 된다는 것이다.

다시 말해 비록 좋은 동기에서 출발한 행위라도 그것이 집단이익과 사회적 공동선

(共同善)에 부정적인 결과를 가져오는 것이라면, 그것은 윤리적인 측면에서 볼 때 바람직하지 못하다는 것이다.

예컨대 기업의 유지·발전을 위한 최소한의 이윤확보조차 소홀히 하면서 자선사업에 계속적으로 희사함으로써 궁극적으로 기업의 존속 자체를 위태롭게 하는 행위를 예로 들 수 있겠다.

그런데 이러한 접근법은 행위의 윤리성을 그 결과의 효익만을 기준으로 해서 판단하기 때문에, 실제상황에 그대로 적용하기에는 한계점을 지닌다. 왜냐하면 행위 가운데는 결과를 고려해 보기 이전에 벌써 그 자체가 비윤리적인 것이 있을 수 있고, 다른 한편, 궁극적으로 집단이나 조직, 사회에 유익한 결과를 가져오는 행위라면 그 행위 자체의 비윤리성은 문제가 되지 않는다는 논리, 다시 말해서 결과가 수단을 정당화시킨다는 논리가 성립될 수도 있기 때문이다.

2. 공리적·권리적·정의적 추론에 의한 접근법

1) 공리적 추론에 의한 접근법

공리적 추론은 공리이론 또는 비용이득분석법이라고도 한다. 이는 전체적인 실익을 기준으로 하는 접근법이다.[1] 즉, 직업활동이나 직장생활에서 의사결정이나 정책 혹은 행위의 결과적인 이득과 비용을 비교해서 이득이 클 경우, 그것은 '최대다수의 최대이익'(the greatest good for the greatest number)을 가져온 것이므로 윤리적인 것이고, 만일 비용이 크면 그것은 비윤리적인 것이라고 판단하는 것이다.

여기서 이득이나 비용은 세 가지 범주, 즉 생산량, 판매량, 수익 등과 같이 정량적으로 나타낼 수 있는 경제적 측면의 것과 사회일반의 가치관, 생활의 질, 생태계 등에 영향을 미치는 사회적 측면의 것, 그리고 종업원의 사기, 심리적 만족, 노동의욕, 조직분위기 같은 인간적 측면의 것이 있을 수 있는데, 이런 세 가지 측면에서의 이득과 비용을 분석·비교해서 이익이 많으면 윤리적이라고 판단하고, 비용이 많으면 비윤리적이라고 판단하는 접근법이다.

이러한 공리적 추론에 의한 접근은 손익의 정확한 측정, 특히 인간적 측면과 사회적 측면에서의 이득이나 비용을 정량적으로 정확하게 측정하기가 어렵다는 단점과,

---

1) T. L. Beauchamp, and N. E. Bowie, *Ethical Theory and Business*(3rd ed.), Englewood Cliffs, N.J.: Prentice-Hall, 1988, pp. 21-51.

최대다수의 최대이익만을 추구할 경우 고령자나 장애자, 배우지 못한 사람 등을 소외시키고 저버리는 결과를 가져올 수 있다는 한계점을 지닌다고 볼 수 있다.

2) 권리적 추론에 의한 접근법

다음으로 권리적 추론은 권리이론이라고도 하는데, 이것은 개인이나 집단이 의무에 상응하여 자기의 이익을 추구할 자유롭고 평등한 권리를 갖는다는 원칙에 입각한 것이다. 개인이나 조직의 의사결정이나 행위가 개인이나 조직의 목표와 기본적인 인권, 즉 생존권, 선택권, 자유, 존엄성 등을 존중하고 보장하는가의 여부를 윤리성의 판별기준으로 삼는 접근법이다.

그런데 이 접근법은 노사 간, 남녀 간, 그리고 다국적기업의 경우에서 볼 수 있는 자국민과 타국민 사이의 경우처럼, 둘 이상의 권리가 상충될 때, 그것을 조화시키기가 매우 어렵다는 한계점을 지닌다. 그러나 이러한 한계점에도 불구하고 현실적으로 인권의 보호와 인간존엄성의 존중은 개인이나 조직행위의 윤리를 판단하는 중요한 기준으로 삼을 수 있다.

3) 정의적 추론에 의한 접근법

정의적 추론은 정의이론이라고도 하는데, 이것은 혜택과 부담은 공평하게 분배되어야 하고, 규칙과 법률은 공정하게 적용되어야 하며, 경쟁은 공정한 규칙에 따라 이루어져야 한다는 원칙에 근거한 것이다. 그럼으로 조직활동에서는 활동의 혜택이나 부담이 조직구성원과 이해관계자 집단에게 공평하고 공정하게 공유되느냐의 여부를 윤리성의 판별기준으로 삼는 접근법이다. 물론 여기서 공정하고 공평한 공유가 반드시 균등한 공유를 의미하는 것은 아니다.

앞에서 살펴본 **공리적 추론은 이득이나 비용의 총계가 어느 쪽에 더 많은가를 기준으로 삼는데 비해서, 정의적 추론에서는 이득이나 비용이 공정하고 공평하게 분배되고 부담되느냐를 기준으로 삼는다.** 그런데 이 접근법은 공정과 공평의 정도를 정확하게 판정하기가 어렵다는 한계점을 지닌다고 할 수 있다.

이상에서 살펴본 공리적 추론, 권리적 추론, 정의적 추론은 모두가 각각의 장·단점을 지니고 있으므로 실제상황에서는 세 가지 접근법을 보완적으로 함께 적용하는 것이 바람직하리라고 본다.

3. 인간본성 윤리(human nature ethics)접근법

이 접근법은 의사결정 또는 행위나 태도가 인간의 본성 혹은 양심에 부합하는가의 여부를 윤리성의 판별기준으로 삼는 접근방법이다.[2] 그러므로 이 이론에 의하면 인간의 본성 혹은 양심에 부합하는 행동이 바로 윤리적 행동이라는 것이다.

따라서 이러한 논리를 조직시스템에 적용해 보면, 조직구성원들이 그들의 본성에 부합하는 행위, 다른 말로 하여 양심적인 행위를 할 때 결국 그 행위는 윤리적인 행위라고 할 수 있다는 것이다. 이러한 접근방법은, 인간의 본성 혹은 양심은 천부적으로 선하다는 기독교적 사상 혹은 맹자의 성선설 사상에 입각한 것이라고 해석할 수 있다.

1) 맹자의 성선(性善)과 마음

맹자(孟子)는 공자(孔子)의 사상을 계승・발전시켜서 인간의 도덕적 기준으로서 인(仁)・의(義)를 중시하고 도덕성립의 근거로서 성선설(性善說)을 내세웠다. 또한, 도덕에 기초한 정치, 즉 덕치를 주창하고 민주주의 요소가 깃든 왕도정치를 역설하였다.[3]

맹자는 도덕성이야 말로 인간의 본성을 이루고, 따라서 인간을 다른 동물과 구별하는 척도가 된다는 의미에서 도덕성을 인간의 본성이라고 정의한다. 즉, 공자가 덕(德)이라고 불렀던 도덕성, 곧 닦아서 완성하여야 할 인간성을 맹자는 성(性)이라고 했다. 인간 안에 있는 욕망을 배제한, 인간고유의 도덕성만을 성(性)이라고 한 것이다.

인간의 지혜가 발달하지 못한 맹자 당시에 있어서 소박하고 조야(粗野)[4]하며, 식색지욕(食色之欲)에만 급급한 민중과 악정(惡政)을 일삼는 치자(治者)계급의 사람들을 인륜적 인간으로 선도하고자 절대적 두려움과 존경의 대상인 하늘(天)을 빌어, 하늘은 인륜덕목을 부여하는 자임과 동시에 상선벌악(賞善罰惡)하는 주재자로 믿게 하였다. 따라서 사악(邪惡)한 생각을 품거나 반인륜적인 행위를 할 때는 하늘이 벌을 내리고, 착한 행위를 할 때는 하늘이 복을 내린다는 내용의 하늘 중심적 인륜사상은

---

2) T. Donaldson and P. H. Werhane, *Ethical Issues in Business: A Philosophical Approach*(2nd ed.), Englewood Cliffs, N.J.: Prentice-Hall, 1983, pp. 7-21.

3) 高仁杓, 孟子 性善說의 人性構造(慶北大學校, 1978); 李基奭, 孟子, 서울: 弘新文化史, 1993.

4) 조야(粗野): 됨됨이가 촌스럽고 천박함.

매우 효과 있는 방편 책이었다.

그러나 인간의 지혜가 발달하게 되면서 인륜덕목의 근거를 인간의 순수한 도덕심에서 찾지 않을 수 없게 되었다. 왜냐하면 한편으로는 덕목들이 만일, 하늘이 인간에게 부여한 것이어서 실천에 있어서 하늘의 상·벌에 대한 공포나 희구(希求)가 동기가 된다면 인간의 인간다움, 즉 도덕심은 말살되고 말 것이며, 다른 한편으로는 인간에게 도덕심이 없다면 인간의 행위에 대한 하늘의 응보(應報)가 일치되지 않을 때는 덕목들은 곧 멸시를 받아 지켜지지 않을 것이고 덕목들이 지켜진다 하더라도 결국 자신의 이익을 위해서만 지켜질 것이기 때문이다. 그러므로 맹자는 인(仁)·의(義)·예(禮)·지(智)의 덕목을 사람의 마음으로부터 그 근거를 찾지 않을 수 없었으며, 마침 고자(告子)와의 성변(性辨)이 발단의 계기가 되어 인(仁)·의(義)·예(禮)·지(智)를 실천할 수 있는 재질(才質)이 인간의 마음 내부에 생득적으로 갖추어져 있다는 것을 체계적으로 전개하게 되었다.

즉, 맹자가 말하는 사단(四端)이란 성인이 될 수 있는 네 가지 도덕적 단서 혹은 근거가 되는 인(仁)·의(義)·예(禮)·지(智)를 말하는 것 인데, 이 사단(四端)은 후천적으로 습득된 것이 아니라 선천적으로 지닌 천부의 인간성이라는 것이다. 그런데 맹자가 제시한 사단(四端)의 내용을 구체적으로 살펴보면 다음과 같다.

첫째, 곤경에 처한 사람을 차마 볼 수 없는 마음(불인지심 ; 不忍之心)과, 그런 사람을 볼 때 자연히 우러나오는 측은히 여기는 마음(측은지심 ; 惻隱之心),

둘째, 부당한 일을 보았을 때 부끄러워하고 미워하게 되는 마음(수오지심 ; 羞惡之心),

셋째, 자기보다 나이든 사람을 보면 공경하며 사양하게 되는 마음(공경지심 ; 恭敬之心, 사양지심 ; 辭讓之心)

넷째, 옳고 그름을 판단하게 되는 마음(시비지심 ; 是非之心)

이는 누구나 자연스럽게 느끼게 되는 자연적인 마음의 상태를 지칭하고 있다. 따라서 인간은 측은(惻隱), 수오(羞惡), 사양(辭讓) 시비(是非)의 마음을 다하면 인·의·예·지(仁·義·禮·智)의 덕을 이룰 수 있으니 인성이 금수(禽獸)의 식색지성(食色之性)과 다름을 알고, 인성(人性)이 금수의 식색지성(食色之性)을 초월한 도덕성임을 알면 하늘이 절대적 인륜성(人倫性)임을 믿고 알게 된다는 것이다.

따라서 사단(四端)의 착한 마음을 가지고 인(仁)·의(義)·예(禮)·지(智)를 실천할 수 있는 재질(才質)을 기르는 것은, 그 자체가 절대적 인륜성인 하늘의 경지에로 나아가고자 하는 인간의 바람이다. 그러므로 사람은 요절장수(夭折長壽)의 외적이고 운명적인 것에 관심을 버리고 오로지 도덕적 재질을 길러 인륜성에로 나아가는 것이 천명(天命)에 순응하는 것이라 하였다.

인간의 본심 혹은 마음 안에 뿌리 박혀있는 사단(四端)이라는 도덕성이 인간의 본성을 특징짓고, 이것이 인간에게 올바르게 살고자 하는 방향성을 내재적으로 지니게 한다는 것이 맹자의 주장이다. 즉, 마음에 뿌리박힌 도덕성인 사단을 인성으로 규정한 것이다.

이러한 성선설은 자성수기(自省修己)를 전제로 하여 자율적 수양을 매우 강조하고 있는데, 이는 현실적으로 많은 사람들은 물질에 대한 욕심과 반도덕적인 불인(不仁)·불의(不義) 때문에 그 도덕적 본성을 상실하고 있기 때문이다. 그래서 그 상실한 본성에로의 복귀, 즉 인(仁)·의(義)·예(禮)·지(智)의 실천을 위한 수양, 곧 부단한 자성수기가 필요하다는 것이다.

맹자는 사람이 무엇을 하든지 마음을 다할 때 성공하는 것처럼, 사단(四端)을 확충하는 일에 있어서도 흐트러진 마음(放心), 잃어버린 마음을 다시 찾는 일이 급선무라고 역설하였다. 그리고 맹자는 "인(仁)은 사람의 마음이요, 의(義)는 사람이 걸어갈 길이다. 사람이 그 길을 버리고 따라가지 아니하고, 그 마음을 잃고도 구할 줄 모르니 슬픈 일이로다."라고 탄식하면서 잃어버린 마음, 상실된 도덕성를 다시 찾아야 한다고 강조하고, 학문이란 다른 것이 아니라 바로 그 잃어버린 마음을 다시 찾는 일이라고까지 하였다.

2) 순자의 성악(性惡)과 마음

순자(荀子)는 인간의 본성을 악(惡)하다고 보았으며 개인과 사회와 국가의 관계를 완성시키는 척도와 표준으로서 예(禮)를 강조하였다. 그리고 인간을 교육에 의해 교화(敎化)시키고 예로서 다스려야 한다고 주장했다.

순자는 인간이 타고난 본능적인 감정이나 욕망을 성(性)이라 지칭하서, 인간이 이러한 본능적인 감정이나 욕망만을 따라서 이익이 되는 것, 이로운 것만을 좋아하여 추구하거나 오관으로 느끼는 여러 가지 욕망의 충족만을 위해서 행동한다면, 다툼이 생기고 사회질서가 물란해진다고 보았다. 그러므로 예(禮)로써 그러한 본능적인 감정이나 욕망을 교화해나가야만 원만한 인간관계가 이루어지며, 사회와 국가의 질서가 바로 서고 평안해질 수 있다는 것이 순자의 예치사상이다.[5]

---

5) 鄭炳碩, 荀子의 禮論研究, 嶺南大學校, 1982; 鄭長澈, 荀子, 서울: 惠園出版社, 1993.

순자는 인간 안에는 욕(欲)과 지(知)와 능(能)이 있다고 보았다. 즉, 인간 안에는 ① 육체를 키우고 보존하려는 욕망 및 **감정적인 면**과, ② 경험을 종합하여 사리를 분별할 수 있는 지성, 즉 **인지능력** 그리고 ③ 사리에 맞는다고 판단된 것을 행함으로써 의(義)에 이를 수 있는 **행위능력**이 있다고 보았다.

이 중에서 순자는 타고난 그대로의 것, 저절로 그러한 것이라는 의미에서 욕(欲)만을 성(性)으로 규정하고, 인지능력인 지(知)와 행위능력인 능(能)은 계속 키워나가야 할 것이라고 했다.

순자는 사람이 태어나면서부터 그러한 것을 성(性)이라 하고, 성(性)의 좋아함, 미워함, 기뻐함, 분노함, 슬퍼함, 즐거워함 등을 정(情)이라고 한다. 또 마음이 그것을 위해 선택하는 것을 생각(慮)이라고 하여 性, 情, 心을 분명히 구별하여 정의하고 있다. 물론 여기에서 말하는 性은 생각하고 선택하여 의사결정을 하는 마음을 제외한 정성(情性)만을 지칭한 것이다. 즉, 맹자가 말한 性은 이성(理性)을 지칭한 데 반해서 순자가 말하는 性은 본능과 욕망을 지칭한다고 할 수 있겠다.

그런데 순자가 말하는 이러한 性은 두 가지 의미로 이해할 수 있다. 좁은 의미에서는 욕망을 지칭하고, 넓은 의미에서는 욕망뿐만 아니라 인식능력인 지(知)와 행위능력인 능(能)까지를 포함하는 것이다. 즉, "태어난 그대로 내가 어떻게 할 수 없는 것이 성"이라는 경우의 性은 욕망만을 지칭하고, "내가 어떻게 할 수 없는 것이지만 변화될 수 있는 것"이라고 하여 가르쳐서 변화시킬 수 있는 가능성을 제시한 경우의 性은 지(知)와 능(能)까지를 포함한다고 볼 수 있다.[6]

순자는 인간을 하나의 자율적인 유기체로 보면서, 교육을 통하여 변화시킬 수 있는 인성의 내적 요인의 주체가 되는 마음이야말로, 사람의 오관과 모든 분별행위의 주재자가 되어야 한다고 말한다.

순자는 마음의 절대적 자율성과 인식능력을 강조하면서도, 마음을 쟁반 위의 물에 비유하여 욕심이 일어날 때마다 그 판단능력이 흐려질 수 있다고 말한다. 즉, 인간구조의 세 측면인 욕(性)과 심(知)과 능(行)은 각기의 고유한 활동분야를 가지고 구별되면서도 서로 밀접한 관계에 있어서, 자율적인 마음이지만, 내적 욕망이나 사회적 편견에 영향을 받을 때는 올바른 판단을 내리지 못하게 된다는 것이다. 이렇게 자율적인 인식능력을 가진 마음도 역시 선천적인 상태만으로는 부족하기 때문에 계속하

趙炳泰, 東西洋 經營管理思想의 統合的 接近에 관한 硏究, 東亞大學校 停年退任紀念論文集, 1997.

6) 金勝惠, 原始儒敎, 서울 : 民音社, 1990, p. 239.

여 교육하고 키워나가야 한다는 것이다.

이상에서 살펴본 바와 같이 순자는 心과 性 그리고 情을 구별하고 있다. 그래서 순자가 성악이라고 말할 때의 性은 생각하고 선택하여 의사결정을 하는 마음을 제외한 정(情)만을 지칭한 것이다. 그러므로 그의 주장에서 성이 악하다고 하는 것은, 사람이 만일 희(喜)·노(怒)·애(哀)·락(樂)·애(愛)·오(惡)·욕(慾)의 7정(7情)만을 따르고, 인간관계를 규정하는 절도(節度)의 표준인 예(禮)를 따르지 않는다면 그런 행위는 악한 것이 된다는 것이다. 즉, 인간은 원래 태어나면서부터 이로운 것을 좋아하고 남을 시기하거나 미워하는 속성을 지니고 있으므로, 거기에만 순응하도록 그냥 놓아두면 쟁탈과 다툼이 생기고 음란이 생기며 사회가 혼란해진다는 것이다.

그러므로 모름지기 성인(聖人)의 예의지도(禮儀之道)를 본받아, 사양하는 마음과 공경하는 마음을 갖도록 사람들을 교육시킴으로써, 원만한 인간관계를 이루고 사회질서를 바르게 할 수 있다는 것이 순자의 이른바 예치(禮治)사상인 것이다.

이렇게 사람에게는 희(喜)·노(怒)·애(哀)·락(樂)·애(愛)·오(惡)·욕(慾)의 정이 있기 때문에, 만일 사람들이 그러한 본능적인 감정만을 따르면 사람들 사이에 다툼이 생기고 사회적인 혼란을 초래하게 된다. 그런데 다른 한편 사람에게는 그러한 본능적인 감정이나 욕망뿐만 아니라 도(道)를 알 수 있는 인지능력(認知能力)과 그에 합치되는 행동을 할 수 있는 행위능력(行爲能力)도 있다. 그러므로 사람은 예로써 교육될 수 있고 또 모름지기 교육되어야만, 사람 사이에 다툼과 시기가 없어져서 인간관계가 원만해지고 상부상조, 상호협동의 관계가 성립될 수 있다. 결국 이러한 논리가 순자 사상의 핵심내용이라 할 수 있다

3) 한비자의 법치사상

한비자(韓非子)는 인간의 본성을 이기적이고 타산적인 존재로 파악하여 인(仁)·의(義)와 도덕(道德)을 근본적으로 부정한다. 다시 말해 맹자의 성선설과 덕치를 배척하고 순자의 성악설에서 진일보하여 모든 인간행동을 이해타산(利害打算)이란 척도로 설명하고 있다.

인간본성의 심층에는 자기에게 이로운 것만을 추구하는 욕망이 있어서, 모든 인간관계는 이런 이해타산으로 얽혀진 관계가 되는데, 개인들 간의 이러한 이해관계가 늘 상충되기 때문에 다툼이 생기고 조직의 질서가 문란해지며 사회의 혼란이 발생한다고 본다.

한비자는 인간행동의 동기를 심층적으로 분석해 보면, 그 밑바닥에는 이기적이고 타산적인 본능이 깔려 있어, 심지어는 부자, 부부, 형제, 군신 간에도 이런 이해관계가 개재되어 있음을 부인할 수 없다고 주장하였다.

예컨대 수레를 만드는 사람은 사람들이 부유해지기를 바라고, 관(棺)을 만드는 사람은 사람들이 많이 죽기를 바란다. 이것은 수레를 만드는 사람은 도덕심이나 인정이 많고 관을 만드는 사람은 비정(非情)해서가 아니라, 사람들이 부유해지지 않으면 수레가 많이 판매되지 않을 것이고, 사람들이 죽지 않으면 관이 많이 판매되지 않을 것이기 때문이라는 것이다. 이렇듯 이익이 된다면 원수와도 친해지고 손해가 된다면 부자나 형제처럼 가까운 사이도 소원해질 수 있다고 하면서, 인간의 이기심과 타산성(打算性)을 지적하였다.

또한, 한비자는 인간의 본성은 이기적이고 타산적이며 악(惡)에 기우는 경향이 있으므로 덕이나 예(禮)나 인(仁)이나 애(愛)로써가 아니라 오직 법(法)과 형(刑), 엄격한 상벌(賞罰)로써 통제하고 제어하는 것이 효율적이라고 주장했다.

이렇게 한비자는 인간의 이해타산적인 본성과 이기주의적인 성향 때문에 다툼이 생기고 사회의 질서가 문란해진다고 보고, 그것을 다스릴 수 있는 최선의 방책을 법으로 보았던 것이다.

4. 기타 요인을 고려한 접근법

이는 위에서 살펴본 윤리성에 대한 판별기준 외에 여러 가지 다른 요인을 고려하여 접근하는 방법이다. 예를 들면, 먼저 사회·문화적 요인을 고려해 볼 수 있다.

기업윤리라는 것은 일반적으로 사회에서 통용되는 윤리적 규범을 기업활동에 적용한 것이므로 기업활동에서 의사결정이나 행동의 윤리성은 그 기업이 운영되고 있는 특정 사회의 가치기준에 따라 판정되기 마련이다.

따라서 기업활동이 이루어지는 그 나라, 그 사회의 사회·문화적 특성과 그 시대에 일반적으로 공유되고 인정된 가치관이나 사회적 규범을 마땅히 고려해야 할 것이다. 이렇게, 기업활동의 윤리성은 사회적으로 공유된 가치관이나 규범을 기준으로 판단된다는 사실을 감안할 때, 사회의 전반적 가치의식이 어떠한 방향으로 변해서 기업윤리의 기준에 영향을 미칠 것인가를 예측하고 평가하는 활동이 요청된다고 하겠다.

다음으로는 그 나라의 법적·제도적인 규정을 고려해 볼 수 있다. 물론, 윤리의 영역이 법규의 영역보다 광범위하기 때문에 법규가 윤리성을 완벽하게 규정할 수는 없다. 즉, 법규라는 것은 기업윤리의 모든 부분을 다 포괄하지 못하고 최소한의 요건만을 제시할 뿐이다. 이렇게 윤리적 기업활동은 법적 규정을 지키는 것 이상의 것이고, 따라서 준법이 기업활동의 윤리성을 완벽하게 보장해 주지는 못한다고 할 수 있다. 이런 측면에서 보면 법규의 준수, 혹은 합법성은 기업윤리의 필요조건일 뿐이지 충분조건은 되지 못한다고 할 수 있다. 그러나 일반적으로 법규를 준수한다는 것은 윤리적 활동의 한 방법으로 인식되고, 또한 법규는 기업활동의 윤리적 판별기준으로 널리 받아들여지고 있으므로, 사회일반은 기업활동에서 윤리원칙과 법규, 이 양자 모두를 중시하고 준수하기를 바라는 것이다.

그런데 여기서 유의할 것은, 현실적으로 기업활동 중에는 법률이 제시하는 행위규범 내에서는 합법적이지만 윤리의 측면에서는 바람직하지 못한 행위, 곧 비윤리적인 행위가 있을 수 있고, 반면에 명시된 법규에는 위반되지만 윤리적 측면에서는 바람직한 행위 곧 윤리적인 행위가 있을 수 있다는 점이다.

Ⅱ. 동태적 접근법

기업윤리 판별기준의 동태적 접근법으로 윤리적 판단 과정론을 들 수 있다. 윤리적 판단은 다국적인 활동을 전제로 하는 기업활동의 경우에는 법규나 문화적 배경 혹은 사회적 가치가 서로 다르기 때문에 윤리적 판단은 특히 어렵게 된다.

그리고 현실인식의 차이 때문에 윤리적 판단이 달라지는 경우도 있다. 이러한 경우는 일반적인 상황에서도 흔히 있을 수 있는 것으로, 예를 들어 두 사람의 가치관은 같더라도 그들이 파악하는 현실의 모습이 다를 때 윤리적 판단도 달라질 수 있는 것이다.

이러한 여러 가지 어려운 상황에서 조직구성원이 올바른 윤리적 판단을 내리는 데 도움이 될 수 있는 이론 중의 하나가 바로 윤리적 판단 과정론이다.

이것은 상황론적 기반에서 윤리문제를 다루는 일련의 해결과정을 제시하는 이론인데, 그 중의 하나로 핸더슨(V. E. Handerson)의 연구를 들 수 있다. 그는 우선 상황윤리라고 하는 개념에서 출발한다.

상황윤리란 문자 그대로 상황에 따라 윤리의 내용이 달라진다는 것으로서, 예를 들어 정직이라는 윤리덕목도 상황에 따라서는 달리 이해될 수 있다는 입장이다.

이러한 상황윤리 입장에서는 윤리에 대한 미리 확정된 답이 없으므로 윤리적 판단을 돕는 구체적인 과정을 반드시 만들어야 한다는 것이다. 그래서 헨더슨은 목표, 수단, 동기 및 결과라는 네 가지를 윤리적 판단과정으로 설명하고, 이 과정에 따라 심사숙고하여 의사결정을 하면 높은 수준의 윤리를 유지할 수 있을 것이라고 주장하고 있다.

이러한 네 가지의 과정과 관련하여 특히 고려해야 할 점들을 구체적으로 살펴보면 다음과 같다.

첫째, 목표의 측면에서 모든 결정에 앞서 자신이 추구해야 할 목표는 하나만이 아니라는 목표의 다양성을 고려해야 하고, 관련자의 중요성을 망각하지 말아야 한다. 즉, 모든 목표가 조직이나 자신만을 위한 것이 되어서는 안 되고, 조직과 직접·간접으로 관련을 맺고 있는 여타의 집단에 대한 목표도 함께 고려해야 하며, 다수의 목표를 세웠을 경우에 그것들이 동시에 추구될 수 있는 성질의 것인지 아닌지를 잘 판단해서, 만일 목표들이 양립될 수 없는 것이면 일부는 포기하고 일부만을 선택하도록 해야 한다.

둘째, 수단의 측면에서는 수단을 선택함에 있어서 우선 관련자들이 그 수단을 정당한 것으로 받아들일 것인가 하는 관련자의 수용가능성을 고려해야 하고, 수단이 목표달성을 위해 효과적인 것인가 하는 목표달성의 가능성을 검토해야 하며, 수단을 평가함에 있어서는 그 수단이 과연 목표의 핵심적인 부분에 관련된 것인가, 아니면 지엽적 부분에 관련된 것인가의 여부를 고려해야 한다.

셋째, 동기의 측면에서는 개인이나 조직만을 위한 동기는 장기적으로 보아서 아무에게도 이롭지 못하다는 것을 인식하고, 자신의 동기가 이기적인 것인가 아니면 바람직한 결과를 많은 사람들과 공유하려는 공동체적인 것인가를 생각해 보아야 한다. 그리고 오늘날 개인의 종교적 신념이나 가치관이 경영자를 통하여 기업경영에 반영되는 경향이 점점 늘어나고 있으므로 이러한 가치지향적 동기도 반드시 고려해야 한다.

넷째, 결과의 측면에서는 행위의 결과가 어떠한 효익을 얼마만큼 가져올 것인지를 평가함에 있어서는, 특히 어느 시점을 기준으로 하여 평가할 것인가 하는 평가의 시기를 고려해야 한다. 왜냐하면 행위의 성격에 따라 결과를 평가해야 할 바람직한 시점이 달라지기 때문이다. 행위의 결과가 자신에게 미치는 영향에 못지 않게 여타 관련자들에게 미치는 영향도 신중히 고려해야 하고, 그 파생효과도 고려해야 한다.

오늘날 기술의 발전과 사회구성원 간의 상호의존성의 증대, 기업규모의 확장, 국제화 등으로 인하여 경영자의 행위가 초래하는 파생효과가 점점 커지고 있다.

핸더슨이 제시한 이러한 과정은 윤리적 판단을 위해 요구되는 고려사항들을 체계적으로 묶어 놓은 것으로, 이에 따른다고 해서 반드시 최적의 결정에 도달하리라는 보장은 없을 것이다. 다만 이러한 과정을 밟아가며 의사결정을 함으로써 윤리문제에 대해 많은 통찰을 하게 될 것이며, 윤리적 가치판단을 보다 수월하게 할 수 있을 것이라는 점에서 윤리적 판단과정론의 의의를 찾을 수 있을 것이다.

이상에서 고찰한 직업활동의 윤리적 판단기준을 〈표 4-1〉과 같이 정리해 볼 수 있다.

표 4-1. 직업 활동의 윤리성 판별기준

접근방법	고려사항 및 기준
정태적 접근법	행위의 동기, 행위자체, 행위의 결과 이득・실익, 권리・인권, 정의・공정성 인간의 본성・양심, 인간본성 윤리 사회・문화적 요인, 법규, 환경, 업종, 규모
동태적 접근법	목표・수단・동기・결과, 윤리적 판단 과정론

Ⅲ. 기업의 신뢰성과 윤리적 판단

일부 구성원들이 비윤리적인 행동을 하더라도 집단이나 조직 전체가 비판을 받고 집단이나 조직에 대한 신뢰성(credibility)은 떨어지기 마련이다. 그렇게 되면 윤리와 연관된 집단이나 조직이미지가 전반적으로 흐려져서 전체가 불신당하고 피해를 보게 된다.

오늘날에는 남을 불신하는 경향이 두드러지게 많다. 현실적으로 주요 사회기구들인 정부・정치단체・교육기관・종교단체・노동단체・기타 이해집단 뿐만 아니라 기업까지도 차이는 있으나 모두 불신의 대상이 되고 있다.

이들 기구의 구성원까지도 불신당하고 있다는 것은 사회가 그들을 신뢰하지 않는다는 뜻이다. 그 중에서도 기업의 신뢰성은 그래도 상대적으로 높은 것으로 여러 연구조사에서 나타났다. 이른바 "경제가 금메달감이라면 정치는 동메달감도 못 된다" 등의 말은 기업·기업인·경영자 등이 적어도 정치·정치단체·정치인 등 보다는 일반대중의 높은 신뢰를 받고 있음을 가리킨다. 그렇더라도 일반대중에게 비치는 기업의 신뢰도는 바람직한 수준 이하에 머물고 있다. 이익 동기나 이익-손실제도와 같은 기업의 특성을 대중이 이해하지 못하거나 기업행동에 대한 정보부족, 오도된 정보, 오해와 편견적인 지각 등 때문일 수도 있다. 그러나 또 다른 이유는 기업에 대한 불신감을 불러일으킬만한 상황이 일어나서 언론매체에 보도되고 또 구전되고 많은 소비자들이 기업이나 상인과의 거래관계에서 불쾌한 경험을 갖고 있기 때문이기도 하다. 그 결과 규모나 업종 그리고 경영의 효율성과 윤리성에 상관없이 전체 기업이 매도되는 경향이 있다.

그러한 상황 하에서 기업과 그 경영자는 지속적으로 윤리적인 판단을 해야만 하는 입장에 놓여 있다. 의사결정을 하고 집행할 때마다 그 결정과 집행이 경제적·기술적으로 타당성이 있는가? 뿐만 아니라 윤리적인가 비윤리적인가를 계속 판단해야 된다는 뜻이다.

타의에 의해서보다는 자의로 그렇게 하는 것이 바람직하다. 의사결정과 그 집행이 윤리적일수록 집단이나 조직 전체 및 특정 집단이나 조직에 대한 신뢰도가 높아지고 결과적으로 윤리적인 집단의 이익성과 성장·발전에 보탬이 되기 때문이다. 특정 기업의 윤리성과 이익실적·주가 등 사이에는 높은 상관관계가 있다고 몇몇 연구조사가 밝히고 있다.

기업과 경영자의 윤리성 여부를 판단할 때 대중을 포함한 사회는 그들의 위선적 발언이나 기업광고 등이 아닌 실행에 바탕을 둔다. 사회의 눈에 특정 기업체가 어떻게 비치는가는 그 기업체에 현재 종사하는 임직원, 그 기업체와 거래하고 있는 또는 거래를 고려하는 기업들, 그 기업체의 상품을 구매하는 기존 고객과 잠재적 고객, 그 기업체에 취업을 고려하는 인재들, 공개기업일 경우에는 그 주주와 주가 등에 상당한 영향을 미친다.

그래서 윤리적인 기업으로 비칠수록 특정 기업체의 경영실적과 그에 의한 성장·발전에 긍정적으로 보탬이 되는 것은 물론이다.

더욱이 국제화·세계화가 급진전됨에 따라 사회와 기업은 더욱 밀착될 것이므로 기업의 실적은 그러한 경향에서 창출되는 사회적 필요에의 대응력 정도에 따라 결정될 것이다. 즉, 사회에 대한 기여도에 따라 기업의 이익과 성장이 결정될 것이라는 뜻이다. 그리고 현재나 앞으로도 기업체가 비윤리적인 행동을 하게 되면 반드시 그에 상응하는 대가를 지급하게 된다는 점은 변하지 않을 것이라고 분명히 말해 둘 수 있다.

비윤리적인 기업활동의 법률사례

■ 엘론

전직 엘론 회장 겸 사장 케네스 레이(Kernneth Lay)와 전직 CEO인 제프리 스킬링(Jeffrey Skiiling), 수석 회계사인 리처드 코시(Richard Causey)는 2006년도에 대차대조표상에서 수십억 달러의 부채를 숨겨 이윤을 부적절하게 강조하는 방식으로 제휴를 맺은 회계부정 건으로 고소당하였다.

회계부정으로 재정적 상태가 훨씬 좋아져 보여 기업의 주식과 채권가격이 부풀려졌다. 엘론 임원들은 기업의 연금규정상 정규 종업원들의 주식매각이 금지되어 있음에도 불구하고 부정사건이 폭로되기 직전 수십억 달러의 주식을 매각하였다. 그 결과 기업을 파산으로 몰고 간 임원들은 수백만 달러의 이득을 보았고, 종업원들과 다른 소규모 투자자들은 수백만 달러의 손실을 입었다.

■ 아서 앤더슨(Arther Anderson)

2002년 당시 최대 회계법인 중의 하나인 아서 앤더슨은 종업원들에게 2톤에 달하는 엘론 문서를 파쇄하라고 지시했을 당시의 증인을 부정 매수하여 고소되었다. 정부는 증권거래위원회의 조사가 있을 줄 알고 있었던 아서 앤더슨이 막대한 양의 문서를 없애 정부조사를 방해하였다고 주장했다. 재판에서 앤더슨은 기업의 문서보관에 대한 파기관행을 따를 것을 종업원들에게 상기시켰을 따름이며 이 지시는 조사나 관련문서에 관한 요청 전에 이루어진 것이라고 주장했다. 2005년도에 미국 대법원은 앤더슨 편을 들어 유죄판결을 뒤집었다. 유죄판결을 받아 회사가 개점휴업 상태가 되었고, 이미 28,000명의 종업원들이 일자리를 잃은 상태였다.

■ 타이코 인터내셔널(Tyco International)

2005년도의 재심에서 타이코의 전직 CEO인 데니스 코즐로브스키(Dennis Kozlowski)와 전직 최고 재무책임자인 마크 스와츠(Ma가 Swartz)는 회사로부터 6억달러를 횡령한 사건으로 유죄판결을 받았다. 그들은 뉴욕 주립 교도소에서 8년 4개월과 25년을 각각 복역하라는 형을 선고 받았다. 주 재판관은 2004년 재판이 오심이었다고 판결했다. 이유는 당시 배심원단에 지나친 압력이 가해졌다는 것이었다.

■ 월드콤(World Com)

2002년 6월에 월드콤은 국제회계의 변칙운용으로 원래보다 거의 40억 달러 이상 더 이윤을 남긴 것으로 보이도록 장부를 조작한 것을 시인하였다. 이로 인해 기업의 장부에 대한 정밀조사가 이루어졌고, 그 결과 월드콤이 1999년 이래 수익을 두 배로 부풀려 발표하고 추가적인 부채를 지속적으로 감추어 왔음이 밝혀졌다. 또한 실현되지 않은 이익까지 장부에 포함되어 있음이 밝혀져 회계변칙 운용 액수가 110억 달러에 달했다. 2005년도에는 전직 CEO인 버니 에버스(Bernie Ebbers)가 회계부정, 공모, 규정 위반, 서류조작 등으로 유죄판결을 받았다. 그는 연방 교도소에서 25년 복역 형을 선고받았다. 기업은 부도에서 벗어나 지금은 MCI(MIC Inc.)라는 이름으로 운영되고 있다.

출처: Erin McClam, "Scandal-Tainted CEOs Have Year of Reckoning", AP Online, December 14, 2005; "Status of High-profile U.S. Corporate Scandals", AP Worldstream December 12, 2005; and Carrie Johson, "Taking Enron to Task Goverments Prosecutors Are Ambitious, Driven and Accustomed to Winning" *Washington Post, January* 18, 2006.

Ⅳ. 윤리적 절대주의와 상대주의

윤리에 관하여 논의함에 있어서는 윤리규범을 어느 시대, 어느 누구에게나 타당성을 갖는 선험적 법칙으로서, 영원불변한 것으로 보는 윤리적 절대주의와, 시대와 사회가 변함에 따라 윤리의 규범도 변한다는 윤리적 상대주의가 있다.

1. 윤리적 절대주의

윤리적 절대주의 또는 절대론적 윤리설은 시대와 장소를 초월하여 절대불변의 기준과 원칙이 있다는 입장인데, 이는 기독교 사상 혹은 플라톤의 이데아(idea)설에 근원을 두고 있다. 인류역사를 관통하여 변하지 않는 원칙으로 지켜야 할 윤리적 기준 혹은 법칙이 선천적 혹은 선험적으로 주어져 있다고 보는 입장을 취한다.

인간사회의 불완전한 도덕체계의 배후에는 참되고 완전한 절대적 윤리가 존재한다는 것이다. 예컨대 정직, 용기, 자제, 자기희생, 청렴 등이 옳은 것이라면, 부정, 비겁함, 잔혹함 등은 그릇된 것이다. 물론, 윤리・도덕적 규범은 시대적 상황이나 문화적 배경 혹은 지역에 따라 다를 수 있다는 것을 부인하지는 않지만, 인류역사를 관통하는 불변의 윤리적 근본원리가 존재한다고 보는 것이다. 즉, 윤리는 시대와 장소에 따라 해석과 적용이 유연성과 융통성을 가질 뿐이지 근본원리 자체가 변하는 것은 아니라고 보는 것이다.

그런데 이러한 원칙에 입각한 절대주의적 접근방법은 윤리를 위한 윤리의 권위를 강조하는 나머지, 자칫 현실적인 사회생활에 적용하기에는 어려움이 제기될 수도 있다. 그러므로 만일 그렇게 완벽한 윤리적 실천이 현실적으로 불가능할 경우에는 차선책을 모색해야 할 것이다. 여기서 차선책이란 윤리적 상대주의나 타협주의와는 다른 차원에서 윤리원칙을 시대상황에 맞게 해석하고, 그것을 실천할 수 있는 현실적으로 타당성이 높은 대안을 말한다.

2. 윤리적 상대주의

윤리적 상대주의 또는 상대론적 윤리설은 19세기 말에 스펜서(H. Spencer)에 의해 이론체계가 성립된 것으로, 윤리적 문제에 관하여 상황적이고 개인적인 입장을 중시한다. 즉, 윤리적 상대주의는 윤리성의 판단은 개인의 가치관이나 사회의 문화와 전통, 시대와 장소, 그리고 상황에 따라 달라져야 한다는 상황을 강조하는 입장이다.

이러한 상대적·상황적 접근법은 전통적 윤리관, 즉 절대론적 접근법의 획일적이고 엄격한 주장을 반박하고, 윤리적 현실에 주목하여 인간의 개별성과 독자성을 강조한다는 면에서는 나름대로의 타당성이 있다고 보겠다. 그러나 지나치게 상황을 강조하게 되면 윤리를 주관적인 것으로 간주하게 되어 결과적으로 보편적 윤리판별기준이 모호해지고, 극단에 이르면 모든 윤리적 판단은 개인적인 판단에 맡기게 될 것이다. 그리하여 기업윤리도 개인의 윤리적 판단에 의존하게 된다는 논리가 성립하게 된다.

윤리적 가치판별의 기준이 불변적이라기보다는 시대와 상황에 따라서 달라지는 유동적 성격을 지니고 있기 때문에 시간과 장소를 초월한 보편적 기준을 설정하기가 어렵다고 해서, 이러한 윤리적 상대주의를 전적으로 인정하게 되면, 윤리의 본질인 규범성을 상실하게 되어 개인이나 조직이 전체사회의 이익을 희생해 가면서 자기의 이익만을 극대화하려는 행동을 규제할 수 없게 될 것이다. 그리하여 결과적으로 경영활동에서의 의사결정에서 도덕적 판단을 배제하게 되거나 자기기만적 합리성에 빠지게 되며, 나아가서는 행위에 대한 평가 자체가 불가능하게 될 위험이 있다.

그러므로 비록 시간이나 장소를 초월한 보편적 기준을 갖기는 어렵다 하더라도 어떤 사회든지 특정 문제에 대한 기본적인 합의가 존재한다는 점과 상이한 원칙의 존재가 진정한 기준의 존재를 부정하지 못한다는 점, 그리고 일정수준의 윤리적 기준이 존재한다는 것이 사회일반의 경험이나 신념과 일치한다는 점에서 우리는 사회의 기본적인 윤리기준을 가질 수 있다고 본다.

따라서 기업활동에 있어서는 윤리적 절대주의와 상대주의의 입장을 모두 포괄하는 것이 바람직하다고 본다. 기업과 전체 사회의 관계에서는, 윤리란 보편적인 것이고 누구에게나 공통되는 것이라는 절대주의적인 입장이 중요하겠지만, 기업 그 자체가 변화하는 환경에 창조적으로 적응해 나가야 한다는 측면에서는 상대주의적인 관점도 또한 소홀히 할 수 없기 때문이다. 그러므로 윤리원칙을 기업행위에 적용함에 있어서, 원칙적으로 전통적인 사회규범이나 관습 혹은 문화적 특성을 존중하는 입장에서 시대적 상황에 걸맞게 신중히 해석하고 적용하는 지혜가 필요하다고 본다.

Ⅴ. 기업의 윤리적 피동성과 윤리적 과오

1. 기업의 윤리적 피동성

기업의 윤리적 피동성의 원인은 다음과 같다.

첫째, 기업이 추구하는 목표와의 상충, 즉 기업은 단기적 이익극대화를 추구하는 경향이 많기 때문이다. 하지만, 그 외에 다른 추구해야 할 바가 있다. 예컨대 증권시장에서 우량주로 분류되기를 바라고, 사회지향적인 기업이라는 평판을 얻고 싶고, 노사분규 없는 기업으로 인정받고 싶고, 지역사회에서 칭찬받는 기업이 되고 싶어 한다. 따라서 단기적인 이익극대화 이외에 기업시민으로서의 목표를 세워야 한다.

둘째, 사람은 개인으로서는 못하는 일도 단체로서는 할 수 있는 경우가 있다. 예컨대 개인으로서는 나쁜 짓을 못해도 기업의 종업원으로서는 불량품을 팔거나 뇌물을 줄 수 있다. 여기에 기업문화의 역할이 있다. 즉, 기업 내에 관례로서 인정되고 있는 공통적인 태도와 행위를 파악하고 특히 그 중에서 기업시민으로 고쳐야 할 생각과 태도를 파악해야 한다. 예컨대 ① 무조건 이익을 극대화해야 한다는 생각, ② 산업스파이를 하더라도 신제품개발에 뒤떨어져서는 안 된다는 생각, ③ 회사는 비윤리적 행위가 있어도 종업원은 무조건 그 비밀을 지켜야 한다는 생각, ④ 사회적 비난을 받으면 기업 중심적 입장에서 대응하는 태도, ⑤ 여론에 무조건 맞대응해야 한다는 생각 등 고쳐야 할 종업원의 집단적 태도는 많다.

2. 경영자의 윤리적 과오의 원인

경영자의 윤리적 과오의 일반적인 원인을 살펴보면 그 내용은 다음과 같다.

① **깊이 생각하지 않고 '시킨 대로' 일을 하기 때문이다**(문제발생 후 희생양).
② **대외적으로 무심코 한 말이 잘못 이해되기 때문이다**('회사가 살고 보아야지!'하는 오해 소지 표현).
③ **'회사에 잘 보이려면 시키는 대로 해야지'라는 생각 때문이다**(중간관리자의 경우 일반적인 경향).

④ **윗 사람의 생각이나 태도가 분명하지 않고, 위급할 때 판단을 해주지 않기 때문이다**('알아서 하시오').
⑤ **'이 정도 일은 아무도 모르겠지'라는 생각 때문이다**(영원한 비밀은 없다).
⑥ **'사업'**(비즈니스)**측면에서만 생각하도록 훈련받았지, 넓게 회사의 외부를 생각하도록 훈련되어 있지 않기 때문이다**(더 큰 이해관계자가 회사 밖에 있을 수 있다).

Ⅵ. 자본주의 경제윤리의 본질

자유경제체제에서는 무엇을, 어떻게, 그리고 누구를 위하여 생산할 것인가라는 경제의 기본문제가 가격에 의해 결정된다. 즉, 각 경제주체는 가격의 변동에 따라 행동을 조절한다. 소비자는 이 신호에 따라 효용이 최대가 되도록 소비하고, 생산자는 이 신호에 따라 이윤이 최대가 되도록 행동한다.

아담 스미스(A. Smith, 1723~1790)는 바로 이러한 수요와 공급에 의한 가격의 자동조절기능을 '보이지 않는 손'(invisible hand)이라 표현했으며, 자본주의의 이론적 기초를 마련하였다.

오늘날 우리 사회에서는 자본주의경제체제의 작동원리와 운영에 있어서 정부의 관여 및 윤리·가치관의 중요성에 관한 문제가 자주 거론되고 있는데, 과연 자본주의의 경제윤리란 무엇인가? 그리고 경제윤리의 본질 및 그 표현양식은 어떠한 것인가? 이러한 의문들에 대한 해답은 여러 가지 관점과 접근방법으로 얻어질 수 있을 것이나, 대체로 다음과 같은 두 방향에서 논의될 수 있겠다.

첫째는 경제적 생활윤리를 규범적 수준에서 다루는 방향이고, 둘째는 경제의 운용원리들에 대한 이념적·규범적 목표를 밝혀 그 윤리적·철학적 근거를 밝히는 방향이다. 따라서 본서에서는 후자에 초점을 맞추어 자본주의의 기본원리가 되는 사유재산제도, 영리주의, 자유경쟁체제에 관한 윤리의 본질을 검토해 보고자 한다.

1. 사유재산제도에 관한 윤리성

자본주의경제체제의 3대 특징 중의 하나인 사유재산제도란 개인적 재산소유의 법률적 보장과 사용·수익·처분에 대한 자유보장을 뜻하는 것으로 이로 인해 노자(勞資) 간의 대립을 초래하게 되었다.

일반적으로 사유재산제도에 관한 윤리성이나 정당성에 관한 논의는 다음과 같은 세 가지 측면에서 전개될 수 있다.

첫째는 재산의 획득과 재산의 향유권리에 대한 논리적 범위의 문제이고, 둘째는 제도적인 측면으로서 재산권의 정당성에 관한 것이며, 셋째는 개방체계로서의 경제윤리체계 내에서의 재산권제도의 윤리성에 관한 문제이다. 그러나 이들에 대한 논의는 개별적으로 분리하여 논의하기보다는 상호 연결된 총체적인 개념으로 접근해야 할 것이다. 재산의 사유화에 대한 개념과 내용은 역사적으로 형성되고 변화하여 온 것으로서 정치제도를 중심으로 한 사회제도의 변천사와 밀접한 상호관계를 유지하여 왔다.

사유재산이 정당화되는 정도나 논리적 근거는 경제발전의 역사에서 중심과제가 되어 왔으며 재산 자체가 목적이냐 아니면 상위목적을 위한 수단이냐 하는 규범적 논의와 직접적 관련을 가지고 있다. 재산 자체를 수단으로 보는 것은 인생의 목적과 본질을 어떻게 이해하든 그러한 목적의 실현을 위한 수단으로서 바람직한 것이나 소망스러운 대상이 되는 것을 말한다. 부정적인 시각에서 재산은 이러한 목적이나 본질의 실현을 저해하는 요소가 된다고 보는 것도 재산을 수단이라는 시각에서 보기 때문이다. 따라서 재산의 사유를 어떤 형태로 인정하고 얼마만큼 인정하느냐 하는 문제는 이들 입장의 선택과 직접적 관련을 맺고 있다고 할 수 있다.

1) 재산의 획득과 재산향유에 대한 권리

먼저 재산획득의 정당성이 가지는 논리적 근거로서는 최초의 발견자를 인정하는 선취득권론(finders keepers ethic of property)이 있다. 그러나 최초의 발견이 무엇을 의미하느냐에 관해서는 논의가 분분하기 때문에 선취득권론의 정당성의 한계는 모호하다.

최초의 발견이 단순한 발견에 그치는 것이 아니라 창조의 과정으로 인정되는 경우의 선취득권은 자연으로부터의 단순한 취득은 자연으로부터 사람에게로의 일종의 이전관계에 불과하지만 창조에 의한 소유는 어떠한 이전의 개념도 발생하지 않으며 지금까지 존재하지 않았던 자원이나 요소를 자연발생적으로 창출한 것을 소유하는 것으로서 자연권적 소유권이 발생하는 것이다. 그러나 선취득권자가 모두 이러한 창조적 과정을 거쳐서 형성되는 것은 아니기 때문에 이러한 기준은 절대성을 강요할 수가 없다. 따라서 실제의 최초 발견자가 무조건적 선취득권자가 될 수는 없기 때문에 보다 체계적인 분석과 분류가 요구된다.

소유물로부터 나오는 재화나 서비스에 대한 향유권리에 대한 정당성의 논의는 두 가지 측면에서 논의될 수 있는데, 첫째는 재산소유 자체는 재산이 가지는 외형적·물리적 형태뿐만 아니라 그에 따른 모든 특성과 힘에 대한 포괄적 소유권이 성립된다고 보고 소유자가 이들에 대한 사전적 지식이나 정보가 있었는지의 여부에 관계없이 소유권을 인정해야 한다는 입장이다. 그러나 이 경우에는 기업가적 통찰력이 가지는 특별한 의미나 기능이 개입할 수 있는 여지는 소유자에게만 국한되므로 제3의 기업가가 수행할 수 있는 역할의 여지는 그만큼 제한될 수밖에 없다.

둘째는 창조적 발견에 입각한 선취득론적인 입장인데, 이미 소유하고 있는 자원이나 재산이 가지고 있는 알려지지 않았던 요소나 특성 및 기능을 제3자가 발견한 경우, 이는 새로운 발견에 해당된다고 본다. 따라서 이들 발견자에게 모든 소유권을 인정해 주어야 한다는 주장이다. 따라서 소유 자체보다도 창조성에 보다 자유주의적 적극성을 부여하여 소유권의 개념을 확립하고자 한다.

2) 제도로서 재산권의 정당성

제도로서 재산권의 정당성에 관한 논의는 로크(J. Locke, 1623~1704)로부터 시작하여 벤덤(J. Bentham)으로 이어지는 사유재산이론에 바탕을 두고 있는 것이나, 사유재산제도가 모든 제도에 앞서는 목적 자체냐, 아니면 또 다른 목적의 수단이냐 하는데 대한 입장의 차이에 따라 사상적 논란의 대상이 되어 왔다. 소극적 정당성은 로크(J. Locke)와 노직(Rovert Nozick, 1938~2002)이 대표적으로 지지하고, 적극적 정당성은 오스트리아학파(Austrian School)와 시카고학파(Chicago School)에 의해 주장되고 있다.

정당성에 대한 소극론은 로크가 전개하는 재산권을 매우 소극적인 것으로 수용하고 있는데, 특히 로크가 재산권에 부과하는 단서조건에 보다 많은 의미를 부여하고자 한다. 즉, 로크는 자연으로부터의 원천적 획득이 이루어지는 재산의 정당성은 획득자가 자연에 투여하는 노동에 있다고 보나 단서조건으로 다른 사람을 위한 공동용의 몫으로 충분히, 그리고 동일하게 좋은 상태의 여분을 남겨 놓아야 한다는 점에 역점을 둔다. 이러한 단서는 사유로 인해 여타 사람의 상태가 그 이전 상태보다 악화되어서는 안 된다는 것을 의미하고 그러한 범위 내에서만 원천적 획득은 정당성이 주어질 수 있다는 것을 뜻한다. 노직은 이러한 단서를 보다 확대 해석하여 어떠한 기업가적 발견을 통한 획득도 다른 사람의 기업가적 발견의 기회가 봉쇄되거나 상태가 악화되어서는 안 된다고 주장한다.

그러나 적극적 정당성을 주장하는 입장에서는 로크의 단서나 이에 대한 노직의 확대 해석을 전반적으로 부정하면서, 먼저 취득한 사람의 창조적 기능과 역할에 대해 보다 적극적인 도덕성과 정당성을 부여해야 한다고 주장한다. 다시 말해 먼저 취득한 사람이나 잠재적 취득자에게 똑같이 발견의 대상은 항상 있어 왔으므로 발견을 실제로 하는 사람에게 모든 권리가 부여되고 보호되어야 하는 것이지, 그것의 존재를 인식하지 못하는 사람은 잠재적 취득자라 할지라도 권리의 침해나 발견기회의 상실에 대한 보호조치의 대상으로 인정될 수 없다고 본다. 또한 잠재적 취득자가 발견하지 않았을 몫만큼만 먼저 취득한 사람에게 권리를 인정해야 한다는 노직의 견해를 거부하고 창조자가 창조물을 소유해야 한다는 원칙을 적용하는 적극적 정당성을 원용하여 설사 어떤 대상을 발견하였을 제3자가 제2의 발견자에 의한 창조적 발견으로 입을 손실이 인정된다 하더라도 그것은 보호받을 수 없다고 주장한다.

따라서 제3자의 생명을 위협하는 상황에서도 발견의 결과로 인정되는 사유권은 정당한 것으로 보아야 한다는 것이다. 더욱이 로크의 단서조항은 분명히 새로운 발견이 아닌 듯이 보이는 경우에도 잠재적 발견자에게는 하등의 관련성이 없다고 보는 것이다. 왜냐하면 이러한 적극적 정당성의 기본적 논리는 진정한 기업가적 발견이나 창조는 그 대상의 존재가 모든 사람에게 알려져 있을 경우에도 일어날 수 있다고 보는데서 출발하기 때문이다.

3) 경제체제와 재산권제도의 윤리성

제도로서의 사유재산권이 갖는 윤리성에 대한 논의는 경제를 폐쇄체계로 보느냐 아니면 개방체계로 보느냐에 따라 상이한 입장이 전개된다. 폐쇄체계로 보는 경우에는 사유재산의 축적 자체가 목적이 되므로 무한한 사유재산이 자연권으로서 인정될 것이 주장된다.

이러한 주장과는 달리 개방체계로서의 자본주의의 경우에는 재산축적이 인간의 도덕적 목적이나 이상, 즉 인간의지의 실현이나 도덕적 존재로서의 자아의식 등에 얼마나 부합되느냐에 따라 사유재산의 범위와 정당성이 결정될 것이 요구된다. 포괄적 의미에서 자기발전이나 자존의 실현이라는 목적을 위해서 무한한 재산축적이 필요한 반면, 또 다른 한편에서는 무한한 사유재산이 오히려 수없이 많은 무산계급을 창출시켜 균등한 자기발전 기회를 주고자 하는 본래의 목적을 저상(沮喪)되게 하는 자기모순을 낳기도 한다. 따라서 재산권이 목적 자체로서보다는 수단으로서 재평가되지 않을 수 없게 되며, 이러한 시각에서 사유재산권을 둘러싼 제도적 선택, 즉 재산권 형태에 대한 선택이 논의된다.

사회정의나 분배정의, 자유, 평등, 소비자주권 등과 같은 윤리적 목적을 수단으로서 사유재산제도의 형태와 범위가 선택될 때 사유재산권은 개인적 성격을 초월하여 사회적 성격이 강요되며 재산의 획득과 사용에 있어서 사회적 제약이 주어지게 된다. 따라서 개인적 권리와 사회적 요구 간에 적절한 균형이 요구되고 이러한 요구는 사회 전체의 후생을 신장함과 동시에 소유개념에 있어서 개인적 성격의 신장과 보호라는 양면성을 안고 있는 것이 사유제산제도의 윤리성이 가지고 있는 특성이라고 할 수 있겠다.

케인즈(J. M. Keynes)는 수정자본주의 이론에서 오늘날과 같은 사회구조 속에서는 개인의 절대적인 사유재산권을 인정할 수 없다고 주장하면서 사회질서와 공공복리 같은 사회윤리를 훼손하지 않는 범위 내에서 사유재산권이 인정되어야 함을 주장한 바 있다. 즉, 매점매석행위를 금지하는 것이나 사회질서나 윤리성 및 공익성에 반하거나 훼손하는 사유재산권의 행사는 국가 공권력에 의해 제한을 받게 되었다. 따라서 정부는 자유경쟁체제의 시장경제에 적극 개입하게 되었으며 이로 인해 민간경제와 공공경제가 혼합된 경제체제가 나타나게 되었다.

2. 영리주의에 관한 윤리성

자본주의사회에서는 이윤추구를 목적으로 경제활동을 하게 된다. 이로 인해 실업문제나 기업의 독점화가 초래되기도 하지만 자본주의를 발전시키는 원동력이 되기도 한다. 물질적인 풍요로운 삶을 위해 재산을 축적하는 과정에서 이윤추구의 정당성은 어떠한 이윤이론과 정의이론에 입각하느냐에 따라 그 한계와 내용이 결정된다.

자본주의경제체제 속에서의 기업은 기업주 한 개인의 소유물이 아니고 하나의 사회적인 공기로 이해되어야 하며, 기업주를 포함한 모든 이해관계자들에게 만족을 줄 수 있는 새로운 형태의 이윤추구의 원리가 요구된다.

경제학상으로는 이윤, 회계학상으로는 이익 또는 순이익이라는 용어로 사용되고 있는 이윤개념에 대해서는 다음과 같은 학설이 주장되고 있다.

1) 착취설(extortion theory)

마르크스(K. Marx)가 주장한 학설로서 근로자는 노동력을 자본가에게 제공하고 받는 임금가치 이상의 노동을 제공함으로써 생산물에 잉여가치가 나타나게 된다고 가정하고, 이와 같이 노동력에 의해 생산된 가치를 모두 근로자에게 주지 않기 때문에 이윤이 발생한다는 주장으로서 일명 노동가치설이라고도 한다.

2) 혁신설(innovation theory)

슘퍼터(J. A. Schumpeter)가 주장한 학설로 동태설(dynamic theory)이라고도 한다. 기업가는 혁신가이며, 혁신은 이윤을 파생시키므로 혁신한 대가로 얻는 것이 이윤이라는 것이다. 여기서 혁신(innovation)은 기술혁신, 신결합(new combination), 신기축 등으로 불리어지는데, 이는 생산요소의 결합변경을 의미하며, 제2차 산업혁명이라고도 한다. 슘페터는 이노베이션의 구체적인 내용으로서 ① 신제품의 발명, ② 신원료 및 자원의 개발, ③ 신생산방법의 도입, ④ 신시장의 개척, ⑤ 신경영조직의 형성 등을 들고 있다.

3) 위험설(risk theory)

나이트(F. H. Knight)가 주장한 학설이다. 일반적으로 기업활동의 장래 결과는 불확실하므로 위험부담에 대한 보답으로 기업가에게 주어지는 것이 이윤이라는 것이다.

4) 기업가임금설(entrepreneurs wage theory)

기업가는 생산요소를 조정・관리하여 제기능이 성공적으로 성취될 때 그 보수로서 이윤이 생긴다고 보는 학설이다. 이것은 출자자와 경영자가 일치되는 소유경영자에 관한 대표적인 이윤학설이다.

5) 경쟁마찰설(competitive-friction theory)

완전한 자유경쟁이 이루어지면 생산물의 가격은 생산제요소의 비용과 같은 점까지 가격이 내려가 이윤을 얻을 수 없게 된다. 따라서 불완전경쟁이나 불균형독점의 결과로 이윤이 생긴다고 보는 학설인데 이를 독점설이라고도 한다.

6) 사회성과 공익성을 전제된 이윤

오늘날에는 무엇보다도 사회성과 공익성이 강조되면서 다음과 같은 세 가지 형태의 이윤개념이 도입되게 되었다.

(1) 적정이윤(fair profit)

딘(J. Dean)에 의해 주장된 개념으로 기업은 사회에 봉사함으로써 이윤이 생긴다는 공익성, 공공성, 사회성을 강조한 이윤개념이다. 이는 극대이윤개념이 갖는 한계성 때문에 새롭게 대두되었다.

오늘날 기업의 경쟁격화, 노사분쟁(conflict between manager and employee), 소비자의 공세(aggression of consumer) 강화 등은 기업이익을 극대화하도록 허용하지 않고 있다.

또한 오늘날 기업이 갖는 사회성·공공성의 경영이념은 기업으로 하여금 확대를 위한 이익에서 유지·존속을 위한 이익으로 그 이윤의 목표수준을 변경하여 강조하고 있다. 여기서 새롭게 나타난 이윤개념이 바로 적정이윤인데, 이는 ① 자기자본이자(interest of owners capital), ② 기업위험보상료(compensation free of business risk), ③ 기타 이익으로 구분된다. 따라서 자기자본이자와 기업위험보상비는 기업의 유지·존속을 위한 필요 최저비용이므로 이는 꼭 회수되어야 하는데, 이들이 회수되지 못할 경우 기업은 특별히 운용되고 있는 자기자본을 회수하여 보다 유리한 투자대상을 찾아야 한다. 따라서 적정이윤은 이러한 자기자본이자와 위험료를 최소한 보상할 수 있어야 한다.

(2) 소요최저이윤(required minimum profit)

드럭커(P. F. Drucker)에 의해 주장된 이윤개념으로서, 기업경영의 목적을 기업생존 그 자체에서 구하는 태도에서 비롯된 것이다. 다시 말해 현대기업은 극대이윤만을 추구하기 위해 다수의 이해집단의 공익적 관심으로부터 일탈해서는 안 되며, 오히려 기업 그 자체가 유지되고 존속될 수 있기 위해서 필요한 최저한의 이윤만을 추구하는 것으로 이윤개념을 한정함으로써, 그것이 가진 사회적 책임을 다 할 수 있도록 하여야 한다는 견해이다.

따라서 소요최저이윤이란 기업을 유지·존속시키는 데 필요한 최소한의 이윤이라는 결론을 내릴 수 있는데, 그 주요 내용에는 다음과 같은 것들이 포함되고 있다.

첫째, 기업이 미래에 부담하게 될지도 모를 위험을 회피하는 데 있어서 필요로 하는 비용, 다시 말해 기업 자신의 위험을 보상하기 위해서 필요한 미래의 비용인데, 이에는 다음과 같은 것이 포함된다.

- 대체비용(replacement cost)
- 구식화・진부화비용(old fashionized & obsolescence cost)
- 시장위험비용(market risk cost)
- 불확실성비용(uncertainty cost)

둘째, 또 하나의 비용은 사회비용(social cost)인데, 이에는 제세공과금이 포함된다.

셋째, 미래에 있게 될 사업확장비용(expansion cost)도 있다. 이는 사업확장의 필요성이 있을 때, 기업 스스로의 자기금융(self-finance)에 의한 자금조달이 가능하도록 할 수 있는 이윤수준을 말한다.

(3) 만족이윤(satisfactory profit)

이는 행동과학에 근거한 이윤개념으로서, 기업이 이윤극대화를 꾀하더라도 그것이 현실적으로는 불가능하기 때문에 생기게 된 이윤개념이다. 이 경우 만족이윤이란 곧 기업의 욕구수준(aspiration level)에 의해서 결정되는데, 기업의 욕구수준이란 최소한 기업의 존속과 생존을 보장함은 물론 더 나아가 기업이 이전에 올린 바 있는 정상이윤(normal profit)을 최소한으로 만회할 수 있는 이윤의 수준을 말한다.

이 경우 이와 같은 만족이윤은 기업의 욕구수준에 의해서 결정되며, 기업의 욕구수준은 또한 기업 내외의 모든 여건(호황・불황)에 의해서 제약되기 때문에 일관성 있는 이윤의 수준은 되지 못한다. 따라서 이는 이윤개념으로서 그렇게 명확한 것은 되지 못한다고 볼 수 있다.

오늘날 자본주의경제체제 하에서 이윤추구원리에 대한 윤리성의 문제는 크게 다음과 같은 두 가지 차원에서 논의되고 있다.

첫째, 사유재산에 입각한 자본주의에 대한 기본적인 비판은 이윤의 부당성에서 출발한다. 순수한 기업가적 이윤 자체의 성립을 부정할 뿐만 아니라, 성립된다 하더라도 이윤은 노동의 착취와 불공정거래를 통해서 얻어지는 것이라고 본다.

둘째, 정의론적 시각에서 보면 이러한 이윤은 여러 가지 형태의 분배정의실현을 방해하거나 정의 자체를 침범하는 것으로 본다. 분배정의를 무엇으로 보느냐에 따라 전혀 상반된 결론이 유도될 수 있는데 특히 재산권의 부여를 정당성의 실체라고 보는 주장과 평등 등을 내세워 그것을 부정하는 정의론은 상반된 주장의 대표적인 예이다. 후자의 경우 기업이윤은 노동착취의 결과이며 무지를 이용한 중재행위의 결과이므로 이러한 이윤의 맹목적 추구를 목적으로 하는 어떠한 거래도 부정한다.

이윤 자체의 발생원인이나 존재이유를 포괄하는 이윤이론을 보면 매우 다양하다. 불균형상태에서 일어나는 모든 시장거래는 불완전한 지식과 과오 및 실수에 의존하므로 부당하게 간주되고 그러한 거래의 결과로 얻어지는 이윤 또한 정당화될 수 없다는 이윤비판론은 이윤의 발생근거를 기업가적 기만술에 있다고 본다.

그러나 자유주의적 합리주의의 입장에서는 순수한 의미에서의 과오나 실수가 있을 수 있다는 것을 부정하지 않으나, 대개의 경우 그러한 무지나 과오는 의도적으로 선택된 것으로 본다. 왜냐하면 무지를 극복하기 위해서 필요한 지식이나 정보의 습득은 그만큼 여러 형태의 비용이 많이 필요하므로 무지상태에서 이루어지는 의사결정은 바로 확률적 결과를 노리는 사려된 도박에 지나지 않는다고 본다. 따라서 무지한 것을 알고도 의도적으로 그러한 무지상태를 벗어나는 데 필요한 지식과 정보의 습득을 포기한 결과로서의 무지와 정보 자체의 존재를 몰라 스스로 무지하다는 것을 모르는 상태의 무지와는 서로 구분되어야 한다고 본다.

현실적으로 과오나 실수에 바탕을 둔 모든 거래는 불균형상태를 이루게 되며 이러한 상태 하에서 이루어지는 모든 거래는 정당화될 수 없지 않느냐 하는 문제가 제기된다. 정당화될 수 없다면 불균형상태 하에서의 거래를 통한 이윤추구도 정당화될 수 없을 것이다. 그러나 실제로 일반균형상태란 영원한 목표이기 때문에 기업가가 노리는 현실의 불균형가격은 모든 관련 여건들을 반영하는 것이므로 비록 균형가격이 아니더라도 정상가격이며, 따라서 정당하다고 주장하는 입장은 설득력이 없는 것이 아니지만 완전하지는 못하다.

불균형시장에서 일어나는 거래의 정당성을 확립하기 위해서는 재산권의 정당성을 논하는데 거론된 선취득권론과 기업가의 경제적 통찰력을 불균형시장에서의 거래성격을 규명하는데 일관성 있게 적용할 것이 요청된다. 왜냐하면 사유재산권의 정당성과 이윤추구의 정당성과는 밀접한 인과적 관계를 내포하고 있기 때문이다.

일반균형상태 하의 시장에서는 기업가적 특성이 개입할 수 있는 범위는 없어지게 된다. 왜냐하면 이러한 상태란 모든 이윤 가능성은 이미 다 발견되고 이용되어 없어지게 된 상태를 뜻하며 기업가가 새로이 발견하고 창조할 대상이 소멸한 상태이기 때문이다.

이에 비해서 불균형상태에서는 항상 존재하는 극대화의 소지에 대한 기업가적 발견에 의해서 변화가 일어나게 되며 이러한 변화과정은 바로 시장의 균형화 과정이라고 할 수 있다. 다시 말해 기업가의 창조적 발견은 기업가의 기본특성이며 불균형시장에서 기업가의 예리한 경제적 통찰력에 의해 발견되고 이용되는 가격차이를 이용한 이윤창출은 물리적 변화나 용도변경에 의한 것이 아닌 새로운 가치의 발견이나 창출에 의한 것이라고 볼 수 있다.

기업가는 기회포착에 있어서 발휘되는 남다른 기민성 외에는 가치창출과정에 어떠한 기능도 수행하지 않는다. 가격중재에서 발휘되는 기업가적 발견이나 창조의 기민성이 가치를 창출하는 요소가 된다. 따라서 불균형가격은 무지와 과오에 의해 발생되므로 이것을 바탕으로 하여 이루어지는 거래의 결과는 정당화될 수 없다는 맹목적 주장은 설득력이 약화된다. 물론 이러한 무지나 과오를 이용한 기업가적 노력이 모두 선취득권론에 따라 윤리성을 부여받을 수 있는 것은 아니다. 그러나 가치창출과정에서 발휘되는 기업가적 기민성의 역할에 대한 인식은 선취득권의 한계를 재산권의 적극적 정당성만큼 확대할 수 있다고 볼 수 있을 것이다.

이윤추구의 윤리성이나 정당성은 선취득권론에 입각한 윤리적 기준과 기업가적 발견이 내포하고 있는 경제적 통찰력에 있다고 보면 불균형시장에서 이루어지는 거래와 이윤초래는 그 윤리성이 부정될 수 없고 이윤의 존재 또한 부정될 수 없다.

3. 자유경쟁원리에 대한 윤리성

자본주의의 시장원리는 이윤추구를 목적으로 다수의 공급자와 다수의 수요자가 외부의 간섭이나 통제가 없는 자유로운 상태에서 경쟁할 수 있는 체제의 확립이 전제되어 있다. 자유경쟁은 시장을 균형상태에 이르게 하여 경제 전체의 효율을 극대화할 수 있게 한다. 자유경쟁체제의 확립은 자원의 효율적 배분과 기업가적 정신의 발휘에 필수조건이 된다.

자유경쟁체제의 확립은 시장경제에 있어서 비효율을 제거하고 개선하며, 이윤기회가 없는 일반 균형상태를 만들고, 통념적 경쟁을 제거한다. 따라서 이윤기회가 방해되면 경제적 능률향상이 그만큼 저해된다고 할 수 있다. 그러나 현실적으로 기업가가 완전경쟁으로 일반 균형상태에 이르러 이윤추구의 기회가 소멸된다면 개별기업은 이러한 경쟁을 원치 않을 것이고 따라서 경쟁제약적인 독과점형태의 불완전경쟁을 시도할 것이다. 엄밀한 의미에서의 완전경쟁은 이윤추구의 기회가 없는 상태이며 따라서 실제로 경험하고 인식하는 형태의 경쟁이 없어지는 역설적인 상태이므로 현실세계에서 체험하는 실제상의 경쟁이라는 것은 불균형상태가 늘 항상 존재한다는 것이며 경제에 있어서 개선되어야 할 비효율성의 여지가 항상 존재함을 의미한다.

완전경쟁의 성립조건은 동질적인 상품이 절대 다수의 공급자와 수요자에 의해 수급되어야 하므로 개별적인 영향력 행사가 불가능하고 독과점현상이 존재할 수 없어야 한다. 따라서 시장참여에 완전한 자유가 보장되어야 하고, 가격형성과 자원이동에 아무런 제약이 따르지 않아야 한다. 뿐만 아니라 시장참여자들은 모든 관련요소에 대한 완전한 지식을 갖고 있어야 한다.

이와 같은 제 조건을 충족시킬 수 있는 시장은 현실적으로 존재하지 않는다. 따라서 우리가 일상적으로 경험하는 경쟁은 불완전경쟁일 수밖에 없다. 그래서 경험적 경쟁이 가지는 부정적 요소 때문에 때로는 완전경쟁상태의 무경쟁과 혼동하여 경쟁 자체의 도덕성과 윤리성에 대한 찬·반론을 왜곡하는 경우가 있다.

시장에서 경쟁이 존재하는 이유와 궁극적인 목표는 경쟁이 없는 상태를 만드는데 있다. 즉, 완전경쟁의 상태는 더 이상의 경쟁이 필요하지 않게 되는 상태이므로 모든 경쟁이 지향하는 목표는 바로 무경쟁의 상태인 것이다. 그러나 현실적으로는 경쟁의 원천은 희소성에 있고, 희소성이 존재하는 한 경쟁은 불가피하다. 적자생존으로 표현되는 사회진화론(Darwinism)은 이러한 경쟁의 존재이유와 형태를 잘 나타내 주고 있는데, 이 이론에 따르면 시장은 최적자만이 승자로서 생존하게 되는 갈등의 무대이고, 사회조직 중에서 가장 자연적 형태에 가까운 것으로 본다.

그러나 희소성이 제기하는 문제는 희소성의 개념을 어떻게 인식하느냐에 따라 다르게 나타난다. 희소성을 해결하기 위한 합리적 방안으로 협력이 강조되고 경쟁은 그러한 협력에 저해요소가 된다는 주장을 볼 수 있다. 따라서 이들은 경쟁을 일종의 투쟁과 대항으로 인식하여 도덕적으로 비난받아야 되는 것으로 보고, 협력의 형태로서 인식되는 화합(harmony)과 협동(cooperation)과는 상충된다고 주장하는 것이다. 그러나 협동 자체는 선악의 대상이 될 수 없을지 모르나 협동의 목적이나 대상이 무엇이냐에 따라, 즉 협동 자체의 결과가 무엇이냐에 따라 선악의 대상이 될 수도 있다.

다시 말해 의도적으로 이루어지는 협동은 그만큼 결과적으로는 평가의 대상이 될 수 있으므로 의도적인 노력의 결과가 아닌 자연발생적인 협동이 보다 탈 가치론적인 대상이 될 수 있고, 의도적인 노력의 개입 없이 이루어지는 화합과 협동의 대표적인 예가 시장에서 자연발생적으로 영위되고 이루어지는 협동이라고 말할 수 있겠다.

경쟁이 가지는 윤리적 정당성은 경제가 목적가치로서 추구하는 능률의 달성에 있다는 것을 일단 인정한다 하더라도 경쟁의 목적과 대상을 달리함에 따라 그 정당성과 윤리성이 다르게 나타나는 것은 협동의 경우와 마찬가지다. 또한 사유재산이나 이윤추구의 정당성과 윤리성을 논할 때와 마찬가지로 폐쇄적 체계로서의 경제조직 안에서와 보다 높은 목적에 연결되어 있는 개방체계로서의 경제조직에 있어서의 경쟁이 가지는 윤리성은 상이할 수밖에 없다. 그렇기 때문에 경쟁의 목적과 대상이 어떠한 것이냐에 따라 윤리성에 대한 판단이 달라진다고 보아야 할 것이다. 즉, 경쟁이 적용되는 범위를 어떻게 정할 것인가는 경쟁의 윤리성을 결정하는 주요한 기준이 된다.

따라서 경쟁이 적용될 수 있는 한계, 즉 시장의 한계는 채택되는 경제체제의 성격에 따라 상이할 수 있으나, 경쟁은 욕구를 충족시키는데 기본목적이 있고, 욕구충족의 수단은 절대적으로 제한되어 있다는 사실은 모든 경제체제에서 공통적이다. 이처럼 절대적으로 제한되어 있는 욕구충족 수단의 배급을 자유경쟁시장을 통한 무의식적 협동의 결과에 의존할 것인지 아니면 시장 이외의 기구에 의존할 것인지에 대한 기준은 경제체제에 따라 다를 수밖에 없다.

그러나 자유경쟁에 의존하는 경제체제에서도 인간의 기본욕구에 대한 충족은 시장기능에 의존하기보다는 비자발적 국가기구에 의존하게 되고 그 대상이 확대되어 가고 있는 것이 일반적 경향이다. 교육과 의료혜택을 비롯하여 주택과 영양보급 등이 인간의 기본적인 욕구로 인정되는 복지국가 경제체제가 보편화되고 있으며 소위 말하는 경제적 불평등과 복지의 평등이라는 이중구조가 일반화되고 있다. 이러한 이중구조체제가 가지고 있는 기본적인 함정은 채택되는 복지의 범위만큼 인간의 기본적인 자발적 노력에 대한 의지를 상실케 할 가능성을 배제할 수 없다는 것이다. 따라서 경제의 용량을 축소시킬 수 있다는 위험성을 이중구조가 갖는 자기파멸의 씨앗으로 비유되기도 한다.

한편, 모든 것을 시장에 맡기면 적자생존이라는 선택과정으로 소외되고 희생되어야 하는 패자의 생존가치는 어떻게 보호되고 신장되어야 하는가 하는 문제가 제기된다. 이러한 시각에서 경제윤리의 궁극적 귀착점을 제시하는 기본 틀은 능률의 원칙에서 분배정의의 틀로 이행되는 것으로 볼 수 있다.

Ⅶ. 이익동기의 이해와 기업윤리

옛날에는 사농공상(士農工商)이라 하여 사회가 장사치와 상업을 불신하고 비천하게 여겼다. 그렇지만 왕까지도 국가재정을 매우기 위해 대 상인들에게서 돈을 꾸어 갔다고 한다. 오늘날에는 기업인들과 경영자들이 선망의 대상이 되고 있다. 그런데도 그들이 일반적으로 존경의 대상이 되지 못하고 있다.

기업인과 경영자의 경우, 존경을 받을 만한 가치가 있는 사람까지도 존경을 받지 못하고 있는 것은 사농공상의 잔재의식 이외에 그들의 동기나 행동 등 무엇인가에 대한 일반대중의 불신 때문이 아닌가 생각한다. 그 무엇이란 목적을 위해서는 그들이 비윤리적 행동까지 서슴지 않을 것이라는 일반대중의 잘못된 지각이나 제한된 경영에 의한 편견일 수도 있다.

하여튼 오늘날 기업들과 경영자들은 냉담하고 비윤리적인 점이 있으며 사회적으로 책임성 있는 행동과는 거리가 먼 행동도 한다는 비판을 사회 일각으로부터 받고 있는 것이 사실이다. 그 근본적인 이유는 흔히 듣고 보는 일부 기업의 비윤리적 행동보다도 기업이 이익추구에 기본목적을 두고 있기 때문이라고 본다. 정확히는 이익추구나 이익동기에 대한 인식부족 때문이라고 본다.

만일 기업인과 기업에게 이익동기가 없다면 우리나라를 이만큼 성장·발전시키는데 공헌한 기업 자체는 물론, 자유기업제도·시장경제체제·민주정치체제 등이 제대로 존재하고 기능할 수 없다는 것은 상식에 속한다. 기업의 성장·발전뿐만 아니라 생존도 이익의 창출이 전제되어야 한다. 따라서 기업은 이익지향적인 기구일 수밖에 없으며, 기업성공을 가늠하는 가장 합리적인 척도로서 수익성(profitability)을 사용할 수밖에 없다.

그런데도 어떻게 해서 기업의 이익동기가 기업과 기업윤리에 대한 불신과 의심의 요인이 되어 왔는가? 그 이유는 다음과 같다고 본다.

첫째, 정치적 이념이나 개인적 가치판단의 차이 때문에 사회 일각에서는 언제나 기업의 이익을 비윤리적이고 착취적인 것으로 잘못 생각하는 사람이 있기 때문이다. 즉, “기업이 이익을 내면서 동시에 어떻게 윤리적일 수 있는가?” 또는 “이익은 노동자의 착취를 통해서만 가능하다”는 등 만사를 부정적으로 보는 태도나 무지 때문이다. 지나친 불신은 병적인 형태이고 체제에 대한 이념적인 논쟁은 이미 끝이 난지 오래다.

둘째, 오랫동안 경제운용을 주도해온 정부가 경제에 대한 홍보만 강조함으로써 기업의 역할 · 기능 · 성과와 국가적 공헌에 대한 것을 소홀히 하고 또 언론기관조차 정부의 그러한 경향을 따르다보니, 기업측면에 대한 일반대중의 인식이 부족하거나 오해의 여지가 많았기 때문이다. 이에 대한 책임은 기업들과 경제단체들에게도 있다.

중요한 사실은 일반대중을 상대로 한 최근의 몇몇 여론조사에 의하면 조사대상의 절반 이상이 기업의 매출이익률이 30% 이상인 것으로 믿고 있다는 점이다. 사실은 상장기업들의 연간 매출이익률은 2% 정도에 불과하며 그 금액은 그들이 준조세로 내는 것 정도이다. 그와 같은 정보부족이나 오해 때문에 일반대중은 기업이 비윤리적인 방법으로 막대한 이익을 올리고 있다고 잘못 믿을 수 있다.

셋째, 그동안 정부는 기업에 대한 규제를 강화하면서 나름대로 그 이유를 홍보해왔다. 그러면서 대부분의 기업을, 그 중에서도 특히 대기업을 강력히 통제해 왔다. 동시에 정치자금 · 준조세 · 뇌물 등 비윤리적인 것들 때문에 기업의 이윤추구목적과 동기를 불신하고 윤리적인 행동을 의심하게 된 한 요인이 아닌가 생각된다.

따라서 그 해결책은 정치권의 비리 · 부정부패 등을 없애고 정부가 대폭적인 규제완화(deregulation)를 통해 기업들의 모습과 활동을 정상화시키는 것일 것이다.

넷째, 어느 나라에서도 비윤리적 · 불법적인 수단과 방법으로 돈을 버는 정치인과 투기꾼 그리고 기업이나 기업인이 있게 마련이다. 정치 · 문화적 환경과 연관성이 높은 한국의 지하경제규모가 GNP의 30% 정도에 달한다는 것으로 보아 한국에는 위법적인 상행위나 기업활동을 하는 사람들이 분명히 많은 것 같다. 이들이 당연히 지탄받고 처벌받으며 이들이 탈세한 것을 거두어 들여야 한다.

그리고 이들과는 합법적 · 정통적인 기업과 기업인을 명확히 구분해야 한다. 그럼에도 사회가 양자를 구분하지 않고 함께 매도하는 경향이 있기 때문에 정통적이고 고유한 역할과 기능을 다하는 기업과 기업인까지도 오늘날 불신(distrust)과 의심(suspicion)의 대상이 되고 있는 것이다.

극히 적은 위법적인 일부 때문에 우리가 자유기업제도의 한 특성인 이익-손실제도[7]를 포기할 수는 없다. 만일 포기한다면, 예컨대 300개의 사과 중에서 몇 개가 썩었다고 사과를 궤짝 채 버리는 어리석은 행동과 무엇이 다르겠는가?

---

7) 이익-손실제도(profit and loss system)란 기업은 이익을 추구할 수 있되 이익은 보장되는 것이 아니므로 손실이 발생할 수도 있다는 사실을 전제하고 있는 제도를 말한다.

이익-손실제도 하에서 정상적인 기업이익은 합리적이고 윤리적인 방법으로 소비자를 만족스럽게 서브한 데 대한 정당한 보수로서 발생하는 것이다. 따라서 건실하게 성장·발전하고 있는 기업들은 대체적으로 정당한 보수를 추구하고 또 실현하고 있기 때문이라고 보아야 할 것이다. 그러므로 사회가 기업들에게 기업윤리를 설정하고 시행하도록 추구하는 목적은 당연히 윤리적인 기업의 성장·발전을 고무하고 비윤리적인 기업을 통제하고 도태시키는 데 두어져야 할 것이다.

Ⅷ. 윤리적 딜레마

1. 윤리적 딜레마(ethical dilemmas)란?

지금까지 우리는 "선(善)하고 도덕적인 삶을 영위하기 위하여 개인이나 공동체가 어떻게 판단하고 행동해야 하는지에 관련된 윤리적 이론의 이해"에 관심과 주안점을 두고 논의를 하여왔다. 그러나 이러한 윤리이론이 실천으로 옮겨질 수 있기 위해서는 응용 윤리학(applied ethics)의 영역이 요구된다.

- 응용윤리학 : 윤리이론을 현실에 어떻게 적용할 것인가에 대한 연구
- 윤리적 딜레마 : 명백히 옳거나 그른 결정이 있는 것이 아니라, 둘 다 옳을 수 있는 상황

윤리이론의 기본가정은 개인이나 공동체는 각자의 의사결정에 영향을 미치는 요소들을 통제할 수 있어야 한다는 것이다. 하지만 현실적으로 명백하게 옳거나 그른 결정이 있는 것이 아니라, 둘 다가 옳을 수도 있는 상황에 직면했을 때 개인의 윤리 원칙은 시험을 받게 된다. 그리고 이렇게 주어지는 상황을 우리는 윤리적 딜레마에 처했다고 말한다.

윤리이론에서의 이러한 도전들은 의사결정 과정에서 다음과 같은 내용을 알고 있음에도 당신에게 올바른 선택을 하도록 요구하는 딜레마의 형태로 나타나게 될 것이다.

- 둘 다 맞는 선택 가운데 하나를 그냥 둔다.
- 선택의 결과로 자신이 피해를 볼 수 있다.
- 그러한 선택이 개인의 윤리원칙과 상충된다.
- 그러한 선택이 자신이 속한 공동체나 사회의 윤리적 가치를 포기하게 한다.

2. 윤리적 딜레마 해결하기

문제해결이 그 문제에 대한 만족스런 답을 찾는 것을 의미한다고 하면, 윤리적 딜레마는 결코 해결될 수 없다. 현실적으로 윤리적 딜레마에 대한 해답은 두 개의 악한 것 중에서 덜 악한 것이다. 따라서 항상 바람직한 답이 있다고 가정하는 것은 의문의 여지가 있다. 그보다는 오히려 수용할 만한 결과로 인정할 수 있느냐에 대한 문제라고 할 수 있다.

조셉 바다라코 2세(Joseph L. Badaracco Jr.)의 저서 《순간들을 정의하기(*defining monents*)》는 "수면 판결윤리(sleep-test ethics) 또는 수면 테스트"라는 논리를 통해서 수용할만한 결과의 개념을 나타내고 있다. 다시 말해 수면-판결윤리, 즉 수면테스트란 도덕적으로 건전한 결정을 하였는지의 여부를 사람들에게 얘기하도록 하는 것인데 옳은 결정을 내린 사람은 숙면을 취할 수 있는 반면, 잘못된 선택을 한 사람은 그럴 수 없다는 것이다. 문자 그대로의 해석에서 벗어나 좀 더 넓은 의미로 정의해보면, 수면 테스트는 어려운 문제에 직면했을 때, 사람들은 자기의 직관, 감정, 본능에 의존해야만 한다는 근본적인 신념에 근거하고 있다. 이렇게 정의하면, 수면 테스트는 직관의 윤리이다. 이는 특히 우리 생각이 혼란스러울 때 우리가 마음을 따르도록 충고해 준다. 수면 테스트는 만약 무언가 계속해서 우리를 불편하게 한다면 그것은 일리가 있는 것이란 것을 말해주고 있다.

그렇다면 우리가 무엇을 해야 할까? 윤리적 문제를 해결하기 위한 다음의 세 단계를 생각해 보자.

제1단계 : 결과를 분석하라.

당신이 행한 의사결정의 결과로 누가 도움을 얻게 되는가? 누가 피해를 입는가? 우리가 얘기하고 있는 편익과 피해는 어떤 것들인가? 그리고 장기적 · 단기적 관점에서 볼 때는 어떠한가?

제2단계 : 행동을 분석하라.

결과를 생각하지 말고, 다른 관점에서 선택 가능한 모든 대안들을 생각해 보라. 정직, 공평, 평등, 타인의 존엄에 대한 존중, 인권과 같은 도덕적 원칙들에 비추어 그 행동들을 어떻게 평가할 수 있는가? 그 행동 가운데 위의 기준들과 일치하지 않는 것은 없는가? 만일 원칙들 간에 혹은 관련된 사람들의 권리 사이에 충돌이 있다면, 어떤 원칙이 다른 원칙에 비해 더 중요하다고 볼 수 있는가? 어떤 대안이 문제점을 최소화할 수 있는 행동을 가져다주는가?

제3단계 : 결정하라.

앞의 두 분석을 고려하여 결정하라. 이러한 전략은 적어도 당신이 따를 수 있는 기본적인 단계를 제공해 준다.

만약 제3단계 모형이 너무 간단해 보인다면, 윤리적 딜레마를 해결하기 위해서 고려해야 할 다음과 같은 아더 도브린(Arthur Dobrin)이 정의한 8개 질문을 생각해 볼 수 있다.

질문 1 **무엇이 사실인가?** 최대한 사실을 알아내라. 만일 당신이 알고 있는 사실이 틀렸다면, 그릇된 선택을 할 수밖에 없다.

질문 2 **당신이 모르는 사실에 관하여 무엇을 추측할 수 있는가?** 모든 사실들에 대하여 아는 것은 불가능하니, 빠진 정보들에 대해서는 합리적으로 가정하라.

질문 3 **그 사실은 무엇을 의미하는가?** 사실은 그 자체로는 아무런 의미가 없다. 개인의 중요한 가치에 비추어 그 정보를 해석할 필요가 있다.

질문 4 **관련된 사람들의 눈으로 볼 때, 그 문제는 어떻게 보이는가?** 다른 사람의 입장에서 볼 수 있는 능력은 필수적이다. 다양한 관점에서 문제를 이해할 수 있는 능력은 현명한 선택을 할 가능성을 높여 준다.

질문 5 **다른 것들을 제쳐놓고 하나를 선택했을 때 무엇이 일어날 것인가?** 모든 행동은 결과를 낳는다. 특정한 행동을 이어간다면 무엇이 일어날 것인가에 대해 합리적으로 추측해 보라. 행동한 결과, 이것이 더 평익이 될 것인지 혹은 더 피해를 줄 것인지를 판단하라.

질문 6 **당신의 감정은 뭐라고 말하고 있는가?** 감정도 또한 사실이다. 윤리적 쟁점들에 대한 당신의 감정은 의사결정에서 이상적인 사고가 간과할 수 있는 단서를 제공해 줄 수 있다.

질문 7 **어떤 결정을 했을 때, 당신 스스로에 대해 어떻게 생각하는가?** 사람들은 이것을 양심이라고 부른다. 이는 자기평가의 한 형태다. 이는 자기가 되고 싶은 그런 종류의 사람인지의 여부를 선택하는 데 도움을 주는 동시에, 개인이 마음 편히 살 수 있도록 도와준다.

질문 8 **당신의 결정에 대해 다른 사람에게 설명하거나 정당화할 수 있는가?** 기분에 따라 행동해서는 안 된다. 자기중심적이어도 안 된다. 윤리는 당신을 주위 세상에 연관시킨다. 이런 이유로 인해 당신의 도덕적 결정이 합리적인 사람들에게 이성적으로 보이도록 정당화할 수 있어야 한다. 윤리적 이유는 개인적인 이유일 수 없다.

이러한 단계들을 적용하는 데에는 다음과 같은 핵심 가정들이 있다.

첫째, 그러한 질문이 요구하는 깊은 생각을 할 수 있는 충분한 시간이 있어야 한다.
둘째, 질문에 답하는 데 필요한 충분한 정보가 있어야 한다.
셋째, 딜레마는 당신이 선택할 수 있는 여러 해결대안들을 제시해 준다.
대안들이 없다면, 당신의 분석은 가장 적합한 해결책이 아니라 바다라코(Badaracco)의 수면테스트와 같이 그저 당신이 단순히 만족할 만한 수준의 해결방안을 찾는데 그치고 말 것이다.

[사례 탐구] 어려운 결정하기

미셸(Michelle)은 관리자로서의 자신의 역할을 매우 진지하게 받아들이고 있다. 때때로 관리자들은 저성과자 해고, 경비절감을 위한 해고 등과 같은 어려운 결정을 해야만 한다. 미셸은 힘든 결정을 할 때마다 하는 말이 있다. "내가 밤에 잠을 잘 수 있다면, 나는 그 상황에서 할 수 있는 가장 최선의 결정을 했다는 걸 안다." 그러나 최근 기업윤리 시간에서 다루어 본 과제들이 그녀의 이전 결정들 가운데 일부를 되돌아보게 했다. "내가 진짜 최선의 결정을 한 것인가?" 대부분의 관리자들은 이 질문에 어떻게 답할 것 같은가?

1942년, 배 한척이 빙산과 충돌하여 정원이 7명인 구명보트에 30명이 넘는 생존자가 몰렸다. 폭풍이 위협해 오자, 어느 한 사람이라도 살려면 구명보트를 가볍게 해야만 한다는 것이 분명해졌다. 선장은 이런 순간에 해야 할 올바른 일은 어떤 사람들을 강제적으로 보트 밖으로 내보내 익사하도록 해야만 하는 것이라고 생각했다. 그는 보트 밖으로 밀려난 사람들도 어차피 빠져 죽을 수밖에 없기 때문에 그러한 행동이 그들에게도 정당하지 않은 것은 아니라고 추론했다. 그러나 그가 아무런 일도 하지 않는다면, 살려낼 수도 있었을 사람들의 죽음에 대해 책임을 져야만 한다. 어떤 사람들은 선장의 결정에 반대한다. 그들은 만일 아무 일도 하지 않아 결과적으로 모든 사람이 죽게 된다면, 그 죽음에 대해서는 어느 누구도 책임이 없다고 주장한다.

반면에 선장이 몇몇을 구하고자 시도했다면, 그는 다른 사람을 죽임으로써 이를 행할 수 있는데, 이 경우 그 죽음은 선장의 책임이 되는 것이다. 이는 아무것도 행하지 않음으로써 모두가 죽게 되는 것보다 더 나쁘게 될 것이다. 선장은 이러한 추론을 거부했다.

구조되기 위한 유일한 가능성은 매우 힘이 드는 노 젓기에 달려 있어서, 선장은 약한 사람들부터 희생되어야 한다고 결정했다. 이런 상황에서 누가 보트 밖으로 내쳐질지 제비뽑기로 결정한다면 매우 어리석은 일이라고 선장은 생각했다. 이런 일이 발생한 후, 여러 날에 걸친 힘든 노 젓기 끝에 생존자들은 구조되었고, 그 선장은 그의 행위로 말미암아 재판에 넘겨졌다.

질문

1. 선장은 올바른 결정을 했는가? 왜 그런가? 혹은 왜 그렇지 않은가?
2. 선장은 어떤 다른 선택을 할 수 있었을까?
3. 만약 당신이 배심원단에 있었다면 어떻게 평결했겠는가? 왜 그런가?
4. 어떤 윤리이론들이 여기에 적용될 수 있는가?

토의과제

1. 윤리성의 판별기준의 중요성에 대해 논의해 보자.
2. 윤리성의 절대주의와 상대주의에 대해 논의해 보자.
3. 바람직한 기업윤리의 판별기준을 어떻게 형성할 것인가에 대해 논의해 보자.
4. 윤리적 피동성의 원인과 과오에 대해 논의해 보자.
5. 기업활동과 이익-손실제도의 본질에 대해 토의해 보자.
6. 사유재산제도, 영리주의, 자유경쟁체제에 관한 윤리의 본질에 대해 토의해 보자.

제 5 장

자본주의와 기업윤리

5

자본주의와 기업윤리

Ⅰ. 지배자본의 성격변화

자본주의는 지배자본의 성격변화를 기준으로 고찰해 볼 때, 초기 상업자본주의에서 산업자본주의, 독점자본주의, 금융자본주의를 거쳐 오늘날의 대중자본주의 또는 경영자자본주의로 발전해 왔고 20세기 중후반에는 금융혁명과 정보혁명의 결과로 개인자본주의가 출현하게 되었고 지능혁명에 의해 21세기에는 개인자본주의가 완성될 것이라 예견된다.

베버(M.Weber) 같은 학자는 인간의 영리적·경제적 욕구가 기업에 의해 충족되는 경제제도를 자본주의라고 보았다. 즉, 합법적인 이윤을 직업으로서 조직적·합리적으로 추구하는 제도를 자본주의경제제도라고 했고, 좀바르트(W. Sombart)는 영리주의와 경제적 합리주의가 지배하는 유통경제조직을 자본주의라고 했다.

한편, 마르크스(K. Marx)는 생산수단의 소유형태 및 생산과정에서 비롯되는 인간과 인간 사이의 관계를 중심으로 한 관점에서, 자본주의란 단지 이윤을 목적으로 생산이 이루어지는 생산조직제도일 뿐만 아니라 인간의 노동력이 다른 교환대상과 마찬가지로 상품으로서 거래되는 제도라고 보았다.

이와 같이 다양하게 정의되는 자본주의경제체제는 16세기 무렵 유럽의 봉건제도 속에서 싹트기 시작하여 18세기 중엽부터 영국과 프랑스 등을 중심으로 발달하여 산업혁명에 의해 확립되었으며, 19세기에 접어들면서 독일과 미국 등으로 파급되었다.

지배자본의 성격변화에 따라 자본주의 형태를 고찰해 보면, 16~17세기에 서구사회에서 일반화된 상업자본이 지배하는 자본주의를 흔히 상업자본주의 또는 초기자본주의라고 하고, 18세기 산업혁명을 거쳐 산업자본이 확립되고 그 산업자본이 지배하게 된 자본주의를 산업자본주의 또는 자유자본주의라고 한다. 이러한 산업자본의 지배가 19세기 말부터 독점자본 또는 금융자본의 지배로 변모되면서 산업자본주의는 이른바, 독점자본주의 또는 금융자본주의로 이해되게 되었다.

그런데 이러한 독점자본주의는 차츰 여러 가지 심각한 병폐와 단점을 드러내게 되어 20세기 초에 들어와서는 여러 측면에서 그 성격이 수정·보완되어 오늘에 이르고 있다고 볼 수 있다.

오늘날의 자본주의를 코디너(R. J. Cordiner)는 대중자본주의(mass capitalism)라고 명명하고, 그러한 대중자본주의는 물질적인 측면뿐만 아니라 정신적·문화적 측면의 문제에까지 가치를 부여한다고 설명한다.[1)]

한편, 풀머(R. M. Fulmer)는 오늘날의 자본주의를 경영자자본주의(managerial capitalism)라고 명명하였다.[2)] 기업이 소유와 경영의 분리가 심화됨으로써 경영자는 일종의 피고용인이면서 동시에 기업활동의 주체 내지 주된 의사결정자가 된다. 그리하여 경영자는 생산수단의 소유자는 아니지만 실질적으로 경영지배권을 가지게 되는 것이다. 오늘날의 이러한 자본주의사회를 경영자자본주의라 부르게 된 것이다.

이제 21세기에는 새로운 기술의 출현으로 생산활동에 혁명이 일어나면서 새로운 제조방식과 새로운 노동방식이 출현하고 있다. 그리고 부의 질과 방식, 경제와 사회의 질과 운영방식이 바뀌고 있다. 최종적으로는 인간의 삶의 수준과 활동범위를 바꾸게 될 것이다. 21세기에는 자본의 축적과 운영이 상업이나 산업이라는 구조에 의존하지 않고 개인만으로도 가능해 지는 개인자본주의가 더욱 활성화될 것이라 예견된다.

이와 같은 자본주의의 발전에 따라 기업윤리의 성격도 변화되어 왔다고 볼 수 있다. 기업역할의 변화와 기업윤리의 발전에 관해서는 여러 가지 관점에서 고찰할 수 있다.

먼저 지배자본의 성격변화에 따른 기업역할과 기업윤리가 어떻게 변천되었는지를 요약하여 보면 그 내용은 〈표 5-1〉과 같다.

---

1) R. J. Cordiner, *New Frontier for Professional Manager*, New York : McGraw-Hill, 1964, p. 20.
2) R. M. Fulmer, *The New Management*, 2nd ed., N.Y. : Macmillan Publishing Company, Inc., 1978, p. 20.

표 5-1. 자본주의의 성격변화와 기업윤리

자본주의 성격	경영자 유형	경영이념	경영지향	기업윤리
상업 자본주의	소유경영자	극대 이윤추구	수익성	시혜적
산업 자본주의			영리성	온정적
독점 자본주의	고용경영자	이해관계자의 이해조정	경제성	완화적
금융 자본주의			생산성	융화적
대중 자본주의	전문경영자	생활의 질향상	혁신성	사회적
경영자 자본주의			윤리성	대중적

1. 상업 및 산업 자본주의

상업자본(16~17C) 또는 산업자본(18C)이 지배하던 경제체제에서는 소유와 경영이 분리되지 않았기 때문에 기업의 경영은 자본가에게 맡겨졌고, 이윤은 바로 그 소유경영자의 것이 되므로 경영이념은 극대이윤에 초점을 맞추게 되었다. 여기서 경영이념은 기업경영의 근간이 되는 이상이나 가치관 혹은 신념, 원리 등을 체계화한 것을 지칭한다고 할 수 있다.

이렇게 상업자본주의와 산업자본주의시대에는 자본 자체의 논리에 따라 이윤추구가 기업의 목적이 되고, 따라서 수익성추구를 통한 극대이윤의 실현이 경영의 지도원리가 되는 것이다. 그러므로 이 시기의 기업윤리는 기업이 도의적 · 자선적(慈善的) 차원에서 베푸는 온정적 · 시혜적(施惠的) 성격을 띠었다고 할 수 있다.

2. 독점 및 금융 자본주의

독점자본과 금융자본(19C)이 지배하는 산업사회에 이르러서는 기업은 양적으로 대형화되고 질적으로 복잡화됨에 따라 기업을 경영하는 데 있어서 전문적인 지식과 기능이 필요하게 되었다. 따라서 소유경영자인 자본가는 기업경영에 한계를 느끼게 되어 전문적인 지식과 기능을 가진 사람을 고용하여 그에게 기업경영의 일부를 위임하게 되었다. 이리하여 이른바 고용경영자시대가 등장하게 된 것이다.

이 시기의 경영이념은 이해관계자 집단의 이해조정에 주안점을 두게 되었고, 경제성과 생산성의 추구가 기업경영의 목표가 되었다고 볼 수 있다. 이때의 기업윤리는 이해관계자집단의 이해조정과 노사관계의 완화 혹은 융화에 초점을 맞추게 되었고, 따라서 이 시기의 기업윤리는 완화적·융화적 성격을 띠고 있었다.

3. 대중 및 경영자 자본주의

자본의 소유가 특정인의 수중에서 벗어나 대중에게 고도로 분산됨에 따라 기업경영은 대중의 이익도 고려하지 않을 수 없게 되었다. 그리하여 기업은 사회적 기능으로서의 성격을 띠게 되었고, 기업의 사회적 역할이 중요하게 됨으로써 전문경영자의 출현이 불가피하게 된 것이다. 이러한 대중자본주의 또는 경영자자본주의(20C)에서 기업은 그 성격상 사회적 기관으로서 혁신성과 윤리성을 중요시하게 되고, 일반대중의 삶의 질을 높이는 방향으로 그 이념을 바꾸지 않을 수 없게 되었다.

따라서 이 시기의 기업윤리는 시혜적(施惠的)이거나 완화적 성격으로부터 대중적·사회적 성격으로 변모하게 되었다고 볼 수 있다.

Ⅱ. 자본주의경제체제의 우월성과 특색

1. 자본주의경제체제의 우월성

자본주의란 이윤을 목적으로 하는 자본이 지배하는 경제체제로 생산수단의 사유화와 자유주의 이념 아래 생산수단을 소유한 자본가와 노동을 제공하는 노동자가 사유로이 결합하여 영리를 목적으로 생산하고 판매할 수 있는 사회조직을 말하는데, 자본주의의 발달은 자유경쟁과 자유주의에 의한 생산력 증대, 풍요로운 물질생활이라는 긍정적인 결과를 가져오기도 했지만, 한편에서는 빈부의 격차, 자원의 낭비, 경제불황, 실업자 발생, 독점기업의 횡포 등의 부작용도 초래하기도 하였다.

이와 같은 자본주의는 플라톤의 『국가론』에서 처음으로 등장하여 로크(J. Locke)와 아담 스미스(A. Smith) 등에 의해 그 틀이 만들어진 민주주의와 몇 세기 동안 함께 성장과 발전을 거듭하면서 비슷한 역사적 환경을 가진 인간철학의 산물인 것이다.[3)]

따라서 세계의 모든 국가들은 민주주의를 표방하고 있으며, 자본주의를 거역하던

3) F. Luthans et als., *Social in Business*, Macmillan, 1990, p. 67.

절대왕정이나 독재국가에서마저도 정치적으로는 민주주의를, 경제적으로는 자본주의를 선택하지 않을 수 없는 것이 오늘의 현실이다.

경제학자 프리드먼(M. Friedman)은 스미스가 제시한 경제원리를 중시하여 자본주의의 길로 나간 국가들은 자유와 번영을 누리게 되었고, 마르크스가 제시한 경제원리를 중시하여 공산주의의 길로 나간 국가들은 혁명과 투쟁과 통제의 생활을 하면서 가난을 면치 못하고 있기 때문에 세계의 모든 나라가 지향하게 될 사회가 자본주의경제체제라고[4] 주장하고 있다. 이와 관련하여 루탄스(F. Luthans) 등은 사회주의는 몰락해 가고 있는 반면에 자본주의는 꽃피어 가고 있다고 하는가 하면, 다니엘 벨(D. Bell)은 『이데올로기의 종언(1996)』을 통해 공산주의의 대내적 모순과 갈등을 예리하게 비판한 바 있고, 커크란드(R. I. Kirkland)는 '사회주의의 죽음'(the death of socialism)을 선언하고[5] 있다. 드럭커(P. F. Drucker)도 사회주의는 이미 시대착오적인 것이 되어 버렸고 점차 자본주의로 회귀하고 있다고[6] 하였다.

이 같은 자본주의경제체제의 우월성 때문에 공산권국가들이 최근에 와서 국호, 국기, 국가 또는 당명까지 바꾸어 가면서 근본적으로 변신해 가고 있다. 폴란드, 헝가리, 유고 등의 동구권에서 일어나기 시작한 역사적인 대변혁은 공산주의의 종주국인 구소련에서도 공산혁명 70년 만에 연방공화국(USSR)을 해체해 가면서까지 자본주의로의 변신이 이어졌으며, 아시아에서도 "검은 고양이(정치체제)든 흰 고양이든 쥐(경제발전)만 잡으면 최고"라는 등소평의 사상(1962)은 중국공산당 제14차 전국인민대표자대회에서 당헌개정을 통해 자본주의경제체제의 기본원리인 시장경제를 보장하기에 이르렀고 이 지구상에서 마지막 공산국가로 낙인될 북한에서도 최고인민회의 상설회의에서 '외국인투자법', '합작법' 및 '외국인기업법' 등을 채택함으로써 부분적으로 자본주의를 수용해 가고 있다.

이와 같은 우월성을 지니고 민주주의의 필요조건이 되어 세계를 지배하고 있는 자본주의는 오늘날에는 수정된 소위 수정자본주의로서 초기 자본주의의 문제점을 극복하기 위해 기업과 더불어 탄생하여 성장·발전하고 있다. 그러므로 자유주의를 받아들인 국가일수록 번창하고 부강한 국가가 되었다. 다시 말해 기업우위의 국가일수록 자본주의의 정도를 따르고 그런 국가일수록 번창하고 부강한 국가가 되었다.

한 사회의 발전은 경제발전에 의존하고 경제의 발전은 기업의 생성과 성장 및 발

---

4) 송병락, 마음의 경제학, 박영사, 1989, p. 104.
5) R. I. Kirland, "The Death of Socialism", *Fortune*(1998).
6) P. F. Drucker, *The New Realities*, Harper & Row, 1989, p. 176.

전에 의존한다는 주장은 적어도 자본주의경제체제 하에서는 진리임이 입증되고 있다. 그만큼 기업은 자본주의경제의 가장 기본적이고 중요한 기관이다. 기업 없는 자본주의는 생각할 수조차 없다. 최근에 와서는 공산주의체제 하에서마저도 기업을 인정하기 시작하고 있다.

2. 자본주의경제체제의 특색

기업활동의 무대가 되는 자본주의경제체제의 기본적인 특징은 ① 재산의 소유, 사용 및 처분이 소유자의 재량에 의해 자유롭게 이루어 질 수 있는 제도를 의미하는 사유재산제도와 ② 경제생활을 영위함에 있어서의 의사결정이 자유롭게 행해짐을 의미하는 경제적 자유에 있기 때문에 그만큼 기업활동에는 어려움이 따르게 된다. 따라서 자본주의경제체제의 특색을 구체적으로 정리해 보면 그 내용은 다음과 같다.

1) 사유재산제도의 확립

과거 봉건사회나 절대주의시대에서는 개인의 사유재산은 많은 제약을 받았으나 자본주의경제제도 하에서는 사유재산보장의 원칙이 확립되었다. 이리하여 자기가 소유하는 재산의 소유권과 자유처분권이 제도적으로 보장되었으며, 소위 사유재산 신성불가침이 개인의 권리로 보장되기에 이르렀다. 이리하여 자기의 근로를 통하여 재화와 부를 소유할 수 있게 되었으며, 이러한 재화와 부를 소유하고 이를 효율적으로 사용해서 재산의 축적이 가능한 경제활동의 자유가 보장되게 되었다. 물론 오늘날에는 공공복리의 목적을 위해서 사적 소유의 제한 또는 금지가 부득이 하게 최소한도로 가해지는 경우도 없지 않으나 원칙적으로 사유재산은 엄격하게 법적으로 보장되고 있다.

2) 자유로운 경제활동

자본주의경제제도의 가장 핵심이라고 할 수 있는 것은 경쟁적 경제활동의 보장이다. 따라서 자본주의경제제도 하에서는 개개인에게 일체의 경제활동의 자유가 보장되고 있는 사회이다. 이러한 자유로운 경제활동의 보장은 중세 봉건사회에서나 또 그 이전의 역사적인 발전과정에서 존재했던 경제체제나 사회주의 경제와는 근본적으로 구별된다.

개인의 경제적 자유화라는 것은 영리활동의 자유, 직업선택의 자유, 소비선택의 자유 등을 의미한다. 특히 자본주의경제제도는 오늘날 개인의 성장·발전의 필수적 요인이 되는 직업선택의 자유가 보장된다는 점에서 우리들이 가장 소중히 보존해야 할 가치가 있는 제도라고 말할 수 있다.

3) 상품교환 내지 시장경제

사유재산제도와 경제활동의 자유가 근간으로 되어 있는 사회에 있어서는 모든 재화와 용역이 상품으로 생산되며, 이윤추구의 목적으로 시장에서 매매되는 것이다. 이러한 교환경제와 시장경제 하에서는 항상 소비자가 필요로 하는 사람들의 심판에 의해 상품의 가치가 결정되고 있기 때문에 스스로 질적 향상이나 개선의 노력이 없으면 낙제품이 되고 만다. 그리고 이러한 낙제품은 상품 간의 경쟁에서 이윤저하 내지 손실을 초래하여 자연 도태되고 마는 것이다. 따라서 기업가나 근로자들의 자기 개선의 노력은 한시라도 늦출 수가 없으며 이것이 부단하게 요구되는 사회인 것이다. 이러한 예는 오늘날 시장경제의 원리를 부정했던 사회주의경제의 몰락이 왜 일어났는가를 생각해 보면, 이 원리가 지니고 있는 뜻이 얼마나 큰 것인가를 쉽게 짐작하게 된다.

4) 노동력의 상품화

영리활동의 자유는 재화와 부의 축적을 통해 생산수단을 지배하게 되는 기업자본가와 노동자를 출현케 하였다. 노동자는 자신의 노동을 노동시장에 상품으로 제공하고, 기업가는 이 노동을 매입해서 생산활동을 하게 된다. 그렇기 때문에 자본주의경제제도 하에서는 이와 같은 자유노동자와 기업자본가의 존재를 전제로 해서 성립하는 경제질서이다. 그런데 기업가와 노동자는 각기 자유인이라는 데 그 특색이 있다. 이러한 자유인이 산업의 특정 목적을 위해서 자유의사와 자유계약에 따라 노사관계가 성립하고 있는 것이다.

현대산업사회의 노사관계는 바로 산업사회의 발전 여부를 결정짓게 되는 관계라고 말할 수 있다. 이와 같은 자본주의경제 하에서 기업의 지배자인 자본가와 영리기업에 노동을 제공하는 노동자의 이해는 강자와 약자 간의 관계에서 시작해서 원활한 일치를 보이기 시작할 때까지에는 서구에서 약 100여 년의 투쟁과정을 거쳐서 비로소 가능해지기 시작했다. 바로 노사 간의 강약관계나 대립관계는 기업가나 노동자

양자에게 다 같이 손실을 초래한다는 것을 깨닫기 시작하여, 노사관계의 합리적인 정립을 위해 많은 노력과 개선과 전진이 있어 왔다.

그러나 이러한 노력과 개선은 완성된 것이라기보다는 일종의 미완성작품으로 보고, 이를 위해 노사 간의 바람직한 관계정립의 방향모색이 되어야만 한다. 따라서 노사관계는 어느 일방적인 힘에 의해서가 아니라 쌍무적인 의무가 뒤따라야만 되는 것이며, 이의 성공에 이바지할 새로운 노사문화의 정착을 위해 경영자나 종업원 모두가 힘써야 할 것이다.

Ⅲ. 자본주의사회에서의 기업활동

1. 기업의 생존과 발전

자본주의경제체제 하에서 기업의 활동은 적자생존의 원리에 따라 수행되고 있다. 그 결과 전형적인 자본주의 국가인 미국의 경우에 있어서도 기업이 생존하는 데는 많은 어려움이 있다는 사실을 알 수 있다.

그린버그와 바론(J. Greenberg & R. A. Baron)이 제시한 미국기업의 생존비율에 관한 조사에 의하면, 기업이 5년간 생존하는 비율은 38%에 불과하고, 25년간 생존하는 경우는 10%에 불과했다.[7] 즉, 대규모화하여 높은 이윤을 올리는 성장기업이 있는가 하면, 파멸하여 자취를 감춘 기업도 있고, 새로운 사업영역으로 다각화하는 기업이 있는가 하면 그렇지 못한 기업도 많다.

최근 미국의 풍요를 상징하던 많은 간판기업들이 "과거의 영광은 미래의 영광을 보장하지 못 한다"는 교훈을 남기고 점차 사라져 가고 있다. 일본의 경우에도 100년 전 100대 기업에 속했던 기업으로서 현재 건재한 기업은 2개밖에 되지 않으며 창업 후 10년 이상 생존한 기업의 비율도 30%가 채 되지 못하고 있다. 우리나라의 경우도 마찬가지다. 창립 당시 13개 그룹기업으로 출발한 '전국경제인연합회'가 30년이 지난 지금 그 속에 포함된 그룹기업은 3개밖에 되지 않는다.

'21세기위원회'의 전망에 따르면 1970년대 우리나라 10대 재벌 가운데서 1980년까지 이를 유지한 재벌은 7개 정도이고, 1980년에서 1990년까지의 기간 중에도 비

7) J. Greenberg & *R. A. Baron, Behavior in Organizations*, 4th, Allyn & Bacon, 1993, p. 623.

슷하게 나타났다. 그리고 1990년대의 10대 재벌 중에서 2010년대에는 3~5개 정도가 남게 될 것이라고[8)]전망하고 있다.

이처럼 자본주의경제체제 하에서는 창업이 자유롭고 모든 개인과 기업들이 치열한 무한경쟁체제 속에서 자유로운 경제적 활동을 통해 때로는 성장・발전하고 때로는 쇠퇴하게 된다. 특히, 1970년대의 오일쇼크 이후 근년에 와서 기업의 실패율이 전 세계적으로 매우 높게 나타나고 있다.

급변하는 새로운 환경에 대한 적응이 어려워질수록 생존을 위한 경쟁은 더욱 치열해지고 경쟁에서의 공정성 확보를 위한 게임의 룰은 더욱 절실하게 요구된다.

아담 스미스가 자유무역을 주장한 이래 국가 간에도 공정한 경쟁의 룰(rule)을 확보하기 위해 많은 노력을 경주해 왔다. 우리가 잘 알고 있는 관세 및 무역에 관한 일반협정(GATT: General Agreement on Tariffs and Trade), 케네디라운드(Kennedy Round), 동경라운드(Tokyo Round), 세계무역기구(WTO: World Trade Organization)의 출범, 그린라운드(Green Round), 블루라운드(Blue Round), 태크노라운드(Techno Round), 경쟁라운드(Competitive Round), 자유무역협정(FTA) 등은 모두 기업이나 국가 간에 행해지는 경제활동 속에서 자유와 공정이라는 경쟁원리를 확립하고자 하는 데 그 목적이 있었다. 자본주의경제체제 하에서는 이와 같은 경쟁원리를 따르지 않고서는 어떤 경제활동이나 기업활동을 성공적으로 수행할 수 없다.

최근의 한 조사연구에 의하면, 21세기의 성공적인 경영자에게 요구되는 가장 중요한 행동특성은 무엇보다도 기업을 어디로 이끌고 가야 할 것인가에 관한 비전감각(visionary sense)과 높은 도덕성과 기업윤리성의 확립이라고 주장하였다.

IMF구제금융 이후 모든 기업들이 강도 높은 구조조정을 통한 변화를 추진하고 있다. 기업의 생존과 발전을 목표로 지금까지의 거품을 제거하는 군살빼기 경영을 수행함과 동시에 기업은 고유의 혁심역량을 키우고 우수한 인재를 양성하여 미래에 대비하여야 한다.

기업의 개혁과 변화의 성공요인은 많은 주장이 거론되어 왔으나 궁극적으로 그 성패는 사람에게 달려 있다고 할 수 있다. 따라서 각 기업에서도 지속적인 개혁과 변화를 주도할 탁월한 능력을 가진 경영자가 요구되는데, 예를 들어, 월 마트의 샘 월턴, IBM의 루거스너, 마이크로 소프트사의 빌 게치츠, GE의 잭 웰치 등은 변화에 대한 적응능력이 탁월한 경영자로 평가받고 있다.

---

8) 21세기위원회, 미래전망 : 2020년의 한국과 세계, 동아일보사, 1992, p. 148.

미국의 경영전문지 Executive Excellence는 성공적으로 변화를 주도하는 경영자가 되기 위해서는 다음과 같은 8가지 요건을 갖추어야 한다고 하였다. 이 8가지 요건은 환경·비전·전략적 측면과 조직 및 종업원과의 관계적 측면으로 대별하여 다음과 같이 구분하였다.

첫째, 환경·비전·전략적 측면에서 볼 때, 성공적인 변화를 위해 경영자는 기업환경변화의 흐름을 전체적이고 균형 잡힌 시각을 가지고 정확히 파악할 수 있어야 한다. 그리고 변화를 추진하는 경영전략이나 정책이 일관성을 가지도록 기업의 힘을 하나의 방향으로 집중시킬 수 있는 능력이 요구된다.

둘째, 조직 및 종업원과의 관계적 측면에서는 새로운 목표를 달성할 수 있도록 전략 및 조직체계를 변화시켜 기업구성원들이 새로운 목표달성에 전념할 수 있도록 유도해야 한다. 또한 구성원에게 가능성 있는 기회와 필요한 자원을 제공하여 변화에 적극적으로 참여할 수 있도록 하는 능력이 필요하다.

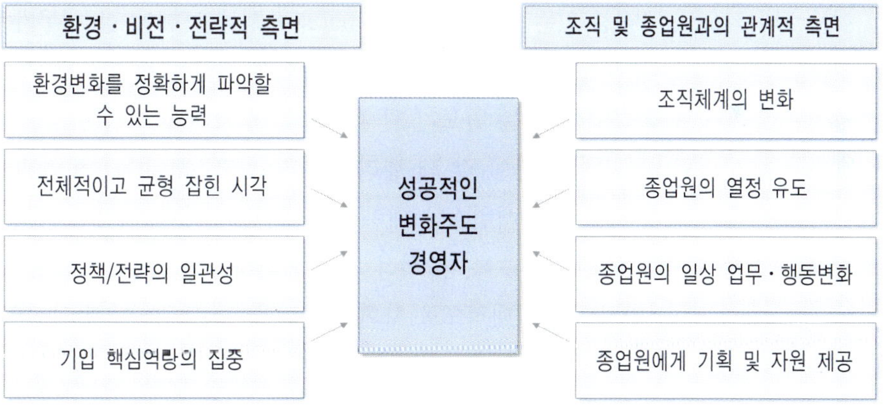

그림 5-1. 변화지향적인 경영자가 갖추어야 할 8가지 요건

2. 기업의 사회적 책임(CSR)

자본주의경제체제 하에서 기업의 사회적 책임(Corporate Social Responsibility; CSR)은 그 성격이나 내용이 시대와 기업환경의 변화에 따라 동태적으로 변하고 있는 것이 일반적이다. 그래서 국가가 경제적으로 발전하고 민주화를 거듭하여 대중여론이 중요하게 부각될수록, 사회가 기업에게 요구하고 기대하는 책임수준은 높아지는 경향이 있다.

일반적으로 기업의 사회적 책임은 기업시민정신(corporate citizenship)이나 기업양심(corporate conscience)이라고도 하며, 이는 기업이 단순한 주주의 이익극대화 목표를 넘어서서, 모든 법적인 책임을 준수하며, 사회적 이익을 목표로 하는 행동이라고 정의할 수 있다.

1929년 제1차 경제공황이 발생했을 때, 미국에서 처음 등장한 기업의 사회적 책임이란 용어가 우리나라에서 거론되기 시작한 것은 경제개발과 기업의 발전이 본격적으로 이루어지기 시작한 1960년대부터이다.

그 후 기업의 사회적 책임에 대한 논의가 점증적으로 활발해지는 단계를 거쳐서, 그 이행을 기업에게 촉구하는 경향이 서서히 증가하게 되었다. 그러다가 최근으로 올수록, 대규모화를 거듭하고 사회의식이 높아지고 있는 기업들과 경영자들에게 사회적 책임을 더욱 잘 이행하라고 촉구하는 사회각계의 다양한 언동이 점점 더 거세지고 있는 실정이다.

모든 규모, 업종, 업태의 기업에게는 사회체제의 구성원으로서 어떤 형태나 내용이든 사회적으로 책임성 있는(socially responsible) 행동을 해야 할 책무가 분명히 있다. 그렇지만 우리 모두는 현실적으로 기업의 사회적 책임을 논의 · 촉구할 때에는 영세 상인이나 소규모기업보다는 규모가 큰 대기업과 주로 연관시키는 경향이 짙다.

또 사실상, 규모가 커서 노출이 잘 돼 널리 알려져 있고, 소비대중의 생활수준 향상과 유지에 밀접한 제품이나 서비스를 대량으로 생산 · 판매하고 있고, 공공이익에 영향을 미치는 바가 큰 기업일수록, 사회적 책임을 다하라는 요구를 상대적으로 많이 받는다. 그런 기업일수록 상대적으로 사회적 책임을 성실하게 이행하고 있는데도 여전히 더 많은 요구를 받고 있는 것은, 사회 전체에 미치는 기업들의 영향이 막대하기 때문일 뿐만 아니라, 선량한 기업들에게 바라고 거는 일반 대중의 기대 역시 대단히 크기 때문이 아닌가 하고 해석해 볼 수 있다.

한편, 위와 같은 사회각계의 언동에 대한 기업들의 견해와 반응은 다음과 같이 다양하다. 사회적 책임을 수행하려 하여도, 그것이 정확히 무엇을 뜻하고, 어떤 내용으로 구성되는지를 알 수 없어서 수행하지 못한다는 기업도 있고, 막연하나마 대중관계나 장기 이익 등에 도움이 된다는 생각으로, 사회적 책임을 스스로 정의하여 수행하면서 널리 선전하는 기업도 있다. 기업의 고유한 경제적 책임만 수행하면 됐지, 이른바 사회적 책임까지 수행할 필요는 없다고 주장하는 기업도 있다.

최근에는 개인, 가정, 교육기관, 노동단체, 정부기관, 지방자치단체 등이 사회에 대해 책임져야 할 사항에 대해서까지 기업 보고 책임을 지라는 주장이 팽배한데, 만일 그런 주장들을 곧이곧대로 따르다가는 그렇지 않아도 국내외환경의 불리한 변화 때문에 경영에 많은 어려움이 산재하고 있는데 사회적 책임까지 증가한다면 앞으로는 기업경영이 거의 불가능하게 될지도 모른다는 반응도 있다.

이와 같이 개념적으로도 명확히 정립하기가 어려워 애매하고 막연한 성격을 띤 기업의 사회적 책임을 기업들과 그 경영자들이 과연 어떻게 이해하고, 어느 한도까지 수용하고 수행해야 할 것인가 등에 대해 논의해 보기로 하자.

3. 사회적 책임의 배경과 근거

기업의 사회적 책임이 대두하게 된 배경과 근거는 무엇인가? 이에 대한 구체적인 논의를 정리해 보면 그 내용은 다음과 같다.

1) 경제구조의 변화

이미 지적했듯이 기업의 사회적 책임이란 제1차 경제공황 때 미국에서부터 시작되었다. 그 이전에는 개인주의원칙에 따라 각 개인과 기업인은 돈벌이와 이익의 극대화를 위해 경마장의 경마와 같이 열심히 경쟁하고, 다른 사람에 대해서는 관심을 두지 않아도 된다고 생각했다.

이러한 사고방식은 아담 스미스(Adams Smith)를 위시한 고전경제학자들의 학설에서 비롯된 것이다. 모든 사람은 각기 나름대로 최대의 자기이익을 추구하는 한, 각자의 이해는 '신의 보이지 않는 손'(God's invisible hand)에 의해 자연히 조회되고 사회의 복지는 최대한 달성된다는 것이 그 내용이다.

여기서 '보이지 않는 손'이란 시장에 대한 자동적인 가격조절기능을 말한다. 즉, 시장이 완전자유경쟁상태 하에 있는 한, 시장가격은 수요와 공급의 법칙에 따라 자동적으로 조절되며 각 기업가가 이익극대화를 유일한 기준으로 삼고, 시장가격의 변동에 맞추어 생산활동을 할 때, 생산요소는 가장 합리적으로 결합될 수 있어서 가장 능률적인 경영을 할 수 있다는 것이 가정되어 있다. 또한 시장이 완전자유경쟁상태에 있는 한, 소비자는 가장 싼 가격이면서 품질이 가장 좋은 제품을 구매할 수 있기 때문에, 그런 조건으로 제품을 제공하는 기업가에게는 많은 고객이 몰려들어 최대의 이익을 올릴 수 있다는 것이 가정되어 있다.

따라서 기업가가 최대의 이윤추구를 유일한 기준으로 삼고 기업활동을 해도, 자동조절능력의 작용 때문에 자연히 사회복지가 최대한으로 달성될 수 있다는 것이 가정되어 있다. 다시 말하면, 각자가 자기이익만을 추구하기 위해 행동한다면, 사회복지를 의식적으로 향상시키기 위해 행동을 할 때보다 오히려 사회복지는 더욱 향상된다는 뜻이다. 그러므로 시장이 자동조절능력을 보유하고 발휘하는 한, 영리를 추구하고 실현하는 기업가는 곧 사회봉사자라고 부를 수 있다는 것이다. 이와 같은 가정들을 받아들인다면, 기업가는 최대이익만 추구하면 되고 사회적 책임 자체는 문제가 되지 않는다는 결론에 이른다.

소규모의 개인기업이 지배적이었던 개인기업 경제시대에는 완전자유경쟁 상태가 실제로 존재했을지도 모른다. 그러나 오늘날의 시장은 대부분 불완전 경쟁상태가 지배적이기 때문에, 이른바 시장의 자동조절능력은 전부는 아닐지라도 상당히 상실된 것이 사실이다. 시장의 자동조절능력이 약화되게 되면, 경제는 '보이지 않는 손'에 의해 자연히 조화될 수 없는 것이다.

여기에 오늘날 경영자의 사회적 책임문제가 발생하게 된 근거가 있다. 1960년대부터 우리나라에서는 급격한 경제성장과 더불어 기업이 대형화되고 집중화되는 추세에 있기 때문에, 대기업과 중소기업이 시장에서 각기 차지하는 지위에는 현저한 격차가 벌어지고 있다. 산업별로 정도의 차이는 있지만, 대체적으로 대기업들이 거의 모든 제품시장에서 독점 내지는 과점적 지위를 차지하고 있다.

따라서 대부분의 주요 산업에 새로운 기업체가 진출한다는 것은 극히 어렵거나 거의 불가능하게 되었다. 그러므로 우리는 기업의 사회적 책임이라는 문제가 대두되게 된 배경과 근거의 하나를 시장의 자동조절능력의 약화라는 경제구조변화에서 찾게 되는 것이다.

2) 경제력의 집중과 영향력의 증대

경제력의 집중과 사회전반에 미치는 기업의 영향력 증대는 기업의 사회적 책임문제를 대두되게 만든 또 하나의 배경이고 근거가 된다. 위에서 설명한 경제구조의 변화는 기업의 대형화를 촉진시키고 경제력을 대기업에 집중시키는 현상을 초래하기 쉽다. 만일 경제력 집중 현상이 초래되게 되면, ① 기업 간의 경쟁은 감소하는 경향을 보일 수 있고, ② 대기업과 중소기업 간의 경제적 이해관계는 중소기업에게 불리하게 전개될 수 있다. 그리고 ③ 대기업의 제품가격은 관리가격(managerial price)

으로 높게 측정될 수 있고, ④ 소비자의 상품선택의 자유가 협소해지는 등 소비자 보호가 등한시될 수도 있다. 또한 ⑤ 노동조합의 결성을 통하여 근로자들이 단체협약을 제대로 행사할 수 없는 등의 현상이 초래될 수가 있다.

만일에 「독점과 과점에 대한 방지법」, 「공정거래법」 등 기업규제를 위한 법들이 존재하지 않는다면 말이다.

기업의 대형화는 생산시설의 대규모화를 포함하는데, 특히 대기업들이 지배하는 중화학공업, 첨단기술산업 등의 분야는 더욱 그럴 가능성이 높다. 그러므로 기업의 권력남용 가능성을 사전에 배제하고 타 사회구성요소와의 권력균형을 유지하기 위해서도, 기업과 그 경영자에게 사회적 책임을 부과(impose)할 필요가 있는 것이다.

3) 사회구성요소들의 상호의존과 결속

사회구성요소들 사이에 증가하는 상호의존성 및 상호협력의 필요성 역시 기업과 경영자에게 사회적 책임을 부과하게 된 배경이고 근거이다. 앞에서는 기업의 경쟁력이 특히 대기업에 집중됨에 따라 사회전반에 미치는 대기업의 영향력이 증대하고 있다는 사실을 지적하였다. 물론 기업도 그 환경을 형성하는 타사회 구성요소들로부터 영향을 상당히 많이 받는다.

그러한 현상은 우리 사회를 구성하는 모든 요소들이 상호간 의존하고 다같이 묶여 있다는 것을 보여주는 것이다. 그렇기 때문에 우리 사회가 당면한 복잡한 문제들을 해결하려면, 모든 사회구성요소가 다같이 상호 협력하지 않을 수 없는 것이다. 특히 우리 사회에서 정부 다음으로 유력한 기업들로서는 고립상태로 숨어들어 갈 수도 없고, 사회적 책임을 회피할 수도 없는 형편이다. 또한 사회 여론도 점점 더 기업이 사회적 책임을 수행할 것을 요구하고 있다. 이런 것도 기업에게 사회적 책임을 부과하게 된 배경이고 근거이다.

4) 임의적 규제와 자율규제

정부가 법률만으로 기업의 모든 책임에 대해 임의적으로 규제하는 것은 효과도 없고 바람직하지도 않다는 사실이 기업에게 사회적 책임을 부과하게 된 또 하나의 배경이고 근거이다.

오늘날 사회의 모든 구성요소 간 또는 이해집단 간의 이해조절을 '보이지 않는 손'에 맡긴다는 것은 불가능한 일이다. 그렇기 때문에 이해조절 기능을 다음의 두 가지

대안 중 어느 하나에 맡길 수밖에 없다. 하나는 정부가 법률을 제정하여 임의적으로 기업의 책임을 결정해 주는 것이고, 또 하나는 그 행동을 자율적으로 규제하도록 허용하는 것이다.

오늘날 기업행동을 규제하는 목적으로 제정된 법률은 지나치게 많다. 아무리 많다 하더라도 오늘날의 기업환경 하에서 전개되는 복잡 다양한 기업활동을 일일이 법률로써 규제한다는 것은 현실적으로 불가능할 뿐만 아니라 바람직하지도 못하다. 경제적 책임과 법률적 책임이 아닌 사회적 책임에 대한 것은 더욱 그렇다.

그러므로 사회는 기업행동 또는 경영자 의사결정의 기준이 될 수 있는 법률을 어느 정도 제정하여 집행하면서, 추가적으로 기업과 경영자에게 윤리를 지키고 사회적 책임을 이행하라고 강조할 수밖에 없다. 왜냐하면 법률이 아무리 정밀하고 포괄적이라 하더라도 기업과 경영자는 법률의 허점을 교묘히 이용하여 합법적이면서도 비윤리적이고, 반사회적인 행위를 자행할 수 있고, 또 그렇게 하는 사례도 실제로 많기 때문이다.

따라서 사회가 기업 및 경영자에게 윤리와 사회적 책임을 강조하는 것은 법률 보다 높은 차원인 인간적인 양심에 호소하여 그들이 행동을 자율적으로 규제할 수 있도록 하는 데 목적이 있다. 특히 기업의 1차적 책임인 경제적 책임 이외에 2차적 책임에 속하는 사회적 책임에 있어서는 더욱 그렇다.

5) 전문경영자의 등장

대규모 주식회사의 발달로 인한 소유와 경영의 분리현상과 전문경영자의 출현은 경영자에게 사회적 책임을 부과하게 만든 또 하나의 배경이고 근거이다. 전문경영자들은 대체적으로 사회적 책임에 대한 의식(awareness)이 강하기 때문에, 단지 주주만이 아니라 종업원, 소비자, 공급자, 지역사회까지도 사회적 책임의 대상에 포함시키게 된다.

기업은 이들 모두의 직접적인 참여 · 지원 등을 통해서만 사회가 필요로 하는 제도(system) 또는 기구(institution)로서 유지 · 발전할 수 있으므로, 특히 전문경영자의 입장에서는 주주에 대해서만 책임을 지는 것이 아니라 이들 각 이해관계자 집단의 이해도 아울러 조정해야 하는 사회적 책임을 지지 않을 수 없게 되었다.

오늘날 전문경영자가 각 이해집단의 이해를 조정하는 사회적 책임을 담당하게 된 이유에는 다음의 몇 가지가 있다.

첫째, 소유경영자와 전문경영자는 교육훈련, 가치관, 사회적 의식, 추구해야 한다고 생각하는 기업목표 등에 있어서 서로 다르다.

둘째, 소비자, 노동자, 지역사회 등으로부터의 압력 때문에 소유경영자와는 달리 전문경영자는 단순한 이익추구만을 유일한 기준으로 삼고 의사결정과 기업활동을 수행할 수 없고, 이익추구 이상의 제요소를 경영에 고려하지 않을 수 없게 되었다.

셋째, 오늘날의 기업환경은 이윤극대화라는 단순한 영리원칙을 유일한 행동기준으로 삼고 운영하는 기업을 더 이상 용납하지 않고 있다.

6) 기업의 생존 발전전략

기업의 생존 발전전략으로서 경영자는 단지 이윤만을 추구하는 것을 초월하지 않으면 안 되게 되었다는 냉엄한 현실도, 경영자로 하여금 사회적 책임을 수행하도록 만든 또 다른 배경이고 근거이다. 그러므로 경영자는 사회적 책임이란 결국 사회가 규정한 윤리적 규범에서 유도된 것인 동시에 기업생존 발전의 필연성 때문에도 기업과 경영자가 사회적 책임을 수용하게 되었다고 말할 수 있다.

이상에서 기업의 사회적 책임이 대두하게 된 배경과 근거를 살펴보았다. 이와 관련하여 미국의 CED(Committee for Economic Develop)는 1966년 이래 기업의 사회적 책임에 관한 조사연구를 하여 1971년에 「기업의 사회적 책임」이라는 보고서를 내놓았다.[9] 이 보고서에서 CED는 시민운동의 대다수는 기업들이 소비자의 공익을 무시하고 있으며, 사회조건이 악화되는 데도 무관심하고, 환경을 오염시키는 주요 공해원인이 되고 있다고 비판하고, 기업의 책임은 다음의 3가지가 있다고 소개하고 있다.

첫째, 기업의 경제적 기능을 효율적으로 다하는 책임, 즉 경제적 책임

둘째, 변화하는 사회적 가치와 우선순위에 대해 충분히 주의를 기울이는 책임, 즉 사회적 책임

셋째, 사회 환경의 개선에 적극적이고 폭넓게 관여하는 책임, 즉 공공적 책임

이들 중 '사회적 책임'과 '공공적 책임'이 기업책임의 사회적 측면에서 중요하다고 지적을 하였다. 아울러, 자신의 준거집단을 확인하고 기업의 사회적 책임을 시민운동목표와 일치하게 하고, 기업이념으로 승화시킬 때에만 현대기업은 그 책임을 완수할 수 있다고 주장하였다.

9) CED, Social Responsibilities of Business Corporations(June) 1971.

4. 사회적 책임의 내용[10)]

자본주의경제체제 하에서의 기업은 사회(공공)의 용납, 인정, 동의에 의해서만 비로소 정통성을 부여받고, 존립하고, 기능할 수 있다. 사적인 개인이나 집단이 기업을 창설·운영할 수 있는 것은, 주로 자유기업제도를 채택하는 사회가 부여하는 일종의 특전(a privilege) 때문이다.

특전은 특권도 공짜도 아니니 만큼, 특전을 즐기려면 일종의 대가를 지급해야만 한다. 그런 논리로 사회는 특정한 개인이나 집단에게 기업을 할 수 있는 특전을 부여하는 대가로 사회요구에 부응해야 할 책임(responsibility) 내지 책무(obligation)를 동시에 부과한다. 책임 내지 책무는 특전에 반드시 수반되는 것이다. 그렇기 때문에 자유기업제도 하에서 기업은 그 근본적 목표를 사회를 만족시킬 만큼 사회의 필요를 지원하는 데 두어야만 한다는 논리가 성립되는 것이다. 간단히 말해 기업이 사회적 책임을 다해야 한다는 것이다.

그렇다고 기업만이 단독으로 사회의 모든 필요를 만족시켜야 한다는 뜻은 아니다. 기업은 사회구성요소의 하나일 뿐이고 근본적으로 경제기구에 불과한 만큼, 근본적으로 경제적 책임의 수행을 통하여 사회의 경제적 필요만을 지원하고 만족시키면 된다는 것이 전통적인 사고방식이다. 여기서 경제적 책임이란 소비대중이 필요로 하는 제품과 서비스를 제공함으로써 그들의 물질적 생활수준을 향상시키는 책임을 뜻한다.

이와 같은 경제적 책임은 전통적으로 기업의 고유한 가장 중요한 1차적 책임인 것이다. 따라서 경제적 책임 이외의 책임은 기업으로서는 부수적인 2차적 책임에 해당된다는 것이 전통적인 사고방식이다.

이와는 달리 사회는 기업에게 사회적 책임을 충실히 이행하라고 점점 더 많은 요구를 하고 있다. 만일에 사회가 기업에게 요구하는 사회적 책임의 이행이 경제적 책임의 이행만을 뜻한다면, 기업측의 입장에서는 논란의 여지가 없다.

그러나 오늘날 사회가 기업에게 요구하는 사회적 책임이란, 경제적 책임 이상의 뜻과 내용을 담고 있다. 기업의 고유한 책임영역인 경제적 책임의 충실한 이행뿐만 아니라, 예컨대 기업경영의 공개, 종업원의 경영참여, 가계비 중심의 임금지급, 분배정의의 구현, 지역 간 감정문제의 해소, 복지사회의 건설, 생활환경의 보존, 지역 간

---

10) W. G. Nickels, J. M. McHugh and S. M. McHugh, *Understanding Business*, 8th, McGraw-Hill, Irwin.; 권구혁 외 5인 공역, 경영학의 이해, 생능출판사, 2009, pp. 117-130.

의 균형개발, 주택문제의 해결 등에도 동시에 직접·간접으로 책임지고 공헌해야 한다는 것이다. 게다가 사회 일각에서는 기업들이 경제적 책임의 이행에 손상이 가더라도 사회적 책임의 이행에 중점을 두어야 한다는 식의 주장도 나오고 있다. 이러한 주장들은 그 의도와 내용을 구체적으로 심층 분석해 보지 않고서는 참뜻을 이해하기 어려운 것들이다.

오늘날 기업들과 경영자들의 사회적 책임의식도 전반적으로 높아지고 있으며, 그 중에서도 대기업들과 전문경영자들의 의식수준이 두드러지게 높아지고 있다.

그래서 사회와 기업들 사이에 존재하는 기업의 사회적 책임에 대한 이견은 상당히 조정될 수 있을 것으로 본다. 그러나 그렇게 될 수 있으려면, 기업의 사회적 책임에 대한 공동이해가 우선 전제되어야 한다.

결론적으로 기업의 사회적 책임(Corporate Social Responsibility; CSR)은 기업의 소유주뿐만 아니라 기업의 모든 이해관계 당사자들의 복리와 행복에 대한 기업의 관심과 배려에 바탕을 두고 있으며, 단지 윤리적인 것을 넘어 그 이상을 의미하는 것이라고 할 수 있다. 따라서 CSR은 청렴, 공정, 존중 등의 기본원칙을 충실히 이행하려는 책임감에서 비롯된다.

윤리경영을 실천한다는 것은 기업이 시장의 윤리, 즉 시장의 질서를 준수하는 동시에 사회적 실체로서 권리와 의무를 다하는 경영을 뜻한다. 즉, 법·제도의 준수는 물론이고 시대마다 조금씩 다르게 요구되는 '기업의 사회적 책임'을 다하는 경영을 의미하는 것이다.

1) 경제적 책임

이는 기업이 사회적으로 필요한 제품과 서비스를 생산하여 적절한 가격에 판매하고, 그 결과 기업을 계속 영위하고 투자자들에게 보상이 가능한 이윤을 창출하는 책임을 말한다. 따라서 경제적 책임은 기업 본연의 존재목적이라고도 할 수 있다. 기업은 경제적 책임을 통해 부가가치 창출은 물론 고용 및 유효수요 창출 등의 사회적 기여를 하는 것이다. 1980년대까지 국내기업들의 주된 사회적 책임은 주로 이러한 경제적 책임에 관한 것이었고, 경제적 책임을 다하지 못하는 기업들이 있었다면 '기업의 사회적 책임'을 다하지 않은 기업 혹은 비윤리적 기업으로 낙인찍혔다.

2) 법적책임

기업의 법적책임이란 기업의 운영이 공정한 규칙 속에서 이루어져야 한다는 것을 말한다. 즉, 사회가 법을 통해 만들어 놓은 룰(rule) 속에서 기업경영을 해야 할 책임이 바로 기업의 법적책임이다. 1980년대 후반까지 고도성장을 일구는 등 '경제적 책임'에만 국한되었던 기업의 사회적 책임은 민주화 열기와 함께 노동문제 · 환경문제 등 기업의 불법 · 탈법 경영에 대한 전국민적 저항에 직면한 결과 법적책임으로 사회적 책임의 무게 중심이 옮겨가게 된다.

'경제적 책임'은 여전히 기업의 기본적인 존재목적인 동시에 기본적인 사회적 책임이 되고, 이에 부과하여 법적 실체로서 준법에 대한 책임이 강조되었던 것이다. 이는 최근에도 기업의 사회적 책임과 윤리경영을 논의하기에 앞서 기업의 경제적 책임과 함께 가장 기본적인 책임으로 거론되고 있다.

3) 자선적 · 윤리적 책임

기업이 국가경제 및 국민생활에서 차지하는 비중이 점점 더 커지고 그 영향력도 커지자 사회는 다시 기업에게 '경제적 책임'과 '법적책임' 이외에 그 이상의 것을 요구하게 되었다. 즉, 자선적 책임과 윤리적 책임이 그것이다.

여기서 자선적 책임(corporate philanthropy)이란 자발적인 책임의 수행, 경영활동과는 직접 관련이 없는 문화활동, 기부, 자원봉사 등을 의미하는데 모든 종류의 비영리단체에 대한 자선 기부를 포함한다. 최근의 설문조사에 참여한 비즈니스 리더 중 80%는 자신의 기업이 자선활동에 참여하고 있다고 응답하였다. 전략적인 기업자선은 하나의 목적을 위해 장기적인 공약을 하기도 한다. 예컨대 맥도날드 재단과 로널드 맥도날드 하우스(Ronald McDonald s Houses)는 집에서 떨어져 치료를 받아야 하는 어린이 중환자들의 가족들에게 주거를 제공하는 일을 지원하고 있다. 빌과 멜린다 게이츠 재단(The Bill & Melinda Gates Foundation)은 자산 규모가 290억 달러에 육박하며 두말할 나위 없이 가장 규모가 큰 자선재단이다. 기업자선은 맥도날드나 마이크로스프트와 같은 대기업에게만 국한된 것은 아니다. '중소기업에 대한 조명'이란 글상자에서는 중소기업들이 어떻게 큰 자선행위를 할 수 있는지를 설명하고 있다.

그리고 윤리적 책임이란 비록 법적으로 공식화되지는 않았지만 사회가 기대하고 요구하는 바를 충족시킬 수 있어야 한다는 것을 말한다. 달리 표현하면, 소비자 · 근로자·투자자 등의 기대, 기준, 가치에 합당하는 행동을 해야 할 책임을 의미하는 것이다.

이와 같은 기업의 사회적 솔선수범(corporate social initiatives)은 한층 강화된 형태의 기업자산을 포함하는데 기업경쟁력과 직접적인 관련이 있다는 면에서 전통적인 기업자선과 차별화된다. 예를 들면, 2004년 아시아 쓰나미 재해의 구호활동 일환으로, UPS와 패덱스(Fedex)는 전 세계에서 쏟아져 들어오는 비상구호물품을 무료로 수송해주었다. 존슨 앤 존슨은 의료용품을 보냈고, 다른 제약회사들은 항생제와 영양보충제와 유아용 유동식을 보냈다.

많은 언론매체들이 기업이 사회에 미치는 영향 중 사람들이 부정적 견해를 가질 수 있는 기업 관련 문제점만을 부각시키는 뉴스 보도에만 몰두하고 있다. 만약 뉴스가 조금 더 형평성을 띤다면, 기업의 긍정적인 기여에 대한 기사도 많이 보도해야 할 것이다. 제록스가 비영리조직을 위해 일할 수 있도록 1년까지 유급휴가를 떠날 수 있는 사회봉사휴가(Social Service Leave)제를 시행하고 있는 것을 아는 사람은 드물다. 사회봉사휴가 동안, 제록스 종업원들은 직위뿐만 아니라 급여와 복리후생의 혜택을 완벽히 보장받는다. IBM과 엑스파고(Wells-Fargo)은행도 유사한 프로그램을 운영하고 있다.

특히, 최근 들어 우리나라에서는 급속히 이루어진 시민사회의 발달과 자선문화의 진전이 기업의 자각과 더불어 자선적 책임과 윤리적 책임을 강화시키는 결정적 계기가 된 것으로 보인다. 소비자보호운동과 소액주주운동, 그리고 전문적 기부단체의 출현이 결과적으로 기업의 윤리수준을 한층 더 높은 차원으로 향상시키는 데 기여한 것이다.

4) 고객에 대한 책임

기업의 사회적 책임 중 하나는 진정한 가치가 있는 제품과 서비스를 공급하여 고객을 만족시키는 것이다. 기업이 고객만족에 실패하는 가장 큰 이유는 고객에게 정직하지 않다는 것이다. 예컨대 한 소비자잡지가 스즈키자동차의 사무라이(Suzuki Samurai)는 운전자가 응급상황 시 급하게 커비 길을 돌면, 절벽 아래로 굴러 떨어질 가능성이 높다고 보고 했다. 스즈키자동차 중역이 이를 부인하였을 때, 판매고는 급격히 하락했다. 이와 대조적으로 벤츠(Baimler-Benz)는 제멋대로 움직이는 엘크(현존 사슴 중 가장 큰 사슴)주변을 선회하는 시운전을 하다가 비슷한 문제로 A클래스

베이비 벤츠(A-class Baby Benz)가 굴러 떨어지는 사고가 있었을 때, 시급히 이 문제를 인정했고, 해결책을 찾아냈다. 그리고 이 해결책을 실행하는 데 필요한 자금을 지원하겠다고 공약했다. 게다가 기업 임원들은 공격적인 언론보도에도 불구하고 질문에 꾸준히 응해주었다. 벤츠는 전면광고에 다음과 같이 실었다. "우리는 고객의 지속적인 사랑에 가슴 깊이 감사드립니다. 여러분은 우리에게 실수를 만회할 수 있는 기회를 주셨습니다." 시운전 결점이 들어난 후, 이 차량의 주문 중 단지 2%만이 취소되었다. 기업은 결점을 해결하는 데 첫해 5,900만 달러를, 다음 해에는 1억 1,800만 달러의 비용을 지출했다. 분석가들은 비용이 이 차종의 얼마간의 이윤을 없앴을지도 모른다고 한다. 하지만 차량의 문제점에 대한 신속한 대응은 기업의 평판을 유지시켰을 뿐만 아니라 다른 모델들을 히트시켰고 벤츠의 순이익은 전년과 같이 유지되었다.

사회적으로 양심적인 행동에 따른 이점을 새로운 비즈니스를 만들어낼 수 있다는 것이다. 고객들은 단지 기업의 사회적 책임을 다하려는 노력(강력한 경쟁우위)을 칭찬하고 싶다는 이유만으로도 타 경쟁사에서 옮겨오기 때문이다. 소비자 행동 연구결과 다른 모든 조건들이 같을 경우 소비자들은 사회적으로 덜 양심적인 기업보다 사회적으로 양심적인 기업에 더 우호적인 견해를 갖는다고 한다. 여기서 기억해야 할 중요한 점은 고객들은 자신이 신뢰할 수 있는 기업들과 거래하기를 바라고 더욱 더 중요한 점은 신뢰할 수 없는 기업들과 거래하기를 원하지 않는다는 점이다.

5) 투자자에 대한 책임

기업의 윤리적 행동은 주주들의 부를 증대시키는 데도 도움이 된다. 이와는 반대로 기업의 비윤리적인 행위는 재정적 손실을 초래할 수 있다. 기업의 비행으로 인해 피해를 입는 대상은 주주 자신들이다. 비윤리적 행동이 단기적으로 효과가 있을지는 모르나 결국에는 실패를 초래하게 된다. 예를 들어 2002년 6월 11일 하루 동안, 44명의 CEO들이 부정행위에 대한 소송 중에 미국 기업들을 떠났다. 그리고 주가는 곤두박질쳤다.

어떤 이들은 선의를 베풀기 전에 일을 잘 해내야 한다(돈을 많이 버는 일 등)고 믿는다. 그리고 어떤 이들은 선의를 베풂으로써 일을 잘 해낼 수 있다고 믿는다. 베이글웍스(Bagel Works: 뉴잉글랜드에 본사를 둔 베이글 체인점)는 두 가지의 기본가치를 바탕으로 운영된다. 기업의 이익뿐만 아니라 지구의 웰빙(well-being)을 함께 추구하는 것이다. 베이글 웍스는 사회적 책임을 다하는 기업으로 전국적인 명성을 얻었다. 베이글 웍스의 사명은 환경에 대한 공약과 사회에 대한 서비스를 포함한다. 각 지점은 지점 내 재활용, 퇴비 주기, 유기능 재료 사용, 무독성 세제 사용 등의 환경보호 정책을 실천하고 있을 뿐만 아니라 예산 내에서 사회적 책임을 위해 기부를 하기도 한다. 베이글 웍스는 매년 세전 이익의 10%를 자선단체에 기부한다.

많은 사람들이 더 좋은 환경을 만들기 위해 솔선수범하는 기업들에 투자하는 것이 경제적으로나 윤리적으로나 분별 있는 일이라고 믿는다. 사회와 환경에 이로운 제품과 서비스를 제공하는 기업을 골라 투자함으로써, 투자자들은 기업의 재정적 건강뿐만 아니라 사회의 건강도 향상시킬 수 있다.

내부거래자(inside traders)로 알려진 소수의 투자자들이 그들의 재정건강을 향상시키기 위해서 비윤리적인 방법을 사용해왔다. 내부거래(insider trading)란 내부자가 자신이나 가족 혹은 지인들의 재산을 증식시키기 위하여 기업의 비공개 정보를 이용하는 것이다. 내부거래와 관련하여 많이 알려진 사례로는 '살림의 여왕' 마샤 스튜어트(Martha Stewart)가 있다. 마샤는 내부거래로 고소당하지는 않았지만, 내부거래를 했을 가능성을 조사하던 당국에 거짓말을 한 죄로 유죄판결을 받았다.

내부거래는 기업 중역들이나 그들의 지인들에게만 국한된 이야기는 아니다. 일례로 IBM이 로터스 디벨럽먼트(Lotus Development)를 인수할 것이라는 사실을 공표하기 전에, IBM에서 근무하던 한 비서가 이 정보를 남편에게 말했고, 남편은 두 명의 동료들에게, 그 두 명의 동료들은 친구, 친척, 비즈니스 동료들, 심지어는 피자 배달원에게까지 말했다. 결국 25명의 사람들이 정보를 미리 알고 6시간 동안 불법 내부거래를 하였다.

그들 중 4명은 그들이 취한 부당이득의 두 배를 벌금으로 지불하고 법정에서 풀려났다. 검사들은 일반대중이 모두 공평하게 접근할 수 있고 공정한 증권시장에서의 비즈니스 활동을 보장하기 위해 내부거래에 대한 한층 강화된 수사를 하고 있다.

2000년대 초에 보도되었던 많은 내부거래 이후에 증권거래소는 '공정한 공개'라고 명한 새로운 규제(Regulation FD)를 도입했다. 이 규제는 공개해도 되는 정보와 공개해서는 안 되는 정보를 구분하고 있다. 간단히 말하면 기업이 어떠한 정보를 공개할 때는 선별적인 몇몇 사람들이 아니라 모든 사람들에게 동시에 공개하여 해당 정보를 공유할 수 있도록 하라는 것이다.

어떤 기업들은 자신에게 주어질 혜택을 위해 투자자들의 비용으로 정보를 오용해왔다. 월드콤의 경우 장부조작을 통해 실제보다 수십억 달러 이상 더 수익이 나는 것처럼 조작한 회계부정을 인정하였을 때, 주가는 곤두박질쳤고 수개월 후 기업은 파산신청을 하였다. 조작된 회계보고서에 근거하여 주식을 구매했던 투자자들은 2002년 1월 중순 무렵부터 수직 하강하기 시작하여 7월에는 10센트보다 낮은 가격으로 주가가 떨어지는 것을 보았다.

변화에 대한 대처

중죄를 범한 범죄자가 감옥에서 나서는 순간 수십억 달러의 자산이 기다리고 있는 경우가 종종 있다. 물론 이 재산은 불법적으로 형성된 것이다. 하지만 가정 왕국의 대가 마샤 스튜어트(Martha Stewart)는 유능하고 유력하며 호된 경험을 통해 기꺼이 변화하려는 의지를 보여줌으로써 자신의 재산을 얻었다. 마샤는 교도소 수감 기간을 마친 후 고통을 감내한 세상에서 진실로 겸손한 여성이 되었고, 그녀의 주가는 그러한 이유로 급등했다. 왜 마샤는 감옥에 가게 되었을까? 마샤가 임클론(ImClone)의 악재 발표로 주가가 급락하기 하루 전에 자신의 임클론 소유 지분을 팔았고 내부정보를 이용하여 차익을 얻었다는 이유로 조사를 받았다. 마샤는 주식거래에 대하여 조사관들에게 거짓 증언을 한 죄로 유죄 선고를 받았다. 마샤에게 내려진 유죄판결은 자신의 회사 마샤 스튜어트 옴니미디어(Martha Stewart Omnimedia)의 주가에도 악영향을 미쳤고, 주가급락과 그에 따른 손실과 판매 저하로 이어졌다.

유죄 판결에 항고하고 형 집행을 유예시켜 신변의 자유를 연장할 수도 있었지만 마샤는 복역하는 쪽을 택했다. 자원하여 감옥에 감으로써, 그녀는 사람들의 동정심을 얻었다. "지금의 마샤 스튜어트에게는 순교자적인 요소가 존재하죠"라고 예일대 경영대학원 원장인 제프리 손넬펠드(Jeffery Sonnenfeld)는 말했다. 대규모 홍보 캠페인 덕으로 마샤는 스캔들로 인해 크게 손상되었던 이미지를 회복할 수 있었다.

남들의 눈을 피해 혼자서 마음 상한 채로 사람들이 5개월의 수감 생활을 잊어버리기를 바라는 대신 마샤는 자신을 변화시켜 다시 주목을 받았다. 가정과 관련된 모든 것에 신과 같이 행동하던 마샤는 품위 있고 겸손하게 변화했으며, 무엇보다도 어디에 살든 상관없이 주부들이라면 누구나 그녀와 관련짓게 되었다. 그녀는 사회의 발길질에 의해 짓밟힌 사람으로 보여졌다. 그녀는 강인한 힘과 인내심으로 최악의 상황을 견뎌내고 다시 세상에 나온 것이다. 마샤는 자신의 제국을 재건하느라 여러 개의 일들을 해내며 바쁜 나날을 보내고 있다. 출발 신호로 새 TV시리즈를 시작하였다. 매일 아침 모닝 쇼에서, 생방송으로 그녀의 훌륭한 집안일 솜씨를 보여주고 있다.

그녀는 출감 후 마샤 스튜어트 월드에서 다시 한 번 스타로 자리매김함으로써 주요 광고주들을 재확보하기 시작했다. 마지막으로 찾아온 시어스와 K마트의 합병 건은 마샤의 가구, 의류, 다양한 가정용품들에 더 많은 진열 공간을 마련해줄 것으로 예상된다.

미국인들은 자신들이 숭배했던 사람이 나락으로 떨어지는 모습을 보는 것을 즐긴다. 하지만 이것보다 더 즐기는 것은 그들의 스타가 떨어진 나락으로부터 어떻게 다시 일어서느냐이다. 접근할 수 없을 것만 같은 그녀의 가사 브랜드를 버리고, 마샤의 세계에 들어가도 될 것 같은 친근한 이미지로 다가갔다. 그렇게 세계의 주방과 정원을 사로잡고 각 가정에 그녀의 새로운 모습을 다시 보여줄 각오가 되어 있는 것이다. 순교가 마샤의 왕국에는 좋은 듯하다.

출처: Keith Naughton, "Martha Breaks Out," *Newsweek*, March 7, 2005, pp. 36–44.

6) 종업원에 대한 책임

기업의 종업원에 대한 책임의 내용은 다음과 같다. 첫째, 기업이 성장을 지속하려면 무엇보다 기업은 일자리를 만들어낼 수 있어야 한다. 세상에서 최고의 사회보장 프로그램은 일자리 창출이라는 말이 있다. 일단 일자리를 만들어내고 나면 기업은 열심히 일한 노력과 재능이 공정하게 보상받고 있는지 살펴야 할 책임이 있다. 종업원들은 승진을 통해 이루어지는 더 나은 미래에 대한 현실적인 희망을 필요로 한다. 청렴함과 근면, 선의와 성실성, 재능에 대한 보상이 주어진다는 것을 보여주어야 한다. 기업의 효율성과 재무성과에 가장 큰 영향을 미치는 것은 인사관리라는 것이 밝혀졌다.

기업이 종업원들을 존중한다면, 종업원들 또한 기업을 존중한다. 이러한 존중심은 기업의 성과에 큰 기여를 한다. 빌 캐틀리트(Bill Catlette)와 리처드 해든(Richard Hadden)은 저서 『만족한 소가 더 좋은 우유를 준다(*Contented Cows Give Better Milk*)』에서 '만족한 소'가 있는 기업과 '보통의 소'가 있는 기업을 비교하였다. 만족하고 있는 종업원들이 근무하는 기업은 경쟁사에 비해 10년 이상의 기간 동안 4배 더 빨리 성장했으며 거의 400억 달러 이상을 더 벌었으며 80만 개 이상의 일자리를 더 만들어 냈다. 그들은 이러한 성과 차이를 기업의 종업원에 대한 약속 이행과 배려에서 비롯된다고 분석했다.

기업이 종업원들에게 약속을 지키고 배려하는 모습을 보여줄 수 있는 방법 중의 하나는 종업원들이 개인적인 목표를 이룰 수 있도록 도와주는 급여와 복지혜택을 주는 것이다. 종업원들은 자신들이 불공정하게 대우를 받는다고 느낄 때 반발을 한다. 이러한 반발에 대하여 기업에서 똑같이 대처하는 것은 착한 사람들이 나쁜 일을 하게 만드는 가장 큰 원인이 된다. 그렇다고 대부분의 종업원들은 불만을 지녔다고 많은 종업원들이 직장 내에서 과격하게 호소할 정도로 무모하지는 않다. 대다수는 그들의 좌절감을 좀 더 알아채기 힘든 방법으로 푼다. 예를 들어, 다른 사람에게 실수를 전가한다든지, 의사결정 책임을 회피한다든지, 예산과 비용을 조작한다든지, 무시할 약속을 한다든지, 기업의 재원을 부정축재 한다든지, 최소한의 일만 한다든지, 실제보다 성과를 부풀린다든지 하는 식으로 말이다.

기업과 경영진은 종업원들의 헌신과 자신감, 신뢰를 상실할 경우 막대한 비용을 지불해야 한다. 공인 사기부정 검사관 협회(Association of Certified Fraud Examiners)의 보고서에 따르면 기업 내 종업원 절도로 인해 드는 비용은 연간 약

6,600억 달러에 달한다고 한다.

7) 사회와 환경에 대한 책임

기업의 중요한 사회적 책임 중의 하나는 새로운 부를 창출해내는 것이다. 만약 기업이 아니라면 누가 부를 창출하겠는가? 미국의 3분의 1 이상의 임금 근로자들은 비영리조직에서 월급을 받는다. 이 비영리조직은 다른 곳에서 자금을 받는데, 그곳이 바로 기업이다. 재단, 대학, 기타 비영리조직들은 수십억 주의 성장기업의 주식을 소유하고 있으며, 이 주식들의 주가가 오르면 더 많은 자금이 사회에 이롭게 쓰이게 된다.

기업은 한편으로 사회정의를 촉진시켜야 할 책임이 있다. 오늘날 기업은 문명사회에서 가장 중요한 기관 중의 하나일 것이다. 기업은 경제, 법조계, 교회나 사원 등의 종교계, 예술단체, 자선단체 등 사회 곳곳에서 활발히 활동하는 종업원들에 의존한다.

많은 기업들이 받는 것을 되돌려 주는 차원을 넘어 사회를 보살피는 데 일조를 해야 한다고 믿고 있다. 자선만으로는 부족하다. 이들의 사회에 대한 기여는 환경을 정화하는 것, 지역 공동화장실을 세우는 것, 컴퓨터 수업을 제공하는 것, 노인을 보살피는 것, 저소득 계층의 자녀들을 지원하는 것 등이 포함된다.

우리나라의 전자 재벌 기업인 삼성은 자원봉사 활동을 강조한다. 예를 들어, 삼성의 임직원은 버스를 동원해 매달 시 공원에 모여 쓰레기를 줍고 잡초를 제거하는 것을 도와주기도 한다. 인도네시아의 현지 종업원들은 사회불안으로 비즈니스 침체기를 겪고 있을 무렵, 지역주민들과 함께 힘을 모아 폭력사태로부터 삼성냉장고 공장을 보호하고 임직원들을 보호했다. 또한 쌀과 야자기름 등 주요 식료품 가격이 하늘 높은 줄 모르고 치솟던 시기에 시골 친지들의 도움을 받아 식품 공급망을 조직하여 동료들을 도왔다.

기업은 분명히 자신이 속한 환경을 더 나은 것으로 만드는 데 일조해야 할 책임이 있다. 환경보호 노력은 기업의 비용을 증가시킬 수 있지만, 제품가격을 높이거나 시장 점유율을 높이거나 또는 둘 다에 도움이 될 수도 있다. 예를 들어, 시바 스페셜티 케미컬스(Ciba Specialty Chemicals; 스위스의 섬유 염색업체)는 전통염료보다 염분이 덜 드는 염료를 개발하였다. 염료는 강이나 하천으로 유입되기 전에 정화 고정을 거쳐야 하므로 염분이 적은 염료를 사용하는 것은 하수처리 비용을 절감할 수 있다는 것을 의미한다.

시바사의 저염료는 특허로 보호받고 있으며, 이에 따라 시바사는 경쟁사들에 비해 더 높은 염료가격을 받을 수 있다. 시바샤의 예는 새 기계의 도입으로 노동생산성을 강화시킬 수 있는 것처럼, 환경비용을 낮춤으로써 기업에 부가가치를 더 할 수 있음을 보여주고 있다.

모든 환경전략이 시바사의 경우처럼 재정적으로 이득이 된다고 할 수는 없다. 예를 들어, 1990년대 초 스타키스트(StarKist)사는 참치잡이 중 죽어가는 돌고래를 염려하는 소비자 단체의 의견을 수용하였다. 동태평양의 황색지느러미 참치(황다랑어) 서식지에서 참치 낚시용 그물에 인근을 헤엄쳐 지나는 돌고래까지 포획된다는 것이었다. 기업은 서태평양 인근에서 잡힌 가다랑어(물 위에 뛰어오르는 참치)만을 판매하겠다고 공표했다. 불행하게도 소비자들은 가다랑어의 맛이 황다랑어의 맛보다 덜하다는 이유로 돌고래의 안전을 고려한 참치에 프리미엄 가격을 지불하기를 꺼려했다. 게다가, 새로운 방침이 환경을 보호한다는 어떤 뚜렷한 증거도 찾지 못했다. 동태평양에서 돌고래를 포획하지 않아서 구조된 돌고래들 대신, 수천 마리의 어린 참치와 수십 마리의 상어, 거북이들, 다른 해양생물들이 서태평양의 낚시 과정에서 죽어갔기 때문이다.

질 높은 환경은 공공재다. 즉, 누가 대가를 지불하는지에 상관없이 모두가 즐길 수 있다는 뜻이다. 기업들에게 필요한 전략은 그들의 고객에게 어필할 수 있는 적절한 공공재를 찾는 것이다. 많은 기업들이 그들의 순 사회공헌도를 보고하는 서류들에서 기업은 긍정적 사회기여도를 측정한 후 부정적 사회기여도를 뺀 다음 보고서를 작성하는 것이 합리적일 것이다.

8) 사회적 감사

사회적 감사(social audit)란 소식이 사회적으로 책임을 다하고 사회적 책임을 다하기 위한 프로그램을 수행해나가는 과정을 총체적으로 평가하는 것을 말한다. 사회적 감사에서 가장 중요한 문제는 기업의 활동과 사회에 대한 영향력을 측정하는 과정을 수립하는 것이다.

무엇을 측정할 것인가? 많은 사회감사관들은 환경, 제품의 안전성, 지역사회와의 관계, 군사무기 계약, 국제적 운영과 인권, 현지인에 대한 존중 등을 주요 고려대상으로 여긴다. 사회적으로 책임감 있는 기업 활동을 정리해 보면 다음과 같다.

사회적으로 책임감 있는 기업활동

- 지역사회 관련 활동
  지역 기금조성 캠페인에 참여하거나, 다양한 비영리 단체(지역 공공기관을 포함)에 근무시간을 할애한다든가, 도시 계획과 개발에 참여하는 것 등
- 종업원 관련 활동
  균등기회 프로그램 확립, 근무시간 자유선택제 제공, 직장 내 다양한 활동 장려, 직업 안전성 보장, 직원 능력개발 프로그램 실행 등
- 정치적 활동
  핵안전 문제, 총기 규제, 소비자 보호, 기타 다양한 사회적 이슈 등에 대한 입장, 지방자치단체 공무원들과의 협력 활동 등
- 고등 교육, 예술, 비영리기구에 대한 지원활동
- 소비자 활동
  제품 안전성 확보, 진실한 광고 제작, 소비자 불만의 즉각적인 해결, 공정가격 정책, 광범위한 소비자 교육 프로그램 수행 등

기업활동의 순 사회적 기여도를 산출하기 위하여 기업의 긍정적 활동(자선 기부, 오염 제거 노력 등)을 합산한 후 기업의 부정적 활동(해고, 총 오염 수치 등)을 감해야 하는가에 대한 의문도 제기되고 있다. 아니면 기업의 긍정적 활동만을 기록해야 하는가? 일반적으로 사회적 책임감은 기업이 개발하고 측정하고 평가하는 기업의 성공요소 중의 하나가 되어가고 있다.

기업 스스로 행하는 사회적 감사 외에도 미국에는 기업들이 사회적 책임을 얼마나 잘 시행하는지 감시하는 다음과 같은 네 개의 단체가 있다.

사회적 책임 수행을 감시하는 단체

1. 사회적 의식이 있는 투자자들(socially conscious investors)은 자신이 지닌 높은 기준을 기업의 모든 공급자들에게까지 적용해야 한다고 주장한다. 사회적 책임투자(Social Responsibility Investing; SRI)는 상승 추세에 있으며 미국의 사회적 책임투자 펀드의 규모는 약 2조 달러에 달하고 있다.
2. 환경주의자들(Environmentalists)은 환경단체의 기준을 준수하지 않는 기업들의 이름을 공개해 압력을 가한다. 샌프란시스코에 근거를 둔 레인 포리스트 액션 네트워크(Rain forest Action Network; RAN)는 수개월 동안의 항의 끝에 모건 체이스(J.P. Margan Chase & Co.)로부터 환경에 부정적 영향을 미칠 가능성이 있는 산업 프로젝트에 대한 대출이나 인수에 대해 규제하는 제한선을 받아들이도록 하였다.

3. 조합원들(Union Officials)은 규정위반을 찾아내어 기업이 부정적 평판을 얻지 않도록 하는 데 압력을 행사한다.
4. 고객들(Customers)은 기업이 부도덕하거나 사회적으로 무책임한 활동을 할 경우 거래를 끊고 다른 업체로 옮겨간다. 플로리다(Florida)주 라르고(Largo)에 있는 Children of God for Life라는 단체는 GE가 줄기세포 연구를 계획했을 때 GE제품 불매운동을 개시했다.

이러한 그룹들이 추구하는 것들은 세계관이 변하면서 함께 변화한다. 예를 들어, 2011년 9월 11일까지는 어떠한 단체도 상장기업이 테러나 대량 살상무기 유포 등에 잠재적 관련성이 없을 것이라고 생각하여 감시를 하지 않았다.

미국이 테러리즘에 관심을 가지면서 지금은 몇몇 단체가 테러와 관련이 있을지도 모르는 기업들을 예의주시하고 있다. 한 가지 명심해야 할 점은 윤리와 사회적 책임에 관해서는 기업이 옳은 일을 행하는 것만으로는 충분하지 않다는 것이다. 기업은 옳은 일을 할 뿐만 아니라 고객과 사회가 기업이 하는 일이 옳다고 인정하도록 확신을 주어야 한다.

9) 기업의 사회적 책임과 국제 윤리

사회적 책임이나 윤리문제는 특정 국가에 국한된 문제가 아니다. 최고경영자와 정치가들이 지위를 이용한 청탁사건(뇌물 수수 등)으로 구속되었다. 최고 관료들에 대한 비슷한 소송사건들이 미국, 일본, 한국, 중국, 이탈리아, 브라질, 파키스탄, 자이르에도 있었다. 정치적 리더들이 심판받는 윤리적 기준에 새로운 것이 있다면 무엇인가? 그것은 심판기준이 예전에 비해 훨씬 더 강화되었다는 것이다. 오늘날 최고 지도자들은 한층 더 높은 기준을 지켜야만 한다.

보다 높은 기준을 지켜야 하는 것은 정치적 리더들 뿐만이 아니다. 많은 미국의 기업들이, 국제적 공급자들이 미국의 인권과 환경기준에 맞는 제품을 공급하도록 함으로써 사회적으로 책임 있는 행동을 할 것을 요구받고 있다.

시어스(Sears)는 중국의 감옥 수감자들에 의해 생산된 제품들을 수입하지 않는다. 의류제조업체인 필립스-반 호이젠(Phillips-Van Heusen)은 자사의 윤리, 환경, 인권규범을 위반하는 공급자의 제품들에 대한 주문을 취소하였다. 다우 케미컬(Dow Chemical)은 자사의 공급자들이 개별 국가의 현지법을 따르기보다 미국의 오염과 안전에 관한 강력한 법을 지켜줄 것을 기대한다. 맥도날드는 우림을 제거하여 만든

땅에서 소떼를 방목하는 업자들로부터 재료를 공급받는다는 소문을 부인했지만 이러한 경우에 대한 반대규정을 확실히 문서화했다.

공급자들에 대해서도 사회적으로 책임 있는 행동을 요구해 온 기업들과는 대조적으로 저개발국가의 노동자들을 착취하여 비판을 받는 기업들도 있다. 세계 최대 규모의 운동화 제조업체인 나이키는 유명 스포츠 스타들에게는 자사 제품의 광고비 명목으로 수십억 달러의 돈을 아낌없이 지불하면서, 자사의 종업원들에게는 형편없는 대우를 하는 것으로 비난받아 왔다. 풍자만화가 개리 트루도(Garry Trudeau)는 자신의 유명한 연재작인 둔스버리(Doonesbury)에서 반나이키 캠페인을 크게 다루었다. 언스트 앤 영(Ernst & Young)은 나이키 아시아지역 운영보고서에서 수천 명의 젊은 여성들이 주 6일제로 하루 10시간 이상을 과도한 열기와 소음, 불결한 공기 속에서 주급 10달러 정도를 받으며 일하고 있다고 보고했다.

나이키는 파타고니아(Patagonia), 갭(Gap)을 비롯한 다섯 개의 기업들, 여섯 개의 주요 저임금 노동착취공장 반대 그룹들이 힘을 모아 마련한 단일 노동기준과 공장 점검시스템 도입에 참여함으로써 평판을 좋게 하려고 노력하고 있다. 기업의 책임과 노동자 권리에 관한 공동 발의(Joint Initiative on Corporate Accountability and Workers Rights)로 명명된 이 프로젝트의 목적은 현재 대다수의 기업이 취하는 더 싸고 쉽게 노동력을 이용하는 방식들을 대체할 기준을 찾으려는 것이다.

만약 30개월 간의 실험이 제대로 진행된다면, 다른 노동기준에 근거하여 경쟁사보다 싼 임금을 지불하려는 것을 방지하는 공통의 가이드라인이 만들어질 것이다.

이 그룹에서 가장 어려운 이슈 중의 하나는 현지 생활비 보상에 관련한 부분이다. 이 부분이 어려운 이유는 생활비는 주관적으로 결정되는 부분이고 현지의 법적 최소임금을 초과하기가 쉽기 때문이다. 이 공통 발의의 성공은 기업과 관련된 모든 이해당사자들(종업원, 투자자, 지역사회, 고객 등)에게 도움이 되어야 한다. 소비자들은 기업이 인간적 대우와 사회적 책임에 대한 인식보다는 브랜드, 가격, 품질을 우선시하면서도, 설문조사 결과 대부분의 응답자들은 종업원이 친화적인 환경에서 제조한 의류에 기꺼이 몇 달러 더 지불하겠다고 대답했다.

미국의 윤리적 기준을 글로벌 공급자들에게 지키도록 요구하는 것이 타당한가는 생각처럼 명확하지 않다. 어떠한 문화에서 선물로 인식되는 것이 다른 나라에서는 뇌물로 간주되기도 한다. 기업들에게 자국의 기준을 따르라고 요구하는 것이 항상 윤리적인가?

아동노동이 사회와 가족에게 용인되고 가족이 아동임금에 생계를 의존하는 나라에서는 어떻게 해야 하는가? 또한 미국에서 사업을 운영하고 있는 외국기업들의 경우는 어떠한가? 미국기업들이 그들의 윤리적 기준을 따르기를 기대해야 하는가? 다국적기업의 경우는 어떠한가? 서로 다른 사회에 걸쳐 있기 때문에 어느 한 사회의 기준을 따르지 않아도 되는가? 미국 내에도 감옥 수감자들에 기반을 둔 기업들이 많이 있음에도 불구하고 왜 중국 감옥 수감자들이 제조한 제품을 수입하지 않는다는 이유로 박수를 받아야 하는가?

이러한 어떠한 질문들에도 대답하기가 쉽지가 않다. 글로벌 시장에서 사회적 책임에 관한 이슈의 복잡성을 생각해 볼 수 있는 기회를 제공하고자 한다. 윤리적 문화 충돌에 관한 '우리의 경계를 넘어'란 아래 글상자의 내용을 참조하기 바란다.

우리의 경계를 넘어-윤리적 문화 충돌(Ethical Culture Clash)

전자통신 대기업인 모토로라(Motorola)는 '타협하지 않는 청렴함'(uncompromising integrity)을 준수하는 데 최선을 다하고 있다고 말한다. 모토로라의 전직 이사회 회장인 로버트 갈빈(Robert W. Galvin)은 회사의 윤리적 가치 규범은 회사의 업무, 관계, 사업 성공을 위해서 '필수 불가결한 기초'라고 말한다. 모토로라 종업원의 약 절반 정도가 미국 밖의 해외 국가에서 근무하고 있다. 그리고 회사수익의 절반 이상이 미국 외의 시장에서 만들어진다. 모토로라의 종업원들은 자사의 제품을 생산 판매하는 해외 국가에 거주할 때, 미국 본사의 윤리적 가치를 준수하는 동시에 거주 국가의 가치 또한 존중할 수 있을까?

여기에 기업윤리(corporate ethics)와 문화윤리(cultural ethics)가 충돌할 수 있는 사례를 소개한다. 남미의 의류행상인의 장남이었던 조(Joe)는 가까스로 미국으로 이민을 와서 엔지니어링 학위를 받아 모토로라에 입사했다. 5년 후, 모토로라 문화에 익숙해진 듯 보이는 조는 고국으로 전근 배치되어서 너무 기뻤다. 회사는 조가 안전하고 남에게 보여도 부끄럽지 않을 만한 좋은 거주지에 살도록 하겠다고 통보하였고 그에게 거주지 선택권을 주었다. 안전하고 품격 있는 저택의 렌트 비용과 조를 시중드는 하인들에 대한 비용으로 모토로라는 조에게 매월 최대 2000달러를 지급하기로 약속하였다. 나중에 회사는 조가 서양 기준에서 판단할 때 위험한 슬럼가의 판잣집에서 살고 있는 것을 알게 되었다. 그와 같이 남루한 집에 매월 2000달러의 랜트를 지불한다는 것은 말도 안 되는 일이었다. 회사는 조의 안전뿐만 아니라 모토로라 종업원에게 어울리지 않는 거주지로 인해 기업 이미지에 미치는 영향에 대해서도 우려하였다. 인사과의 매니저는 조가 거주비 상환을 위해 불법영수증을 제출한 이유로 그의 정직성에 대하여 의심하였다.

조는 기업이 자신의 사생활을 침해하였다고 생각하여 화가 났다. 그는 다른 모토로라 종업원들처럼 그의 거주비용 상환금으로 매월 2000달러를 받아야 한다고 주장하였다. 그는 그가 허름한 거주지를 선택한 이유를 설명했다. 거주비용에서 남는 금액은 가족들에게 보냈고 그 돈으로 어린 동생들은 학교를 다닐 수 있었다. 조의 아버지가 돌아가시고 가족들이 의지할 수 있는 사람은 조밖에 없었으므로 이 돈은 그의 가족에게 있어서는 매우 중요한 돈이었다. 조는 "보세요, 제 가족들은 매우 가난합니다. 대부분의 미국인들이 자신의 두 눈으로 보고도 믿을 수 없을 만큼 제 가족들은 너무나도 가난합니다. 이 돈은 우리 모두에게 있어 희망과 절망의 차이를 만들어 낼 만큼 큰 돈입니다. 나에게 있어 나의 가족을 위해 할 수 있는 일이 없다는 것은 돌아가신 아버지에게 죄가 되는 일입니다. 아시겠습니까?"라고 말하였다. 다른 사람들이 윤리적이라고 받아들이는 것을 이해하는 것이 가끔은 어려운 문제이기도 하다. 서로 다른 상황은 '정의'라는 맑은 물을 흙탕물로 철저히 바꾸어버리기도 한다.

분명히 조는 가족을 위해서는 명예로운 일을 했을 수도 있다. 하지만 조가 살고 있는 도시의 위험한 상황들을 고려했을 때, 모토로라가 회사의 고위 관리자급 종업원이 안전한 곳에 거주하기를 바라는 것 또한 합리적이다. 거주비 상환에 관한 사규는 모토로라가 종업원들의 연봉을 올리지 않고도, 외국에 파견된 종업원들이 거주하는 나라에서 편안하고 안전한 생활을 하기를 바라는 의도로 지원하는 정책이다. 만약 조가 미국에서 일했더라면, 거주비 지원금을 받지 못했을 것이고, 가족들에게 돈을 보내기 위해 허위영수증을 제출했다면 이것은 분명히 부도덕한 일이 되는 것이다. 하지만 남미에서 일어난 이 문제는 명확히 판단을 내리기가 어렵다.

출처 : R. S. Moorthy, Robert C. Solomon, Willian J. Elios, and Richart J. De gEORGE, "Friendship or Bribery" Across the Board January 1999, pp. 43-47. and Steven K. Paulson, "An Integrated Social Science Perspective on Global Business Ethics," *International Journal of Commerce and Management*, September, 11, 2005.

글로벌 시장에서 기업부정과 싸우기 위해 공통의 국제윤리를 만들려는 노력 속에서, 미합중국기국(Organizations of American States)의 파트너들은 미대륙 부정척결총회(Inter-American Convention Against Corruption)에서 서명했다.

UN은 EU와 OECD처럼 기업 뇌물수수에 관하여 유죄판결을 적용하기로 하였다. 국제표준기구(International Organization for Standardization; ISO)는 제품 제조과정, 공정 임금률, 종업원에 대한 적절한 대우와 고용제 등을 포함하는 사회적 책임에 관한 새로운 제한선을 마련했다. 이 기준은 인증목적이 아니라 권고기준으로 사용된다. 하지만 빠른 시일 내에 다국적기업을 통제하는 하나의 국제적 기준이 마련될 것 같지는 않다.

Ⅳ. 기업의 사회적 책임에 대한 견해

이상에서 설명한 바와 같은 내용의 기업의 사회적 책임에 대해서, 모든 학자와 기업인・경영자가 찬성하고 이를 따르는 것은 아니다. 기업의 사회적 책임에 대해서는, 기업이 사회에서 수행하는 기능과 역할을 어떻게 보느냐에 따라, 긍정적으로 생각하는 사람들과 부정적으로 생각하는 사람들로 나누어져 있다. 그러나 현재의 추세는 사회적 책임 측면을 긍정적으로 생각하는 사람들이 다수임을 미리 밝혀 두고자 한다.

1. 찬성하는 견해

1) 규범적 관점

사회에 대해 기업이 고유한 경제적 기능 이외에 사회적 책임까지 수행해야 한다고 생각하는 사람들은, 그에 대한 가장 큰 이유로 기업의 활동으로 인해 발생하는 사회의 문제점은 기업이 해결해야 한다는 생각을 갖고 있다. 이들의 주장에 따르면, 기업 활동도 한 요인이 되어 사회에는 공해・산업재해・부의 불평등한 분배 등의 문제가 발생하고 있는데, 이러한 문제들은 부분적으로나마 기업활동에 의한 부정적 부산물이므로 그 지분에 한하여 기업에게 해결해야 할 책임이 있다는 것이다.

즉, 정부・사회단체 등으로부터 법률적인 제재와 압력을 받기 이전에, 기업이 스스로 책임을 통감하고 이러한 문제들을 시정하려는 노력을 하는 것이 바람직하며 또한 당연하다는 것이다. 즉, 기업활동으로부터 파생되는 사회의 문제점은 기업 스스로가 해결하는 것이 사회적・윤리적 관점에서 볼 때 당연하며 또 최소한의 책임이라는 것이다.

현대사회에서 기업은, 특히 대기업은 인적자산, 자본, 기술, 경영능력 등이 가장 풍족한 조직체이다. 그러므로 기업이 야기시키는 지분의 사회적 문제를 해결하는 것뿐만 아니라, 일반적인 사회문제 및 사회의 불만족 부분을 해소시키려는 사회적 노력을 돕는데 기업이 자원을 사용하는 것은 사회적 강자가 사회적 약자를 돕는다는 인도적인 견지에서도 바람직하다고 생각하는 사람들이 많다.

2) 전략적 관점

기업의 사회적 책임에 대해 찬성하는 측에는 사회적 책임을 다하는 것이 장기적으로 기업에 유익하므로, 기업으로서는 사회적 부담을 흔쾌히 받아들여야 한다고 생각하는 사람들도 포함되어 있다. 사회적 책임을 다하는 기업들은 자사제품의 소비자들인 대중들에게 좋은 이미지를 심어줌으로써, 장기적으로 기업에 해로울 것이 없다는 것이다. 좋은 대중관계를 유지함으로써 불매운동 등을 회피할 수 있고, 넓은 고객층을 확보할 수 있다는 장점이 있다. 또한 기업이 선도적으로 사회문제를 해결할 경우에, 법률적 규제와 사회적 통제에 의한 비용을 절감할 수 있다는 장점도 있다.

예를 들어, 기업이 솔선해서 공해방지시설을 설치하는 경우에 소비자단체, 환경보호단체 등의 압력이나 반기업운동을 사전에 방지할 수 있고, 환경오염방지법에 의거한 정부의 처벌 등도 회피할 수 있다. 그리고 기업의 사회적 이미지를 제고할 수 있으므로, 기업이 지출한 비용에 비해 더 큰 매출이익 등의 증대효과를 거둘 수 있다. 반면, 기업이 사회적 책임을 소홀히 하게 되면, 소홀히 함으로써 잠정적으로 절약된 비용보다 훨씬 더 많은 각종 비용을 장기적으로 부담하게 된다. 사회적 책임의 수행은 지역사회와 좋은 관계를 맺게 하므로, 인력수급이나 경영관리 등의 측면에서도 기업에게 도움이 된다. 지역사회에서 좋은 기업이미지를 구축하고 있으면, 그 지역의 우수한 인력을 채용하는 데 유리하며 종업원의 자부심을 증가시켜 이직률이나 결근율도 낮아지므로 인력관리에 유리한 점이 많다.

기업이 사회적 책임을 수행하는 것은, 사회에 대한 기업의 영향력을 증대시키기 위해서도 필요하다는 주장도 있다. 모든 사회적 관계에서 영향력을 행사하기 위해서는 이에 상응하는 책임이나 의무의 수행이 따라야 하는 것이 일반적이기 때문이다. 이런 현상은 개인 간의 관계에서도 당연한 것으로 되어 있다. 오늘날 기업활동은 정부, 국회, 소비자단체, 각종 이익단체 등으로부터 많은 규제나 압력을 받으면서 이루어지고 있다. 그런 가운데서 기업이 보다 능동적이고 활동적으로 기업활동을 전개하기 위해서는 규제기관이나 압력집단에게 좋은 이미지를 심고 또 영향력을 행사할 필요도 있는 것이다. 그러므로 기업은 영향력 행사를 위하여 사회가 필요로 하는 사업들을 적극적으로 후원하고, 이를 통해 사회에 대한 영향력을 증대시켜, 기업환경을 개선하도록 해야 한다.

2. 반대하는 의견

기업이 사회적 책임을 수행하는 데 대해 회의적으로 생각하는 사람들도 많다. 기업은 본질적인 경제활동만을 충실히 수행하는 것이 사회에 더 큰 도움이 된다는 것이 그들의 주장이다. 기업의 사회적 책임에 반대하는 주장들을 종합해 보면 그 내용은 다음과 같다.

1) 본질적 기능인 경제활동의 저해

기업의 고유한 경제활동을 중시하는 학자들이나 기업인들은 자유경쟁체제 하에서 기업의 임무는 경제적 효율성을 달성하여 사회의 복지를 증진시키는 것이라고 생각한다. 그러므로 기업은 본질적인 경제적 활동을 충실히 하는 것이 가장 바람직하고 사회적 활동은 정부나 사회단체에 맡기는 것이 보다 효율적이라는 것이다.

기업이 사회적 책임을 수행하기 위해 사회적 활동을 확대하게 되면, 많은 비용을 지출해야 하고, 경영자는 기업경영 이외에도 많은 시간과 노력을 투입해야 하고, 주주에 대한 배당을 낮추고, 종업원의 임금이나 복지의 향상을 가로막고, 소비자에게는 가격상승이라는 불이익을 줄 수 있다는 것이다.

일반대중은 사회에 대한 기업의 봉사를 거저 생기는 것으로 착각하지만, 이에 따른 비용은 모두 사회의 부담으로 전가된다는 것이 기업의 경제활동을 중시하는 이들의 주장이다.

기업의 본질적 기능을 중시하는 학자들과 기업인들이 가장 우려하는 바는, 기업의 사회적 책임수행이 경제의 효율성을 해친다는 점이다. 기업은 기업활동의 결과로 발생한 이익을 생산활동에 재투자하여 더 큰 이익을 창출함으로써 사회를 경제적으로 풍요롭게 만드는 것이 가장 바람직한데, 사회적 책임수행을 위한 비용지출은 생산활동에 대한 투자를 감소시킨다는 것이다. 생산활동에 대한 재투자의 감소는 기업의 경쟁력을 약화시켜 장기적으로 사회에도 손실이 된다는 주장이다. 특히, 우리나라와 같이 해외시장 의존도가 높은 나라의 경우, 기업의 사회적 책임 비용 지출이 적정수준을 넘게 되면 국제경쟁력을 상실케 하는 결과를 초래할 수도 있다는 사실이다. 실제로도 이런 현상인 나타나고 있다.

2) 다원사회에 대한 위협

기업이 사회적 책임을 수행하는 것을 반대하는 학자들 중에는 기업의 사회적 활동으로 인해 나타나는 결과를 우려하는 사람들이다. 이런 학자들의 주장에 의하면, 기업은 인력・경제력・보유자원・기술 등의 측면에서 볼 때 이미 사회적으로 거대한 조직이 되어서 오래 전부터 국가나 사회에 큰 영향을 미치고 있다. 세계적인 다국적 기업들은 오래 전부터 웬만한 국가의 GNP보다 큰 규모의 매출액을 실현하고 있으며, 세계 여러 나라에서 정부와 사회에 큰 영향을 미치고 있다.

우리나라의 대기업들도 사회에 미치는 영향이 이미 지대함은 독자들도 잘 알고 있을 것이다. 그런데 사회적 책임을 수행한다는 명목 하에 이러한 대기업들이 정치・사회・문화 등 많은 분야에 걸쳐 영향력을 확대하면, 다양한 사회적 가치들이 기업의 획일적인 사고방식에 의해 잠식당하는 결과를 초래할 우려가 있다. 심한 경우에는 기업국가처럼 기업에 의해 국가 전체가 좌우되는 상황이 초래될 수도 있을 것이다.

3) 기업의 능력과 비용의 문제

기업의 사회적 책임수행에 대해 반대하는 또 다른 사람들은 기업의 사회적 문제해결능력이나 사업상의 수완은 뛰어나지만, 사회문제까지 해결할 능력을 갖고 있지 못하다는 것이다. 1960년대와 1970년대 초반에 미국정부는 기업의 주도 하에 비영리적인 사회재개발 및 빈민문제 해결에 기업의 자원과 인력을 활용하려는 계획을 수립하여 시행한 적이 있었다. 그러나 이 계획은 시행과정에서 나타난 사회문제 해결의 부진과 국내 및 국제적인 기업경쟁력의 약화로 중도에 포기할 수밖에 없었다. 그 이유는 경영자들이 철학적 · 정서적 · 사회적 업무에 미숙하여 사회문제를 제대로 해결하지 못했고, 사업의 비영리적 특성으로 인해 경제적 효율성도 달성하지 못한데 있었다. 더욱이 기업가를 '이익을 추구하는 자'로 취급하여 신뢰하지 않는 사회일각의 비판적인 사고방식도 이 계획을 실패로 몰고 갔다.

앞에서 살펴본 바와 같이 기업의 사회적 책임에 대해서는 학계와 업계 내부에서도 서로 엇갈린 주장을 하고 있다. 그리고 기업이 사회적 책임을 수행한 결과로 나타나는 성과에도 긍정적인 것과 부정적인 것이 공존하고 있다. 그런 가운데서도 업계는 환경변화를 감안하여 앞으로 사회적 책임에 대해 더 큰 관심을 기울여야 할 것으로 본다.

한편, 사회구성요소들은 요즘과 같이 기업들에게 거의 모든 사회문제를 '만병통치'식으로 해결하도록 비상식적이고 자기책임 회피적으로 요구할 것이 아니라, 기업이 수행해야 할 사회적 책임의 적정하고 합리적인 내용과 범위에 대한 대체적인 합의를 먼저 이루어야 한다. 그리하고 나서 기업에게 사회적 책임을 다하도록 요구해야 할 것이다.

Ⅴ. 기업윤리와 사회적 책임

기업윤리와 유사한 개념으로 기업의 사회적 책임이 있는데, 여기서는 이 양자의 성격과 관련성에 대하여 간단히 살펴보기로 한다. 기업경영에 있어서의 사회적 문제를 고찰함에 있어서 주체의 측면에서는 기업과 경영자로 구분하고, 사회관계의 측면에서는 윤리와 책임으로 구분하여 살펴볼 수 있는데, 그 관계를 〈표 5-2〉와 같이 정리해 볼 수 있다.

표 5-2. 기업윤리와 사회적 책임의 관계

주 체	윤 리	책 임
기업	기업윤리	기업의 사회적 책임
경영자	경영자 윤리	경영자의 사회적 책임

그런데 기업윤리와 기업의 사회적 책임의 성격이나 관련성을 고찰함에는 윤리와 책임의 개념을 대비시켜 보는 것이 도움이 될 것이다.

먼저, 대상의 측면에서 볼 때, 책임은 구체적 행위에 국한되지만, 윤리는 구체적 행위뿐만 아니라 태도나 가치관 또는 의식의 차원까지를 포괄한다. 이렇게 태도나 가치관 또는 의식에 대해서 책임을 물을 수는 없지만, 윤리는 태도나 가치관 또는 의식까지도 문제삼는다. 윤리는 보이는 행위만을 강조하는 것이 아니라 그러한 행위를 유발시킨 보이지 않는 동기까지도 중시하는 것이다. 그러므로 윤리가 책임보다 넓은 관심영역을 가지고 있다고 할 수 있다.

이러한 책임과 윤리의 개념을 바탕으로 하면서 기업의 사회적 책임과 기업윤리의 개념을 비교해 보기로 한다.

먼저, 기업의 사회적 책임과 기업윤리의 생성·발전과정을 비교해 보면, 기업의 사회적 책임의 문제는 미국의 경우 1930년대에 대두되어 1950년대에 이르러 활발한 논의가 이루어지면서 사회적으로 유의성(有意性)을 갖게 되었다고 볼 수 있다. 미국에서 기업의 사회적 책임에 관한 학문적 연구로는 보웬(H. R. Bowen)의 「기업가의 사회적 책임」이 그 효시인 것으로 알려져 있다.[11] 한편, 일본에서는 1945년 제2차 세계대전 후에 기업의 사회적 책임문제가 제기되기 시작하여 1960년대 후반부터 사회문제로 부각되었다고 할 수 있다.[12]

반면에, 우리나라의 경우는 1970년대 후반에 제기되기 시작하여 1980년대 후반에 이르러 사회적 이슈로 크게 부각되었다고 볼 수 있다.

기업의 사회적 책임은 연구자의 관점이나 시각에 따라 여러 가지로 정의되고 있다. 즉, 사회의 목표나 가치에 걸 맞는 행동을 하거나 정책결정을 해야 할 의무라고 한 보웬의 정의를 비롯하여, 경제적·법적 의무를 넘어선 사회 전체에 대한 책임이라든지, 이해관계자 집단에 대한 법률이나 계약 이상의 의무, 혹은 사회전반이나 지

11) H. R. Bowen, Social Responsibility of Business, N.Y. : Harper & Row, 1963.
12) 對木隆英, 現代の經營者, 東京: 中央經濟社, 1988, p. 137.

역사회 그리고 환경에 영향을 미치는 기업의 모든 행위에 대해 져야 하는 책임 등으로 다양하게 정의되고 있다.[13]

요컨대, 기업의 사회적 책임이란 기업활동으로 야기되는 사회적·경제적 문제의 해결에 기업이 적극적으로 공헌함으로써, 이해관계자 집단이나 사회일반의 기대나 요구를 충족시켜 주어야 할 기업행위의 규범적 체계라고 할 수 있을 것이다. 이러한 기업의 사회적 책임론의 배경으로서 환경측면에서는 기업성격의 변화를 들 수 있고, 기업윤리측면에서는 기업이념의 변화를 들 수 있다.

따라서 기업의 사회적 책임과 기업윤리의 개념상 차이점을 정리해 보면 그 내용은 다음과 같다.

첫째, 영역의 측면에서 볼 때, 기업의 사회적 책임은 객관적 행위의 수행 여부를 문제 삼는데 비하여, 기업윤리는 행위의 내적 동기와 잠재적 태도 및 의식까지도 고려한다는 점을 들 수 있다. 이런 면에서 기업윤리가 기업의 사회적 책임보다 광범위하고 포괄적인 개념이라고 할 수 있다.

둘째, 성격의 측면에서 볼 때, 사회적 책임이 기업윤리에 비해서 상대적으로 수동적·정태적인 성격이 강하고 기업윤리는 상대적으로 능동적·동태적인 성격이 강하다는 점을 들 수 있다.

셋째, 관심의 범위에 있어서, 기업윤리가 기업의 사회적 책임보다 상대적으로 넓다는 점을 들 수 있다. 즉, 기업의 사회적 책임의 관심분야가 기업경영과 직접 관련된 비교적 좁은 것인데 비해서 기업윤리의 관심사는 대단히 넓다는 점이다. 요컨대, 기업윤리는 보다 적극적이고 주체적인 자세로 기업경영과 직접 관련이 없는 분야에까지 관심을 기울여서 사회적 욕구와 기대를 민감하게 받아들이고, 보다 동태적으로 의사결정을 하고, 보다 적극적으로 사회문제 해결에 참여하는 가치지향적인 성격을 띤 개념으로 이해할 수 있다.

이와 같이, 기업윤리와 기업의 사회적 책임은 원론적인 면에서 개념상 다소의 차이가 있기는 하지만 내용상 중복되는 부분이 많기 때문에 1980년대 후반부터 '기업의 사회적 반응'이라든지, '기업의 사회적 조화' 등의 개념으로 통합되는 경향으로 흐르고 있다.[14] 그러므로 기업윤리와 기업의 사회적 책임의 상대적 차별성을 인정하

---

13) T. M. Jones, "Corporate Social Responsibility Revisited, Redefined", *California Management Review*, 1980, pp. 59-63.

14) D. J. Wood, Business and Society, New York : Harper Collins, 1990, pp. 632-635; E. Epstein, "The Corporate Social Policy Process : Beyond Business Ethics,

면서 양자의 상호관련성에 초점을 맞춘 접근방법이 바람직하다고 할 수 있겠다.

Ⅵ. CSR을 촉진하는 요인과 윤리경영기법

1. CSR을 촉진하는 요인들

뉴서클(New Circle)커뮤니케이션의 조셉 키프(Joseph F. Keefe)는 기업의 사회적 책임(CSR)을 촉진하는 5가지 트렌드(Trend)가 있다고 주장한다.

① **투명성**(Transparency)

우리는 경영이 급격하게 투명해지는 정보화시대에 살고 있다. 기업들이 더 이상 자신이 한 일을 숨길 수 없으며 좋든 나쁘든 어떤 일을 해도 거의 실시간으로 전 세계에 알려지게 된다.

② **지식**(Knowledge)

정보화 사회로의 전환은 소비자와 투자자들이 다른 어떤 시대보다 더 많은 정보를 가지고 있다는 점을 의미한다. 그들은 더 높은 분별력을 가지고, 더 많은 영향력을 행사할 수 있다. 옷가게를 방문하는 소비자들은 회사의 환경관련 기록이나 해외의 생산공장 노동이슈에 대한 정보를 바탕으로 제품을 선택할 수 있게 되었다.

③ **지속가능성**(Sustainability)

지구의 자연자원은 심각한 속도로 줄어들고 있는데, 인구는 급증하고 있다. 지난 30년 동안에만 지구의 "자연보물"인 자원의 1/3이 소모되었다. 이미 지속가능한 재생수준 이하로 되어버린 여러 자원들이 있는데(민물, 대양수산, 산림, 방목장 등) 이들은 인구증가율에 맞추지 못한 것으로 예상되고 있다. 결과적으로 기업들은 다양한 이해관계자들로부터 환경적으로 적절하며, 지속가능한 개발에 기여하는 경영계획과 전략을 수립하도록 요구 받고 있다.

④ **글로벌화**(Globalization)

미국 역사에서 개혁이 가장 활발했던 시기에 아동노동법, 최저임금, 일 8시간 근무, 산재보험법, 실업보험, 반독점 및 주식시장 규제, 사회보장, 의료보험, 지역사회

Corporate Social Responsibility, and Corporate Social Responsiveness," *California Management Review*, No. 29. Vol. 3. 1987, pp. 99-114.

개발법, 청정공기법, 환경보호청 등이 만들어졌다. 이러한 개혁 모두는 정부가 개입하여 시장자본주의의 지나침을 제한하려는 노력이었다. 글로벌화는 새로운 자본주의적 개발을 의미한다. 개별기업 이익과 전반적인 사회의 이익에 대한 균형을 통해 사회를 보호하려는 공공제도가 필요하다.

⑤ **공공부문의 실패**(The Failure of the Public Sector)

대다수는 아니지만 상당수의 개발도상국은 불행하게도 조직화되지 못한 정부나 잔인하고 부패한 정부들이 지배하고 있다. 제대로 기능하지 못하는 공공부문으로 인해 고통을 받는 것은 개발도상국만이 아니다. 미국과 다른 선진국들에서 시민들은 과거에 비해 더 작은 정부를 비난하며, 사회적 문제를 해결하기 위한 적절한 대응책으로서의 공공부문에 대한 신뢰를 잃어버리고 있다고 비판하고 있다.

기업의 사회적 책임을 유도하는 이상의 여러 추세에도 불구하고, 많은 기업들은 사회에 대한 책임을 이론적 개념에서 구체적인 운영정책으로 전환하는 것이 어렵다고 생각한다. 아이러니하게도, 윤리적 결정 그 자체가 문제를 만들지는 않는다. 문제는 어떻게 이해관계자들에 대한 행동들을 새로운 기업의 양식의 증거로 만드는가 하는 점이다. 잘못하면 그런 행동이 고객들의 입맛에 맞추어 그저 좋은 이미지를 만들려고 하는 정책으로 간주되고, 형식적으로 언론보도를 유도하기 위해 조작되거나 계획되었다고 보이기 쉽기 때문이다.

또한 많은 기업들의 사회적 책임 활동은 당장 조직에 경제적인 이익을 가져다주지 않는다. 냉소적인 소비자들은 기업의 사회적 책임 활동이 진정으로 실질적인 프로젝트이며, 경쟁이 심한 시장에서 단순히 고객을 확보하기 위한 전략이 아닌지를 확인하기 위해 소비를 유보하기도 한다. 이렇게 지연된 방안은 조직의 의지를 확인하는 과정이 될 수도 있지만, 상황이 어려운 경우 실험적인 경우로 끝나기도 한다.

기업의 사회적 책임에 대해 진정성 없이 시도하는 기업들은 부정적인 반작용결과가 발생할 위험이 있으며, 시작할 때보다 더 안 좋은 상황으로 끝나게 되기도 한다.

- 종업원들은 조직의 진정성이 부족하고, 조직이 자신들은 돌봐주지 않는다고 생각한다.
- 일반 대중은 지역사회보다는 홍보를 위한 형식적인 활동으로 인식한다.
- 조직은 기업의 사회적 책임으로부터 별다른 이익을 보지 못하고, 그 개념을 더 개발해야 할 필요성을 느끼지 못한다.

2. CSR 수행을 위한 윤리경영기법

사회문제의 해결은 사회구성원 조직 전체의 노력이 필요하기 때문에 사회구성원인 기업이라는 조직체도 문제를 정면으로 받아들여 적극적으로 대처하지 않으면 안 된다. 이제 기업은 사회적 책임의 주체로서 사회에 참가하지 않으면 안 되는 것은 말할 필요도 없으며, 단순히 도의적인 문제로만 보는 종래의 사고방식 형태로 참가하는 것이 아니라 경영에 있어서 근본적으로 가치관을 바꾸어 대처하는 경영기법이 요청된다.

기업이 사회에 대해서 열린 존재로서 자신의 행동이 사회적 요구에 합치한다는 것을 선언하고 밝히기 위해 이용하고 있는 경영기법들을 살펴보기로 하자.

1) 기업윤리코드의 사용

기업윤리코드란 기업이 사회적 책임을 기업의 윤리로서 인식하여 조직구성원들이 어떤 윤리적인 딜레마에 직면할 때 이들을 가이드하기 위한 목적으로 준비된 문서이다. 미국의 경우, 주요 기업들의 3/4 정도가 이 기업윤리코드를 갖고 있다.

유럽기업들의 경우는 단지 40%만이 기업윤리코드를 갖고 있으며, 그 내용도 정치적·문화적 그리고 사회적 차이 때문에 국가별로 상당히 다르다.

2) 윤리위원회의 구성

미국 ERC(Ethics Resource Center)의 조사에 따르면 포춘지가 선정한 1,000개 기업 중 약 1/3 정도의 기업들이 윤리위원회를 구성하고 있다고 한다. 윤리위원회란 조직구성원들이 그들의 직무과정에서 직면하게 되는 윤리적인 문제를 해결하는데 도움을 주고, 이에 필요한 정책을 설정하는 데 책임을 지는 그룹을 지칭한다. 일반적으로 이 위원회는 톱 매니지먼트(Top Management) 또는 CEO(최고 경영자) 출신의 임원으로 구성된다.

3) 연간 보고서의 강화

종래의 연간 보고서(Annual Report)는 기업의 매출액, 이익률 등 주로 기업의 재무제표나 경제지표를 중심으로 작성되었다. 그러나 때로는 기업의 사회적 책임을 스스로 밝히는 노력의 하나로서 '사회적 책임 활동보고'라는 항목을 추가하여 연간 보고서를 발간하게 되는데, 사회적 책임 활동의 구체적인 내용은 다음과 같다.

- **공해 · 환경문제** : 기업의 공해 · 환경문제에 대한 조직 · 설비 등 환경기준의 명시와 그 달성도, 공해방지기술의 연구개발체제, 자원의 재활용노력, 원료전환노력, 공장정화노력, 지방자치제와의 협력체제 등
- **지역사회문제** : 지역주민과의 대화노력, 지역에 대한 고용기회의 제공, 병원, 의료시설의 개방, 후생시설의 개방, 지역교육기관에의 재정보조, 지역사회문화의 보존 · 육성에의 협력, 지역개발에의 협력 등
- **대국민 사회경제문제** : 국가의 경제정책목표에의 협력내용, 교육기금의 설치와 그 실적, 문화제 활동의 주최, 폐기물화된 자사제품의 회수노력 등
- **소비자문제** : 상품의 안정성 확보를 위한 연구개발체제와 그 성과, 서비스실시확대, 불만처리확대, 상품의 성능개선 설명, 상품가격변동 설명 등
- **종업원문제** : 종업원의 교육 · 능력개발 등에 대한 실천, 노동조건, 고령 노동자 문제, 노사협력의 확대, 복지후생설비, 여가이용확대 등

4) 이해관계자집단과의 커뮤니케이션

기업, 소비자 및 지역사회 상호 간의 의사소통을 도모하는 부서를 구성하여 그것을 총괄한다. 예컨대, 지역사회 담당직원을 채용한다든지, 소비자에 대한 기업이념을 정확히 전달하여 소비자로부터 상품, 서비스에 관한 불만 등을 접수하여 그것을 처리하기 위해서 소비자 담당직원을 채용한다. 또한 지역사회의 발전에 없어서는 안될 각종 시설의 정비와 지역녹화문제 등에 적극적으로 협력하기 위하여 기업은 자신뿐 아니라 해당지역에 있는 타기업과 협력하여 지역주민, 학식과 경험이 있는 사람, 종업원 등을 포함한 위원회 등을 만들어 그곳에서 의견교환을 통하여 문제를 발굴하고 해결하는 대화의 광장을 마련한다.

5) 사회적 비용정보시스템 구축

21세기 경제사회에서는 기업의 사회적 책임을 위한 설비투자와 신기술 연구개발비, 상품의 안정성 확보를 위한 연구개발비 등 '기업의 사회적 책임비용'이라고도 부를 수 있는 비용지출의 증가가 예상된다. 따라서 이러한 사회적 책임을 수행하기 위한 필요비용을 경영과정에 흡수하여 기업본질을 강화해야 한다. 이 경우 가장 효율적인 방법을 결정할 수 있도록 비용(cost)정보시스템의 구축이 선행되어야 한다.

6) 사회감사제도 도입

기업들이 그들의 재무적 활동을 구체적으로 기술하며 보고하는 회계감사의 제도를 확장한 경영기법으로서, 기업들 스스로 사회적 활동을 체계적으로 기술하여 회계와 연결하여 보고하는 사회감사제도는 기업의 사회적 책임을 스스로 밝히는 가장 훌륭한 경영기법이라 할 수 있다. 예컨대, AICPA(미국공인회계사)는 1965년에 기업이 '대중에 대한 사회책임'의 개념을 도입할 것을 제창하였다. 그러나 아직까지 사회감사는 시행단계의 수준을 벗어나지 못하고 각 기업들이 독특한 회계방식을 이용하여 회계적 표시 내지 회계적 보고형식수준에 머물고 있다. 그러나 글로벌시대를 맞이하여 기업의 사회감사제도는 본격적으로 도입될 것으로 예상된다.

Ⅶ. 기업의 사회적 책임과 지속가능 경영

사회 양극화의 문제가 우리 사회의 주요 이슈가 된 것은 기업의 사회적 책임(CSR)이 강조되고 있기 때문일 것이다. 기업들의 성숙한 윤리의식과 지속가능경영에 대한 기대가 높아져 단순 도움주기 차원의 사회공헌활동을 넘어서서 사회적 책임경영을 어떻게 실현해 나갈 것인가가 중요한 이슈로 부각되고 있다. 이는 미래 세대와의 공존, 자연과의 공생, 사회적 약자와의 나눔을 실천하는 빌게이츠의 '창조적 자본주의'를 실현하기 위한 기업의 역할이 그 어느 때보다 커지고 있는 사실과 맥을 같이 하고 있다.

오늘날 기업의 사회적 책임은 사회에 대한 기업의 자발적이고 도덕적인 행동으로 요약할 수 있다. 이는 기업이 인권과 노동자의 권리 존중, 환경보호, 지역사회 참여 등을 기업의 핵심가치로 삼고 있다는 표현이자 실천이다. 국내기업들의 사회공헌활동이 양적으로는 세계적 수준으로 성장했다. 그러나 일부 대기업에 편중되어 있고 자선활동으로 인식되고 있어 기업호감도(CFI)에 대한 여론조사 반응은 아직도 차가운 편이다.

기업의 사회적 책임이 국내에서만 요구되는 것은 아니다. 기업을 평가하는 새로운 글로벌 기준으로 등장한 ISO 26000(2010년 국제표준화기구 공표)은 사회적 책임에 대한 표준 가이드라인으로, 많은 전문가들은 이것이 국제적인 규약으로 발전하여 해외무역에서 비관세 무역장벽으로 작용할 것으로 전망하고 있다.

글로벌 금융위기를 겪으면서 승자독식이라는 신자유주의의 시장실패에 대한 깊은 실망과 반성 위에서 기업의 사회책임경영이 새롭게 주목받고 있다. 기업의 사회적 책임은 지속가능경영으로 가는 지름길이다. “빨리 가려면 혼자 가라. 하지만 멀리 가려면 같이 가라”는 아프리카 속담에서 사회와 기업의 동반성장의 길을 찾아야 할 것이다.

1. 새로운 경영패러다임

지속가능경영(Sustainability Management)은 지속가능한 발전을 위한 산업과 기업의 역할이 강조되면서 기업들에게 새롭게 요구되는 경영패러다임으로써 이에 대한 개념은 다음과 같다.

Statman(2005)은 “주주가치를 제고시키는 동시에 외부 이해관계자들에 대한 사회 및 환경적 가치를 부가하려는 기업전략”이라고 하였고, EU(2002)에서는 “기업이 자발적으로 기업의 비즈니스 활동과 이해관계자와의 상호관계에 있어 사회적, 환경적 관심을 통합적으로 반영하는 개념”이라고 하였다. 그리고 WBCSD(2002)는 “근로자, 그들의 가족, 지역사회와 사회전반의 삶의 질을 개선시키며 이들과 더불어 지속가능한 경제적 발전을 하기 위한 기업들의 노력”이라고 하였으며, KBCSD(2004)에서는 지속가능경영이란 “환경, 경제, 사회의 지속가능성을 위해 기업이 노력하는 동시에 이에 따른 리스크를 최소화하고 주주가치를 포함한 기업가치를 제고시키려는 경영활동”이라고 하였다.

이상의 논의를 정리해 보면, 지속가능경영이란 “환경적 건전성, 사회적 책임성, 경제적 수익성의 측면에서 바람직한 리더십을 발휘하여 책임성과 투명성을 확보하고, 이들 세 가지 영역에서 높은 성과를 이룰 수 있는 통합된 경영전략과 활동”이라고 할 수 있겠다.

이와 같이 지속가능한 발전(Sustainable Development)이라는 개념은 1980년 세계보전전략(The World Conservation Strategy)에서 사용되었으나 1987년 환경과 개발에 대한 세계환경위원회(WCED: World Commissions on Environment and Development)회의에서 ‘우리 공동의 미래’(Our Common Future) 보고서에서 지속가능한 발전에 대한 개념정의와 인류개발의 발전방향으로 채택된 후 다양한 분야에서 지속가능경영에 대한 활동들이 추진되어 왔다. 1995년 다국적 선진기업들의 연합체인 WBCSD(World Business Council for Sustainable Development)가

결성되면서 기업은 경제적 성장, 사회적 발전, 생태적 균형이라는 세 가지 기본 축을 통한 지속가능한 발전을 달성하기 위해 공통된 노력을 다짐하였고, 2002년 요하네스버그의 지속가능한 발전을 위한 세계 정상회담을 거치면서 전 세계로 확산되었다.

지속가능한 발전에 대한 개념은 기업을 바라보는 시각에 따라 그 의미가 다르게 발전해 왔다. 과거에는 기업을 "독립적이고 자율적인 주체"로 인식하였으나 오늘날에는 "사회적 생태계적 환경 속에서 상호작용하는 주체"로 기업을 인식하면서 지속가능경영에 대한 개념은 주주중심주의(Shareholderism)에서 이해관계자중심주의(stakeholderism)로 발전되었고, 다시 생태계중심주의(Ecoholderism)의 형태로 그 의미가 확장되고 있다

다시 말해 지속가능한 발전을 위해 기업이 해야 할 역할을 수행하는 사회적 책임의 관점이 있을 수 있고, 계속기업(going concern)으로서 장기적인 생존을 위한 전제조건으로 보는 관점도 있을 수 있다. 또한 환경, 사회, 경제의 지속가능성 이슈를 기업의 경쟁력 요소로 보는 관점도 있고, 지속가능한 발전의 이념을 핵심가치로 보는 관점도 있다.

[그림 5-2]에서 보는 바와 같이 기업의 경제주체로서의 영향력이 커지면서 기업의 사회적 책임(Corporate Social Responsibility)에 대한 관심이 증대되었고 이에

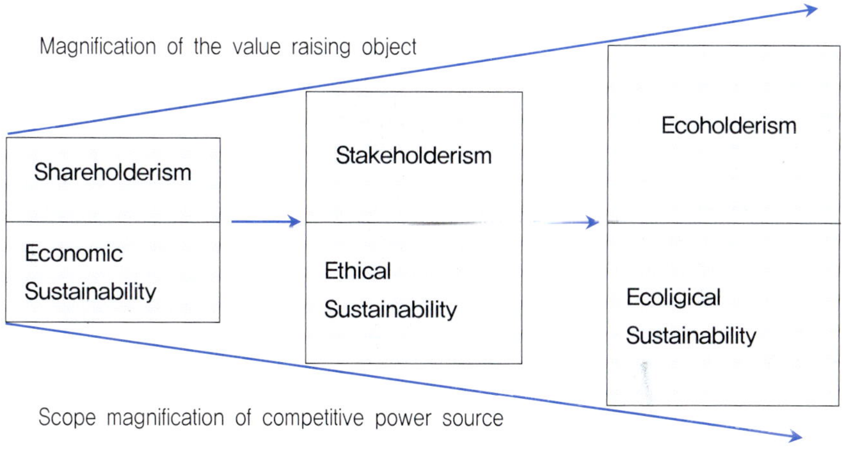

그림 5-2. 기업의 존재이유의 변천과정

자료: 현대경제연구원(HRI, 2004)에서 재인용.

따라 이해관계자중심주의가 탄생하게 되었다. 다시 말해 고객, 경쟁자, 지역사회 등 다양한 이해관계자들의 기업에 대한 기대수준이 높아지면서 이들과의 마찰이 불가피하게 되었으며, 이들과의 조화로운 관계정립이 요구되면서 윤리경영이 기업경영의 전략적인 축이 되었던 것이다. 그리고 지속가능경영 활동을 측정하기 위한 경제적, 사회적, 환경적 측면의 이슈들을 독립적으로 구분하여 고려하는 방법이 널리 연구되기 시작하였다.

한편, SAM사는 세계적인 지수개발업체인 다우존스사와 공동으로 경제, 사회, 환경의 측면을 고려하여 지속가능성지수(DJSI : DowJones Sustainability Index)를 개발하여 세계 2,500여개(60여개 산업) 중 상위 10%기업을 대상으로 결과를 발표하고 있는데 이는 지속가능경영에 대한 세계적인 가이드라인 역할을 하고 있다.

오늘날 지속가능경영은 전 세계적인 시대의 흐름이며, 글로벌 경제환경에서의 경쟁력의 핵심원천이 되고 있다. 선진기업들은 매년 자신들이 어떻게 지속가능경영을 실천하고 있는지 '지속가능성보고서'를 작성하여 외부에 공포하고 있으며 이에 참여하는 기업의 수는 미국기업이 73개, 일본기업 124개, 영국기업 77개, 한국기업 7개로 그 수는 날로 증가하고 있는 추세다.

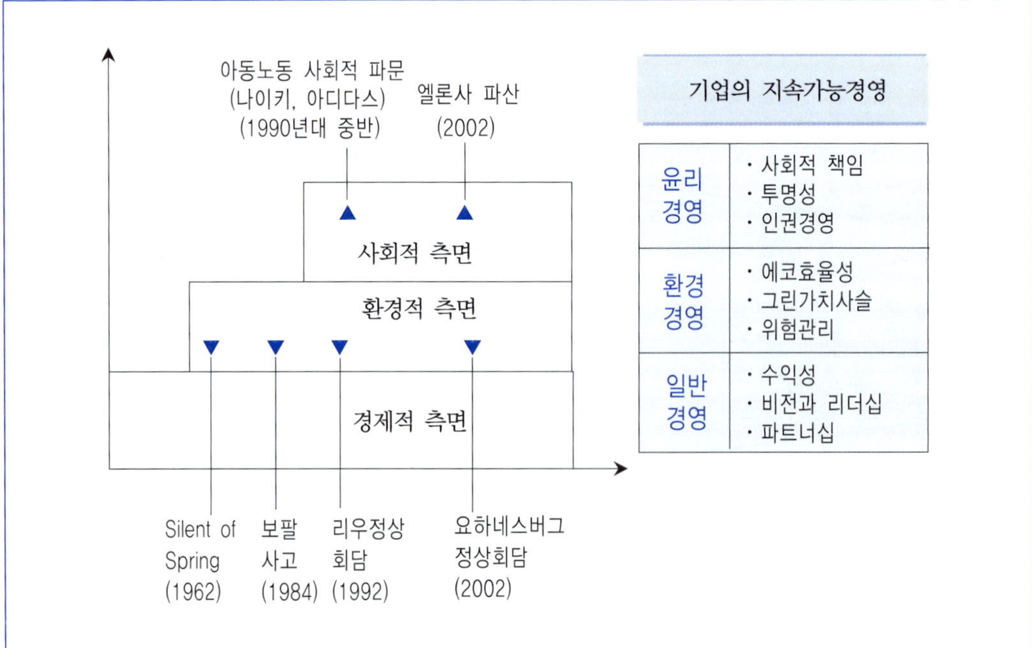

그림 5-3. 새로운 경영패러다임 : 지속가능경영

Ⅷ. 지속가능경영활동의 동향

2010년 11월 발효된 ISO26000에는 해외뿐만 아니라 국내의 많은 기관들도 관심을 표명하고 있다. 산업계나 기관 등 규모의 구분 없이 모두가 적용할 수 있는 ISO26000은 향후 뜨거운 이슈가 될 것이라 사료된다. 또한 영국의 석유화학 전문기업, BP의 원유유출 사고가 발생한 이후 환경적 피해의 심각성을 각 언론사들은 집중적으로 보도하였는데, 기업의 리스크 관리 및 환경적 영향에 대한 책임을 상기시키는 BP의 원유유출 사고는 가장 큰 환경적 이슈로서 국내기업들에도 많은 시사점을 주었다.

1. 해외 동향

1) 세계 지속가능발전협의회(WBCSD)

WBCSD(World Business Council for Sustainable Development)는 1995년 1월 지속가능기업협의회(BCSD: Business Council for Sustainable Development)와 세계환경보호산업협의회(WICE: World Industry Council for the Environment)가 병합하여 1992년 리우정상회담 이후 산업계의 대응을 선도하는 역할을 수행하고 있다. 세계 35개국에서 20개 이상의 주요산업을 대표하고 있는 160개 기업들로

표 5-3. 세계 지속가능발전협의회의 활동 가이드라인

핵심주제	내 용
기업의 사회적 책임	기업 전반에서 사회적 이슈를 관리하고 책임을 가질 것을 강조
에코 효율성	경제적 효율성과 생태적 효율성을 동시에 추구하는 경영방식으로서 공정의 최적화, 폐기물의 재활용, 제품혁신, 서비스화, 네트워크 및 가상조직이라는 다섯 가지 방법으로 달성
혁신과 기술	이노베이션과 경제적, 사회적, 제도적인 혁신을 병행하여 천연자원 부족이나 고갈문제를 해결
생태계	물과 생물의 다양성을 강조하며 생태계를 현명하게 관리하는 방법 제시
지속가능성과 시장	지속적인 발전을 위한 투명하고 경쟁적인 시장의 조성
위 험	발생 가능한 잠재적인 위험을 파악하여 관리

자료: http://www.wbcsd.org

구성되어 있으며, 주요 활동은 기업의 리더들이 지속가능한 발전을 지향할 수 있도록 촉진하고 기업의 사회적 책임, 혁신, 에코효율성의 역할을 수행할 수 있도록 유도하고 지원하는 역할이다.

2) GRI

GRI(Global Reporting Initiative)[15]는 '지속가능성보고서' 작성 가이드라인을 개발하는 등 지속가능경영에 대한 국제적인 표준화 작업에 박차를 가하고 있는 국제기구로서 1997년에 창설되었다. 전 세계적으로 자발적인 여러 이해관계자들의 참여를 통해 표준화된 '기업의 지속가능경영보고서'를 개발하고 이를 널리 보급하려는 데 목적이 있으며, 2000년 6월과 2002년 7월에 각각 지속가능성보고서 가이드라인을 발표하였는데 보다 구체적인 내용은 다음과 같다.

표 5-4. 지속가능성보고서의 구성내용

구 성	세 부 내 용	지표수 (141)
비전과 전략	· CEO의 인적사항 - 보고서의 방향 및 내·외부 이해관계자의 신뢰 확보 - 외부 이해관계자의 신뢰 확보 - 회사의 사명과 비전, 지속가능성 측면의 기회 및 도전 · 지속가능성의 비전과 전략 - 경제·환경·사회 부문의 성과와 관련 SWOT분석에 근거하여 비전과 전략을 제시 - 위 세 부문의 유기적 통합 방안 숙고	2
조직 프로필	· 조직 시스템과 운영에 관련된 일반 정보 · 보고서의 범위	22
지배구조와 경영시스템	· 비전과 전략에 기초한 방침 · 제시한 방침의 효과적 추진을 위한 지배구조, 조직, 경영체제	20
색 인	· GRI가이드라인에 열거된 정보가 보고서의 어느 위치에 있는지 알려줌	
성과지표	· 경제·환경·사회 부문의 성과지표 : 핵심+부가지표 - 조직과 관련된 경제·환경·사회 부문 성과를 반영한 개별 또는 통합 지표 - 통합 지표 : 세 부분 또는 기업과 국가의 성과를 연계한 형태	97

자료: http://www.globalreporting.org(2005년 말 GRI등록기준)

15) 1997년 CERES원칙을 제정한 미국의 NGO인 CERES(환경을 책임지는 경제를 위한 연합)과 국제연합환경계획(UNEP) 등이 중심이 되어 설립한 기구.

3) 국제연합환경계획

국제연합환경계획(UNEP: United Nations Environment Program)은 지속가능한 발전이 산업별로 어떤 의미가 있는지, 그리고 어떤 이슈를 중요하게 다루어야 하는지, 또 각 산업이 어떤 성과를 창출하고 있으며 앞으로 어떤 방향으로 나가야 하는지를 담고 있는 산업별 지속가능보고서를 발간하였다. 이 보고서는 향후 산업별 진척사항(progress)을 담아 지속적으로 개편될 예정이며 22개 산업분야의 구체적인 내용은 다음과 같다.

표 5-5. 산업별 지속가능성보고서

지속가능성보고서	
산업분야 (22개)	회계, 광고, 보험, 식음료, 알루미늄
	자동차, 항공, 화학, 석탄, 건설
	엔지니어링, 전력, 비료, 정보통신기술
	철강, 석유가스, 철도, 냉장 여행, 폐기물처리, 수자원관리

자료: http://www.unep.org

4) 다우존스 지속가능지수

다우존스 지속가능지수(DJSI: DowJones Sustainability Indexes)는 세계적인 자산관리회사인 스위스의 SAM(Sustainable Asset Management)과 DowJones가 공동으로 1999년부터 발표하는 현재까지 세계에서 가장 권위 있는 기업의 지속가능경영 종합 평가지수이다. 이는 기업을 단순한 재무정보만으로 평가하지 않고 사회적, 윤리적, 환경적 가치들을 종합적으로 판단하는 사회책임투자(RI: Responsible Investments)지수의 평가정보를 투자기관이나 투자자에게 제공하고 있는데 매년 2,500여 개 기업을 대상으로 산업별 상위 10%를 지속가능경영 우수 기업체로 선정하여 발표한다.

국내기업으로서는 삼성SDI가 2004~2007년까지 포함되었고, 포스코가 2005년부터 포함되고 있는데 보다 구체적인 세부평가지표는 다음과 같다.

표 5-6. 기업의 지속가능경영 세부평가지표

분 야	평 가 항 목	정도(%)
경제	조직구성원의 행동강령・준법감시・부패 및 뇌물수수	3
	기업의 지배구조	5.4
	고객관계관리(CRM)	3
	재무적 적정성	3.6
	투자자 관계(IR)	2.4
	위기관리 능력	3.6
	스코어카드・평가시스템	4.2
	전략적 기획	5.4
	산업별 기준	업종별로 상이함
환경	환경정책・환경친화적인 경영	3
	환경적 성과	4.2
	환경보고	1.8
	산업별 기준	업종별로 상이함
사회	지역사회활동・자선활동	2.4
	이해관계자와의 관계	4.2
	노동관행 지표	3
	인적자본 개발	1.8
	지식경영・조직차원의 학습	3
	사회보고서	1.8
	우수인력 확보 및 유지	2.4
	공급업자 관련 기준	1.8
	산업별 기준	업종별로 상이함

주: SAM Indexes가 공식적으로 공개한 정보만을 기초로 하여 정리하였음.
자료: DowJones Sustainability Index(DJSI)-Annual Review 2004.

5) FTSE4Good

영국 Financial Times와 London Stock Exchange가 공동 설립한 주가지수 전문기관인 FTSE는 기업의 사회적 책임 측면에서 기업을 평가하고 이에 대한 투자를 촉진하기 위한 목적으로 TBL관점에서 구성된 주가지수인 FTSE4Good를 개발하여

2001년부터 발표하고 있다.

FTSE4Good에서는 지속가능성 평가기준으로 환경적 지속가능성, 사회 및 이해관계자와 원활한 관계, 보편적인 인권보장 및 지원 등을 중심으로 하고 있다. SAM DJSI와 달리 경제적 관점이 배제된 이유로는 FTSE에서 운영하고 있는 전통적인 재무적 관점의 주가지수인 FTSE100 등에 이미 반영되었다고 판단하기 때문이다. 또한 유럽 전역에서 지속가능경영에 대한 기업의 노력으로 환경성 및 사회성에 초점을 두고 있는 CSR(Corporate Social Responsibility) 움직임과도 무관하지 않다. 이 같이 유럽을 중심으로 CSR경영이 인류의 지속가능경영 달성을 위해서 요구되고 있는 이면에는 유럽의 많은 기업의 경제적 관점에서 지속가능성을 위한 노력을 이미 해 왔음을 전제하고 있는 것이라 판단되며 FTSE4Good의 평가단계별 기준은 다음과 같다.

표 5-7. FTSE4Good의 평가단계별 기준

평가항목	평가기준
인식(awareness)	환경, 사회문제에 대한 기업의 인식, 경영활동 반영 방식
방침(policy)	목표설정 및 달성, 성과향상을 위한 구체적인 노력
운영(management system)	생산부문의 체계적인 절차 및 조직체계
성과측정/감시 (performance & monitoring)	성과향상 및 목표달성 정도의 측정 및 감시
보고(reporting)	정책·운영·성과에 대한 대내외 보고 및 제3자 검증
자문(consultation)	주요 이해관계자의 피드백 및 협력

자료: 박진석, 지속가능경영기업의 성과에 관한 연구, 경희대 대학원, 2011, p. 8 재구성.

2. 국내 동향

1) 한국지속가능발전 기업협의회

한국지속가능발전기업협의회(KBCSD: The Korea Business Council for Sustainable Development)는 기업의 국제경쟁력을 높이기 위해 기업의 지속가능경영전략을 수립하고 이를 실천함으로써 지속가능경영을 선도하고 있는데 매년 지속가능경영 보고서 발간, 세미나개최, 우수사례의 발굴 등을 통해 지속가능경영 활동을 확산시키고 있다. 또한 국제회의 참가, 국제규제 정보의 수집, 국제 간 협력 및 대응네트워크를 구축하는 등 기업의 지속가능경영을 통해 경제·환경·사회의 조화로운 발전을 구현하려고 노력하고 있다.

2) 지속가능경영원

지속가능경영원(BISD: Business Institute Sustainability Development)은 지속가능경영을 지원하기 위해 대한상공회의소가 주최가 되어 설립한 전문기관이다. 경제성장과 환경보전의 조화를 통해 기업의 경쟁력을 높이고 국가 지속가능발전에 기여하는 것이 주된 목표인데 주요 활동내용은 다음과 같다.

표 5-8. 지속가능경영원의 주요 활동

내 용	주 요 활 동
기업의 지속가능 경영촉진	지속가능경영 전략 수립 및 지원 지속가능경영 기법 개발 및 보급 산업계의 수평적(산업간), 수직적(대중소기업간) 협력체계 구축
이해관계자 파트너십 정립	정부·시민단체·기업간 친환경 협력 Governance구축 지역별 산업현장 방문을 통한 환경현안 실태조사 및 해결 비판적 환경주장에 대한 합리적 대응논리 개발 및 확산
정책개발 및 이행 과정에 능동적 참여	지속가능발전의 핵심주체로서 산업계 역할 확립 정책개발 프로세서 참여 확대 국내외 환경규제 정책에 대한 산업계 입장 대변
대외 홍보 및 협력기반 확립	전문가 풀 운영 공동연구 및 세미나 개최 : 학계, 정부, NGO 등 국제교류 협력 파트너십 구축 회원서비스 : On/Off-Line홍보 및 교육 서비스 제공

자료: http://www.bisd.or.kr

3) 산업정책연구원

산업정책연구원(IPS: The Institute for Industrial Policy Studies)은 산업자원부의 산하기관으로서 2000년 기업윤리연구센터를 설립하고 윤리경영, 사회적 책임활동(CSR), 지속경영에 대한 연구활동을 주도하고 있으며, 정부차원의 윤리경영과 사회적 책임활동에 대한 정책권고, 기업차원의 평가모델을 개발, 지속경영보고제도 및 검증제도에 구축을 위해 노력하고 있다. 그리고 2001년에는 지속경영연구센터(CSM: Center for Sustainability Management)를 신설하여 기업 및 정부차원의 평가 및 정책자문에 주력하고 있다.

4) 대통령자문 지속가능경영자문위원회

대통령자문 지속가능경영자문위원회(PCSD: Presidential Commission on Sustainability Development)는 2000년 9월에 발족하여 경제와 사회, 환경의 통합정책 수립, 지속가능한 국토·자연 관리체계 구축, 지속가능한 에너지·산업정책 수립 및 국가와 지방의 지속가능발전 이행체계 구축 등 미래세대를 생각하는 새로운 발전전략을 도출하고 정책을 제시하는 대통령자문 기관인데 주요 기능은 다음과 같다.

표 5-9. PCSD의 주요 기능

· 경제·사회·환경을 통합하는 지속가능한 발전을 위하여 고려하여야 할 주요 정책 방향의 설정 및 계획수립
· 물·에너지 대책 등 주요정책의 수립 및 시행
· 지속가능한 국가발전과 관련된 사회적 갈등의 해결
· 유엔환경개발회의에서 채택된 의제 21의 실천계획 수립 및 시행
· 기후변화협약 등 주요 국제 환경협약의 국내 이행 대책 및 대응전략
· 세계지속가능발전 정상회의에서 채택된 이행계획 수립 및 시행
· 그 밖에 환경친화적이고, 지속가능한 국가발전 및 이와 간련된 사회적 갈등의 해결과 관련하여 대통령이 자문을 구하는 사항
· 국가 주요 정책수립 시 지속가능성에 대한 시전 검토

자료: http://www.pcsd.go.kr

5) 에코프론티어

Eco-Frontier는 1995년에 설립하여 내일을 위해 오늘을 바꾸는 인재들이 세계 지속가능한 발전에 헌신하고, 건전한 기업생활을 도우며, 국민생활의 질을 향상시킨다는 경영목적을 갖고 있으며, 세계적인 환경신용평가 기관인 이노베스트(Innovest Strategy Value Advisor)와 전략적 제휴를 통해 한국기업의 환경신용을 평가하여 환경신용평가등급을 부여하고 이를 국내 및 글로벌 금융기관에 제공하는 역할을 수행하고 있다. 그리고 금융부문의 지속가능경영을 위해 산업별 사회책임투자펀드 개발 및 자문 등의 서비스를 제공한다.

지속가능성평가 결과는 한경신용평가 결과와 마찬가지로 금융기관으로 제공되어 보다 환경성과 및 사회적 책임을 다하는 기업에 우선적으로 투자하는 에코펀드 및 SRI펀드(Socially Responsible Investment)의 구성 및 운영을 위해 사용되고 있으며, 개별기업에 대한 지속가능성 진단, 지속가능경영전략 도출, 마스터 플랜수립, 지속가능성 보고서 작성 등과 같은 컨설팅 서비스에 사용되고 있다.

3. 지속가능경영활동의 전략

1) 지속가능경영의 발전단계

지속가능경영에 대한 기업들의 고민과 노력은 외부 환경변화에 따라 그 개념과 활동내용을 달리하여 왔다. 초기단계에서는 규제강화 및 거래제약조건 등에 대응하여 위험과 손실을 최소화하려는 수동적인 전략에 초점을 맞추었다. 즉, 기업활동의 규제내용을 파악하고, 윤리경영체계를 확립하여 관련 인증을 획득하는 수준에 머물렀으나 지속가능경영이 의무사항을 넘어 '투자'의 의미를 갖게 된 시기는 비정부기구(NGO)의 수가 증가하고 여론의 영향력이 확대되면서 인터넷을 통해 기업활동에 대한 정보가 전적으로 노출되면서부터다. 이러한 환경변화로 기업들은 사회공헌활동을 전개하고 기업이미지와 사회적 평판을 개선하는 일에 많은 투자와 노력을 기울이지 않으면 안 되게 되었다.

그리고 최근에는 지속가능경영을 기업성장의 기회로 해석하고 경쟁사 대비 차별화된 가치를 제공하기 위한 노력을 경주하고 있다. 이는 소비자의 친환경적·윤리적 구매 성향의 확산이나 에너지, 원자재 가격의 급등 등에 기인된 결과라 사료된다. 이러한 변화는 이동통신사업자들이 지능형전력망(Smart Grid)[16]사업을 추진하는 것에서부터 건설업체와 정부가 클린도시(Zero Waste City)를 건설하는 것과 같이 다양한 분야와 산업에 걸쳐 일어나고 있다.

---

16) 지능형 전력망이란 기존의 전력망에 정보기술을 접목하여 전력 공급자와 소비자가 양방향으로 실시간 정보를 교환함으로써 에너지 효율을 최적화하는 차세대 전력망임.

표 5-10. 지속가능경영의 발전단계

구분	위험 · 손실 최소화 (Responsive)	기업평판 제고(Active)	차별적 가치창출 (Creative Leading)
개념	Sustainability=의무	Sustainability=투자	Sustainability=기회
배경	· 규제강화 및 다양화 · 인증 미취득시 거래 제약	· NGO증가 및 여론의 영향력 확대 · 인터넷 발전 등으로 기업 경영활동 정보가 일반에 노출됨	· 고객의 인식 및 구매 행동 변화 · 녹색 및 윤리적 구매 정책 확산 · 에너지 및 원자재 가격 급등
핵심 활동	· 규제 파악 및 대응 · 윤리경영체계 구축 · 관련인증 획득	· 다양한 사회공헌활동 전개 · 사회 환경 관련 제도, 프로세서 개선 · 이해관계자 대응체계 마련 (NGO, 정부, 언론 등)	· 환경/사회 Agenda선택 집중하고 이를 제품 차별화전략과 연계 · 제품/프로세서 혁신에 내재화하여 창의적 지속가능 솔루션 개발
기대 효과	· 규제위반 회피 및 손실 최소화 · 인증획득을 통한 판로확보/ 유지	· NGO공격 회피 및 대응책 확보 · 기업이미지 개선	· 브랜드/제품차별화 및 신시장 창출 · 프로세서 효율제고 및 비용 절감

자료: 동아 Business Review, 2010년 6월(59호)

2) 지속가능경영의 주요전략 과제

지속가능경영으로 차별적 가치를 창출하려는 전략적 방향성을 효과적으로 추진하기 위해 글로벌 기업의 경영진은 지속가능한 혁신제품 개발과 신사업 진출, 가치사슬(value chain) 효율성 증대, 전략적 사회공헌을 주요 전략과제로 삼고 있다.

(1) 혁신제품 개발 및 신사업 진출

지속가능경영을 위해 외부 환경변화와 이해관계자의 요구를 반영한 혁신적인 제품을 개발하거나 새로운 사업의 추진은 신제품 또는 신사업의 성공을 통해 매출액이 증가하고 수익성이 향상되면 전략적 사회공헌을 위한 재원확보가 가능해지는 선순환구조이기 때문에 매우 중요한 것이다. 신제품이나 새로운 사업의 확산을 효과적으로 유도하기 위해서는 장기적인 관점에서 제품과 사업에 대한 정의, 개발전략, 목표 등을 명확하게 수립한다. 그리고 시장변화에 선제적 대응을 하기 위해서는 시장을 선도할 수 있는 중장기적인 관점에서의 연구개발 전략과 운영 가이드라인을 마련할 필요가 있다.

(2) 가치사슬 효율성 증대

지속가능경영으로 초기에는 추가비용의 발생은 불가피하다. 그러나 장기적인 전략 측면에서 비용절감 효과로 연결되는 경우가 많다. 따라서 비용구조를 고려할 때 투자대비 효과가 가장 큰 과제를 선정하고 이를 적극적으로 도입할 필요가 있다.

예컨대 에너지 사용량이 많은 캐터필러(Cater-pillar)사는 수자원 집중관리프로그램을 통해 담수 사용량을 3분의 1수준으로 낮출 수 있었고, 고효율의 전구와 동작감지센서를 설치, 열병합발전 등 복합적인 프로그램을 통해 25%의 에너지 절감효과를 얻었다. 반면 물류비중이 높은 볼브(Volvo)사는 물류과정에서 배출되는 이산화탄소를 2006년 대비 2010년까지 20%, 2015년까지 50%감축이라는 목표를 설정해 놓고 지속가능경영으로의 전환을 시도하였다. 그 결과 탄소배출량이 낮은 해상운송과 철도운송의 이용 비중을 80%까지 끌어 올렸고, 포장재는 재활용 소재로 모두 교체하였다. 또한 유럽 납품업체들의 친환경기준 준수 여부를 모니터링 하면서 '친환경운송네트워크'(Clean Shipping Network)에 참여시켜 운송업자들이 화학물질 배출기준을 준수하도록 유도하고 있다.

(3) 전략적인 사회공헌 활동

지속가능경영을 실천하려면 사회공헌 측면에서 기업이미지 제고 및 매출액 증대와 연계할 수 있는 사회공헌프로그램에 집중하고, 이를 장기적으로 추진해 효과를 극대화하여야 한다. 전략적 사회공헌 프로그램은 자사의 경영이념과 역량에 부합하는지 여부, 타사와 차별화가 가능한지 여부를 기준으로 선정하고, 추진대상을 결정한 후 장기적인 목표를 세워야 한다. 유한 킴벌리사는 1984년부터 장기적인 관점에서 '숲 복원'활동을 전개하였고, 이를 국내의 대표적인 사회공헌 활동으로 자리매김 시키는데 성공했다. 자사의 펄프 주원료인 나무와 산림 벌채에 대한 문제를 인식하고 이에 대응하고 있다는 메시지를 고객들에게 효과적으로 전달하기 위해 숲 복원이라는 전략적 방향성 하에 나무심기와 숲 조성, 환경캠페인, 환경생태교육, 환경세미나 개최와 같은 다양한 활동을 활발하게 추진해 오고 있다.

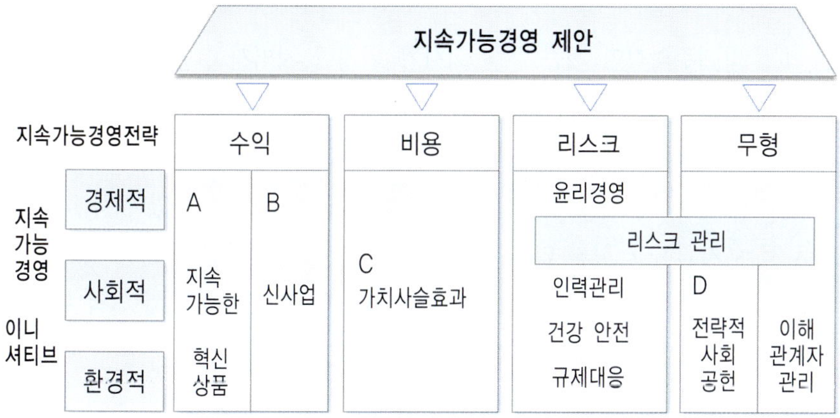

그림 5-4. 지속가능경영의 주요전략 과제

자료: 동아 Business Review, 2010년 6월(59)호

Ⅸ. 사회적 책임(CSR) 추세에 편승하기

최근 많은 기업들이 스스로의 목표에 따라 윤리적, 이타적 그리고 전략적 세 가지 서로 다른 유형으로 사회적 책임(CSR)에 편승하고 있다.

1. 윤리적(Ethical) CSR

가장 순수한 또는 합법적인 사회적 책임(CSR)유형으로 주주에 대한 재무적 책임에 대해, 지역사회와 사회에 대한 법적인 책임에 대해, 그리고 모든 이해관계자들에 대해 바르게 행동해야 하는 윤리적 책임을 지기 위해 구체적으로 정의된 사회적 양심 개념을 따르는 것을 의미한다.

이러한 유형의 기업들은 자신의 신념을 회사 운영철학에 반영하고 있다. 바디샵(The Body Shop), 벤과 제리(Ben & Jerry)의 수제 아이스크림, 탐스 오브메인(Tom's of Maine)과 같은 회사들은 회사와 소비자가 적대적인 관계가 아니라는 신념을 기지고 있으며, 회사를 운영하고 서비스를 제공하는 시민들이 속한 지역사회와의 사회적 계약을 중시한다.

2. 이타적(Altruistic) CSR

이는 박애주의적인 접근이며, 회사가 위치한 지역사회나 특정한 국내 또는 국제 프로그램에 사회환원을 동의하고 시행한다. 윤리적으로 보면 이 사회환원은 주주들에게 속한 자금이라고 할 수 있다.

주요한 관심사는 사회단체의 선택은 회사의 결정에 달려 있다는 점인데, 개인 주주로서는 지원하고 싶지 않은, 예컨대 낙태반대나 총기규제 운동 등의 단체를 지원하는 어색한 경우가 발생할 수도 있다는 점이다. 비판자들은 윤리적 관점에서, 이러한 유형의 CSR은 비윤리적이라고 주장하는데, 이는 기업의 사회적 책임이라는 이름으로 사업을 하면서 주주들에게 찬반투표를 할 수 있는 기회를 주지 않았기 때문이라고 주장한다.

하지만 이타적 CSR의 합법성은 박애주의적 활동은 기업의 수익성에 대한 관련 없이 그 정당성을 인정할 수 있다는 주장에 기인한다. 공리주의적 주장은 기업이란 최대 다수의 최대 행복을 위해 일하는 것이다.

이타주의적인 CSR은 급박하게 도움이 필요한 위기에서 그 예를 볼 수 있다. 다음을 생각해 보자.

- 사우스웨스트(Southwest Airlines)는 로날드 맥도날드 하우스를 금전적으로, 그리고 종업원들의 봉사활동을 통해 지원하였다. 회사는 사명을 실천하고 있는 그 지역사회에 다시 되돌려주는 환원활동을 한 것이다.
- 쉘오일(Shell Oil)회사는 2004년 12월 아시아의 쓰나미 피해에 대해 구호 팀과 식수공급 운반에 필요한 연료비를 기부하였으며, 그 외에 구호기금으로 수백만 달러를 기부하였다. 쉘의 종업원들도 회사의 기부활동에 동참하였다.
- 2005년 9월 주택 개선 관련 제품과 서비스를 제공하는 홈 디포(Home Depot)는 카트리나 태풍으로 피해를 입은 지역의 구호와 재건을 위해 150만 달러를 기부했다. 추가적으로 회사는 기부의 달을 선포하고 미국 내 전체에 30만 봉사시간을 기부했고, 지역사회의 90개 가게의 복구를 위해 20만 달러에 달하는 물품도 기부했다.

3. 전략적(Strategy) CSR

이는 회사가 자기 잇속만 차리는 행위로 오해받을 위험이 있다. 이런 박애주의적인 행위는 회사의 긍정적 이미지와 호의를 만들어 내는 프로그램에 초점을 둔다. 이런 프로그램을 지원함으로써, 회사는 양쪽의 2가지를 다 달성할 수 있다. 회사는 바른 일을 했다고 주장할 수 있으며 다른 한편으로는 호의적인 이미지를 통해 매출을 확대할 수 있다는 가정 하에 주주들에 대한 금전적 의무도 충족시킬 수 있다.

이타주의적 CSR에 대해 비윤리적이라는 주장과 달리, 비판자들은 전략적 CSR이 칭찬받을만한데, 그 이유는 그런 프로그램을 통해 이해관계자도 만족시키고, 동시에 주주들에게 금전적인 이익도 가져오기 때문이다. 그러나 상생할 수 없다면 그러한 CSR활동이 실현될 수 있는가 하는 질문은 남는다.

따라서 기업의 활동이 어떻게 인식되는가에 위험이 있을 수 있다. 포드 자동차의 2가지 경우를 예를 들어 생각해 보자.

- 포드자동차 회사는 몸무게가 40파운드 이하이고 키가 4피트 9인치 이하인 4세~8세 어린이들에 대해 어린이용 보조의자(카시트)의 필요성을 강조하는 광고를 위해 매년 수백만 달러를 사용하고 이런 캠페인에 백만 개에 달하는 보조의자도 나눠주고 있다.
- 포드의 익스플로러(Ford Explorer)자동차의 전복사고 원인으로 파이어스톤(Firestone)의 타이어가 제시되는 광고전쟁 속에서 당시 포드의 회장인 케크 나서(Jacques Nasser)는 포드 익스플로러 자동차에 장착된 타이어 1300만 개을 무상으로 교체하겠다고 발표했는데 그 비용은 30억 달러에 달했다. 그 이유는 “고객들이 감당하기에는 너무 큰 위험”이라고 생각했기 때문이었다.

각각의 캠페인을 생각해 보면 보조의자 캠페인은 포드가 운전자뿐만 아니라 동승자의 안전까지도 고려하는 자동차 제조업체라는 이미지를 강조하는 것이었다. 타이어 교환도 마찬가지지만, 파이어스톤에서 주장하는 것처럼 포드 익스플로러 자동차의 설계상 결함에 대한 관심을 분산시키기 위한 전술적인 접근은 아니었을까?

가장 최근에 CSR쪽에서 의문시되고 있는 사항은 바로 “탄소 중립(carbon neutral)”인데 이는 회사의 가스배출로 환경을 파괴한 만큼 “탄소 포지티브(carbon positive)” 프로젝트로부터 크렛딧(credits)를 구매해서 이를 중립화한다는 것이다. 이 개념은 처음에는 항공이나 자동차 등과 같이 탄소배출 축소에 어려움을 겪고 있는 산업을 위해 그 해결책으로 개발되었으나, 이후 탄소 중립성 달성에 도움을 줄 수 있는 다양한 판매회사들이 생겨났고, 배출 크레딧을 사고파는 시장도 형성되었다.

사회적 책임을 진다는 것

기업의 사회적 책임과 지속가능성에 대한 믿음이 당신의 일상생활에서 얼마나 중요한지 생각해 보라. 당신은 어렵게 번 돈을 환경보호를 강조하고 "녹색" 자본주의를 강조하는 가게에서 사용하는가? 아니면 생활비 압박으로 가장 싼 가격을 찾게 되고 이런 낮은 가격으로 인해 발생하는 부정적인 결과는 생각하지 않는가?

그런 믿음들이 향후 당신의 삶을 선택하는 데 얼마나 영향을 미칠까? 당신은 좋은 CSR기록이 있는 회사를 중심으로 일자리를 찾을 것인가? 아니면 각종 생활비를 충당하기 위해 가능한 높은 임금을 주는 회사를 찾을 것인가? 급여명세서는 당신과 당신 회사의 가치 사이에 발생하는 갈등이나 문화적 부적합 정도를 보여주지도 않는다는 점을 기억해야 한다. 그저 그런 많은 회사들 중에 처음 채용되는 회사를 선택할 것이 아니라, 조금 힘들더라도 당신이 자랑스럽게 일하는 회사를 찾은 것이 더 바람직하다.

결론적으로 "바르게 하는 것이 잘 하는 것"이라는 주장이 윤리적으로 문제가 없다면 왜 모두 그렇게 하지 않는가? 여기서의 핵심은 바로 고객의 인식이다. 조직이 CSR을 주도적으로 추진해 나가려면, 단기적인 실험이 아니라 장기적인 의지가 있어야 한다. 고객의 단기적인 기억에 대해서는 도박을 할 수 있지만, 대다수는 실질적으로 의지를 가지고 있으며, 그러한 활동에 대해 많은 사람들에게 알리는 보고서를 기대할 것이다.

여기서 좀 더 잘 알려진 CSR기업들을 생각해 보자. 벤과 제리(Ben & Jerry)의 수제 아이스크림이나 바디샵(The Body Shop)을 생각해 보면, 이 기업들은 CSR이 경영상의 이슈로 제기되기 훨씬 전에 이미 기업의 사회적 양심을 회사의 핵심철학으로 운영하고 있었다. 그러한 의지는 대단한 수준의 호의를 얻어낼 수 있었다. 투자자들은 그들의 재무적 성과에 대해 존경심을 표했고, 고객들은 거기서 물건을 사면서 좋은 느낌을 가졌다. 그러나 제품의 품질이 고객의 기대수준에 미치지 못했다면 장기적으로 살아남았을까? 고객들이 좋아하지 않는 제품을 계속 구매했을까? "바르게 하는 것이 잘 하는 것"이라는 주장은 여기까지이다.

따라서 CSR에 대해 의지를 가진 기업이, 이해관계자들에 대한 도덕적 의무를 저버릴 때 비판하는 것은 불공평할 수 있다. 열심히 노력해서 최대한 홍보를 한다고 해도, 결국 고객은 현관까지만 온다. 제품이나 서비스가 고객의 기대에 미치지 못하면, 다시 방문하지 않는다. 기업이 기부를 많이 한다고 해서, 저품질의 제품이나 서비스를 구매하지는 않는다. 따라서 당신의 제품이나 서비스는 최소한 고객의 기대수준에 맞아야 하며, 그 이상이 되면 더 좋다. 그리고 지속적으로 그러한다면 당신의 이해관계자들의 욕구는 충분히 충족될 것이다. 하지만 아직도 우리는 3BL[17]이 열마나 구체적으로, 그리고 얼마나 신속하게 표준적인 경영관행의 일부가 되는지 확인할 필요가 있으며, 소비자와 투자자들이 기업의 사회적인 책임을 정확하게 평가할 수 있는 일반적인 개념이 되는가를 확인할 필요가 있다. 연차보고서가 단지 회사의 좋은 행위들을 제시하는 사진들로 채운다면, 모든 이해관계자는 회사의 핵심 경영철학에 어떤 변화가 있었는지, 아니면 기회주의적인 마케팅 전술인지 알 수 없을 것이다.

확실히 재무적 인센티브는 아주 현실적인 접근이며, 조직의 재무측면의 미래에 큰 영향을 미칠 수 있다. 아래 두 가지 예를 살펴보자.

- 2003년 4월 150만 전 현직 공무원을 위해 7억5천만 달러를 관리하는 캘리포니아 공무원퇴직시스템(CALPERS)은 공식적으로 글라소스미스콜라인 제약회사가 개발도상국에 판매하는 에이즈 약품 가격을 재점토하라고 요구했다. 2008년 3월 공무원퇴직시스템은 한 걸음 더 나아가 5개의 미국회사를 2008년 중점관심대상으로 언급하였는데 이는 연금기금이 그 회사의 주가, 재무성과, 그리고 지배구조에 대한 관심을 표명하는 것이었다. 대상회사는 치즈케이크 팩토리(Cheesecake Factory), 힐브 로칼앤 홉스(Hilb Rogal & Hobbs, 보험중개회사), 아이비케어(Ivacare, 건강관리제품판매사), 레이지보이(La-Z Boy), 그리고 스탠다드 퍼시픽(Standard Pacific, 주택건설회사) 등이었다.
- 2006년6월 노르웨이 정부는 석유판매를 통해 얻은 2000억 달러를 국민들의 연기금으로 운영하는데 월마트(Walmart)와 프리포트(Freeport, 미국의 광산회사)에 대해 투자를 중단하기로 했다. 그 이유는 이 회사들이 경영관행에서 환경파괴와 인권침해에 대해 제대로 책임을 지는 경영을 하지 못했다는 것이었다.

이제 이러한 재무적 영향력이 CSR이슈보다 순위가 밀린다는 점을 볼 때, 사회적 책임은 수용이나 거부의 선택사항이 아니라, 인제 수용하느냐만 남아 있는 이슈가 되었다.

17) 3BL(Triple bottom line)이란 1998년 Sustain Ability라는 경영컨설팅사를 공동으로 창업한 존 엘킹톤(John Elkington)이 그의 저서 《포크를 잡은 식인종 : 21세기 경영의 3BL; *Cannibals with Forks: The Triple Bottom Line of 21st Century Business*》에서 처음 사용하였다. 기업이 재무목표 외에 사회목표와 환경목표를 함께 추구하는 것이 어려워 보이지는 않지만, 그에 대한 성과를 어떻게 측정해야 한다는 확실한 증거는 없으며 "황제의 새 옷" 이라는 동화에서처럼 황제에게 발가벗었다고 말할 소년과 같은 역할을 할 사람도 아직은 없다. 만약 당신이 "측정할 수 없으면, 관리할 수 없다"라는 오랜 경영 숙어를 인정한다면 3BL 목표를 설정하고 이를 달성하는 데 따르는 어려움을 더 쉽게 인정할 수 있을 것이다.

[사례 탐구] 명성 되살리기 - 클레어의 결정

기름 누출사건과 관련된 언론의 부정적인 기사를 모두 검토한 후, 클레어는 크게 비용을 지출할 수 없는 상황에서 그녀가 단기간에 할 수 있는 최선은 회사가 지역사회를 진정으로 생각하고 있다는 점을 강조하는 것이라고 판단했다.

기름 누출은 우연한 사고였다. EPA조사에서도 회사가 나쁜 관행을 가지고 있다는 증거는 발견되지 않았다. 하지만 지역사회는 직접적인 영향을 받았다. 길거리에서 분노한 주민들을 마주치면서 지역에 거주하는 종업원들은 매우 당황스러웠다. 회사 직원임을 매우 자랑스럽게 생각했기에, 고객이 이탈하는 것을 매우 심각하게 생각했다. 매출감소는 또한 일자리를 줄어들게 하고, 이는 직원사기를 저하시켰다. 회사명성을 되살리기 위해 클레어는 2단계 전략을 제시하였다.

1. 투명한 의사소통을 위한 노력. 대표이사는 누출과 관련한 실수를 인정하고, EPA조사에 성실히 임하겠으며, EPA가 요구하는 어떠한 권고사항에 대해서도 수용하겠다는 성명서를 언론에 공개하기. 또한 대표이사는 직원들에게 상황을 설명하고 지역사회 및 일자리에 대한 직원의 걱정에 대한 메일을 보내기.
2. 3개월 후에 예정되어 있는 주주총회에서 존스 씨가 자본투자를 포함하는 적극적인 CSR 전략을 제시하기. 초기에는 본사 근처 고속도로 청소 후원, 직원의 월1회 지역사회 자원봉사 지원, 그리고 지역사회 행사 지원 등 작은 규모 프로젝트 시행 이후 영업용 차량을 하이브리드나 전기차로 교체, 사무실 태양광 설치 등 대규모 프로젝트 진행.

질문

1. 클레어는 올바른 일을 했는가?
2. 과연 고객들은 믿을까?
3. 존스 씨는 어떻게 반응할까?

토의과제

1. 자본주의 경제의 역기능과 체제의 우월성에 대해 논의해보자.
2. 기업의 사회적 책임에 대한 각자의 견해를 논의해 보자.
3. 기업윤리와 기업의 사회적 책임은 어떻게 구별되는가?
4. 기업의 사회적 책임을 실천할 수 있는 구체적 방안에 대해 논의해 보자.
5. 자본주의의 발전과 해결과제에 대해 논의해 보자.
6. 지속가능경영의 본질에 대해 토의해 보자.

제 6 장

기업윤리 환경의 변화

6

기업윤리 환경의 변화

최근 윤리성과 관련된 문제가 사회와 기업경영의 중요한 이슈로 대두되고 있다. 이제는 소액주주운동, 사외이사제도 등이 일반화됐고, 많은 기업들이 윤리헌장과 윤리강령을 선포하였다.

최근 전국경제인연합회가 윤리경영과 불법 정치자금 지급을 거부하는 성명서를 발표했고, 산업통상자원부는 '기업의 윤리경영체제 강화 방안'을 수립해 구체적인 활동계획을 발표했다. 또 2003년 5월에는 공무원윤리강령이 법제화되었다. 최근 정부는 기본을 바로세우는 국가개조를 주요 정책으로 추진하고 있다. 왜 이렇게 윤리성이 문제시되고 있는가? 그것은 한마디로 국내외에서 사회·경제 환경이 크게 변화하고 있기 때문이다.

Ⅰ. 기업윤리에 대한 인식변화

1997년 말 IMF구제금융 요청과 관련한 대기업의 연쇄부도, 대우그룹의 분식회계 등 비리사건을 거치면서 지배주주와 경영진에 의한 기업지배가 일반주주와 사회의 이익에 반한다는 인식이 확대되면서 이를 개선하자는 여론이 형성되었다. 그리고 근로자들도 '삶의 질'을 중시하고, '자랑스러운 직장'을 선호하게 되면서 기업윤리의식이 직원의 사기에 큰 영향을 미쳤다.

기업측면에서도 부실공사에 의한 성수대교 붕괴, 페놀 유출사건, 세월호의 침몰 등을 겪으면서 비윤리적 행위로 인한 손실이 기업의 존립을 위협할 정도로 막대하다는 것을 인식하게 됐다. 특히 2003년 1월 발효된 부패방지법과 '부패방지위원회'의 출범, 동년 5월 시행된 '공직자윤리강령'은 공직자는 물론 정부와 거래하는 기업의 불법 부패행위에 대한 처벌을 규정하고 있어 개별 기업들이 윤리경영을 실천해야 할 필요성은 더 한층 강조되고 있는 추세다.

한편, 세계무역기구(WTO)의 출범과 더불어 국제거래 무역환경이 개선되는 과정에서 무역장벽은 완화되고, 각 부문에서 시장개방이 확대되어 세계경제는 점차 국경 없는 무한경쟁의 시대로 전개되고 있다.

새로운 통상 이슈에 대한 다자간 협상에서 논의되고 있는 중점사항은 뇌물방지와 부패문제인데 최근에는 지역주의 경향의 심화 속에서 새로운 윤리문제(CR)로 나타나고 있다.

EU(유럽연합), NAFTA(북미자유무역협정), AFTA(아세안자유무역지대), APEC(아태경제협력기구) 등 지역경제 블록이 1994년 1월부터 발동하였고, WTO출범에 의한 자유무역주의 채택 및 지역주의가 상호 병존하고 있다. 지역주의로 인한 무역창출효과가 무역전환효과보다 큰 경우에는 시장경제발전에 기여하게 되므로 이러한 지역주의는 용인하는 것이 사실이다.

윤리경영의 제고를 유도하는 기업의 외부환경으로는 정부기관의 청렴서약제도, 금융회사의 준법감시인제도, 공정거래위원회의 자율준수규범 등과 같은 제도의 도입, 시민단체의 기업윤리에 대한 감시활동의 강화 등을 들 수 있다.

오늘날 이와 같은 기업환경의 변화로 기업윤리에 대한 새로운 인식과 중요성은 날로 강조되고 있다.

Ⅱ. 국내 기업윤리 환경의 변화

1. 국제상거래뇌물방지법의 제정

OECD 뇌물방지협약에 의하여 우리나라에서도 국제상거래에서 뇌물제공행위에 대하여 관련 직원과 법인을 함께 형사 처벌하는 '국제상거래뇌물방지법'을 제정하여 시행하고 있다. 이러한 국제상거래뇌물방지법은 기업의 해외영업에서 외국공무원 등에 대한 뇌물제공행위는 범죄행위로 관련 직원 및 법인이 형사 처벌대상이고 제3자에 의하여 제소도 가능하게 됨으로써 국내외 경쟁기업, 사법당국, 정보기관, 시민단체 등에 의한 감시활동 강화 및 제소가 벌어질 가능성이 높아 졌다.

이에 따라 해외영업을 하는 우리 기업들은 국제상거래뇌물방지법을 준수하는 '준법프로그램'을 구축하고 이를 실천하고 있음을 입증할 수 있는 체계를 갖추는 것이 필요하다.

2. 국가청렴위원회 설립

국가청렴위원회는 부패방지에 필요한 법령·제도 등의 개선과 정책의 수립·시행 등을 목적으로 2002년 1월에 발족한 대통령 소속 합의제 국가기관이다. 이는 국가차원의 종합적이고 중립적인 부패방지대책 중심기구 역할, 고위공직자를 포함한 권력 및 주변 권력기관에 대한 견제와 균형 역할, 내부고발자 보호·보상제도의 최초 도입 시행 등의 의의를 두고 출범하였다. 부패에 대한 적발·처벌 등 사후 통제기능, 제도개선 및 교육·홍보 등 사전 예방적 기능을 종합적·체계적으로 수행하는 국가차원의 부패방지종합기구이다.

공직자의 부패신고 접수 및 처리, 내부 공익신고자의 보호·보상과 같은 사후적발 업무와 부패방지제도 개선 수립·권고, 교육 및 홍보, 국제협력, 부패방지 시책 수립 및 평가와 같은 사전 예방적 업무를 담당하고 있다.

3. 반부패기본법 등 관련법규의 제·개정

반부패특별위원회에서는 공직자 행동강령, 부패행위신고자 보호 및 보상금 지급, 시민감사청구제도 등이 포함된 반부패기본법이 추진되었다. 또한 기업윤리강령을 시행하는 기업에게 인센티브를 제공하는 방안을 강구하고, 뇌물을 제공한 기업에 대해서는 제재를 강화하도록 국가계약법 시행령 개정을 추진하고 보상하는 제도를 도입하였다.

이러한 부패행위신고자 보호 및 보상금지급제도는 기업내부의 부정부패 행위의 노출가능성을 높여 기업에게는 큰 위험을 주게 되는 제도이다. 따라서 기업들은 지금까지 관행으로 여겨왔던 영업정책에 대한 변화를 추진하고 공정한 경쟁우위를 확보할 수 있는 방안 등을 강구하여야 할 것이다. 또한 기업에서도 부패행위신고의 내부적 처리절차 및 보호 장치를 도입하고, 직원에 대한 교육을 강화하는 '내부적 위험관리 체계'를 마련해야 할 것이다.

4. 기업지배구조의 개선

미국에서는 90년대에 주식소유의 대중화, 연기금과 같은 기관투자자의 주식보유비율 확대 등으로 주식투자자의 이익보호와 주주이익의 극대화를 위하여 기업경영의 투명성과 책임성을 확보할 수 있는 '기업지배구조'(Corporate Governance Structure)를 도입하고 있다. 특히 1997년 중반기 아시아에서 발생한 외환위기가 한국 재벌 오너들의 독단적인 의사결정에 의한 기업자원의 비효율적인 운용이 중요한 원인 중의 하나로 밝혀져 OECD에서는 기업지배구조개선 작업을 추진하였다.

이에 따라 우리나라에서도 기업경영의 투명성을 확보하기 위한 사외이사, 감사위원회, 준법감시인 제도를 도입하는 법규가 마련되었고, 책임경영체제를 구축하기 위한 소수주주권(주주 대표소송권, 장부열람권, 이사해임청구권 등), 지배주주책임(사실상 이사의 책임)[1] 그리고 외부감사의 부실감사 책임 강화와 같은 법제도가 강화되었다. 사외이사제도와 감사위원회제도는 우선적으로 자산규모 2조원 이상의 상장회사와 금융기관에 대하여 준법감시인제도는 금융기관에 대하여 도입을 의무화하였으나, 이러한 제도는 모든 기업과 주요 국가구성조직으로 도입이 확산되어야 할 것으로 본다.

또한 정부에서는 집단소송제도[2]의 입법을 추진하고 있으므로 동 제도가 도입되면 기업과 경영층은 소주주나 외국인투자자 등의 이해관계자로부터 피소 당할 가능성이 높아지므로 이에 대응하기 위하여 책임경영체제를 구축하는 것이 필요하다.

5. 청렴서약제(Integrity Pact) 도입

청렴서약제는 정부기관 등의 입찰시 뇌물제공과 같은 부패행위를 하지 않겠다는 서약서와 뇌물제공을 금지하는 윤리규범과 실행프로그램을 구축하고 이행하는 입찰기업에 대하여는 가산점을 부여하고, 이를 위반하는 기업에 대해서는 입찰참가 자격을 제한하고 계약을 해지하며, 손해배상 등의 패널티를 적용하는 제도이다.

---

1) 상법 제401조의 2 제12항, 제403조-(업무집행지시자 등의 책임)에서는 회사 또는 제3자에게 책임을 지는 이사로서 ① 회사에 대한 자신의 영향력을 이용하여 이사에게 업무집행을 지시한 자, ② 이사의 명의로 직접 회사의 업무를 집행한 자, ③ 업무집행권한이 있는 것과 같은 명칭을 가지고 업무를 집행한 자를 열거하고 있다. '사실상 이사'의 회사에 대한 손해배상책임은 소주주가 대표소송에 의하여 이를 추궁할 수 있다.

2) 집단소송제도 : 이는 피해자가 다수이고 피해금액이 막대하나 개별적으로는 소액이어서 소송을 통하여 피해구제를 받기가 곤란할 경우 대표자가 전원의 청구총액을 일괄하여 제소하고 전체의 권리를 실현시키는 소송제도를 말한다. 소액주주의 이익을 도외시한 기업과 경영자 그리고 부실감사를 하는 회계법인 및 공인회계사에게 치명적인 영향을 미치게 된다.

서울특별시에서는 입찰에 참가하는 기업에 대하여 부패행위를 하지 않겠다는 '청렴서약제' 제도를 도입하였다. 이는 부패를 사전에 방지하기 위한 제도로서 국제투명성기구(TI)의 청렴서약제(Integrity Pact)의 일부와 독특한 청렴계약옴부즈맨을 도입하여 서울시청과 시민단체가 협력하여 공동으로 시행하고 있다.

6. 기업윤리 감시활동의 강화

시민단체들도 소비자보호, 환경보호 등과 같은 윤리적 기업활동의 요구를 강화하고, 기업부문에서의 부패행위 추방을 목표로 하는 다양한 기업윤리 감시활동을 추진하고 있다. 특히 반부패활동을 통해 국민들의 의식을 개혁하고, 부정부패 예방을 위한 활동을 통해 사회 전반의 부정부패를 없애며, 맑고 정의로운 사회건설에 이바지할 목적으로 1999년 8월 24일 한국투명성기구[3]가 발족되었다.

7. 기업윤리시스템의 도입 · 실천

기업윤리성에 대한 지금까지의 접근은 주로 상거래에 있어서의 뇌물공여행위에 대한 국내외 규범화 동향을 중심으로 논의하였으나 윤리경영의 필요성은 여기에 국한되는 것이 아니다. 윤리경영은 고객 및 협력업체와의 신뢰형성, 건전한 노사관계의 구축, 주주 및 사회에 대한 책임 실천을 위해서라도 확보되어야 할 경영가치이다.

자발적인 '기업윤리시스템'의 도입 및 실천은 효과적인 방법론이라고 할 수 있다. 이외에도 윤리경영을 추진하는 이유를 조사한 전국경제인연합회(2007) 조사결과에 따르면, '기업 내부통제'보다는 '기업의 사회적 책임(CSR)을 수행하기 위해'라고 응답한 기업이 조사대상 기업 중 52.4%로 절반 이상을 차지해 기업의 사회적 책임에 대한 인식이 높아지고 있는 것으로 나타났다.

국내외 기업윤리 환경의 변화, 정부의 반부패정책 추진 그리고 시민단체의 기업윤리 감시는 기업의 경영환경에 변화를 가져오고 있다. 기업은 이러한 변화에 따라 국내외에서 요구하는 기업경영의 투명성과 책임성을 확보하고, 윤리 환경변화에 따른 위험관리체계를 구축하여야 할 것이다.

---

3) 한국투명성기구(Transparency International Korea)– 1999년 8월 24일 '반부패국민연대'로 발족하였다. 시민사회단체들이 모여 만든 비영리 국제비정부기구(NGO)로, 2000년 9월 30일 국제투명성기구의 한국본부로 인준 받았다. 2005년에는 반부패투명사회 운동에 시민들의 참여를 독려하고 실현하여 투명사회를 이룩하는 데 집중하고, 국제 반부패 활동에 적극참여하기 위해 이름을 지금의 한국투명성기구로 바꾸었다.

표 6-1. 기업의 사회적 책임(CSR) 예시

산업통상자원부	산업발전법에 CSR지원 및 촉진 근거 조항 마련(2007) 공공부문의 지속가능경영보고서 발간 의무화(2007) CSR확산 종합계획 발표(2007)
국가청렴위원회	관계기관 합동 기업투명성 T/F구성(2007)
재정경제부	4대 국책은행 자금지원 시 윤리경영 평가(2006)
투명사회협약실천협의회	사회투명성 개선활동 평가와 비전 발표(2007)
보건복지부	사회공헌정보센터 설립(2007)

Ⅲ. 국제 기업윤리 환경의 변화

국제적인 윤리경영 환경변화로는 국제경제기구의 부패방지라운드 추진으로 OECD 뇌물방지협약 및 회원국들의 이행입법 발효와 OECD회원국들이 공직사회에 윤리인프라(ethics infrastructure)를 구축하도록 공직자 윤리 관리원칙의 채택을 권고하고 각국은 윤리를 국가의 기반시설인 인프라로 도입하는 반부패정책의 추진 등이다. 또한, 국제투명성기구(Transparency International ; TI)가 국제적인 반부패운동의 전개를 강화하고, 매년 발표하는 각국의 반부패인식지수(Corruption Perceptions Index; CPI)와 뇌물공여지수(Bribe Payers Index ; BPI)가 기업 및 국가의 국제신임도에 큰 영향을 미치고 있다.

2019년 1월29일 반부패운동단체 국제투명성기구(Transparency International ; TI)는 '2018년 국가별 부패인식지수'를 발표하고, 한국이 57점을 받아 조사대상국 180국 중 45위라고 밝혔다.

우리나라의 부패인식지수(Corruption Perceptions Index ; CPI)는 180개국 중 45위로써 전년대비 6계단 뛰어올랐으나 OECD 국가 중에는 여전히 최하위권이다. 하지만 경제협력개발기구(OECD) 순위에서는 36개국 중 30위로, 전년 35개국 중 29위와 비슷했으며 아시아, 태평양권에서도 9위에 머물렀다.

부패인식지수는 공무원과 정치인 사이에 부패가 어느 정도로 존재하는지에 대한 인식의 정도를 말하는데, CPI는 70점대를 '사회가 전반적으로 투명한 상태'로 평가하며, 50점대는 '절대부패로부터 벗어난 정도'로 해석된다. 우리나라는 이번에 57점(전년 54점)을 받았다.

표 6-2. 한국의 부패인식지수(CPI) 추이

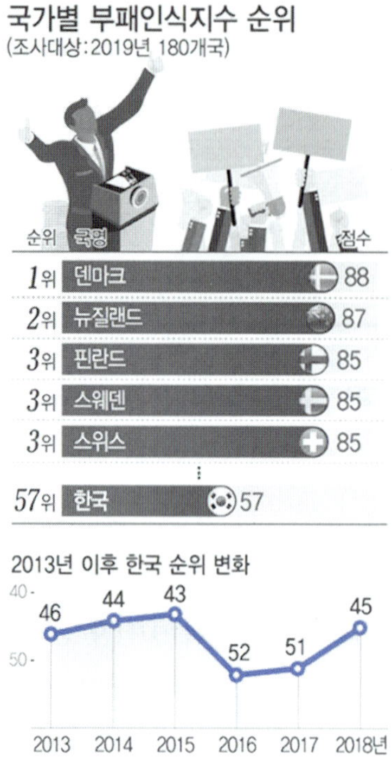

자료 : 국제투명성기구 · 한국투명성기구

세계기구 및 단체들은 기업윤리 강화를 위한 협정 등을 통하여 자유경쟁시장을 추구하기 위한 국제적 기준 등을 마련하고 있으며 이를 위반하는 경우 시장진입을 배격하고 있으므로 세계기구 및 단체들의 기업윤리 강화에 대한 철저한 대비책이 요구된다. 여기서 세계기구 및 단체들의 기업윤리 강화를 위한 구체적인 노력들을 정리해 보면 다음과 같다.

① 세계무역기구(WTO; World Tourism Organization)는 1996년 1월 정부조달의 투명성 협정을 체결하였는데 우리나라도 동 협정에 서명하여 1997년 1월 1일부터 이행하도록 되어 있다.

② 국제연합(UN; Unitied Nations)은 1996년 12월 국제상거래에 있어서 부패와 뇌물에 관한 선언문을 채택하여 세계 각국 공직자를 위한 행동강령을 권고하였다.

③ 국제상공회의소(ICC; International Chamber of Commerce)는 1997년 6월

국제상거래상의 금품강요와 뇌물수수방지에 관한 행동규칙을 발표하였고, 기업의 의무로서 동 행동규칙의 실행을 위한 사규의 제정과 이행을 위한 메커니즘(명확한 정책, 지침 및 교육프로그램 개발 포함)을 구축하였다. 이로 인해 적절한 내부통제의 구축유지, 위반하는 관리자와 기업구성원에 대한 조치를 하여야 한다고 하였으며 OECD 및 WTO와 연계활동을 추진하고 있다.

④ 경제협력개발기구(OECD; Organization for Economic Cooperation and Development)는 1997년 12월 OECD 국제상거래뇌물방지협약을 체결하였고, 이에 따라 회원국들은 국제상거래뇌물방지법을 제정하여 국제상거래에서 뇌물제공행위를 범죄행위로 관련 직원과 법인을 함께 형사 처벌하고, 불이익을 주도록 하는 국제규범을 1999년 2월15일부터 시행하게 되었다. 또한 OECD기업지배원칙(OECD Principles of Corporate Governance)을 채택하여 회원국에게 지침으로 권고하였고, 공공부문의 윤리인프라(Ethics Infrastructure)구축을 추진하고 있다.

⑤ 국제투명성기구(TI; Transparency International)는 1995년을 세계반부패의 해로 지정하였다. 매년 기업인이 인식하는 국가별 청렴도를 발표하며 국제적인 반부패운동을 전개하면서 국제반부패회의를 주재한다.

⑥ 세계은행(World Bank)은 반부패지식자료센터를 설치하고 각국의 반부패정책 지원, 부패한 국가에 대한 원조 중단 또는 지원된 자금회수 및 부패한 기업의 블랙리스트를 작성하고 있으며 향후 금융지원에 활용할 것으로 예상된다.

⑦ 미국 워싱턴에서는 1999년 2월 26일 고어 부통령의 주재로 80개국의 고위관리가 참석한 공무원부패를 추방하기 위한 국제반부패회의가 개최되었으며, 앞으로 국제경제기구, 시민단체 등과 함께 반부패운동을 전개하기로 하였다.

세계적인 부패추방운동은 국제기구뿐 아니라 세계은행과 비정부단체를 포함하여 경제부문과 국가 행정분야에 이르기까지 매우 광범위하게 추진되고 있다. 이러한 움직임은 세계 각국에게 반부패 규범과 회계제도 및 감시세계를 국제적 수준으로 구축할 것을 요청하고 있으며 이는 국제적 규범(Global Standards)으로 자리 잡게 될 것이다.

⑧ ISO 26000(사회책임에 과한 국제표준 규정)은 ISO기술관리협의회 작업그룹이 주관하여 만드는데 투표에 참가한 세계 각국 회원 75%의 동의가 있어야 통과되며 사회적 책임과 관련된 지침 등을 담고 있다.

ISO26000의 국제표준은 기업에게 새로운 부담을 주기 위해 제정된 취지는 아니고 선진국을 중심으로 다양하고 상이한 CSR(사회적 책임)표준이 새로운 무역장벽으로 작용하는 것을 예방하기 위해 ISO가 국제표준 제정을 추진하고 있다. 이러한 취지에 따라 ISO 9000(품질경영), ISO 14000(환경경영)과 같은 시스템 표준형식으로 CSR표준 가이드라인으로 ISO 26000을 제정하기로 결의하였다.

기업의 사회적 책임 국제표준 제정을 위한 ISO총회는 2005년 3월 브라질에서의 1차 총회를 시작으로 2007년 1월 하순 호주 시드니 총회까지 네 번 열렸다. 시드니 총회에서는 54개 NGO대표 등 2백75명의 전문가들이 참석했다. 여기서 ISO 26000의 7개 핵심과제(환경, 인권, 노동관행, 조직의 지배구조, 공정한 운영관행, 소비자 이슈, 지역사회참여 및 사회개발)가 합의되었고, 이를 바탕으로 2009년 11월 ISO 26000이 최종 마련되었다.

이제 기업들은 ISO 26000을 적용하지 않고 국제거래를 정상적으로 하기 어렵게 된다. 가입 회원국들 중 상당수가 선진국들로 제품을 만든 기업의 윤리를 중요시하기 때문이다. 아무리 질 좋고 값싼 제품이라도 비윤리적인 회사가 생산한 것은 거래대상에서 제외하게 된다. OECD, UN 등이 기업윤리 표준화에 앞장서는 점도 같은 흐름이다.

향후 ISO 26000으로 기업이 사회적 책임에 관한 규준이 통일될 것으로 예상되는 만큼 우리나라 기업의 입장에서는 이에 관한 충분한 대비, 국내 각계각층의 다양한 의견을 수렴하고 이에 대한 대응전략을 수립하기 위하여 정부, 공공부문, 산업계, 시민사회단체, 언론기관 등이 이에 대한 다각적인 노력을 기우려야 할 것이다.

표 6-3. 세계기구 및 단체의 기업윤리 강화

기 구 명	실시 내용
WTO	정부조달의 투명성 협정 체결
UN	국제 상업거래에 있어서 부패와 뇌물에 관한 선언문 채택
ICC	국제 상업거래상의 금품강요와 뇌물수수방지에 관한 행동규칙 발표
OECD	OECD 뇌물방지협약 체결, 기업지배원칙 채택, 공직사회 윤리인프라구축
TI	비정부기구인 국제투명성위원회(TI), 국제 반부패회의 주재, 세계은행에 부패기업 블랙리스트 작성 요구
World Bank	반부패연구센터 설립, 부패관련 정책개발 지원, 지원 자금 회수 및 중단, 부패기업 블랙리스트 작성
국제 반부패회의	미국고어(전, 부통령)주재로 이 문제에 대해 집중 토의
ISO	기업을 포함하는 모든 조직의 사회적 책임에 대한 국제표준 제정 발표 (ISO 26000)

Ⅳ. 21세기는 윤리경영의 시대

1. 국가기반시설로서의 기업윤리

오늘날 기업윤리가 사회에 중요한 이슈로 등장한 이유는 무엇일까? 현대사회에는 기업을 둘러싼 수많은 이해관계자 집단이 존재하며, 기업과 관련된 사회적·경제적 이슈들이 증대하고 있다. 특히 한국기업은 기업윤리적인 측면에 존재하는 여러 가지 문제점으로 인하여 그 주요한 역할에도 불구하고 일반대중의 비판의 대상이 되어 왔다.

우리 사회는 해방 이후 오늘에 이르기까지 자유민주주의와 시장경제체제를 지향해 왔지만, 제대로 실행할 만한 경제적·정신적 토대를 가지지 못한 것도 사실이다. 자유민주주의와 시장경제체제는 구성원들에게 많은 자유와 권리를 부여하지만, 동시에 규율의 준수와 그에 따르는 책임을 요구하게 되며 아울러 공정한 경쟁을 요구하게 된다. 따라서 학연, 지연, 혈연, 인맥 등 경쟁원리와는 본질적으로 거리가 먼 환경요인에 의해서 경쟁이 제한되는 관행과 제도는 타파되어야 한다.

한국의 도덕적 현실을 놓고 볼 때, 우리 사회의 각계각층이 윤리적 삶을 기본적 과제로 삼아야 된다는 것은 분명해진다. 근본적으로 절차적 정의를 준수하지 않는 기업활동을 방치하는 것은 시장경제체제의 자기모순을 심화시키는 결과를 낳을 뿐이다. 따라서 우리는 기업이 윤리적으로 운영되는 것을 연구하기 위한 기업윤리의 필요성이 요청된다.

21세기 기업경영에서 윤리가 중시되고 있는 이유는 무엇일까?

첫째, 미래학자들은 향후 펼쳐질 미래사회를 고도로 발달한 기술과 정보통신산업이 주도하는 정보화사회, 지식기반사회로 예측하고 있다. 여기서 미래사회를 주도할 기술(technology)이 잘못 쓰여 질 경우, 인류에게 엄청난 재난을 줄 가능성이 있다. 따라서 고도로 발달된 기술(high technology)을 통제하기 위한 수단으로써 '기업윤리'를 중요한 개념으로 다루게 되는 것이다.

최근 미래학자들은 공산주의의 몰락과 함께 종식된 냉전시대 이후 새로운 세계질서 구축을 위하여 전세계인에게 보편적으로 적용할 수 있는 '범세계 윤리'에 대하여 논의하기 시작하였다.

둘째, 선진국들은 '기업윤리'를 국가의 기반시설로 인식하고 있으며 여기에서 선진국의 건전한 경쟁력이 나오는 것으로 생각된다. 경제선진국들의 모임인 OECD에서 '국제 상거래 뇌물방지' 협상을 마무리 짓고 이제는 '윤리 인프라'(ethics infrastructure)에 대하여 논의하고 있다. 이제 세계경제 무대에서는 건전하고 공정한 경쟁시장이 펼쳐질 것이다.

셋째, 세계적인 유수한 127개의 언론사를 회원사로 두고 지구촌 언론의 공통 관심사와 인류 보편적 과제를 공동 취재하는 「World Media Network」는 21세기 세계흐름을 주도할 Power로서 백악관, 다국적기업, 국가주의, 국민주의를 대신하여 미래에는 자본의 황금시대에 매머드 자본을 소유한 '기업 Power', Green Peace를 중심으로 한 초국가적 '시민 Power', Global Media를 소유한 '초정부 Power', Global 문화레포츠를 구가하는 '소비 Power'가 등장하여 이들이 세계를 주도할 것으로 예측하였다.

이들은 지금의 세계를 Power의 세대교체가 진행되는 시기로 파악하여 미래 기업에 대한 전망 및 역할에 있어 앞으로는 정부가 국가의 권력중심으로부터 밀려 나고 위의 Power Group이 사회를 주도하게 될 것이며, 특히 기술, 지식, 정보, 그리고 자본을 소유한 '기업 Power'가 인류에게 상당한 영향을 끼치게 될 것으로 예측하고 있다.

이러한 시대에 세계를 시장으로 하는 미래 기업은 국가, 인종, 문화 등의 다양성을 포함하고 인류에게 지도력을 발휘할 수 있어야 하며, 이를 위하여 미래기업은 인류복지증진과 새로운 세계질서에 기여할 수 있는 '기업철학과 기업윤리'를 필수적으로 정립하여야 한다.

이러한 내용의 논의가 다양한 국제모임에서 범세계 윤리(global ethics)와 기업윤리(business ethics)를 중심으로 활발히 진행되고 있다.

위와 같이 '기업윤리'를 매우 중요한 개념으로 다루는 세계적인 움직임, 특히 선진국들을 중심으로 하는 세계경제가 국제교역시장에서 '부패방지 라운드'를 활발하게 추진하는 상황은 모든 국가에게 '기업윤리'를 필수적으로 갖추지 않으면 생존할 수 없는 상황으로 몰고 있다. 이러한 시대적 상황에서 펼쳐지고 있는 21세기를 '윤리의 시대'(the era of ethics)라고 보는 것이다.

우리나라도 이제는 선진국들이 강력히 추진하고 있는 것처럼 모든 국가 구성조직이 조직윤리와 실행시스템(compliance system)을 신속히 갖추어야 한다.

조직윤리란 국가를 구성하는 모든 조직이 '윤리적이고 합법적인 활동'(ethical

and legal activities)을 해야만 하는 '윤리실행시스템 구축과 실천'을 말한다. 이를 통하여 우리 사회는 윤리와 준법, 그리고 절차적 정의(procedural justice)와 신뢰 기반을 갖추어야 할 것이다.

2. 새로운 교역질서와 New Round

세계경제가 새로운 환경으로 전개되고 있는 가운데 이제 우리 경제는 불가피하게 국제화를 지향하지 않으면 안 되게 되었다. 국제화시대에는 경제운용의 세계화뿐만 아니라 기업도 세계화를 이룩하지 않고서는 생존할 수 없다.

오늘날 e-Business의 활성화는 정보화를 촉진하여 국제수준의 평등화가 급속히 진전되고 있다. 이제 선·후진국 경제는 국제화시대를 넘어 생산과 유통 그리고 마케팅의 많은 부분을 세계 도처에서 직접 추진하는 글로벌 경영전략(Global Management Strategy)으로 이루어지고 있다.

21세기에는 세계 각국에 현지법인을 설립하여 현지에서 직접 생산·판매하는 새로운 국제경영이 비약적으로 확대될 것이다. 따라서 새롭게 등장하는 국제적인 문제를 해결하고, 국제적 규범을 준수하는 기업윤리의 필요성이 제기되고 있다. 이제 기업은 투명한 경영으로 국제적 규범을 준수하고, 윤리경영을 실천하여 국제경쟁력을 갖추지 않으면 안 된다.

더욱이 세계화·국제화의 진전과 더불어 기업의 현지화가 확대되고 있는 가운데 WTO와 OECD 등 세계적 무역기구 및 선진국 경제협력개발기구 등이 새로운 국제적 장벽과 규범을 내놓고 있어 우리 기업들은 생존을 위한 산업구조와 기업 구조조정을 하지 않으면 안 되게 되었다.

새롭게 전개되고 있는 New Round는 무역의 새로운 규제와 장벽을 쌓고 있다. 즉, 환경문제를 무역과 연계시키는 GR, 노동문제와 무역을 연계시키는 BR, 기술문제와 무역을 연계시키는 TR, 경제문제의 공정경쟁과 무역을 연계시키는 CR, 그리고 기업윤리와 무역을 연계시키는 ER 등이 그것이다.

이러한 새로운 장벽, 도전, 규제에 대응하기 위한 생존전략차원에서 뿐만 아니라 세계경제수준의 평등화와 글로벌경영을 실현하기 위한 국가전략차원에서도 이제 윤리경영의 필요성은 더욱 절실하게 요청되고 있다.

1) GR(Green Round)

그린라운드(Green Round)는 환경문제를 무역장벽에 연계시켜 환경상계관세(Environmental Countervailing Duty) 부과나 수출입제한 등의 조치가 뒤따르게 된다. 이에 따라 철강 · 금속 · 석유화학 · 피혁 등 각종 산업공해를 배출하는 산업이나 제품들은 이로 인해 큰 타격을 받을 것이며, 수출품의 생산원가가 증가하기 때문에 환경기술개발과 에너지절약형 고부가가치산업으로의 산업구조를 조정하지 않으면 국제경쟁력을 상실하여 생존의 위협을 받게 될 것이다.

(1) 환경문제와 무역전쟁

브라질의 아마존강 유역의 열대 우림지역(selvas)은 세계에서 가장 울창하게 숲이 들어서 있는 곳이다. 이 지역은 지구에 산소를 많이 공급해 줌으로서 '세계의 허파'라고 불리 운다.

세계에서 가장 빚이 많은 브라질은 이 지역의 개발을 통하여 국가를 발전시킬 계획을 세웠다. 그러나 미국과 일본, EC 등에서는 브라질 정부의 셀바스개발을 강력하게 반대하고 있다. 개발을 위하여 울창한 숲의 나무를 베어 낸 후 농경지나 목장, 도시를 건설하면 세계의 산소 공급량은 매우 많이 줄어들기 때문이다.

선진국의 개발반대론자들은 "환경문제는 발생지역이 어디든 특정 국가의 문제가 아니라 지구 전체의 문제이며, 지구의 환경을 보호하는 것도 어느 한 특정 국가의 문제가 아니라 지구 전체의 문제이다"라는 생각을 갖고 있다. 이들은 매년 15% 정도의 산소를 지구에 공급해 주는 셀바스의 개발을 반대할 수 있는 권리가 자신들에게 주어져 있다고 생각한다.

이에 대하여 브라질 정부는 환경보전의 중요성은 인정하지만, 셀바스지역에 대한 개발을 강행하고 있다. 아울러 브라질 정부는 미국, 일본, EC 등의 국가가 꼭 셀바스를 지키고 싶으면 브라질 정부의 부채를 탕감해 주고, 셀바스가 제공하는 산소 사용료를 내야 한다고 주장하고 있다. 이미 지구의 환경을 오염시켜 가며 산업화를 이룩한 선진국의 요구에 밀려 산업화와 개발정책을 포기할 수는 없다는 주장이다.

환경라운드(Green Round)라는 말은 미국의 상원의원 맥스 보커스에 의하여 처음 사용되었다. 그는 1991년 10월, "UR협상에서 환경규정에 대한 개념이 충분히 정립되지 않고 있는 데, 다음 번 관세와 무역에 관한 일반협정(GATT)의 협상에서는 환경문제가 주제가 되어야 한다. 다음 GATT협상이 열리면 환경문제에 초점을 맞추기 위하여 그린라운드로 부르기를 희망한다"고 말하였다. 그는 미국의 경제력을 바탕으로 이 협상을 미국이 무역과 환경을 연계하여 주도하기를 희망한다고 주장했다. 당시에는 UR협상이 한창 진행 중이었기 때문에 그의 주장이 즉각 받아들여지지는 않았다.

1992년, 브라질의 리우데자네이루에서 열린 지구 정상회담에서는 개발도상국가들의 강력한 반대로 환경문제를 무역과 연계시키는 선언이 채택되지 않았다. 하지만 1994년부터 본격적인 GR협상에서 미국정부는 의지를 분명히 하였다. 그러나 중국 같은 나라는 이러한 미국과 같은 선진국의 입장에 대하여 공공연하게 반대하고 있으며, 많은 개도국들도 중국의 입장을 지지하고 있다.

지구의 환경보호를 명분으로 한 무역규제는 미국 등 앞선 환경기술을 가지고 있는 선진국들이 자국의 경제적 이익을 위하여 이용할 가능성이 크다는 문제점을 갖고 있다. 선진국들은 많은 자본과 앞선 기술로 이미 환경산업도 고도로 발달되어 있다. 미국 등의 선진국들은 엄격한 환경기준을 적용 받는 자기 나라 산업의 경쟁력을 높이기 위하여 개발도상국들에게도 자기 나라의 환경기준을 강요하고 있다. 그 기준에 맞추기 위해서는 개도국들은 새로운 환경 관련 기계류의 수입과 비싼 로열티의 지급, 특허사용료 지급 등의 경제적 부담을 짊어져야만 한다.

자신들이 오염시킨 지구의 환경을 보전하는 것은 선진국에서 책임을 져야 할 문제이다. 선진국이 참으로 지구의 환경보전에 관심을 갖고 지구의 환경오염을 줄이려고 한다면, 환경산업 기술과 기계 등 관련 제품을 비싸게 팔려고 하기보다는 개도국들에게 값싸게 공급해야 할 것이다. 국민 1인당 에너지 소비량만 비교해 보아도 선진국은 개도국의 10배가 넘고 있다. 그럼에도 불구하고, 힘의 논리가 앞서는 국제사회에서 선진국이 환경오염에 대한 책임을 져야 한다는 주장이 받아들여질 가능성은 거의 없다. 오히려 선진국에 의한 환경오염의 피해를 입고 있는 개발도상 국가들이 부담이 크게 될 가능성이 더 높다.

(2) 한국경제와 그린라운드

우리나라 역시 브라질과 마찬가지로 개발과 환경보전의 모순에 빠져 있으며, 선진국의 환경보전 요구를 받고 있다. 우리나라는 브라질보다 심각한 처지에 놓여 있다. 수출의존도가 매우 높은 우리나라는 선진국의 요구를 무시하기가 어려운 처지이다. 선진국은 자신들의 요구를 관철시키기 위하여 경제력을 바탕으로 무역제재의 방법을 동원하려 하고 있기 때문이다. '신한국 창조'라는 구호 아래 새롭게 도약하려는 우리

민족 앞에 새롭게 닥친 시련이 아닐 수 없다. UR의 파고가 밀려 온 1994년부터 환경문제를 무역과 결부시키는 그린라운드의 태풍이 또다시 우리나라를 엄습해 오고 있다.

미국이나 일본시장 등에 대한 무역의존도가 매우 높은 우리나라는 선진국의 요구에 따르지 않을 수 없다는 데 GR협상의 심각성이 있다. 우리나라의 상품을 수입할 때 자기들이 정한 기준보다 공해를 더 많이 유발한 상품이라면 그만큼 관세를 더 물리도록 하겠다는 것이 GR의 골자이다. 그들의 주장에 대비하지 않으면 우리나라 경제는 심각한 타격을 입게 될 것이다.

이미 우리나라는 환경보전과 관련하여 큰 영향을 받고 있다. 1993년 6월, 멸종위기에 처한 야생 동·식물 종의 국제거래에 관한 협약(CITES)에 가입해 생약을 원료로 하는 국내 제약회사가 피해를 입었다. 오존층 파괴의 주원인이 되는 프레온가스(CFCs)의 사용을 규제하기 위하여 1989년에 발효된 몬트리올의정서에 의하여 자동차나 냉장고에 사용되어 오던 프레온가스를 줄여야 하는 등 직접적인 영향을 이미 받고 있다. 온실효과 등 지구온난화의 주원인이 되는 이산화탄소의 배출방지를 목적으로 한 기후변화협약도 1994년 4월부터 발효되었다. 석유와 석탄 등 화석연료에 대한 의존율이 높은 우리나라의 경제는 다시 한 번 타격을 받게 될 것이 예상된다. 물론 보다 쾌적한 삶의 질을 높이기 위한 환경의 보전은 절대 필요하다. 그 뿐만 아니라 국가경쟁력을 높이기 위해서도 환경의 보전은 꼭 필요하다.

현재 우리나라의 환경기술은 국제수준에 크게 못 미치고 있다. 미국, 일본, EC 등의 환경기술수준을 100으로 할 때, 우리나라의 기술수준은 수질정화기술 85%, 프레온가스 대체물질 개발기술 40~50%, 이산화탄소제거기술 20~30%, 폐기물 소각기술 20% 정도에 불과하다고 한다. 이러한 기술격차를 빨리 줄이기 위한 정부와 업계의 노력이 필요하다. 물론 우리 국민 스스로도 환경보전을 위한 작은 실천이라도 앞장서는 자세를 가져야 한다.

2) 노동라운드(BR; Blue Round)

노동라운드(BR)는 노동여건과 근로기준을 무역거래에 연계하려는 다자간협상으로서 국제사회가 규정한 근로조건을 준수하지 않는 나라에서 생산된 제품에 대해서는 국제교역을 제재하겠다는 것이다. 다시 말해 선·후진국을 막론하고 최저임금이나 체불임금, 부당노동행위 그리고 15세 이하의 소년·소녀공의 불법노동행위 등과 노동관련법의 미비 등을 국제적 수준에서 규제하는 것을 말한다. 따라서 저임금착취, 체불임금행위나 노동조합 및 노동관계조정법 제81조에서 규제되어 있는 부당노동행위 및 차별임금행위 등을 하지 말아야 한다.

한편, BR는 선진국이, 노동의 기본권이 유린되고 있는 개발도상국, 신흥공업국에게 제재를 가해 무역경쟁력을 회복하려는 의도가 깔려 있다는 비판을 받고 있기도 하다.

3) 테크노라운드(TR; Technology Round)

테크노라운드(TR)는 과학, 기술정책 내용을 무역규제에 연계시키려는 다자간협상으로서 OECD가 중심이 되어 추진하였고, 개도국의 기술개발 견제, 선진국의 기술보호가 목적인 신국제기술 규범을 말한다. 즉, 국가 간 과학기술정책의 조화를 위한 규범제정이나 과학기술인력의 자유로운 이동, 연구개발의 독창성, 그리고 국제기술표준화 규범의 제정 등을 목표로 하는 기술규제부문을 의미하며, 선진기술의 모방, 도용, 악용, 남용 등을 방지하여 특허권, 저작권 등을 침해하는 국가나 기업과 정부의 기술지원 등을 규제하는 것은 물론 무역행위까지 금지시키는 강력한 규제조치를 의미한다.

테크노라운드(TR)는 e-Business시대, 디지털 경제시대, 인터넷 비즈니스시대에 보다 강력한 장벽이 될 것으로 예상된다. 정부와 기업은 이러한 기술장벽 때문에 기술혁신체제를 구축하고 기술개발의 세계화를 추진하고 있다. 따라서 정보기술의 선점은 향후 국제경쟁력을 갖추는 기본조건이 될 것이다.

4) 경쟁라운드(CR; Competition Round)

경쟁라운드(CR)는 일명 규제라운드라고도 하는데, 경쟁정책과 공정거래의 보장을 무역거래에 연계시키려는 다자간협상을 말한다. 이는 정부의 경쟁정책과 무역정책 간의 상호작용을 검토하여 실질적인 시장접근 가능성을 증대시키려고 하며, 경쟁을 저해하는 각종 규제를 개혁하고, 국제적 표준을 정하여 자유롭고 공정한 경쟁을 저해하는 국내의 각종 경쟁조건을 개선하는 데 목표가 있다. 독점과 과점체제의 남용과 오용, 정부규제, 불공정거래행위 등과 시장점유율의 조정, 생활필수품과 편의품, 사치품 등 국가전략 및 군수산업 등 독과점제품, 독과점정책과 제도 등은 국제거래에서 철저하게 규제한다는 것을 의미한다.

불완전경쟁은 소비자 후생 감소와 독점자의 초과이윤을 증대할 뿐 아니라 경제적 효율성마저 저해한다. 또 불완전경쟁으로 인한 시장실패를 시정하기 위한 정부개입은 오히려 시장집중도를 높이고 이익집단의 형성 등을 통해 비민주적이고 불공정한 경제질서를 창출하는 원인이 되고 있다.

그러나 해당 국가의 역사적 · 사회적 배경에 따라 매우 광범위한 문제가 산재해 선진국과 개도국 간에 일률적인 경쟁규범을 적용하는 것은 상당한 부작용을 야기할 우려가 있다. 따라서 CR은 일단 제한국가들을 대상으로 쌍무적 협상 또는 APEC, EU 등 역내 무역국 간의 협력의 형태로 진행될 가능성이 크다.

5) 윤리라운드(ER; Ethics Round)

윤리라운드(ER)는 비윤리적인 기업의 제품이나 서비스를 국제거래에서 규제하려는 다자간협상을 말한다. OECD의 외국공무원 뇌물방지협약이 1992년 2월 발효되고, 기업경영의 투명성과 투자자의 형평성을 위하여 OECD의 기업지배원칙이 1999년 5월에 채택되어 기업활동과 외자조달에 많은 영향을 미친 것이다.

미국이 1995년부터 국제경쟁력차원에서 추진해 온 윤리라운드(ER)의 구체적인 목표는 "비윤리적인 방법으로 원가를 절감시켜 제조한 제품의 국제 간 거래는 '불공정 거래'에 해당되기 때문에, 기업윤리강령이 있고 윤리를 실천하는 기업의 제품만 국제거래가 되도록 하자"는 것이다.

이것을 위해서 OECD에서는 2000년 국제공통의 기업윤리강령을 발표하고, 각 국의 기업들은 이에 준하는 기업윤리강령을 제정토록 하고, 국제거래에서 제품의 품질(ISO 9000), 제품의 환경관리정도(ISO 14000)와 함께 제조업자의 윤리수준이 국제거래의 요건이 되도록 하기 위한 준비를 하고 있다. 이 「국제공통윤리강령」은 강제규정은 아니지만 여기에 동조하지 않는 나라 또는 기업은 국제거래에서 특히 미국에 의해서 차별을 받을 것이다.

한 나라의 부패행위는 탈세수준, 외화도피, 정경유착, 비자금조성, 뇌물수수 방관행위, 허위 · 과대광고, 가격조작, 주가조작행위, 부당한 금융관행, 공해배출, 환경파괴행위 등을 들 수 있다.

이러한 부패행위를 자행하는 기업을 국제거래에서 규제하려는 시도가 윤리라운드(ER)이기 때문에 이제 비윤리적 기업으로 낙인이 찍히면 무역거래는 물론이고 어느 나라에서나 기업행위, 경영활동, 사업활동 등을 할 수 없게 된다.

한편, 세계무역기구(World Trade Organization)가 출범한 이래 국제 노동시장에서는 아동노동, 강제노동 등 부당한 노동조건 하에서 싼 값으로 생산된 상품(신발, 의복, 장난감 등 노동집약적인 제품)의 유통을 반대하고, 구매를 꺼리는 '윤리적 시장'이 형성되고 있다.

따라서 수출하는 상품에 대해 그 제품이 '윤리적인 노동환경 속에서 만들어졌다'는 것을 증명할 필요성이 제기되고 있다. 그래서 국재노동기구(ILO), UN아동권리헌장, UN인권선언 등에서 공통요소를 추출하여 그것을 기초로 ISO9000(제품품질관리표준), ISO14000(환경관리표준)과 같은 개념으로 윤리적 노동환경과 노동조건을 규정한 일종의 윤리표준인 SA8000이 Reebok, Avon, Toys R Us 등 관심 있는 다국적 기업의 지원 하에 미국의 사회적 책임을 지향하는 비정부기구인 사회책임성 인터내셔널(Social Accountability, International Counter for Economic Priorities)에 의하여 1998년 발표된 후 많은 회사가 SA8000을 인증받아 왔는데 앞으로 개도국에서 수입하는 노동집약적 제품의 선진국시장에서의 판매에 상당한 영향이 있을 것으로 판단된다.

SA8000은 ① 아동보호, ② 강제노동, ③ 건강·안전, ④ 결사의 자유, ⑤ 차별, ⑥ 징계, ⑦ 근로조건, ⑧ 보수, ⑨ 관리 등 9개 분야에 걸쳐서 표준을 규정하고 있다.

이 표준에 해당하는 기업에게 SA8000인증서를 수여하는데 인권문제에 관심을 가진 '윤리적 소비자'를 표적시장으로 하는 기업이나 유통업자들에게 매력이 있는 민간주도의 구제표준으로 윤리 관련 국제표준으로서는 처음이다.

> 1999년 2월 부패라운드 결과로 외국공무원 뇌물협약이 발효되었고, 동년 5월 OECD의 기업지배원칙이 채택되었다. 이로 인해 기업경영의 투명성문제, 투자자의 형평성문제, 협정의 집행문제 등이 대두되고 있다.
>
> 기업지배원칙은 ① 주주의 권리, ② 주주의 평등한 대우, ③ 기업지배 하에서의 이해관계자의 역할, ④ 정보공개의 투명성, ⑤ 이사회의 역할 등에 관한 것이다.

3. 부패라운드의 전개와 대응전략

1) 부패라운드의 전개배경

21세기에는 해외무역거래에서의 어떠한 뇌물제공 등 부패행위는 자유자본주의 시장질서의 파괴자로 간주된다. 미국은 1976년부터 해외부패행위법(Foreign Corruption

Practice Act, U.S.A.) 등을 통해서 외국에서의 뇌물행위는 비록 현지국에서 문제를 삼지 않는다 하더라도 미국 국내법에서 처벌하도록 하고 있다.

그러나 대부분의 개도국이나 후진국가에서는 외국에서의 뇌물행위는 국내법에서는 문제가 되지 않아 각종 사회부조리가 만연하게 되는 원인이 되기도 한다. 따라서 지구촌시대의 심각한 부패행위인 외국에서의 뇌물행위는 국내법에서 처벌하도록 하자는 소위 부패라운드(Corruption Round)가 미국의 주도 하에 OECD에서 시작되어 그 결과로 "국제거래에 있어서의 외국공무원 뇌물방지협정"(Convention of Bribery of Foreign public officials in international Transaction)이 수년간의 협상 끝에 1992년 2월 15일에 발효되었고, 우리나라도 1998년 12월 28일 이 협정에 의하여 「국제거래에 있어서의 외국공무원 뇌물방지법」이 제정·공포되었다.

윤리라운드(ER)를 주도하고 있는 미국에서는 상무성 주관 하에 "좋은 국제기업활동 프로그램"(Best Global Practice Program)을 통하여 모든 기업이 가져야 할 기업윤리모델을 제공하고 정보제공, 교육, 자문안내 등을 활발히 하고 있다. 95% 이상의 미국기업이 윤리강령을 가지고 있고, 실무자들의 모임인 "윤리임원협회"(Ethics Officers Association)가 활발한 활동을 하고 있으며, 자문·교육기관이 40여 개, 900개의 대학에서 기업윤리강좌가 개설되어 있고 기업윤리 전공 석사과정이 개설되어 있다.

윤리의 시대를 맞이하여 일본기업들은 「經團連」을 중심으로 1997년 11월부터 대기업을 중심으로 「기업윤리실천센터」를 설립하여, 일본경영윤리학회의 협조를 얻어서 월간지 「경영윤리」를 발행하는 등 활발한 움직임을 보이고 있다.

이러한 변화에 대응하여 우리나라에서도 전경련은 1999년 2월에 새로운 기업윤리강령을 발표하였고, 대기업을 중심으로 활발한 기업윤리 프로그램을 실시하고 있으며, 대학에서는 '기업윤리' 강좌의 개설이 이미 보편화된 지 오래다. 학계에서는 기업윤리학회를 창설하여 왕성한 학술활동을 전개하고 있다.

이제 기업윤리가 21세기 기업의 새로운 강력한 경쟁력으로 등장하고 있다. 우리 정부와 기업도 여기에 대비하기 위하여 정부, 업계, 기업 및 학계가 합심하여 '기업윤리실천 캠페인'을 추진하여야 한다.

2) 기업윤리실천 캠페인의 목적

기업윤리실천 캠페인의 목적은 기업윤리를 각 기업에서 '대외홍보용'이 아니고 구체적으로 실천하기 위한 '대내실천용'이라야 하며, 이러한 대내 실천성을 생각하여 기업윤리 캠페인의 구체적인 목적에는 다음과 같은 내용이 포함되어야 할 것이다.

첫째, 국제적으로 강조되고 있는 윤리라운드(CR)에 관련된 정보를 수집・전달해야 한다.

둘째, 기업에게 기업윤리가 필요하고 장기적으로 이익이 된다는 것을 인식시켜야 한다.

셋째, 각 기업에서 '기업윤리실천 프로그램 도입계획'을 작성하는 데 도움을 주어야 한다.

넷째, 기업윤리에 관한 교육을 실시하여야 한다.

다섯째, 기업 내의 기업윤리프로그램의 실천을 장려・지원한다.

3) 부패라운드(CR) 대응전략

(1) 업계차원에서의 대응전략

기업윤리실천 캠페인을 위해서는 전경련, 경총련, 대한상의, 중소기업협동조합 등이 업계에서 가장 지도적 역할을 해야 한다. 먼저 기업을 대표하는 업계에서 회원업체를 위한 활동을 전개하여야 한다. 그 구체적인 내용은 다음과 같은 것이 포함되어야 한다.

① **정보수집**

기업윤리 관련 국・내외의 동향 정보부터 수집・분석하여야 한다. 즉, 국제뇌물방지협정의 진행상황, 윤리라운드의 추이 및 선진국의 기업윤리 활동에 관한 정보를 수집・분석하여 이것을 회원업체에 제공하는 활동이 필요하다.

② **계몽활동**

특별 강연회, 세미나, 연찬회 등을 수시로 개최하여 회원사에게 21세기에는 기업윤리가 대외적 구호에 그치지 않고, 국제화・개방화시대에 기업경쟁에서 생존하기 위한 주요한 경쟁력이라는 것을 인식시키고, 동시에 기업윤리수준의 향상은 기업의 장기적 발전을 위하여 유익한 부가가치이고 기회손실을 감소시키므로 기업윤리수준의 향상이 필요하다는 것을 인식시키는 활동이 필요하다.

③ **회원사의 기업윤리 프로그램 지원**

이러한 교육결과로 회원사에서 기업윤리 프로그램을 도입하기 위한 준비가 되면,

요청에 의하여 회원사의 기업윤리 프로그램 도입계획 작성을 지원해 주고, 기업윤리 강령 및 종업원 행동지침 초안 작성을 도와주고, 그 다음에는 윤리담당 임원과 일반 종업원의 기업윤리관련 교육을 지원해 줄 필요가 있다.

④ 기업윤리실천 장려

회원사의 기업윤리실천 프로그램을 장려하기 위하여 수시로 회원사의 기업윤리 실천 사례 토론회를 주최하여 실무경험을 교류시키도록 하고, 연 1회 기업윤리 우수업체를 선정하여 이를 표창함으로써 기업윤리 관념이 확산되도록 하여야 한다.

⑤ 기업윤리센터의 설립 운영

위와 같은 활동을 수행하기 위하여 이 업무를 담당할 '기업윤리센터'를 설립하여 부회장 직속으로 운영하는 것이 바람직하다. 총무, 인사 관할 담당부서에서 이 업무를 겸할 수도 있다.

(2) 기업차원에서의 대응책

기업윤리는 기업차원에서 실천되어야 한다. 따라서 업계의 지원 아래 각 기업이 구체적인 활동을 하여야 한다.

① 최고경영자의 신념

가장 중요한 것은 기업의 최고경영자가 "기업윤리는 새로운 부가가치이고, 새로운 국제경쟁력이고, 기업윤리수준이 높으면 장기적으로 기업에 이익이 된다"는 확신을 가져야 한다. 경쟁환경의 변화, 타기업의 예, 강연회, 업계 토론회 등이 이러한 확신을 갖게 하는 데 도움이 될 것이다.

② 기업윤리강령과 종업원 행동준칙의 명문화

최고경영자의 확신이 서면 그것을 「기업윤리강령」 및 종업원들을 위한 구체적인 「행동준칙」의 형식으로 발표하여 종업원들의 행동의 표준이 되도록 하여야 한다. 이러한 행동강령에는 윤리성 판단의 기준과 위반했을 때의 책임소재와 벌칙을 명확히 하여야 한다.

③ 기업문화로서 기업윤리의 정착

다음에는 「기업윤리강령」이 종업원의 행동문화로 정착되어 뿌리내릴 수 있도록 노력하여야 한다. 이것을 위해서는 첫째, 회사의 각종 경영목표 수립과 종업원들의 활동 성과목표 책정 및 평가에 기업윤리의 준수정도를 반영시키는 제도를 도입하는 것이 필요하다.

둘째, 이러한 내용을 알리고 실천방법을 토의하기 위하여 기업의 윤리강령과 종업원행동지침에 관한 임원 및 종업원 교육을 정기적으로 실시하는 것이 필요하다.

셋째, 이러한 활동을 통하여 회사 내에 윤리에 대한 의식과 '윤리적 행동'이 기업문화로 정착할 수 있도록 각종 활동을 전개하여야 한다.

④ 기업윤리실천의 지도, 감사, 평가

기업에서 실제로 이러한 기업윤리프로그램을 집행하기 위해서는 '기업윤리 담당부서'를 설치할 필요가 있다. 기업윤리 담당부서의 임무는 첫째, 기업윤리실천 관련 종업원의 문의와 상담에 응하고, 정기적으로 '윤리감사'를 실시하고, 실천상태를 파악할 필요가 있다. 이 감사결과를 바탕으로 회사의 기업윤리 프로그램의 실천결과를 평가하고 필요한 조정을 해 나갈 수 있을 것이다.

이러한 활동을 위하여 '기업윤리 담당임원'을 임명하여야 한다. 그리고 사장 또는 부사장을 책임자로 하는 '기업윤리위원회'를 설치하여 기업윤리 관련 기본방침과 정책을 총괄할 필요가 있다. 그리고 기업윤리활동을 먼저 대내적으로 종업원 상대로 홍보하고, 그리고 대외적으로 홍보함으로써 대외적으로 실천의지를 표명하는 것도 기업윤리 담당부서의 임무가 된다.

(3) 정부차원에서의 대응책

따라서 정부는 이러한 업계의 노력을 뒷받침할 수 있는 구체적인 활동을 추진하여야 하는데, 그 구체적인 내용은 다음과 같다.

① 윤리라운드(CR) 전담팀의 구성

정부는 윤리라운드(CR) 관련 제반문제를 담당할 태스크포스 팀(Task force Team)을 구성하여 이들로 하여금 기업윤리 관련 정보수집 및 협상대책을 마련케 하고, OECD의 기업윤리 협상실무를 담당하게 하는 것이 좋을 것이라 생각된다.

② 정보제공 및 홍보활동

정부는 윤리라운드(CR) 관련 정보 및 외국의 기업윤리관련 정보를 수집하여 국내기업들에게 제공하여, 윤리라운드에 기업들이 대비하도록 지원해 주어야 한다.

동시에 '부패라운드'의 진행결과 및 시작되고 있는 '윤리라운드'에 관한 정보와 각 기업의 대응전략에 관하여 홍보하는 활동이 필요하다.

③ 윤리실천 우수기업의 표창

기업이 '기업윤리프로그램'을 도입하고, 기업윤리강령과 종업원행동준칙을 제정하고, 이를 교육하고 실천하도록 권고하며, 기업윤리실천 우수기업체를 선정하여 '기업윤리상'을 표창하는 것도 윤리경영 확산에 많은 도움이 될 것이다.

(4) 학계차원에서의 대응책

학계에서는 '기업윤리'를 학문으로서 새롭게 인식하고 연구·교육하는 데 많은 노력을 투입해야 한다. 특히, 윤리경영에 대한 연구와 교육 및 자문활동은 학계차원에서 수행하여야 할 시대적 사명이라 생각한다.

① 연구과제

윤리경영의 중요성이 점증하는 오늘날에는 무엇보다 기업윤리의 실천적 문제에 관한 새로운 연구가 필요하다. 윤리경영의 실천에 도움이 될 연구과제로서는 다음과 같은 것을 생각할 수 있다.

- 기업윤리에 대한 경영자의 신념, 경영자의 기업윤리관에 관한 연구
- 기업윤리수준과 기업이익과의 상관관계에 관한 연구
- 기업윤리수준의 자산적 가치에 관한 연구
- 기업윤리 성공사례 개발
- 기업윤리교육의 효과에 관한 실험적 연구
- 인사관리, 마케팅, 생산관리, 재무관리, 정보관리, 다국적기업, 환경 등 각 기능별 기업윤리에 관한 연구
- 기업윤리에 관한 각국의 비교·연구 등

이러한 연구활동을 수행할 수 있도록 각종 문화재단이나 정부의 적극적인 지원활동이 필요하다.

② 교육활동

최근 증가되고 있는 기업의 사회적 책무와 도덕성에 대한 정부와 시민단체의 요구 및 감시 증대와 OECD의 反부패라운드 등 국내외 환경의 급속한 변화로 인해 더 이상 기업의 투명성과 도덕성을 갖추지 못하면 생존할 수 없는 시대적 상황이 도래하였다.

이에 기업경영자들은 고객, 주주, 협력업체 등과의 신뢰를 바탕으로 한 기업발전을 이루기 위하여 윤리규범을 제정하고 윤리경영의 실천의지를 보이고 있다. 따라서 대학에서는 실무차원의 기업윤리교육을 강화하여야 하는데, 그 구체적인 방법으로는 다음과 같은 것을 생각할 수 있다.

- 학부 및 대학원에 기업윤리 강좌 개설
- 대학 경영학과의 각 전공과목에 1~2장은 해당분야의 기업윤리 문제를 취급
- 한국적 기업윤리 사례 및 교재개발
- 대학에서 실시하는 최고경영자 과정 등 경영자 교육에 기업윤리 강의의 도입

③ 자문활동

이러한 연구활동과 교육활동을 통해 습득한 경험을 바탕으로 기업에 대하여 기업윤리 관련 자문활동을 강화하여야 한다. 학계 또는 자문기관에서 실시할 수 있는 자문활동에는 다음과 같은 사항이 포함될 수 있을 것이다.

- 기업윤리 프로그램 도입계획 작성
- 기업윤리 강령, 종업원행동준칙 작성
- 기업윤리교육
- 기업윤리를 고려한 경영계획 작성
- 기업윤리감사 실시
- 기업윤리 프로그램의 집행 결과의 평가

4. 기업윤리의 국제적 동향

많은 기업들이 윤리경영을 훌륭히 수행하는 기업이 기업의 가치나 성과도 좋을 것이라고 믿고 있다. 물론 사실이다. 굳이 인과관계를 따질 수는 없지만 윤리경영과 기업의 가치 및 성과 간의 관계를 조사한 여러 가지 보고서에 따르면 어느 정도 정(正)의 관계가 있는 것으로 파악되고 있다.

미국의 경우도 「포춘」지가 선정하는 '미국에서 가장 존경받는 10대기업'들의 주가수익률은 최근 연평균 9.7%로 나타났다. 이는 S&P 500의 평균치인 -11.9%를 훨씬 능가하는 것이다. 또한 최근 5년간의 주가수익률을 보면 'Top 10'의 주가수익률이 25.6%로 나타나 S&P 500 기업의 평균치인 10.7%를 두 배 이상 상회하는 것으로 나타나 이번 조사결과를 뒷받침했다.

그러나 CEO들에게 윤리경영의 필요성을 말할 때, 윤리경영을 하는 기업이 경영성과가 좋기 때문에 윤리경영을 적극 실천하라고 말하는 것은 경영의 프로인 CEO들의 입장에서는 선뜻 용납하기가 힘들다. 윤리경영의 정착과 이를 통한 기업의 성과는

어느 정도 시간을 필요로 하며 경영의 성과만을 위해서 윤리경영을 한다는 데는 동의하기 어려운 부분이 있기 때문이다.

최근 윤리경영의 국제적 동향은 표준화와 의무화로 요약된다. 국제표준화협회(ISO)의 소비자정책위원회(COPOLCO)와 윤리임원협회(EOA: Ethics Officer Association)에 의해 주도되고 있는 표준화 논의는 이미 상당한 진전을 이루고 있다.

ISO의 기업윤리표준안 마련이 소관 위원회의 명칭에서 알 수 있듯이 소비자단체를 중심으로 이루어지고 있는데, EOA의 표준안 마련 작업은 기업 주도로 이루어지고 있다는 점에서 차이가 있다.

ISO는 주지하다시피 표준안 인증기구로서 기술적 인준이 아닌 윤리경영의 표준화에 있어서는 최소한의 기준을 선정, 이를 표준화하려 하고 있다. 반면 EOA는 미국의 600여 개 기업이 참가하고 있는 경제단체로서 미국기업의 이해와 요구를 대변하는 단체이다. EOA가 추진하는 기업윤리 표준안은 1991년에 마련된 미국연방판결지침(Federal Sentencing Guideline)과 매우 흡사한 내용으로 구성돼 있다고 한다.

연방판결지침의 주요 내용을 살펴보면 ① 종업원행동강령이 있고, ② 준법담당임원을 두고, ③ 이사회에는 사외이사가 영향력을 행사할 수 있고, ④ 평소에 기업윤리 관련교육을 실시하고 있고, ⑤ 수시 또는 정기적으로 준법감사를 실시하고, ⑥ 비윤리적 행위는 철저히 처벌하고, ⑦ 재발방지를 위한 구체적 조치를 취하는 회사에 대해 같은 수준의 범죄라도 형량을 가볍게 해준다는 것이다. 즉, 연방판결지침대로 실천하는 기업에 대해서는 형량의 90%를 감형해 주고, 실천하지 않는 기업에 대해서는 400%까지 가중형을 내린다. 가중형을 받는 기업의 대부분이 외국계 기업이라는 사실은 EOA가 주도하고 있는 기업윤리표준안이 미국과 거래하고 있는 전세계 모든 기업들에게 막대한 영향을 끼칠 것임을 시사하는 부분이다.

이러한 표준화 움직임과 함께 엔론, 월드콤 등 분식회계로 홍역을 겪은 미국에서는 뉴욕증권거래소 상장기업들에게 윤리헌장 제정 및 그 실천을 의무화하고 있다. 뉴욕증권거래소의 윤리경영 의무화 지침은 윤리경영기업에게는 민·형사사건에 대해서는 가중처벌하는 내용의 연방판결지침(FSG: Federal Sentencing Guideline)과 함께 미국기업들이 윤리경영에 적극적으로 나서게 하는 제도적 장치가 되고 있다. 적어도 미국기업들에게는 윤리경영이 더 이상 덕목이 아니라 필수화되어 가고 있는 것이다.

미국, 유럽 등 선진국을 중심으로 진행되고 있는 이러한 윤리경영 의무화·표준화 논의는 우리 기업들이 윤리경영에 대해 보다 적극적인 자세로 임해야 함을 잘 보여주고 있다.

한 연구기관에서 실시한 기업윤리 실태조사에 따르면 우리 기업들이 윤리경영을 추진하는 이유로 윤리경영이 기업의 사회적 책임을 다하기 위한 것이라는 응답이 가장 많이 나왔다. 이러한 결과는 윤리경영의 필수화·의무화 측면에서 시사하는 바가 크다.

이익극대화와 고용창출을 통해 사회적 책임을 다했던 개발연대 기업의 지위와 역할이 사회적으로 '올바른 일을 하는 것', '이익의 적정한 환수를 통해 사회의 발전에 공헌하는 것' 등으로 바뀌어 가는 것이다.

윤리경영이 경영전략의 일종으로 전락해서는 안 되는 이유가 바로 여기에 있다. 물론 단기적으로는 경영전략의 하나로서 훌륭한 역할을 수행할 수는 있으나 단기적으로 계산된 윤리경영은 언제나 그 종말이 참혹하다.

엔론은 「포춘」지가 선정하는 '미국에서 가장 존경받는 기업' 리스트에 매년 10위권 안에 들었고, 사회적 공헌 역시 둘째가라면 서러워할 정도였지만 그 얄팍한 상술은 결국 기업해체라는 '사형'을 언도받게 하는 데 결정적 역할을 하였다.

우리 기업이 윤리경영을 더욱 적극적으로 추진해가기 위해서는 CEO를 비롯한 회사 경영층이 결연한 의지와 윤리헌장 제정과 전담부서 설치, 교육강화 등 제도적 노력이 뒷받침되어야 한다. 또한 윤리경영을 추진하는 기업에 대해서는 그 정착을 위해 정부의 정책적 배려도 필수적이라 할 것이다.

그러나 무엇보다도 중요한 것은 윤리경영과 기업의 사회적 책임을 바라보는 인식의 근본적 재고찰이며 이를 통해 장기적이고 근본적인 윤리경영, 정도경영 비전을 마련하고 이를 지속적으로 실천해 가려는 의지일 것이다.

5. 기업윤리를 선도하고 있는 기업들

기업윤리의 범위는 경쟁자와의 공정한 경쟁에서부터 환경문제까지 매우 다양한데, 이를 각각의 이해관계자와 추구하는 가치이념을 중심으로 정리해 보면 그 내용은 다음과 같다.

〈표 6-4〉에서 보는 바와 같은 윤리성의 문제를 잘 지키는 기업은 '좋은(선한) 기업'이고, 일반적으로 장기성장하는 기업이다.

최근 이러한 '좋은 기업'을 지향하면서 성공하고 있는 사례가 많다. 유한양행, 유한 킴벌리 등은 윤리경영을 잘 실천하고 있는 기업으로 평판이 높다. LG, SK 등도 투명경영을 위해 윤리강령을 운영하는 등 여러 가지 제도를 갖고 있다.

표 6-4. 기업윤리의 가치이념과 문제들

구 분	추구하는 가치	기업윤리에서 취급해야 할 문제들
경쟁자	공정한 경쟁	불공정한 거래(카르텔, 담합), 지적재산권 침해, 덤핑, 거래선 제한·차별, 기업비밀 침해, 뇌물제공 등
고객	성실, 신의	결함상품, 유해상품, 허위·과장광고, 정보은폐, 과대 효능·성분 표시 등
투자자	공평, 형평	내부자거래, 분식결산, 시세조작, 인위적 시장조작, 기업지배 행위 등
직원	인간의 존엄성	고용차별, 성차별, privacy침해, 작업안전, 단결권, 회사이익 우선 등
지역사회	기업 시민	산업공해, 산업재해, 산업폐기물 불법처리, 공장폐쇄 등
정부	엄정한 책무	탈세, 뇌물, 부정 정치헌금, 보고의무위반, 허위보고, 감사활동 방해, 공무방해 등
국제관계	공정한 협조	덤핑, 돈 세탁, 유해물 수출, 공해방지시설 미비, 법규악용, 정치개입 등
지구환경	공생관계 모색	환경요염, 자연파괴, 산업폐기물 수출입, 지구환경관련규정 위반 등

삼성전자는 내부감사를 강화하고 비윤리적 기업관행을 제거하기 위해 임원 6명을 포함한 52명을 처벌하는 등 최근 대대적이고 공개적으로 윤리경영을 실천하고 있으며, 삼성의료원의 의사와 간호사는 환자로부터 사례를 받지 않아 신선한 충격을 주고 있다.

한국에 진출해 있는 외국계 회사인 애보트·HP·바디숍 등도 윤리적으로 정평 있는 회사들이다. 존슨 앤 존슨은 세계적인 윤리기업으로 평판이 높아 「포춘」지에 '세계에서 가장 믿을 수 있는 기업'으로 선정됐고, 환경보호와 현지문화를 중시하는 화장품 체인 바디숍도 수년 만에 세계 30여 국가에 2,000여 개의 소매점을 낼 수 있었다.

포스코와 같은 업종인 미국의 US Steel은 이사회 직속 감사실에서 기업윤리의 집행을 엄격히 감시하고 있고, 총회꾼 사건으로 고충을 겪은 일본의 고베제강은 윤리적으로 거듭나기 위해 보다 강력한 윤리프로그램을 도입하였다.

한편, 윤리경영의 원칙을 위반해 큰 타격을 입은 회사도 많다. 우리나라의 삼풍백화점 사고, 한보의 몰락, 대동은행의 파산 등은 모두 윤리적 경영결정을 잘못한 것이 중요한 원인이었다.

최근에는 일본 최대의 유명한 우유회사 '유키지루시(雪印)식품'이 우유포장 검사를 소홀히 한 책임을 회피하고, 식품 원산지와 유효기간을 속이다가 소비자로부터 철저히 외면당해 사건발생 불과 2개월 만에 파산하는 사태가 벌어져서 일본 업계에 커다란 충격을 주었다.

[사례] 오는 정이 있어야

Adam은 한 메이저 제약회사의 영업사원으로, 그의 회사는 수익성이 높은 고혈압 치료제 시장에서 최대의 경쟁사와 치열한 시장 쟁탈전을 벌이고 있는 중이다. 혈압 관련 약품은 미국에서 콜레스테롤 및 당뇨병 관련 약제에 이어 두 번째로 많이 팔리는 약품으로 수십억 달러 규모의 시장을 이루고 있다. Adam의 회사는 시장 1위 약품을 봉 하고 있으며 경쟁사는 시장 2위 약품을 봉 하고 있지만, 마치 코카콜라와 펩시콜라의 관계처럼 양사는 공격적인 마케팅 캠페인과 세일즈 프로모션을 벌이며 치열한 점유율 싸움을 벌이고 있는 중이다. 회사는 제품의 이름이 쓰여 진 온갖 판촉물들을 만들었으며, 회사 차량에는 차고는 말할 것도 없이 제품처방에 관심을 보일 의사들에게 증정할 판촉물이 담긴 박스가 가득 차 있다.

Adam은 오늘 처음 만나는 의사를 방문할 예정이다. 병원 자체는 그가 오랜 동안 거래했던 곳이지만, 거래했던 파트너들이 최근에 은퇴하면서 병원을 매각한 이후, 오늘 병원의 새 주인인 그린 박사(Dr. Green)를 만나게 된 것이다. 주차장에 들어서니 차 댈 곳을 찾기가 쉽지 않았다. "여느 때보다 더 붐비는 데?" 그는 생각했다. "스티븐스 박사와 파트너들이 병원 자리 값을 톡톡히 받았기를, 이 자리는 황금알을 낳는 곳이 될 듯하니."

대기실에서 Adam은 카운터 너머로 낯익은 얼굴들을 발견하였지만 웃고 있는 사람이 아무도 없는 것 또한 알아챘다. 모두 매우 심각한 표정으로 문서작업에 열중하는 모습이었다. 오피스 매니저인 제니퍼는 그를 그린 박사의 방으로 안내하면서 충고 한마디를 건 냈다. "신중히 행동하세요. 예전하고는 다르답니다."

15분 뒤 그린 박사가 들어왔다. Adam은 일어나서 자기소개를 한 뒤, 바쁜 일정 중에 만날 시간을 내준 데에 대해서 정중히 감사의 말을 전했다. 그린 박사는 웃지도 인사치레도 하지도 않았다. 그는 본론으로 바로 들어갔다. "Adam씨라고 했지요? 제약회사 직원과 함께 일하는 것에 대한 저의 철학을 설명해 드리겠습니다. 제 견해로는 당신들은 특허가 만료될 때까지 당신네 알약으로 가능한 한 많은 돈을 벌 텐데, 저는 그 돈 중 일부가 저희 병원의 이익을 위해 쓰였으면 합니다. 병원 환자를 위한 풍족한 공짜 샘플과 당신의 회사가 이 약품에 대한 우리 병원의 지원에 대해 감사하고 있다는 충분한 증거를 달라는 말입니다. 아시겠습니까?"

Adam은 "충분한 증거"가 어떤 뜻인지는 자신이 없었지만, 그린 박사가 그에게 설명하고자 하는 것이 무엇인지는 확신하였기 때문에 고개를 끄떡이면서 미소를 지었다.

"이 병원은 제게는 장기투자로 여기에 많은 돈을 투자했습니다. 스티븐스 영감은 훌륭한 환자 기반을 구축하였지만, 제 개인적으로는 그보다 더 나아질 수 있다고 생각합니다. 이곳은 확고한 통제가 필요한 상태였고, 올해 안에 두 배로 늘릴 계획입니다. 유감스럽게도 성장에는 추가적인 비용이 필요합니다. 여기에 많은 돈을 들였다고 이야기 했던가요?" 그린 박사는 갑자기 말을 끊더니 미소를 지었는데, 그 미소는 Adam이 평생 본 미소 중 가장 가식적인 미소 중 하나였다. "Adam 제 생각은 바로 이겁니다. 이런 경우에 다른 영업사원들이 내게 줄 노트패드나 팬에 돈을 낭비하는 대신, 나는 내 진료실을 꾸미는 데 일종의 지원- 당신이 원한다면 마케팅 펀드라고 불러도 되겠지만-을 해주길 바랍니다. 발전하는 병원의 의사와 어울리는 고급 가구 말입니다. 어떻게 생각하십니까?

Adam은 헛기침을 하면서 어떤 대답을 해야 할지 필사적으로 고민했다. "선생님, 매우 이례적인 부탁이십니다. 음...그리고 저희는 저희 제품에 대한 선생님의 지원에 대단히 감사해하고 있습니다만, 음... 제 생각엔 지역 본부의 매니저로부터 승인을 받을 수 있을 것 같지는 않습니다.

그린박사의 가식적인 미소가 떠올랐던 속도만큼이나 순식간에 사라졌다. "Adam, 이건 거래입니다. 오늘 아침 나는 자카리(Zachary)라고 부르는 매우 똑똑한 친구와 대단히 생산적인 만남을 가졌습니다. 내 생각엔 그는 아마 당신 경쟁사에서 일하고 있는 것 같은데요." Adam은 자카리(Zachary)의 이름을 듣자 인상을 찡그렸다. "자카리는 이 제안이 그렇게 이례적이라고 생각하지 않는 것 같았습니다. 사실 그는 인테리어 디자이너인 친구도 있는데다 이 서비스가 '마케팅 펀드'에 포함될 것임을 확인해 주기도 했습니다. 그럼 이제 우리 어떻게 할까요?"

질문

1. 윤리강령의 4대 핵심 사항이 본문에 나와 있다. 애덤의 회사에 이와 같은 규정이 있다고 가정한다면 이들 4대 핵심 사항을 통해 애덤이 어떤 지침을 찾을 수 있을까?
2. 자카리는 애덤을 이기기 위해서 그와 같은 마케팅 펀드를 기꺼이 제공했을까? 아니면 그린 박사가 거짓말을 하고 있는 것일까?
3. 애덤은 앞으로 어떻게 해야 하는가?

토의과제

1. 기업환경의 변화로 기업윤리에 대한 새로운 인식과 중요성이 강조되고 있는 이유는 무엇인가?
2. 청렴서약제가 도입되면 현실적으로 기대할 수 있는 효과는 무엇인가?
3. 기업의 사회적 책임(CSR)에 대한 자신의 견해를 피력해 보자.
4. ISO260000이 국내 기업에 미치는 영향에 대해 토의해 보자.
5. GR이 국내 수출산업에 미치는 영향에 대해 논의해 보자.
6. 부패라운드의 대응전략에 대해 논의해 보자.

제 7 장

기업윤리의 유형

7

기업윤리의 유형

기업윤리의 유형은 윤리의 영역, 윤리의 성격, 윤리의 주체, 관리기능 등을 기준으로 분류해 볼 수 있다.

Ⅰ. 영역에 따른 분류

기업윤리를 그 행위가 미치는 영역 혹은 윤리의식이 작용하는 측면에 따라 분류해 보면 대내적 기업윤리와 대외적 기업윤리로 나누어 볼 수 있다.

1. 대내적 기업윤리

대내적 기업윤리란 조직구성원이 기업조직에 대해서 갖는 윤리를 말한다. 이러한 대내적 기업윤리는 조직의 가치를 반영하고, 기업목표 혹은 기업이익의 실현을 이상으로 삼고 있으며, 또한 조직구성원이 조직의 요구에 순응한다는 특성을 지닌다.

2. 대외적 기업윤리

대외적 기업윤리는 조직구성원이 기업의 이해관계자 집단과 사회일반 그리고 정부와 생태계 등에 대해서 갖는 윤리를 말한다. 이러한 대외적 기업윤리는 사회의 가치를 반영하고 있으며, 사회복지 및 삶의 질을 향상시키는 것을 이상으로 삼고 있다.

그런데 조직구성원은 경영자와 종업원으로 구분할 수 있으므로, 대외적 기업윤리에는 경영자의 대외적 기업윤리와 종업원의 대외적 기업윤리가 있게 된다.

Ⅱ. 성격 및 내용에 따른 분류

기업윤리를 성격이나 내용에 따라 분류하면 소극적 기업윤리와 적극적 기업윤리로 나눌 수 있다.

1. 소극적 기업윤리

소극적 기업윤리는 윤리·도덕적인 면에서 볼 때 바람직하지 못한 것이기 때문에 하지 말아야 하는 행위, 해서는 안 될 문제를 다루는 것을 말한다. 가령 환경오염이나 임금체불, 무단결근, 허위광고, 부실경영 같은 행위가 이 범주에 속한다고 할 수 있다. 그러므로 이러한 행위가 금지된 윤리적 명제를 어긴다는 것은 바로 비윤리적인 행위가 되어 지탄이나 비난의 대상이 된다.

한편, 그러한 윤리적 명제를 지킨다 하더라도 그것은 마땅히 해야 할 바를 하는 것에 불과하며, 엄밀히 말해서 윤리의 실천이라고 볼 수 없는 윤리적 중립상태이기 때문에 칭송의 대상이 되지는 못한다.

2. 적극적 기업윤리

적극적 기업윤리는 윤리·도덕적인 면에서 볼 때 바람직하다고 하면 할수록 더 좋은 문제를 다루는 것으로서 권장되고 있는 행위나 가치창조적인 윤리적 명제를 말한다.

예컨대, 창의적이고 인간중심적인 경영, 생산성과 품질의 향상 혹은 생활의 질 향상을 위한 노력과 연구개발, 소비자만족 경영, 자연보호 등이 이 범주에 속한다고 볼 수 있다. 그러므로 이러한 적극적인 윤리적 명제를 실천했을 경우에는 칭찬과 칭송의 대상이 되지만, 그것을 실행하지 않았다고 해서 윤리적으로 비난이나 지탄의 대상이 되지는 않는다. 즉, 윤리적 중립상태가 될 뿐이다. 이와 같은 관계를 요약하여 정리해보면 [그림 7-1]과 같다.

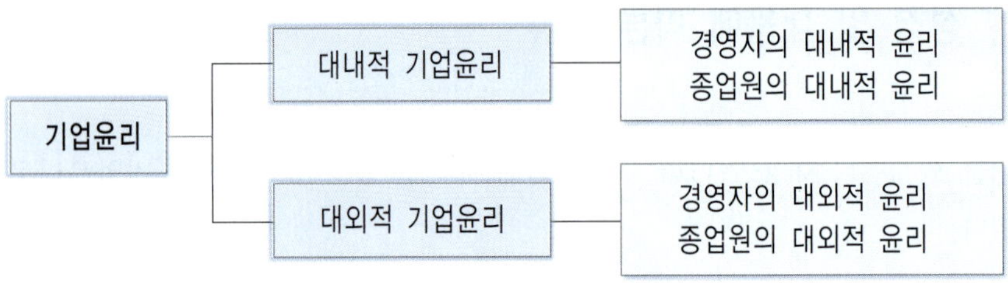

구분	← 비난 · 지탄	칭찬 · 칭송 →
소극적 윤리	부(-) —실천→ (0) 중립	
적극적 윤리		(0) 중립 —실천→ 정(+)

그림 7-1. 기업윤리의 유형

그런데 기업에 대한 사회의 기대수준이 차츰 높아지고, 전반적인 시민의식수준이 향상됨에 따라 기업윤리의 기준이 점차 높아져 가는 추세에 있기 때문에, 소극적 기업윤리의 범주에 속하던 내용들이 구성원의 당연한 임무 또는 역할에 포함되는 경향이 농후해지고, 한편 적극적 기업윤리의 범주에 속하던 내용들이 점차 소극적 기업윤리의 범주로 넘어가는 추세에 있다고 볼 수 있다.

Ⅲ. 주체에 따른 분류

기업윤리는 윤리의 주체에 따라 기업 자체의 윤리와 기업구성원의 윤리로 분류할 수 있다.

1. 기업 자체의 윤리

기업 자체의 윤리는 윤리의 주체를 기업이라고 보는 관점에 입각한 것인데, 이 경우는 일반적으로 기업이 사회적 기대와 요구에 부응해야 한다는 사회에 대한 윤리, 즉 대외적인 기업윤리만을 의미하게 된다. 한편, 기업구성원의 윤리는 윤리의 주체를 기업구성원이라고 보는 관점에 입각한 것인데, 이 경우는 대외적 윤리뿐만 아니라 기업구성원은 모름지기 기업목표의 달성에도 충실해야 한다는 대내적 윤리까지를 포함하게 된다. 이러한 구성원의 윤리는 기업구성원의 생각과 말과 행동에 관해 형성된 도의적 가치로서 그의 생각과 말과 행동 또는 태도의 옳고 그름을 판별하여 기업과 사회에 모두 바람직한 방향으로 나아가게 하는 규범이라고 할 수 있다.

2. 구성원의 윤리

한편, 기업구성원은 크게 경영자와 종업원으로 구분할 수 있으므로 기업구성원의 윤리에는 경영자윤리와 종업원윤리가 있게 된다. 경영자윤리는 기업행위의 실질적인 핵심인 경영자가 사회에 대해서 갖는 윤리인 대외적 윤리와 기업에 대해서 갖는 대내적 윤리로 구분된다. 또한 종업원윤리는 종업원이 이해관계자집단과 직접 상대하게 될 때 갖게 되는 대외적 윤리와 산업생활의 현장에서 생산성과 품질의 향상을 위한 핵심적 역할을 담당하고 있다는 측면에서 갖게 되는 대내적 윤리로 구분된다.

Ⅳ. 문제발생수준에 따른 분류

기업윤리를 문제발생수준에 따라 분류하면 거시적 차원의 기업윤리와 미시적 차원의 기업윤리로 나눌 수 있다.

1. 거시적 차원의 기업윤리

거시적 차원의 기업윤리는 기업의 사업성격, 이윤수준 그리고 소유와 경영 등 경영일반 또는 경영전략에 관련되는 거시적 수준에서의 기업윤리 문제를 말한다.

2. 미시적 차원의 기업윤리

미시적 차원의 기업윤리는 구성원 개인수준에서의 윤리, 즉 구성원 자신이나 구성원 상호 간의 관계에서 발생하는 윤리에 초점을 맞추는 미시적 수준에서의 기업윤리 문제를 말한다. 이러한 문제발생수준에 따른 기업윤리의 유형화는 기업윤리문제의 발생원천을 이해하는 데에 도움이 될 수 있다.

기업윤리를 관리기능에 따라 분류하면 투자, 합병, 환경보호에 관한 의사결정과 같은 전반관리부문에서의 윤리, 그리고 허위・과대광고, 가격조작 등과 같은 마케팅 관리부문에서의 윤리와 공금유용, 내부자거래와 같은 재무관리부문에서의 윤리를 비롯하여 생산관리, 회계관리, 정보관리 및 국제경영관리부문에서의 윤리 등으로 구분된다. 이러한 관리기능별 기업윤리의 유형화는 특정 관리부문의 경영자나 종업원이 자기가 맡은 역할에서 제기되는 윤리적인 문제를 이해하고 올바른 실천을 하는 데 도움이 될 수 있을 것이다.

한편, 기업윤리를 대면윤리, 기업정책윤리, 그리고 기능별 윤리로 나눌 수 있는데 여기서 대면윤리는 종업원과 관리자 간, 종업원 상호 간, 구매담당과 원료공급자 간, 고객과 판매담당자 간의 관계처럼 사람들의 상호관계에서의 윤리를 말하고, 기업정책윤리는 회사전반에 영향을 미치는 정책이나 의사결정에서 일어나는 윤리를 말하며, 기능별 윤리는 재무, 회계, 마케팅, 인사관리, 경영정보시스템 및 기타 주요한 기능부서에서의 윤리를 지칭한다.

Ⅴ. 관리기능에 따른 분류

기업윤리를 관리기능에 따라 분류하면 투자, 합병, 환경보호에 관한 의사결정과 같은 **전반관리부문에서의 윤리**, 그리고 허위・과대광고, 가격조작 등과 같은 **마케팅관리부문**에서의 윤리와 공금유용, 내부자거래와 같은 **재무관리부문**에서의 윤리를 비롯하여 **생산관리, 회계관리, 정보관리 및 국제경영관리부문**에서의 윤리 등으로 구분된다.

이러한 관리기능별 기업윤리의 유형화는 특정 관리부문의 경영자나 종업원이 자기가 많은 역할에서 제기되는 윤리적인 문제를 이해하고 올바른 실천을 하는데 도움이 될 수 있을 것이다.

한편, 기업윤리를 대면윤리, 기업정책윤리, 그리고 기능별 윤리로 나눌 수 있는데 여기서 대면윤리란 종업원과 관리자 간, 종업원 상호 간, 구매담당과 원료공급자 간, 고객과 판매담당자 간의 관계처럼 사람들의 상호관계에서의 윤리를 말하고, 기업정책윤리는 회사전반에 영향을 미치는 정책이나 의사결정에서 일어나는 윤리를 말하며, 기능별 윤리는 재무, 회계, 마케팅, 인사관리, 경영정보시스템 및 기타 주요한 기능부서에서의 윤리를 지칭한다.

[사례] 서류에 서명만 하세요

트랜스월드(Trans World Industries, TWI)의 신입사원인 매트(Matt)는 오리엔테이션 첫날 일찍 출근했다. 그는 상당히 흥분하고 있었다. 그 이유는 여러 회사에 지원하기는 했지만 트랜스월드가 간절히 원했던 회사였기 때문이었다. 친구들이 이미 이 회사에 다니고 있었고, 그 친구들은 회사가 새로운 제품을 지속적으로 생산하기 때문에 가파른 성장세가 확실하다고 했었다. 매트에게 성장이란 새로운 기회였다. 그래서 90일 동안의 수습기간을 마치는 대로 관리자 양성프로그램에 지원할 생각이었다.

공장에 도착하자 매트의 새로운 상사인 스코트가 기다리고 있었다. 스코트는 시계를 보면서 "안녕, 매트, 아주 시간을 잘 지키는군. 내가 아주 좋아하는 스타일이야."라고 말했다. "잘 들어봐, 새로 온 친구, 인사담당자가 내가 오늘 확인해야 할 내용들을 전달해 주었어. 급여서류 작성, 훈련 비디오, 주차증, 그리고 기타 등등이야. 그렇지만 우리는 여기서 좀 다른 일을 할 수 있어. 네가 할 일은 시간이 많이 남는 일이거든 그래서 네가 바로 처리해야 할 일들을 좀 남겨두었어. 후후."

"우리는 모톤6000(Morton 6000)에 대해 너의 도움을 받아야해. 너는 전에 그 일을 한 적이 있지? 맞지?" 하지만 매트는 어떻게 대답해야 할 지를 잘 몰라서 고개를 갸우뚱했다. "매트, 잘 생각해 봐. 내가 보기에 여기 있는 비디오테이프들은 네가 공장 내에 있는 어떤 아이들도 희롱해서는 안 된다는 내용이고(여기 어느, 누구도 어리거나 아이들이 아니니까, 어려울 게 없지). 어떤 인종도 무시해서는 안 되고, 비윤리적인 행동을 해서는 안 된다는 내용이야. 어차피 그런 행동들이나 하지 않겠지?" 하지만 매트는 여전히 확실하지 않아서 고개를 갸우뚱했다.

"그래서 말이야 내 생각에는 교육용 TV시청하는 것보다 모톤 6000의 밀린 일을 처리하는 게 더 나을 거야. 배달관련 기록을 정리하고 오래 기다리는 고객들을 잘 대접하는 것이 더 중요해. 그러면 너의 첫날은 훌륭해질 거야. 안 그래?"

하지만 매트는 "비디오테이프를 어떻게 하지요? 라고 물었다". "응, 걱정하지 마. 여기 사무실에 두면 돼. 우선 내가 부탁하는 일들을 처리한 다음에 비디오테이프를 시청했다는 서명을 한 서류를 인사부에 가져다주면 된다고, 알았지?"

질문

1. 인사부서는 이유가 있어서 비디오를 시청하라고 한 것이다. 스코트는 어떤 잘못을 하고 있는가? 왜 인사부서가 윤리강령에 대해 직접적으로 개입해야 하는지 4가지 이유를 들어 설명해 보라.
2. 스코트가 훈련용 비디오를 보지 않아도 된다는 주장을 정당화할 수 있는가?
3. 매트는 지금 어떻게 행동해야 하는가?

[사례] 서로 다른 관점

당신은 모기지 서비스회사에 다니는데 모기지 납입금이 정확하게 이루어져서 모기지 소유자에게 자금이 지급되는 일에 대한 책임을 진다. 최근 들어서 모기지 납입만큼이나 많은 모기지 압류가 발생해서 시장이 새로운 방향으로 흘러가게 되었다. 몇 년 전에 구입한 비용보다 집값이 30~40%떨어진 상황이 전개되자, 소비자들은 향후에 지속적으로 납입하는 것이 현명한 것인지에 대한 의문을 품기 시작하였다. 소위 깡통집이 되는 것이다. 비록 납입금 지불이 어려운 것은 아니지만 집값이 구입가격 밑으로 하락한 상황이 되자, 그들은 많은 돈을 낭비한 후에 다시 돈을 허비하고 있다고 생각하게 되었다.

이런 상황에 대해 회사는 높은 관심을 보이고 이를 전 사원 회의의 주제로 삼았다. 경영진은 모기지란 법적인 계약이며, 집소유주는 그들이 동의한 납입금 지불이 법적인 의무라고 모든 사원들에게 강조했다. 그러나 회의가 끝난 후, 당신의 몇몇 동료들은 현재 상황과 유사한 과거 사례들을 공유하였다. 이런 사례와 관련하여 다음과 같은 이슈들이 제기되었다.

- 은행들을 살리기 위한 수백 억 달러 규모의 구제 금융으로 인해, 많은 사람들은 스스로가 약탈적인 대출관행의 희생자라고 생각했다. 은행들은 구제금융자금에 따른 개인 주택소유주에 대한 지원을 고려하지 않기 때문이었다.
- 언론에서는 모기지 조건 변경 프로그램에 대해 은행들이 도와줄 생각이 없거나 도와줄 형편이 안 된다고 보도하였다. 그렇다고 노력도 하지 않는 것은 문제가 아닌가?
- 모기지의 집합체는 다시 분리되어서 매우 복잡한 파생상품으로 만들어졌기 때문에 어느 누구도 누가 모기지 소유주인지 확인하기 어려운 상황이 되었다.
- 압류과정은 대부분 시에서 보증하는데 심지어 2년까지 소요된다. 그 동안은 납입금을 내지 않아도 되어서 무료로 살 수 있고, 이사를 갈 때까지는 오히려 저축이 가능하게 된다. 그리고 많은 압류가 진행되고 있어서 임차주택을 구하는 게 오히려 저렴해졌다.

당신은 아마도 대학의 경영윤리 강의 중에 비즈니스에서의 신뢰나 고객의 믿음의 기초는 서로가 자기편에서의 거래를 이행하기 위해 금전적 거래의 경우 적법해야 할 뿐만 아니라 윤리적이어야 한다고 배운 기억이 있을 것이다. 하지만 최근의 공격적인 대출관행으로 인해 사람들은 이를 윤리적인 의무를 무시할 수 있는 여건을 마련해 주었다고 느끼기 시작한 것이다.

질문

1. 어떤 윤리이론이 여기서 적용되고 있는가?
2. 주택소유주들이 잘못된 재무적 결정을 내렸다고 해서—예를 들어 주택구입에 과도한 대출을 받았다거나 잘못된 시점에 구입을 했다면—약탈적으로 대출을 시도했던 은행과 모기지 회사는 모기지 계약에 대해 나 몰라라 하는 것을 정당화할 수 있는가?
3. 주택소유주들이 주택가격보다 더 많은 모기지 납입금을 지불하게 된다면 이는 진정으로 “이미 낭비한 돈에다 다시 돈을 허비”하는 것인가?
4. 이런 상황이라면 당신은 모기지를 무시해서 손해를 보지 않고 벗어날 것인가? 어떻게 그러한 결정을 정당화할 것인가?

토의과제

1. 기업의 대내적 윤리에 대해 토의해 보자.
2. 기업의 대외적 윤리에 대해 토의해 보자.
3. 최고경영자의 경영이념이나 철학이 기업윤리에 미치는 영향에 대해 토의해 보자.
4. 기능별 기업윤리의 확립방안에 대해 토의해 보자.
5. 바람직한 기업윤리의 형성과 발전에 대해 토의해 보자.

제 8 장
기업윤리의 실천

8

기업윤리의 실천

Ⅰ. 기업윤리의 실천모델과 시스템 구축

기업윤리는 기업의 가치관을 형성하는 활동이고, 동시에 형성된 가치관이 기업활동의 각 단계마다 일관되게 실행되도록 만드는 활동이다. 그러므로 추상적인 구호로 끝나는 것이 아니라 실제 의사결정 및 조직구성원들의 행동과 태도에 영향을 줄 수 있는 기반을 구축하는 것이 중요하며, 기업의 이념, 신조 등 가치체계의 최상위 수준에서 기업윤리를 반드시 추구해야 할 과제로 명시하고, 구체적인 추진을 위한 조직과 제도를 확립해야만 한다.

예컨대 (주)포스코는 부서장이 Ownership을 가지고 주도적으로 윤리실천 활동을 전개하며, 윤리실천 수준진단에서 과제수행 및 점검까지 총 5단계로 진행되는 1년 주기의 자율실천 프로그램을 실천하고 있다.

표 8-1. (주)포스코의 기업윤리 실천단계별 프로그램

단 계	주요내용	소요기간
제1단계 윤리실천 수준진단	· 소속직원 대상 설문조사 - 부서별 윤리실천 진단 - EP의 '온라인 설문조사'기능 활용, 사무국에서 설문 내용 및 결과 제공 · 진단내용 - 윤리실천을 위해 어떤 활동을 얼마나 하고 있는가? (팀 리더급 이상) - 윤리규범 행동준칙 및 실천지침이 얼마나 실천되고 있는가? (직원)	1~2주

단 계	주요내용	소요기간
제2단계 Risk 발굴	· 15-20명으로 토론할 수 있는 조를 편성하여 부서내부의 윤리적인 Risk를 발굴 · 전 직원이 참여하고, 다수가 공감하는 Risk를 발굴하기 위해 Brain-storming, Multi-voting기법을 활용	1~2개월
제3단계 중점추진 과제선정	· 직원들이 제안한 각각의 Risk에 대해 회사에 미치는 영향과 발생 가능성을 평가하여, 부서별 개선 또는 실천과제 선정(3~5개) - QFD(Quality Function Deployment)기업 활용	1~2주
제4단계 세부추진 계획수립	· 과제수행 담당자 선정 및 세부 추진 계획수립 6시그마 활동에 의한 과제해결 권장 - 과제 성격에 따라 교육, 캠페인, 주기적 점검, Quick Win실시 가능	1~2주
제5단계 과제수행 및 점검	· 일정계획에 따라 개선 또는 실천과제 수행(각 부·실) · 과제추진 실적 매월 점검 및 피드백(윤리사무국)	6~8개월

기업의 윤리실천 모델은 각 기업이 지닌 특성이 상이함으로 일률적인 모델을 제시하기란 매우 어렵다. 그러나 기업마다 나름대로 윤리규범을 제정하여 경영전반에 대한 기본정신과 업무수행 기준을 규정하고 있다.

전경련이나 한국기업윤리학회에서는 기업윤리 실천을 위한 다음과 같은 관리체계의 도입을 권고하고 있다.

기업윤리는 기업이 윤리적인 행위와 비윤리적인 행위, 그리고 부도덕적인 부패행위 등을 구분시켜 줌으로써 사회의 이익이 되는 행위의 기준을 제시할 뿐 아니라 기업내부의 구성원, 즉 최고경영자로부터 관리자, 종업원에 이르기까지 행동에 대한 올바른 기준을 제시하여 기업구성원의 만족감과 기업성장 및 발전을 저해하는 문제점 등을 해소시킬 수 있다.

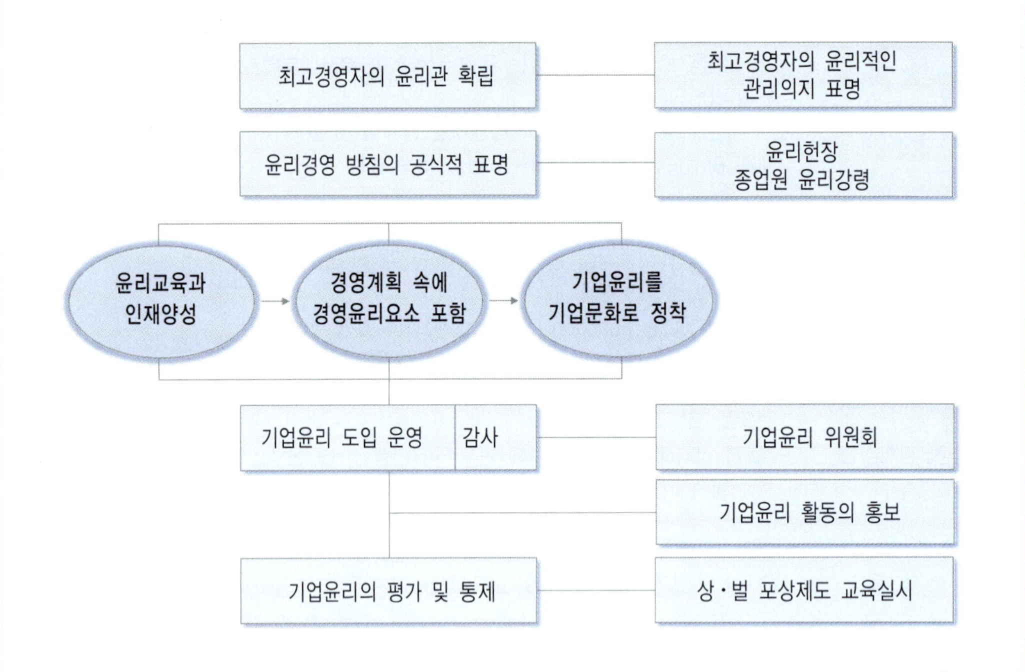

그림 8-1. 기업윤리실천 매뉴얼

바른 기업 시민운동본부에서는 건전성(Clean), 공정성(Fair), 윤리성(Responsible)을 토대로 다음과 같은 기업윤리 실천 모델을 제시하고 있다.

표 8-2. 바람직한 기업윤리 실천 모델

기업지배구조의 건전성	기업활동의 공정성	기업활동의 윤리성
이사회 기능의 정상화 · 대주주의 경영간섭 정도 · 이사회의 구성, 결의방법 · 그룹차원에서의 의사결정 · 이사회 개최 일수, 결의	재벌규제 · 지주회사 행위 제한 · 출자총액 제한 등 · 독과점 지위 남용 금지 · 기업결합 제한 · 부당 내부거래 금지	근로조건 · 고용차별 · 성희롱 · 직장 환경 · 인사 비리 · 부당 노동행위 · 노사관계
사외이사제도의 정착 · 선임, 수 · 경력 · 추천절차 · 보수, 활동상황	부당한 공동행위의 제한 · 가격/ 판매조건 · 생산, 출고 제한 · 거래지역/ 거래상대 제한 · 상품종류/ 규격 제한 · 타사업자 활동 제한	환경침해 · 산업폐기물 · 환경오염

기업지배구조의 건전성	기업활동의 공정성	기업활동의 윤리성
소수 주주의 보호 · 이익배당 · 주주총회 참석, 발언권 · 장부열람권의 행사 · 대표소송의 활용	불공정 거래행위 금지 · 불공정 거래 행위 · 재판매가격 유지 행위 · 불공정 하도급 거래 행위 · 부당한 표시 및 광고	소비자 권익 침해 · 불량품 제조 · 허위 과대광고 · 허위 정보유출
회계, 업무감사의 투명성 · 회계담당자의 윤리의식 · 감사의 선임, 경력, 활용 · 감사심리 결과 · 외부 감사 보고 내용 · 감사위원회 제도 채택		정경유착 · 정치자금 제공 · 정부로부터의 특혜 · 비자금 · 과대 접대비 · 뇌물 수수 · 촌지 제공
기업재무상태의 건전성 · 부채비율 · 사채발행 상황 · 악성부채 · 부동산 투자상태		불투명성 · 무자료 거래, 탈세 · 접대비/ 공금유용 · 돈세탁/ 분식회계 · 정보은폐/ 비실명 거래 · 주식위장 분산 · 불법거래 / 불법영업 · 지적재산권 침해 · 변칙상속/ 증여

오늘날 기업윤리의 실천은 선택이 아니라 기업이 반드시 갖추어야 할 21세기 기업 경쟁력으로 등장하고 있다. 기업이 체계적인 윤리경영 시스템을 구축하여 운영하면,

첫째, 대외적인 기업이미지 향상으로 브랜드 가치를 높일 수 있고,
둘째, 주주와 투자자 특히 외국인 투자자로부터 신뢰를 확보하게 되며,
셋째, 노사 간 신뢰를 바탕으로 하는 바람직한 노사문화를 형성하고,
넷째, 기업 구성원의 애사심과 주인의식을 이끌어내어 생산성과 품질향상을 가져오며,
다섯째, 국내외 경영환경변화에 따른 위험에 대비하고,
여섯째, 전반적인 기업경쟁력을 높이게 된다.

Ⅱ. 윤리시스템 구축의 효과

기업이 윤리경영시스템을 구축하여 실천하게 되면, 궁극적으로는 기업의 경영투명성 제고와 경영성과의 향상을 초래하여 보다 높은 기업가치를 기대할 수 있게 된다. 이것은 윤리경영을 운영하는 가장 중요한 목적이기도 하다.

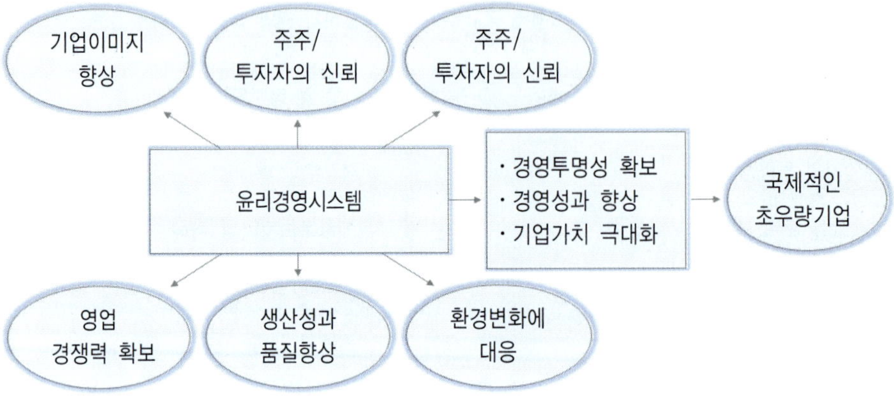

그림 8-2. 윤리경영시스템의 효과

Ⅲ. 윤리경영의 전제

윤리경영의 실현을 위해서는 '가치체계–실행조직 가동–구성원들의 공감대 조성'으로 이어지는 일관된 실천프로그램이 요구된다. 기업에서 어떤 일을 처리하는데 있어서 윤리적인지 아닌지를 스스로 체크하기 위한 유용한 질문은 다음과 같다.

아래 글상자 안의 내용들은 어떤 사람이 무엇이 옳은지를 결정할 때 도움을 줄 수 있는 것으로서 자신에게 물어 볼 수 있는 질문의 내용들이다.

윤리 체크를 위한 질문사항

1. 합법적인가?
   민법 또는 회사 규정을 어기고 있는 것은 아닐까?
2. 균형적인가?
   단기와 마찬가지로 장기간에서도 모든 관련된 것들이 정당한 것인가?
   그것은 윈-윈(Win-Win)관계를 증진시킬 것인가?
3. 그것을 나 자신은 어떻게 느낄 것인가?
   나를 자랑스럽게 만들 것인가?
   내 의사결정이 언론에 공표되면 좋은 느낌이 들 것인가?
   내 가족이 그 사실을 알면 나는 좋은 느낌이 들까?

한편, 일본경영윤리학회 회장인 미즈다니는 기업윤리가 조직 내의 행동원칙으로서 정착되기 위한 전제조건으로 다음과 같은 '3C'를 제시하였다.

표 8-3. 기업윤리 실천을 위한 전제조건

구 분	내 용
기업행동헌장(Code of conduct)	기업윤리의 준수를 위해 구체적이고 성문화된 형태로 사원들의 행동지침을 제시
준수여부 감독 조직 (Compliance check organization)	윤리경영을 실현하기 위한 조직과 제도가 구비 : 윤리경영 전담부서 및 임원, 내부보고(고발)시스템, 검사 및 평가 시스템 등
윤리경영 교육에 의한 공감 조성 (Consensus by ethic education)	기업윤리 준수를 위한 반복적이고 일상적인 교육 제공

미국에서는 기업들이 3C를 갖추고 있는 경우, 연방법을 위반해도 면책 혹은 징계수준을 감면해 줄 수 있는 '미연방 법원 판결지침'을 운영하고 있다.

델라웨어주 법원의 Caremark 사건 판결

1996년 델라웨어주 법원은 사원들에 대한 감독부재로 보험사기사건이 발생하였음을 이유로 기소된 Caremark사의 이사진에 대하여 사건발생 이전부터 동사가 기업윤리의 실천을 위한 제도를 운영하고 있었음을 이유로 무죄를 선고하였다.

삼성경제연구소의 연구결과에 따르면, 실제로 윤리경영의 모범사례로 평가받고 있는 기업들은 3C의 구축에 충실한 것으로 나타났다.

윤리경영의 실천사례로서 신세계는 기업윤리를 보다 효과적으로 시행하고 전파하기 위해 1999년 12월 기업윤리 선포와 동시에 기존의 감사팀을 기업윤리실천사무국으로 개편하였으며, 감사기능을 포함한 윤리경영 전반의 제도 수립, 교육, 대외업무 등의 기능을 수행토록 하였다.

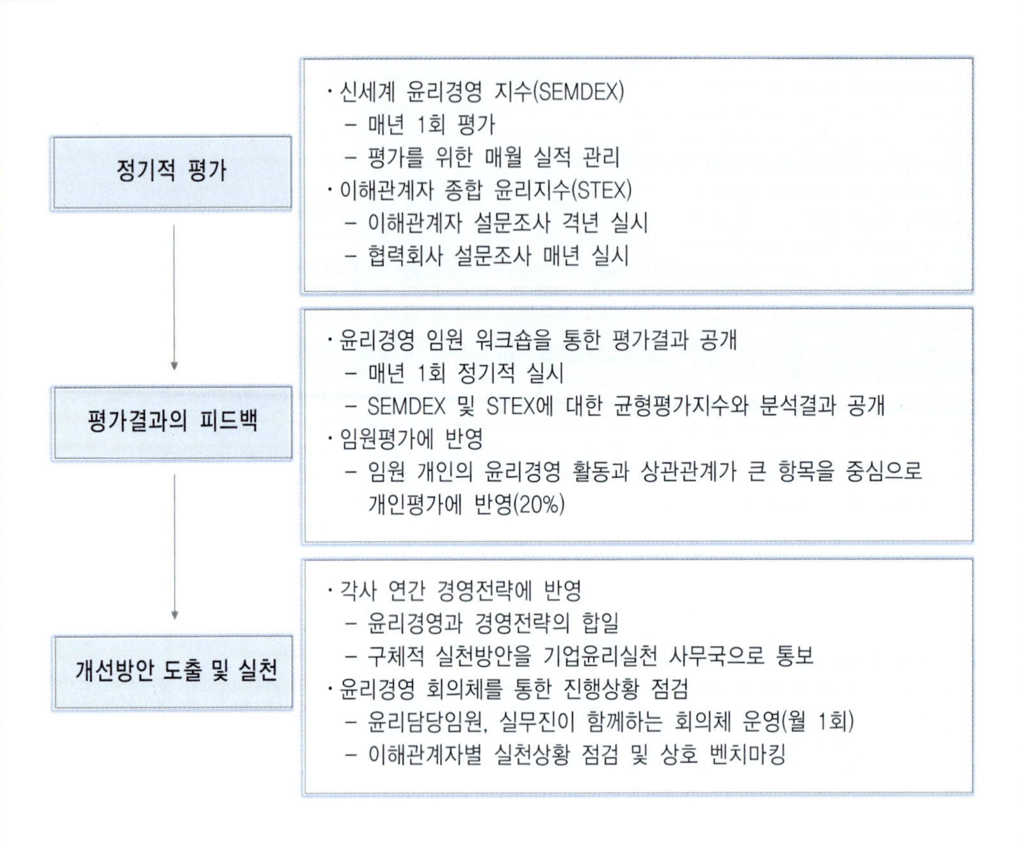

그림 8-3. 윤리경영평가 및 피드백 프로그램(신세계)

신세계는 임직원 직무윤리개발, 이해관계자 윤리지수 산출 등을 통해 지난 6년간의 윤리경영 실천성과를 점검하고 향후 추진방향을 모색함으로써 보다 내실 있는 윤리경영 실천 기틀을 마련하였을 뿐만 아니라 협력회사와의 거래투명성 제고와 윤리경영 확산 노력을 지속함으로써 업계의 변화를 선도해 나가고 있다.

윤리경영의 제도수립 및 운영, 임직원 공감대 확산, 대내외 실천활동을 주요업무로 하고 있는 기업윤리실천 사무국은 임원 워크숍의 주제선정에서부터 발표자료 검토까지 모든 과정을 기획, 진행하고 부장, 과장, 사원 워크숍 교육과정 개발 및 강사 양성, 사이버 윤리교육 등을 직접 운영하고 있다. 이외에도 사내방송 보도자료, 인트라넷을 이용한 윤리경영 질의응답, 월별 테마 활동, 윤리경영 캐릭터와 표어 제정 등 윤리경영 공감대 확산을 위한 다양한 활동을 수행하고 있다.

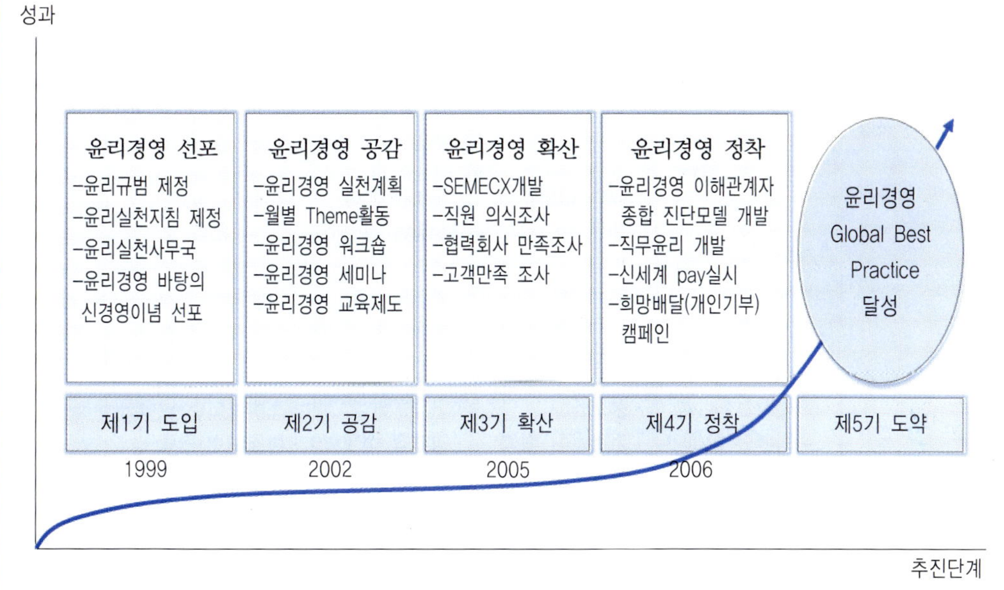

그림 8-4. 신세계의 윤리경영 추진

Ⅳ. 윤리경영의 평가모형

세계경제가 국제화되고 있는 추세에 따라 한국의 기업윤리도 세계적 수준을 요구받고 있으며, 각 기업들은 윤리강령 제정을 통한 윤리실천에 대한 노력은 기업의 바람직한 윤리문화의 정착과 투명한 기업경영을 위해서는 반드시 요구된다.

기업의 윤리경영을 실천하기 위해 우선 윤리헌장과 윤리강령을 제정하고, 현재 일부 기업에서 시행 중인 윤리실천 매뉴얼제정과 비리근절 공정거래 팀 가동, 투명경영실천을 위한 전자입찰제 도입 등 윤리경영의 구체적인 실천제도를 확산시키도록 주력해야 한다.

표 8-4. 국가별 기업윤리 평가 모델

구분	말콤볼드리지상 (MB상)	기업양심상	기업평판지수	경제정의지수 (KEJ)	기업윤리 평가지수
국가	미국	미국	호주	한국	한국
주관 기관	국립표준기술원 (NIST), MB상 재단	경제우선위원회 (ECP)	The Sydney Morning Herald	경제정의실천시민 연합	산업자원부
평가 항목	· 고객지향의 품질 · 리더십 · 사회적 책임과 시민정신 · 종업원의 참여와 개발 · 결과중심의 경영	· 자선기부 · 여성지위 향상 · 고용평등 · 정보공개 · 지역사회 협력 · 환경보호 · 근로자가정이익 · 근로복지와 산업안전	· 종업원만족도 · 환경보호 · 사회적 영향 · 기업윤리성 · 경제적 성과와 시장지위	· 기업활동 건전성 · 기업활동 공정성 · 사회봉사 기여도 · 소비자보호 만족도 · 환경보호 만족도 · 종업원 만족도 · 경제발전 기여도	· 경제적 공헌지수 · 사회적 공헌지수 · 자발적 공헌지수

주요 평가모형 구축 시 고려해야 할 사항들을 감안하여 표준화된 윤리경영 평가모형을 제시해 보면 그 내용은 다음과 같다.

실제로 기업들이 윤리적 경영에 긍정적인 영향을 미치기 위해서는 윤리강령이 필요하며, 이는 직원 또는 기업의 행위를 지도하기 위한 도덕적 표준으로 구성된 분명하고도 명문화된 공식적인 문서를 통해서 가능하다. 왜냐하면 윤리경영을 실천하는 과정에서 교육 및 연수과정을 통해 윤리헌장 또는 윤리강령을 숙지시킴은 물론 사내 홍보물이나 홈페이지를 통해서도 직원들이 느끼는 윤리적 가치에 대한 중요성과 인식은 영향을 받을 수 있기 때문이다.

과거와 같이 상품을 생산하여 판매함으로써 이익을 얻는 단순한 개념에서 벗어나 기업이 지켜야 할 윤리원칙을 준수하지 못하는 경우 사람이 인간사회에서 윤리를 저버리는 행동을 하는 경우 받게 되는 비난과 사회에서의 격리현상을 기업들도 똑같이 겪게 되는 것이다.

표 8-5. 표준화된 윤리경영 평가모형

평가지표	세부지표
기업 covenant 준수여부	① 사외이사의 비율 및 감사위원회 설치 여부 ② 준법감시인의 선임 여부 ③ 소수주주권의 인정 및 집중 투표제 도입 여부
최고경영자 윤리경영 및 실천사항	① 윤리경영 원칙 제정 여부 ② 윤리경영 실천여부 및 정도
기업 구성원 근무조건	① 실제 근무시간 및 휴가일수 ② 월평균 임금 ③ 복리후생 수준 ④ 기업구성원 1인당 전용공간 및 휴식공간의 넓이 ⑤ 기업구성원 만족도
임직원 교육	① 안전・환경・차별・능력개발 등 교육실시 여부 ② 경력설계・윤리경영 관련 교육실시 여부
불건전 비용	① 불건전비용 비율 = (접대성 항목/인건비)×100 ※ 접대성 항목 = 접대・기밀비
기업이윤의 사회 환원	① 기부금 총액 ② 매출액 대비 기부금 총액 비율
공익적 사회사업 및 캠페인	① 공익적 사회사업 및 캠페인 활동 횟수 ② 연인원 및 1인당 평균 참여시간(1년 기준)
노사화합	① 노사분규 발생건수 ② 노사화합의 정도 ③ 모범사례로서 언론에 소개된 건수 혹은 수상경력
환경친화적인 기업경영	① 환경친화기업지정 또는 환경마크 인증 여부 ② ISO14000 인증 여부
근로차별 및 고용평등	① 채용 시 성별・종교・국적 등에 대한 차별사항 ② 인사관리 시 성별・종교・국적에 대한 차별사항 ③ 여성 및 장애인 임원 비율

Ⅴ. 기업윤리수준의 제고방안

기업윤리의 설정 · 시행이 대단히 어렵더라도 기업과 경영자가 기업윤리를 제고하려면 기업행동의 기준 · 지침 · 규칙 · 규범이 되는 기업윤리요강을 우선 설정해야 한다. 이에는 국제윤리요강 · 국가윤리요강 · 산업별 윤리요강 · 기업윤리요강 등 네 가지의 대안이 있다. 첫 두 가지는 실용가치가 없으므로 언급하지 않겠다.

그리고 산업별 윤리요강(industry code of ethics)은 '일반지침'의 역할밖에 기대할 수 없다. 전국경제인연합회나 대한상공회의소 등이 만드는 협회윤리요강(association code of ethics)도 강제집행력을 내포하지 않는 한 '기업인의 다짐' 내지 회원사들에 대한 '일반지침'에 불과할 수 있다.

그러므로 기업윤리기준을 전반적으로 높이려면 산업별 윤리요강이나 협회윤리 요강을 설정하는 것에 추가하여 회원사들이 각기 기업윤리요강(company code of ethics)을 설정하여 성실히 시행해야만 한다. 그러려면 협회와 회원사들 사이에 기업윤리기준을 제고하는 데 필요한 공통적인 이해 · 협력 · 노력이 전제되어야 할 것이다.

기업의 윤리수준을 높일 수 있는 보다 구체적인 방안을 제시해 보면 그 내용은 다음과 같다.

1. 최고경영자의 윤리의식 제고

기업윤리수준을 결정하는 중요한 요소의 하나가 최고경영자의 도덕성과 경영철학 그리고 그의 태도라고 할 수 있다. 최고경영자의 윤리 · 도덕성은 그가 내리는 모든 의사결정과 행동에 큰 영향을 미치고, 그 결과 바로 기업의 윤리수준 결정에 커다란 영향을 미치고 있기 때문에 무엇보다 먼저 최고경영자의 윤리의식을 제고하도록 노력해야 할 것이다.

최고경영자가 의사결정을 내릴 때에는 그 결과가 대내외적으로 미칠 파급효과를 고려하여 윤리 · 도덕적인 측면에 보다 깊은 관심을 가지고 임해야 할 것이다.

또한, 최고경영자 자신의 생각과 말과 행동이 조직 전체의 분위기에 미치는 영향이 매우 크다는 사실을 깊이 인식하여 윤리수준의 향상에 솔선수범하여 모범을 보여야 한다. 경영자가 아무리 윤리성을 강조한다 하더라도 그가 먼저 말과 행동으로 모범을 보이지 않는다면 조직구성원들은 윤리적인 측면에서 잘 호응하지 않을 것이고, 따라서 기업윤리수준은 앙양될 수 없기 때문이다.

2. 윤리적 기업문화의 형성

기업문화가 조직구성원의 의사결정과 행동에 커다란 영향을 미친다. 따라서 기업윤리수준에 중요한 요소로 작용되는 윤리성이 높은 기업문화를 형성하는 것이 중요하다. 다시 말해 윤리적이고 도덕적인 측면이 강한 기업문화가 형성되어 있을수록 기업윤리수준은 높아지기 때문이다.

기업윤리수준의 높고 낮음을 결정하는 핵심요인은 조직구성원 개개인의 도덕성이라기보다는 기업조직의 분위기 또는 기업문화일 것이다. 그러므로 모든 구성원이 공감하고 공유할 수 있는 가치기준이나 행동규범이 정립되고, 윤리성이 높은 기업문화를 조성하는 것이 중요하다고 하겠다.

윤리성이 높은 기업문화를 형성하기 위해서는 첫째, 실제 기업에서 활발히 전개되고 있는 기업문화 운동에 윤리적 가치관을 강력히 반영시켜 기업윤리가 기업문화로 정착되도록 하는 방안과 둘째, 기업구성원의 교육훈련에서 윤리문제를 심도 있게 다루는 방안을 우선적으로 검토해야 할 것이다.

3. 평가시스템의 개선

기업구성원의 평가시스템에서 윤리적 측면이 경시되고, 다만 가시적 성과에 관한 것만이 중시되는 경우, 기업구성원은 그러한 가시적·경제적 성과달성에만 몰두하게 되고 윤리적 측면은 자연히 소홀히 하게 될 것이다. 그러므로 기업구성원에 대한 평가 및 보상체계를 기업윤리수준을 제고시킬 수 있는 방향으로 개선해야 한다.

일반적으로 기업구성원은 누구나 의사결정을 하고 행동을 취함에 있어서 평가시스템이나 보상시스템의 영향을 크게 받기 때문이다. 실제로 기업조직에서 가시적 성과만이 중시되고, 그런 성과에 대한 압력이 강할수록 기업윤리수준은 낮아질 수밖에 없다. 그러므로 구성원의 평가시스템에 윤리에 관한 항목을 높은 비중으로 포함시키고, 그에 따라 적절한 보상도 이루어질 수 있도록 평가시스템을 개선하는 것이 기업윤리수준의 향상을 위해서는 매우 바람직할 것으로 본다.

4. 종업원의 윤리의식 제고

종업원들은 고객이나 이해관계자 집단을 직접 상대하고, 그러한 대외적 대인관계에 있어서의 성실성과 친절이 바로 기업의 신뢰성과 사회관계성 형성에 크게 영향을 미친다는 측면에서 대외적 윤리성을 지니며, 산업생활의 현장에서 핵심적 역할을 담당한다는 측면에서 대내적 윤리성을 지닌다고 할 수 있다. 그러므로 기업윤리수준의 제고와 기업성과 제고를 위해서는 종업원의 윤리의식 수준을 높이고, 바람직한 직업윤리관을 확립하는 것이 중요한 과제가 아닐 수 없다.

치열한 국제경쟁 속에서 기업이 존속·발전하기 위해서는 생산성과 품실의 향상이 무엇보다 중요하다는 관점에서 볼 때, 종업원의 책임의식 및 윤리의식을 높이는 일은 매우 중요한 과제가 된다.

종업원의 윤리수준을 높이기 위한 구체적인 방안을 제시해 보면 다음과 같다.

첫째, 종업원 교육훈련과정에 윤리문제를 포함시켜 윤리의식을 확립하고 고취시킨다.

둘째, 종업원들이 신명나게 일할 마음이 생기고, 기업을 자기들의 보람찬 삶의 터전으로 여기면서 애착을 가질 수 있는 동기를 유발하고, 사기를 북돋을 수 있는 제도적 뒷받침을 한다.

셋째, 종업원에 대한 평가와 보상에 윤리성이 충분히 반영될 수 있도록 한다.

5. 종업원 복지후생의 향상

기업윤리수준의 향상을 위해서는 종업원의 복지후생을 향상시키는 것이 바람직하다. 기업윤리수준에 영향을 미치는 개인적 차원의 영향요인 중에서 가장 중요한 것은 가족이다. 사람들은 사회생활이나 직장생활에서 모든 의사결정이나 행동을 할 때 가족을 염두에 두는 것이 일반적이다. 그러므로 기업윤리수준을 향상시키기 위해서는 구성원의 가족에 대한 각별한 배려가 필요하다.

이에 관한 구체적인 방안을 제시해 보면 다음과 같다.

첫째, 구성원의 주택마련이나 자녀 학자금 등 가정생활에 관련되는 복지후생을 향상시킨다.

둘째, 관혼상제와 같은 경조사 때 예절이나 의식의 측면 혹은 경제적 측면에서 지원해 주는 방안을 강구한다.

셋째, 구성원 가족들이 기업을 이해하고 기업과 밀접한 관계를 맺을 수 있는 다양한 프로그램을 개발하여 실행한다.

과거와는 달리 오늘날에는 기업의 중심자원이 물자에서 인간으로 바뀌게 되었다. 인간중심의 경영시스템에서는 종업원은 중요한 경영자원이며, 종업원의 윤리의식 제고는 경영의 성패를 좌우하는 핵심요인이기도 하다.

6. 경영자윤리의 가이드라인 설정

기업윤리수준의 향상을 위해서는 경영자들이 의사결정을 하는 과정에서 윤리적 책임으로서 항상 기억해야 할 다음과 같은 지침을 마련하여 제시해 두는 것이 기업윤리수준을 향상시킬 수 있는 또 하나의 방안이 될 수 있다.

① 법규를 준수하라.

경영자의 경영윤리에 있어서 가장 기본적인 원칙은 법규를 준수하는 것이다. 그것은 문자화된 법규일 수도 있고 법 정신에 해당하는 것일 수도 있다.

② 사실만을 말하라.

사실만을 말하는 것은 이해관계자와의 신뢰구축에 있어서 매우 중요한 일이다.

③ 사람을 대할 때 배려하는 마음을 보여라.

대인관계에 있어서 상대방을 존중해 준다는 것은 윤리에서 가장 기초적인 사항이다. 한 개인에 대한 존중이나 배려는 다양성을 중시하는 사회의 중요한 일면이라 할 수 있다.

④ 황금률을 지켜라.

다른 사람들이 당신에게 해주기를 바라는 만큼 다른 사람에게 해주라는 것이다.

⑤ 무엇보다 해를 끼치지 말아라.

이 원칙은 생활윤리의 첫 번째 규칙으로서 기업경영에도 쉽게 적용할 수 있는 최소한의 윤리적 고려라 할 수 있다.

⑥ 온정주의를 배격하고 참가하라.

이해관계자들을 위해서 최선이라고 생각되는 것을 선택하기보다는 이해관계자들의 욕구를 지각하는 데 목표를 두어야 한다.

⑦ 당신에게 책임이 있을 때는 항상 행하라.

경영자는 어떤 조치를 취할 수 있는 능력이나 자원을 가지고 있을 때는 그 조치를 취해야 할 책임이 있으며, 또 그러한 조치가 필요한 것이라면 경영자의 조치가 더욱 중요하게 된다.

7. 기업윤리헌장의 제정

기업의 정책이나 규정에 윤리성이 결여되어 있을수록, 그리고 조직구성원들의 행동에 비윤리적 측면이 많을수록 기업윤리수준은 낮아지는 것이 일반적이다. 그러므로 기업구성원들의 행동이나 의사결정의 기준과 규범이 되는 기업윤리헌장을 각 기업조직별로 제정하고, 모든 구성원이 그것을 지키도록 하는 것이 바람직하다.

따라서 각 기업체별로 기업윤리헌장을 제정함으로써 다음과 같은 효과를 얻을 수 있다.

첫째, 구성원이 실제의 문제해결방안을 보다 건전하고 윤리적인 방향에서 찾을 수 있게 해 준다.

둘째, 구성원이 동료나 상사로부터 비윤리적인 행동을 강요받을 경우에 그것을 거부할 수 있는 근거 내지 명분을 제공해 줄 수 있다.

셋째, 구성원들의 비윤리적 행위를 발견하여 시정할 수 있게 해 줄 수 있다.

8. 윤리요강의 시행

기업윤리기준을 제고시키는 최적의 대안일지라도 각 사가 나름대로 지닌 윤리적 가치관을 표출시킬 수 있는 실행 가능한 윤리요강을 설정하고 시행하는 것은 어려운 과업이다. 우선 가장 바람직한 기업윤리 요강의 시행방법을 제시해면 다음과 같다.

첫째, 최고경영층이 회사윤리기준에 대한 원칙과 정책을 우선 정하고 시행방법을 제시하며 사내에 필요한 분위기를 조성해야 한다.

둘째, 최고경영층은 임직원들이 기업활동의 윤리적 측면에 대해 정신적 자세를 갖추게 하고 그들의 행동에 대한 엄격한 윤리적 통제를 해야 한다.

셋째, 설정된 회사윤리요강을 커뮤니케이션・교육・훈련 등을 통해 모든 임직원들에게 이해시킨다.

넷째, 윤리요강에 위배되는 행동은 공명정대하게 처벌하되 처벌할 때는 가혹성(severity)을 강조하기보다는 요강위배의 사전방지에 중점을 두고 교훈적인 측면을 특히 강조한다.

그리고 기업의 윤리요강을 설정하고 시행함에 있어 유의해야 할 사항은 다음과 같다.

① 가급적 사내에 자체적으로 설정한다. 외부 컨설턴트를 활용하더라도 좌경학자나 자유주의자는 제외시킨다.

② 비윤리적 행동을 방지하는 데는 윤리요강을 선포하고 이에 대해 교육·훈련시키는 것만으로는 불충분하다. 따라서 강력한 조치가 필요하다. 특히 최고경영층은 사내에 도덕적 분위기를 정착시키는 강력한 조치를 취하고, 회사에 대해 충성하는 방법과 법률 및 회사윤리기준을 어기는 행동 사이의 경계선을 임직원들이 명확히 긋도록 하고, 회사에 대한 충성심이나 공헌을 내세워 회사의 명성·이미지·실적 등을 손상시키는 것을 용납하지 않을 것임을 명백히 한다.

③ 부하들이 자행하는 불법적·비윤리적 행동의 정도는 상사들이 관리자적 과업에 실패한 정도를 가리키는 것임을 인식하고 사전방지에 중점을 둔다.

④ 회사의 권익을 가장 잘 도모하는 방법은 당초부터 정직한 행동을 하는 것임을 강조한다.

⑤ 사전방지를 강조하기 위해서는 정기적·비정기적 사내·외 감사 등을 강화하여 비윤리적 행동자가 적발될 확률을 높이고 적발된 자는 사전방지를 위한 본보기로 엄벌한다.

⑥ 합법성을 존중하게 하며 도덕성을 한계점까지 밀치지 않도록 강조하고, 의사결정과 그 집행이 법적·윤리적으로 의문시될 때는 취하지 말도록 한다.

⑦ 상사는 부하들이 목표의 달성에 집착한 나머지 수단방법의 윤리성을 망각할 정도로 부하들의 목표를 지나치게 높게 책정하지 않는다.

⑧ 상사는 부하들에게 수단방법을 가리지 않고 목적달성을 하게 하거나, 그렇게 하더라도 회사가 책임을 진다거나, 회사가 적절히 보상할 것이라는 등의 말을 하지 말고 그런 인상도 주지 말아야 한다.

⑨ 상사는 지나치게 출세욕과 충성심이 강하고 단기실적을 강조하며 이기적인 부하들을 특히 경계하고 이를 제지한다.

⑩ 상사는 더 낫게, 더 빨리, 더 싸게, 더 많이 달성하라는 등 부하들을 지나치게 푸시하지 말아야 한다.

⑪ 최고경영층은 '만일 당신이 당신 자신과 거래했다면 당신은 어느 정도 윤리적이었다고 생각하는가?' 등의 질문을 자주 하여 임원들의 윤리의식 수준을 높이도록

한다.

⑫ 상사는 부하가 달성한 실적뿐만 아니라 사용한 수단방법도 함께 평가한다.

⑬ 최고경영층은 임원들과 중간관리자들에게 그들이 아무 위험이나 떠맡으라고 높은 보수를 받는 것이 아니라 떠맡을 만한 가치가 있는가를 평가하고 판단함으로써 불필요한 리스크(예컨대, 비윤리적 행동에서 비롯되는)를 회피하라고 높은 보수와 특별혜택을 받는다는 것을 강조한다.

⑭ 경영자들은 사람과 연관된 의사결정을 할 때는 보다 솔직해야 한다.

⑮ 일반대중이나 이해집단의 압력 또는 윤리적 문제 때문에 경영자들이 까다롭고 어려운 문제에 대한 의사결정을 미루는 것을 최고경영층은 방치하지 말아야 한다. 이러한 행동이야말로 경영자로서는 가장 비윤리적인 행동일 수도 있다. 그 이유는 윤리적으로 의문시되는 점이 있더라도, 예컨대 공장의 완전자동화 같은 단호한 조치를 취했을 때의 단기적인 사내・외 비판보다 조치를 취하지 않아서 회사가 도산했을 때의 비판이 더 많고 오래가기 때문이다.

⑯ 기업의 내용을 공개하는 것은 사회와의 관계를 개선하는 데 중요한 바탕이 된다. 그러므로 기업은 사회의 의견・주장・요구 등에 귀를 기울이고 또 사회에 대해 기업활동의 내용을 가급적 많이 공개하여 신뢰를 구축한다.

⑰ 기업의 1차적 목표는 그 고객들의 필요・욕구・선호를 만족시키는 데 있고 그것도 이익적(profitably)으로 만족시키는 데 있음을 최고경영층은 임직원들에게 강조한다. 그러려면 기업이 지속적으로 경쟁력을 유지할 수 있어야 하므로 최고경영층은 경영자들이 항상 경쟁력을 유지・발전시킬 수 있는 범위 내에서 의사결정과 행동을 하도록 강조해야 한다.

Ⅵ. 윤리감사

1. 윤리감사의 목적

윤리감사란 기업윤리의 실천과정을 점검하고, 추적・평가하기 위해 필요한 정보를 수집하고 분석하는 일련의 활동으로서 기업의 윤리적 건강정도를 측정하고 적절한 조치를 강구하는 데 주된 목적이 있다. 따라서 윤리감사의 구체적인 목적은 다음과 같다.

첫째, 기업 내의 각 부서와 종업원의 기업윤리 프로그램 집행상황을 검토한다.

둘째, 기업윤리 프로그램 집행과정에서의 부서관리자나 종업원이 겪는 문제점을 파악한다.

셋째, 기업윤리헌장이나 종업원 행동준칙의 위반자에 대한 적절한 조치를 건의하고, 모범적 부서와 종업원에 대한 장려대책을 건의한다.

2. 윤리감사의 내용

기업윤리감사의 목적이 기업의 '윤리적 건강상태의 진단'에 있으므로 감사의 내용은 기업윤리 프로그램관리의 기본모델에 따라서 임직원 및 거래회사 대표로부터 다음과 같은 내용에 대하여 정보를 얻는 것들이다.

1) 최고경영자의 기업윤리에 관한 확신의 정도

① 확신이 강하다고 느껴지는가?

② 최고경영자의 기업윤리에 관한 의지가 어디에 나타나는가?

2) 윤리강령과 임직원 행동준칙에 대한 이해의 정도

① 윤리강령과 임직원 행동준칙을 어느 정도 이해하고 있는가?

② 내용은 적절하다고 생각하는가? 고쳐야 할 점이 있는가?

3) 윤리적 경영과 행위의 평가

① 달성해야 할 목표설정에 윤리가 고려되었다고 보는가?

② 각 부서와 개인의 업적평가에 윤리가 고려되었다고 보는가?

③ 윤리적 평가가 생산성 향상에 도움이 되었는가?

4) 윤리교육 프로그램에 대한 평가

① 교육 프로그램이 적절하다고 보는가?

② 교육효과가 있다고 보는가?

③ 교육내용, 교육방법이 적절한가?

④ 필요 없는 교육내용과 추가해야 할 교육내용은 무엇인가?

5) 윤리의 기업문화화에 대한 평가

① 기업윤리가 일상 업무에 정착되어가고 있다고 생각하는가?
② 행동준칙이 잘 지켜지고 있는가? 그렇지 않다면 그 이유는 무엇인가?
③ 행동준칙에 추가되어야 할 내용이 있는가?
④ 내부고발을 한 경험이 있는가?
⑤ 내부고발제도가 기업윤리수준 향상에 도움이 된다고 생각하는가?
⑥ 상사로부터 비윤리적인 명령을 받은 경험이 있는가?
⑦ 상사의 비윤리적 명령에 응했는가? 응하지 않았다면 그 이유는?
⑧ 선물, 접대금지에 관한 규정이 잘 지켜지고 있다고 보는가? 아니면 왜?
⑨ 개인과 회사의 이해상충 문제는 행동준칙대로 지켜지고 있는가? 아니면 왜?
⑩ 선물 받은 것은 성실하게 신고되고 있다고 보는가? 아니면 왜?

6) 기업윤리실의 활동

① 기업윤리실은 무슨 일을 하고 있다고 생각하는가?
② 개인적으로 기업윤리실과 접촉한 경험이 있는가? 있다면 무슨 일로?
③ 윤리 핫라인(상담전화)을 이용한 경험이 있는가? 필요하다고 보는가?

7) 홍 보

① 기업윤리 프로그램을 실시하고 있는 것이 자랑스러운가?
② 외부에서 우리 회사를 윤리적인 기업으로 본다고 생각하는가?
③ 윤리 프로그램의 홍보가 잘 되고 있다고 보는가?

8) 기업윤리 프로그램의 개선

① 현재 회사의 윤리 프로그램 중 개선해야 할 점이 있는가?
있다면 어떤 점이라고 생각하며 어떻게 개선해야 하는가?

3. 윤리감사의 방법

일반적으로 기업윤리감사는 다음과 같은 네 가지 방법에 의해 실시되고 있다.

첫째, 설문지를 이용하는 방법으로서 임원, 중간관리자, 일반사원 및 협력업체를 대상으로 무기명 설문조사를 실시하여 감사한다.

둘째, 신고서의 내용을 분석하는 것이다.

셋째, 윤리상담(핫라인), 119 내부고발, 전자우편, 기타 방법으로 신고 접수된 내용을 분석한다.

넷째, 설문지, 신고서, 핫라인 정보를 분석한 후 각 부서별로 면접조사를 실시하여 확인하고 그 뜻을 해석하는 것이다.

[사례] Johnson & Johnson과 Tylenol 독극물 사건

미국에서 타이레놀은 모든 가정의 약장에 안전하고 믿을만한 진통제로 자리 잡고 있다. 그러나 1982년 가을, 아직도 해결되지 않은 제품 변조사건 하나로 인해 전체 제품 판매가 거의 중단될 뻔 했었고, 그로 인해 존슨앤존슨도 문을 닫을 뻔했다. 1982년 9월 29일 시카고 인근에서 7명이 청산가리가 들어간 타이레놀 캡슐을 먹고 사망하는 사건이 발생하였다. 사건 조사단은 이 타이레놀 약통이 7-8개 약국과 슈퍼마켓에서 판매되거나 훔쳐졌고, 이후 캡슐 안에 있던 아세트아미노펜이란 원래의 진통제가 제거되고 청산가리로 채워진 다음, 다시 매장 진열대에 놓인 것으로 확인하였다.

살해 의도는 밝혀지지 않았지만, 존슨앤존슨사나 아니면 타이레놀을 판매하는 소매상에 대한 원한으로 추측되었다. 제임스 루이스라는 사람은 이 사건을 이용해서 존슨앤존슨에 협박편지를 보내 이익을 취하려고 했는데, 존슨앤존슨이 내건 범인에 대한 사례금 10만 달러가 이유였던 것으로 보였고, 경찰은 그를 중요한 용의자로 보지는 않았다. 그는 이후 협박죄로 13년간 복역했으나 살인혐의를 받지는 않았다.

가장 많은 수익을 보였던 제품이 사라지는 위험에 대한 존슨앤존슨의 대응책은 이후 모범적인 사례로 알려지고 있으며, 여전히 전 세계의 모든 대학교에서 위기관리의 대표적인 사례로 가르치고 있다. 이 회사의 회장인 제임스 버크(James E. Burke)와 고위경영진은 원래 사망사고가 발생한 시카고지역을 포함하는 중서부지역의 약통만 회수할 것을 제안받았다. 그러나 경영진은 전국에 있는 3100만 개의 타이레놀 약통 전부를 수거해서 처리하도록 했는데, 그 비용은 약 1억 달러에 달했다. 당시 타이레놀은 진통제 시장의 33%를 차지하고 있었다. 이로 인해 시장점유율은 7% 이하로 떨어졌다.

회사는 왜 비용이 덜 들어가고 수용도가 높은 방법이 있었음에도 불구하고 그렇게 많은 비용이 들어가는 의사결정을 내렸는가? 이 질문에 답을 하기 위해서, 우리는 회사의 신조를 살펴볼 필요가 있다.

신조는 회사의 경영철학으로 창업자인 로버트 우드 존슨장군이 1943년 처음 작성하였다. 신조의 도입부분을 보면 회사가 왜 타이레놀로 인한 사망사고에 그렇게 많은 비용이 들어가는 결정을 내렸는가를 잘 설명하고 있다. "우리는 우리의 첫 번째 책임이 의사·간호사와 환자, 어머니와 아버지, 그리고 우리의 제품과 서비스를 이용하는 모든 사람들이라고 믿는다." 그러한 책임의식으로 회사의 첫 브랜드 제품에 대해 쉽게 변경할 수 없는 약통개발에 수백만 달러를 투자하였고, 고객들의 신뢰를 확보하기 위해 1억 달러 이상을 투자한 것이다. 이러한 의사결정은 보상을 받은 듯하다. 타이레놀의 시장점유율은 28%까지 상승하였다. 이러한 회복이 수완 좋은 마케팅의 결과인지 아니면 고객을 위해 옳은 일을 하려는 회사 임원들의 이타적인 반응이었는지는 30여 년이 지난 지금에도 토론 주제로 남아 있다.

질문

1. 존슨앤존슨은 그런 의사결정의 결과, 단기적으로는 엄청난 손실을 기록했지만 회사의 재정적인 여력으로 버틸 수 있었다. 만약 회사의 생존이 어려운 상황이었다면 똑같은 방식으로 대응했을까?
2. 제임스 버크는 자신이 다른 결정을 내릴 수 없었다고 반복적으로 말했다. 당신은 이에 동의하는가? 예를 들어 만약에 그가 중서부 지역에 있는 타이레놀만을 수거하기로 결정할 수는 없었을까? 모든 타이레놀을 수거하는 것에 윤리적 불가피성이 있었는가?
3. 이 상황에서 회사에게 요구되는 최소한의 윤리는 무엇이었는가? 이로 인해 특정 이해관계자들이 더 도움을 받았는가? 당신은 어떻게 다른 이해관계자들보다 일부 이해관계자들의 이해관계보호를 지지할 것인가?
4. 제3세계의 자원봉사자들이 회수된 제품을 가져간다고 상상해보라. 대표자들은 모든 알약은 눈으로 확인하고 유통 전에 무작위로 표본을 검사한다고 보장했다. 이런 상황에서 그것이 적절한 대응이겠는가? 회사는 이와 관련한 리스크를 예상하고 이에 관해 뭔가 조치를 취해야 했는가?
5. 피해자들의 어느 가족도 존슨앤존슨을 상대로 소송을 제기하지 않았다. 만약 소송을 제기했다면 이는 윤리적 이슈인가? 회사는 미리 그런 위험을 파악하고 사전에 조치를 취했는가?
6. 일반적인 회사의 신조가 얼마나 회사의 행동을 잘 가이드 하는가? 예를 들어 당신은 전형적인 회사의 사명 선언문을 선호하는지 아니면 일련의 명확한 정책을 선호하는가? 당신은 존슨앤존슨의 신조를 수정하거나 개정할 수 있는 방안을 가지고 있는가?

토의과제

1. 윤리시스템을 어떻게 구축할 것인가에 대해 토의해 보자.
2. 윤리시스템 구축의 기대효과에 대해 토의해 보자.
3. 윤리경영의 평가모형에 대해 토의해 보자.
4. 윤리수준의 제고방안에 대해 토의해 보자.
5. 효과적인 윤리감사에 대해 토의해 보자.

제 9 장
윤리시스템과 윤리경영

9 윤리시스템과 윤리경영

Ⅰ. 윤리시스템의 구성

1. 윤리규범

윤리규범이란 경영활동의 기준이 되는 가치, 윤리원칙 및 규칙을 문서화한 것을 의미하며 윤리헌장, 윤리강령, 행동지침으로 구성된다.

윤리헌장은 기업의 기본적인 가치나 신념을 표현한 기본적인 문서이고, 윤리강령은 윤리경영에 관한 기본방침을 문서화하여 발표한 것이며, 행동지침은 윤리강령을 실천하기 위한 임직원들의 구체적인 행동지침을 말한다.

표 9-1. 윤리규범의 구성

구 성	내 용
윤리헌장	· 회사가 추구하는 가치와 목표를 나타내는 기업이념을 설정 · 이를 실현하기 위한 경영활동의 기본정신과 원칙 설정 · 모든 직원이 공유하고 실천한다는 의지를 대내외에 천명하는 내용 포함
윤리강령	· 윤리강령은 윤리헌장을 보다 구체적으로 표현한 문서 · 구성원 행동의 기본방향을 제시
행동지침	· 행동지침은 윤리강령을 실천하기 위한 직원 및 임원들의 구체적 행동지침을 문서화한 것 · 그림, 만화 등을 사용하여 이해하기 쉽게 작성 · 간단한 수첩 모양으로 만들어서 휴대하기 좋도록 함

자료: 대한상공회의소, 산업정책연구원, 한국기업윤리경영연구원, 윤리경영메뉴얼, 2017, pp. 52-53.

즉, 윤리강령은 기본적인 원칙만 제시되어 있는데 행동지침에서는 보다 구체적으로 표현되고 있다.

윤리규범의 목적은 기업이 지향하는 윤리수준을 설정해 놓고, 전체 구성원들이 그 수준에 맞는 행동을 하도록 유도하기 위한 것이며, 회사 내 직원들의 작업환경에 도덕적 분위기를 조성하기 위한 것이다.

이러한 윤리규범의 내용에는 기업의 경영정책과 경영결과에 따라서 영향을 받는 이해관계자인 투자자, 임직원, 고객, 경쟁사, 거래업체, 지역사회, 정부, 환경 등을 중심으로 구성되어야 한다.

윤리규범의 제정은 체계적으로 이루어져야 하는데 일부 기업에서는 서둘러 윤리규범을 제정하고 선포하는 경우가 있으나 이는 바람직하지 못하다. 윤리규범을 제정하기 위해서는 먼저 최고경영자를 중심으로 윤리규범 제정 담당조직을 구성해야 한다.

그 다음 자료를 수집하여 윤리규범의 초안을 작성하고, 사내 의견을 수렴하여 윤리규범을 수정・보완하는 과정을 거쳐야 한다. 윤리규범이 확정되면 최고경영자는 이를 대내외에 천명(선포)해야 한다.

윤리규범 제정에 있어서 가장 중요한 것은 조직구성원들의 공감대가 바탕이 되어야 한다는 사실이다. 공감대가 형성되지 않은 윤리규범은 실천이 어렵고, 구성원들의 냉소적 반응을 유발시킬 수 있기 때문에 반드시 전 구성원의 공감대를 확보하기 위한 절차를 거쳐야 한다. 또한 이를 대내외에 적극적으로 알림으로써 윤리경영의 실천을 알리는 것이 중요하다.

기업의 윤리적 기본방침과 지침서를 뜻하는 용어에는 사훈, 윤리헌장, 윤리강령, 행동준칙 등이 있이 있는데 이들에 대한 구체적인 개념을 정리해 보면 다음과 같다.

1) 사훈(社訓)

사훈이라 함은 좋은 삶, 좋은 사회를 위하여 구성원들에 의해 공통적으로 받아들여지고 있는 가치체계나 신념체계를 뜻하는 것으로서, 경영자가 기업경영에 대해 가지는 기본적인 가치, 태도, 신념이나 행동기준을 말한다. 다시 말해 기업경영에 있어서 구성원들이 지켜야 할 정신적 지주와 같은 행동원리 내지 지도원리를 의미한다. 이것은 경영자의 가치관이나 태도가 반영되어 형성되는 궁극적인 경영목적을 뜻한다. 이를 경영이념(management creed, management ideology), 경영신조, 경영사상 또는 경영철학이라고도 한다.

사훈(社訓) 또는 사시(社是)는 흔히 '근면성실, 고객존중, 모두가 한마음, 열려있는 사고, 최고의 기술력' 등과 같이 표현되고 있는데, 분량은 3~5행정도가 보통이다. 이러한 사훈은 일본이나 우리나라 기업에서는 흔히 찾아 볼 수 있으나 유럽계통의 회사나 미국기업에서는 찾아보기 어렵다. 이러한 사훈은 너무 추상적이어서 실제 구성원의 행동지침이나 기준은 되지 못하고 있다.

2) 윤리헌장

기업의 기본적인 가치관이나 신념을 표현한 기업윤리의 기본적인 문서이다. 이는 법적 실체인 기업이 사내 문화적 가치와 고객 · 주주 · 임직원 · 지역사회 등에 대한 관계설정을 규정한 것으로서, 일반적으로 기업윤리헌장에는 기업의 기본적인 신념만을 표현하기 때문에 1~2쪽 정도의 분량으로 이루어지는 것이 보통이다.

3) 윤리강령

기업윤리강령(code of business ethics)이란 기업의 경영행위기준이 되는 일반적 가치체계, 윤리원칙 및 회사가 적용하고자 하는 특정의 규칙을 문서화한 것으로 기업윤리헌장의 보다 구체적인 표현이라 할 수 있다.

기업윤리강령에는 종업원 행동의 기본적인 준칙을 명시했기 때문에 분량도 4~8쪽 정도로 구성되는 것이 보통이며, 때로는 기업윤리헌장과 동의어로 쓰여 지기도 한다.

4) 행동지침

행동지침(Guidelines for Business Conduct)은 윤리강령을 실천하기 위한 종업원 및 임원들의 구체적인 행동지침을 말한다. 따라서 윤리강령 보다는 구체적으로 표현되고 이해를 돕기 위해 그림이나 삽화, 만화 등을 사용하기도 하며, 휴대하기 쉽도록 간편하게 수첩형태로 제작하여 구성원들에게 배포하는 것이 일반적이다.

5) 행동지침문답

행동지침문답(Questions and Answers on the Business Conduct Guidelines)은 종업원행동지침의 해설서인데, 종업원의 입장에서 질문의 형식을 빌려서 해설을 한 문서이다. 즉, 행동지침의 기본방향이나 생산, 판매현장에서 흔히 야기될 수 있는 문제를 발췌하여 질의응답형식으로 기술한다.

이것은 기업윤리를 실천함에 있어 가장 필요한 문서라 할 수 있으며, 이를 행위강령(codes of conduct) 또는 윤리강령(ethical codes), 기업강령(corporation codes)이라고도 한다.

2. 윤리강령의 목적과 활용

기업윤리강령은 기업이 지향하는 수준의 기업윤리의 높이를 정해 놓고, 전체 종업원들이 그 수준에 맞는 행동을 하도록 하는 데 기본목적이 있다. 따라서 기업은 최고경영자 및 임원이나 종업원의 윤리적·도덕적 신념과 수준을 대내·외에 공개적으로 천명하고, 동시에 윤리적 분위기를 조성하여 확산시키려는 것이다.

기업윤리강령은 다음과 같은 역할을 수행할 수 있을 것이다.

첫째, 기업윤리강령은 구성원들에게 행위의 기준을 제공한다. 즉, 종업원들에게 윤리적으로 옳고 그른 판단의 기준을 제공함과 동시에 해야 할 일과 해서는 안 될 일을 구분할 수 있는 기준을 제공한다.

둘째, 기업윤리강령은 윤리적인 문제발생을 사전에 예방한다. 즉, 종업원들에게 '해서는 안 될 일'과 '해야 할 일'에 대한 명확한 판단력을 갖게 함으로써 윤리적인 문제로 사회적 비판을 받거나 정부의 간섭을 받는 일이 발생하지 않도록 사전 예방하는 효과를 기대할 수 있게 한다.

셋째, 기업윤리강령은 경영관리의 기준을 제공한다. 즉, 기업의 경영전략, 집행계획, 교육프로그램에 윤리관련 요소를 어느 정도 수준에서 포함시켜야 할 것인가에 대한 기준을 제공한다. 특히 기업의 전략목표 설정, 경영관리 집행계획, 인사관리, 신규사원채용, 마케팅활동 등을 위한 기본이 된다.

넷째, 기업윤리강령은 비윤리적 압력을 회피한다. 즉, 종업원들이 내·외부에서 비윤리적인 압력이나 간섭을 받을 경우, 여기에 대항할 수 있는 근거를 제공한다. 즉, 종업원행동준칙에 금지된 사항이면 상사의 명령이라도 거절할 수 있는 근거가 된다.

3. 윤리강령의 제정

'기업윤리'는 문서화 및 제도화하여 이를 종업원이 인식하고 공감하여 실천하여야 하고, 또한 기업의 이해관계자 집단에게 알려야 한다. 특히 언론이나 광고를 활용하여 이를 공공의 이해관계자에게 알리는 것이 효과적이다. 이는 기업 자체뿐만 아니라 종업원에게도 회사의 '기업윤리'는 선언적인 것이 아니며 실천을 강제하는 효과가 있다. 이 경우 실천하지 않았을 때에는 기업의 이미지는 하락할 것이며 기업의 손실을 가져온다는 것을 인식하여야 한다.

2003년 3월 SK글로벌 분식(扮飾)회계 사태 직후 외국인 투자자들은 이구동성으로 한국경제에 따가운 비판을 쏟아냈다. "기업들은 물론 한국경제 전체를 믿을 수 없다"는 게 그 요지였다. 시장의 신뢰를 받으려면 무엇보다 기업 스스로 엄격한 윤리경영을 실천해야 하는데 한국기업들은 윤리경영 측면에서 낙제점 이하라며 쓴 소리를 아끼지 않았다.

이제 한국경제에 윤리경영이 최대 화두로 떠오르고 있다. 주요 대기업들은 물론 지역기업들까지 앞 다투어 기업윤리강령을 제정하고, 윤리경영실천을 천명하는 등 윤리경영이 붐을 이루고 있다.

여기에서 윤리경영을 통해 글로벌 스탠더드에 부응, 국내·외 시장으로부터 신뢰를 받아 기업 스스로 경쟁력을 갖춰야 한다는 절박함이 깔려 있다.

1) 기업윤리강령의 주요 내용

경영전문지인 월간 「현대경영」에 따르면 우리나라 100대 기업의 대다수는 이미 윤리강령을 제정한 것으로 밝혀졌다.

100대 기업 중 윤리강령을 최초로 제정한 기업은 POSCO로 지난 1993년 윤리강령을 제정했으며, 1994년 LG전자 등 LG그룹 7개사가 기업윤리강령을 선보였다. 이후 1995년 삼성중공업과 LG니꼬동제련 등 11개사가 윤리강령을 만들었다. 특히 삼성그룹은 삼성전자가 2001년 윤리강령을 제정하는 등 계열사별로 윤리강령을 마련해 실천해 오고 있다.

일반적으로 윤리강령에는 기업이 추구하는 가치와 목표를 제시하는 내용을 담고 있다. 이는 기업의 이해관계자 집단(주주, 종업원, 고객, 공급자, 투자자, 공공부문)에 대한 책임과 의무를 규정하며 인간성, 사회성, 도덕성 및 공정분배를 기본정신으로 하고,

"우리는 누구이며, 무엇을 하며, 무엇을 위하여, 무엇을 믿는가?"(this is who we are, what we do, what we stand for and what we believe in)를 나타낸다. 여기에서 '우리'(we)는 기업과 종업원을 가리킨다. 선진국의 일류기업 윤리정책에서는 "장래상(vision), 의무(mission), 가치(value), 목적(objectives)" 등으로 표시된다.

우리나라 기업들이 제정한 윤리강령의 주요 내용을 살펴보면 다음과 같다.

첫째, 내부 규정준수와 협력업체와의 관계에서 지켜야 할 윤리규정
둘째, 주주, 고객, 종업원과의 관계에서 지켜야 할 윤리규정
셋째, 환경보전 및 사회봉사에 관한 내용 등이다.

그리고 진심으로 실천되기를 바라는 윤리강령과 종업원행동준칙에는 다음의 내용이 포함되어야 할 것이다.

첫째, 윤리성 판단기준

비록 목적이 '선'(善)이라도 그 목적을 달성하는 수단이 비윤리적이라면 그 행위는 비윤리적이고, 따라서 하지 말아야 한다는 뜻이 윤리강령에 명확히 표현되어야 한다.

둘째, 내부자 고발 의무화

회사 내에 누군가가 윤리강령에 위배되는 행위를 하고 있다는 사실을 알게 된 사람은 그 사실을 상사에게 알려야 하며, 그렇게 하는 것이 종업원행동준칙을 지키는 것임을 윤리강령에 명백히 밝혀야 한다.

셋째, 명백한 처벌 규정

윤리강령이 제대로 실천되기 위해서는 구성원이 윤리강령을 위반하였을 때 어떠한 처벌을 받게 되는지가 분명해야 한다. 비록 회사를 위해 한 일일지라도 윤리강령을 위반하였다면 당사자는 처벌받는다는 사실을 행동강령에 명시해야 한다.

넷째, 경영책임과 윤리책임의 분리

임원들이 비윤리적인 의사결정이나 행위를 하였을 경우, 특히 불법행위를 지시하였을 경우(탈세, 뇌물, 폐수방류, 허위 재무제표 작성 등)에는 비록 회사의 유익을 위해 한 일일지라도 개인책임을 면할 수 없다는 사실을 명확히 해 두어야 한다.

다섯째, 범세계적 윤리강령

해외에 지사나 자회사를 가진 기업 또는 다국적기업의 경우, 기본적 윤리강령은 '범세계적'으로 동일하게 적용되어야 한다. 단, 구체적인 '종업원행동준칙'은 현지사정에 따라 약간의 차이를 둘 수는 있다.

2) 윤리강령의 구성

먼저 윤리강령에서 이해관계자와의 관계는 다음 〈표 9-2〉와 같은 내용으로 표현되는 것이 좋다.

표 9-2. 기업윤리강령의 구성과 주요내용

구 성	기본적인 주요 내용
전문	강령제정의 이유, 준수 임무
1. 기본정신	선한기업, 사회적 가치창조, 기업시민
2. 고객	고객은 기업이 존재하는 이유, 성실, 신의, 만족
3. 종업원	종업원은 자산, 종업원의 권리, 의무
4. 주주	정당한 투자수익 보호, 공평, 평등
5. 지역사회	지역사회와 공생, 선량한 기업시민
6. 경쟁자	공정경쟁, 공평한 대우
7. 임원	임직원의 명예는 회사의 명예, 개인보다 회사이익 우선
8. 정부	법규준수, 책무수행, 성실보고
9. 정치	조직으로서는 정치 불 간여, 투명한 관계유지
10. 지구환경	환경친화, 공생관계
11. 국제거래	국제적 기업시민, 평등·공평대우
12. 처벌	윤리성 판단기준, 고발의무, 개인의 책임, 처벌

윤리강령은 그 내용을 개괄적으로 표현할 수도 있고, 구체적인 행동준칙으로 표현될 수도 있다. 일반적으로 기업윤리강령에는 기업의 선량한 종업원으로서 어떻게 행동하여야 할 것인가를 주요 내용을 담고 있는데 구체적인 내용을 살펴보면 다음과 같다.

(1) 전문

일반적으로 윤리강령 전문에는 기업의 기본적 가치관을 표시하고 구체적인 윤리강령의 내용을 지켜야 할 기본적인 필요성과 함께 명시하게 된다. 비록 표현되는 내용이 추상적일지라도 구체적이고 확실한 메시지가 있어야 한다. 때로는 윤리강령에 대한 실천의지를 나타내기 위하여 강령위반사항에 관한 신고를 명시할 수도 있다.

(2) 윤리강령의 본문

윤리강령의 본문은 다음과 같은 내용으로 구성하는 것이 일반적이다.

첫째, 기업이 지향하는 기본이념이나 기본방침을 규정한다. 여기에는 기업이 지향하는 사회를 위한 가치창조와 사회적 공헌, 인간존중 등의 내용을 포함하게 된다.

둘째, 윤리강령은 종업원 개인의 이익과 기업의 이익이 충돌되지 않도록 규정하는 것이 좋다.

셋째, 윤리강령 준수를 위한 구체적인 지침을 명시한다. 특히 윤리강령 위반사실을 인지한 경우에는 내부고발을 의무화하고, 위반 시에는 처벌받는다는 사실을 명백히 밝혀두어야 한다.

이러한 요령에 의하여 작성되는 윤리강령의 주요 골자를 예시해 보면 〈표 9-3〉과 같다.

표 9-3. 윤리강령의 주요 골자

제1장 기업의 경영이념(기본방침)
1. 인간존중
2. 고객제일주의
3. 사회에 공헌/가치창조
4. 국제사회규칙의 준수

제2장 기업활동의 기본방향
1. 건전한 기업활동의 전개
2. 기업시민으로서의 사회적 책임
3. 기본적 인권존중
4. 환경보호
5. 안전한 작업환경 제공
6. 공정한 고용
7. 공정한 기업활동

제3장 기업의 사회적 책임
1. 사회공헌 책임
2. 환경보호 책임
3. 지역사회 책임

제4장 기업의 이해관계자와의 관계
1. 공정한 거래
2. 선물, 접대
3. 대 공무원 관계
4. 정치헌금

제5장 종업원의 책임
1. 회사이익과 개인이익의 충돌
2. 관련 회사와의 관계
3. 개인적 투자
4. 직장동료와의 관계

제6장 회사재산의 보호
1. 회사재산의 보호의무
2. 영업비밀 준수
3. 컴퓨터 데이터 관리
4. 신뢰받는 홍보활동

제7장 법령준수
1. 관계법령의 준수
2. 공정거래법의 준수
3. 지적재산의 취급
4. 내부자 거래

제8장 윤리강령의 집행
1. 윤리강령대상의 명시
2. 윤리담당임원의 역할
3. 질의 방법
4. 위반 시의 처벌규정

(3) 서약

끝으로 기업윤리강령을 준수하겠다는 서약을 받게 되는데 이때 구성원 모두에게 서약을 받는 경우도 있지만, 대개는 회사의 임원이나 부장급 이상을 대상으로 받는다.

4. 윤리강령의 작성절차

윤리강령의 일반적인 작성절차는 다음과 같다.

1) 윤리강령제정위원회의 구성

윤리강령이 제대로 실천되려면 무엇보다 구성원들의 동의와 적극적이고 능동적인 참여가 전제되어야 한다. 따라서 윤리강령을 제정함에 있어서는 다소 많은 시간이 소요될지라도 윤리강령의 작성과 토의과정에 종업원들의 적극적인 참여와 의견이 반영되어야 한다.

이렇게 하려면 먼저 기업 내에 '윤리강령제정위원회'와 같은 윤리제정 프로젝트 팀을 구성하여 윤리강령을 제정하기 위한 기획, 자료수집, 초안 작성, 토론회, 강령 선포, 강령집행계획 작성 등의 활동을 수행할 수 있도록 하는 것이 좋다.

프로젝트 실무책임자는 부사장급에서 담당하는 것이 좋고, 감사실장, 기획실장, 총무담당이사 또는 인사부장이 실제적으로 책임업무를 수행하는 것이 효과적이다.

그리고 각 부서에서 한 명씩 위원을 임명하고 이 분야의 전문가를 자문위원으로 위촉하여 수시로 자문을 받을 수 있게 하는 것이 좋다.

2) 참고자료수집

기업윤리강령을 작성하는 데 필요한 참고자료는 국내외 기업윤리관련 교과서 및 해설서는 물론이고 보다 구체적인 다음과 같은 자료들을 수집하는 것이 필요하다. 즉, ① 국제적 협정·원칙·지침 등, ② 정부의 규정·관련 법규, ③ 업계 및 타회사들의 윤리헌장이나 윤리강령 및 행동지침 등이다.

3) 윤리강령 초안 작성

윤리강령의 초안은 수집된 참고자료에 대한 연구와 최고경영자의 생각 그리고 종업원들의 의견을 참고하여 작성한다. "기업윤리수준은 최고경영자의 윤리수준 이상이 될 수는 없다"는 말과 같이 기업윤리의 필요성에 대한 최고경영자의 확신과 기업윤리실천을 위한 의지 및 최고경영자가 바라는 윤리수준은 윤리강령을 작성함에 있어 매우 중요하다. 특히 기업 내의 각 부서 담당자와 면담과 논의를 통해서 이들이 본 문제점과 생각 등 여러 가지 현장의 목소리를 청취하는 것이 중요하다.

4) 사내 토의

기업윤리강령 초안이 작성되면 먼저 종업원 대표회의를 소집하고 초안에 대한 토론과 공청회 등을 통해 구성원들의 의견을 듣는 것이 좋다. 무엇보다 종업원들이 윤리강령을 실천함에 있어 야기될 수 있는 문제점에 대한 의견을 들어보아야 한다.

보다 구체적으로 토의하여야 할 내용을 살펴보면 다음과 같다.

- 종업원들이 회사의 최고경영자 및 경영진의 윤리관을 어떻게 평가하고 있는가?
- 최고경영자와 경영진은 강령내용을 그대로 실천하기를 진심으로 바라고 있다고 종업원들이 생각하는가?
- 경영진은 기업이익을 포기하고서라도 기업윤리를 실천하기를 진심으로 바라는가? 즉, 상대방에게 선물이나 접대를 해야 할 경우에도 강령을 그대로 준수하기를 바라는가?
- "비록 회사를 위해 한 일이라도 비윤리적인 행위는 담당자가 책임을 져야 한다"는 규정에 승복하겠는가?
- 만약 상사가 회사를 위해 비윤리적 행위를 명령할 경우, 윤리강령을 근거로 그 명령을 거절할 수 있겠는가?
- 회사 내의 비윤리적 행위를 윗 사람에게 고발해야 한다고 생각하는가?

이러한 내용에 대한 사내 토론 결과를 토대로 기업윤리강령의 초안을 수정·보완하는 것이 좋다. 그리고 국제화·세계화의 진전이 가속화되고 있는 현실을 감안하여 모든 나라에 적용할 수 있는 '범세계적인 기업윤리강령'이 되도록 하는 것도 유념해야 한다.

5) 임직원의 행동준칙 제정

윤리강령은 기본적인 원칙만을 제시한 것이기 때문에 윤리경영의 실천을 위해서는 보다 구체적인 '행동지침'이 필요하다. 그리고 필요에 따라서는 종업원들이 흔히 당면하는 문제를 '질의응답'의 형식으로 설명할 수도 있는데 대개는 질의응답에 다음의 내용이 포함된다.

- 직접적인 기업이익과 윤리적 행위가 상충될 때의 행동요령
- 회사의 이익과 개인의 이익이 상충되는 예와 그때의 행동요령
- 사내에서 비윤리적인 행위를 발견하였을 때의 내부고발요령
- 종업원 행동준칙을 위반하였을 때의 처벌내용 등

6) 거래업자행동준칙 제정

기업윤리문제는 흔히 거래업자(협력회사)와의 관계에서 발생한다. 거래업자의 일반적 행동을 본사가 간섭할 권리는 없지만, 거래업자가 본사와 거래할 때에는 본사에서 제정한 행동준칙을 준수할 것을 요구할 수는 있다.

일반적으로 거래업자행동준칙은 본사의 종업원행동준칙과 대동소이하다. 따라서 본사가 종업원들에게 금하고 있는 행동을 거래업자도 본사 종업원에게 하지 말 것을 요구하게 되는데, 만약 이를 위반할 경우에는 거래관계에 불이익을 감수해야 한다.

7) 기업윤리강령의 확정과 공포

회사는 이사회의 결의를 거쳐 기업윤리강령이 최종적으로 확정되면 이를 대내·외에 선포해야 한다. 기업윤리강령을 공포할 때에는 강령내용대로 확실히 그리고 철저히 집행할 것이라는 최고경영자의 강력한 의지표현이 수반되어야 하고, 동시에 위반자에 대한 처벌내용도 공포하는 것이 좋다.

마지막으로 종업원들로부터 공포된 기업윤리강령과 행동준칙을 준수하겠다는 서약을 받는데 일반적으로는 간부사원을 대상으로 서약서를 제출하게 한다.

Ⅱ. 윤리담당 부서의 조직

윤리규범을 제정 선포하였다고 해서 당장에 윤리적인 기업이 되는 것은 아니다. 윤리헌장이나 윤리강령과 행동지침의 제정은 회사 내의 윤리경영을 실천하기 위한 기본적인 도구를 마련한 것에 불과하다. 윤리규범만 선포해 놓고, 그 실천에 관심을

두지 않는다면 '유행따라 하기' 정도로 형식만 갖추었을 뿐 윤리경영 효과를 얻기 어려울 것이다.

윤리규범을 지속적으로 실천하기 위해서는 기업 내의 윤리경영을 전담할 조직을 구성해야 한다. 장기적으로 볼 때 윤리경영을 기업에 도입하고, 정착시켜 나가기 위해서는 윤리담당 부서의 설치가 필요하다.

윤리담당 조직의 구성은 기업의 규모와 상황에 맞게 조직해야 하며 보통 윤리위원회, 윤리사무국, 윤리실천책임자로 구성되어 진다.

윤리위원회는 주로 경영진으로 구성되는데, 회사 전반적인 윤리경영 관련 정책과 활동을 관장하며, 감독 및 지원 업무를 수행한다. 윤리위원회를 설치, 운영하는 목적은 최고경영자의 윤리관에 따라 설정된 윤리규범을 전임직원들이 준수하고 실천하도록 하기 위한 것이다.

윤리사무국은 기업의 윤리경영에 대한 전반적인 책임을 지는 윤리경영 부서로서 윤리위원회의 일상적인 업무와 다른 윤리경영조직이 있는 경우 그 업무를 지원하는 등 윤리와 관련된 다양한 업무를 수행한다. 그리고 윤리부서를 책임지고 지휘하기 위하여 윤리책임자가 필요하다. 이상의 윤리경영 담당조직의 구성과 내용을 정리해 보면 다음과 같다.

표 9-4. 윤리경영 담당조직의 구성내용

구 분	역할 및 책임
윤리위원회	· 윤리경영정책 결정, 지휘, 감독 · 윤리경영 및 평가기준의 의결 · 임직원에 대한 보상 및 징계의 결정 · 윤리경영시스템의 지휘 및 감독 · 윤리경영 관련 제안 내용의 의결
윤리사무국	· 윤리위원회 운영 관련 업무 총괄 · 윤리경영시스템 구축 및 운영 · 윤리경영 운영 지원 · 윤리경영실천 및 홍보 · 임직원의 교육, 훈련, 상담
윤리실천 책임자	· 각 부서, 팀, 현장 등의 윤리실천사항 점검 · 각 부서, 팀, 현장 등의 직원교육 · 각 부서, 팀, 현장 등의 윤리적 딜레마 상담

Ⅲ. 윤리교육과 인사고과

1. 윤리교육

윤리교육이란 임직원들이 윤리적인 문제에 부딪쳤을 때 어떻게 행동하는 것이 바람직한 것인가를 가르쳐 주는 것이다. 윤리교육은 임직원들이 의사결정을 할 때 도덕적 가치와 사회적 책임을 고려하여 결정을 내릴 수 있도록 도와준다. 또한 조직생활을 함에 있어 개인이 경영상의 딜레마에 부딪쳤을 때 어떻게 의사결정을 하며 행동할 것인가에 대한 규범적 체계를 가르쳐 준다. 뿐만 아니라 사전에 임직원들의 부패를 예방하고, 도덕적 해이를 방지하기 위한 교육을 시킨다.

Hudson & Miller(2005)는 교육과 관련하여 윤리경영이 중요하게 다루어져야 하며, 특히 미래의 관리자로서 대학생이 가져야 할 윤리성은 매우 중요한 교육적 의미를 지닌다고 강조하였다.[1] 즉, 미래의 기업 구성원이나 리더가 될 수 있는 학생들을 상대로 윤리경영과 관련한 교육의 중요성을 역설한 것이다.

따라서 윤리경영에 대한 교육은 전 임직원 및 고객, 거래업체를 대상으로 사이버교육, 워크숍, 현장교육 등의 다양한 방법을 통해 이루어진다. 윤리교육의 실행은 윤리교육 계획을 수립하고, 내용을 개발하며, 효과를 측정하고, 개선활동을 하는 과정을 거친다.

윤리교육 내용 개발 시에는 교육 대상자의 업무영역과 계층에 따라 달라져야 하며, 조직의 규모와 상황에 맞는 교육프로그램 내용이 개발되어야 한다. 윤리경영의 중요성을 제고시키고 실천을 활성화하기 위해 교육 프로그램을 지속적으로 실행하는 것이 중요하다.

2. 인사고과 반영

인사고과의 개념을 윤리경영과 관련지어 정리하면 "조직구성원의 윤리지향적인 가치와 도덕적 판단능력과 사고, 그리고 실제로 준법적인 행동을 하는지를 객관적이

---

1) S. Hudson & G. Miller, "Ethical Orientation and Awareness of Tourism Students", *Journal of Business Ethics*, 2005, pp. 383-396.

고도 조직적으로 평가하여 업무성과에 반영하는 것"이라고 할 수 있다.

모범적인 윤리경영 기업들은 내부적으로 부정과 부패가 없는 정직한 경영구조를 만드는 것을 넘어서 구성원 개개인들이 윤리경영을 직접 몸으로 실천할 수 있도록 하고 있다. 자발적인 개인의 봉사활동 점수나 윤리경영실천 결과를 인사고과에 반영하는 기업들도 많다. GE의 경우, 임원 승진 대상자는 자사 내 봉사조직인 '엘펀'(Elfun)에서 반드시 봉사활동을 경험하도록 하는 등 구성원의 사회봉사 및 윤리경영 실천을 적극 권장하고 있다.

이처럼 윤리경영을 잘 실천하는 기업들은 구성원들이 직접 사회봉사에 나서게 하고 윤리경영 실천 여부에 따라 인사고과에 반응을 함으로써 윤리경영이 자신과는 상관없는 하나의 구호가 아니며 구성원 스스로가 실천의 주체임을 인식하도록 하고 있다. 또한, 윤리경영에 대한 개인의 참여를 통해 조직내부의 통합을 이루는 효과를 얻기도 한다.

금호아시아나는 '윤리경영 지수'제도를 도입, 각 계열사 및 최고경영자의 윤리경영 활동 평가에 반영하고 있다.

윤리경영지수는 ▸윤리지향(40%), ▸사회지향(30%), ▸준법지향(30%) 등 3개 부문으로 구성되며 27개 평가지표와 123개 세부 평가항목을 담고 있다. 각 평가지표에는 "최고경영자가 윤리경영 위반 행위로 고소·고발, 처벌 및 언론에 공표된 사례가 있는가?" "임직원들은 윤리규범 및 각종 세칙을 숙지하고 있는가?" 등 50개의 세부평가 항목들이 포함되어 있다. 따라서 윤리경영 평가가 낮게 나온 계열사 CEO의 경우 인사고과에서 불이익을 받을 수 있다.

그러므로 각 기업은 최고경영자에서 근로자에 이르기까지 윤리경영 실천사항을 인사고과 반영을 통해 자율적 윤리경영 실천의지를 갖춰야 할 것으로 본다.

Ⅳ. 윤리적 리더십

1. 상사의 윤리규범 실천

기업의 최고경영자는 기업을 이끄는 리더의 역할을 수행한다. 기존의 리더의 역량과 관련하여 수많은 연구가 이루어져 왔지만, 특히 세계화를 지향하는 기업경영에 있어서는 윤리성에 기초한 리더십을 통해 윤리경영의 혁신적 실천이 중요시 된다.

이와 같은 윤리는 오늘날 리더십의 중요 요소이며, 리더들이 조직내부의 가치를 확립하고 강화하는데 도움을 준다. 모든 리더는 각자 자기 나름대로의 원칙과 관점을 가지고 있으며, 또한 그들은 다루고자 하는 이슈들을 갖고 있다.

리더십이란 공동의 목표를 달성하기 위해 다른 사람들에게 영향력을 행사하는 과정이다. 이 정의는 공통의 목표를 언급한다는 점에서 공익적 차원의 접근방법을 시사하고 있다. 공통의 목표는 리더와 그를 따르는 부하들 간에 그 조직이 나아가는 방향에 대한 합리적 합의가 전제되어야 한다. 이제 대다수 리더들은 그들 자신과 부하들의 목표를 동시에 고려하면서 그에 적합한 목표를 향해 나아가야 한다. 이것은 리더가 자신들의 의지를 다른 사람들에게 일방적으로 강요해서는 안 되며, 구성원 모두가 인정하고 지지할 수 있는 목표를 설정할 필요가 있다는 것을 의미한다.

따라서 윤리적 리더는 그 집단 내 구성원들이 동의하는 공동체의 이익을 달성할 수 있는 목표설정 및 행동실천에 관심을 가지게 될 것이다.

전경련(2002)이 실시한 윤리경영실태조사 결과에 따르면, 윤리경영 실천의 결정요소에 대해 응답기업의 76.3%가 최고경영자의 의지라고 답을 함으로써 윤리경영의 확산을 위해서는 경영상의 윤리에 대한 경영자들의 인식전환이 선행되어야 하는 것으로 나타났다. 따라서 기업의 최종 의사결정자로서 최고경영자는 윤리적 리더십을 가져야 한다.

최고경영자가 기업의 행위규범에 매우 큰 영향을 미칠 수 있는 힘을 가지고 있고 구성원들의 행위표준으로서 역할모델이 되므로 기업구성원들이 윤리적으로 행동하도록 하는 분위기를 만들기 위해서는 최고경영자가 솔선수범하여 종업원의 윤리적 행동을 지원하는 리더로서의 역할을 수행해야 한다.[2)]

한 회사의 윤리경영 수준은 그 회사의 최고경영자의 윤리수준이 표준이 된다. 최고경영자는 윤리경영을 새로운 경쟁력이라는 확신과 신념을 가지고 전사적으로 실천할 수 있도록 표명해야 한다.

2. 윤리규범 실천의 영향요인

경영자의 윤리적 행동에 영향을 미치는 요인에 대해서는 여러 학자들에 의해 활발

---

2) D. J. Wood, "Business and Society", New York: Harper Collins Publishers, 1990.

하게 논의되어 왔다.

Schermberhorn(1982)은 윤리규범의 실천에 영향을 미치는 주요 요인으로써 첫째, 가족의 영향, 종교적 가치, 개인적 윤리수준과 개인적 욕구 등 경영자 개인의 경험과 배경으로 구성되는 인적요인과 둘째, 조직 내에서의 공식적인 정책과 규칙, 상사의 행동과 동료의 행동 등의 조직적인 요인, 셋째, 경쟁자, 정부의 규제, 사회적 규범과 가치관, 산업사회의 윤리적 풍토와 기타 복합적인 외부환경적인 요인으로 구분하였다.[3]

Trevino(1986)는 경영자의 윤리에 영향을 미치는 요인을 첫째, 자아의 강도 혹은 자아력, 둘째, 직무 종속성, 셋째, 통제의 위치를 제시하였다. 그의 연구에 따르면 자아력이 높고 직무의 독립성을 갖고 있으며, 내재론자인 경영자가 윤리적 행위와 인식에 대해서 그렇지 못한 경영자보다 더 높은 일관성을 보여준다고 하였다.[4]

Ferrell & Gresham(1985)에 따르면, 개인적 가치관만이 윤리적 행동의 결정요소는 아니며 동료와 최고경영층의 윤리성에 대한 의사결정자의 지각 정도에 따라 의사결정의 윤리성에 매우 중요한 역할을 한다고 하였다. 그리고 경영자는 종업원이 비윤리적으로 행동할 기회를 사전에 봉쇄함으로써 종업원의 전반적인 윤리수준을 향상시킬 수 있을 것이라고 주장하였다.[5]

또 다른 한 연구에서는 최고경영자들이 윤리적 행위에 대해서는 보상을, 비윤리적 행위에 대해서는 처벌을 명백하게 보여준다면, 종업원들의 윤리적 기준은 크게 향상될 수 있는 것으로 나타났다.

---

3) 강은아, "연구개발 조직에서 상사의 윤리적 리더십과 부하의 윤리성향과의 관계 연구" -조직적 요인의 조절효과를 중심으로-, 충남대학교 박사학위논문, 2008, p. 70.

4) Trevino, "Ethical decision making in organizations: A person-situation inter- actionist model", *The Academy of Management Review*, Vol. 11, No. 3, 1986, pp. 601-617.

5) O. C. Ferrell & L. G. Gresham, "A Contingency Framework for Understanding Ethical Decision Making in Marketing", *Journal of Marketing*, Vol. 49, 1985, pp. 87-96.

Ⅴ. 한국기업의 윤리경영 사례

1. 삼성전자

삼성전자는 인재와 기술을 바탕으로 최고의 제품과 서비스를 창출하여 인류사회에 공헌한다는 경영이념 아래 공정하고 투명한 기업경영으로 세계 초일류기업을 지향한다.

윤리헌장

1. 우리는 고객만족을 최우선의 가치로 삼고, 임직원·협력사·주주와 함께 신가치창출의 동반자로서 상호 신뢰와 존중을 바탕으로 공동의 번영을 추구한다.
2. 우리는 비즈니스 활동을 수행하는 모든 지역과 국가의 문화와 관습을 존중하며 법규와 도덕을 준수하고 공정한 경쟁을 통해 건전한 기업시민으로서의 권리와 의무를 성실히 수행한다.
3. 우리는 자율과 책임, 창의와 도덕정신을 중시하고 인간미와 도덕성을 함양하며 예의범절과 에티켓의 준수를 통해 삼성전자의 명예와 품위를 지킨다.
4. 우리는 정직과 성실로써 맡은 바 업무에 최선을 다하며 상대방을 존중하고 배려하는 인간관계와 노사협력을 바탕으로 건전한 조직문화를 창출한다.

제1장 기본책무

1. 최고의 제품과 서비스창출

   세계 초일류 기업을 목표로 질(質)위주 경영을 통해 최고의 제품과 서비스를 창출한다.
   - 품질은 결코 타협하거나 양보할 대상이 아닌 우리의 최고 가치로 삼는다.
   - 부단한 혁신과 연구개발을 통해 가치를 창조함으로써 인류사회의 발전을 선도한다.
2. 고객중시

   "고객이 있으므로 삼성전자가 존재한다"는 신념으로 고객만족에 최선을 다 한다.
   - 모든 의사결정에서 고객만족을 최우선적으로 고려한다.
   - 고객의 요구와 기대에 부응하여 고객이 만족할 수 있는 제품과 서비스를 적기에 제공한다.

제2장 주주존중

1. 주주이익의 보호

건실한 경영활동을 통해 안정적인 이익을 실현함으로써 주주의 투자수익을 보호한다.

- 주주의 알 권리와 정당한 요구, 제안, 공식적 결정을 존중한다.
- 직무상 취득한 내부 또는 타기업의 정보를 이용하여 주식의 매매 등 유가증권에 관한 거래를 하지 않는다.

2. 경영정보의 공개

주주와의 상호 신뢰관계 구축을 위해 경영정보를 성실히 공개한다.

- 주주는 물론 기업의 이해관계자에게 경영내용, 사업활동 상황 등 기업정보를 관계법령에 따라 적극적으로 공개한다.
- 회계자료의 처리 및 보고는 각 국가의 회계관련 규정이나 국제회계기준을 준수한다.
- 경영정보는 적절한 시기와 방법을 선택하여 성실하게 공개한다.

제3장 고객존중

1. 고객존중

항상 고객을 존중하고 고객에게 감사하며 고객의 입장에서 생각하고 행동한다.

- 모든 고객에게 공정하고 평등하게 대한다.
- 고객이 다양한 제품을 선택할 수 있는 권리를 존중한다.

2. 고객응대

진솔하고 친절하며 즐거운 마음으로 고객을 응대한다.

- 고객의 요구에는 신속·정확하게 대응한다.
- 고객과의 약속은 반드시 지킨다.

제4장 사회와의 공존

1. 사회공헌

기업시민으로서 사회가 요구하는 역할과 의무를 성실히 수행하며, 지역사회와의 조화와 협력, 공동발전을 추구한다.

- 영속적인 기업활동을 통해 고용을 창출하고 성실한 조세납부로 기업시민으로서의 사회적 책임을 다한다.
- 사회공헌활동은 기업의 사회적 책임의 일환으로 사회봉사, 재난구호, 사회계몽활동에 적극 참여한다.
- 인류사회를 정신적으로 풍요롭게 하는 학문과 예술, 문화, 체육의 발전에 기여한다.

2. 협력회사와의 공존 · 공영

협력사와는 공존 · 공영의 원칙 아래 상호 대등한 지위에서 공정하고 성실한 자세로 거래에 임한다.

- 협력사 선정 시에는 최상의 경영 파트너를 선택하기 위해 관련 요소를 공정하고 공평하게 고려한다.
- 우월적 지위를 이용한 어떠한 형태의 부당한 강요행위나 영향력을 행사하지 않는다.
- 협력사의 경쟁력 강화에 필요한 가능한 모든 지원을 통해 공동발전을 추구한다.

제5장 환경보전과 안전

1. 환경친화적 경영

환경친화적 경영으로 지구환경 보존을 위해 노력한다.

- 환경친화적인 제품과 서비스를 제공한다.
- 개발 · 제조 · 유통 · 판매 등 모든 사업활동에서 환경의 보전을 우선적으로 고려한다.
- 무공해 사업장 실현을 위해 생산 및 사업운영 시 사소한 환경오염 요소까지 제거한다.

2. 자연보호

지구환경과 자연자원보호에 적극 앞장선다.

- 환경보호와 자원보존을 위한 기술개발에 노력한다.
- 토양 · 대기 · 수질오염 등 공해의 방지, 환경보호 의식을 생활화하고 스스로 적극 실천한다.

제6장 임직원의 기본윤리

1. 명예와 품위유지

삼성전자인은 인간미, 도덕성, 예의범절, 에티켓을 생활화하여 명예와 품위를 지킨다.

- 임직원 각자가 삼성전자를 대표한다는 자세로 항상 단정한 복장, 예의바른 행동, 품위있는 언어로서 삼성전자인의 명예를 지킨다.
- 약속을 반드시 지키며 윤리의식과 도덕성에 기초하여 사회적 양식에 따라 행동한다.

2. 자율과 창의, 도전중시

개인의 자율과 창의, 도전정신을 존중한다.

- 자신의 직무와 역할을 수행함에 있어 자율적으로 판단하고 행동하며 그 결

과에 대해서는 스스로 책임을 진다.
- 보다 나은 가치창출을 위해 늘 도전적이고 창의적인 자세로 업무에 임한다.
- 참신한 아이디어와 제안을 존중하며, 세계수준의 경쟁력을 갖추기 위해 끊임 없는 자기계발을 한다.

제7장 윤리강령 준수 의무

모든 임직원은 윤리강령을 준수하여야 하며, 임원과 관리자는 소속 직원이 윤리강령을 준수하도록 관리할 책임이 있다.
- 윤리강령 위반행위 발생 시 철저한 원인규명과 교육을 통해 재발을 방지한다.
- 모든 임직원은 윤리강령을 성실히 준수하여야 하며, 이를 위반할 경우 징계조치를 받는 등 해당 행위에 대한 책임을 진다.
- 윤리강령을 위반하는 행위를 강압받거나 인지한 경우에는 부서장 또는 해당 임원이나 인사·감사부서에 신고하고, 의구심이 생기는 행위는 사전에 상사나 임원과 협의 후 조치한다.

2. KB*b(국민은행)

윤리강령

〈전문〉
- 우리는 정직과 신용을 바탕으로 고객이 가장 선호하는 '세계수준의 소매은행'을 지향한다.
- 이를 위하여 공정하고 투명한 경영으로 고객만족을 실현하고 기업가치를 끊임없이 향상시켜, 고객·주주 등과 함께 성장·발전하는 은행을 만들기 위해 노력한다.
- 이에 우리의 가치판단과 행동의 기준으로 '윤리강령'을 제정하고, 이를 직극 실천할 것을 다짐한다.

제1장 기본정신

1. 우리는 주주가치 극대화와 고객만족을 모든 가치판단과 행동의 최우선 기준으로 삼는다. 투명하고 효율적인 경영으로 기업가치를 높임으로써 주주이익을 보호하고, 고객이 은행의 궁극적인 존립기반이라는 것을 인식하여 고객에게 도움이 되는 가치의 지속적인 창출과 제공을 위해 노력한다.
2. 우리는 올바른 윤리적 가치관을 확립하고, 은행의 비전과 방침에 따라 직무를 성실히 수행한다. 직무수행 및 개인생활에서 높은 수준의 윤리적 가치관을 확

립하여 품위와 명예를 유지하고, 제반법규와 은행의 방침 및 윤리강령에 따라 정당한 절차와 방법으로 최선을 다해 맡은 직무를 성실히 수행한다.

3. 우리는 건전한 금융질서를 확립하고, 이해관계자와 공동의 번영을 추구한다. 자유롭고 공정한 경쟁을 지향하는 자유시장경제 질서를 존중하고 이해관계자와 신뢰하고 협력함으로써 상호 발전을 위해 노력한다.
4. 우리는 국가 및 지역사회 발전에 공헌한다. 기업시민으로서의 사회적 역할을 인식하고, 책임과 의무를 성실히 수행한다.

제2장 은행의 경영활동

1. 주주가치 극대화

은행의 주인은 주주이며, 모든 임직원은 합리적인 의사결정과 투명한 경영활동을 통하여 주주에게 장기적이고 안정적인 이익을 제공한다.

(1) 은행의 경영정보를 제공하는 홍보활동에 최선의 노력을 기울여 기업가치가 정당하게 평가되도록 노력한다.
(2) 은행의 재무기록과 회계장부를 일반적으로 인정된 회계원칙에 따라 정확하게 기록 · 관리한다.
(3) 주주의 알 권리와 정당한 요구 및 제안을 존중하고, 주주와 상호 신뢰관계를 구축한다.

2. 고객만족

항상 고객의 입장에서 생각하고 행동하며, 고객에게 최상의 상품과 서비스를 제공하여 고객만족 실현을 위해 최선을 다한다.

(1) 고객의 의견과 제안에 항상 귀를 기울인다.
(2) 고객의 정보를 관련 법규 등에 따라 안전하게 보관관리하고, 고객의 사생활이 침해되지 않도록 최대한 주의를 기울인다.
(3) 고객을 대할 때는 항상 공손하고 진실하며 호의적인 대화로 예절을 지키며, 금융 전문 의식을 갖춤으로써 고객으로부터 신뢰감을 높인다.

3. 임직원 삶의 질 향상

임직원 개개인의 자율과 창의를 존중하며 삶의 질 향상을 위해 노력한다.

(1) 임직원이 쾌적하고 안전하게 근무하고, 능력을 최대한 발휘할 수 있는 환경을 조성한다.
(2) 임직원에 대하여 성과에 따라 공정하게 평가하고 보상한다.
(3) 임직원의 능력과 자질에 따라 공평한 기회를 부여하고, 학연, 지연, 혈연, 성별, 종교 등에 따라 차별대우를 하지 아니한다.

제3장 은행의 사회적 책임

1. 법규준수

기업으로서의 올바른 사회적 가치관을 존중하고, 국가 및 지역사회의 각종 법규를 준수한다.

2. 사회발전에 기여

사회봉사활동 등을 통해 사회를 풍요롭게 하는 역할을 수행함으로써 사회발전에 기여한다.

제4장 임직원의 근무윤리

1. 일반준수사항

임직원은 정직과 신용을 가장 중요한 가치관으로 삼고, 끊임없는 자기개발과 공정한 업무수행으로 개인의 성장과 은행의 발전을 함께 추구한다.

(1) 무한기회와 무한경쟁시대를 맞아 투철한 직업관을 확립하고 변화하는 미래에 능동적이고 진취적으로 도전한다.

(2) 국은인으로서의 긍지와 자부심을 가지고 은행의 신용과 명예를 실추시키거나 금융인의 품위를 손상시키는 행위를 아니 한다.

(3) 위법 또는 부당한 행위를 인지하였을 경우, 즉시 적절한 절차에 따라 보고하고 문제해결을 위해 최선의 노력을 다하여야 하며, 고의로 누락하거나 은폐하여서는 아니된다.

(4) 성적 수치심을 유발시키는 성적 유혹이나 농담, 신체적 접촉행위를 비롯하여 위협적이거나 무례한 근무환경을 조성하는 행위를 하여서는 아니 된다.

(5) 당행의 명칭, 자산 또는 은행 내의 직위, 직무를 정치적 목적으로 이용하거나, 업무시간 중 정치활동에 참여 및 관여하는 행위를 하지 않는다.

2. 공정한 직무수행

임직원은 공정한 업무수행을 저해할 수 있는 어떠한 행위도 하여서는 아니된다.

(1) 업무와 관련하여 금품, 선물, 향응 등 경제적 혜택이나 청탁, 압력 등 공정성을 저해하는 행위를 요구하거나 받아서는 아니 된다.

(2) 업무상 선물 제공이나 접대 등이 필요한 경우 그 상황에 합당해야 하며, 관련 법규를 위반해서는 아니 된다.

3. 이해상반행위 금지

임직원은 은행과 이해가 상충된 경우 은행의 이익을 우선적으로 생각하고 행동한다.

(1) 은행과 개인 또는 사업부 간의 이해가 상충될 경우에는 은행의 이익을 우선적으로 생각하고 행동한다.

(2) 은행의 물적 재산, 지적 재산권, 영업비밀 등을 보호하여야 하며, 사적인 목

적을 위해 사용하지 않는다.

(3) 직위를 이용한 사적 이익추구, 은행에서 얻은 비공개 정보를 이용한 증권, 부동산, 기타 자산의 매매 등 불공정거래 행위를 하지 않는다.

(4) 관련법규에서 허용된 경우를 제외하고는 당행에 대한 채무자가 되거나 당행에 대한 채무에 인적·물적 담보를 제공하지 않는다.

4. 임직원 상호 존중

임직원은 상호 존중하고 원활한 의사소통과 적극적인 업무협조로 은행의 성장과 발전을 위해 힘쓴다.

(1) 동료 또는 상하 간에 직장생활에 필요한 기본 예의를 지키고, 조직의 발전을 해치는 언행을 하지 않는다.

(2) 상급자는 하급자에게 부당한 지시를 하여서는 안 된다.

(3) 하급자는 상급자의 정당한 지시에 순응하고, 부당한 지시는 거절하여야 한다.

5. 정보의 관리

임직원은 은행의 중요한 자산인 정보를 소중하게 보호하고 관리한다.

(1) 은행의 중요 정보가 외부에 유출되지 않도록 하여야 한다.

(2) 은행의 정보 및 정보시스템에 정당한 권한 없이 접속하여서는 아니 되며, 권한이 없는 자가 접근할 수 없도록 필요한 조치를 취하여야 한다.

(3) 은행의 컴퓨터 소프트웨어는 업무용으로만 사용하여야 하며, 사용계약 조건을 준수한다.

3. 삼성증권

고객만족을 최우선 가치로 삼고 있는 삼성증권이 건전한 조직문화를 창출하기 위해 제정한 임직원의 행동강령을 살펴보면 그 내용은 다음과 같다.

◘ 윤리헌장

삼성증권인은 인간미와 도덕성을 바탕으로 전문가적인 자질을 함양하여 회사를 세계적인 종합투자은행으로 발전시켜 나아가기 위하여 다음과 같이 실천할 것을 다짐한다.

1. 우리는 높은 윤리의식과 도덕성을 바탕으로 정직하고 공정하게 직무를 수행한다.
2. 우리는 고객재산의 선량한 관리자로서 고객의 이익을 항상 최우선으로 생각한다.
3. 우리는 효율적인 경영으로 회사의 이익을 실현함으로써 주주의 이익을 보호한다.
4. 우리는 법규와 사규를 준수하며 공정한 경쟁을 통하여 업계의 건전한 발전을 선도한다.

5. 우리는 회사의 이익이 곧 우리의 이익이라 믿으며 임직원 간에 서로 존경하고 상호 신뢰구축에 노력한다.
6. 우리는 부단히 자기계발에 노력하여 금융전문가로서의 자질을 함양한다.

▣ 근무윤리

- 우리는 높은 윤리의식과 도덕성을 바탕으로 정직하고 공정하게 직무를 수행한다.
- 우리 회사의 최고 덕목은 도덕성이다.
- 모든 업무를 엄격한 도덕성을 바탕으로 정직하고 공정하게 처리함으로써 대내적으로는 깨끗한 삼성증권 문화를 조성하고 대외적으로는 고객과 사회의 신뢰를 확보한다.

▣ 고객에 대한 윤리

"항상 고객의 입장에서 생각한다."

- 고객은 우리가 존재할 수 있는 근거이다. 어떤 상황에서든지 항상 고객의 입장에서 생각하고 고객의 이익을 모든 판단의 기준으로 삼는다.
- 성실한 자세와 친절한 태도로 고객을 대하며 고객의 불만과 제안을 겸허하게 수용한다.

"고객의 재산을 안전하게 보호한다."

- 고객의 재산은 항상 고객의 동의 하에 운용되어야 한다.
- 고객의 허락이 없는 고객재산의 운용은 어떤 명분으로도 정당화될 수 없다.
- 회사나 자기 자신의 이익을 위하여 고객의 재산이 이용되어서는 안 된다.
- 고객의 개인정보와 투자정보는 어떠한 경우에도 법률이 정하는 바에 따라 철저하게 보호되어야 한다.

"고객과 불공정거래를 하지 않는다."

- 고객으로부터 금품을 받거나 접대를 받아서는 안 되며 고객소유의 유·무형자산을 개인적으로 이용하여서는 안 된다.
- 고객과의 금전거래는 어떤 이유에서라도 금지된다.

▣ 주주에 대한 윤리

우리는 효율적인 경영으로 회사의 이익을 실현함으로써 주주의 이익을 보호한다.

- 합리적인 투자와 건실한 경영으로 주주에게 장기적이고 안정적인 이익을 제공한다.
- 투기적인 사업확장이나 단기적인 시세영합을 통해 주주의 이익을 위험에 처하게 하지 않는다.
- 일반적으로 인정된 기업회계기준에 따라 재무상태를 기록·관리하고 각종 기

업관련 정보를 주주에게 정확하고 투명하게 제공한다.

▣ 사회에 대한 윤리

우리는 법규와 사규를 준수하며 공정한 경쟁을 통하여 업계의 건전한 발전을 선도한다.

· 관련 법규를 준수하며 상도의(商道義)와 시장의 질서를 존중한다.

· 부당한 방법이 아닌 상품과 서비스의 질로써 정정당당하게 경쟁한다.

· 법인의 자산관리자 등 거래선에게 부당한 편익을 제공하지 않으며, 거래업체에게 부당한 부담을 주지 않는다.

· 기존의 불합리한 관행을 깨고 새로운 경쟁상을 제시함으로써 업계의 건전한 발전을 선도한다.

▣ 회사에 대한 윤리

우리는 회사의 이익이 곧 우리의 이익이라 믿으며 임직원 간에 서로 존경하고 상호신뢰구축을 위해 노력한다.

"임직원 서로의 인격과 권리를 존중한다."

· 회사는 우리가 생활을 영위해 나가는 수단을 제공하고 우리는 그 안에서 삶의 가치를 추구하며, 동료직원은 그 가치를 함께 추구해 가는 또 하나의 가족이다.

· 상사와 부하 간 그리고 동료 간에는 서로 신뢰하며 존경받을 수 있도록 노력해야 한다.

· 상사는 지위를 이용하여 부하에게 부당한 지시를 하거나 금품 등을 요구해서는 안 된다. 또한 성희롱을 포함한 일체의 사내 폭력은 허용되지 않는다.

"회사이익과 자산을 보호한다."

· 회사의 유·무형의 자산은 개인의 이익보다 우선하여 보호하여야 한다.

· 회사자산을 사적으로 이용해서는 안 되며, 업무와 관련된 정보의 보안에 최선의 노력을 기울여야 한다.

▣ 직업에 대한 윤리

우리는 부단히 자기계발에 노력하여 금융전문가로서의 자질을 함양한다.

· 자신의 업무에 정통함은 물론 선진 정보와 지식을 부단히 습득함으로써 금융전문가로서의 자질을 함양하여, 고객재산의 선량한 관리자로서 책임을 다하고 세계적인 종합투자은행의 구성원으로서 부족함이 없도록 한다.

4. 화성산업(주) 동아백화점

동아백화점은 2002년 7월 지역 최초로 윤리경영 선포식을 갖고 윤리경영서약, 비윤리사례 접수창구와 윤리실천위원회를 설치하는 등 기업윤리를 경영의 우선가치로 두고 있다.

◘ 윤리경영 실천 선언문

우리 화성산업 동아백화점 임직원 일동은 공정하고 투명한 기업경영을 통한 회사발전과 지역사회 및 국가발전에 기여하기 위하여 다음의 사항을 솔선수범할 것을 서약합니다.

하나. 나는 항상 화성・동아인의 긍지와 자부심을 가지며 맡은 바 사명을 성실히 수행한다.
하나. 나는 끊임없는 자기계발을 위해 노력하며 공정한 직무수행에 앞장선다.
하나. 나는 동료와 예의를 지키며 상호 적극적으로 협조하여 회사발전에 기여한다.
하나. 나는 항상 고객을 존중하고 고객과의 약속은 반드시 이행한다.
하나. 나는 협력업체로부터 부당한 요구나 부도덕한 행위를 하지 않으며 항상 공정하고 투명한 거래를 통하여 상호발전을 추구한다.
하나. 나는 항상 법규를 준수하며 윤리경영 실천에 앞장선다.

◘ 윤리규범

〈서문〉

화성산업(주) 동아백화점은 인간의 가치존중, 사회의 가치창조, 자연의 가치추구를 기업이념으로 항상 고객의 만족을 최고의 가치로 생각하며 최고의 품질과 서비스 제공을 통하여 국민의 삶의 질 향상에 기여함을 목표로 노력하여 왔으며 고객, 주주, 협력업체, 임직원 모두의 발진을 위한 투명하고 신뢰받는 기업상 정립을 위하여 노력해 왔다.
이에 화성산업(주) 동아백화점은 윤리규범 제정을 통하여 기업윤리성과 투명성을 보다 확고히 하고, 이를 기업활동의 모든 부분에서 전 임직원의 가치판단과 행동의 기준으로 삼아 21세기 초일류기업으로 도약하고자 한다.

제1장 고객존중

화성산업(주) 동아백화점은 고객을 최우선으로 생각하며 항상 봉사하는 마음으로 고객의 만족을 위하여 노력한다.

1. 고객중시

(1) 늘 고객의 관심과 사랑에 감사하고 고객의 기쁨을 최우선으로 여긴다.
(2) 고객의 의견을 존중하며 항상 봉사하는 마음으로 고객을 응대한다.
(3) 고객을 모든 판단 및 업무수행의 기준으로 삼는다.

2. 고객과의 약속준수
(1) 고객에게는 항상 지킬 수 있는 약속만 하며 고객과의 약속은 반드시 지킨다.
(2) 고객의 정보는 반드시 그 비밀을 지키며 고객의 동의 없이 사용하지 않는다.

3. 고객의 이익보호
(1) 완벽한 품질의 상품과 서비스를 적정한 가격에 제공하여 고객이 불만을 갖지 않도록 한다.
(2) 고객이 품질과 서비스에 대하여 정당한 문제를 제기할 때는 최대한 신속히 조치한다.
(3) 회사는 기업운영의 전반에서 고객의 안전을 위한 최대한의 조치를 취한다.
(4) 기타 비도덕적 행위로 고객의 이익을 침해하지 않는다.

제2장 주주존중

화성산업(주) 동아백화점은 주주의 권리를 중시하고 주주에 대한 의무를 성실히 수행하여 기업가치 향상과 주주의 이익보호에 최선을 다한다.

1. 주주중시
(1) 회사는 합리적인 투자와 건실한 이윤창출로 주주이익보호에 성실하게 노력한다.
(2) 회사는 모든 주주에게 평등한 대우를 보장한다.

2. 주주의 이익보호
(1) 회사는 회사의 현황과 전망에 대한 신뢰성 있고 유용한 정보를 적극 제공하여 투자판단에 도움을 주며 주주에게 주요 의사결정에 대한 참여기회를 개방한다.
(2) 회사는 일반적으로 인정된 기업회계기준에 따라 재무상태를 기록·관리하여 투명한 회계처리를 하도록 한다.
(3) 회사는 적극적 홍보, PR 등을 통해 주식가격이 기업가치에 합당한 평가를 받도록 노력한다.
(4) 임직원은 회사의 재산을 철저히 보호하여야 하며, 회사의 내부정보를 이용한 불공정 증권거래, 영업비밀 침해행위 등 불공정행위를 하여서는 아니된다.

제3장 법규준수 및 공정한 경쟁

화성산업(주) 동아백화점은 기업경영과 관련하여 법규를 준수하고 상거래 관습을 존중하며 공정한 경쟁으로 부당한 이익을 취하지 않는다.

1. 법규의 준수
(1) 기업활동과 관련한 제반 법규를 숙지하며 성실히 준수한다.
(2) 회사의 정관과 사규를 철저히 준수한다.
2. 공정한 경쟁
(1) 경쟁사의 제반 정보는 정당한 방법으로 입수하며, 입수된 경쟁사의 정보는 정당하게 활용한다.
(2) 동등하고 자유로운 경쟁관계를 추구하며, 정당한 방법과 실력으로 경쟁한다.
(3) 경쟁사와 판매가격, 판매조건 및 시장배분 등에 관한 부당한 담합으로 고객에게 피해를 주지 않는다.

제4장 공정한 거래

화성산업(주) 동아백화점은 협력업체와의 공정하고 투명한 거래를 통하여 신뢰를 유지하며 상호 발전을 추구한다.

1. 협력업체의 선정
(1) 모든 회사에게 당사의 협력업체가 될 수 있는 동등한 자격을 부여한다.
(2) 공정한 평가기준에 의해 협력업체를 선정하며 평가기준이 없을 경우에는 객관적이고 공정한 심사기준에 따라 합리적으로 선정한다.
2. 공정한 거래
(1) 특정 협력업체를 차별하여 부당하게 거래조건을 결정하는 행위를 금지한다.
(2) 협력업체에서 구입할 의사가 없는 제품 또는 서비스를 강제로 판매하는 행위를 금지한다.
(3) 협력업체와 경쟁사와의 거래를 부당하게 금지하거나 거래대상을 제한하는 행위를 하지 않는다.
(4) 업무와 관련하여 협력업체로부터 금품의 수수나 향응을 제공받지 않는다.
(5) 정당한 사유가 없는 경우 대금지급조건에 관한 법적 의무를 충실히 수행한다.
(6) 회사의 명백한 잘못으로 협력업체가 피해를 입은 경우는 공평하게 배상한다.
(7) 협력업체의 기밀은 사내·외에 협력업체의 승인 없이 유출하지 않는다.
(8) 기타 관련 법규에서 금지하고 있는 불공정한 행위를 하지 않는다.

제5장 임직원의 기본윤리

화성산업(주) 동아백화점 임직원으로서 지켜야 할 의무와 회사의 발전을 위한 노력을 성실히 수행하고 사회의 규범을 준수하며 공정하게 맡은 바 사명을 다 한다.

1. 기본윤리
(1) 임직원은 항상 화성·동아인의 긍지와 자부심을 가지며, 끊임없는 자기계발과 공정한 직무수행으로 맡은 바 사명을 성실히 수행한다.
(2) 임직원은 본인에게 주어진 권한과 책임을 명확히 인식하고, 회사가 추구하

는 목표에 부합되도록 권한 내에서 의사결정하고 행동한다.

(3) 임직원은 동료 및 관련부서 간 적극적인 협조와 원활한 의사소통으로 업무의 효과와 효율을 높인다.

(4) 임직원은 국제화・개방화시대에 어울리는 바람직한 인재상을 스스로 정립하여 끊임없는 자기계발에 힘쓴다.

(5) 임직원은 회사와 개인의 이해가 상충될 경우에는 회사의 이익을 우선적으로 생각하고 행동한다.

(6) 임직원은 상호 간에 예의를 지키며 불손한 언행이나 비방하는 언행을 하지 않는다.

(7) 임직원은 회사의 재산을 성실히 유지・관리하고 사적으로 회사의 물품이나 비용을 사용하지 않는다.

(8) 임직원은 업무상 취득한 회사의 중요 정보를 외부로 유출하지 않는다.

(9) 임직원은 업무와 관련해 취득한 지식을 회사발전에 도움이 되도록 다른 임직원과 공유한다.

(10) 임직원은 근무시간 중 근무와 관련 없는 일체의 행위를 삼가한다.

(11) 임직원은 직장 내에서 회사의 명예에 손상을 줄 수 있는 이성교제를 금하며 성희롱 행위를 하지 않는다.

2. 공정한 직무수행

(1) 임직원은 법규, 사규 등을 준수하여 공정하고 정당하게 직무를 수행하며, 양심에 반하는 비윤리적 행위를 하지 않는다.

(2) 임직원은 협력업체 임직원을 상대할 경우 회사를 대표한다는 생각으로 공손한 태도로 대한다.

(3) 임직원은 업무와 관련하여 이해관계자가 제공하는 어떠한 형태의 금전적 이익도 이해관계자에게 요구・수취하거나 전달하지 아니한다.

(4) 임직원은 업무와 관련하여 이해관계자가 제공하는 어떠한 형태의 비금전적 이익(유・무형의 서비스 포함)도 수수하지 않는다.

(5) 임직원은 상호 간에 부당한 청탁을 하지 않는다.

제6장 임직원에 대한 윤리

화성산업(주) 동아백화점은 임직원의 기본권을 존중하며 임직원이 직장생활을 통한 만족을 얻을 수 있도록 최선의 노력을 다한다.

1. 임직원 존중 및 공정한 대우

(1) 회사는 임직원 개개인을 독립된 인격체로서 존중하며 각자의 기본권을 존중한다.

(2) 회사는 임직원의 사생활을 보장하며 임직원의 개인정보를 사내・외에 유출하지 않는다.

(3) 회사는 고용, 승진 등에 있어서 성별・종교・연령・신체조건・출신지역 등을 이유로 차별대우를 하지 아니한다.
(4) 회사는 임직원 개개인의 능력과 자질에 따른 공정한 기회를 부여한다.
(5) 회사는 임직원이 일을 통하여 긍지와 보람을 가질 수 있는 근무체계를 수립한다.
(6) 회사는 임직원이 자유롭게 제안・건의하고, 애로사항을 표시할 수 있도록 제안・건의제도를 갖추고 분위기를 조성한다.
(7) 회사는 쾌적하고 안전한 환경에서 임직원이 근무할 수 있도록 조치한다.

2. 능력개발
(1) 회사는 독창적 사고와 창의적 행동이 촉진될 수 있는 여건을 최대한 조성한다.
(2) 회사는 임직원의 능력개발을 위해 적극적으로 지원하고 장기적 관점에서 인재를 육성한다.

제7장 사회적 책임

화성산업(주) 동아백화점은 건전한 기업활동을 전개하여 사회발전에 기여한다.

1. 건전한 기업활동
(1) 회사는 지점이 위치한 지역의 가치관을 존중하며 각종 법규, 규범, 관습에 따라 건전한 기업활동을 수행한다.
(2) 회사는 국민경제를 해치거나 국민정서에 위화감을 조성하는 행위를 하지 않는다.
(3) 회사는 건전한 기업활동을 저해하는 모든 형태의 부조리를 배격한다.

2. 사회에 대한 공헌
(1) 회사는 사회봉사, 재난구호, 사회계몽 등 사회에 대한 봉사활동에 적극 참여한다.
(2) 회사는 고용창출과 납세 기타 각종 의무를 성실히 수행한다.
(3) 회사는 임직원의 건전한 사회활동 및 봉사활동 참여를 보장하고 적극 지원한다.

3. 환경보전
(1) 환경오염을 예방하고 지구환경의 보전과 개선을 위해 노력한다.
(2) 환경보호와 관련한 제반법규를 준수하며 자원의 낭비적 소모를 예방한다.

5. 교보생명

교보생명의 윤리경영은 2000년 4월 15일 윤리헌장 선포로 시작된다. IMF를 지나면서 많은 금융기관들이 인수・합병 또는 구조조정의 아픔을 겪으면서 지금까지 경영과 재무건전성에서 튼튼한 기업으로 알려진 교보생명도 변화하지 않으면 안 된다는 인식이 내부적으로 확산되었다.

내부적으로 CEO에서 전사원에 이르기까지 이러한 인식의 공유와 합의가 이루어져 투명경영과 정도경영을 통해 윤리경영을 실천하고자 하는 의지를 대내·외적으로 천명하기 위해 당시 팀장급 이상 간부사원들이 회사연수원(계성원)에 모여 윤리헌장을 선포하고 다짐의 장을 가졌다.

또한 이번 윤리헌장이 선언적 의미로 그치지 않도록 하기 위하여 정도경영을 바탕으로 한 신뢰경영 추진 등 변화와 핵심추진 10대 과제를 선정·발표하였다.

1) 비전 및 기업문화

교보생명의 비전은 핵심목적과 핵심가치로 구성된다. 핵심목적은 교보생명의 존재이유(기업의 사명)로서 지난 2002년 5개월 동안 전조직원이 참여한 가운데 활발한 논의를 거쳐 '모든 사람이 삶의 역경을 극복하고 보람 있는 인생을 계속 누릴 수 있도록 도와준다'로 정하고 앞으로 사업영역이나 사업방향도 핵심목적에 맞도록 설정하여 추진해 나갈 예정이다.

핵심가치는 교보인이면 누구나 지켜야 할 가치관으로서 '고객지향', '정직과 성실', '도전정신'의 3가지로 정하고 모든 것에 우선하여 행동 및 가치판단의 기준이 된다.

또한 교보생명의 가장 특징적이고 핵심적인 기업문화는 정직과 불굴의 의지인데, 이는 1958년 8월 7일 창립 이래 전사원들이 함께 공유하고 있는 교보의 정신이라 할 수 있다. 교보생명의 창업자인 신용호 회장도 항상 "이 세상에 거저와 비밀은 없다"는 말로 정도경영, 투명경영을 강조해 왔고, 이 메시지가 교보생명 창사 이래 기업문화로 승화·발전되어 현재 추진하고 있는 윤리경영 실천의 밑거름이 되고 있다.

2) CEO의 경영철학과 실천의지

윤리경영 선언 이후 구체적인 변화혁신을 추진하기 위하여 CEO가 직접 현장을 순회하며 변화와 혁신의 필요성에 대하여 계층별 교육을 실시하였고, 이런 최고경영자의 윤리교육은 윤리경영의 구체적인 목표와 방향성을 정립하는 데 결정적인 역할을 하였다.

또한 계층 간 커뮤니케이션을 활성화하고 윤리경영 실천을 촉진하기 위해 CEO와 임원, 중간간부와의 정기산행 등을 실시하였고 사내 인트라넷에 CEO잔소리 방을 설치·운영하며 사내에서 일어나는 이슈에 대해 CEO의 견해를 밝힘으로써 인식의 공유를 확산하였다.

3) 윤리헌장의 체계와 내용

윤리헌장의 이념체계는 윤리헌장, 윤리헌장 실천행동규범, 윤리헌장 세부행동지침, 자기평가기준 등으로 구성되어 있다. 교보생명의 윤리헌장 내용은 모든 이해관계자에 대한 윤리경영 실천의지를 담은 선언적 내용인 전문과 각 이해관계자별 윤리경영에 대한 기본원칙을 천명한 본문으로 구성되어 있다.

윤리헌장 실천행동규범은 윤리헌장에서 천명하고 있는 각 이해자별 기본원칙을 구체적으로 실천하기 위한 125개 행동가이드라인을 담고 있으며 윤리헌장 세부행동지침은 사이버상의 윤리항목을 규정한 사이버윤리지침과 업무상 금품수수 등의 금지와 처리기준을 정한 클린(clean) 업무지침이 있다. 또 매일 업무시작 전에 자기평가기준을 통해 교보인의 핵심가치를 지킬 것을 다짐한다.

4) 윤리경영의 목표 및 추진전략

교보생명의 윤리경영 목표는 내적으로는 모든 조직원이 교보인의 핵심가치인 고객지향, 정직과 성실, 도전정신을 실천하고 대외적으로는 활발한 사회공익활동 전개를 통해 교보인의 비전을 달성하는 데 있다. 이러한 원대한 목표를 달성하기 위한 세부전략은 3단계로 구분되어 추진되고 있다.

① **제1단계**(2000~2001)

유리경영 도입시기로 윤리경영 기반구축을 단기목표로 윤리헌장 및 실천행동규범 제정 선포, 윤리위반신고제도 운영, 임직원윤리지수 개발, 윤리교육시스템 정립 등 윤리실천 인프라구축에 역점을 두었다.

② **제2단계**(2002~2003)

윤리경영 확산·전파기로 자율적 윤리실천을 강화하는 것을 목표로 비전 선포를 통해 교보인의 핵심가치를 정립하고 클린(clean) 업무지침, 업무현장 모니터링제도 확대, 24시간 Help Line운영, 임직원 윤리지수 측정, 사이버 윤리교육개발 등을 추진하고 있다.

③ **제3단계**(2004~)

윤리경영의 정착·발전단계로 선진 윤리경영문화 창출에 그 목표를 두고 윤리적 의사결정지원 프로그램을 개발, 임직원 윤리지수의 평가 등을 통해 자율실천을 강화하여 궁극적으로 비전 구현 가시화에 기여하고자 한다.

5) 윤리경영 실천 및 교육체계

윤리헌장 선포 이후 교보생명이 추진해 온 윤리경영의 실천체계는 다음과 같다.

첫째, 윤리경영실천을 위한 기반구축
둘째, 교육을 통한 윤리경영 확산・전파
셋째, 임직원의 사회봉사활동을 통한 사회공헌으로 나누어 볼 수 있다.

윤리경영 실천기반을 구축하기 위해 이사회 운영 개선을 통한 경영투명성 제고, 진실과 관용위원회 설치, 법인신용카드 의무화, 인력선발 사내공모제, 경영현황 설명회 등을 실시하였고 윤리항목을 인사평가에 반영하고 사회봉사 등에 대한 포상제도를 마련하여 윤리실천을 촉진하였다.

이 밖에도 발목 잡는 제도파괴위원회 등 다양한 고객만족프로그램 개발을 통하여 지속적으로 고객만족을 실천하였다.

이러한 윤리경영을 실천하고 조직원들의 윤리마인드를 제고하기 위하여 만화, 비디오 영상물, CD, 사이버교육, 포스터 등을 통해 3년간 꾸준히 실시하였고 그 결과 상당한 성과를 거두었다.

6) 사회공헌활동과 윤리경영 추진성과

교보생명의 사회공헌활동은 크게 공익재단(대산문화재단, 대산농촌문화재단, 교보생명교육문화재단)을 통한 사업과 2002년 12월 출범한 교보다솜이 사회봉사단의 소년소녀가장 돕기사업인 '사랑의 띠잇기' 등 각종 지원사업, 자체봉사팀의 다양한 임직원 사회봉사활동으로 나눠진다. 교보생명은 2002년 한 해 동안 사회공익활동으로 약 80억을 집행하였다.

2002년 4월 윤리헌장 선포 이후 지속적인 윤리경영 실천을 통해 얻은 성과는 크게 향상된 기업의 신뢰도, 고객만족도 증가, 내부 고객만족 강화 등을 꼽을 수 있다.

2002년에는 한국능률협회로부터 3년 연속 고객만족 경영대상을 수상하였고, 문화예술활동 등에 기여한 공로로 한국메세나 대상 대통령상을 수상하였고, 7월에는 대한민국 기업이미지대상 윤리경영부문 최우수상을 수상하였다. 2003년 3월 결산기준으로

당기순이익도 전년도보다 300% 이상 신장한 4,000억을 상회할 것으로 예상된다.

끝으로 교보생명 윤리경영 성공의 키워드는 CEO의 경영철학과 일관된 실천 리더십, 윤리경영 체제확립 및 전사적 인식 확산, 다양한 윤리실천 프로그램의 지속적 개발, 합리적이고 친숙한 윤리교육의 반복, 그리고 철저한 피드백(평가 및 보상과 연계) 등이라고 할 수 있다.

[사례 1]

랜달(Rendall)은 보험회사의 최고 윤리책임자 자리를 제안 받았다. 이 회사는 최근 여러 주의 보험산업 규제에 근거한 비윤리적 사업 관행에 대한 소송을 (잘못을 시인하지는 않았지만) 종결지었다. 윤리 담당자의 채용은 합의 내용의 일부이며, 합의된 기한에 맞추어 몇몇 구체적 조치가 실행되었다. 랜달이 회사와의 최종 면접에서 이들 조치 내용에 대해 구체적 질문을 했을 때 돌아온 대답은 매우 애매하였다. 랜달에게 새로운 지위는 승진을 의미하는 자리로 급여 또한 인상된다. 하지만 그의 부인은 회사가 변화에 대한 구체적 계획도 없기 때문에, 만일 비윤리적 행위가 다시 발각된다면 최고 윤리책임자가 비난을 받게 될 것이고, 결국은 랜달이 희생양으로 쫓겨나게 될 것을 걱정하고 있다.

질문

- 랜달은 이 제안을 받아들여야 하는가?

[사례 2]

2015년 3월, 캘리포니아 신문인 데저트 선(The Desert Sun)은 기업들이 정부의 감독이 없는 상태에서 대수층과 우물로부터 물을 끌어내어 생수를 생산하고 있다는 기사를 작성하였다. 캘리포니아의 기록적 가뭄으로 인해 물 사용이 매우 제한된 시기에 공개된 이 기사는 많은 사람들의 분노를 불러 일으켰다.

특히 네슬레(Nestle Water North America, NWNA)는 27년 전인 1988년에 이미 만료된 허가권으로 샌버나디노 국유림에서 물을 빼내 생수를 생산한 것이 밝혀져 정밀 조사를 받게 되었다. 사회 활동가들은 즉각 반응하였다. 네슬레 공장 가동을 중지하자는 온라인 청원이 27,000건에 달하였고 일부는 새크라멘토에 있는 네슬레 공장 입구에서 피켓팅 시위를 벌였다.

네슬레는 캘리포니아의 108개 생수공장 중 12개만을 운영하지만, 네슬레의 좋지 않은 윤리적 명성으로 인해 심각한 가뭄 문제에 대한 정부의 대책을 요구하는 활동가들의 목록 최상단에 올려졌다. Salon.com의 비판적인 기사는 네슬레의 사업관행은 캘리포니아의 4년 가뭄이 가장 심각한 지역에서 물을 뽑아내는 비열한 짓이라고 비난하였다.

하지만 주지사 제리 브라운(Jerry Brown)의 물 사용 제한 규제가 연간 5천억 갤런의 물 절감을 목표로 한 것을 고려한다면, 연 2억5천갤런을 생산한 네슬레의 경우는 심각성이 지나치게 부풀려진 것이라고 일부 생수생산 찬성론자들은 주장한다. 하지만 비판적인 입장의 사람들은 더 큰 도덕적 문제가 있다고 주장한다. 2012년 한 해 동안 레슬레는 미국 내 29개 공장에서 40억 달러의 매출을 달성하였는데, 어려움을 겪고 있는 캘리포니아의 사업장에서는 생산을 줄일 수 있는 여지가 있었다는 것이다.

2015년 10월 한경단체 회원들이 만료된 허가권으로 공장을 운영할 수 있도록 허용한 미국 산림청에 대해 소송을 제기하고, 회사가 물을 생수공장으로 이동하는데 사용한 4마일의 수도관을 즉시 폐쇄할 것을 요구했다. 소송을 주도한 여러 단체 중 하나인 The Courage Campaign Institute의 대표인 에디 커츠(Eddie Kurtz)는 "네슬레의 행동은 도덕적 파멸일 뿐 아니라 불법이다"라고 단체의 입장을 명확히 밝혔다.

고소인의 주장에 따르면, 스트로베리 샛강(Strawberry Creek)에서 물을 끌어오는데 네슬레가 지불한 비용은 연간 524달러로서 이는 캘리포니아 주민의 연평균 수도요금보다 적다. 샛강의 수위가 사상 최저였다는 것도 NWNA의 CEO인 팀 브라운(Tim Brown)에게는 고려사항이 아니었던 것으로 보인다. 캘리포니아에서 생수사업을 중단할 의향이 있느냐는 질문에 그는 "절대로 그럴 일 없다. 생산량을 증가시킬 수 있다면 그렇게 하려고 한다."고 대답했다.

2015년 5월 Mother Jones잡지에 따르면 캘리포니아 주 머세드에서 생수를 생산하는 스타벅스(Starbuck's) 브랜드 에토스(Ethos)는 전혀 다른 접근방식을 보여준다. 이들은 캘리포니아 주민들에 대한 지지의 표시로 공장을 6개월 내에 펜실베니아로 이전할 계획을 발표하였다.

질문

1. 이 문제가 지나치게 과장된 것으로 생각하는가?
2. 네슬레가 산림청에 허가권이 만료된 사실을 공지할 의무가 있다고 생각하는가?
3. 만약 주지사 제리 브라운이 물 사용 제한 계획에 생수공장을 포함하였다면, 네슬레도 이에 동의하였을 것으로 생각하는가?
4. 네슬레의 좋지 않은 윤리적 명성에 관한 두 가지 사례를 찾아보시오. 브랜드의 명성과 신뢰를 회복하기 위해 CET인 팀 브라운이 할 수 있는 일로는 무엇이 있었을까?

토의과제

1. 기업윤리시스템의 구성요소에 대해 토의해 보자.
2. 윤리규범이 갖는 의의와 중요성에 대해 토의해 보자.
3. 인사고과에 윤리성을 반영시켜야만 하는 이유는 무엇인가?
4. 윤리전담 부서의 역할과 기능에 대해 토의해 보자.
5. 윤리적 리더십의 중요성에 대해 토의해 보자.

제 10 장
환경윤리

10 환경윤리

환경문제는 대기오염, 수질오염, 토양오염, 해양오염, 방사능오염, 소음, 진동, 악취 등이 인간의 삶과 생태계에 피해를 주는 제 문제들로서 양적으로나 질적으로 그 어떤 문제와도 차원이 다르다.

경제활동의 궁극적인 목표가 풍요로운 물질생활과 인간 삶의 질 향상에 있다고 본다면, 오늘날의 환경오염이나 파괴현상은 이러한 차원을 넘어 이제는 심각한 생존의 문제가 되고 말았다.

제2차 세계대전 이후 세계 각국은 경쟁적이고도 무분별한 개발정책을 통해 지속적인 경제성장을 이룩해 왔다. 급진적인 산업화, 도시화, 대량생산과 소비활동 등으로 지구환경의 오염과 파괴현상은 급속히 확산될 수밖에 없었고, 그 결과 지구의 온난화현상, 오존층의 파괴, 산성비, 각종 질병과 기상이변 등의 문제가 야기되어 이제는 인류의 생존마저 위협하는 지경에 이르게 되었다.

이러한 환경문제는 발생원인이 복잡하고 다양하여 그로 인한 피해와 영향의 정도를 정확히 파악하기가 매우 어렵다. 그리고 일단 파괴된 환경을 원상태로 복구하는 데는 많은 시간과 비용이 소요될 뿐만 아니라 원상회복이 불가능한 것도 있다. 따라서 환경문제는 사전에 철저하게 예방하는 것이 가장 효과적일 것이며 이를 위해서는 환경윤리의 확립이 절실하게 요청된다.

Ⅰ. 생활환경과 삶의 질

우리 인간의 삶의 질(quality of life or living) 내지 복지(welfare)는 ① 물질적인 생

활수준의 향상, ② 정치 · 사회적인 안정과 질서의 확립, ③ 정신 · 문화 · 사회적인 행복뿐만 아니라, 생활환경의 쾌적성(amenity) 정도에 따라 결정된다는 사실을 명심할 필요가 있다.

경제성장에 힘입어 우리 국민이 소비하는 다양한 제품과 서비스는 양적으로 계속 증가하고, 질적으로도 향상되고 있어서, 국민의 물질적 생활수준은 계속 향상 중이다. 그러나 향상되는 생활수준이 또는 그것에 더하여 정치 · 사회적 안정화 등이 곧 '삶의 질'의 향상을 뜻하는 것은 아니다. 왜냐하면 이미 심각한 환경오염의 문제를 해결하지 않고서는 생활환경이 개선되지 않아 우리의 삶의 질은 도저히 향상될 수 없기 때문이다.

1. 국가적 문제로서의 환경오염

한동안 우리는 공업화를 통한 고도경제성장이라는 물량적인 성장만을 중요시하여 왔다. 그 과정에서 발생하는 환경오염의 문제는 그리 심각하게 생각지 않았었다. 그러다 보니 환경오염을 방지하려는 노력과 투자 역시 대단히 미흡했었다. 그 결과로, 오늘날 우리의 경제와 소비대중의 생활수준은 중진국의 수준을 넘어 선진국 수준으로 접근하고 있는데도, 급속한 공업화 · 도시화 등으로 인한 자연의 파괴와 수질, 대기, 토양 등의 심각한 오염은 전국적으로 급속히 확산되고 있는 실정이다.

"죽은 개천과 강", "산성비와 눈", "허용기준을 초과한 분진 및 유독가스 배출" 등 환경오염의 심각성을 나타내는 표현은 날이 갈수록 더욱 빈번히 언론매체 등에 등장하고 국민의 입에 오르내리고 있다. 또 쓰레기와 폐기물은 여기저기 더 많이 쌓여가고 있고, 들과 산 역시 더 많이 파괴되고 있어서, 자연의 균형 내지 생태적 균형은 점점 더 파괴되고 있다. 그 불가피한 결과는 생활환경의 점증적인 악화이다. 생활환경의 악화는 우리 인간에게 각종 피해를 주고 또 우리 인간을 불안하게 만들고 있다. 강이나 바다의 물고기와 기타 수산물이 공장 · 가정 등에서 흘러 들어온 오염물질로 인해 오염되거나 죽어버리고, 그것을 먹은 인간이 또한 오염되어 불치의 병을 앓게 되는 등의 사례가 늘어나고 있는 것이 바로 그 실증이다.

악화되는 환경오염이 생활환경에 미치는 악영향에 대해 소비자, 일반대중, 사회단체, 정부, 기업 등이 심각히 우려하기 시작한 것은 오래 전부터이다. 그러나 아직은 어느 누구도 우려하는 만큼 생활환경의 악화방지 및 개선에 필요한 각종 조치를 충분히 취하지 않고 있다. 그런 관계로 2000년대에 들어와 가장 심각한 국가적 문제는 환경오염의 문제이며, 이는 국가적 차원에서 뿐만 아니라 이제는 전 인류가 공동노력을 통해 대처해 나가지 않으면 아니 될 문제로까지 발전되고 말았다.

그러므로 우리는 삶의 질을 향상시키기 위해서도 개인, 가정, 기업, 정부 등 모든 차원과 측면에서 생활환경의 보호와 정비를 통하여 그 쾌적함을 향상시키는데 전력투구하지 않을 수가 없다. 생활환경을 보호한다는 것은 산업화, 도시화, 과학적 영농 등에서 비롯되는 환경오염이 인간에게 주는 신체적, 정신적, 물질적 피해를 방지·시정하고 또한 인간을 환경오염을 수반하는 불안으로부터 보호하는 것을 뜻한다.

그리고 환경오염과 공해(public nuisance)는 흔히 같은 뜻으로 사용되고 있다는 것과 환경오염은 반드시 공해를 발생케 한다는 것을 우리는 유념할 필요가 있다.

2. 환경오염에 대한 비판

오늘날 개인, 교육기관, 언론기관, 각종 업종·업태·규모의 기업, 사회단체, 정부기관 등은 모두가 환경을 오염시키고 있어서, 모두가 비판을 받아야 마땅하다. 그러니 이들 모두가 환경오염을 방지하고 생활환경을 개선하는데 각기 책임을 지고 할 일을 해야 할 것이다.

환경오염의 원천 중에서 기업은 흔히 가장 큰 원천으로 지적되고 있다. 그리고 환경오염의 방지와 해소에 성의와 투자가 부족하다는 등의 비판도 가장 많이 받고 있다. 당연히 비판을 받아야 할 불법적이고 무책임한 행동을 하고 있는 기업들이 존재하는 한 이러한 비판에는 정당성이 있는 것이다.

그러나 기업만이 비판의 대상이 되어서는 안 된다. 일반대중은 물론 적지 않은 사회단체나 기관까지도 환경오염을 제품을 생산·판매하는 기업에만 잘못 연결시키려는 경향이 있는데 이는 분명히 잘못된 생각들이다.

예컨대 자동차는 대기오염을 일으키는 주요 원인의 하나로 지적 받고 있다. 각종 자동차가 공기를 오염시키고 있는 것도 사실이다. 그런데 자동차에 의한 공기오염의 책임은 자동차 소유자, 운수업체, 자동차 제조업체, 정유회사, 석유제품 유통업체, 해당정부기관, 국회 등에도 그 책임이 있음을 지적하지 않을 수 없다. 왜냐하면 자가용 소유자와 운수업체는 대기오염을 최대한 방지할 수 있을 정도로 자동차를 충분히 정비하지 않은 상태로 운영하고 있고, 제조업체는 대기오염을 방지하는데 충분치 않은 공해방지 장치를 갖춘 자동차를 생산하지 않고 있고, 정유회사는 탈황시설 등을 충분히 갖추지 않고 석유제품을 생산하고 있고, 일부 석유제품 유통업체와 무허가 업체는 불법 제조한 정유를 판매하고 있고, 관계정부기관은 관계 현행법령을 공정하게 강력히 집행하지 않고 있고, 국회는 대기오염 방지에 충분할 정도로 관계 법률을 강력하게 개정하지 않는 등 범죄적인 과실 및 낭비적인 정치놀음만 일삼고 있기 때문이다.

또 다른 예로서 핵발전소, 화력발전소, 화학공장, 강철공장, 합섬공장, 제지공장, 염색공장, 피혁공장 등은 그들이 생산하는 제품이나 활용하는 원료자재 · 생산공정 등만을 고려하여 오염산업이라고 비난받는 경우가 많다. 물론 이들 공장이 특히 수질과 대기를 오염시킬 가능성은 높다. 핵발전소는 방사능오염까지 일으킬 가능성이 있다.

과학기술의 발전이 미흡했던 몇 십 년 전에는, 그런 공장들이 거의 예외 없이 환경을 오염시켰던 것이 사실이다. 그러나 첨단적인 과학기술이 날로 발전하고 있는 오늘날에는 올바른 원료나 재료, 생산공정을 활용하고, 오염방지시설을 제대로 갖추고, 또한 가동하는 등 오염방지에 최선을 다한다면, 환경오염을 최소한으로 방지할 수 있다. 그런데도 위와 같은 공장과 여타 공장들의 일부가 환경을 오염시키고 있는 것은, 주로 해당기업들과 그 경영자들 양심의 문제이지 생산하는 제품이나 서비스 자체 때문에 자동적으로 오염이 발생하는 것은 아니다. 따라서 생산제품만을 또는 업종 · 업태만을 보고 환경을 오염시킨다고 특정 기업을 비판하는 것은 반드시 옳다고 할 수 없다. 그러나 전반적으로 볼 때, 가내공장을 운영하는 영세업자로부터 대규모 첨단공장을 경영하는 대기업에 이르기까지, 기업 전체는 환경오염의 크고 작은 요인의 하나로서 비판을 면할 수는 없다. 모든 오염에 대해서가 아니라 특히 산업오염에 한해서는 비판을 면할 수 없다.

3. 환경오염 방지를 위한 책임과 대책

1) 기업의 책임과 범법시례

기업활동이 환경오염을 발생시키는 주요 요인의 하나임에는 틀림이 없다. 따라서 기업은 환경오염을 감소시키고 방지하는 자기지분의 진지한 노력을 하고, 또한 가시적인 성과를 올려야만 한다. 그렇게 하지 않을 경우, 자기지분에 한하여 사회에 대한 책무(accountability)를 도저히 면할 수 없다.

그런 관계로 생활환경을 보호 · 정비하는 등의 환경오염대책을 세우고, 철저히 이행하는 것은 오늘날의 기업에게는 중요한 사회적 책임의 하나이다. 각종 오염물질의 대부분은 산업화에 따른 필요악이기보다는, 기업을 포함한 모든 사회구성원의 과실에 의한 축적된 결과라고 볼 수밖에 없기 때문이다.

1977년에 공포되고 1990년에 불충분하나마 강화된 환경보존 관련법에 의해, 기업이 배출하는 오염물질의 농도가 배출허용기준을 초과할 때에는, 규제와 처벌을 받게 되어 있다. 이 법을 집행하는 정부 주무부서도 국에서 청으로, 그리고 환경부로 승격되었다. 그렇지만 환경보존법은 환경오염을 효과적으로 방지할 수 있을 만큼 충분히 강화되어 있지 않고, 또 환경부 등의 감시체계도 엉성한 것이 현실이다.

이러한 현실 속에서 기업이 환경보존관련법을 어긴 실례를 몇 가지 들면 다음과 같다. 폐수배출시설 및 공업용수 정화시설 등 폐수가 발생하는 시설은 사전에 허가를 받고 설치해야 함에도, 이를 위반하고 공장을 가동한 업체가 상당수에 이른다. 법의 감시가 소홀함을 틈타 공해방지시설을 갖추지 않아 적발된 업체도 많다.

그리고 오염방지시설을 설치하고도 가동하지 않거나 불법오염 배출설비를 설치한 사실이 적발된 업체도 많다. 잔디와 나무에 허용치의 몇 배에 달하는 살충제와 비료를 뿌려서 오염된 물을 상수도원으로 그대로 흘려보내 적발된 골프장들도 많이 있다. 호화로운 호텔과 사무실 빌딩 중에도 폐수정화시설을 제대로 갖추지 않아 적발된 사례도 상당히 많다.

대부분의 영세업자로부터 일부 대기업에 이르기까지 환경보존법을 어기고 있는 다양한 사례는 신문 등에서 얼마든지 찾아 볼 수 있다. 그들의 일부만이 범법행위가 적발되어 처벌받고 있다. 참으로 심각한 사회문제가 아닐 수 없다.

2) 정부측의 문제점과 대책

기업에 의한 환경보존관련법 위반은 환경보존에 대한 기업측의 책임감과 윤리의식의 결핍에서 비롯된 것도 있지만, 정부측에 책임이 있는 제도적 미비 및 모순에서 비롯된 것도 많다. 정부측의 문제점을 지적하면 다음과 같다.

① 사업체 단속에 '사각지대'가 있다는 점이다. 오염물질의 배출량에 따라서 환경처와 지방자치단체가 해당 업체들을 나누어 단속하도록 되어 있는데, 오염물질 배출량 측정이 서로 달라 양쪽의 단속대상에서 함께 누락되는 사례가 적지 않다. 또 무허가업소 및 관공서 등도 단속의 사각지대로 지적되고 있다. 단속과 처벌에서 벗어나 있는 한, 그들은 환경오염을 되풀이할 것이다.

② 법으로 정해진 오염허용표준치가 높아서 환경오염을 실제로 방지할 수 없다는 것도 문제점이다. 법을 준수해도 기업은 환경을 오염시키게 되기 때문이다.

③ 위반업체에 대한 처벌이 너무나 관대하다는 것도 문제점이다. 환경오염에 대한 처벌이 너무 가볍다는 뜻이다. 이것은 공해방지시설을 설치·가동하는 것보다 부과금(벌금)을 내는 것이 더욱 경제적이 되게 만든다. 그래서 일부 기업은 단속 때마다 자주 적발되어 처벌을 받고 있으나, 단속과 처벌의 요식행위만 되풀이될 뿐, 오염행위는 근절되지 않고 있다.

④ 오염방지시설 설치에 대한 정부의 자금지원 등 정책적 지원이 미비한 것도 문제점이다. 특히 자금력이 부족한 중소기업에 대한 오염방지 자금의 제공이 미흡하다.

⑤ 단속요원의 부족 및 비리도 문제점이다. 단속대상업체 수에 비해 단속요원이 너무나 부족하고 일부는 부패하여 철저한 정밀단속은 아직 요원한 실정이다.

⑥ 예컨대 산업통상자원부와 환경부 사이 등 정부 내 이견으로 환경보존에 대한 강력한 법적·행정적 조치가 이루어지지 못하고 있는 것도 문제이다.

3) 기업측의 대책

정부측의 개선해야 할 제도적 미비와 모순이 비록 존재해도, 얼마간의 비용을 절감하기 위해 기업이 생활환경을 적정 이상으로 오염시키는 반사회적인 행위를 하게 되면, 결과적으로 기업 자체에 손실을 초래하게 마련이다. 비록 소수일지라도 그런 기업이 있다는 것은, 기업 전체의 이미지를 흐려놓게 마련이어서, 기업 전체의 활동에 심각한 제한과 제약을 초래할 가능성마저 높다.

기업이 환경오염방지 시설을 갖추려면, 물론 적지 않은 투자를 해야 한다. 그 시설을 운영하는데도 적지 않은 비용을 지출해야 한다. 그러한 투자 자체는 성격상 직접적으로 생산활동과 이익에 기여하지 않고 회계상 비용만 발생케 한다. 그래서 일부 기업은 단기적 안목에서 그러한 투자를 회피하려는 경향이 있다.

그런 경향은 특히 장기적인 안목에서 볼 때 큰 잘못이다. 왜냐하면 환경오염시설을 철저히 갖추고 운영하는 기업일수록, 매출액, 이익, 시장점유율 등의 신장률이 상대적으로 높다는 사실이 미국 등 선진국에서 실시된 여러 연구조사에서 밝혀졌기 때문이다. 우리나라에서도 조사해 보면 이와 유사한 결과가 나올 것으로 믿는다.

또 미국 등지에서는 우수기업일수록 그 최고경영자(CEO; Chief Executive Officer)가 최고환경관리자(Chief Environmental Officer)로서의 역할과 기능을 스스로 맡아 잘 수행하고 있다. 이는 우리 기업들과 최고경영자들이 본 받아야할 일이다. 즉, 우리 기업들과 최고경영자들도 다음과 같은 이유로 참된 이기적 합리주의를 추구해야 한다는 뜻이다.

그러려면 환경오염방지시설을 철저히 갖추고 양심적으로 운영하는 등 기업은 다음과 같은 실증을 국민 대중에게 보여 주어야 한다.

① 해당기업은 선량한 기업시민으로서 윤리적인 그리고 인간존중의 경영을 통하여 사회적 책임을 다하고 있음을 국민 대중에게 실증으로 보여주어야 한다.

② 소비대중의 복지향상을 염두에 두고 생활환경을 보호 · 개선하면서, 안전한 제품과 서비스를 생산 · 판매하고 있음을 소비대중에게 행동으로 증명해야 한다.

③ 그러한 실증은 해당기업, 제품, 상표 등의 이미지를 제고시켜, 그 결과로 해당기업에 대한 소비대중의 호의적인 반응이 제품과 서비스의 구매 증대로 나타나기 때문이다. 그러므로 기업은 장기적인 계속기업(going concern)의 관점에서 이윤극대화의 목표를 실현하기 위해서도 환경오염방지에 철저할 필요가 있다.

그러면 기업은 단독으로 환경오염의 방지에 1차적인 책임을 져야 하겠지만, 정부의 더 많은 개입과 지원 역시 반드시 필요하다. 예컨대, 미국에서 기업은 대체적으로 총 시설투자의 10% 정도까지를 공해방지 시설에 투입하고 있다. 그만큼을 투자하더라도 기업이 단독으로 산업공해를 해결하기는 어렵다는 것이 미국 기업계와 정부의 생각이다. 한국기업의 공해방지시설투자 비율은 훨씬 낮다. 그러므로 한국 정부는 더욱 더 기업의 산업공해방지 노력을 지원하고 또 공해문제 해결에 개입해야 할 것이다.

Ⅱ. 환경오염의 유형과 원천

1. 식품오염

환경오염의 한 유형인 식품오염 내지 식품공해란, 대량 소비시키기 위해 대량생산된 식품에 인체에 유해한 원료나 자재를 사용하거나, 각종 첨가물을 넣어 건강을 해치는 유해불량식품 전체를 일컫는 말이다.

식품공해는 정부기관의 인 · 허가를 받았건 안 받았건, 식품표준을 지키건 안 지키건, 규모가 크건 작건 간에, 식품을 생산 · 판매하는 어떤 형태의 사업자 내지 기업에 의해 발생되는 것이라고 말할 수 있다. 그런데 대부분의 유해불량식품은 무허가이거나 비양심적인 사업자들에 의해 생산 · 유통되고 있는 것으로 믿어지거나, 허가를 받고 합법적·양심적으로 운영하는 기업까지도 매도되거나 의심받고 있는 잘못된 오늘날의 현상도 문제이다. "안심하고 먹을 수 있는 식품이 없다"는 많은 사람이 내뱉는 극단적인 표현이 그러한 현상을 잘 반영해 준다.

그러한 상황에서 특히 도시 소비대중의 압도적 대다수가 대기, 수질, 소음, 쓰레기 오염보다 식품공해를 가장 심각한 생활환경오염 문제로 인식하고 있다. 소비대중이 실제적인 또는 잠재적인 식품공해 물질로서 가장 예민한 반응을 보이는 것은 방부제, 색소, 산화방지제, 인공감미료, 표백살균제, 유화제 등 화학물질로 된 식품첨가물이다.

우리가 매일 소비하는 식품의 50% 이상이 가공식품들이다. 그런데 가공식품에는 예외 없이 식품첨가물이 들어간다는 사실을 감안할 때, 소비대중이 유해식품에 대해 우려하는 것은 당연한 것이라 하겠다.

가공되지 않은 생식품인 채소, 과일, 곡물, 해산물, 육류 같은 식품들 중에도 오염된 것이 없다고 단정할 수는 없다. 살충제, 제초제 그리고 오염된 공기, 물, 토양에 의해 오염된 것은 분명히 있기 때문이다.

유해성 식품이 범람하면서 비례적으로 확산되는 경향이 있는, 이른바 '건강식품' 중에도 분명히 불량 내지 유해성 식품이 포함되어 있다. 그런데도 그 일부는 상용식품으로서의 안정성 검사는 차치하고 주의사항조차 표기되지 않은 채, 과대·허위광고를 통해 만병통치약으로 둔갑되어 판매되는 것도 있다.

이와 같은 유해 불량식품이 유통되고 있는 근본적인 원인은 다음과 같다.

① 무허가를 포함한 일부 식품업체를 운영하고 있는 업주들의 사회적 책임 및 윤리·도덕성이 결여되어 있기 때문이다. 즉, 양심이 없거나 부족해서 그렇다는 뜻이다.

② 유해 불량식품을 수거, 폐기, 공시하는 제도가 미비한 데도 문제가 있다.

③ 유해 불량식품을 생산·유통하는 업체들과 범법자들에 대한 감시체계가 엉성하고 처벌기준이 엄격하지 않은데도 원인이 있다.

④ 식품의 원료나 재료의 유해성 여부를 판단하고 제조과정에서 발생하는 유해 불량식품을 적발하는 정부기관의 능력부족과 부패성에도 원인이 있다.

2. 대기오염

대기오염(air pollution)이란 공기를 마음대로 호흡할 수 없고, 호흡 자체가 건강에 위협을 주고 있는 상태를 의미한다. 다시 말해 인간의 산업활동에 의해 발생한 물질이 대기로 확산되어, 그 물질의 농도와 존속시간이 인간 및 동식물의 생활을 방해하고 있는 상태를 뜻한다.

역사적으로는 1948년 미국의 드노라 대기오염사건, 1952년 영국의 런던 스모그 사건 등이 단기적·국제적 대기오염으로 유명한데, 모두 역전층(逆轉層) 아래에서 황산화물이나 부유입자 물질이 정체하여 발생하였다.

대기오염의 발생원인은 화산폭발, 산불, 각종 유기물의 분해과정에서 발생되는 자연적인 것과, 도시폐기물, 쓰레기나 폐기물 소각장, 화력발전소, 자동차매연 등과 같이 일상생활을 통해서 발생되는 인위적인 것으로 구분할 수 있다. 과거 대기오염 물질은 석탄의 연소산물이었으나, 최근 공업생산규모의 거대화와 대도시화에 따라 석유의 연소산물이 주를 이루고 있다.

오늘날 대표적인 대기오염 물질로는 이산화탄소, 질소산화물, 일산화탄소, 탄화수소, 부유 입자성 물질 등이 있는데, 우리나라에서 대기오염을 유발시키는 아황산가스, 일산화탄소, 중금속 등 매연가스와 분진의 배출량은 각종 공장 등 생산시설이 전체의 절반 정도를 차지하여 가장 많고, 그 다음으로 주택, 자동차, 건물, 화력발전소, 아파트 등이 대기오염을 많이 유발시키고 있다. 대기에 배출되는 오염물질을 통제하고 최소화하기 위해 다음과 같은 몇 가지 방법을 활용할 수도 있을 것이다.

첫째, 오염물질을 배출하지 않는 석유류 제품, 태양에너지, 핵에너지 등 연료와 동력 및 기계시설을 확대 활용하고, 또 새로운 무공해 에너지 개발을 촉진시킨다.

둘째, 자연상태를 파괴하지 않는 신제품과 생산공정을 개발하고, 정상 이상으로 대기를 오염시켜 생활환경을 파괴하는 제품의 생산을 중단시킨다.

셋째, 환경관련법을 강화시켜 매연, 가스, 분진 등 허용 표준을 강화하고, 이를 준수토록 하며, 기업, 사회단체, 정부기관 등이 대기오염 시설의 설치와 가동을 철저히 감독·감시한다. 그리고 수질오염, 폐기물오염, 소음오염의 경우에도 동일한 조치를 취해야 할 것이다.

넷째, 대기오염지표를 일기예보처럼 발표하여 대기오염에 대한 경각심을 일깨워준다. 일반적으로 대기오염 지표는 아황산가스 등 6개 환경인자를 토대로 오염의 정도를 100까지 퍼센트(%)로 환산하여 1~20은 건강상 「양호」, 21~40은 「보통」, 41~60은 「나쁨」, 61~80은 「매우 나쁨」, 81~100은 「위해」 등 5단계로 설정해 발표하게 된다.

3. 수질오염

수질오염(water pollution)이란 물이 천연적으로 갖고 있는 물리적, 화학적, 생물학적 또는 세균학적 특성이 상호 연관된 자연적, 인위적 요인에 의하여 분화함으로써 물 이용상의 지장을 초래하거나 환경의 변화를 야기하여 수중생물에 영향을 주는 상태로 변하는 것을 의미한다. 이는 좁게는 주로 사람이나 동물의 배설물에 의하여 병원성 미생물 또는 기생충 등이 인체에 수인성 감염증을 일으키거나 공중보건 상 유해를 일으키는 등 수질이 악화되는 것을 의미한다. 넓게는 자연적 또는 인위적으로 수중에 부패성 물질, 유독성물질 및 부유물질 등의 이(異)물질이 혼입(混入)됨으로써 생활, 농업, 공업, 수산업 등의 용수목적에 맞게 사용할 수 없는 상태를 의미한다.[1)]

수질오염을 일으키는 가장 큰 원인은 도시에 있는 독립주택, 아파트단지, 사무실, 빌딩, 공장, 가축사육장 등으로부터 배출되는 생활오수, 산업폐수, 축산폐수 등의 하수오물이다. 하천에 유입되는 도시의 하수오물은 몇 십만, 몇 백만 시민의 집합된 배출물이므로, 크고 작은 각종 공장들이 배출하는 폐수보다도 양적으로는 몇 배나 많다. 그러나 도시 하수오물의 오염도는 상대적으로 낮다.

반면에 공장폐수는 상대적으로 제한된 수의 크고 작은 공장들이 집중적으로 배출하는 것으로서, 특히 중금속, 화학약품, 폐기유 등이 많이 포함되어 있어서 수질을 많이 오염시키고 있다.

매연가스와 분진, 농촌, 골프장 등에서 사용하는 비료, 살충제, 제초제 등, 가축의 오물, 양어장의 오물, 행락객과 낚시꾼이 함부로 버리고 간 오물과 쓰레기, 공장폐기물의 매립 등도 수질을 오염시키는 중요한 원천들이다.

이러한 수질오염은 가정용수, 농업용수, 공업용수를 오염시키고 부적합하게 만든다. 그 결과로 용수공급의 부족을 초래하고 농수산물과 공산품까지 오염시켜 인간의 건강을 해치고 생태계를 파괴하는 등 우리 국민 모두를 피해사로 만들고 있다.

따라서 수질오염을 최소화하기 위해서 다음과 같은 몇 가지 방안을 제시해 보고자 한다.

첫째, 도시, 공업단지, 아파트단지, 광산, 공장, 농장, 골프장, 빌딩, 세차장, 주택 등 각 수준에서 현대적인 하수처리시설을 확대 설치하고, 끊임없는 개선노력과 양심적으로 운영할 수 있도록 환경윤리확립을 위한 의식개혁을 범국민적으로 전개한다.

1) 환경부, 환경백서, 1996, pp. 168-184.

둘째, 현재 수질오염을 발생시키는 원료, 재료, 제품, 기계시설, 생산공장의 사용을 지양하고, 오염을 최소화하거나 방지할 수 있는 대체상품을 개발하여 사용하고 판매한다.

셋째, 물을 경제적으로 활용하면서 그 오염을 방지할 수 있도록, 정수시설을 확대설치하고, 정수한 물의 활용을 확대시킨다.

넷째, 수질오염 허용표준을 강화하고, 환경관련법을 강화하여 강력히 집행한다.

다섯째, 수질정화 식물의 재배를 인위적으로 확대 실시하여 자연정화능력을 향상시킨다. 예컨대 개구리밥, 좀 개구리밥, 부레옥잠, 미나리 등은 전국 어디서나 흔히 볼 수 있는 식물들로 여름철에 왕성하게 번식하고 있는 수질정화능력이 탁월한 식물들이다.

4. 해양오염

해양오염은 우리의 일상생활에서 발생하는 오수·분뇨, 산업활동에서 발생하는 산업폐수, 영농활동에서 사용하는 비료·농약 등의 각종의 화학물질과 축산폐수, 대규모 간척사업 등의 개발사업에서 발생하는 토사 등의 오염물질이 하천과 강을 통하여 해양으로 유입되는 육상원인과 선박·해양시설에서 발생하는 오·폐수, 해저자원개발, 해난사고에 의한 기름유출 등으로 인한 해상원인, 그리고 방사성 물질과 산성비 등과 같이 대기로부터의 오염물질의 강하에 의하여 발생한다.

이 중에서 가장 주된 오염원인은 육상원인 오염물질로서 해양오염의 약 80%를 차지하고 있으며, 한강, 낙동강, 금강, 영산강 등을 통하여 유입되고 있다. 이와 같이 해양은 인간활동의 결과로 발생하는 오염물질의 최종처리장으로서의 기능과 식량자원의 공급원이라는 서로 상반된 기능을 유지하고 있으며, 이러한 기능은 해양의 자정능력 한계 내에서만 유지가 가능하다. 특히, 우리나라 연안의 경우 많은 섬으로 둘러싸여 있고, 리아스식 구조로 폐쇄성 연안이 많아서 비록 적은 양의 오염물질이 유입되더라도 쉽게 오염되고 있다. 최근 해상을 통한 물류이동이 증가함에 따라 매년 300여건의 해양 기름유출사고가 발생하고 있으며, 유조선의 대형화로 대규모 오염사고가 빈발하고 있다. 해양오염의 결과는 해양생물의 멸종을 가져온다. 우리나라에서 적조발생은 오랜 옛날부터 있었던 것으로 기록되어 왔다.[2)]

2) 이조실록을 보면 1403년 8월과 10월(태종 3년)에 경남 기장, 고성, 거제연안 및 진해만 일대에서 해수가 적색으로 변하면서 고기가 떼죽음을 당했다는 기록이 있고, 1412년에는 순천연안에서, 1423년에는 거제도 연안에서, 1928년에는 마산 앞 바다에서 해수가 붉게 변하여 고기가 죽었다는 기록이 있다. 과학적으로 조사 연구된 기록은 국립수산진흥원에 의해 보고된

적조의 발생원인은 아직까지 충분히 밝혀지지 않은 부분도 있지만 대체로 다음과 같은 요인이 복합적으로 작용하여 발생하고 있다고 볼 수 있다.

첫째, 하천폐수의 유입에 의하여 질소, 인 등의 영양염류가 많아질 때, 둘째, 충분한 일사량으로 광합성 작용이 활발해져서 조류가 대량으로 발생할 때, 셋째, 철분, 구리, 망간 등의 미량금속이나 유기물질의 작용 및 수온, 염분, 수소이온농도(PH) 등이 적합할 때, 넷째, 무풍상태가 계속되어 해수교환이 없을 때 발생한다. 특히 바다가 고요할 때 번식된 프랑크톤이 분산되지 않고 집적하기 때문에 적조가 심하게 발생한다. 최근에는 해상교역량이 증가함에 따라 새로운 적조생물이 나타나 전 세계적으로 확산되는 추세에 있다. 최근 5년 간의 상황을 살펴보면 남해안 대부분의 연안에서 거의 매년 적조가 발생하고 있어 환경기초시설의 확충과 어장정화 및 오염퇴적물 준설 등이 시급한 과제로 대두되고 있다.

5. 토양오염

토양은 암석이 물, 바람, 공기, 생물 등의 작용에 의하여 형성되었으며, 그 조성은 소석, 모래, 점토 등의 무기질과 동식물에서 유래된 유기질로 구성되어 있다. 토양은 흡착작용, 미생물에 의한 분해작용 등에 의하여 각종 오염물질을 분해하여 정화하는 기능을 갖고 있다.

그러므로 병원균도 특별한 것 이외에는 자정작용에 의하여 비교적 빠르게 사멸한다. 그러나 중금속과 같이 분해되지 않는 오염물질이나 발암물질(PCB)과 같이 난분해성의 물질로 오염된 경우에는 자정작용에 의한 정화가 불가능하게 된다.[3)]

토양오염의 원인은 농약에 의한 경우, 생활하수에 의한 경우, 산업폐수에 의한 경우, 그리고 방사성 물질에 의한 경우, 폐비닐 등으로 분류할 수 있다. 토양의 오염은 분해되지 않고 오랫동안 산류하는 눌질로서 농작물의 생육을 저해하고, 사람의 건강에 나쁜 영향을 주는 중금속, 석유류, 농약, 발암물질, 기타 독성물질(CN, Phenol) 등 11개 항목을 토양오염 물질로 지정[4)], 관리하고 있다. 우리나라 토양은 대체적으로 농산물재배 제한기준에 비추어 볼 때 안전하다고 볼 수 있으나, 토양오염도 조사항

1961년 10월 진동만 적조발생이 최초라 볼 수 있으며, 1970년대부터는 유해조류에 의한 광역·장기성 적조로 변화되어 왔다. 특히 1995년에는 경남 통영에서 발생하여 남해안 전역과 포항 등 동해남부까지 확산된 대규모 적조로 어업에 큰 피해를 주었다. 환경부, 환경백서, p. 225.

3) 김낙주·신국환, 환경과학총론, 동화기술, 1993, p. 347.

4) 환경부, 전게서, p. 327.

목 중 카드뮴의 전체 평균오염도를 보면 자연함유량에 비하여 1.1배로 다소 높게 나타나고 있다. 특히 금속광산의 주변지역은 환경문제를 소홀히 했던 1970년대 이전에 분진과 광재 등 각종 오염물질이 오염방지시설을 거치지 않은 채 배출되어 주변 토양에 장기간 축적되었기 때문에 영농지역, 일반생활지역의 토지보다 3.0배 정도 높게 나타나고 있다.[5)]

6. 폐기물오염

폐기물오염이란 고체의 폐기물과 쓰레기 때문에 발생하는 오염을 말한다. 고체의 폐기물과 쓰레기에는 가정에서 나오는 연탄재와 각종 쓰레기, 각종 사무실의 쓰레기, 공장의 산업폐기물과 쓰레기, 길거리·산·들·개천·강·바다에 인간이 몰상식하게 버리는 담배꽁초, 깡통, 비닐봉지와 포장, 음료수 병, 제품껍질 등 많은 종류가 포함된다.

이러한 쓰레기는 생활환경을 불쾌하게 만드는 것을 넘어서 대기·수질 등의 오염을 발생시키고, 유해식품의 한 요인이 되기도 한다는 점에서 큰 문제가 아닐 수 없다.

다른 공해의 경우와 마찬가지로 쓰레기 공해의 해결도 일반대중, 소비자, 기업, 사회단체, 정부기관 등의 교양 있고 양심적인 행동과 협력에서 찾을 수밖에 없다. 쓰레기를 함부로 버리지 않는 것으로부터 부족하고 고가인 자원을 쓰레기에서 회수하여 재활용하는 것, 재생 불가능한 참뜻의 쓰레기를 오염 없이 처리해 버리는 것 등까지 그렇다고 본다.

7. 소음오염

소음오염은 대도시일수록 심각하다. 대기, 수질, 폐기물오염이 환경기준치를 빈번히 초과하는 것과 마찬가지로, 특히 대도시에서 생활하는 사람들은 밤낮 없이 환경기준치를 초과하는 소음에 시달리고 있다. 최근에는 소음공해가 주택지, 병원, 학교 등 상대적으로 조용해야 할 지역에서도 발생하고 있을 뿐만 아니라 공업단지지역과 중소도시에서도 부분적으로 나타나고 있다.

소음오염은 자동차 등의 교통소음이 가장 큰 요인이고, 다음이 건설공사장의 기계

---

5) 환경부, 전게서, p. 329.

소리 및 공장의 시끄러운 소리 등이다. 때로는 교양이 부족한 사람들의 시끄러운 소리도 소음공해를 일으킨다. 따라서 오늘날 대도시에 거주하는 사람들은 소음성 난청, 청각장애, 수면장애, 정신적인 피로 등의 많은 피해를 받게 되는 것이다.

가정, 공장, 수송 등에 동력기계를 많이 활용함에 따라 발생하는 소음오염은 오늘날의 과학기술로서는 가장 해결하기 까다로운 문제로 인식되고 있다. 소음이 적은 자동차의 생산, 대중의 복지를 염두에 둔 자동차의 운행, 건설공사장의 기계소리의 축소, 공장 등 소음발생업소의 도시 외각이나 공업단지로의 이전, 일반시민의 교양있는 언동 등이 소음오염을 감소시키는 상식적인 방법들이다. 그러니 이런 방법들을 실천에 옮기는데 열중하는 일만 남았다.

8. 생태계의 파괴현상

환경부의 생태계 조사단에 의하면 현재까지 알려진 우리나라의 생물종은 동물이 약 18,145종이고, 식물은 6,826종이다. 따라서 동식물의 종은 24,971종이다. 그런데 동물 중에는 포유동물 93종 중에서 20%가, 조류 371종 중의 13%가 멸종위기에 처해 있고, 담수어류의 19%, 양서류의 60%, 파충류의 45%도 위기상태에 처해 있다.

이는 지난 20여 년 동안 택지, 공장부지, 도로건설 등으로 산림면적의 3%가 감소한데다 대기오염물질과 산성비의 영향으로 동식물의 생존력이 커다란 위협을 받고 있다는 것을 의미한다. 만약에 현재와 같은 속도로 동식물의 서식지가 훼손될 경우, 동식물의 다양성이 해마다 1%씩 감소하여 2014년경에는 20% 이상의 동식물이 멸종해서 생태계가 회복 불가능한 상태에 빠질 것으로 예상되고 있다.[6)]

Ⅲ. 국가경제와 환경마인드

21세기는 환경의 시대이고 환경친화적인 경영만이 기업의 생존과 발전을 보장할 수 있게 된다. 그러면 오늘날 기업경영의 중심과제로서 환경문제가 왜 등장하게 되었는가?

---

6) 동아일보, 1994. 9. 8.

첫째로는 지금까지 잘못된 인식을 이끄는 경제 계산방식이 사용되어 그것에 대신하는 새로운 생물학적 이해와 접근방식이 확립되지 못한데 큰 원인이 있다.

국민총생산량(GNP)의 산출에 사용되는 국제적으로 인정된 국민경제 계산방식에는 재화, 서비스의 총생산액에서 공장설비의 감가분(減價分)을 뺀다. 그러나 침식에 의한 표토의 소실, 산성비에 의한 산림파괴, 지구상의 생명을 지키는 오존층의 감소라는 자연자본의 감가는 계산에 포함시키지 않았다. 그 결과 정부가 이용할 수 있는 경제 계산방식은 경제발전을 현저하게 과대 평가한다. 현실을 반영하고 있지 않기 때문에 이 계산방식은 환경파괴적으로 경제정책을 이끌게 된다.

눈에 보이는 증거나 나라마다의 조사, 위성관측데이터는 많은 나라에서 산림이 감소하고 있는 것을 나타내고 있다. 이와 비슷하게 목초지의 노화가 진전되고 있는 것을 보인 통계자료도 단편적이다. 표토에 피복면적의 감소와 밀접하게 관련하고 있는 것이 표토의 손실이다. 생산활동에 있어서 토양은 극히 중요한 역할을 해내고 있음에도 불구하고 그 증감상황을 정확하게 파악하기 위한 전 세계적인 데이터시스템이 아직은 존재하지 않는다.

또 기존의 생물학적 계산방식은 환경용량의 한계가 돌파되는 시기를 경고할 수도 없다. 우리들은 방목지가 노화하기 시작했을 때 비로소 가축수가 지나치게 많음을 안다. 생물학적 계산방식은 아직 단편적이다. 매년 어느 정도의 동·식물의 종이 없어지고 있는 것인가는 불분명하다. 지구상의 식물자원의 전 세계적 목록이 존재하지 않기 때문에 지구상에 도대체 어느 정도의 생물종이 생식하고 있느냐를 알기조차 하지 못한다.

우리는 산림이 감소되기 시작했을 때 비로소 산림을 지나치게 벌채한 것을 깨닫게 된다. 어획량이 지나치게 떨어졌을 때 비로소 생선을 지나치게 포획했음을 안다. 지속 가능한 생산량에 대한 정보가 결여되고 있으므로 정부는 이들 자연시스템에 과잉이용을 방치하고 그들의 점진적인 파괴를 허용해 왔다.

이와 같은 경제 계산방식의 결함과 생물학적 계산방식의 불비(不備)는 결과적으로 경제를 지탱하는 환경시스템에 광범위한 노화와 파괴를 초래한다. 지난날의 환경파괴적인 경제활동은 오늘날 농경지·임야·목초지·어장의 생산성저하, 유해폐기물 처리장의 정화비용의 급증, 암·기형 동식물의 출산과 같은 선천성이상·알레르기·천식 그 외의 호흡기 계통의 질환, 의료비 증대, 그리고 기아의 만연이라는 형태로 우리들에게 되돌아오고 있다.

1. 환경악화 및 환경정화의 비용

많은 나라에서 인구증가, 환경악화, 깊어지는 빈곤이 상호 작용하여 악순환을 걷고 있다. 1992년 세계은행의 세계개발보고에 의하면 저소득 49개국에는 총 8억4천 6백만 명의 인구가 살고 있는데, 해마다 GNP는 줄어들고, 예외 없이 농경에 의존하는 국가들이며, 인구증가와 산림・목초지・경작지의 광범위한 노화를 경험하고 있다.[7)]

런던 왕립협회와 미국의 과학아카데미의 성명이 지적하고 있듯이 만약 지금 이후에도 급속한 인구증가가 계속되고 경제활동패턴에 변혁이 가해지지 않는다면 인류의 거의 1/6이 직면하고 있는 생활수준의 저하를 역전시키는 것은 불가능할지도 모른다. 이것이 얼마나 어려운 과제인가가 지금 확실해지고 있다. 실제에 있어서 발전을 후퇴로 되돌려 놓고 마는 인구압력과 환경악화가 2000년대에 한층 확대되고 인류의 더욱 많은 부분을 포함시킬 우려가 크다.

대부분의 사람들은 오래 전부터 계속되는 환경악화가 중대한 경제적 비용을 일으키는 것을 직관적으로 이해하고 있었다. 유감스럽지만 우리들은 이제 경우 최근 몇 가지의 개별적인 연구에서 정보를 끌어 모아 환경악화의 전 세계적인 경제영향을 어렴풋하게나마 이제 파악하기 시작했다. 이러한 연구 중에서 특히 중요한 것은 유럽에 있어서 대기오염과 산성비가 산림에 미치는 영향, 세계의 건조지대에 있어서 토양의 노화가 축산업과 작물산업에 미치는 영향, 미국에 있어서 지구온난화의 경제효과, 러시아에 있어서 환경오염이 건강에 미치는 영향에 대한 각 연구들이다.

이들 연구보고서와 각종 데이터는 1950년대 이래 5배로 성장한 세계경제와 26억 인에서 55억 인으로 증가한 세계인구가 생물적 시스템의 용량과 자연시스템의 폐기물 처리능력의 한계를 돌파하기 시작했음을 나타내고 있다.

많은 나라에서 경작지・목초지・산림・어장의 생물로의 요구가 이들 자연시스템의 지속 가능한 산출량을 웃돌기 시작하고 있다. 지속 가능한 산출량의 한계를 한번 돌파해 버리면 자연자본을 소비함에 따라 자원 그것이 축소해 간다. 과잉 방목, 산림 벌채, 과잉경작, 수산물의 남획은 바야흐로 흔한 광경이 되었다. 모든 나라가 어떤 형태로는 환경자원의 소위 적자재정 운영을 하고 있다고 하겠다.

이처럼 오늘날 세계가 경험하고 있는 환경적자에 부각되어 환경정화를 위한 거액의 청구서가 산적하고 있다. 예컨대 미국의 유해발암물질 처분소를 정화하기 위한

---

7) World Bank, *World Development Report* 1992, New York: Oxford University Press, 1992.

추정비용은 대충 7,500억 달러에 이르며, 이것은 연방예산의 약 1/4에 해당한다. 또 노르웨이에서는 몇 십 년이나 걸친 무책임한 투기결과로서 유해발암물질을 버리는 곳으로 되어버린 장소가 국내에 약 700개소나 있다는 것이 전국조사에서 확인되었다.

이것을 모두 정화하는 데에는 거의 30억~60억 달러라는 막대한 비용이 필요하다고 하여 노르웨이를 망연자실하게 하고 있다.

미국과 노르웨이가 직면해 있는 이러한 환경정화비용이 다른 선진공업국에 비하여 예외적으로 크다고 생각해야만 할 이유는 전혀 없다. 세계 전체에서 매일 천만 톤 이상의 유해발암물질이 만들어지며, 더구나 그 대부분은 무책임한 방법으로 처분되고 있기 때문에 환경정화비용은 상상할 수 없는 금액에 이른다. 처분장을 정화하지 않는다면 유해발암물질이 지하 석수 층에 스며드는 것을 그대로 방치하는 것이 된다. 환경정화비용을 지출하든지, 부풀어 오른 의료비용을 지불하든지 어떻든 사회는 그 대가를 지불하지 않으면 안 된다.

유해발암물질에 가해져 핵 발암물질도 인간의 건강을 위협한다. 원자력발전소를 가진 나라들의 정부는 핵 발암물질을 안전하게 처리하기 위한 시스템을 고안하는 것을 게을리 해 왔다.

오늘날 대부분의 원자력발전소는 사용이 끝난 연료를 발전소 부지 내의 냉각수 풀장에 저장하고 있다. 핵 발암물질의 안전한 처리와 핵 발암물질을 만들어 내는 원자력발전소의 안전한 폐로 조치에 어느 정도의 비용이 소요될지는 아직 아무도 계산한 적이 없다. 핵 발암물질에 따른 건강문제에 대항하는 일은 핵 유산의 일부로서 후세에 넘겨지려 하고 있다.

여기에 관련하여 몇몇의 군사대국들은 핵 병기제조시설이 주변지역에 방출하고 있는 방사성 발암물의 위협에 직면해 있다. 미국에서는 콜로라도주의 록키 후락츠나 사우스 캐롤라니아주의 사바나리바 등 몇 개의 널리 알려진 시설을 포함한 국내의 모든 핵 병기제조시설을 정화하는 데에 대략 2천억 달러의 비용이 든다.

극히 조잡한 방법으로 방사성 발암물질이 관리되어 온 구 소련에 있어서는 환경정화비용이 이것보다 훨씬 방대한 것이 될 것이다. 문제는 환경정화비용의 형태로 지불하는가? 그렇지 않으면, 주변지역의 증대하는 건강비용의 부채로 지불하는가 이다.

이 수십 년 간의 세계가 안고 있던 환경적자와 부채는 막대한 금액에 이르고 각국의 경제적 채무가 작게 보일 정도이다. 아마 더 중요한 점은 경제적자와 환경적자의 차이가 종종 간과되고 있는 일이다. 경제의 부채는 우리들이 서로에게 빌려주고 빌려 받는 것에 의해 생긴다. 빌리는 사람이 있으면, 반드시 빌려주는 사람이 있다. 돈이 손에서 손으로 옮겨질 뿐이다. 그러나 환경의 부채는 특히 자연자본의 불가피한 파괴나, 감소를 초래하는 환경부채는 장래 세계손실과 불건강한 형태로 밖에 변제될 수 없을 것 같다.

2. 환경오염과 건강

모든 사회가 환경오염의 대가를 지불하게 되었다. 자외선 량의 증가에 더해 유해화학물질이나 방사능에 의한 대기, 물, 토양의 오염은 인간의 건강에 악영향을 미치며 의료비용을 증대시킨다. 세계보건기구(WTO)와 유엔환경계획(UNEP)이 공동으로 정리한 도시의 대기의 질에 관한 평가보고서에 의하면 전 세계에서 6억 2500만의 사람들이 화석연료 사용에 의한 유해한 정도의 산화유황에 노출되어 있다. 전 인류의 1/5에 해당하는 10억 인구의 사람들이 건강을 해칠 우려가 있는 수준의 모든 종류의 대기오염물질에 노출되어 있다. 미국에 대한 어떤 연구는 대기오염은 건강비용의 증대와 생산성의 저하를 통하여 미국의 연간 400억 달러의 손실을 초래했다고 계산하고 있다.[8)]

민주화에 의한 기밀이 해제된 불가리아의 통계조사는 중공업지대의 주변주민의 천식율이 다른 지역의 9배에 달하고 있음을 보이고 있으며, 피부질환은 7배, 간장병은 4배, 신경계질환은 3배이다.[9)]

유럽 최대국가인 러시아가 공포한 새로운 데이터는 유해한 화학·유기물질에 의한 오염이 인간의 건강에 미치는 가공할만한 피해를 강조하고 있다. 러시아의학아카데미 회장 블라드미르 포크로브스키(Vladimir pokrovsky)가 1992년 10월의 기자회견에서 발표한 솔직한 말은 세계에 충격을 안겨주었다. "우리들은 이미 향후 25년긴의 고뇌를 선고받고 있다."라고 그는 말했다. "오염의 영향이 새로운 세대에 미치고 있다. 소련경제는 국민의 건강을 희생으로 하여 발전했다. 러시아의학아카데미가 발표한 통계자료에 의하면 신생아의 28%가 선천성 이상증세가 있다. 음료수의 1/2, 식량공급의 1/10이 오염되어 있음으로 학령기 아동 55%가 어떤 형태이든 간에 건강에 문제를 안고 있다."

이 아카데미는 특히 불길한 것은 25~40세의 사람들의 병과 젊은이의 사망이 증

8) *The Health Costs of Air Pollution*, New York: American Lung Association, 1985.
9) Josh Friedman, *Bulgaria's Deadly Secret*, Newsday, April 22, 1990.

가하고 있는 것이라고 하고 있다. 이러한 것들이 중복되어 러시아의 평균수명은 저하하고 있다. 장래 진료비용을 증대시킬 것이라는 다른 한 가지 요인은 오존층의 파괴이다. 미국 환경보고서(EPA)의 의학전문가는 1991년 초에 오존층 파괴 페이스의 예측이 수정받은 것에 의해 향후 50년간의 미합중국 내의 피부암 추정 사망자 수에 다시 20만 명이 추가된다고 계산하고 있다. 세계 전체로는 몇 백만 명의 죽음을 의미한다. 인류가 일찍이 경험한 일이 없는 대량의 자외선에 노출되는 세계에서는 백내장의 발생수도 극적으로 증가할 것이다. 오존층 파괴에 따른 그 외의 건강에 대한 악영향으로 면역기능의 저하에 의한 감염증세의 증가가 예상된다.

3. 환경문제 해결을 위한 윤리적 실천과제

오늘날 환경문제에 대한 관심은 그 어느 때 보다도 고조되고 있으나, 실천적인 면에서의 노력은 아직 초보적 단계에 머무르고 있다. 환경문제 해결을 위한 윤리적인 실천과제의 근본적인 원인은 자연환경에 대한 인간의 잘못된 인식에서부터 출발한다고 볼 수 있는데, 이러한 잘못된 인식을 극복하고 환경문제를 해결하기 위해서는 다음과 같은 노력이 필요하다.

첫째, 자연환경에 대한 잘못된 인식을 바로잡아야 한다. 인류가 당면한 모든 문제를 과학기술이 해결해 주리라는 '기술적 메시아주의'는 모든 문제를 인간중심으로 생각하게 하였다. 그 결과 자연환경은 단순히 인간생활의 대상으로만 간주되었고, 자연적 삶의 보존을 위한 인간의 능력은 과대평가되어 자연 본래의 가치를 제대로 인식하지 못하였다.

동시에 기계적 관념들을 통해 자연을 공격하고 있는 기술이해에서도 잘못을 범하여 왔고, 그것이 가져올 부수적 결과들도 간과하고 말았다. 모든 문제를 기술로 해결할 수 있다는 잘못된 생각과 기술진부와 자연보존 사이의 목표갈등 문제에 대해서도 별다른 관심을 두지 않았다. 경제성장을 위해서는 어느 정도의 환경파괴는 감수해야 한다는 경제성장론자들의 사고는 모든 생물에 대한 경외라는 윤리적 기초를 무너뜨리고 말았다. 따라서 자연환경에 대한 윤리적·철학적 대안들이 먼저 제시될 수 있어야 할 것이다.

둘째, 생존을 위한 기본욕구는 '내적 한계'를 충족시키면서도 지구상의 자연생태계에 대한 '외적 한계'를 침해하지 않는 새로운 자연보존제도의 형성이 필요하다. 이것은 참으로 인간의 삶의 터전을 가꾸려는 지구촌 모든 사람들의 적극적인 관심과 참여로서 이루어질 수 있는데, 이를 위해서는 환경문제에 대한 공동체 구성원 모두의 윤리적 자각이 요구된다. 하지만, 개인차원의 문제인식만으로 모든 문제가 해결될 수 있는 것도 아니다. 예컨대 공장폐수나 대기오염·해양오염·토양오염 등의 문제는 시민단체들의 참여를 유도하는 사회운동이나 법적·제도적인 사회 윤리차원에서 접근할 때 가능한 것들이다. 따라서 환경문제 해결을 위한 보다 효과적인 방법을 개인윤리 및 사회윤리의 상호 보완적 차원에서 모색해야 할 것이다.

셋째, 자연환경에 대한 교육을 통해 환경에 대한 올바른 인식을 갖게 하여야 한다. 자연환경은 그 자체로서도 존재이유가 충분함을 모두가 깨닫게 될 때 비로소 자연환경의 보존이 가능하다. 인간의 삶은 자연생태계의 일부이며, 자연환경의 파괴는 곧바로 인간생존의 위협이 된다. 따라서 인간에 의한 자연의 지배와 착취가 종식되어야만 인간과 자연의 관계는 조화로울 수 있다.

넷째, 자연환경의 문제는 단순한 환경오염의 문제가 아니라 인간의 삶과 직결되는 인간생존의 문제이기 때문에 생명존중운동이나 인간성 회복운동의 차원에서 고려되어야 한다.

이러한 인식을 바탕으로 하여 환경친화적인 삶의 방향과 구체적인 방안을 모색하고 실천해야 한다. 건강한 자연환경과 환경친화적인 공동체적인 삶만이 인류의 미래를 보장할 수 있기에 오늘을 살아가는 우리들에게는 자연환경에 대한 윤리적 인식과 실천이 더욱 절실히 요청되고 있는 것이다.

Ⅳ. 국제적 환경 이슈들

지구를 구성하고 있는 물리적, 생물적 그리고 화학적인 요소들의 상호관계가 매우 복잡하기 때문에 산업이 환경에 주는 충격을 명확하게 이해하기란 쉽지 않다. 그러나 오늘날 현대기업 경영자들에게 매우 중시되어야 할 환경요인들은 대체적으로 지구온난화, 오존층파괴, 비산림화, 산성비, 엘 니뇨(Niño)와 라 니냐(La Nina)현상 등으로 지적할 수 있겠다. 물론 국가나 경영활동의 내용이나 활동대상 지역에 따라서는 다른 환경영향이 추가될 수도 있을 것이다.

1. 지구온난화(Global Warming)

이는 대기 중에 탄산가스가 늘어나 발생하는 온도상승효과를 뜻한다. 다시 말해, 대기권 내의 매연기체들은 지구 주위에 절연막을 형성하게 되는데, 탄산가스는 태양으로부터 직접 내리쪼이는 에너지는 투과시키지만, 지표면에서 복사되는 열은 흡수해 열이 우주로 발산되는 것을 막는다. 탄산가스가 증가하면 할수록 지구가 받는 열의 양과 방출하는 열의 양이 이루던 균형이 깨어지고, 지구는 유리에 둘러싸인 온실과 같이 대기온도가 상승하게 된다. 석탄, 석유 등 화석연료의 사용 증가로 지구상의 이산화탄소의 양은 계속 증가하고 있는 추세다.

지구온난화에 관하여 과학적으로 많은 불확실성이 여전히 존재하지만 만약 '그린하우스(Greenhouse) 기체' 방출이 지금과 같은 비율로 증가한다면, 지구의 평균 온도가 매 10년마다 섭씨 0.3℃씩 상승하게 될 것으로 예측되고 있다. 이는 지구가 과거 1만년 동안 보여 온 변화와 거의 같은 양의 변화이다.

지구온난화 문제에 영향을 미치는 많은 요인들 중에서 특히 오늘날에는 다음과 같은 경제활동들이 주요한 영향요인이 되고 있음을 알 수 있다.

① 동력장치에서 화석연료를 사용하는 활동
② 디젤, 휘발유 같은 화석연료 추진 자동차를 이용하는 물류활동
③ 구식 농업방식의 영농활동
④ 매립장으로 보내질 경우, 메탄을 발생시키는 폐기물 자재를 사용하는 경제활동
⑤ 프레온가스(CFC; Chlorofluorocarbons) 또는 염소 솔벤트를 방출하는 생산활동
⑥ 에너지 절약적인 물류시스템 운영과 오피스빌딩 운영의 기피
⑦ 제품디자인 실패
⑧ 좋지 못한 설비보전 활동
⑨ 경영활동의 실패, 예컨대 자주 출장을 다니면 많은 연료가 소비되고, 이는 곧 이산화탄소 방출을 쓸데없이 크게 한다.

2. 오존층 파괴(Ozone Layer Depletion)

지표면에서 10~15㎞를 오존층이라고 한다. 오존오염은 자동차 배기가스에서 나

오는 질소산화물 등이 햇빛과 결합하면서 일어나는데, 심할 경우 광학스모그 현상으로 발전되어 안과 및 호흡기 질환 등을 유발하게 된다.

오존층 파괴는 대기 성층권에 분포된 오존층이 산업화 과정에서 배출된 가스에 의해서 파괴되어 가는 형상을 말한다. 오존층 파괴는 1966년 영국의 남극 탐사 팀이 남극 대기권의 오존층에 구멍이 뚫린 것을 발견함으로써 표면화되었다. 오존층에 구멍이 뚫리면 식물이 엽록소가 감소되고 광합성작용이 억제되며, 사람·동물의 암 발생률이 증가된다. 또한 식물성 프랑크톤의 광합성 작용도 억제되어 수중 생물의 먹이연쇄가 파괴되기도 하고, 지구 산소의 절반을 만들어내는 해조류의 증식도 억제되어 탄산가스가 다량 발생, 지구의 온실효과를 높인다. 오존층 파괴의 주범은 냉장고를 비롯한 각종 냉각장치에 사용되고 있는 프레온가스(CFC: 불염화탄산화수소), 그리고 비행기·자동차에서 내뿜는 일산화탄소 등으로 알려져 있다. 또 다른 요인으로는 할론(Halons)이라는 기체가 있는데 이들은 인체에는 직접적인 해가 없지만, 이들 기체 중 일부는 대기권에 10년 이상 존재하면서 성층권으로 나아가서 오존층을 파괴시킨다.

현재 세계적으로 사용되고 있는 프레온가스의 양은 약 114만 톤으로 추정되며, 2085년경이면 오존층의 절반 이상이 파괴될 것으로 예측된다.

3. 비산림화(Deforestation)

오늘날 세계의 많은 산림들이 벌목, 도로공사, 댐건설, 개간사업 등으로 많은 산림이 파괴되어 가고 있다. 1950년대만 하여도 산림은 지구표면의 1/4 정도를 덮고 있었으나, 20세기 말쯤에는 1/6정도로 감소될 것으로 예측되고 있다. 매년 전 세계적으로 영국의 1.5배정도 크기의 산림이 벌목되고 있다.

특히 적도지역의 토양은 건조하며 비옥하지 못하다. 따라서 이 지역에서 산림을 없애는 것은 비즈니스 상 거의 성공적이지 못하다. 오히려 CO_2의 증가만을 가져올 뿐이다. 이런 이유로 적도지역의 비산림화는 민감한 정치적 이슈가 되고 있으며, 이 지역에의 비산림화 참여기업은 기업이미지에서 심각한 타격을 입게 될 수 있다.

비산림화와 관련하여 비판받는 활동은 다음과 같다.

① 적도지역 산림에서 계획·관리되지 않고 벌목된 나무 원목의 사용

② 댐·광물채취·도로건설 등을 목적으로 적도지역의 산림화를 파괴하는 프로젝트에 투자하는 활동

③ 우림지역의 파괴를 수반하는 개발 프로젝트에 재투자될 가능성이 있는 투자기금에 투자하는 행위

4. 산성비(Acid Rain)

산성비란 빗물 가운데 산도(PH)가 5.6 이하인 것을 말하는데, 주로 공장 등에서 배출되는 대기오염물질과 자동차 매연에 섞여있는 황・질소화합물・일산화탄소 등이 수증기와 화학반응을 일으켜 황산 및 질산 성분으로 변해 대기 중에 머물다가 비에 섞여 내려오는 것을 말한다. 산성비는 산림이나 농작물에 직접적으로 혹은 토양의 변화를 통하여 간접적으로 피해를 주거나, 소호와 하천을 산성화하여 어류의 감소를 가져오는 등 큰 영향을 끼치고 있다. 오래 전부터 여러 곳에서 피해가 있었으나 최근 북유럽, 북아메리카를 중심으로 피해가 잇달아 큰 문제가 되고 있다. 특히 이들 지역에서는 타국에서 발생한 것으로 보이는 산성비로 인해 피해가 빈번하게 일어나고 있어 국제문제가 되고 있다.

산성비는 산성물질과 탄화수소에 관련된 포괄적인 환경문제라 할 수 있는데 일반적으로 산성기체들은 화석연료(석탄과 석유)를 태움으로써 발생된다. 산성비의 발생원인이 되는 주요 경제활동에는 다음과 같은 것들이 있다.

① 화석연료에 의해 만들어진 전기의 사용
② 공장 또는 열병합시스템에서의 화석연료의 사용
③ 육상수송에 크게 의존하는 물류활동
④ 비효율적인 빌딩관리와 공장관리
⑤ 필요 이상의 에너지를 사용하도록 디자인된 제품의 생산
⑥ 비효율적인 장비, 수송차량 및 기계류 정비 방식의 채택

5. 엘 니뇨(Niño)와 라 니나(La Nina)현상

엘 니뇨는 남미 페루만의 태평양 해면온도가 비정상적으로 상승하는 현상으로 엘 니뇨는 스페인어로 '신의 아들'이란 뜻이다. 크리스마스 때 이 현상이 가장 현저해서 붙여진 이름이다. 이 현상은 1983년 여름에 가장 심각하여 미주와 중동지역은 열파(熱波)로, 아프리카・호주는 한발(旱魃)로, 아시아와 남미지역은 홍수로 시달렸는가 하면, 페루의 사막지대에는 초지(草地)가 생기고 꽃이 피는 기상이변이 일어난 바 있

다. 엘 니뇨현상이 나타나면 해수온도는 2~5℃까지 올라가고, 그 일대에 많은 비를 뿌릴 뿐 아니라 흉어가 되어 세계 사료시장에 큰 타격을 초래한다.

이와는 달리 라 니냐현상이란 적도부근 표면의 해수온도가 갑자기 낮아지는 것을 말한다. 1988년 미국의 중부지역을 휩쓴 가뭄과 혹한이 직접적인 원인이 되었다. 엘 니뇨현상과 번갈아 대략 4년의 주기로 일어나는 이 현상은 대기 순환교란의 1~3년간 영향을 미친다.

Ⅴ. 환경과 기업활동

기업활동에서의 환경은 '일체'(a body)가 되어 서로 떼어 생각할 수 없다. 예컨대 공해문제는 기업활동에 의한 환경파괴가 문제시되는 것으로 환경의 파괴로 인해 누군가가 피해를 받게 된다는데 있다. 이는 바로 사회문제가 됨을 의미하는데, 사회와의 관계를 논하게 되면 경제문제가 되고 이 같은 공해를 제거하기 위한 사전조치로 입법화하면 정부와의 관계가 되며, 주민운동으로 전개되면 정치문제가 된다. 이 때문에 기업에서 환경문제는 종합적으로 다루어지지 않으면 안 된다. 그러나 이해의 편의상 기업의 환경은 다음과 같이 분류하기도 한다.

따라서 21세기 기업경영에서는 기업의 경제적 · 기술적 · 정치적 · 사회적 · 문화적인 환경과 과업환경의 변화에 경영자가 얼마나 능동적으로 대처할 수 있고, 자연환경에 친화적인 기업경영을 할 수 있느냐에 따라서 기업활동의 성패가 좌우될 것이다.

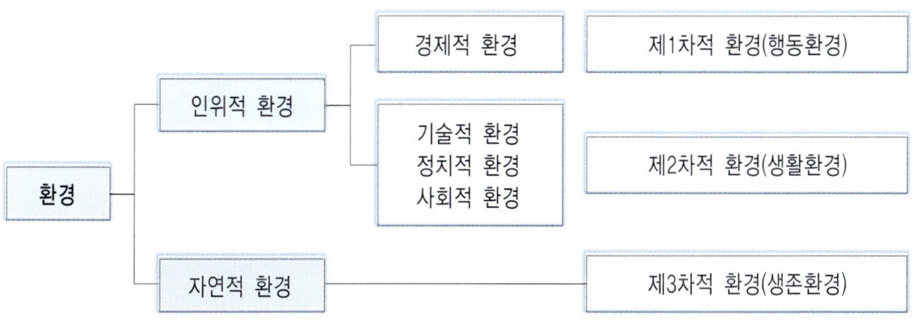

그림 10-1. 환경유형의 분류

오늘날은 기업환경이 급변함에 따라 기업경영의 구체적인 내용이나 형태도 크게 변하고 있다. 전통적으로 기업경영의 주된 목적은 이윤을 추구하는데 있었다. 이를 위해서는 능률성이나 생산성의 향상이 전제되어야 한다. 다시 말해 기업경영에 있어서는 투입한 자원에서 최대의 효과를 올리기 위한 수법이나 시스템이 무엇보다도 중요한 테마라는 것이다. 물론 이러한 기업고유의 목적은 지금도 전혀 부정되는 것은 아니다.

그러나 사람들의 사고나 생활방식, 소득수준, 소비생활의 형태 등에서 다변성과 다양성을 표출하게 되면서 기업경영의 중점도 변화하지 않을 수 없다.

기업경영에서 가장 중요한 것은 시장의 환경변화에 능동적으로 대응하면서 소비자의 욕구에 부합되는 기업활동을 하는 것이다. 사람들이 무엇을 필요로 하며 무엇을 구하고 있는지를 정확하게 파악하고 이에 대응할 수 있어야 한다. 이는 기업경영의 중심적 과제가 내부지향에서 외부지향으로 옮겼다는 것이며, 이것은 양적인 경영에서 질적인 경영으로의 전환을 의미하기도 한다.

이와 같은 상황이 왜 나타난 것인가? 그것은 기업을 둘러싼 환경변화에 주된 원인이 있다. 그것을 한마디로 말하면 고객욕구의 다양성이며, 다시 거슬러 올라가면 경제발전에 의한 생활수준의 향상이나 사회의 안정이 원인이다. 이와 같은 상황에서는 기업 간의 경쟁은 격화되고 상품의 차별화는 심해진다.

따라서 오늘날 기업경영에서는 환경을 무시하거나 환경과의 관계를 떠나서는 기업을 성공적으로 경영할 수 없다. 기업의 성공 · 성장 · 발전의 원리는 동서고금을 막론하고 환경변화에 대한 적응 그리고 그와의 공존에 있는 것이다.

1. 환경과 무역의 연계

환경에 대한 관심의 증가는 곧 기업활동에서 가장 중요한 무역에 직접적인 영향을 미치게 되었다. 특히 선진국들은 그들의 경쟁력 우위확보요소로 인식하고 있기 때문에 환경을 보다 적극적으로 무역과 연계시키려고 한다. 그리하여 선진국들은 최근에 환경정책을 강화하면서 자국 산업보호를 위해 국가 간의 환경규제 기준의 차이를 부당한 환경보조금으로 간주하여 해당 수입국 제품에 상계관계조치를 하자는 안을 제시하면서 개발도상국 상품에 대해 일방적인 무역규제를 검토하고 있다.

우리나라의 경우에는 1996년부터 환경경영인증제를 도입하여 환경관리를 잘하는 업체에게 ISO14000(환경경영) 인증을 수여하고 있다. 이는 기업이 환경보호를 위한 경영체제를 갖고 있다는 사실을 공인기관인 제3자가 증명해주는 제도이다.

공업진흥청은 WTO(세계무역기구)에서 환경과 무역을 연계하는 새로운 환경무역장벽이라 할 수 있는 그린라운드(Green Round)에 대비하면서 국제인정기구인 ISO가 환경경영표준인 ISO14000시리즈 작업을 완료함에 따라 국내에서도 환경경영인증을 받을 수 있는 제도적 장치를 마련하게 되었다.

호주와 네덜란드에서는 벌써부터 환경인증제도를 운영해 왔고, EU도 1995년4월부터 환경경영 및 감시에 관한 법률(EMAS)이 시행되고 있어 국내기업이 상품을 수출할 경우 ISO14000 인증획득문제가 주요한 무역규제장벽으로 대두되고 있다.

무역과 관련하여 자연환경이 연계되어 논의되는 주요 쟁점은 다음과 같다.

첫째는 국가 간 환경기준 또는 기술기준의 차이와 관련한 무역규제에 관한 문제이다. 다시 말해 국가별 환경규제 기준의 차이에서 비롯되는 제품생산비의 차이에 대하여 상계관세를 부과하거나 자동차 배기가스기준과 같은 제품의 환경기술기준을 강화하여 무역규제 수단으로 활용하는 등 국가 간의 상이한 환경기준 또는 기술기준을 무역과 연계시키려는 규제를 말한다.

둘째는 특정 물질 또는 생산방식의 규제로 인한 무역제한으로서, 이에는 CFC(프레온가스) 또는 특정 화학물질과 같은 환경에 유해성이 있는 제품이나 성분의 생산 및 사용 측면에서 무역을 규제 또는 금지하는 경우로서, 몬트리올 의정서와 같은 환경협약 등이 있다. 그러나 최근에는 '제품' 자체의 환경 유해성뿐만 아니라 제품의 '제조방법'의 환경 유해성까지도 무역규제의 범위 안에 넣으려는 논의가 활발하게 전개되고 있다.

셋째는 환경관련 제품표준 및 인증제도에 의한 무역규제다. 국제표준화기구(ISO)는 원료의 취득에서부터 제품의 폐기 및 재활용에 이르는 전체 사이클에서의 환경영향과 기업의 환경경영체제를 포괄하는 국제환경경영표준(ISO14000 표준)을 제정한 바 있다. 또한 환경친화적인 상품에 대해서는 환경마크를 부여하고 있는데, 마크 부여의 기준 강화나 대상품목의 확대와 같은 방법이 소비자의 높아진 환경의식에 따라 또 다른 실질적인 수입제한 요소로 작용될 것으로 예상된다.

넷째는 포장 및 폐기물 회수(Take-Back) 관리강화로 인한 무역제한이다. 국가별로 제품이 포장의 재질과 포장방법을 규격화하고 또한 제품의 폐기물 회수를 의무화하여 자국의 규정에 부적합한 경우 무역을 규제하는 것으로서 이는 수입업자에 대한 무역제한 효과가 있다.

다섯째는 경제적 수단의 사용확대로 인한 무역제한 효과이다. 무역금지나 제한, 무역제재와 같은 직접 규제수단을 보완하기 위해 시행하는 것으로서 환경관련 세금·각종 부담금 등의 경제적 수단을 이용해서 내국세에 상응하는 세금을 수입제품에 부과하거나 수출제품에 대해 세금을 환급시켜 주는 관세조정의 형태를 띤다. 그러나 제품 자체뿐만 아니라 생산과정에서 부과된 세금이나 각종 부담금 같은 것은 어떻게 조정할 것인지는 앞으로 좀더 지켜보아야 할 문제이다.

2. 환경친화적인 경영마인드

오늘날 기업은 자연환경에 대한 사회적 요구에 부응하기 위해 적절한 행동을 취하지 않을 수 없는 상황에 직면해 있다. 자연환경과 관련하여 요구되고 있는 주요한 마인드로서 다음과 같은 것을 논의할 수 있겠다.

1) 손익분석에 대한 새로운 사고방식

경영계획, 매출목표, 이익계획, 경영전략 등 모든 기업경영활동을 함에 있어서 기본이 되는 활동은 손익분기점의 파악이다. 투입보다 산출이 많아야 한다는 효율성(efficiency)에 기초를 둔 이 개념은 전통적인 경영학에 있어서 가장 기본적인 사고방식으로 받아들여지고 있다.

예컨대, 프레온가스를 사용하지 않는 새로운 냉장고가 프레온가스를 사용하는 이전모델보다 생산비용이 적게 들었다면 당연히 이익이 비용보다 클 것이며, 반대로 새로운 상품이 전 모델보다 기능이 떨어지거나 가격이 비싸다면 비용이 이익보다 클 것으로 의사결정을 한다.

그런데 문제는 과연 이익과 비용은 실제로 계산이 가능할까? 하는 점이다. 예를 들어, 프레온가스를 사용하여 오존층이 파괴되면 우리의 후손들에게 이익이 되겠는가? 이익이라면 어느 정도인가? 하는 문제가 발생한다. 우리는 간단하게 환경비용을 확정지을 수 없다. 이것이 환경친화적인 손익분석사고의 결정이다. 우리가 실제로 환경을 고려했을 때와 그렇지 않았을 때를 장기적인 안목에서 바라보아야 할 필요가 있다.

2) 계속기업(going concern)으로서의 개발 마인드

기업경영에서의 전통적인 손익분석의 툴(tool)은 장기간에 걸친 환경적 이익과 비용을 고려하지 못하는 단점을 가지고 있다. 따라서 계속기업으로서의 개발 마인드는 환경이 장기적으로 유지되거나 스스로 재생될 수 있도록 하게 하는 조직행동에 초점을 맞추고 있다. 오래된 숲이나 열대 우림을 파괴하면서 이루어내는 경제성장은 스스로 파멸할 수밖에 없다. 이 개념은 Bruntland위원회가 유엔에 제출한 보고서에서 등장했으며, 핵심내용은 "미래세대 능력과의 타협 없이 현 세대의 필요성을 충족시키는 활동"이다. 이러한 사고가 기업경영에 도입되게 된 배경은 1990년 UN주도 하에 BCSD(Business Council Stainable Development)을 창설하고 나서부터이다. 다시 프레온가스(CFC)에 의한 오존층 파괴를 예로 들어보자. 우리가 계속 CFC를 생산한다면 다음 세대에게 희망적인 앞날을 약속할 수 없다. 오존층 파괴로 적어도 피부암 증가라는 재앙이 올 수 있고, 이 보다 더한 재앙이 올 수도 있다는 것이다. 우리 현 세대는 미래의 세대가 CFC에 따른 재앙을 극복할 수 있을 것이라는 미래세대의 능력을 타협해서는 안 된다.

[사례] British Petroleum의 실패한 변신

2000년에 브리티시 페트롤리움(British Petroleum, BP)의 CEO인 존 브라운(John Browne)경은 회사 브랜드를 "석유를 넘어서서(Beyond Petroleum)"로 정하여 회사가 환경문제를 의식하고 풍력이나 태양광 같은 대체 에너지 개발에 노력하겠다는 모습을 묘사했다. 그는 이전에 작은 석유 생산회사였던 BP를 아마코(Amoco), 아틀랜틱 리치필드(Atlantic Richfield)회사 등을 인수하여 글로벌 거대기업으로 변화시킨 사람이다.

기후변화에 대한 일반인의 걱정이 증가하는 것에 대해, 회사가 대응하고 있다는 의미를 전달하기 위하여 새로운 "활짝 핀 꽃" 모습의 회사로고를 채택하기로 했다.

하지만 환경인식에 대한 노력이 전세계에 걸친 BP시설의 안전한 운영에까지 미치지는 못한 것 같다. 2005년에 발생한 텍사스 시(Texas City) 석유정제공장 폭발사고는 15명의 사망자와 수백 명의 부상자를 낳았다. 미국산업안전보건청(OSHA)은 안전조치 위반 시정을 하지 않았다는 이유로 기록적인 2천1백만 달러의 벌금을 BP에게 부과하였다. 2006년 Alaska의 BP파이프라인 누출사고로 인해 미국 내 가장 큰 유전이 폐쇄되어야만 했다. 후에 BP는 부식된 파이프라인을 보수하지 않은 것에 대한 벌금으로 2천만 달러를 부과받았다.

브라운의 후임자인 토니 헤이우드(Tony Haywood)는 BP의 탐사와 석유 생산을 총괄한 지질학자로서, 회사가 안전문제에 집중할 것이며, 5억 달러를 투자하여 텍사스 시의 정유 시설문제를 해결하고, 총 3억7천만 달러에 해당하는 BP운영에 대한 일련의 형사기소건을 해결하겠다고 약속했다. 하지만 2010년 초의 가스 누출은, 2005년 합의의 일부로 약속된 변화가 이루어지지 않았다는 OSHA의 의혹을 확인시켜주었으며, 그 결과 BP는 위반사실을 인정하지 않았음에도 불구하고 다시 5천60만 달러의 벌금을 선고받았다.

비판자들은 BP가 브라운 시절 공격적인 인수 전략을 사용하면서 이익률을 극대화하기 위한 수단으로 원가절감에 초점을 맞추었다고 주장한다. 이러한 생각이 기업문화로 정착이 되어 벌금은 사업을 하다보면 발생하게 되는 비용정도로 단순히 처리해 버리는 것이다. 이러한 주장을 확인하는 또 다른 사례로, 2010년 4월 10일 역사상 가장 큰 원유 유출사고가 발생하였다.

멕시코 만에 새로 설치된 딥워터 호라이즌(Deepwater Horizon)해상 굴착장치가 폭발하여 11명의 사망자가 발생하고, 마콘도(Macondo)유정이 파손되어 터지면서 1천9백만 갤런의 원유가 멕시코 만에 흘러들게 되어, 전 해안에 걸친 수천 개의 기업이 위기에 처하게 되었고, 또한 전체 자연생태계가 위협받았다. 1989년에 알래스카에서 발생한 엑손 발데즈사의 프린스 윌리암 사운드의 누출 규모와 비교해 보면 이번 사고가 얼마나 무시무시한 규모인지 명확해 진다.

어떤 측면에서는 멕시코 만 심해에 유정을 뚫는 것은 리스크가 매우 큰 작업이다. 환경론자들은 이러한 리스크를 고려한다면, 범국가적으로 석유에 의존하고 있는 상태를 벗어나야 하는 것은 명확하다고 주장한다. 하지만 원유 유출사고로 명확해진 것은 석유회사들이 이러한 리스크를 잘못 계산한 결과로 인한 문제를 다루는데 전혀 준비가 되어있지 않다는 것이다. 딥워터 호라이즌 폭발에 대한 BP의 대응은 한마디로 허둥지둥하는 것으로 보도되었다. 그들은 "junk shot", "top hat", "kill shot" 등 이상한 이름의 계속적인 시도 끝에 총 87일이 지난 7월 15일에야 마칸도 유정을 닫을 수 있었다.

누출된 원유량에 대해서는 아직도 다투고 있는데, 과학자들은 유정지붕에 대한 비디오 영상을 통해 원유의 유속을 측정할 수 있지만 BP가 이를 못하게 하고 있다고 주장한다.

허리케인 카트리나 이후 가장 큰 사건을 앞 다투어 보도하는 글로벌 언론매체들로 인해서 원유유출에 대한 BP의 대응과 관련한 정확한 설명이 오히려 명확하지 못하게 되었다. BP는 멕시코 만을 유출이전의 상태로 회복할 수 있도록 "어떤 비용을 지불하더라도" 모든 것을 제대로 해놓겠다고 결의를 보였다.

하지만 이런 약속과 동시에 BP는 비난을 가능한 한 분산시키려는 법적 태도를 보여주고 있다. 예를 들면 다음과 같다.

마콘도 유정의 최대 주주는 BP이지만 아난다코와 미츠이 등 소수 지분 파트너도 있다. 딥워터 호라이즌은 트랜스오션(Transocean)사 소유이다(BP는 이를 임차한 것이다). 궁극적으로 실패한 '폭발방지기'는 캐머론 인터내셔널이 제조한 것인데, 이로 인해 폭발이 야기되었다. 폭발 하루 전 핼리커튼의 엔지니어들이 굴착장치에서 작업했다. 모든 당사자들이 포함된 다수의 소송이 사고 이후 2년 동안 진행되었는데, 어떤 소송에서도 BP가 책임을 인정하며 종결된 것은 없다.

하지만 더 안전한 BP가 되겠다는 토니 헤이워드의 의지가 얼마나 잘 전달되었는지에 대해서는 여전히 의문이 남는다. 딥워터 호라이즌 유출사고 당시에, 신중하지 못한 석유사의 대명사로 여겨지던 액손발데즈사가 OSHA로부터 벌금을 부과받은 경우는 단 한 번이었다. 이에 비해 BP는 760번이나 벌금을 부과받았다. 유출사고 대응 과정 중에 헤이워드는 BP의 러시아 합작기업인 TNK-BP의 경영자 권한이 없는 직위로 전출되었다. 그의 퇴임 조건은 매년 연금 1백만 달러로 바로 사용할 수 있고, 총 1천8백만 달러에 달하는 보상 패키지에 대해 완전한 권리를 보장받는 것이었다.

BP로서는, 유출사고가 회사 운명의 가장 중요한 요소가 되었다. 벌금, 희생자 보상, 계속되는 멕시코 만 정화 작업을 위해 420억 달러가 준비되어 있다. 이 중 360억 달러는 소송 합의 시 이미 지불되었거나 준비금으로 적립되었다. 하지만 민사소송은 계속 계류 중인데, 미국 정부는 정화비용으로 210억달러를 요구하고 있으며, 유출에 의해 피해를 입은 멕시코 만 연안의 주(플로리다, 알라바마, 루이지애나, 미시시피)들은 경제적 손실과 재산손실 비용으로 340억불을 별도로 요구하고 있다. 미국 수질환경법에 의하면 연방정부는 유출된 오일 1배럴당 1,100~4,300달러의 벌금을 추가 징수할 수 있다. 총 유출규모에 대한 정확한 수치가 존재하지 않기 때문에 BP가 지불해야 할 벌금액은 50억~210억 달러 정도일 것으로 추정된다.

BP의 전략계획상 더 시급한 우려는, 회사의 진실성에 대한 의심으로 인해 BP는 현재 미국 내 굴착 허가에 대한 입찰 참여가 금지되어 있다는 것이다.

2015년 7월, BP는 2010년 유출로 인한 모든 연방정부, 주정부, 지방자치단체의 보상청구금을 187억 달러로 합의하였다. 이는 민간 단일규모로는 미국 내 사상 최대의 합의금이다. 187억 달러 중 55억 달러는 수질환경법에 근거한 민사상 벌금으로 향후 15년간 납부될 예정이고, 71억 달러는 자연환경훼손평가 절차에 따라, 그리고 나머지는 미지급 피해보상 청구에 사용될 예정이다.

일부 사람들은 BP가 기꺼이 피해보상에 합의한 것은 안전 조업이나 윤리적 행동에 대한 의지의 표명이 아니라 유가가 하락한 경제적 현실 때문이었다고 비판한다. 2015년 4월 미국공영방송과의 인터뷰에서 BP부사장인 지오프 모렐(Geoff Morrell)은 합의사항은 건강한 멕시코 만을 위해 좋은 것이라고 명확히 선을 그으며 말했다. "멕시코 만은 회복될 건강한 수자원체계라는 사실 말고 더 이상 말할 것이 없다. 멕시코 만은 유출로 인해 사람들이 걱정하는 그 정도로 손실을 입은 것은 아니다."

해양과학자들은 이러한 장밋빛 평가에 동의하지 않으며, 영향력이 다음 수세대에 걸쳐 지속될 것이라고 우려한다.

질문

1. BP가 벌금을 단순히 "사업에 수반되는 비용" 정도로 생각한다는 증거를 사례의 어떤 부분에서 찾을 수 있는가?
2. BP의 최고경영자인 토니 헤이우드는 "종업원이 100,000명인 회사의 조직문화가 하루아침에 바뀌지는 않는다"고 주장한다. 그는 딥워터 호라이즌 유출사고 이전 3년간 회사의 CEO였다. 더 많은 변화가 있었어야 한다는 비판자들의 주장은 정당한가?
3. BP의 "석유를 넘어서서(Beyond Petroleum)" 노력은 성공적인가?
4. BP는 향후 어떻게 명성을 회복할 수 있겠는가?

토의과제

1. 자연환경의 중요성에 대해 토의해 보자.
2. 환경 친화적인 경영활동의 중요성에 대해 토의해 보자.
3. 국제적인 환경이슈들에 대해 토의해 보자.
4. 환경과 윤리경영의 본질에 대해 토의해 보자.
5. 환경오염 방지를 위한 구체적인 대책과 전망에 대해 논의해 보자.

제 11 장

직능별 기업윤리

직능별 기업윤리

Ⅰ. 윤리적인 경영활동의 의의

오늘날 경영환경은 크게 변화하고 있다. 새로이 요청되고 있는 경영활동의 기본방향은 '윤리적인 경영정책과 전략'이라고 요약할 수 있다.

지난날 의식주를 해결하기 위한 집단주의, 가부장주의, 권위주의적인 경영관리 환경에서부터, 경제수준의 향상에 의한 개인주의, 평등주의, 합리적 설득에 의한 경영관리 환경으로의 변화에 따라 경영관리의 기본정책이 바뀌어야 한다.

그리고 윤리적 판단기준으로는 전통적으로 '공리주의'가 많이 적용되었었다. 이것은 이익극대화를 기업목적으로 하고, 그것을 위하여 종업원이 공헌해야 하며, 합법적이면 그만이고, 일반적 사업관행을 따르면 된다는 사고방식이다. 그러나 변화하는 시대에 적용해야 할 윤리판단기준은 '의무론'이라야 한다.

다시 말해, 사회에 공헌하는 기업만이 존재할 수 있고, 종업원은 이익창출을 위한 수단이 아니고 종업원의 복지향상 그 자체가 기업의 목적이라야 하며, 법조문의 수준을 넘어서 법규의 정신을 준수해야 하며, 일반적 사업관행이라도 사회적 가치기준에 맞지 않으면 거부해야 한다.

따라서 새로운 시대의 윤리적인 경영활동의 기본방향은 '공리주의'가 아닌 '의무주의'적 입장이라야 하며, 종업원을 기업의 이윤창출을 위한 수단으로 보는 재래식 입장에서 종업원의 자기실현을 기업목적과 조화를 이루도록 하여야 한다.

이러한 윤리적 경영정책, 즉 종업원을 수단으로 보지 않고 목적으로 보는 경영정책을 위해서 경영자는 ① 종업원의 인권을 인정해야 하고, ② 종업원의 권리와 의무를 이해하며, ③ 내부고발을 제도화해야 하고, ④ 이것에 기초를 둔 윤리적인 경영 정책과 전략을 강구해야 한다.

Ⅱ. 윤리적인 인적자원관리

1. 종업원의 권리와 의무

1) 종업원의 권리

윤리적인 입장에서 보면, 회사와 종업원의 관계는 평등한 사회계약이라고 보고, 종업원의 당연한 권리를 이해하고 인정하고 한 걸음 더 나아가서 종업원의 권리를 찾아서 보호해주는 새로운 개념이 필요하다. 따라서 종업원은 다음과 같은 권리를 가져야 한다.

(1) 일할 권리

종업원은 노동계약에 따라 일할 권리가 있다. 이것은 부당하게 해고당하지 않으며, 부당하게 승진을 거부당하지 않아야 함을 의미한다.

오늘날 종업원은 본인의 의지와 상관없이 기업의 경제적 이유(불황, 감원, 기구 축소, 폐업 등)로 해고당하기가 일쑤이고, 비리 때문에 해고되기도 하며, 비능률을 이유로 해고되기도 한다. 특히, 비능률이나 무능을 이유로 한 해고의 경우에는 종업원입장에서 납득하기 어렵다.

종업원이 납득할 수 없는 해고가 발생하면, 기업과 종업원 간에 복잡한 문제가 발생함은 물론 구성원의 사기와 생산성 및 기업에 대한 충성심에도 적지 않은 나쁜 영향을 미치게 된다.

따라서 경영자는 부득이한 사유로 해고를 해야 할 경우에는 상당한 시간적 여유를 두고 해고를 통지해야 한다. 그리고 당사자가 납득할 수 없는 해고의 경우에는 적절한 절차에 따라 자신의 견해를 밝히고 재심을 요구할 수 있는 제도적 장치도 마련되어야 한다.

이러한 인사정책은 해고당하는 본인을 위해서만이 아니고 근무 중인 종업원에게 회사의 윤리적인 인사정책을 보여줌으로써 안심하고 열심히 일하도록 하는데 큰 효과가 있다.

(2) 정당한 보상을 받을 권리

종업원이 제공한 노동에 대한 정당한 보상과 평등한 대우를 기대하는 것은 당연하다. 물론 여기에서 말하는 평등이란 절대적인 평등이 아니라 위험감수와 능력에 의한 평등을 의미한다. 그런데 여기에는 두 가지 문제가 있다.

첫째는 기업주와 종업원 간의 관계이다. 종업원이 받는 임금 또는 봉급은 계약에 의한 정액급여로 기업의 경영성과와는 무관하다. 극단적으로는 기업이 경영성적이 좋지 않아 영업손실이 발생하여도 임금은 계약대로 지급되어야 한다. 그러나 기업주는 영업성과에 따라 수입이 증가하기도 하고, 감소하기도 하며, 경우에 따라서는 개인재산까지도 불입해야만 한다.

다시 말해, 종업원의 급여는 위험성이 전혀 없는 확실한 것이고, 기업주의 수입은 위험성이 있는 불확실한 수입이라는 점이 다르다. 따라서 수입의 절대금액이 다른 것은 당연하다. 또한 기업주와 종업원의 수입의 차이는 사업가로서의 능력 이외에 위험감수능력 때문에 차이가 생긴다. 이러한 급여와 수입의 차이는 종업원이 인정하여야 하고, 그러한 이해가 생기도록 경영자는 노력하여야 한다.

둘째는 종업원 간 급여의 차이이다. 급여는 전통적으로 남녀 간, 교육수준, 업무상 책임의 정도 및 근속년수에 따라서 차등을 두어오고 있는데, 앞으로는 이 모두를 능력기준으로 재조정하는 것이 바람직할 것이다. 특히 남녀 간, 교육수준에 의한 임금차이(일반적으로 생산직과 관리직의 차이로 나타난다)는 항상 문제가 되고 있는데, 윤리적인 이유에서 뿐만 아니라 경제적인 이유에서도 이러한 차이는 감소되어야 한다.

(3) 사생활을 보호받을 권리

프라이버시(privacy)의 문제는 퇴근시간 이후와 근무시간 중의 프라이버시로 구별하여 생각할 수 있다.

첫째, 퇴근시간 이후 종업원은 자유롭게 시간을 이용할 권리가 있다. 종업원들은 출근하여 근무시간이 종료될 때까지는(오전 9시~오후 6시) 회사를 위해서 자기시간을 바치지만, 퇴근시간 이후에는 본인의 자유의사에 따라 정치활동, 사회활동, 취미생활, 교육, 자선활동, 수익사업 등에 시간을 쓸 수 있다. 물론 그러한 활동이 반사회적이거나 파괴적이어서는 안 되며, 특히 수익사업을 할 경우에는 그것이 종업원이 근무하는 회사의 이익과 상치되어서는 안 된다.

둘째, 종업원은 근무시간 중에도 프라이버시를 가질 권리가 있다. 직무에 관계되지 않는 개인 신상에 관한 질문에는 답하지 않을 권리가 있고, 정당한 이유 없이 개인사물함을 수색당하지 않을 권리가 있으며, 업무에 관계되는 이외의 정보는 인사기록카드에 기재되는 것을 거부할 권리가 있고, 또 기재된 자료는 정당한 이유 없이 외부에 누출되지 않기를 바랄 권리가 있다.

따라서 경영자는 종업원 사물함 검색조건 및 인사기록자료 외부공개조건 등을 명시하여 사전에 종업원과 합의해 두는 것이 좋다. 예컨대 사물함 속에 불법적인 물건을 감추고 있다고 의심할 만한 타당한 이유가 있을 경우, 또는 범죄수사를 위해 수사당국으로부터 수색영장이 제시된 경우 등은 이러한 경우에 해당된다.

그리고 우리나라 특정 기업에서 도난방지를 위해 실시하고 있는 종업원의 몸수색은 종업원의 인권과 관련시켜 자주 논의가 되었는데 최근에는 점차 개선되고 있는 추세다. 미국에서는 작업감시를 위한 카메라 녹화, 거짓말 탐지기 사용, 약물검사 및 AIDS질병검사와 프라이버시 권리와의 관계가 활발하게 논의되고 있다.[1)]

소망스럽기는 이러한 프라이버시 침해활동이 없어져야 하겠지만, 기업활동의 성격상 꼭 필요한 경우에는 ① 영업활동과 직접 관계가 있는 부분에 대해서만 실시하고, ② 사전에 종업원의 양해를 구하고 자발적인 협력을 얻도록 해야 하며, ③ 그러한 테스트 결과는 인사비밀로서 공개하지 않아야 한다.

사생활 권리에 관련된 또 다른 문제로서 직장 내 성희롱(sexual harassment)에 관한 문제가 있다.

직장 내 성희롱이라 함은 "사업주, 상급자 또는 근로자가 직장 내의 지위를 이용하거나 업무와 관련하여 다른 근로자에게 성적인 언어나 행동 등으로 표현하거나 또는 이를 조건으로 고용상의 불이익을 주거나 또는 성적 굴욕감을 유발하게 하여 고용환경을 악화시키는 것을 말한다"라고 규정하고 있다(남여고용평등법 제2조 제2항, 1999. 1. 6). 이 법에 근거하여 노동부는 「직장 내 성희롱 예방지침」(1999. 1. 22)을 발표하였다. 이 지침에는 '성희롱'을 신체적 접촉, 언어적 표현 및 그림으로 제시 등 세 가지로 분류하여 예시하고, 그 예방조치로 사업주는 교육과 홍보 및 제도상의 장치를 해야 하며, 가해자는 처벌해야 하고, 피해자에게는 불이익을 주어서는 안 되고,

1) Richard T. De George, *Business Ethics*, 3rd ed., New York: Macmillan Co., 1990, pp. 340~346.

위반하였을 경우에는 벌금을 부과하도록 되어 있다.

(4) 안전한 작업장을 요구할 권리

기업은 건강에 해가 없는 작업장을 제공하여야 하며, 종업원은 안전한 작업장을 요구할 권리가 있다. 따라서 기업은 작업장 안전에 관한 법규를 준수해야 할 의무가 있다. 이러한 작업장 안전에 관한 문제는 다음과 같은 세 가지를 생각할 수 있다.

첫째, 작업환경이 건강에 미치는 위험에 관한 정확한 정보를 사전에 제공하여 종업원들이 대비할 수 있게 하여야 한다.

둘째, 작업장의 위험정도에 따라 임금수준을 적절하게 달리하여야 하는데 일반적으로 이를 위험수당이라고도 한다.

셋째, 작업환경이 위험한 줄 알면서도 다른 대안이 없을 경우에는 위험수당을 받지 못해도 종업원은 할 수 없이 그 직장에서 일하게 되는 경우가 많은데 이것은 윤리적으로 문제가 되고, 또 작업능률과 생산성 면에서 회사에게도 이롭지 못하다.

(5) 근로생활의 질 향상에 대한 권리

근로생활의 질(Quality of Working Life: QWL)이란 종업원이 자기의 작업방식 결정에 영향을 미쳐서 자기가 원하는 작업이 되게 함으로써 직장생활에 보람과 긍지를 느끼게 하고 그것을 통해서 최대한의 종업원만족(employee satisfaction)을 얻도록 하는 프로그램을 말한다. 노동계약은 일방적으로 경영자측에서 정한 것을 종업원이 받아들이는 계약인데 반해서 QWL은 종업원이 원하는 것을 경영자측이 받아들이는 것이다. 이는 생산된 제품을 소비자가 구매해야 하는 판매(selling)와 소비자가 원하는 것을 생산하여 제공하는 마케팅(marketing)과의 차이와 같다. 다시 말해, 노동계약은 경영자 위주의 사고방식이고, QWL은 종업원 위주의 사고방식이다.[2)]

(6) 자유로운 외부활동의 권리

종업원이 퇴근시간 이후에는 자유의사에 따라 회사의 간섭을 받지 않고 개인활동을 할 수 있는 권리가 있는데 여기에는 정치활동도 포함된다. 그러나 이 중에는 ① 회사에서 적극 금지해야 할 일, ② 가급적이면 자제시켜야 할 일, ③ 관여하지 않아

---

2) I. Bluestone, “Labor's Stake in Improving the Quality of Working Life,”1983, in Hoffman-Moore, *Business Ethics*, 2nd ed., New York: McGraw-Hill Publishing Co., 1990, pp. 350-355.

야 할 일, ④ 권장해야 할 일, ⑤ 적극 지원해야 할 일 등으로 구분된다.

① **금지해야 할 일**

회사가 금지해야 할 일에는 불법적인(밀수, 도박 등) 행위나 파괴적인 일(간첩, 국가전복 음모 등)로서 이들은 개인이 책임져야 할 형사문제이기는 하나, 만약 종업원이 이에 관련되어 세상에 알려질 경우 회사는 명성에 치명적인 손상을 입는다. 따라서 이러한 행동은 하지 않도록 회사가 적극 금지시켜야 한다.

② **자제시켜야 할 일**

종업원이 퇴근 후 타 회사에서 근무하든지, 별도의 수익사업을 하는 경우에는 종업원의 피로와 스트레스를 가중시켜 근무시간 중의 업무성과에 지장을 초래할 수 있고 또 회사의 이익에 상치될 수도 있기 때문에 이를 자제시켜야 한다. 이에 대한 구체적인 방법으로는 근무계약이나 윤리강령 등에 규정할 수도 있을 것이다.

③ **관여하지 않아야 할 일**

합법적인 정치활동이나 사회문제(핵 반대, 반전운동 등)에 대해서 회사는 관여하지 않아야 한다.

④ **권장해야 할 일**

건전한 오락과 취미를 위한 활동(운동, 사진, 바둑, 문학 등)은 근무시간 중의 스트레스 해소와 인간관계에 도움이 되므로 회사에서는 권장을 해야 한다. 구체적인 방법으로는 정보제공, 상품제공, 임원의 동참, 사보에 홍보 등의 방법을 생각할 수 있다.

⑤ **적극 지원해야 할 일**

종업원의 윤리수준 향상과 윤리적인 기업으로서의 이미지 향상에 도움이 되는 활동(불우한 이웃돕기, 양로원 봉사, 고아원 봉사, 환경보호, 쓰레기 분리수거운동, 애향심 향상 등)은 회사가 적극 지원해야 한다. 구체적인 방법으로는 정보제공, 관계 기관과의 연락주선, 통근버스 등 회사의 장비 제공, ×××회사 후원회 등 회사의 명의 제공, 임직원의 참여 등을 생각할 수 있다.

(7) 단체행동을 할 수 있는 권리

민주국가의 노동자들은 자신들의 권익보호를 위해 노동조합을 결성하고 단체행동을 할 수 있는 권리가 있다. 국제노동기구(International Labor Organization : ILO)에서도 이 권리는 적극적으로 인정하고 있다.

국제화·세계화·개방화시대에는 기본적 노동권을 인정하고 준수하지 않으면 대내·외적으로 압력을 받게 되고, 국제시장에서 적극적인 활동을 할 수 없게 된다. 따라서 경영자는 근로자들이 노동조합을 결성하고 단체행동을 할 수 있도록 노동 3권을 인정해야 할 뿐만 아니라, 한 걸음 더 나아가 종업원에 대한 노동조합의 영향력을 기업의 윤리강령 준수와 근로생활의 질 및 생산성 향상에 활용하도록 노력해야 한다.

그러자면 기업경영 자체가 민주적이어야 하고, 경영성과를 투명하게 공개해야 하며, 종업원의 이해를 구하고, 회사의 장애에 중요한 영향을 미치는 기업정책 결정에는 종업원의 의사가 반영되도록 하여야 한다.

이상에서 경영자 입장에서 종업원의 권리에 관한 내용을 살펴보았다. 종업원의 권리문제에 관한 경영자의 바람직한 기본적인 태도는 다음과 같다.

첫째, 종업원의 권리를 인정해야 한다.

둘째, 가급적 종업원의 사회적 활동은 권장해야 한다.

셋째, 그 속에서 종업원의 권리와 회사의 이익을 일치시켜는 방법을 모색하여 'win-win'전략을 수립한다.

2) 종업원의 의무

(1) 복종의무

종업원은 기업활동과 관련한 상사의 명령에 복종하여야 한다. 어떤 일을, 언제, 어디서 해야 하는가는 상사가 결정한다. 종업원은 지시하는 방법대로 작업을 해야 하고, 명령대로 전근을 가야 한다. 이런 경우에는 상사가 시키는 대로 하는 것이 회사에 충성하는 것이다. 하지만, 상사의 명령이 직무와 관련 없거나(예컨대, 개인 심부름), 비윤리적이거나(예컨대, 허위광고), 불법행위(예컨대, 마약거래, 탈세용 장부작성 등)일 경우에는 복종하지 않아도 된다.

그러나 현실적으로 종업원이 기업활동과 관련 없는 명령이나 비윤리적인 지시를 받은 경우에는 많은 갈등과 고민을 하게 된다. 이러한 고민과 갈등은 종업원의 사기는 물론 충성심에도 크게 영향을 미친다. 따라서 경영자는 이와 같은 문제를 '기업윤리강령'에 규정하여 모든 조직구성원들이 지키도록 하여야 한다.

(2) 충성의무

회사에 대한 종업원의 충성에는 피동적인 충성과 자발적인 충성이 있다. 먼저 피동적인 충성은 상사가 명령하는 대로 복종하는 것을 의미한다. 이때 '어떻게 하는 것이 회사에 대한 충성이냐'라는 것은 명령하는 상사가 결정한다.

한편, 자발적인 충성이란 회사가 손해를 당하게 될 것이라고 판단되는 사실을 인지한 종업원이 회사이익을 보호하기 위하여 취하게 되는 작위의무를 뜻한다. 예컨대, 절도범이 회사의 재산을 도적질하고 있는 것을 발견했을 때에는 이를 저지시키거나 경찰에 신고해야 할 의무가 있고, 경쟁회사의 사원이 부당하게 자기 회사에 불리한 행동을 할 때에는 이를 못하게 하거나 보고해야 할 의무가 있다.

그런데 이러한 충성을 하려다가 자신이 불이익을 당할 경우에라도 회사에 충성할 의무를 져야 하는가?

예컨대 특정 부서에서 근무하는 김×× 대리는 계산착오로 회사가 손해를 보게 되었음을 인지한 경우, 김×× 대리에게는 자발적 조치를 취해야 할 의무가 발생한다. 그러나 직속상사인 박×× 과장은 이의 시정을 거절하였다. 이때 김×× 대리에게는 부장에게 보고해야 할 의무가 있는가 라는 문제가 발생한다.

부장이 김×× 대리의 보고를 접수하고 칭찬할 수도 있지만, 오히려 직속상사를 제치고 명령계통을 무시하였다고 하여 불리함을 당할 수도 있다. 이때 김×× 대리는 보고해야 하는 회사에 대한 충성의 의무와 직속상사의 명령에 복종해야 할 의무 사이에서 고민을 하게 될 것이다.

예상되는 손실이 극히 적을 경우에는 오히려 명령체계의 유지를 위해서 명령체계를 무시한 보고를 하지 않도록 하는 것이 좋을 것이다. 단, 예상되는 손실이 중대한 경우에는 상사에 대한 복종의 의무보다도 회사에 대한 충성의 의무가 앞서야 한다. 따라서 얼마나 큰 손실이 '중대한 손실'인가라는 문제에 대해서는 '종업원 행동강령'에 명시하는 것이 바람직하다.

(3) 영업비밀 보호 의무

종업원은 회사의 영업에 관한 비밀을 지킬 의무가 있다. 그런데 무엇이 영업에 관한 비밀이며, 어느 정도의 비밀을 지켜야 하며, 얼마나 오랫동안 지켜야 하는가 등에 대해서는 이론이 있다.

① 영업비밀의 구성요건

종업원에게 비밀을 지킬 것을 요구할 수 있는 '영업비밀'이 되려면 다음과 같은 요건을 갖추어야 한다.

첫째, 정보의 보안을 위하여 특별한 조치를 취하고, 특별히 허가받은 사람만이 그 정보에 접근이 가능한 경우, 그것은 종업원이 지켜야 할 영업비밀이 된다.

일반적으로 보안이 요구되는 정보에 접근할 수 있는 종업원은 주의를 받거나 비밀보장 서명을 하도록 되어 있다. 그러나 누구나 쉽게 접근할 수 있고, 알 수 있는 정보는 비밀이 아니기 때문에 보안의무는 발생하지 않는다.

둘째, 상당한 비용과 노력과 시간을 투자하여 개발한 정보는 영업비밀에 속한다. 이런 정보는 회사에서 특별히 보안조치를 하는 것이 상례이며, 종업원은 그 비밀을 지켜야 한다.

셋째, 특정 정보가 경쟁자에게 노출되면 경쟁적 지위에 영향을 미칠 수 있으면 그것은 영업비밀에 속한다. 그러나 자기회사에만 필요하고 다른 회사에는 전혀 불필요한 정보는 영업비밀이 아니다.

표 11-1. 종업원이 준수해야 할 영업비밀

1. 특별히 보안조치를 하고 있는 정보
2. 상당한 비용과 시간과 노력을 투입하여 개발한 정보
3. 자사의 경쟁적 지위에 영향을 미칠 수 있는 정보

② 영업비밀의 관리

종업원의 영업비밀 준수에 관한 의무는 원칙적으로 윤리적·도덕적 의무이다. 따라서 윤리적 차원에서 영업비밀을 준수하는 것이 가장 바람직하다. 그래서 종업원의 윤리의식을 제고시키는 것이 선행되어야 하는데 이를 위해서는 다음과 같은 몇 가지 조치들이 필요하다.

첫째, 제품에 관한 정보보호를 위해 사용해 온 가장 보편적인 방법은 특허를 통하여 보호하는 방법이다. 그러나 특허를 얻기 위해서는 정보를 공개하여야 하고, 상대가 내용을 조금만 수정·변경하면 특허의 보호를 받을 수 없다는 취약점도 안고 있다. 그런데 코카콜라의 성분에 관한 영업비밀은 특허등록이 되어 있지 않고서도 가장 오랫동안 지켜져 내려오고 있다.

둘째, 영업비밀을 취급하거나 접근할 수 있는 종업원을 대상으로 특별계약을 통해 비밀유지에 관한 규정을 둘 수 있다. 규정의 주요 내용은 유지해야 할 비밀의 범위와 비밀을 지켜야 할 기간(예컨대, 퇴사 후 2년 간) 등인데, 만약 퇴사 후 2년 이내에 다른

회사에 입사할 수 없다든지, 아니면 경쟁회사는 퇴사한 종업원이 제공한 정보를 이용할 수 없다는 등의 계약이나 법적 조치는 일반적으로 법의 보호를 받을 수 없다.

셋째, 특별한 영업비밀의 경우에는 예외적으로 회사가 퇴사한 직원에게 상당기간 자문수당이나 특별퇴직연금 등을 지급하면서 영업비밀을 보호하기도 한다.

2. 공익신고제

공익신고 또는 내부자고발(whistle blowing)[3]이란 기업활동이 비윤리적이거나 사회적으로 유해하다고 판단될 때, 기업 내의 현직 종업원이 직속상사를 뛰어 넘어서 윗 사람에게 그 내용을 보고하든지(내부고발), 또는 대외적으로 매스컴이나 정부의 관련기관에 그 정보를 알리는 행위(외부고발) 또는 대리신고를 말한다.

공익신고제는 회사에 반역행위인가 충성행위인가, 윤리적인가 비윤리적인가, 고발할 윤리적 의무가 있는가 없는가, 어떤 경우에는 공익신고를 해야 하고 어떤 경우에는 해서는 안 되는가 등에 관한 논의가 많다.

1) 이론적 근거

공익신고제에 대한 찬・반 양론을 보면, 일반적으로 업계에서는 반대하는 입장이고, 시민단체나 소비자운동단체 또는 민권운동가들은 찬성하는 입장이다. 그리고 학자들은 그 중간에서 각기 조금씩 다른 입장을 취하고 있다.

(1) 반대하는 견해

공익신고제(내부자고발)에 대한 대표적인 반대론자로 GM의 로세(James M. Roche) 회장을 들 수 있다. 그는 내부자고발은 분명한 반역행위이고, 기업활동에 불신과 불화를 일으켜 자유시장제도를 파괴하려는 행위라고 맹렬히 비난했다.

로세 회장의 주장에 따르면, 내부자고발은 용감하지도 않고 칭찬과 보호를 받아야 할 것이 아니라, 비난받아야 하고 용서할 수 없는 일이다.

노만 보위(Norman Bowie)는 그의 저서 『기업윤리』에서 "내부자고발은 고용주에 대한 일목 명료한 임무(prima face duty)를 위반한 것이다"라고 주장한다. 보위에

---

3) whistle blowing은 축구경기 도중에 반칙을 하면 호각(whistle)을 불어서(blow) 위반사실을 공개한다는 의미에서 유래한 단어이다. '내부자고발'이라는 부정적인 의미를 퇴색시키기 위해 최근에는 '공익신고제'라는 용어를 쓰고 있다.

의하면 직업인에게는 자기의 고용주나 회사를 비난해서는 안 되는 충성의 의무가 있다. 물론 이것은 '일목 명료한 의무'이므로 공공이익을 위하여 더 높은 차원의 임무가 있으면 그 임무가 우선되어야 한다는 것을 인정하지만, 그래도 '내부자고발은 반역이다'라는 명제가 보위(Bowie)주장의 출발점이다.

"내부자고발은 심판도 아니고 코치도 아니면서 경기를 중단시키려고 하는데 그는 자기 팀에 대해서 반칙선언 호각을 불었으므로 충성심의 위반이 된다. 그는 자기 동료와 거래선에게 특별한 의무가 있다. 회사에 대해서 충성서약을 했을 수도 있고 비밀을 지키겠다고 약속을 했을 수도 있다. 그래서 공공이익에 대한 충성을 위하여 동료와 거래선에 대한 충성을 저버린 것이 된다."

(2) 찬성하는 견해

미국의 소비자 운동가 네이더(Ralph Nader)는 "기업의 사회적 책임감을 증대시키기 위하여 내부자고발은 보호를 받아야 할 뿐만 아니라 더 나아가서 적극적으로 장려되어야 한다"고 주장하였다.

일반적으로 업계는 공익신고제를 반대하는 입장이지만, 반드시 그런 것은 아니다. 1992년 말에 일본생산성본부에서 대기업 경영자 636명, 노동조합 대표 150명을 대상으로 실증 분석한 연구결과를 보면, 경영자 중 26%는 찬성하고 찬성하는 이유로서, 회사의 비윤리적인 행위를 허용할 수 없거나(9%) 공익신고제가 회사와 종업원 전체에게 도움이 된다(14%)고 보기 때문이다. 그리고 노동조합 지도자들은 그보다도 훨씬 진보적이어서 46%가 공익신고제에 찬성하고, 그 이유도 회사와 종업원 전체에게 이익이 되기 때문에 공익신고제를 찬성한다는 사람이 28%나 되었다.

내부자고발(whistle blowing)이란 운동경기 때에 반칙행동이 있으면 호각(whistle)을 부는 것(blow)을 뜻한다. 그런데 문제는 자기 팀(team)이 반칙을 했다고 호각을 부는 데 있다. 기업이라는 조직은 운동 팀과는 다르다. 운동 팀에 대한 충성은 경쟁에 이기려는 것인데, 운동경기는 이겨도 사회에 해가 되는 것은 아니고, 영향을 받는 사람도 많지 않다. 그리고 도덕적으로도 문제가 없다.

그러나 기업의 무조건적인 이윤추구는 기업의 규모 때문에 그 영향력이 대단하여 사회전반에 크게 영향을 미친다. 다시 말해 기업의사결정에 크게 관여하지 않는 사람도 그 기업활동에 의해서 크게 영향을 받게 된다. 즉, 의사결정에 참여하지 않고 그 영향만을 받는 것은 모순이다.

그리고 회사에 대해 충성해야 한다는 주장에 대해서도 긍정하기 어렵다. 회사를 충성의 대상으로 만들려면 회사에게 도덕적 위치를 부여해야 하는데 그럴 가치가 없고 그럼으로써 오히려 회사 종업원의 위치를 격하시켜야 한다.

종업원이 회사에 충성할 의무가 있다고 생각하는 사람들은 사람과 회사의 도덕적 차이를 구별하지 못하기 때문일 것이다.

왜 기업은 충성의 대상이 되지 못하는가? 이에 대한 답을 얻기 위해서는 무엇이 충성의 대상이 되는가를 생각해 볼 필요가 있다. 충성의 대상은 이념인가, 집단인가, 개인인가? 이 문제에 대해서 철학자들은 세 그룹으로 나누어진다.

첫째, 이상주의자들의 주장에 의하면 충성이란 인간 이상의 어떤 생각이나 추상적인 실체에 대한 헌신이라고 한다.

둘째, 공리주의자들은 충성은 개인에게만 할 수 있고 그것은 양자(충성의 대상과 충성할 사람)의 관계에 의하여 변할 수도 있다고 한다.

셋째, 중간론자들은 충성이란 이상주의자들이 말하는 것처럼 초인간적인 존재를 그 대상으로 하는 것은 아니지만 그래도 양자를 연결시키는 중요한 관계이고 다른 관계로 바꿀 수 없다고 한다.

래드(Ladd)에 의하면 충성심이란 군주와 부하, 부모와 자식, 친구와 친구 등 두 사람 사이의 관계에서 생긴다. 따라서 일반적으로 충성의 대상은 사람이나 사람의 집단이 된다. 예컨대 가족, 소속 팀, 조직 등은 충성의 대상이 된다.

따라서 회사란 마음속에 있는 상징적인 존재이기 때문에 충성의 대상이 될 수 없다. 물론 회사 내 어떤 특정 개인에게 충성을 할 수는 있다.

오늘날 자유세계에서 기업이란 ① 제품이나 서비스의 생산과 ② 이익의 창출이라는 두 가지 일을 한다. 이 중에서도 이익창출이 첫 번째 임무이다. 이익이 없는 기업은 존재할 수 없으므로 이익이 없는 제품이나 서비스는 이익을 창출하기 위한 목적으로 쓰인나. 기업의 종업원들은 서로 돕기 위해 모인 것이 아니고 노동을 분담하여 이익을 창출하기 위해서 모인 것이다. 흔히 회사는 가족과도 같다고 표현하지만 이는 틀린 말이다. 가족은 말썽만 부리는 자식도 무조건 보호한다. 또 가족을 위한 충성은 보수를 바라고 하는 것이 아니다. 그러나 회사는 종업원의 업무성적이 나쁘거나 더 싼 노동력이 있으면 이익창출이라는 목적을 위하여 그 종업원을 해고할 수 있다. 그리고 종업원은 보수를 받기 위해서 기업에 근무한다. 그러나 가족의 일원은 보수를 요구하지 않는다. 회사의 목적은 경제적 이익창출이고, 그러한 상업조직에는 충성심은 기대할 수 없다.

2) 공익신고의 요건

캔사스대학교의 저명한 기업윤리학자인 드조지(Richard T. De Georg) 교수는 종업원에 대한 보복행위와 고발대상행위의 중대성을 기준으로 내부자고발이 정당화될 수 있는 다음과 같은 요건을 제시하였다.

첫째, 회사의 기업활동이 사회에 '중대한 해'가 될 것으로 추정되거나, 그럴 것이라는 증거가 있거나, 현재 실제로 해를 끼치고 있는 증거가 있어야 한다. 즉, 해독의 중대성 정도에 따라서 고발수준은 달라져야 한다.

둘째, 고발의 동기가 객관적으로 순수한 사회공익을 위한 것이어야 한다. 고발동기가 개인적으로 회사로부터 입은 피해에 대한 보복이나, 특정 경영자에 대한 사적인 원한관계가 고발의 동기라면 그것은 윤리적으로 정당화될 수 없다.

셋째, 회사의 경영활동이 사회적으로 해를 끼치는 것이 분명하고, 경영자도 그 사실을 알지만 회사의 단기적 이익을 위하여 이를 시정할 의사가 보이지 않을 경우에는 대외적으로 고발할 수 있다. 따라서 회사에서 잘못을 인정하고 충분히 시정할 의사가 있다는 것이 판명되면 대외적인 고발은 정당화될 수 없다.

〈표 11-2〉에서 예시된 사례 1의 경우와 2의 경우에는 마땅히 고발하여야 한다. 이때에는 회사에 대한 충성심보다도 사회구성원인 인간으로서의 사회에 대한 의무가

표 11-2. 공익신고 정당화 요건과 고발 수준

■ 사례 ■

1. 회사 창고에 기업활동과는 상관이 없는 마약이 감추어져 있음을 발견하였음
2. 생산과정에 쓰이는 수은이 혼합된 유해물질을 정화하지 않고 몰래 강으로 흘려보내고 있는데 그 강 하류에는 상수도 취수장이 있음
3. 식품공장에서 인체에 해롭지만 값싼 재료를 섞어서 제품을 제조·판매함
4. 회사에서 탈세를 위하여 2중 장부를 작성토록 명령 받았을 경우
5. 판매경쟁을 위하여 제품성능을 과대광고를 했을 경우

의무적 고발	선택적 고발	고발불가
중대하다 ←	사회적 해독	→ 경미하다
사회정의 ←	고발자 동기	→ 개인이익
수정거부 ←	기업의 태도	→ 수정동의

앞선다. 따라서 '내부자고발'을 하여 회사 내에서 문제가 해결되지 않을 경우에는 당연히 '외부고발'을 해야 한다. 3의 경우도 마찬가지이지만 사례 1, 2의 경우처럼 사회적 해가 심각하지 않고 또 고발 후의 보복도 생각하여야 한다. 따라서 고발은 충분히 윤리적으로 정당화될 수 있지만 종업원이 '외부고발'할 사회적 의무는 없다. 사례 4, 5의 경우는 종업원은 내부고발로 끝나야 하고, 그 이상의 문제는 기업의 책임으로 돌리는 것이 좋을 것이라 생각된다.

3) 공익신고 전에 고려해야 할 사항

공익신고는 윤리적 종업원으로서 회사의 명예와 장기적 이익을 위해 필요하지만, 현실적으로 신고 후 보복당할 위험도 있기 때문에 공익신고 전에 다음 사항을 충분히 검토하여야 한다.

(1) 해독의 정도

해독에 대해서는 다음과 같은 세 가지 유형을 생각할 수 있다.

첫째, 마약유통, 유독 폐수방류 등과 같이 당장 사회에 손해를 줄 중대한 행위일 경우에는 이것을 안 종업원은 당연히 고발할 윤리적 의무가 있다.

둘째, 해가 있겠지만 당장 그 결과를 알 수 없고 또 해독의 정도가 그렇게 크지 않을 것이라고 생각되는 경우에는 고발을 해도 그 정당성은 충분히 있지만 보복의 위험을 무릅쓰고 고발을 해야 할 도덕적 의무는 없다.

셋째, 경쟁기업과의 관계일 뿐 사회에 치명적인 손해는 없고 오히려 회사의 명예에 손해를 입힐 정도의 경우에는 고발해서는 안 된다.

(2) 증거

신고내용을 입증할 충분한 증빙자료를 확보해야 한다. 증거가 불충분하면 공익신고가 성공하지 못하여 오히려 고발한 종업원만 보복을 당하게 될 수 있다.

(3) 고발절차

고발절차는 회사의 기업윤리강령이나 종업원행동지침 또는 불만신고 규정을 따라야 한다. 대개의 회사는 불만이 있으면 직속상사에게 보고하고, 그래도 해결이 안 되면 그 위의 직속상사에게 보고하도록 되어 있다. 이때에 이러한 잘못을 회사에서 자발적으로 시정하는 것이 회사의 장기적 이익이 된다는 사실을 강조해야 한다.

그러나 중대한 일인데도 불구하고 회사내부에 대한 고발에서도 해결이 안될 경우에는 대외적으로 고발을 해도 윤리적으로 잘못을 저지르는 것은 아니다.

(4) 보복에 대한 대비

공익신고 후 해당 종업원이 여러 가지 합법적인 압력이나 손해(좌천, 승진누락 등)를 받을 수도 있고, 외부고발의 경우에는 해고까지 당할 수도 있다. 따라서 이러한 개인적 손해에 대한 대처방안과 준비가 필요하다.

제임스(Gene G. James) 박사는 공익신고 전에 생각해야 할 사항으로 다음과 같은 내용을 제시한 바 있다.

공익신고 전 고려해야 할 사항들

1. 내부고발이 필요한 만큼 중대한 일이라야 한다.
2. 고발자의 고발동기가 객관적이고 사회를 위한 것이어야 한다.
3. 정보를 확인하고 문서화해야 한다.
4. 누구에게 보고해야 할 것인가를 정해야 한다.
5. 정당하고 정확하게 잘못을 지적해야 한다.
6. 누구를 비난하지 말고, 사실만 객관적으로 진술해야 한다.
7. 고발을 내부로 해야 할 것이냐 외부로 해야 할 것이냐를 결정해야 한다.
8. 고발을 기명 혹은 무기명으로 할 것인가를 결정해야 한다.
9. 고발동료가 필요한가를 정해야 한다.
10. 고발절차를 준수해야 한다.
11. 필요하면 사전에 변호사와 상의해야 한다.
12. 회사의 보복을 각오하고 보복내용을 기록해야 한다.

출처: Gene G. James, Business Ethics(New York: McGraw-Hill, Publishing Co., 1990), p. 334.

3. 조직과 종업원의 균형이론

1) 조직의 종업원에 대한 유인의무

조직내부의 윤리적 인적자원관리는 고용관계, 즉 조직과 종업원 간 윤리를 뜻하는 것이다. 조직 내부의 윤리에 대한 판단기준은 조직의 종업원에 대한 유인(誘因)과 종업원의 조직에 대한 공헌(貢獻)이 일치되어야 한다는 균형이론(equilibrium theory)으로 설명할 수 있다.

종업원에 대한 조직의 유인(inducement)이란 종업원이 달성한 성과에 대해 조직이 최대한 제공하는 보상을 뜻한다. 여기서 보상(reward)이란 반드시 임금과 같이 경제적 보상뿐만 아니라, 종업원이 조직에서 수행한 일에 대한 조직의 대가를 총칭한다. 예컨대 상사의 칭찬, 특별 보너스, 복리후생, 종업원과 가족에 대한 조직의 배려, 경력개발과 승진의 기회, 훈련과 개발의 기회제공 등이다.

이러한 유인은 일반적으로 종업원의 업무성과에 기초하여 주어지는데 그것은 유인의 한계성 때문이다. 적어도 조직은 종업원이 한 일에 대해서만큼은 공정한 보상의 의무를 져야 한다. 더구나 업무성과에 대한 공정한 보상은 종업원이 조직생활을 통해 경제적 이익을 획득함을 물론 왜 자신이 조직에서 일하고 있는지를 명확하게 깨닫도록 할 수 있다.

2) 종업원의 조직에 대한 공헌의무

조직에 대한 종업원의 공헌(contribution)이란 자신이 받은 보상에 상응하는 업무성과를 창출하는 것을 뜻한다. 물론 공헌의무가 반드시 업무수행 성과만이 대상이 되는 것은 아니다. 조직이 자신에게 배려한 유인에 대해 조금이라도 보답하고자 하는 일련의 선의지(goodwill)를 포함한다. 예컨대 업무성과 향상을 위한 노력과 결과들로 적극적인 교육훈련에 참여하는 것이나 조직풍토에 적응하려고 하는 의지와 행동 그리고 자신의 지위에 상응하는 업무성과를 창출하려는 의지 등이다.

종업원의 공헌의지와 행동은 생산성과 직접적으로 관련되기 때문에 종업원의 조직에 대한 공헌의지가 높을수록 생산성은 증가한다. 따라서 종업원의 공헌과 조직의 유인은 상호 노력과 선의지(goodwill)를 통해 균형을 이루게 되며, 이러한 상호 간의 선의지가 존재할 때 지속적인 균형을 이룰 수 있다.

3) 조직과 종업원 간 선의지를 통한 균형

조직유인과 종업원의 공헌이 적어도 균형을 이루거나, 서로가 그 이상을 제공하려는 선의지가 필요하다. 만약 종업원의 공헌의지가 높지만, 조직의 유인이 낮을 경우 또는 조직의 유인은 높지만, 종업원의 공헌의지가 낮을 경우 서로는 불공정하다고 느낄 것이고 더 이상의 선의지는 나타나지 않는다.

조직생활 속에서의 구성원의 불만과 갈등, 노사분규 등은 조직으로부터 받는 보상에 대해 종업원이 불공정성을 느낄 때 발생한다.

균형 조건

[종업원]
조직에 대해 공헌하려는 종업원의 선의지
종업원의 공헌 ≥ 조직유인

[조직]
종업원에 대해 유인하려는 조직의 선의지
종업원의 공헌 ≤ 조직유인

불균형 조건

1. 조직에 대해 공헌하려는 종업원의 선의지만 높고, 종업원의 유인하려는 조직의 선의지는 낮은 경우
2. 종업원에 대해 유인하려는 조직의 선의지만 높고, 조직에 공헌하려는 종업원의 선의지는 낮은 경우

그림 11-1. 조직과 종업원의 선의지

4) 조직정의의 실천방안

(1) 조직정의의 의의

기업과 종업원의 관계에서 최소한의 도덕적 의무를 실천하기 위해서는 조직정의가 실현되어야 한다.

조직정의(organization justice)란 직무수행 과정에서 야기될 수 있는 불평등한 대우가 최소화된 상태로 조직과 종업원 간의 관계에서 상호 지켜야 할 공정성에 대한 의무를 뜻한다. 예컨대 종업원의 직무성과에 대해 조직이 공정한 보상을 하면 보상에 대한 공정성이 확립된다. 반면 종업원의 업무성과에 비해 상대적으로 낮은 보상이 지급된 경우나, 조직이 충분한 보상을 했음에도 불구하고 종업원이 나태한 행동이나 낮은 업무성과를 보인다든지 파업을 하는 경우에는 조직정의를 위반하는 것이 된다.

그리고 조직은 다양한 이질적인 사람들로 구성되어 있기 때문에 모든 구성원들이 다 같이 공정하다고 느끼는 경우는 드물다. 대다수의 구성원들이 조직이 공정하다고 느끼며 동시에 정당한 판단에 의거하여 공정한 의사결정을 내릴 수 있으면 조직정의가 존재하는 것으로 판단할 수 있다. 그러나 타인이 관여된 의사결정에는 이견이 존재할 수 있고 공정성 문제가 제기될 수 있다.

예를 들면, 부서장이 부서원들의 의견수렴 없이도 독단적으로 부서운영 사항을 결정하는 경우나, 자신의 동료가 연봉제 실시 후 납득할 수 없는 수준의 임금을 받는 경우가 이에 해당된다.

(2) 공정성에 대한 판단

조직정의를 논의할 때 특별히 유념해야 할 내용은 공정성에 대한 주관성의 문제이다. 대부분의 사람들은 모든 사물이나 사건을 지각하고 자신의 판단기준에 따라 의사결정을 하기 때문에 이는 매우 민감한 부분으로 여겨진다.

조직정의에서 주된 관심사는 구성원들이 조직생활을 영위하면서 경험적으로 느끼며, 관찰 또는 보고서 접수 등을 통해 직·간접적으로 지각하는 개인적 공정성이다. 그리고 조직정의는 개인의 주관적 판단에 의존한다.

따라서 종업원이 무엇을 공정하게 지각하고, 불공정하게 느낄 수 있는지가 문제의 관건이 된다. 이러한 개인의 심리적 공정성을 설명하는 이론이 아담스(Adams; 1963)의 공정성이론(equity theory)이다.

이 이론은 사회적 교환관계 속에서 상호교환에 대한 공정성을 서로가 어떻게 느끼며, 행동하느냐를 설명해 준다. 아담스는 개인과 조직 사이에 교환관계가 성립하며, 이 교환관계에서 구성원은 조직 내 공정성과 불공정성을 지각하게 된다. 더욱이 개인이 느끼는 공정성 또는 불공정성의 정도는 개인의 동기부여 수준에 결정적 역할을 하게 된다.

개인과 조직의 교환관계에서 개인이 조직을 위해 투입하는 요소에는 교육, 경험, 기술, 노력 등이 있고, 개인이 투입하는 요소에 대한 교환으로 조직이 개인에게 제공하는 요소는 임금, 복리후생, 업무성과에 대한 인정, 고용안정, 참여 등이다.

개인은 조직과의 교환관계 속에서 이 두 가지 요소를 끊임없이 비교·지각·해석하면서 공정성과 불공정성을 지각하게 된다.

조직생활에서 개인은 공헌(투입)에 상응하는 적절한 보상을 조직으로부터 받고 있느냐에 대해 평가를 내리게 되는데, 평가과정에서 개인은 자신의 투입과 결과에 대해 조직의 평가를 비교한다.

이러한 공헌과 보상에 대한 결과가 [그림 11-2]의 (1)에서와 같이 개인의 조직공헌에 대한 평가와 조직의 개인공헌에 대한 평가가 동등하게 지각되면 개인은 공정성을 지각하게 되고, 그렇게 되면 개인은 조직을 위해 열심히 일할 것이다.

개인의 조직공헌에 대한 평가	조직의 개인공헌에 대한 평가	개인의 공정성지각
(1) $\frac{\text{자신의 결과}}{\text{자신의 투입}}$	$= \frac{\text{타인의 결과}}{\text{타인의 투입}}$	공정성
(2) $\frac{\text{자신의 결과}}{\text{자신의 투입}}$	$< \frac{\text{타인의 결과}}{\text{타인의 투입}}$	부정적 불공정성
(3) $\frac{\text{자신의 결과}}{\text{자신의 투입}}$	$> \frac{\text{타인의 결과}}{\text{타인의 투입}}$	긍정적 불공정성

그림 11-2. 공정성에 대한 지각

한편, [그림 11-2]의 (2), (3)의 경우처럼 불공정성을 지각하게 되면, 개인은 심리적으로 불편함을 느낄 것이다. 따라서 불공정한 상태를 수정하기 위해 노력하게 된다. 특히, (2)의 경우처럼 부정적인 불공정성을 지각하게 되는 경우에는 개인은 이를 제거하려는 행동을 하게 될 것이다. 예를 들어, 자신의 투입량을 감소시킨다든지, 아니면 오히려 투입결과를 증가시켜 타당한 공정성을 요구한다. 그리고 극단적으로 해당 조직을 떠나기도 한다. 이러한 현상은 자신의 공헌과 기여에 대한 불균형으로 조직에 참여하려는 의지가 사라지고, 불공정성의 지각상태를 지워버리고 싶어 하기 때문에 나타난다. 그러나 매우 순응적이거나 내향적인 사람은 자신의 비교대상을 바꾸거나 자신의 잘못으로 귀인(attribution)하기도 한다.

공정성이론에 의하면, 개인이 불공정성을 지각하게 될 때 그들은 다음과 같은 네 가지의 선택대안들 중에서 어느 하나 혹은 그 이상을 선택하게 된다는 것이다.

첫째, 자신이나 다른 사람들의 투입 및 산출 중의 어느 한 쪽을 왜곡하게 된다.

둘째, 다른 사람들을 설득하여 그들의 투입이나 산출을 변경시키기 위한 행동을 취한다.

셋째, 그들 자신의 투입이나 산출을 변경시키기 위한 행동을 취한다.

넷째, 그들의 직무를 사직하고 조직을 떠난다.

방 법	예
1. 스스로 투입량을 증가시킨다.	· 더 열심히 일함 : 특정 교육훈련에 참여
2. 스스로 투입량을 감소시킨다.	· 더 열심히 일하지 않음 : 휴식 늘림
3. 스스로 결과를 증가시킨다.	· 임금인상 요구, 새로운 직함 요구, 외부 개입 모색
4. 스스로 결과를 감소시킨다.	· 낮은 임금 요구
5. 직무를 이탈한다.	· 결근과 이직
6. 스스로 투입과 결과를 왜곡하여 생각한다.	· 스스로에게 어떤 투입은 중요하지 않다고 확신시킨다.
7. 비교대상의 투입과 결과를 왜곡하여 생각한다.	· 비교상대가 더 많은 경험이 있거나, 더 중요한 직함이거나 일을 더 열심히 한다고 생각한다.
8. 비교대상을 교체한다.	· 새로운 비교대상 선택. 과거와 현재직무를 비교한다.

그림 11-3. 불공정성을 줄이기 위한 방법

(3) 조직정의의 구성개념

① 분배공정성

분배공정성이란 자신의 투입과 산출결과를 비교하여 공정한 결과가 돌아왔는가에 대한 개인의 판단을 의미한다.

인적자원관리에서 결과에 대한 공정성은 많은 사람들이 인정할 수 있는 공정성이어야 한다. 예컨대 나의 인사고과는 공정했는지, 나의 동료에 비해 임금은 공정하게 받았는지, 인사이동은 공정한 것이었는지, 구조조정 결과 많은 종업원의 감원조치가 과연 정당한 것인지, 영업지역을 사람에 따라 분할하였는데 공정한 분할이었는지 등의 모든 예가 바로 결과에 대한 공정성을 평가하는 분배공정성에 관한 문제이다.

② 절차공정성

절차공정성이란 조직 내 의사결정과정이 얼마나 공정하게 진행되었는가를 의미한다. 봉급인상의 경우 인상된 봉급의 액수뿐만 아니라 과연 봉급인상이 어떤 기준에 의해 어떤 절차를 거쳐 이루어졌는지, 그 기준과 절차는 진정 공정한 과정을 거쳐 진행되었는지를 살펴보아야 한다. 만약 판단과정에서 모든 필요한 정보가 다 고려되지 않고 결정이 내려졌다고 판단할 때 개인은 절차에 대한 불공정성을 지각하게 된다.

③ **시스템 공정성**

시스템 공정성은 조직에서 사용하고 있는 일련의 제도와 같은 시스템의 공정·불공정에 대한 지각을 의미한다. 분배나 절차에 대한 공정성을 인식하더라도 조직전체 시스템이 불공정하게 제도화되어 있다면, 즉 임금제도 자체에 대한 불만이나 보수적 문화로 인해 특별한 업적을 인정받지 못한다면 종업원은 임금시스템에 대한 불공정성을 지각하게 된다.

그리고 시스템 공정성은 그 내용 및 적용범위가 조직 내부의 인사뿐만 아니라 조직 외부의 사회적 책임영역까지 확대 해석될 수 있다. 예를 들어, 조직의 모집과 선발 시 성별이나 출신배경에 따라 차별을 둔다면 조직 외부의 지원자들까지도 그 조직을 불공정한 조직으로 생각하게 된다.

5) 조직과 이해관계자 간의 균형이론

조직 외부의 윤리는 그 대상이 주주를 비롯한 이해관계자들이며, 그들에 대한 기업의 책임과 의무를 의미한다.

조직 외부의 윤리 역시 종업원과 조직의 선의지와 동일한 논리로 공헌과 유인 메커니즘이 적용된다. 예를 들어, 주주들은 투자자본을 통해 조직에 공헌을 한다. 그리고 조직에서는 주주들의 공헌에 대한 대가로 배당금을 지급하거나 주식의 가치를 높임으로써 주주들에 대한 유인을 한다.

그러나 경영자와 종업원 그리고 조직과 이해관계자들 서로가 기대하고 요구하는 것에 대한 판단은 항상 주관적인 지각에 달려 있다. 서로가 균형을 이루었다고 해서 서로에 대한 만족이 충족되어지는 것은 아니다. 균형은 단지 불만족하지 않는 수준으로 서로가 지켜야 할 최소한의 도덕적 의무일 것이다. 서로의 만족을 위해서는 서로가 원하는 것 이상을 제공하려는 선의지가 중요하다.

다시 말해, 이해관계자들은 조직에서 바라는 것 이상의 공헌을 하려고 해야 하고, 조직에서는 이해관계자들의 공헌에 대해 그 이상의 유인(보상)을 제공해 주려는 적극적인 선의지가 있어야 한다. 이러한 조직과 종업원 그리고 이해관계자들 간의 유인과 공헌에 대한 선의지의 상호균형은 윤리적 인적자원관리를 할 수 있는 최소한의 의무들이다.

6) 윤리적 인적자원관리의 기본 메커니즘

윤리적 인적자원관리의 기본 메커니즘에는 조직 내부의 종업원들에 대한 공정한 성과평가와 보상 그리고 조직 외부의 이해관계자들의 조직에 대한 각각의 기여와 공정한 보상의 균형관계 모두를 의미한다.

특히, 조직과 종업원 간의 고용관계는 단지 조직 내부의 문제로만 국한되는 것이 아니다. 종업원은 조직의 종업원일 뿐만 아니라, 사회를 구성하는 구성원이므로 사회적 고용관계로 파악할 수 있기 때문에 조직 외부의 윤리적 문제와 동일함을 인식해야 한다. 또한 이해관계자들 역시 조직의 공헌하는 사람들로 그들에 대해 조직이 유인의 책임을 갖는다.

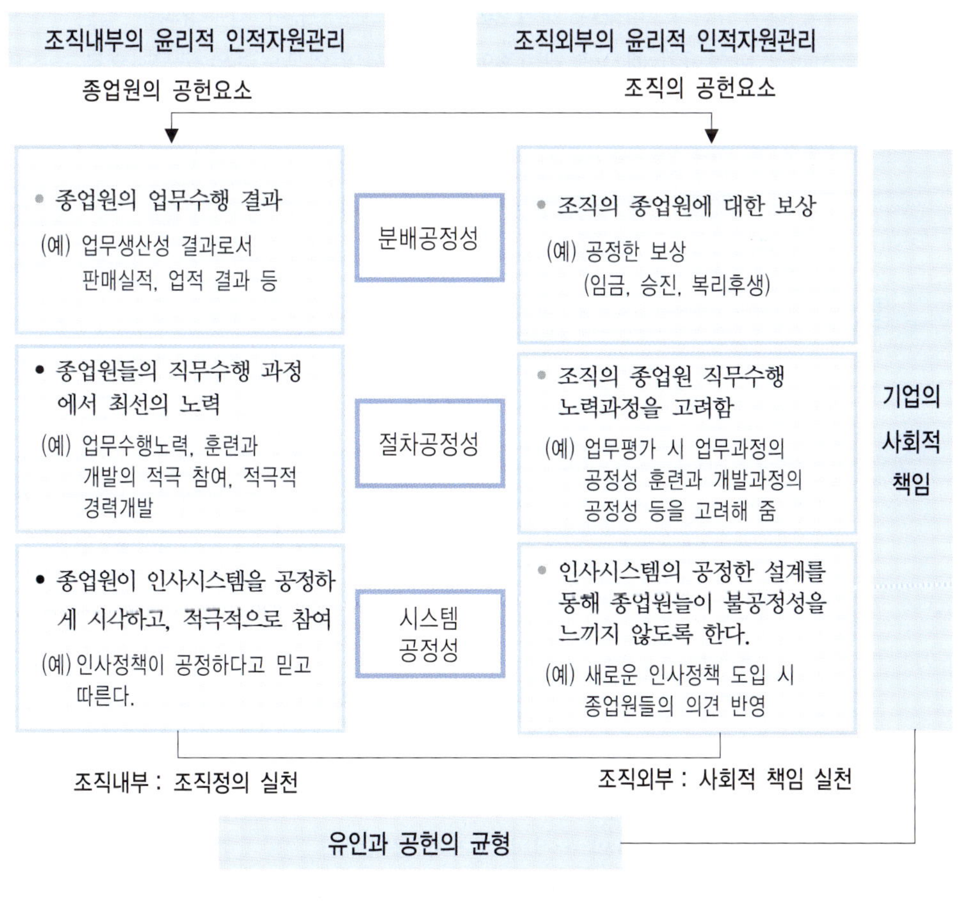

그림 11-4. 윤리적 인적자원관리의 기본 메커니즘

윤리적 인적자원관리는 이미 언급한 바와 같이 조직정의와 사회적 책임을 실현하기 위한 인적자원관리 활동으로서 조직 내부와 외부의 활동을 포함하는 광범위한 실천적 의미를 갖고 있기 때문에 어느 한 부분이라도 윤리적이지 못하면 윤리적 기업이 될 수 없다.

7) 윤리적 인적자원관리의 결과

윤리적으로 인적자원을 관리하면 그 결과는 다음과 같다.

첫째, 업적 유효성(performance effectiveness)을 극대화시킨다. 조직에서 개인의 업적을 공정하게 평가하면 할수록 개인은 자신의 업적결과를 인정해 주는 조직에 대해 애착을 갖는다. 그리고 업무결과의 긍정적인 피드백은 종업원 개인의 업무노력을 더욱 강화시킨다. 더구나 개별 종업원의 노력을 통한 업무성과는 집단과 조직의 업무성과로 반영되기 때문에 개별종업원의 최선의 업무노력은 궁극적으로 조직의 생산성을 극대화시킨다.

둘째, 공동체의식을 함양시킨다. 유연성이 강조되는 오늘날의 기업조직에서는 공동체의식의 배양이 매우 중요하다. 예컨대 팀조직, 태스크포스(task force), 기능을 뛰어넘는 특수조직 등은 자신들의 일정한 기관과 일정한 인원과의 접촉을 통해 일정한 목표달성만을 목표로 하기 때문에 자신이 속한 조직의 공동목표가 무엇인지를 간과하기 쉽다.

그러나 조직정의를 통해 개인이 지각하는 공정성은 구성원들로 하여금 자긍심을 느끼게 하여 기업에 대한 강한 애사심을 갖게 하며, 개인과 조직의 역할이 분리되는 것이 아니라, 조직의 일을 곧 자신의 일로 여기는 공동체의식을 강화시키게 된다.

셋째, 자긍심 제고 및 근로생활의 질(Quality of Working Life)을 향상시킨다. 개인은 누구나 사회적으로 가치 있는 사람이 되기를 소망한다. 자신이 수행한 업무의 과정, 수행결과, 그리고 자신이 속한 시스템의 공정함을 통해 자신의 가치를 평가받는다는 것만으로도 자아실현 및 조직에 대한 자긍심을 가질 수 있다.

따라서 조직정의의 실천은 자신의 가치와 자긍심을 높이고 조직 내에서 얻은 행복감을 통해 직업생활을 긍정적으로 인식할 수 있다.

넷째, 윤리적 국가에로의 발전과 윤리적 글로벌리즘을 지향한다. 윤리적 인적자원관리는 조직과 종업원, 그리고 조직과 이해관계자들과의 균형관계를 토대로 하기 때문에 단순히 조직에 국한된 문제가 아니다. 조직과 구성원, 조직과 이해관계자들에 대한 윤리적 인적자원관리를 통해 윤리적 국가로 거듭날 수 있는 사회적 차원으로 승화될 필요가 있다. 이를 위해서는 정부와 사회의 관심이 필요하다.

조직 내부의 윤리적 인적자원관리를 통해 자발적인 윤리의 실천과 정부의 사회적 차원에서의 윤리적 균형관계는 조직의 국제경쟁력은 물론 윤리적 국가로 발전하기 위한 원동력이 된다.

국제화시대를 맞이하여 윤리적 인적자원관리를 통한 국내 조직활동뿐만 아니라 세계적인 무대에서도 효과적인 경영활동을 하기 위해서는 세계 공통적 성격의 윤리적 글로벌리즘(ethical globalism)이 필요한 때이다.

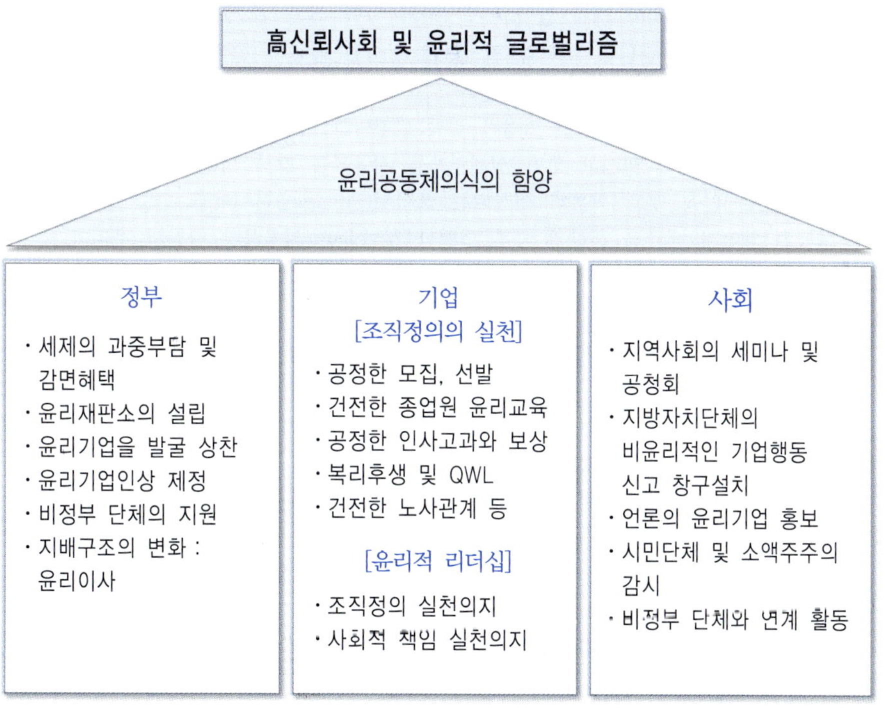

그림 11-5. 윤리적 인적자원관리의 실천 결과

국제무대에서의 윤리적 실천은 국내에서의 그것보다 훨씬 복잡하다. 왜냐하면 국제무대에서는 상거래의 윤리적 기준이 문화적으로 상이하게 이해되고 실천되기 때문이다. 예컨대 이슬람문화에서는 이자를 받는 것은 죄악시하고 있다. 국제사회에서 윤리적 조직의 위상을 정립하기 위해서는 문화적 상대주의의 철학을 이해하여 윤리적 행위의 글로벌리즘을 이해해야 한다. 이는 부패라운드에 대한 준비를 위해서도 필요하다.

이러한 조직 내・외부의 조직정의에 대한 선의지의 실천과 정부와 사회의 지속적인 관심을 통한 윤리적 인적자원관리를 통해 우리 사회가 高신뢰사회와 윤리적 글로벌리즘을 지향할 수 있다.

[사례 1] 좋은 돈이란?

벤은 타이어를 파는 대형 유통체인점에서 일하는 영업 팀 리더이다. 회사는 매우 공격적으로 사세를 확장하고 있으며 매달 새로운 점포들을 오픈하고 있다. 벤은 매우 야심이 많으며 자신이 영업에서 확실한 성과를 보여주는 경우 조직 내에 승진 기회가 매우 많다고 생각하고 있다. 모든 소매회사들이 그렇듯이 벤의 회사 역시 실적에 대한 압박이 매우 크며 끊임없이 지역 미디어에 실리는 광고와 함께 새로운 판매 캠페인과 판매원에 대한 인센티브가 실시된다.

벤의 상사인 존은 거두절미하고 회의에서 다음과 같이 말한다. "여러분, 중요한 소식이 있습니다. 판매실적을 높이기 위해 특정 브랜드에 따라 일정한 단기 인센티브를 지급하는 방식 대신 회사는 벤필드 타이어(Benfield Tires)회사와 독점 판매계약을 맺고 새롭게 생산되는 보이져(Voyager)타이어를 전량 공급받아 판매하기로 했습니다. 독점 계약은 당연히 대규모 물량에 따른 엄청난 할인율을 의미하며 따라서 우리가 이 타이어를 팔면 팔수록 과거에 비해 훨씬 더 많은 돈을 벌수 있습니다. 회사도 돈을 벌지만 당연히 우리도 많은 보너스를 받게 될 것입니다. 모두들 이 타이어의 판매에 전력을 기울이시기 바랍니다. 만약 이번 계약에서 많은 판매성과를 낼 수 있다면 다른 회사들과의 계약이 줄을 잇게 될 것입니다. 우리한테 엄청난 이익이 기다리고 있는 셈입니다."

그 말을 끝내자마자 존은 판매 인센티브에 대해 자세한 내용을 설명하기 시작했고 벤과 다른 팀장들에게 만약 보이져 타이어 물량을 제대로 소화할 수 있다면 앞으로 다가올 몇 개월 동안 받을 수 있는 수천달러의 보너스를 강조했다. 추가적인 수입이 생기는 것이야 좋은 일이기는 하지만 시장에 알려져 있지 않은 제품을 그렇게 공격적으로 밀어내기 식 판매를 하는 것에 대해 존은 상당히 걱정이 되었다.

그래서 가장 경험이 많은 타이어 기술자인 릭과 그에 관한 이야기를 하기로 결심하였다. 릭은 25년 이상을 회사에서 일한 경험 많은 기술자였으며 젊은 친구들은 그를 가리켜 '피 속에 고무가 흘러 다닐 것'이라거나 또는 '헨리포드 T모델 라인에서 일을 시작했을 것'이라고 농담을 하고는 했다.

"그래서 릭, 새로운 타이어 보이져에 대해 어떻게 생각해? 정말 그 계약이 고객에게도 좋은 선택인가? 아니면 단지 우리가 돈을 벌기에만 좋은 일이야?" 릭의 대답은 짧고 명확했다. "내가 제품의 기술적 스펙을 살펴보았는데 좋지 않아. 벤필드는 비용을 줄이기 위해 품질을 떨어뜨린 거야. 다른 공급업자들의 제품 표준과 비교했을 때 보이져 타이어는 2등급이거나 아니면 그 이하야. 내 차에 이 타이어들을 장착하라고는 하지 말게. 처음 만오천 마일 정도만 품질을 유지할 수 있을 테니 말이야. 이 타이어를 우리 회사의 간판 모델로 판매를 한다는 것은 위험한 일이라고 생각해."

질문

1. 만약 벤이 벤필드 보이져 타이어의 제품 품질의 문제점을 제기하면 그는 내부고발자가 될 가능성이 있다. 이 챕터의 본문에는 내부고발과 외부고발의 차이가 설명되어 있다. 만약 벤이 문제점을 제기하기로 결심한다면 어느 방식을 취하는 것이 좋을까?
2. 내부고발이 윤리적인 것으로 간주되기 위한 5가지 조건이 이 탭터에 제시되어 있다. 상사인 릭은 부하인 벤에게 벤필드 보이져에 대한 충분한 정보를 제공했다고 볼 수 있는가?
3. 벤은 지금 어떻게 행동해야 하는가?

[사례 2] 좋은 돈이란? — 벤이 결정을 내리다

벤은 그날 저녁 내내 잠을 설쳤다. 그는 타이어에 관해서는 릭이 가장 믿을만한 기술자라고 생각해왔으며 릭이 어떤 특정 타이어 모델에 대해 그렇게까지 부정적인 견해를 보인 적이 한번도 없었기 때문이다. 게다가 회사가 그토록 공격적으로 팔려고 하는 타이어의 평판을 떨어뜨림으로써 릭이 얻을 수 있는 것은 전혀 없었기 때문이다.

따지고 보면 과거에도 회사는 중고 타이어를 판 적도 있었다. 돈을 조금 아끼려고 고객들을 위해 중고를 팔기도 했었던 것이다. 그것과 이것이 무엇이 다른가? 게다가 릭은 벤과는 달리 판매실적을 높여야 한다는 압력에서 벗어나 있었다. 그러나 벤은 매주 판매실적을 달성해야만 하는 처지이다. 만약 회사가 벤필드 보이져의 판매를 밀어붙인다면 벤의 상사인 존은 벤이 그 타이어를 수십개씩 갈아 치우는 것을 기대할 것이 분명했다.

그러나 만약 릭의 말이 옳다면 어떻게 할까. 만약 벤필드 회사가 비용절감을 위해 코너 부분을 깍아서 타이어를 만들었다면 말이다. 자칫하면 과거 파이어스톤(Fire stone)참사와 같은 대형사고가 발생하지 않으리라고 누가 자신 있게 말할 수 있을까.

이러한 정보를 알게 된 벤은 어떻게 해야 하는가? 릭이 타이어의 안전이 그토록 우려가 된다면 왜 자기 자신이 직접 그 문제를 제기하지 않는 것인가. 회사는 만약 회사 내의 문제가 존재하는 경우 종업원들에게 핫라인을 사용하도록 홍보를 해 왔다. 왜 벤 자신이 무엇인가 말하지 않으면 안 되는 것일까. 그는 이 일자리가 절실히 필요한 처지이다. 점포에서 일하는 다른 사람들과 마찬가지로 지급해야 하는 청구서들이 밀려 있는 것이다. 게다가 청구서 금액은 점점 올라만 가고 그에게는 그 어느 때 보다도 보너스가 절실히 필요한 시점이다.

벤은 몇 시간을 더 뒤척이다가 드디어 마음을 굳혔다. 릭의 우려가 사실일지도 모른다. 그러나 그는 그런 견해를 보인 단 하나의 사람일 뿐이다. 본사의 사람들도 릭과 같이 타이어의 다양한 스펙들을 검토했을 것이 분명하다. 그들이 문제가 없다고 판단했다면 벤 자신도 마찬가지 입장을 취하는 것이 당연하지 않은가. 릭의 말만 듣고 도박을 할 수는 없다는 생각이 들었다. 회사가 벤필드 타이어를 신뢰한다면 벤도 회사의 다른 누구보다도 열심히 그 타이어를 팔아야 하지 않겠는가.

2주 후에 3명이 탑승했던 미니밴이 치명적인 사고를 당했으며 남편과 아내 그리고 그들의 어린 아들이 사망했다. 그 미니밴은 1주 전 벤이 일하는 점포에서 벤필드 보이져를 장착해 주었던 차였다.

질문

1. 앞으로 어떤 일이 벌어질 것으로 생각하는가?
2. 이 사고로 벤, 릭, 타이어 점포 그리고 벤필드에 어떤 영향이 있을 것으로 생각하는가?
3. 벤이 보이져 타이어의 문제점에 대해 공개적으로 의견을 제시했어야 하는가?

Ⅲ. 윤리적인 마케팅활동

마케팅윤리(marketing ethics)란 기업환경변화에 능동적으로 적응하면서 현재 또는 잠재적 최종소비자나 사용자의 욕구를 충족시킬 수 있는 재화와 용역(service)을 가장 윤리적으로 제공하기 위하여 제품, 판매경로, 가격, 판매촉진, 물적 유통 등의 경영활동을 효과적이고 윤리적으로 수행하려는 행동 또는 시스템을 의미한다.

오늘날의 마케팅활동에서는 기업이 소비자의 욕구를 선행적으로 파악하여, 이를 충족시켜 줄 수 있는 제품이나 서비스를 생산한 다음, 이를 판매・유통시키는 일련의 활동으로 그 영역이 확장되고 있다. 이렇게 소비자의 욕구를 만족시키는데 관련된 활동들은 소비자 중심주의, 소비자의 장기적 복리증진이라는 새로운 마케팅 개념까지 등장시키고 있다. 그리고 새롭게 대두되고 있는 마케팅활동의 개념에서는 소비자만족의 극대화를 통한 기업목표 추구를 가장 중요하게 인식한다.[4)]

따라서 마케팅 분야에서의 윤리적 이슈는 소비자들의 입장에서 볼 때 그 가시성이 매우 높기 때문에 소홀히 다루어져서는 안 된다. 마케팅활동에서 윤리에 대한 인식은 사회적 마케팅(societal marketing)이라는 개념과 함께 본격화되었다고 볼 수 있는데, 사회적 마케팅은 하나의 마케팅 철학으로서, 기업이 수익목표를 달성하기 위하여 목표시장 소비자들의 욕구를 만족시켜 주되 그들과 사회 전체의 복지를 유지하고 향상시키는 방법으로 해야 한다는 것이다. 또한, 사회적 마케팅의 개념은 기업의 사회적 책임(social responsibility)과 환경에 대한 책임(environmental responsibility)이 강조된 개념이라고 볼 수 있으며, 기업이 사회적 책임을 다하는 일이 기업의 이미지를 제고하고 궁극적으로 기업의 목적을 달성하는 데 도움이 된다

4) 조동성, 경영학원론, 서울경제경영, 2001, p. 438.

는 생각에 기초한다.

따라서 오늘날 사회적 마케팅은 다음과 같은 여러 가지 형태로 발현되고 있다.

첫째, 환경친화적이면서 실용성 있는 제품을 개발하여 그 결과를 매출과 수익에 직접 연결시키는 형태로 발현된다. 예를 들면, 에너지효율이 높은 절전형 가전제품을 개발하는 경우가 이에 해당된다.

둘째, 자선단체나 사회에 기부금을 납부함으로써 기업이미지를 제고시키고 이를 통해 제품의 매출을 신장시키려는 노력이다. 이를 사회운동마케팅(CRM: cause-related marketing)이라고도 한다.

셋째, 사회적 캠페인을 전개함으로써 윤리적 기업으로서의 인식확산과 기업이미지 제고에 긍정적 효과를 얻으려는 것으로서, 음주운전의 위험성을 알리는 교육 캠페인을 벌인다든지, 기업차원에서 자원봉사활동을 장려하는 것 등을 예로 들 수 있다.

넷째, 무해한 환경관련 제품을 생산・판매하는 그린마케팅(green marketing) 형태가 있다. 영국의 한 화장품회사는 천연원료를 사용하고, 포장을 최소화하며, 용기를 재활용하고, 동물실험을 반대하는 운동을 전개함으로써 그린마케팅 기업의 좋은 본보기가 되고 있다.

따라서 현대적 의미의 마케팅윤리는 ① 대량생산시대의 대량판매의 윤리적 행동규범을 만들고, ② 소비자중심의 생활수준 향상에 적합한 재화와 용역을 제공하고, ③ 마케팅부문의 고용윤리를 정립한다. ④ 그리고 윤리적 제품(ethical production), ⑤ 윤리적 가격(ethical price), ⑥ 윤리적 촉진(ethical promotion), ⑦ 윤리적 경로(ethical place) 등을 통하여 사회적 마케팅의 실천과 판매시너지효과를 극대화시키는 것을 의미한다.

1. 마케팅활동의 윤리적 기준

마케팅활동에서 적용되어야 할 윤리적 기준은 다음과 같다.

1) 자유경쟁과 시장의 효율성

자본주의는 사유재산의 보호와 영리추구 및 자유경쟁을 그 특징으로 하고 있다. 따라서 자유경쟁체제가 유지・존속되기 위해서는 무엇보다도 공정한 게임의 룰(rule)이 적용되어야 하고, 시장 참여자들은 이를 엄정하게 준수하여야 한다.

그러나 현실적으로는 기업들의 비윤리적인 행동(예컨대 담합행위, 허위 · 과장광고와 선전 등)으로 시장의 효율성이 저하되고 공정한 게임의 룰이 훼손되는 경우가 많다.

사회경제활동에서 공정하고 정직한 경쟁이 없거나 혹은 그러한 경쟁을 유발하고 유지시킬 법칙 · 윤리적 규범이나 게임의 룰이 없다면 시장경제체제는 존립할 수 없을 것이다.

2) 상황적인 윤리관

철학자 흄(David Hume), 벤담(Jeremy Bentham), 밀(John Stuart Mill) 등은 "주어진 상황에서 가장 윤리적으로 올바른 행동은 가장 많은 사람들에게 가장 많은 혜택 또는 효용을 주는 것"이라고 하는 효용의 원리 또는 실용주의(utilitarianism)를 주장하였다.

이들의 주장은 이해(interests)와 권리(rights)가 얽혀 있는 상황에서 유용하게 적용될 수 있는 윤리지침이라고 할 수 있지만, 자신의 권리나 이해가 항상 어떤 절대적인 기준이 아닌 상대적 기준, 즉 다른 사람의 그것들과 비교되어 윤리적 판단이 이루어지기 때문에 다음과 같은 몇 가지 문제점을 내포하게 된다.

첫째, 다른 사람들에게 줄 수 있는 혜택이나 효용을 어떻게 측정할 것인가 하는 문제이다. 현실적으로 어떤 행위의 결과가 가져올 이익과 불이익의 크기를 계산한다는 것은 실로 어려운 문제이다.

둘째, 전체적인 효용의 크기가 긍정적인 결과에서 부정적인 결과를 뺀 나머지라고 말할 수 있는가 하는 문제이다. 예컨대 1천만명당 1명꼴로 치명적인 부작용을 일으키지만 나머지 사람들에게는 두 배의 약효가 나타날 수 있는 진통제의 경우를 생각해 보자. 이 제품을 판매하는 것은 윤리적인가?

셋째, 상대주의(relativism)에 의하면 시장에서 특정 기업의 윤리성은 다른 기업의 윤리성과 비교되어 결정될 수 있다. 이렇게 되면 모든 기업들은 각자 경쟁사보다는 상대적으로 윤리적임을 주장할 것이므로, 절대주의 윤리기준이 없이는 모든 기업이 가장 낮은 곳, 소위 윤리적 함정(moral quicksand)에까지 빠져들 수 있다.

3) 칸트의 지상명령론

지상명령론(categorical imperative)이란 양심의 절대 무조건적 도덕률에 대한 복종을 의미하는 것으로서 임마누엘 칸트(Emmanuel Kant)가 상대적 윤리관의 대안으로서 주장하였다.

그는 "자신의 어떤 행동을 모든 사람들이 똑 같이 한다고 하였을 때 문제가 없으면 그 행동은 올바른 행동이다"라고 했다. 즉, 그 행동의 지속적이고 거시적 효과가 윤리적 기준으로 작용한다는 것이다.

4) 종교적 윤리관

시장의 윤리는 그 사회에서 가장 보편화된 종교적 신앙에 근거하고 있는 경우가 대부분이다. 미국의 경우를 보면, 기독교 신앙의 헌법, 법률, 규정 등의 형성에 지대한 영향을 행사하여 왔음을 알 수 있다. 따라서 미국의 마케팅 윤리규범은 기독교적 윤리규범에 입각하여 평가하는 것이 당연하다. 그 사회에 가장 보편화된 윤리규범이 존재할 때에는 시장 참여자들의 행동은 예측할 수 있고 신뢰를 쌓아갈 수 있다.

우리나라의 경우는 인간에 대한 사랑과 존경과 신뢰를 근간으로 하는 유교사상과 남에게 대접을 받고자 하는 대로 먼저 남을 대접하라는 기독교 사상이 윤리관의 기초가 되어야 할 것이다. 그러나 종교나 사상에는 자유가 있으므로 시장에서는 여러 공존하는 종교에 기초한 윤리관을 생각할 수 있다.

2. 윤리적 제품관리

마케팅활동은 여러 가지로 구분할 수 있으나 가장 보편적인 분류방식은 메카시(E. J. McCarthy)의 마케팅 믹스(marketing mix)의 네 가지 요소, 즉 제품(product), 가격(price), 판매경로(place 또는 channel), 촉진(promotion)으로 분류하는 방식이다.

소비자의 욕구를 충족시켜 주기 위한 수단으로 사용되는 마케팅 믹스 중 가장 중요한 것은 제품(product)이다. 좋은 제품이 있어야 그것을 둘러싼 나머지 믹스전략이 구상될 수 있기 때문이다.

오늘날 기업은 소비자들에게 안전한 제품을 제공해야 한다. 그리고 제품이용에 따른 모든 위험을 공시하여 소비자들이 구매하기 전에 그것을 알 수 있게 해야 하며, 제품의 원료, 성분, 내용물 등이 포장에 명시되어 소비자들이 비교판단을 할 수 있도록 도와주어야 한다.

오늘날 기업의 제품전략은 ① 제품안전문제, ② 제조물책임문제, ③ 제품모조문제 등과 같은 많은 윤리적 이슈를 내포하고 있다.

1) 제품안전문제

제품관리에 있어서 윤리적으로 문제가 되는 것은 제품 자체의 결함이나 제품이 위험하게 만들어진 경우 및 건강식품에 발생하는 위험 등과 같은 문제인데, 이에 대한 규제를 강화하기 위하여 각종 법규로서 제품안전을 요구하고 있다. 이와 같은 제품안전과 관련해서는 다음과 같은 세 가지 경우가 중점 논의되고 있다.

첫째는 제품 자체의 결함으로 인하여 안전사고가 발생하는 경우이다. 특히 어린이 장난감의 경우 이런 문제가 많이 발생하는데, 이때 제품의 결함이란 성능과 부품의 결함뿐만 아니고 디자인의 결함 때문에 어린이들이 상처를 입는 경우가 많다. 따라서 제품 자체의 결함 때문에 소비자가 피해를 보지 않도록 제품안전에 관한 윤리규정을 제정하여 시행할 필요가 있다.

둘째는 제품 자체가 위험하게 만들어진 경우이다. 예컨대 고속도로에서 제한속도가 시속 100㎞인데 시속 180㎞의 성능을 낼 수 있는 오토바이를 제조·판매하는 경우이다. 이 때문에 속도와 스릴을 즐기려는 많은 사람들이 희생을 당하고 있다.

이러한 제품에 대해서는 두 가지 상반된 견해가 있다. 즉, 사용자가 그 위험성을 충분히 알고 사용하기 때문에 위험은 사용자의 책임이고 기업에는 책임이 없다는 입장이 그 하나이다. 그러나 피해가 크면 법적으로 제재를 하지 않을 수 없게 된다. 가령 18세 미만 청소년의 사용을 금지한다든지, 아니면 제품 자체의 사용을 전면 금지할 수도 있다. 이러한 법적 규제는 사회적 여론을 반영하는 것이기 때문에 기업에서는 정부의 이러한 규제가 나오기 전에 적절한 안전대책을 강구할 필요가 있다.

셋째, 건강에 좋다는 식품 때문에 발생하는 위험이다. 건강식품을 마치 만병통치약인 것처럼 허위·과장하여 판매하는 경우나, ××병에 특효라는 식품이 때로는 유해무익한 식품이거나, 건강에 치명적인 유해만을 가하는 식품인 경우도 있다.

그래서 제품의 안전을 보장하기 위하여 '품질보증'이나 '제품보증'을 한다. 다시 말해 기업에서는 제품의 성능이나 안전을 보증한다는 문구를 제품에 표시하거나 또는 별도의 보증서에 명시하여 제품을 판매하는 경우가 있다. 이렇게 법적으로 최소한의 안전보장을 의미하는 '문서보증'보다도 윤리적으로 더 큰 의의를 갖는 것은 '묵시적 보증'이다. 묵시적인 보증은 문서로 표시되지 않더라도 당연히 제품이 설계된 기능을 하고 또 안전할 것이라고 기대되는 수준의 안전을 의미한다. 따라서 묵시적인 보증도 문서화되지는 않았지만 마땅히 지켜져야 한다.

2) 제조물책임

제조물책임(product liability: PL)이란 제품의 결함 또는 부족한 안전성으로 인하여 사용자가 인적 · 물적 · 정신적 피해를 당했을 경우, 그 제품의 공급자가 배상을 해야 하는 제도를 말한다.

이러한 제조물책임요건이 민법상 불법행위에 대한 책임요건과 다른 점은 민법상의 불법행위에 대한 책임은 제조업자의 고의나 과실이 입증되어야 하고, 그것과 손해발생 사이에 입증할 수 있는 인과관계가 존재해야 한다. 그러나 제조물책임의 경우에는 제조업자의 고의나 과실이 없어도 제조물 자체에 결함이 있고, 그 제조물의 결함과 손해발생 사이에 인과관계가 있으면 책임을 져야 한다.

제조물책임제도는 1963년 미국에서 가장 먼저 도입하였는데, 최근 제조물책임 배상사건 발생건수가 연평균 2만 건 정도나 되며, 평균배상금도 1건당 1백만 달러 정도이다.

한편, 유럽에서는 1987년 유럽연합(European Union : EU)각료회의에서 12개 가맹국들이 PL제도의 도입실시를 결의하였고, 이후 대부분의 회원국들은 PL제도의 입법화를 완료하여 시행하고 있다. 일본의 경우에는 1994년 6월 PL법이 공포되어 1995년 7월 1일부터 시행되고 있다. 우리나라에서도 제품결함으로 인한 소비자의 피해보상을 보장하는 '제조물책임법'이 2002년 7월 1일 시행되었다.

제조물책임제도(PL)와 관련된 또 하나의 문제는 '제품회수제도'(product recall)인데 이는 애프터서비스(after service)에시 제품을 교환해주는 것과는 다르다. 제품에 하자가 있을 경우 이를 제조 · 판매한 사업자가 스스로 하자 있는 제품을 수거 · 교환 · 수리 · 보상해 주거나 혹은 정부에서 그것을 명령할 수 있다.

그리고 제품회수제도가 갖는 특징적인 차이점은 사용자의 요구가 있을 경우에만 제품을 교환해 주는 애프터서비스와는 달리, 모든 사용자에게 제품을 수거 · 교환해 준다는 점이다.

표 11-3. 제조물책임제도와 제품회수제도의 차이점

구분	제조물 책임제도(product liability)	제품회수제도(product recall)
성격	민사적 책임	행정적 책임
기능	사후적 손해배상 책임	사전적 제품회수
근거법률	제조물책임법	소비자보호법, 대기환경보존법, 자동차관리법, 식품위생법
요건	1. 제조물의 결함이 있을 것 2. 손해가 발생했을 것 3. 결함과 손해의 인과관계가 있을 것	제조물의 결함으로 손해가 발생하였거나 손해가 발생할 위험이 있을 것

3) 제품모조

제품모조(product counterfeit)란 허가 없이 제품, 발명품 또는 상표를 모방하거나, 제품의 원산지를 허위로 표시하거나, 상품등록권을 침해하는 행위를 말한다.

이러한 행위는 비윤리적인 행위인 동시에 불법행위가 된다. 보다 구체적인 제품모조행위의 사례를 살펴보면 다음과 같다.

첫째, 다른 회사의 제품 자체를 복사 또는 모방하는 행위
둘째, 상품화되지 않은 다른 회사의 발명품을 복사 또는 모방하는 행위
셋째, 시장에 나와 있는 다른 회사의 상표를 복사 또는 모방하는 행위
넷째, 제품의 원산지(Made in ×××)를 허위로 표시하는 행위
다섯째, 남의 상표를 도용하는 행위 등이다.

제품모조행위가 왜 비윤리적이며 불법적인가? 이에 대한 문제는 다음과 같은 두 가지 차원에서 접근할 수 있다.

첫째, 많은 시간과 비용을 투입하여 만들어 놓은 다른 회사의 제품, 명성, 상표 등을 아무런 노력도 하지 않고 이용하는 것은 마땅히 해서는 안 될 일이며, 따라서 비윤리적인 행위로 비난받고 법적으로 규제받아야 한다.

둘째, 모조품이 진품과 동일하거나 흡사해서 소비자가 구별하기 어려운 경우에는 그 모조품의 판매량만큼 진품시장이 잠식당하게 된다.

상표란 제조업자가 자기의 제품을 다른 회사의 제품과 구별하기 위하여 사용하는

단어, 이름 또는 상징을 의미하는 것으로서 상표법에 의하여 등록하면 법적인 보호를 받을 수 있다. 물론 국제적인 법적 보호를 받으려면 각 나라마다 개별적으로 상표를 등록해야 한다.

세계화・개방화・국제화가 빠르게 진전되어 가고 있는 오늘날, 제품모조는 무역거래를 방해하고, 유통질서를 손상시켜 자유경제체제에 커다란 해가 되고 있다.

따라서 이러한 행위를 금지하려는 노력이 국제적으로 추진되고 있으며, 제품모조를 허용하고 있는 나라의 제품은 수입을 거절하거나 거액의 손해배상을 청구하게 되어 국제적으로 문제되고 있다.

이러한 문제를 체계적으로 해결하기 위하여 만들어진 것이 세계무역기구(World Trade Organization: WTO)이다.

4) 제품관리와 윤리성

제품안전과 제품모조는 국민의 건강에 직접 영향을 미치고 유통과 국제무역질서를 해치기 때문에 오늘날 대부분의 국가에서는 강력하게 법적으로 이를 규제하고 있다. 그러나 다음과 같은 제품들은 법적으로 규제는 하지 않지만 윤리적으로는 문제가 되고 있다.

(1) 사회적으로 유해한 제품(담배, 술)

사회적으로 가장 논란의 대상이 되고 있는 제품은 담배와 술이다.

담배는 제조업자의 권유대로 사용을 해도 사용자의 건강을 헤친다는 명백한 증거들이 있기 때문에 과잉사용이 문제가 되는 술과는 성격이 다르다.

미국의 담배제조업자들은 담배가 몇몇 질병과는 관련이 있지만 폐암을 유발한다는 증거는 없다고 주장하기도 하고, 담배광고는 비누광고, 세제광고와 미친가지로 금지되어서는 안 되며, 합법적 제품이기 때문에 그 제품에 관한 정보전달을 하는 것은 침해할 수 없는 권리라고 주장한다.

그러나 제품제조업자는 사회에 대하여 두 가지 책임 있다. 하나는 자기제품이 초래하는 결과에 대해서 책임을 져야 할 의무가 있고, 다른 하나는 제품의 위험성에 대하여 사용자에게 알릴 의무가 있는데 이 의무를 지키지 않으면 소비자와 정부로부터 규제를 받게 된다.

한편, 술은 마시는 것이 문제가 되는 것이 아니고 과음하는 것이 문제가 된다. 따라서 과음을 정부에서 더 규제하기 전에 업계에서 스스로 제한을 시켜야 한다. 예컨대 술 광고를 하면서 '적당히 마시지 않으면 당신의 건강을 해칩니다' 등의 문구를 광고에 삽입하는 것도 좋을 것이다.

(2) 공해를 유발하는 제품과 과잉포장

아무리 유용한 제품이라 할지라도 지구환경을 오염시키는 제품은 윤리적으로 문제가 된다. 예컨대 오존층을 파괴하는 에어로솔 스프레이, 분해되지 않는 포장재를 사용한 제품, 각종 화공약품 및 세제, 병원의 의료폐기물 등이 문제가 되고 있다.

또한 최근에는 제조업자나 사용자가 마땅히 부담해야 할 비용을 다른 사람들에게 전가시키는 '외부비용'(external cost)도 윤리적으로 문제가 되고 있다. 오늘날 제조업자들이 이 비용을 수용하지 않으면 사회로부터 압력을 받게 된다. 예컨대 코카콜라 빈깡통이 지리산 천왕봉에 널려 있으면 이것은 코카콜라회사의 이미지를 나쁘게 하는 '광고물'이 되며, 자동차를 판매하여 이익은 자동차회사가 얻었는데 매연의 피해는 일반시민들에게 돌아간다면 시민들은 '배기통을 틀어막아라!'라는 요구를 할 수도 있다.

그리고 제품의 과대포장 또한 윤리적으로 문제가 되고 있는데 제품의 윤리적 포장방법은 다음과 같다.

첫째, 포장의 크기는 내용물 부피의 110~115% 이내로 한다.
둘째, 포장재료는 쉽게 분해되는 재료 또는 재생재료를 사용한다.
셋째, 소비자가 포장을 적게 하도록 유도해야 한다.
넷째, 스프레이, 소독약 등 위험물포장은 위험표시가 뚜렷해야 한다.
다섯째, 사용 후 폐기물 회수방법을 구체적으로 명시해야 한다.

(3) 계획적인 구식화

제품의 계획적 구식화(planned obsolescence)란 제조업자가 의도적으로 제품의 수명을 짧게 만들어 소비자로 하여금 제품을 다시 구매하도록 하는 것을 말한다. 이러한 행위는 소비자들에게 새로운 제품을 제공할 수 있는 기회를 갖는다는 긍정적인 측면도 있지만, 과소비를 조장하고, 자원을 낭비하는 측면도 있기 때문에 환경문제 등의 관점에서 신중하게 고려하여야 한다. 그 외 추가적으로 다음과 같은 경우에는 일반적으로 윤리적 기준을 만족시키지 못한다.

첫째, 제품이나 서비스에 대한 소비자들의 불만을 무시해 버리는 경우이다. 즉, 재고품이 다 팔릴 때까지 제품개량을 하지 않는 지연구식화, 그리고 일정기간이 지나면 주요 부품이 못쓰게 되도록 설계하는 의도적 설계구식화 및 구제품 사용자들에게 심리적 부담을 주는 스타일 구식화 등이 이에 해당한다.

둘째, 경쟁사의 제품을 분석하여 유사품을 개발하는 경우이다.

셋째, 사소한 변화만을 추가한 제품을 과대포장하여 신개발 상품인 것처럼 인식하게 하거나 크게 달라진 제품으로 광고하고 가격을 올려 받는 경우이다.

넷째, 동일한 가격에 내용물의 양을 줄임으로써 결국 가격을 올려 받는 결과를 낳게 되는 경우이다.

이들 중에서 자유경쟁체제 하에서는 지연구식화는 문제가 안 되고, 설계구식화도 자유경쟁체제 하에서는 '내구성'을 요구하는 소비자의 수요 때문에 독점제품이 아닌 이상 제조업자가 설계개량을 지연시키기 어렵다. 문제가 되는 것은 과소비 조장과 자원의 낭비라는 관점에서 스타일 구식화가 사회적으로 문제가 되고 있다.

그러나 생활수준의 향상에 따라 개성을 추구하는 것이 소비자의 욕구이고, 또 그것이 '생활의 질'의 향상이라고 생각한다면 스타일구식화도 윤리적으로 크게 문제되지는 않는다. 단, 자원의 낭비문제는 환경보호차원에서 사회적 논의가 있어야 할 것이다.

(4) 혐오제품

교육적으로 문제가 있고, 사회적 가치관에도 위배되는 폭력장난감이나 음란비디오, 무기 등과 같은 제품은 여러 가지 사회적 물의를 일으킨다. 그런데 어떤 것이 사회적 혐오제품이냐 하는 것은 견해가 다를 수가 있다. 대학생들의 기준은 대단히 유연하여 웬만한 것은 다 수용할 수 있는 반면, 노년층이나 종교인들은 일반적으로 엄격한 기준을 적용하고자 한다. 따라서 일률적인 윤리적 기준을 제시하기란 불가능하다.

이 문제에 대하여 기업의 마케팅 측면에서는 두 가지 방법으로 접근할 수가 있을 것이다.

첫째는 장난감을 좋은 목적으로 사용하도록 광고, 지도할 수 있을 것이다. 예컨대 대형 헬리콥터 또는 슈퍼맨이 홍수 또는 불타는 건물 속에 갇힌 사람을 구출하는데 활약하는 장면을 광고하고 그러한 게임을 개발하는 방법을 고려할 수 있다.

둘째는 성인용 비디오와 무기는 목표시장에 정확히 전달하고 그 이외의 다른 사람에게는 전달이 되지 않도록 하는 유통방법을 강구한다.

5) 제품에 대한 윤리성의 평가기준

제품의 윤리성은 마케팅 의도와 방법 및 결과를 기준으로 평가할 수 있다.

(1) 마케팅의도

제품의 윤리성평가에 있어서 문제시되는 특성을 지닌 제품이 의도적이냐 비의도적이냐 하는 것은 중요한 기준이 된다.

이미 사용한 제품을 신품으로 판매하든지, 진품이 아닌 것을 진품으로 판매하는 경우가 이에 해당된다. 즉, 소비자를 속일 의도가 있었다면 그것은 분명히 비윤리적인 행위가 된다.

최근 '식물섬유' 음료는 섬유질음료로서 날씬한 몸매를 갖고 싶어 하는 젊은 여성들 사이에서 인기가 대단하다. 그러나 이것은 '먹을 수 있는 섬유'(dietary fiber)를 말하는데, 일본에서 '食物섬유'로 번역한 것을 국내에서는 한글로서 '식물섬유'로만 표기하여 대다수 소비자들이 '植物섬유'로 오인하게 만들고 있다.

그리고 '무설탕,' '무가당'으로 표시된 음료수의 경우, 소비자들이 달지 않을 것이라고 해석할 수 있도록 되어 있다. 그러나 실제는 '무설탕'은 다른 당은 넣어도 설탕은 넣지 않은 것이며, '무가당'은 과즙 자체에 당은 있어도 별도로 당을 넣지 않은 것이다. 그런데 이렇게 이름을 붙이는 의도가 고의적으로 소비자를 혼동시키려는 것이라면 비윤리적이다.

(2) 마케팅방법

윤리적 제품은 제품의 표시방법, 판매방법 등이 충분히 공개되어야 하고, 구매자에게 충분히 알려져야 한다. 그렇지 못하면 비윤리적인 행위가 된다. 예컨대 1994년 11월 '알지오'(RGO)는 청량음료로 허가를 받았는데, 제조업자는 '이 제품은 알콜 분해효소가 탁월한 천연생약제로 만든 숙취제거 드링크'라고 광고를 하고, '알지오'가 청량음료라는 것을 알리지 않으면 제재를 받게 된다.

(3) 결과

구매한 제품이 소비자가 생각했던 것과는 다른 것을 사게 될 가능성이 있는 판매방식은 비윤리적이다. 예컨대 보험약관의 경우, 일반가입자는 계약서에 적힌 깨알만한 규칙을 다 읽을 수도 없고 읽어도 이해가 어려운 용어들로 규정되어 있다.

그래서 보험사고가 발생했을 경우 결과는 소비자를 불만족스럽게 만드는 경우가 있다.

3. 윤리적 가격관리

자본주의시장경제에서 기업의 가격정책은 다른 마케팅믹스 분야에 비해 가장 강한 법적 규제를 받고 있다. 기본적으로 기업 간에 공정한 경쟁을 저해하는 가격전략은 법적으로나 윤리적으로 허용될 수 없다.

따라서 윤리적 가격은 다음과 같은 두 가지 조건, 즉 비례원칙과 공정원칙에 따라 결정되어져야 한다.

첫째, 비례의 원칙이란 제품이나 서비스의 가격수준은 그것을 사용하거나 소비했을 때 얻을 수 있는 혜택의 크기에 비례해야 함을 의미한다. 그러나 다음의 경우에는 윤리적인 문제가 될 수 있다. 예컨대 생명을 구할 수 있는 유능한 외과의사가 환자에게 특별히 높은 치료비를 요구했을 경우나, 고급향수나 디자이너 시계 같은 사치품의 경우 소비자가 만족스럽게 매입할 수 있다고 해서 터무니없이 높은 가격을 받은 경우에는 윤리적으로 문제가 될 수 있다.

둘째, 공정의 원칙이란 고객에 따라서 가격이 달라서는 안 되고, 공급자에 따라 지불조건이 상이해서도 안 된다는 것이다. 그러나 실제 공정한 가격을 일률적으로 정하기란 매우 어렵다.

여기서 몇 가지 가격윤리에 대하여 살펴보고자 한다.

1) 가격결정의 윤리성

일반적으로 상품의 판매가격은 다음과 같은 기준과 마케팅전략에 따라 결정된다.

- 생산원가에 적정이윤을 계산하여 더한 가격을 판매가격으로 결정하는 방법
- 생산원가와는 상관없이 시장가격을 기준으로 판매가격을 결정하는 방법
- 시장점유율 확대를 목적으로 저가정책을 쓰는 경우
- 제품의 이미지 제고를 위해 고가정책을 쓰는 경우 등이다.

자본주의시장경제의 원리에 따라 결정되는 가격에는 문제가 없으나 높은 가격을 강요하는 것(price gouging)은 문제가 된다. 예컨대 지진, 홍수, 천재지변 등으로 물자공급이 어려울 때 생필품값을 평소보다 터무니없이 높게 받는 경우나, 입찰 시의 가격담합행위 등은 비윤리적인 행위로서 법적으로도 이를 규제하고 있다.

2) 실질적 가격인상의 윤리성

이것은 가격은 인상하지 않으면서 품질수준을 낮추거나 용량을 줄임으로써 실질적으로 가격인상의 효과를 가져 오는 경우를 말한다. 예컨대 담배나 철도운임과 같이 정부의 가격제한품목일 경우 품질이나 서비스의 질을 낮추고, '관습가격'을 변경하기 어려운 제품의 경우에는 용량이나 품질을 낮추는 경우를 볼 수 있는데, 이러한 가격인상방법은 소비자를 기만하는 행위가 되며 비난의 대상이 된다.

3) 가격할인의 윤리성

가격할인문제는 최근 마케팅활동에서 가장 큰 사회적 · 윤리적 문제점으로 대두되고 있다.

가격파괴현상이라는 빌미로 할인점, 프라이스클럽, 아웃렛점, 바겐세일점 등이 유행되면서 더욱 문제가 크다. 소비자의 신제품수용과 유행성이 높은 고가제품의 욕구에 따라 보편화되고 있는 사기세일유행, 가격할인은 정상적인 마케팅활동을 구조적으로 저해할 수 있기 때문에 문제가 아닐 수 없다.

할인판매는 특히 유행성 있는 의류에 문제가 된다. 즉, 유행성 있는 의류는 초기 고가정책을 써서 고가를 받고, 유행이 차츰 보편화되고 쇠퇴해짐에 따라 가격을 인하하는 것이 일반적이다. 경우에 따라서는 유행 초기의 가격, 예컨대 10만원보다 유행 중기는 50%(5만원), 유행 후기는 20%(2만원)정도로 적어진다. 이때 유행 중기에 구입한 상품을 5만원에 판매하면서 '50% 할인!'이라고 하는 경우에는 윤리적으로 문제가 된다.

4) 가격광고의 윤리성

이 문제는 업계가 '가격비교 광고 규정'을 제정하지 않고 있어 발생하는 문제이다. 예컨대 다음과 같은 표시방법은 모두 윤리적으로 문제가 될 수 있다.

- 펜티엄급 PC 60만원! 이라고 크게 광고하면서 '모니터는 별도'라고 깨알만한 글씨로 표시한다.
- 은행에서 정기예금수익률을 광고하면서 복리계산 기간, 예금인출조건 등은 명시하지 않는다.

- 오디오 미니 컴포넌트의 '12개월 무이자 할부판매 단행!'이라고 광고하는데 이것은 논리적으로 맞지 않는다. 그러면 전액 현금가격이면 이 할부가격보다 싸야 하고 따라서 그 차액만큼은 이자에 해당한다.
- '가장 싼 값!'이라고 소매점에서 광고를 하는데 무엇을 기준으로 가장 싼값인지는 알 수 없다.

이러한 광고는 가격에 대한 소비자의 신용을 무너뜨리고 결국은 기업에 손해를 미칠 것이다.

5) 윤리적 가격결정의 원칙

가격의 윤리성은 업계가 공동으로 지켜야 하고, 각 기업도 가격윤리를 지켜야 한다. 이때 윤리적 가격결정의 기본준칙으로서 다음과 같은 것을 생각할 수 있다.

첫째, 소비자가 알 수 있도록 가격은 명확하게 표시한다.
둘째, 소비자가 지불하는 금액이 제품의 가치와 욕구수준에 일치하도록 인식시킨다.
셋째, 소비자 권장가격의 속임수를 배격한다.
넷째, 제품의 품질과 용량의 변화는 가격의 변화와 일치시킨다.

4. 윤리적 유통관리

자유시장경제체제에서는 유통경로상의 힘의 역학관계에서 윤리문제가 발생하게 된다. 유통과정에서 주도적 지배역할을 하는 기관을 '경로주장'(channel captain)이라고 하는데, 우리나라에서는 공산품의 경우에는 제조업자가, 의류품의 경우에는 백화점이나 할인점 등 대규모 소매업자가, 농산품의 경우에는 중간상인이 '경로주장'의 역할을 하고 있다.

일반적으로 유통과정에서 발생하는 윤리문제는 경로주장이 자신의 힘(유통경로 지배력)을 남용하는 데서 나타난다. 예컨대 대규모 제조업자가 우월적 지위를 남용하여 유통경로를 지배하는 행위는 비윤리적이다. 이러한 힘을 이용하여 대리점의 담보물 제공과 대금지불에 관한 관행이 불공정하게 이루어진다면 경쟁을 제한하는 행위가 된다. 다음은 도매의 윤리와 소매의 윤리, 그리고 유통경로의 윤리에 대해서 살펴보고자 한다.

1) 도매의 윤리

최근 유통문제에 있어서 도매의 윤리는 크게 문제가 되지 않고 있다. 현재 생산자의 직매점과 대리점이 전체 유통물량의 약 85%를 점유하고 있으며, 자유로이 행동하는 독립도매상은 불과 15% 정도에 지나지 않는 것으로 조사되어지고 있다.

이것은 공산품의 경우 취급하는 제품의 비율을 말하는 것으로 각종 체인점(연쇄점), 편의점, 프랜차이징(franchising) 등 체인본부나 편의점본부 등이 가맹점을 통해서 유통경로를 지배하고 있기 때문에 전통적 도매상은 농산물 유통분야가 일부분을 차지하고 있다.

점차적으로 많은 가맹점을 가지고 있는 체인본부나 편의점본부는 가맹점의 개점시 입지선정, 점포개장관련 경영지도, 상품선정 등에 협조를 해주고, 반면에 가맹점의 구입상품선정과 수량결정, 공급자의 결정, 공급가격의 결정, 대금지불방법 등에 일방적인 영향을 미치는 사례가 많다. 이 중에서 특히 문제가 되는 것은 가맹점에 공급할 상품의 선정, 공급가격의 결정 및 공급자의 결정권을 체인본부가 가지고 있다는 점이다. 이러한 역학관계에서 여러 가지 비윤리적인 문제가 발생할 수 있다.

2) 소매의 윤리

소매상의 윤리문제는 매우 심각한 수준이다. 소매점의 규모가 증가함에 따라 유통에서 차지하는 영향력도 증가하여 이제는 판매가격마저도 소매점이 결정하기에 이르렀다. 특히 농수산물, 의류, 공업제품 등 다양한 중소기업제품일 경우에는 소매점의 영향력은 더욱 크다. 이러한 상황 속에서 대규모 소매점에 의한 비윤리적인 행위가 속출하고 있는데 구체적인 내용은 다음과 같다.

첫째, 상품을 선정하고 구입하기 위하여 납품업자와 구매계약을 하는데 여러 가지 비윤리적인 일이 생긴다. 예컨대 구매부서의 직원들이 납품업자로부터 금전적 혜택을 받을 수도 있고, 대금지불조건을 소매업자에게 일방적으로 유리하게 할 수도 있고, 팔고 남은 상품의 반품조건을 소매상에게 유리하게 하여 납품업자에게 강요할 수도 있다.

둘째, 매장면적을 배정하는 과정에서도 비윤리적인 행위가 나타날 수 있다. 중소기업에서 제품을 선전하려면 유명백화점의 매장에 출품하는 것이 가장 효과적인 방법이다. '유명백화점에 납품하는 제품'이라는 사실 하나만으로도 소매점 판매에는 큰 도움이 될 수 있다. 따라서 유명백화점 매장면적 획득을 둘러싼 비윤리적인 문제가 발생할 소지가 많게 된다.

셋째, 소매점의 세일가격광고는 자주 윤리적 문제를 일으킨다. 세일가격에서 표시하는 할인율은 무엇을 기준으로 하고 있는지 불분명하며, 고의로 높은 할인율을 주장한다. 독점규제 및 공정거래법에서는 상당한 기간 동안 해당 백화점에서 판매한 가격 또는 가격을 최근에 변동했으면 변동된 최저가격을 기준으로 할인율을 표시하도록 되어 있다.

그러나 실제로는 '소비자 권장가격'을 기준으로 할인율을 표시하거나, 상품이 시장에 처음 출시되었을 때 고의로 높게 판매한 가격을 기준으로 할인율을 표시하는 경우가 있다.

3) 판매원의 윤리

판매원은 최종소비자와 밀착되어 있기 때문에 윤리적 문제가 더욱 중요하다. 예컨대 '세일은 오늘이 마지막 날입니까?'라고 묻는 소비자에게 10일 후에 더 큰 세일이 있다고 말해야 하는지? 또 자동차를 수리하면서 중고부품을 사용하고서 소비자에게는 '순정품을 사용했겠지요?'라고 물으면 어떻게 대답해야 하는지?

이러한 경우에 이들의 행동과 소비자의 눈에 비친 판매원의 이미지는 바로 회사와 제품의 이미지가 된다. 이런 의미에서 판매원은 소비자에게 회사를 대표하는 '대사'가 된다.

여기서 판매원의 윤리가 어려운 몇 가지 이유를 살펴보면 다음과 같다.

첫째, 판매원은 현지에서 혼자 판매활동을 하고 있기 때문에 문제가 발생하게 되면 자신의 판단에 따라 해결할 수밖에 없다. 예컨대 TV 판매원에게 'TV에 사용된 부품이 모두 국산품입니까?'라고 물었을 때 '일부는 개발도상국 제품입니다'라고 대답해야 하는지 상사와 상의할 수도 없다.

둘째, 판매원의 판매성과가 승진과 봉급에 직접 영향을 미칠 경우, 2일 후면 새로운 상품이 도착하는 줄을 뻔히 알면서도 '재고가 이것 뿐이니 구매해 두는 것이 좋다'고 소비자에게 말해야 하는가? 후일 그 사실이 알려지면 고객과의 관계가 어떻게 되는가 등의 문제가 발생한다.

이러한 판매원의 행동이 바로 회사의 이미지에 직결되는 것이다. 그러면 판매에서 윤리적으로 문제가 발생하기 쉬운 부문은 어떤 부문일까?

첫째, 판매원이 회사를 떠나서 고객을 찾아다니면서 많은 비용을 쓰게 되는데 이 중에 판매를 위하여 쓴 '공적 비용'과 판매와는 관계없이 개인적으로 쓴 '사적 비용'의 구별이 잘 되지 않는 경우가 많다.

회사의 휴대전화를 이용하여 친구나 가정에 장시간 통화하기도 하고, 회사 자동차를 이용하여 가족 나들이를 하기도 한다.

둘째, 고객과의 관계에서 보다 심각한 윤리적 문제가 발생할 수도 있다. 판매원의 윤리적 문제가 발생할 가능성이 높은 부문은 ① 판매할당량 달성을 위하여 거래처에게 재고량이 현재 있는 것밖에 없으니 사두라고 권유하는 경우, ② 고객이 필요로 하는 이상의 기능을 가진 고가상품을 권유할 경우, ③ 납품기일을 지키지 못할 줄 알면서도 납품약속을 하는 경우, ④ 제품의 기능만 과장해서 말하고 결점은 숨기는 경우, ⑤ 거래처 회사구매 관계자에게 뇌물을 주는 경우 등이다.

셋째, 경쟁사와 직접 거래관계는 없지만 다음과 같은 경우에는 간접적으로 경쟁사와 윤리문제가 발생할 수 있다.

① 비교를 통하여 경쟁상품을 비방해서는 안 된다. 경쟁사의 상품과 직접비교는 가급적 피하고, 판매상 꼭 필요하면 과학적 실험자료 등을 제시하여야 한다.

② 경쟁사제품에 고의로 흠을 내 놓고서는(예컨대 고의로 힘껏 누르든지, 고의로 과부하시키든지 하는 행위) 그 제품이 나쁘다고 말하거나 인식시키는 것은 비윤리적이다.

③ 비윤리적인 방법으로 경쟁사의 제품에 관한 정보를 수집하는 경우이다. 최근 유행되고 있는 벤치마킹은 우리 회사가 지향하는 목표회사를 정해야 하고, 그 회사에 관한 정보를 체계적으로 수집해야 하는데 이때 비윤리적 방법은 피해야 한다.

여기서 정보관련 수집방법에 있어서의 윤리적인 판정기준을 살펴보면 다음과 같다.

④ 판매장려금이 판매원 개인별로 지급될 경우, 동료와의 사이에 비윤리적 문제가 발생할 수 있다. 동료 판매원의 고객을 가로챌 수도 있고, 판매지역을 침범할 수도 있다.

⑤ 판매활동과정에서 중요한 회사정보를 친분관계나 사적 이익을 위해 이용할 수도 있다.

4) 판매원 윤리성 판정기준

Laczniak-Murphy(1993)가 제시한 판매원 윤리성을 판정하는 기준을 보면 다음

과 같다.[5)]

첫째, 의도나 실행방법 및 결과가 비윤리적이면 그 행위는 비윤리적이다.

둘째, 중대한 부정적(좋지 못함) 결과를 가져오는 행동은 비윤리적이다. 예컨대 구매자에게 불필요한 물건인줄 알면서도 그 물건을 판매한 행위나 돈이 없는 학생에게 월부로 비싼 물건을 판매한 행위, 부모 동의 없는 미성년자에게 휴대폰을 판매한 행위 등은 비윤리적이 된다.

셋째, 고의는 아니더라도 행동의 결과 '중대한' 부정적 결과를 초래한다면 그 행위는 비윤리적이다. 예컨대 병원에 동물실험용으로 판매한 약품을 사람에게 사용하고 있다는 사실을 알았을 경우 그 병원에는 그 약을 더 이상 판매하지 말아야 한다.

그러나 사소한 부정적 결과를 가져오는 행위에 대해서는 비윤리적인 행위로 볼 수 없다.

5) 판매원의 윤리성 제고 방안

판매원의 윤리성을 제고하기 위한 방안은 다음과 같다.

첫째, 회사는 판매원 행동강령 또는 영업사원 행동강령, 판매원 행동준칙을 제정하여 이를 준수하도록 한다.

둘째, 정상적인 판매활동으로 가능한 범위 내에서 판매원의 판매량 목표를 설정한다. 수단과 방법을 가리지 않고 무리하게 판매의 목표량을 달성하도록 요구해서는 안 된다.

셋째, 최종소비자와 접촉하는 종업원에게는 현장에서 발생하는 윤리문제를 해결할 수 있는 비상연락망을 구축하여 상사와 상의하고 지시받을 수 있도록 한다.

넷째, 회사는 영업활동 속에서 비윤리적 문제가 발견될 때에는 더 큰 문제가 발생하기 전에 예방할 수 있는 적극적 조치를 취해야 한다.

이와 같은 판매의 윤리성 문제는 의도적이든 비의도적이든 결과가 비윤리적이면 회사는 손해를 입게 된다. 따라서 판매원의 비윤리적 행동을 사전에 예방할 수 있는 교육훈련을 정기적으로 실시해야 한다.

---

5) Laczniak-Murphy, *Ethical Marketing Decision*, Boston: Allyn and Bacon, 1993, pp. 203-204.

5. 윤리적 광고관리

오늘날 광고에 대한 윤리성의 문제는 대부분 광고내용과 관련된 문제들이다. 광고내용이 사실무근인 허위광고(deceptive advertising)나 소비자들에게 구매를 강요하거나 그런 방향으로만 유도하는 오도광고(misleading advertising)는 비윤리적이다.

광고에서 표현의 명확성과 진실성은 매우 중요하다. 이것이 장기적으로 보면 기업전체의 이미지를 제고할 수 있는 방법의 하나이기도 하다. 소비자만족은 제품의 실제품질과 소비자들의 사전기대와의 차이에 의하여 결정된다. 그런데 과대광고나 허위광고로 소비자들의 사전기대가 높아지면 제품품질이 아무리 좋아도 소비자가 실망하기 쉽다. 한 번 실망한 소비자를 다시 고객으로 만들기란 매우 어렵다. 따라서 허위광고는 비단 비윤리적일 뿐만 아니라 영리목적을 달성하는 데도 도움이 되지 않는다.

광고에 대한 윤리성 논쟁에는 갈브레이스(Galbraith, J. K.)의 광고비판론[6], 하익 본(Hayek, F. A. Von)의 광고옹호론[7], 레비트(Levitt, T.)의 광고윤리론[8] 등이 유명하다.

1) 광고에 대한 비판

오늘날 광고는 다음과 같은 몇 가지 비판을 받고 있다.

- 광고는 거짓말을 하고 과장한다.
- 광고는 어린이들에게 나쁜 영향을 준다.
- 광고는 어린이를 건전한 가치관을 갖도록 교육하는 대상으로 취급하지 않고 소비자로 취급한다.
- 광고는 인간에게 한없는 욕망을 불어넣는다.
- 광고는 사회도덕에 나쁜 영향을 미친다.
- 과잉광고는 광고공해를 일으키고 자원을 낭비한다.

---

6) John Kenneth, Galbraith, "The Affluent Society, in Hoffman-Moore,"ed., *Business Ethics: Readings and Case in Corporate Morality*, 2nd ed., New York: McGraw-Hill Publish Co., 1990, pp. 438-442.

7) Hayek, F. A. Von, "The Non-Sequitur of the Dependence Effect,"in Hoffman-Moore(1990), *op. cit.*, pp. 442-445.

8) Theodore Levitt," The Morality of Advertising,"in Hoffman-Moore(1990), *op. cit.*, pp. 442-452.

2) 광고에 대한 옹호

광고옹호자들은 다음과 같은 몇 가지 점에서 옹호하는 소리를 높이고 있다.

- 광고는 객관적인 뉴스나 정보만을 전달하는 신문보도나 소비자정보지와는 다르다. 이러한 점을 소비자들이 이해하지 못하고 광고를 규제하려는 것은 잘못이다.
- 광고는 소비자의 생활수준향상과 자아실현에 기여한다.
- 광고과잉이라지만 광고를 찾는 사람도 많다. 의학잡지, 컴퓨터잡지 등 전문잡지에 실린 광고는 거부감을 느끼지 않는다.
- 광고는 소비촉진 → 생산증대 → 생산원가 하락과정을 통해서 소비자가격을 인하시키는 데 기여한다.

3) 광고윤리성의 판정

광고의 윤리성 판정이론에는 공리론(utilitarianism)과 의무론(duty-based theory)이 있다.

(1) 공리론

이 이론에 의하면 오늘날의 소비자사회에서 광고는 제품소비를 촉진하는 효과가 광고의 사회적 비용보다 더 크기 때문에 광고는 나름대로 가치가 있다고 본다.

광고는 대량시장에 호소하여 많은 소비자의 생활향상에 기여한다.

광고업계의 입장에서 보면, 광고가 싫으면 소비자가 상품을 구매하지 않을 것이고 그러면 광고주는 손해를 볼 것이므로 광고의 과잉과 내용문제는 스스로 해결될 수 있다고 주장하기도 한다.

(2) 의무론

광고를 할 때에는 시청자를 수단으로 이용하여 기업의 경제적 목적을 달성하려고 해서는 안 되고, 시청자의 이익향상 그 자체가 목적이라야 한다고 보는 것이 의무론의 입장이다. 즉, 광고에 의하여 전달되는 정보가 소비자의 선택을 돕고, 소비자의 문제해결을 도와주고, 소비자의 목적달성에 도움이 된다면 그러한 광고는 윤리적이라고 본다. 광고를 할 때에는 소비자를 기만해서는 안 되고, 경쟁자의 아이디어를 표절했어도 안 되며, 매체를 속여서도 안 된다.

미국광고업자협회(American Association of Advertising Agencies, 2000)는

광고에 관한 법규를 준수하는 것은 물론, 높은 광고윤리수준을 유지하고 실천한다.
특히 다음과 같은 내용이 담긴 광고를 그 사실을 알면서 제작하지는 않는다.

첫째, 그림이나 언어에 의한 과장 또는 허위, 오도하는 용어의 사용
둘째, 관계자의 진의가 아닌 증언
셋째, 오인할 수 있게 하는 가격광고
넷째, 전문가 또는 과학자의 실용성에 관한 성명을 왜곡하거나 불충분한 증거에 의한 주장
다섯째, 미풍양속을 해치거나 소수민족에게 부정적인 영향을 주는 그림 또는 말

4) 광고주의 윤리

광고주는 광고를 보고 ① 합리적으로 판단할 능력이 없는 어린이를 대상으로 하는 광고, ② 노인층을 대상으로 하는 광고, ③ 시장을 잘 모르는 사람 등을 목표로 하는 광고는 윤리성이 문제될 수 있다.

예컨대 합리적인 판단능력이 없는 어린이들을 대상으로 어린이용 출판물에 껌, 과자, 문방구, 장난감, 컴퓨터게임 등을 광고하든지, 대학생을 상대로 한 술, 사냥 총, 오토바이광고 등은 윤리성에 문제가 있다. 업계에서는 광고는 해로운 것이 아니고 어린이용 광고라도 어린이가 보지 않으면 그만이라는 주장을 하는데, 이런 주장은 사회적으로 지지를 받지 못한다.

최근 노인층을 상대로 한 광고는 주로 건강식품, 관광여행, 실버타운(노인전용 아파트), 금전신탁 등인데, 이들은 노인층이 많은 관심을 갖고 있는 상품으로서 광고에 과장, 허위가 발생하기 쉽다.

표 11-4. 다이어트 관련 허위 · 과대광고 적발 사례

제 품 명	주 요 위 반 내 용
HD스컵트엔클리즈	'특히 허리라인과 복부쪽 체지방 분해에 좋으며 우리 몸의 독소를 제거' 등의 허위 과대 광고
달맞이꽃 종자유	'젊은 여성들에게도 생리전증후군(홍분, 우울, 짜증)에 탁월한 효능이 있으며, 이외에도 아동들의 아토피염, 천식 등에 뛰어난 효과가 있으며 비만이나 고혈압에도 효과가 뛰어난 것으로 알려져 있다'고 허위 과대 광고
마끄스틱쿠키	'1개 68kcal 초저칼로리, 1일 -1.7kg감량, 3일 -5kg 이상 감량, 1달 -50kg감량, 3일 만에 5-8kg감량' 등 효과가 있다고 체험사례 등 허위 과대 광고

제 품 명	주 요 위 반 내 용
그린티콤플렉스	'만병통치약으로 알려진 녹차에는 고혈압, 당뇨 등의 성인병 예방에서 다이어트까지 효과가 있다'고 허위 과대 광고
고혈압에 좋은 줄풀차 외 2건	'칡을 골다공증, 숙취해소와 체지방감소에 도움을 준다는 내용과 줄풀차를 고혈압에 좋은 차, 박하차를 비염에 좋은 차' 등의 내용으로 마치 질병치료 등에 효과가 있다고 허위 과대 광고
지스림	'지스림 프로그램으로 55세 이xx는 15일 섭취 후 4.1kg감량 등 다이어트 체험사례를 올려 효과가 있다'고 허위 과대 광고
경희 본 유기능 해독 다이어트	'단기간에 -25kg 쏘옥 빼다. 7일 단기 유기농 해독으로 -5kg 감량, 2주 한방 체지방 분해로 -1.3kg 감량, 힘들게 운동하지 않아도, 많이 먹어도 살이 찌지 않게 지방분해효소로 체지방을 100% 제거' 등 효과가 있다고 허위 과대 광고
마이다케	'당뇨병과 비만을 치료하는 데 탁월한 효과' 등 효과가 있다고 허위 과대 광고
미외선	'인체사진, 체험기'등 다이어트에 효과가 있다고 허위 과대 광고
페닐코어, 싸이토린	'체지방제거, 다이어트제품, 체내에너지 활성'등의 광고, '체지방분해 다이어트 캡슐'등 효과가 있다고 허위 과대 광고
VPX Meltdown	'지방 집중공격, 정신과 욕구조절 매트릭스'등의 허위 과대 광고
Animal Cuts	'체험기 및 체중 감량 도달할 때까지' 등으로 허위 과대 광고
경희 본 유기능 다이어트	'유기능 수면다이어트는 수면 중에 지방을 연소시켜 하룻밤에 1kg감량 21일에 18kg 감량이라는 감량효과가 식사제한 없어 얻어집니다. 다시 체중이 증가하는 경우가 드물고, 살이 찌지 않는 체질로 개선됩니다. 국내 최초 식사량 제한없이 중년여성의 허리둘레, 체지방 감소효과 입증! 7일 단기유기농해독 프로그램 7kg 감량, 2주 한방체지방 분해 프로그램 16kg감량'등 효과가 있다고 허위 과대 광고

자료: 2017 Online Advertising Law System Guide, p. 189. http://onlined.or.kr

따라서 광고주는 광고방법, 광고내용, 광고를 보는 소비자 등 이해관계자의 이익에 부응하는 진실광고, 사실광고 등에 표적을 두고 미풍양속에 위배되는 문구나 그림을 광고에 사용하지 말아야 한다. 이런 점에서 광고윤리강령은 매우 중요한데 여기서 한국광고주협회의 광고주윤리강령을 보면 그 내용은 다음과 같다.

첫째, 광고주는 광고를 통해서 기업의 품위를 지키며, 광고내용에서 진실되고 유익한 정보를 소비자에게 주어야 한다.

둘째, 광고주는 소비자의 입장과 의견을 광고활동의 판단기준으로 삼으며, 소비자의 비판을 능동적으로 수용한다.

셋째, 광고주는 허위, 표절, 비방 등의 표현을 통하여 소비자나 경쟁사에 피해를 주지 말아야 하고, 오직 창의력을 바탕으로 한 광고표현을 위해 최선을 다한다.

넷째, 광고주는 경쟁사와 공정하고 자유로운 선의의 경쟁을 하며, 광고와 관련된 업무를 통하여 상호협력하며 기업의 발전을 위해 노력한다.

다섯째, 광고주는 광고거래를 함에 있어서 일방적 기준의 거래를 지양하고 효율적 광고활동을 위해 상호 노력한다.

여섯째, 광고의 책임은 광고와 관련된 모든 이에게 있으며 그 일차적인 책임은 광고주가 진다.

일곱째, 광고주는 광고의 발전을 위하여 활동하고 광고주의 권익을 스스로 지키며, 공동이익을 추구한다.

[사례 1] 서류에 서명만 하세요

마이크는 대학에서 마케팅 과목을 처음으로 이수한 후 마케팅 담당자는 소비자에게 제품의 특징과 장점들을 명확하게 설명해주는 책임이 있다고 믿어 왔다. 그는 만약 제품의 특징이나 장점이 고객의 욕구를 충족시키지 못한다면, 그런 문제 해결을 위해서 필요한 정보가 제품 설계자들에게 전달되어야 한다고 생각하였다. 하지만 입사하고 1년이 지난 후 마이크의 생각은 180도 바뀌었다. 마케팅부서의 할 일은 영업팀을 지원하는 것이고, 이는 소비자들이 우리 제품을 사는 것이 바른 결정이라는 확신을 갖도록 정보를 전달하거나 홍보물을 주고 광고를 하는 것으로 생각하게 되었다. 과연 제품 구매가 바른 결정이었는지 아니면 그 제품이 진짜로 필요했는지 등은 전혀 고민대상이 아니었다.

질문

- 무엇이 잘못된 것인가?

[사례2] 계획적 진부화 "애플, 구형 아이폰 성능 의도적으로 떨어뜨렸다"

아이폰6 이용자 최신 업데이트 후 갑자기 속도 느려져
배터리 교체 후 기기속도 빨라져.... 성능점수 2배 차이
더 오래 아이폰 쓰도록 배려? 새제품 교체하란 조치?

애플이 배터리 성능이 저하된 아이폰에 대해 의도적으로 기기의 처리 속도를 낮춘다는 주장이 제기됐다. 2017. 12. 11일(현지시간) 애플 전문 IT매체 맥루머스는 IT 블로그 레딧에 게재된 한 아이폰 이용자의 주장을 인용해 이 같이 보도했다. 이 이용자는 아이폰6를 사용 중인데 최근 최신 운영체제인 ISO11로 업데이트를 하면서 기기 성능이 크게 저하됐다는 것을 체감했다.

이에 그는 스마트폰 성능 테스트 애플리케이션(앱)인 긱벤치를 통해 배터리 잔량과 기기 성능과의 상관관계를 분석했다. 실험 결과 사용한 지 2년이 넘은 오래된 베터리의 잔량이 약 20%일 때 기기성능 점수는 싱글코어에서 1466점, 멀티코어에서 2512점을 기록했다. 이후 그는 새 배터리로 교체한 뒤 같은 실험을 했을 때 싱글

코어에서 2526점, 멀티코어에서 4456점을 확인했다. 같은 제품임에도 배터리 잔량에 따라 성능 점수가 두 배 차이가 나는 셈이다. 이에 대해 두 가지 해석이 나온다. 우선 애플이 구형 아이폰 이용자에게 의도적으로 불편을 끼쳐 새로운 제품으로 교체하는 것을 노린 것일 수 있다. 아이폰은 배터리 일체형 제품으로 배터리만 교체하는 것이 상대적으로 번거롭다. 맥루머스는 이에 대해 "애플이 어떤 이유로든 구형 아이폰의 성능을 의도적으로 제한한다는 사실은 큰 논쟁거리가 될 것"이라고 말했다. 애플은 맥루머스의 질문에 공식 답변을 내놓지 않았다.

자료: HTTP://WWW.ASIAE.CO.KR(아시아경제 2017. 12. 12.)

[사례3] 가격담합

2017년11월30일(현지시간) 미국 법무부는 일본 자동차부품 업체 '야자키'에 가격 짬짜미(담합)협의로 벌금 4억7000만 달러(5300억 원)를 부과했다. 일본 국적의 야자키 임원 4명에겐 2년 동안 미국 감옥에서 복역하는 징역형이 내려졌다. 2006년 하이닉스와 삼성전자는 디램(DRAM)가격 담합 혐의로 4억 8500만 달러의 벌금을 부과 받고 현지 임원 7명이 징역형을 선고받았다. 미국뿐만 아니라 국외의 많은 나라들이 짬짜미를 중대 범죄로 다루고 있다. 미국은 1890년 셔먼법 제정을 시작으로 독과점 및 기업 간 짬짜미 관련자들에 대한 형사 처분도 엄격하다. 최대 10년까지 징역형을 선고받을 수 있다. 실제로는 미국 법무부와 플리바게닝(유죄를 인정하고 형량을 감경 받는 제도)을 통해 보통 1-2년의 형을 선고받는다. 2005년 이후 짬짜미 사건에 대한 미국의 징역형 처분은 70-80%에 이른다.

EU역시 해당 기업의 전년도 매출액(전 세계시준)의 10%까지 벌금이나 과징금을 부과한다. 이러한 제재로 지금까지 국내 기업들이 미국과 EU 등에 짬짜미 위반으로 부과 받은 벌금(과징금)은 2조 3000억 원에 이르고, 12명이 1년 안팎의 징역형을 살았다.

미국은 짬짜미의 원인이 되는 시장 독과점에 대해서도 엄격히 감시한다. 기업들이 시장에서 사실상 독점적 지위를 행사하거나 경쟁을 저하시킬 경우, 반독점 관련 법률을 통해 규제한다. 기업결합도 정부의 엄격한 심사를 거쳐야 한다. 1982년 지역전화와 장거리전화를 독점하던 통신사업자인 에티엔티(AT&T)를 기업분할 명령제도를 통해 7개 회사로 분리시킨 것은 상징적인 사례다. 유럽연합 역시 지난달 삼성전자의 반독점 규제 위반 여부에 대한 조사를 착수하는 등 기업의 시장 독점에 대해 눈에 불을 켜고 있다. 소비자들의 권리보장 면에서도 미국은 우리와 차이가 크다. 미국은 소송에 참여하지 않은 피해자들도 보상을 받을 수 있는 집단소송제와 피해금액의 3배까지 배상을 청구할 수 있는 징벌적 손해배상제도를 보장해 소비자들의 권리를 보호하는 동시에 짬짜미의 재발을 막는다.

하지만 우리나라는 피해를 받은 소비자가 모여 개별적으로 손해배상 소송을 내야 한다. 장기간의 소송비용과 피해금액 입증 등의 책임을 소비자가 져야 한다. 2001년 교복가격 짬짜미에 대한 손해배상 소송은 7년이 걸려 소비자들의 승소로 끝났다. 독과점과 짬짜미를 막기 위한 국내의 제도적 장치는 미흡한 편이다. 짬짜미 관련 매출액의 10%까지 부과할 수 있는 과징금의 실제 부과율은 1.5-2% 안팎으로 추정되고, 검찰에 고발되더라도 벌금형을 받는 경우가 대부분이다. 그동안 재벌의 시장독점을 규제하는 기업분할명령제나 계열분리 청구제 등이 검토됐지만 도입되지는 않았다.

자료: http://www.hani.co.kr/arti/economy/economy-general/519044.html#csidx0d6fd5acd6f4829e19ed7512dfb4

Ⅳ. 정보화시대의 윤리문제

1. 정보윤리의 영역과 기준

1) 정보윤리의 영역

정보윤리의 영역문제는 정보기준체제에 따라 다음과 같이 구분하여 살펴볼 수 있다.[9]

① 정보에 대한 권리와 의무 및 프라이버시(privacy)
② 지적소유권
③ 컴퓨터 관련 범죄와 보안
④ 책임과 통제
⑤ 시스템 및 소프트웨어의 품질과 정확성
⑥ 컴퓨터전문가들의 직업윤리
⑦ 컴퓨터의 사회적 의미

2) 정보윤리의 기준

우리나라의 정보윤리는 1995년 전기통신사업자법에 의거하여 설립된 정보통신윤리위원회에서 담당하고 있다. 그리고 한국정보보호센터, 한국정보통신진흥협회, 한국청소년문화연구소, 교육부 등이 분야별로 지원하거나 대응하고 있다.

정보통신윤리위원회에서는 인권과 명예의 존중, 인명존중, 음란퇴폐, 폭력배제 등의 기준을 만들어 시행하고 있으며 다음과 같은 정보심의기준을 가지고 있다.

① 반국가적 내용
② 인권침해 내용
③ 인명경시 내용
④ 법과 질서의 존엄성 저해 내용
⑤ 공개금지를 어긴 내용
⑥ 위화감조성 내용
⑦ 음담패설 내용

9) 김성수, 기업윤리론, 삼영사, 2007, p. 288.

⑧ 비과학적 생활태도조장 내용
⑨ 공중도덕과 사회윤리 저해 내용
⑩ 국민정서에 반하는 내용
⑪ 신앙의 자유에 반하는 내용
⑫ 저작권침해 내용
⑬ 의약 등의 오남용조상 내용
⑭ 불건전오락물 등의 내용

2. 정보화의 제문제

사회 전반적으로 정보화가 진행되면서 생활의 질이 향상되고 보다 우수한 성능의 제품과 양질의 서비스가 제공되는 등 많은 긍정적인 측면이 있는가 하면, 다른 한편으로는 정보화의 진전이 다음과 같은 여러 가지 문제를 야기하기도 한다.

1) 사생활의 위협

정보화시대에 있어서 사생활은 새로운 의미를 가진다. 그것은 자신의 활동・습관・건강・재무 등에 대한 정보의 사용을 통제하는 개인의 권리이다. 사생활 침해의 문제는 기존 언론매체와 관련되어 개인의 기본권 보장 측면에서 다루어져 왔다. 그러나 언론매체가 다루는 기사나 프로그램이 개인의 사생활을 침해하는 경우에도, 그 빈도나 정도는 커다란 사회문제로까지 확산될 위험이 적지 않았다.

미국에서는 신용정보회사와 관련된 개인의 권리와 공공기관의 활동정보에 대한 시민의 권리를 관장하는 법안이 있다. 그러나 사적 조직의 개인에 대한 정보수집에 규제를 사용하는 것은 심각한 사회적 문제를 일으킨다. 정보화가 급속히 확산되면서 정부, 언론, 그리고 기업들이 개인에 대한 정보를 체계적으로 광범위하게 수집하여 관리하고 있다. 이는 바람직하게는 정부의 對국민서비스, 기업의 고객서비스 차원에서만 활용되어야 하지만, 개인에 대한 정보가 개인의 동의 없이 외부로 유출되는 경우 그 개인에게는 심각한 피해를 입힐 수도 있는 위험이 존재한다.

따라서 이러한 개인의 사생활 침해행위를 보호하기 위한 법적 규제에 필요성이 제기되고 있다. 사생활 침해에 관한 권리는 자신에 관한 정보를 남에게 제공하는 것에 대한 통제뿐만 아니라, 남에게 제공되고 난 후에도 통제할 수 있는 보다 포괄적이고 총체적인 권리로서 확대되고 있다. 결국, 당사자가 동의하지 않거나 모르는 사이에 자신에 관한 정보가 확산되지 못하게 하는 '타인의 접근통제' 및 자신에 관한 잘못된 정보를 확인하고 시정하는 '정확성의 통제'권리가 사생활 침해에 대한 권리의 기초가 된다.

정보관리의 과정상 사생활이 침해될 가능성은 정보수집, 정보유지, 정보의 사용 등 3단계로 나누어 볼 수 있는데, 사생활 보호차원에서 각 단계별로 고려해야 할 사항을 정리해 보면 다음 〈표 11-5〉와 같다.

표 11-5. 단계별 사생활 보호

정보의 활용 단계	사생활 보호 차원에서 고려사항
정보수집 단계	· 수집정보의 범위, 방법, 보유기간 명시 문제 · 정보주체의 사전 동의 문제
정보유지 단계	· 개인정보의 안정성, 정확성, 최신성, 적절성의 확보문제 · 정보주체의 자기정보 열람, 정정 청구권 문제 · 정보 및 비밀유지 대상 정보의 구분 문제
정보사용 단계	· 보유기관 외부로의 정보 유출 문제 · 개인 및 법인에 의한 정보도용 및 처벌 문제

2) 부정확한 정보에 따른 피해

정보화를 통해 정보가 만들어지는 경우 일반인은 정보의 생성과정을 검토하고 확인할 수 있는 기회와 능력이 없기 때문에 제공되는 정보를 막연히 믿을 수밖에 없다. 그러나 이렇게 제공되는 정보가 의도적이든 비의도적이든 제공되는 정보 자체가 부정확하다면 그 정보를 이용하는 기관이나 사람은 피해를 입게 된다. 예를 들면, 공인회계사가 상장기업의 결산을 고의적으로 과장하여 발표하는 경우 증권시장에서 투자자는 부정확한 정보로 인해 투자의 손실을 보게 될 수 있다.

3) 정보에의 공평성 접근

최근에 정보기술이 급격히 발전하고 있지만, 정보를 다루는 기술이나 정보에의 접근방법, 그리고 정보에 대한 접근기회는 모든 사람들에게 공평하게 제공되지 않는다.

조직 내에서도 정보에 대한 접근권한이 없는 사람은 그런 권한이 있는 사람에 비해서 업무에 대한 만족도나 권한과 책임에 있어서 상대적인 처벌을 받을 수 있다. 정보사회에서 정보의 중요성이 증대될수록 정보에 대한 공평한 접근이 보장되지 않으며 국가 간, 지역 간, 개인 간의 공평한 경쟁이 보장될 수 없다. 이로 인해 불평등한 권한이 주어지는 개인, 기업, 그리고 국가는 피해를 받을 수 있다.

4) 정보의 소유권 보호

정보는 어떤 자료들을 모아 필요한 형태로 가공 처리한 것으로 정의할 수 있다. 정보는 경우에 따라서 기업의 전략적 경쟁무기도 되며, 조직활동을 영위하는 기본적인 자원이 되기 때문에 당연히 이를 수집하고 가공한 당사자의 소유가 된다. 따라서 소유권을 가진 사람은 정보의 사용과 조작에 대한 배타적인 권리를 가져야 하며, 이러한 권리가 법적·제도적으로 보호되어야 한다.

3. 정보공개

1) 정보공개의 의의

정보화사회에서는 정보의 대량생산 및 집중관리로 인한 인간생활의 병폐와 무의미성을 초래할 수도 있다. 또한 정보기술의 지속적인 발전은 인간관계를 기계에 의존케 하는 경향이 강하여 인간의 권리와 의무를 도외시할 우려도 낳게 된다. 따라서 현대사회는 인간이 정보를 생산·활용하고 가치 있는 개체로 만들기 위해서는 무엇보다도 정보 자체를 올바르게 분석·파악해야 하는데 이의 첫 단계가 바로 정보공개인 것이다.

정보는 국민의 것이라는 전제 하에서 국민으로 하여금 개인의 인간다운 삶과 주체로서의 생활을 영위할 수 있도록 정보의 이용권을 보장해 주어야 한다. 다시 말해 대부분의 정보가 공문서 형태로 처리되기 때문에 공적 기록은 공공재산(公共財産)이라는 인식하에 구성원에게 완전히 공개되어 조직활동에 이해와 감독을 할 수 있는 주체적인 생활이 보장되어야 한다.

민주주의 내지 효율적인 경영관리가 제대로 이루어지려면 국민과 정부 간, 조직과 구성원 간의 정보의 소통이 자유롭게 되어야 한다. 국민이 주인의식을 가지고 국가활동에 참여하기 위해서는 충분한 정보를 입수할 수 있어야 하고, 또한 국가는 정책수행과정에서 국민의 적극적 지지와 신뢰를 얻을 수 있어야 한다. 따라서 정보공개는 국민의 '알 권리의 핵심'을 이루며, 기본적 인권 특히 행복추구권 내지 질 높은 생활을 향유하는 데 절대적인 선행조건이 된다는 점을 간과해서는 안 된다. 따라서 정보공개는 다음과 같은 세 가지 측면에서 접근할 수 있을 것이다.

첫째는 국민의 '알 권리'에 대한 접근이다. 즉, 국민이 알고자 하는 측면에 대하여 아무런 장애를 받지 않고 정보를 분석하기 위한 접근의 권리라고도 해석할 수 있다.

둘째는 민주주의의 구체적 실현에 대한 접근 논리이다. 민주주의는 모든 사람에게 개방되어 있다. 국민은 국가를 위해, 국가는 국민을 위해 아무런 제재가 없어야 한다. 이러한 개방논리의 표방 하에 국가에 대한 신뢰성을 확보하고 행정의 투명성과 지속성을 확보하게 된다.

셋째는 참여체제의 구축이다. 정보공개는 누구나 원하는 정보를 취득할 수 있는 제도를 말한다. 정보공개는 국민 개개인의 청구에 의해서 이루어지기도 하지만 일반 국민들로부터 국가활동에 대한 적극적 참여체제를 구축하는 계기를 만들어 낼 수도 있다. 이런 제도를 통해서 '알 권리'가 달성되고 민주주의제도가 자리 잡게 된다. 또한 참여로 인해서 효과적인 정보를 제시하고 그 정보를 보호받기도 하며 그 내용과 법적 효과까지도 간접적 지원을 얻게 되는 측면도 있다.

그러나 정보공개는 무한정으로 이루어지는 것이 아니다. 즉, 국가나 사회 및 조직에 해(害)를 끼칠 수 있는 정보는 자율적 제한을 두어야 한다. 즉, 정보는 그 자체가 가치성을 가지고 있기 때문이다. 다시 말하면 정보공개 그 자체가 목적이 아니라, 정보의 합리적이고 바람직한 사용 및 정당하게 유익을 줄 수 있는 범위와 정보 사용자의 적법성과 공공의 책임성이 확보된 상태에서 진정한 정보공개가 이루어져야 한다.

진정한 정보공개제도는 정보의 자유로운 흐름을 통하여 정보소유 희망자에게 알 권리를 보장하여 주는 것이며 정확하고 가치 있는 사실들을 소유할 수 있도록 보장하여 주는 제도적 장치를 뜻한다.

2) 정보공개의 원칙

(1) 정보의 속성으로 본 원칙

① **합리성(合理性)**

합리성이란 정책형성과정이나 집행과정 등 목표달성을 위해 취해야 할 바람직한 행동규범을 의미하는 것으로 이는 어떤 상황에서든지 객관적이고 타당성이 있으며 과학적이고 논리적인 것을 뜻한다. 수단이나 방법 등이 특정한 개인이나 목적에 부합되는 것이 아니라 전체에 부합되어 공명정대(公明正大)한 이념을 도출해야 한다.

사이몬(H. A. Simon)은 합리성이란 대체로 어떤 가치체계 속에서 선호된 행동대안(그 행동이 초래하는 결과는 그 가치체계에 의해서 평가됨)의 선택과 관련되는 것이라고 규정하고, 어떤 목적과 누군가의 가치에 따라 합리성이 판단된다고[10] 보았다.

정보공개에 있어서 합리성이란 객관적이고 목적에 부합되는 바람직한 사실의 공개라고 볼 수 있는데 이는 정보를 요구하는 개인이나 단체가 요구한 정보와의 일치성을 갖게 되는 것을 말하고 있다. 이성에 입각한 정보공개 요구와 법절차와 규칙 등에 의한 공개는 민주정치에서의 가장 중요한 이념이며 신뢰의 기초가 된다.

② **공정성(公正性)**

공정성은 합리적으로 정보가 외부에 공시되었을 때 나타난다. 공정성은 공개성을 원칙으로 해서 법질서의 유지는 물론 제반 법적 요구행위가 정의의 차원에서 실행될 때 공정성이 있다고 판단된다. 그러나 보다 엄격히 말하면 정보공개와 법적 권리, 책임 및 제반 효과까지도 공개적으로 알려질 때 진정한 의미에서의 공정성이 확보되었다고 볼 수 있을 것이다.

③ **명확성(明確性)**

정보공개의 명확성이란 공개된 자료가 정확하게 이해될 수 있어야 함을 의미한다.

④ **책임성(責任性)**

책임성은 수단과 방법 및 효과, 법적 구속력에까지 본인에 의하여 보장되는 경우를 말하는데 정보공개에 있어서 책임은 공포된 자료에서 파생되는 사항에 대하여 주인의식을 갖는 것이라 할 수 있다.

사회민주주의 국가에서는 국가원리에 입각한 국가활동만을 강조하기 때문에 책임성이란 일방적일 수 있지만, 다원주의 국가에서는 공평하고 평등한 정보사용의 원리를 가지고 있기 때문에 그 책임성은 쌍방적일 수 있다. 정보공개는 감독과 통제 및 사용기준에 있어서 사회공익차원의 책임성이 강하고 사회 전체의 공동발전에 상호 조화원리가 적용된다. 따라서 정보공개는 공개를 위한 원칙을 강조하고 있는 것이 아니라 공개됨으로써 파생되는 공공윤리나 공공책임 및 공공의 기회균등을 확보해야 한다.

또한 정보공개의 책임성을 국민의 권익보호 측면에서 더욱 접근할 수 있는 데 민주제에 의한 개인정보의 공개로 인한 개인의 권리침해사례로 인한 개인의 기본권적

---

10) H. A. Simon, *Administration Behavior*, New York: The Macmillan Co., 1957, p. 75.

인 사실의 누출이 증대된다면 국가의 책임성은 파괴되는 것이며 국가 정보활동에 대한 책임 있는 대책이 강구되어야 한다.

따라서 정보사회에 있어서 공적으로 공개된 자료에 대해서는 해당 기관이 적극적으로 보호를 해야 할 것이며, 공개된 절차에 준거하여 공개활동이 이루어져야 한다. 또한 비정부활동에도 관련정보들이 공개됨으로써 이들에 대한 공공활동의 보호 및 책임성 있는 기준들이 제시되어야 한다.

⑤ **적정성(適正性)**

적정성은 공개되는 자료와 내용이 양이나 질적인 면에서 일정한 기준을 지니고 있어야 한다는 것을 의미한다. 공개된 내용이 터무니없이 진실을 외면한다든가 허위의 사실이 제시되었을 때는 또 다른 정보공개의 요구가 파생될 수 있다.

또한 요구한 정보내용이 해당자에게 적절한 표현과 전달방법으로 제시가 되어야 할 것이다. 특히 중앙집권적 정보공개는 일방적으로 유리한 정보를 공개하기도 한다. 따라서 경제주의와 민주주의원칙에 벗어난 공개행위는 그 적정성 면에서 생산성을 저하시키는 결과를 초래할 수 있다.

또한 정보의 독점은 정보소유와 이용의 격차를 파생시킬 수도 있고 그것은 권력과 정보의 편중과 밀착 현상으로 진정한 정보공개가 이루어질 수 없다. 따라서 정보를 공개하거나 정보를 이용해야 할 당사자들 사이에서는 정보의 적정성에 대한 많은 문제가 야기될 수도 있다.

⑥ **신뢰성(信頼性)**

신뢰성은 개개인의 심리적 속성으로 개념화를 하는 경향이 크다. 많은 사회학자들은 신뢰를 상호 주관적이거나 체계적인 사회적 실재로 다루고 있다. 즉, 신뢰는 고립된 개인이 아니라 사람들과의 관계를 원활히 하고 사회가 제대로 기능하게 해 주는 전제조건 내지 토대가 된다는 것이다. 정보공개에 있어서 신뢰성은 서로가 상대적인 성격이 강하다. 즉, 공개를 요구하는 측과 공개를 하는 측의 쌍방관계라 할 수 있다. 따라서 정보공개의 신뢰를 제대로 파악하기 위해서 공개의 역할 수행자인 정부와 그 신뢰도를 평가하는 국민 간의 관계를 파악해야 되며 그 매개변수로서 정보를 잘 분석해야 한다.

그러나 여기서는 일단 정보 그 자체만을 한정할 때 정보이용자가 납득할 만한 진실성과 공정성을 가지고 있어야 신뢰성이 높다.

캠벨(D. T. Campbell)은 어떠한 사물이나 상태에 대해 개인이 내적이고 지속적으로 갖는 특유의 반응방향을 신뢰성[11)]이라 보았으며, 알포트(G. Allport)는 자신이 관계를 맺고 있는 모든 대상이나 상황에 대한 개인의 반응에 지시적 또는 역동적 영향을 끼치는 것으로 경험을 통해 조직화된 신경, 정신적 준비상태를 신뢰라고[12] 보고 있다.

따라서 정보공개는 공개상에서 파생되는 사항들을 보고 듣는 과정에서 믿음과 감정, 정서의 형태적인 대응정신을 말하고 있다.

(2) 정보의 제도적 관점으로의 원칙

① 정보청구의 원칙

정보의 공개가 활성화되기 위해서는 주민의 알 권리의 보장, 또는 정부의 알릴 의무를 명시적으로 규정하는 정보공개법 등을 포함하는 제도적 장치의 마련이 필요하다. 우리나라는 정보공개법의 제정이 진행 중에 있으나 헌법에 회의의 공개(50조)와 재판의 공개(109조)를 의무화하고 국민주권주의와 표현의 자유(21조), 국민의 인간다운 생활을 할 권리(34조), 인간의 존엄과 가치 및 행복추구권(10조) 등을 볼 때 정보를 간접적으로나 명시하고 있다. 이와 같이 정보의 공개는 정보를 요구하는 대상자에게는 정보의 청구권이 주어진다는 것이다. 다만 그 정보를 사회의 건전한 발전과 안녕(安寧)을 위해서 청구해야 함은 두말할 나위도 없다.

② 법적 존업성의 원칙

정보공개는 제도적으로 보장받아야 한다. 정보공개는 민주정치의 일환으로서 국민에 의한 정치적 필수요건으로 지적되고 있다.

국민이 국가에 대하여 올바르게 국정에 참여하고 정확한 정치적 판단을 내리기 위해서는 공개에 대한 법적 보호장치를 수립해야 한다. 또한 정부의 견제기구인 국회를 통하여 공개의 남발을 방지하고 능률적으로 통제하기 위해서 정부가 보유하고 있는 정보에 대하여 정보공개 요구조항과 공개, 공표, 열람, 공고, 보고, 제출 등에 대한 법적 존업성을 지켜야 할 것이다.

③ 국민주권 표현의 원칙

정보는 국민을 상대로 존재한다. 다음에 국가 이외의 기관, 타국가와의 관계가 2차적으로 대두된다. 국민이 요구하는 정보는 국민주권의 차원에서 공개가 되어야 하고 국민의 의사표현에 대한 민주적 원리를 충분히 수용해야 한다. 정부가 소유하고

---

11) D. T. Campbell, "The Indirect Assessment of Social Attitude", *Psychological Bulletion*, No. 47, pp. 15-38.

12) H. J. Eysenck, *The Psychology of Polities*, London: Routledge & Kegan Poul Ltd., 1957, p. 13.

있는 정보에 대하여 일방적으로 유도, 은폐, 남용은 국민에 대한 권력행사의 일환으로 사용되어 왔기 때문에 정보공개에 대한 국민주권의 표현은 민주주의의 고유한 이념에 속하는 것이다.

따라서 국민주권 범주에 속하는 정보공개는 국민의 다원적인 이해관계를 국정에 합리적으로 반영하고 정부와의 의사소통을 원활하게 하며 신뢰성을 확보하는 계기가 될 수 있다.

행정정보가 사실상 국민의 재산임에도 불구하고 집권층의 소수 또는 일부에 의한 독점에 따라 행정활동에 비공개가 조성되고, 그로 인해 특권과 치부를 향유하는 집단이 생기고, 나아가서는 행정의 부정부패 그리고 부조리가 자행되는 현상이 발생하게 된다. 더욱 심각한 일은 행정정보가 공개되지 못함으로 인하여 현실적으로 나타난 제반 행정활동이 올바른지 또는 국민을 위한 것인지에 대한 판단조차 할 수 없게 될 위험에 처해 있다는 것이다.

④ **정보의 주체성의 원칙**

정보공개는 국민생활의 손익문제와 연계되어 있다. 따라서 정보는 그 자체가 확실한 내용만을 가지고 있어야 하고 정보의 자의적 해석이라든가 관련 사안에 따라 변동되어서는 안 된다. 특히 경제정보에 관한 것이라든가 국제정보에 관한 내용 등은 사실 그 자체를 소유하고 있어야 한다. 어느 누구에 의해서 비합법적으로 가공된다거나 개인의 이익에 따라 변화된다면 정보의 주체성은 사라진다. 또한 정보는 그 자체가 가치를 소유하고 있기 때문에 구매하려는 대상자에게 정확한 경로를 통하여 전달되어야 한다.

따라서 정보는 공개를 통하여 비합리적인 요소나 위협적인 요소를 제거하거나 축소시킬 수 있고 국가에 대한 적극적인 참여와 신뢰도를 향상시킬 수 있다.

⑤ **사회변동 적응성의 원칙**

정보는 미래상황에 대처하기 위해 현재의 사실을 가공해야 한다. 즉, 쓸모 있는 사실들만을 가려내어 앞으로 다가올 사회상황에 대처해야 하며, 불확실하게 닥쳐올지도 모르는 상황에 적응하기 위해서 분석능력, 관리능력, 대응능력도 향상시켜야 한다. 또한 변동에 적응하기 위해서 전문적 지식이나 기술 등에 대하여 상호 교류를 추진해야 하며 제도적 장치의 마련도 필요하다.

정보공개는 사회변동을 수용할 수 있는 의미를 내포하고 있다. 즉, 대상자가 무엇을 원하는지 공개된 사항으로 어떤 정책을 수립하는지 또는 제도적 장치를 통해 다양한 국민의 이해관계를 조정, 통제할 수 있는 능력이 향상된다고 할 수 있다. 따라서 정보공개제도의 적절한 활용은 사회의 여러 문제를 해결하는 데 크게 기여하게 되며 민주적 자율통제를 확보할 수 있게 된다.

✦ 정보사회와 정보공개원칙

산업기술의 발달로 정보사회가 정보혁명으로 특징지어지는 현실에서 정보공개가 중요시되는 이유는, 첫째 정보가 현사회를 움직이는 원동력이 되고 있으며, 둘째 사회발전을 예측하는 지침을 제공할 수 있으며, 셋째 정보공개는 국민 모두의 의견수렴과 피드백(feedback)을 할 수 있는 참여의욕을 높여 줄 수 있고, 넷째 정보 통신기술의 발달로 국제관계, 정치, 사회체계의 변화를 가져올 수 있다는 점이다.

정보사회에서 정보환경은 개별성, 협력성, 다방면성, 그리고 직접성에 의해 정치참여가 보다 활발히 이루어질 가능성이 높고 그에 따라서 체제의 민주성 확보 기능, 시민의 이익 표출적 기능, 인간교육적 기능, 체제유지기능 등을 가지고 있는 정치참여의 민주성, 효율성, 그리고 교육적 효과를 동시에 제고(提高)시켜 주게 될 것이다.[13)]

그러나 정보화사회에서는 정보구입력, 정보식별력 그리고 정보수집력 등으로 구성된 정보력의 양극화 현상이 초래되어 제반 정보력이 사회의 제계층에 공평하게 분배되지 않고 소수의 사람에게 집중됨으로써 참여적 민주주의 발전을 저해하고, 급기야는 입헌적 민주제는 유명무실(有名無實)하게 될 위험성도 있다. 따라서 정보공개가 제도적으로 확립되어야 할 필요성이 대두한 반면 공개된 사회에서는 정보의 정확성 문제가 야기된다.

국민들은 국가에 대하여 알 권리를 최대로 주장하여 정보를 획득하려고 하는 반면 국가로서는 어떤 정보를 공개해야 하는지가 최대의 쟁점이 될 수 있다. 정보사회에서 정보공개는 민주적 질서를 유지하는 범위 안에서 이루어져야 한다. 국민 스스로가 정보판단을 해야 함은 물론이지만 국가가 제공하는 정보에 대하여 국민과 협소제제를 이루어야 할 것이다. 즉, 정부가 정보의 주체성을 확보해야 하며 국민으로 하여금 자율적 통제를 향유할 수 있도록 하는 것이 정보사회의 관건이다. 그러나 정보사회에서는 열려진 사회를 지향하기 때문에 정부에서 필요로 하는 정보는 정부에서 통제할 수 있는 제도적 장치가 마련되어야 하고, 정보수집, 보관, 처리의 과학적인 기법들을 동원하여 철저한 관리활동을 해야 할 것이다.

---

13) 노규형, "情報社會에서의 政治參與", 情報社會와 民主發展, 通信開發硏究院, 1988, 6, pp. 29-30.

3) 정보공개의 한계

(1) 정보공개의 제외사항

정부기관이 보유하고 있는 정보는 원칙적으로 공개해야 한다. 정보공개에 관한 시대적 요청이나 이론적 취지로 본다면 당연한 공개사항이 될 수 있다. 그러나 모든 정보가 당연히 공개되어야 하는 것은 아니다. 정보공개는 공개청구에 의하여 공개하는 것이 원칙이다. 그러나 공개함으로써 공정성이 위해(危害)를 받는다거나 책임성이 약화된다거나 개인의 프라이버시 침해를 가져온다거나 시민에게 불이익을 주는 공개가 있다거나 정부와의 신뢰에 문제가 발생한다면 정보공개제도의 기본정신에 위배되기 때문에 정부가 보호해야 할 사항에 대해서는 제한적 공개를 해야 할 것이다.

이것은 공개원칙에 위배되지만 법규나 조례에 의해서 정보공개의 예외사항에 대해서는 비공개로 해야 함이 옳을 것이다. 즉, 공개하지 않을 수 있는 권한과 비공개권한 및 제한적 공개원칙들을 제정해야 할 것이다.

공개원칙의 예외사항으로서 다음과 같은 것을 들 수 있다. ① 공개하지 않아도 되는 정보, ② 공개를 해서는 안 되는 정보, ③ 부분공개를 해도 되는 정보, ④ 공개정도의 판단 여부가 파악되지 않는 정보 등은 공개사항에서 적용제외사항으로 규정할 필요가 있다.

이러한 적용제외사항을 설정하는 것은 본래 보호해야 되는 합리적인 이유가 있어야 하는 것이 그 전제조건인데 조례화에 임해서는 충분한 검토를 거친 후에 이루어져야 할 것이다.

일반적으로 정보공개의 적용제외사항으로 지적할 수 있는 요소는 다음과 같다.

첫째, 제한공개(制限公開)이다. 이는 국가나 기관에서의 판단 여부에 의해서 설정해야 할 것이다.

둘째, 명확성이다. 즉, 적용제외사항에 대하여 명확히 규정되어 있어야 할 것이다.

셋째, 객관성이다. 즉, 객관성을 지닌 제외규정이 설정되어야 한다.

넷째, 시한성이다. 즉, 제외규정을 시간적 차원에서 보는 견해이다.

그리고 정보공개의 적용제외 유형으로서는 다음과 같은 세 가지를 들 수 있다.

첫째, 개인의 프라이버시에 관한 정보

둘째, 법인 등의 기업비밀에 관한 정보

셋째, 공개함으로써 행정의 공정 혹은 원활한 집행에 현저한 지장을 끼칠 우려가 있는 정보 등이다.

(2) 정보공개의 한계점

① 국가 및 국방에 관한 정보

정보공개의 가장 큰 문제는 공개함으로써 파생되는 국가존립에 관한 문제이다.

국가존립에 대한 정보공개는 나라의 안전보장과 사회질서를 위태롭게 하거나 혼란을 초래할 수가 있다. 또한 외부기관이나 국제 간에 불화를 가져오거나 정책집행상에 비효과적인 양상을 보일 수 있기 때문에 이에 관련된 정보는 신중하게 다루어져야 한다. 그러나 너무 비공개만을 강조하다 보면 정보공개는 비밀주의가 되어 버리기 때문에 적용대상과 내용, 범위 등에 관해서 법규로 제정해 놓을 필요가 있고, 사회적・국제적 환경변수를 잘 파악해야 할 것이다.

② 프라이버시에 관한 정보

정보공개에서 직접적인 당사자는 개인에게로 귀결된다. 국가정보는 대체적으로 개인에 관한 정보의 수집과 분석으로 형성되는 경우가 많다. 따라서 광범위한 국민 개개인의 정보가 산업정보나 국방정보, 정책정보 등으로 활용되기도 한다. 결국 개인은 자기에 관한 정보의 통제권을 주장하게 되고 사생활보호 차원에서 정보의 관리가 이루어져야 한다.

③ 경제활동에 관한 정보

현대는 기업정보가 많은 비중을 차지한다. 즉, 경제활동이 그 나라의 사회를 분석하는 데 가장 적격이라고도 볼 수 있다. 경제활동은 그 나라의 발전상을 파악할 수도 있다. 국가는 국민의 생활을 책임지는 기업활동정보를 최종 관리하는 주체로서 만일 수많은 경제적 투자로 얻은 기술축적이라든가 경제적 가치 또는 사회관리제도에 필요한 지식과 기술 등이 외부로 노출이 된다면 그것은 곧 국민경제와 국민복지 및 국가기밀상으로까지 연계될 수 있다. 따라서 경제활동으로 인해 얻는 노하우(know-how)를 얼마만큼 관리하느냐가 매우 중요하다.

④ 법령에 의해 규제된 정보

법령에 의해 공개하지 않을 수 있다거나 공개해서는 안 되는 것으로 명문화시켜 놓았을 경우는 공개의 제한을 받게 된다.

대체적으로 법령에 의해 비공개하는 정보유형은 다음과 같다.

㉮ 명문의 규정상 열람 외에는 사본교부가 금지되는 정보 : 소송에 관한 서류, 저

작물의 복제.

㉯ 타목적 사용이 금지되는 정보 : 통계조사의 조사표

㉰ 절차의 공개가 금지되고 있는 조정 등에 관한 정보 : 건설공사 분쟁 심사 회의록

㉱ 개별법에 의해서 구비의무가 부여되고 있는 정보 : 지방세신고서, 지방세경정 결정결재서, 정신위생감정서, 정신장애자에 관계되는 병원서류 등

㉲ 공개 시에 정책의 공정성에 지장을 주는 정보

이는 정보공개로 인해 정책집행의 공정성이나 적정성 확보에 문제가 발생할 경우에는 그것이 단순정보라도 공개를 하는 데 제한이 따른다. 정보공개는 되도록 공개기관과 당사자 간에 서로의 이익을 위해서 집행되어야 한다. 그러나 그러한 공정성이나 적정성은 자칫 주관에 의한 판단이 올 수가 있다. 따라서 자의적인 판단보다는 공익적인 관점에서 기준을 설정해 놓아야 한다.

(3) 정보공개의 발전방향

정보공개의 방법이 아직 미숙한 현 단계에서 국민이 보다 만족스럽게 느껴지는 정보공개가 이루어지기 위해서는 보완책의 강구가 절실히 요구된다. 바람직한 정보공개의 발전방향은 첫째, 헌법상으로는 정보공개의 원칙을 인정하여 의회제도와 공개재판을 통한 정보공개가 인정되고 있지만 실정법상 명문의 규정이나 법제도가 없기 때문에 국민의 자산인 행정정보에 쉽게 접근하여 필요한 정보를 얻을 수 있도록 정보공개일반법을 도입·제정할 필요가 있다.

둘째, 행정홍보가 계몽적·행정관리적 홍보를 벗어나지 못하고 있어 정보의 상호교류작용인 진정한 공공관계로서의 행정홍보로 전환되어야 한다.

셋째, 정보공개의 전제가 되는 공문서 및 자산관리체제의 현실이 정보공개의 목적에 맞게 운영되지 못하고 있어 관리체제의 개선이 시급하다.

넷째, 공무원 및 국민의 태도변화 유도로서 공무원의 경우는 정보공개가 시민에 대한 의무라는 의식을 가질 수 있어야 하고, 국민의 경우는 정보공개를 적극적으로 요구할 수 있도록 시민의식이 배양되어야 한다.

4. 프라이버시보호

1) 프라이버시의 개념

프라이버시(privacy)라는 말은 일반적으로 개인생활을 의미한다. 현대 사회에서

국가체제의 구축과 개인의 권리와 자유 등의 이념을 중시하면서 인신(人身)에 대한 보호적 차원으로 프라이버시의 중요성이 대두하게 되었다. 대체적으로 프라이버시를 기본적으로 인권사상에 기초를 두어 개인의 존엄이라는 견해와 자기보호를 제도적 차원으로 보장을 받으려는 의도하에 프라이버시권이 나타나게 되었으며 정보사회에 접어들면서 재산권 및 육체적 보호의 전통적 개념에서 사회의 제도적인 차원으로 보다 다양한 국면을 내포하게 되는 특징을 가지고 있다. 따라서 프라이버시를 간단하게 정의하지는 못하고 사회 및 인간관계, 법률적인 표현으로 나타나게 되어 시대, 문화, 사회변동에 따라 달리 정의되기도 한다.

쿨리(T. M. Cooley)는 프라이버시권은 홀로 자유로이 있을 수 있는 권리[14]라고 주장했으며, 워렌(S. D. Werren)과 브랜다이스(L. D. Brandais)는 일반적인 개인의 비밀유지권, 즉 인간 인격의 권리라고 주장하여 프라이버시에 대한 개념설정을 시도하였다. 대체적으로 프라이버시는 자율, 개인적 이익, 정신적 · 심리적인 자아개념 등을 포함하는 과정으로 이해할 수 있다.

역사적으로 볼 때 프라이버시는 신체의 불가침성이었다. 그 후 법에 의하여 정신적인 자유로 보호를 받게 되면서 19세기에는 대륙법에서 순전히 주관적인 정신적 고통으로부터의 보호가 인정되었다. 한편 대륙법계통에서의 전개과정보다 좀 후발적인 영국의 보통법에서는 처음 단계로 직 · 간접으로 받은 신체에 대한 침해로부터 보호하고 다음 단계에서 신체 건강의 유지 및 촉진을 이루게 하며, 세 번째 단계로서 직 · 간접으로 사용되는 정신 및 신경에의 침해로부터 보호하며, 마지막 단계에서 정신적 건강의 유지 및 촉진을 장려함으로써 개인적 이익의 보호를 추구해 왔다. 이러한 발전과정에서의 프라이버시는 그 정점(頂點)에 위치하게 된 것이다.[15]

그러한 법적 보호에서 심적인 평화와 명예, 또는 무형자산과 같은 독립가치가 있는 사항까지 프라이버시의 영역이 넓어졌으며 지식의 관계에서 오는 정보의 활용과 그러한 개인정보에 관한 것들이 개인과 집단, 각 기관들에까지 어떤 유형으로 적용, 형성되어 가고 영향을 미치는가 등은 총체적 프라이버시 영역으로 보고 있다.

1974년 미국 연방의회의 프라이버시법을 통하여 개인들에게 자신들에 대한 정보를 통제할 수 있는 수단들을 부여했는데 그 수단이란 첫째, 어떤 정보를 보유하고 있고 그것을 어떻게 사용하고 있는지를 알 권리와, 둘째 그 정보에 대하여 이의를

---

14) T. M. Cooley, *A Treatise on the Law of Torts*, 2nd, Chicago: Challoyhon, 1988, 방석현, 전게서, p. 580에서 재인용

15) 韓國電子通信研究所, 情報化時代에 산다, pp. 141-142.

신청하고 정정할 권리들을 제시하고 있다. 아울러 이 법안들은 조직에 대하여 공평한 정보사용의 원칙을 준수하도록 하여 개인정보의 정확성, 완전성, 그리고 특정 목적을 위해 수집된 정보를 다른 목적을 위해 사용하지 못하게 하는 등 개인정보의 수집 및 사용에 대한 기준과 규정을 설정해 주고 있다.

또한 프라이버시는 사회 공공적인 관점에서 볼 때 기본인권 존중의 이념에 입각하여 자유롭고 행복하게 살 권리를 내포하기도 하고 자기 자신에 대한 정보흐름의 자기통제와 자신의 정보에 대하여 자신이 관리・보호해야 한다는 개인의 정보관리사항까지 최대한의 배려를 하지 않으면 안 된다.

결국 오늘날에는 프라이버시의 개념에 관해서 전통적인 '혼자서 있을 수 있는 권리', '알려지고 싶지 않은 권리'에 덧붙여 '본래 자기 자신에 관한 정보는 자기 자신의 것이며, 자기 정보의 흐름을 알아서 그 정보에 잘못된 점이 있으면 수정할 수 있다는 자기에 관한 정보의 흐름을 통제하는 권리'라는 적극적 개념도 포함하고 있다고 본다.

2) 프라이버시의 중요성

정보를 '일정한 의도를 갖고 정리해 놓은 자료의 집합'으로 정의할 때, 개인에 관한 단편적인 자료도 특정 개인이나 집단에 의해 체계적으로 수집되면 새로운 의미를 갖는 정보를 산출할 수 있게 되는 것이다. 이때, 이 새로운 정보가 개인의 사생활(私生活)에 관련된 것이고 그것이 본인의 승낙 없이 일반 대중에 공개될 경우에 그 개인의 사생활을 침해하여 불이익이 초래된다면 그것은 헌법에서 규정한 사생활보호라는 국민의 기본권 침해가 된다고 볼 수 있을 것이다.[16]

특히 정보사회에 있어서는 프라이버시권(right of privacy)에 대한 새로운 형태의 위험에 적절히 대응하기 어렵다.

지금의 정보사회에 있어서는 경제적・정치적 이유에서 국민 개개인에 대한 정보를 사기업(私企業) 또는 국가기관이 수집하여 이를 활용하고 있다. 효과적인 세금의 징수, 복지, 교육 등 현대 국가의 급부기능의 확대에 따른 이유 이외에도 개인정보의 수집은 국가감시체제의 확대와도 관련이 있다. 아울러 사기업에 있어서도 신용거래, 인사관리, 고용정책 등과 관련하여 개인정보수집의 필요성이 증가하고 있다. 이와 같은 필요성의 증대는 이를 충족시킬 수 있는 컴퓨터, 과학기술의 비약적인 발전과 더불어 눈부신 발전을 하고 있다.

16) 안문석, 情報體系論, 法文社, 1991, p. 398.

이때 개인에 관한 정보가 의도되지 않은 채로 밖으로 유출이 되고 명예와 자기통제 하에 있는 사실까지도 의도하고자 하는 개인이나 단체로 유입되어 가고 있는 실정이다. 특히 재산권 행사와 산업사회에서 필요로 하는 인적 사항과 주민등록의 유동사항과 그 교부, 청구로 인해서 개인에 관한 정보들이 유포되고 있는 실정이다. 이러한 사항들이 정보사회에서 더욱 범람하고 있으며 행정부 및 조직체활동에 필요한 전산회로 인해서 사생활(私生活)의 침해현상이 두드러졌으며 이에 대한 보호가 적극적으로 필요하게 되었다.

프라이버시가 유출되는 현상은 사회구조가 가장 큰 원인으로 지적되는 데 그 현상은 산업사회에서 정보사회로, 폐쇄사회에서 개방사회로, 단순히 보관하고 있던 상태에서 상호 교류・교환하고 있는 사회로, 국가 내부생활에서 국제교류시대로 변해가면서 이제는 사적(私的)인 인적사항이 국내 뿐만 아니라 국제 간에도 유출되는 현상을 맞게 된 것이다.

사회의 정보화가 진행되어 사회생활의 모든 분야에서 정보의 역할이 크게 확대됨에 따라, 즉 정보화사회가 됨에 따라 개인의 정보일지라도 재화로서의 가치가 있다. 이러한 이유에서 개인정보는 경제활동(기업활동)에 있어서 중요성을 가지게 되었으며, 개인정보의 수집방법이 광범위하고 복잡하게 되었을 뿐만 아니라 보유되고 있는 정보도 더욱 더 세밀하고 상세하게 분류되고 있다. 또한 개인정보의 이용・유통과정도 고도화되고 있다. 그러므로 개인의 생활이 편해진 것도 있지만 간과할 수 없는 심각한 문제도 발생될 수 있다.

3) 프라이버시의 침해 문제

정보사회에 있어서 개인정보의 유출은 어느 정도 당연시되고 있다. 그러나 개인의 이익과 권리를 침해(侵害)하고 인간존재의 자유를 위축시키거나 무형재산에 관한 과도한 정보의 유출은 개인의 명예뿐만 아니라 경제적 가치에까지 막대한 손해를 초래하게 된다. 그러나 개인정보에 관한 것 중 프라이버시에 관련된 개인정보를 어떻게 특정화해서 비공개로 할 것이냐에 관한 기준이 애매모호하다.

대체적으로 프라이버시 침해사항의 요건으로서 지적될 수 있는 것은 개인에 관한 정보(사업을 경영하는 개인의 당해 사업에 관한 정보를 제공한다)로, ① 특정의 개인이 인식되거나 또는 식별될 수 있는 것, ② 개인생활 사항에 관해서 특정 개인이 인식되거나 또는 식별될 수 있는 정보, ③ 통상 타인에게 알려지고 싶지 않은 개인에 관한 정보 등을 규정하고 있는데 이러한 내용들은 표현이야 어떻든간에 내용적으로 큰 차이는 없다. 이러한 개인정보를 원칙적으로 비공개로 하고 있지만, 그 경우에 취급기준은 일반적으로 확정되어 있는 것은 아니다. 다만, 다음과 같은 사항을 포함한 정보가 프라이버시의 침해요소가 될 수 있을 것이다.

첫째, 의식, 사상, 종교, 인종, 취미 등
둘째, 심신의 상황, 병력, 체력, 건강상태 등
셋째, 학력, 경력, 직업, 상벌(범죄경력), 자격, 성적 등
넷째, 가정생활, 친족관계, 사회활동, 생활기록 등
다섯째, 소득, 재산상황, 거래상황 등이라 할 수 있다.

그러나 프라이버시 존재형식에 관하여 국민의 관심이 높아지고 있으며 주민등록의 열람이나 교부로 인해서 개인정보의 누출은 점차 증대되고 있어 전산화로 인한 프라이버시 침해 정도나 양 및 범위가 의외로 확대되고 있는 실정이다.

4) 프라이버시의 보호대책

개인의 프라이버시 보호방법에 대하여 많은 수단들이 있겠지만 무엇보다도 법적 수단의 기준이 제시되어야 하는 데 몇 가지 중요한 기준을 예시해 보면 다음과 같다.

① 개인정보 취급기준의 설정이 필요하다.

② 프라이버시를 보호하기 위해서는 개인정보 취급에 관한 기준이 있어야 한다.

③ 자기정보에 대한 열람권, 폐기청구권, 이용목적 제한 청구권, 공개거부권 등을 내용으로 하는 자기정보통제권이 정비되어야 한다.

④ 개인정보의 취급의 잘못으로 프라이버시가 침해되었을 때 사후구제를 위한 조치가 있어야 한다.

특히 행정기관이 보유하는 컴퓨터정보처리에 관계되는 개인정보의 구체적 보호조치의 내용에 대해서는 제 외국의 입법례와 OECD 이사회의 권고, 우리의 실정 등을 참조하여 구상할 필요성이 있다. 외국의 예를 참조하면서 우리의 행정운영 실태와 실효성 등을 고려하여 구체적인 보호조치를 마련해야 될 것이다.

5) 프라이버시권 보호제도의 기본원칙

(1) 공개의 원칙

개인정보의 기록파일은 원칙적으로 개인에게 공개되지 않으면 안 된다. 즉, 각자에게 자기정보통제권이 구체적으로 행사될 수 있는 전제조건이 보장되어야 하는 것이다. 이러한 원칙이 지켜지기 위해서는 개인정보의 열람권 등이 개인에게 주어져야 한다.

(2) 개인개입의 원칙

개인정보는 본인 비공개의 예외적인 경우를 제외하고는 당해 정보의 주체인 본인의 청구에 의해 개시되어야 함과 동시에 본인이 개시된 정보내용에 불복할 경우에는 정당한 절차를 거쳐 수정・소거(消去) 등의 조치가 가능해야만 한다. 즉, 자기정보통제권의 중심적 내용으로서 자신의 정보에 대한 본인 자신의 직접적인 접근 또는 개입이 구체적으로 보장되지 않으면 안 된다.

(3) 수집제한의 원칙

개인정보의 취급에 있어서 가장 기초단계인 수집단계에서부터 정보수집의 목적을 명확히 하여야 하며, 아울러 수집된 개인정보의 내용을 수집목적의 달성에 필요한 범위 내로 제한해야만 한다. 또한 개인정보의 수집은 가능한 한 본인으로부터 직접 행해져야 하며 적정하고 공정한 수단에 의한 것이어야만 한다. 인권침해 등의 염려가 있는 개인정보는 처음부터 수집이 제한되어야만 한다.

(4) 이용・제공 제한의 원칙

적정하고 공정하게 수집된 개인정보일지라도 그것이 무제한적으로 허용되어서는 안 되므로 제한되어야만 한다. 예외적으로 목적 외로 사용할 경우이거나 혹은 외부에 제공할 필요가 생길 경우에도 그 기준을 명확하게 정해 운용상황을 점검・공포하는 등 적정화 내지 공정화가 이루어져야 한다.

(5) 적정・안전관리의 원칙

개인정보는 그 내용에 실수가 없도록 하기 위해 정확하고 최신의 정보로서 유지・관리되어야만 한다. 뿐만 아니라 정규의 수속을 밟지 않고 정보의 입수・파괴・수정・누설 등의 위협으로부터 보호하기 위해서 합리적인 안전조치도 강구되어야 한다.

(6) 책임명확화의 원칙

개인정보에 관한 책임소재를 명확히 하고, 구체적인 보호를 위한 제조치에 대해서도 책임을 지는 관리체제가 이루어져야 한다.

(7) 신뢰확보의 원칙

개인정보 보호제도가 적정하고 효과적으로 운용되기 위해서는 개인정보의 보호를 둘러싸고 일어나는 분쟁을 해결하기 위한 효과적인 제수단을 정비하여 제도에 대한 개인의 신뢰를 확보하는 것이 중요하다. 이를 위해서는 자기 정보의 영향, 정정(訂正), 소거(消去) 등의 민원청구에 대해서 적극적으로 대응해야 하며, 필요하다고 인정될 때는 소송원조 등 구체적인 제도의 운용이 필요할 것이다.

5. 사이버공간에서의 윤리문제

오늘날 일상생활에서 사이버공간이 차지하는 비중은 날로 증가하고 있다. 사이버공간이 개인과 기업활동에 커다란 영향을 미치게됨에 따라 사이버공간에서의 윤리문제가 크게 문제시되고 있다.

첫째, 인터넷 정보는 국경을 막론하고 모든 네티즌에게 무차별로 도달할 수 있고, 개인정보도 노출될 수 있기 때문에 윤리적인 문제가 자주 발생한다. 개인정보의 매매, 음란물의 유포, 중상모략, 허위소문 유포 등 많은 문제가 야기되고 있다.

둘째, 사이버공간에서 정보를 쉽게 복사할 수 있는 것도 문제이다. 따라서 정보는 처음에 수집하고 정리·조직화하는 것이 문제이지, 일단 만들어지면 인터넷을 통해 거의 무제한으로 복사될 수 있다. 예컨대 MP3에 의한 노래복사, 책, 영화, 컴퓨터 프로그램의 복사 등 이로 인해 재산권 침해문제가 자주 발생한다.

셋째, 사이버공간에서는 익명 또는 가명으로 정보를 유통시킬 수 있다. 그래서 허위정보, 주식에 대한 허위소문, 회사의 감사실에 대한 허위투서 등은 기업활동뿐 아니라 개인의 사생활에도 커다란 영향을 미치고 있다. 예컨대 음란채팅, 소위 원조교제, 누드공개, 욕설, 폭언 등도 이러한 사이버공간의 익명성에서부터 시작되는 문제일 것이다.

넷째, 상품의 가치가 그 사용자 수에 의해서 좌우될 경우에는 MS-Windows처럼, 컴퓨터운영체계의 표준이 되고 나면, 다른 약소 경쟁제품은 사라지고 시스템의 독점이 이루어진다. 시스템이 사실상의 독점상태가 되면, 이 시스템 사용자는 포로가 되고, 여기에 독점이 형성되어 자유경쟁이 약해지게 된다.

그리고 컴퓨터 프로그램, 채팅 등에 영어가 거의 독점적으로 사용되고 있는데, 이는 중요한 컴퓨터 프로그램이 대부분 영어로 되어 있기 때문이다. 영어가 사이버공간에서의 사실상의 세계공통어로 되면서, 영어권 문화가 세계를 지배하고, 영어 원어민이 유리한 입장에 서게 되고 세계 각 민족의 언어적·문화적 다양성이 소멸되고, 각 민족어가 영어에 의해서 잠식당하는 등 언어적 불평등 문제가 심각하다.

6. 컴퓨터범죄

다른 사람의 재산을 도적질하는 것은 방법 여하를 불문하고 비윤리적이며 불법이다. 최근 컴퓨터의 이용률이 급증하면서 컴퓨터범죄를 단속하는 것도 점점 어려워지고 있다. 컴퓨터기술의 발달에 따라 범죄기술도 고도화되어 이제 관리자의 사고방식과 관리방식으로는 그러한 급속한 변화를 따라잡을 수 없기 때문에 문제로 되고 있다.

컴퓨터범죄는 컴퓨터를 이용한 자금절도, 정보절도 및 시간절도의 세 가지 경우를 생각해 볼 수 있다.

1) 자금절도

컴퓨터를 이용한 자금절도가 최근 급증하고 있는데, 이에는 외부인이 회사의 전산시스템에 접속하여 돈을 빼내는 경우가 있고, 내부인이 컴퓨터를 조작하여 자금을 빼내는 경우도 있다. 일반적으로 컴퓨터에 의한 자금도난은 회사의 관리체계가 허술함을 말하는 것이기 때문에 회사에서는 도난금액이 거액이 아닌 경우에는 대체로 외부에 알리지 않고 자체적으로 수습하려 한다.

컴퓨터범죄는 지적인 범죄이므로 대처방법 또한 범죄행위 못지 않게 지적이어야 한다. 예컨대 권총강도가 은행창구에서 돈을 강탈한 경우와 컴퓨터를 이용하여 은행의 돈을 절도한 경우와는 많은 차이가 있다. 컴퓨터절도의 경우, 첫째 범인이 절도현장에 없고, 둘째 폭력이나 무기를 사용하지 않고, 자산을 도적하면서도 신체적 위협을 가하지 않는다. 셋째, 가해자와 피해자가 서로 접촉하지 않는다.

일반적으로 이와 같은 지능범죄는 사전예방이나 사전탐지를 못하는 경우가 많다. 지난날 은행직원이 다수이자를 불법으로 횡령한 사건이나 휴면계좌의 잔액을 은행직원이 몰래 횡령한 사건 등은 모두 지능범죄의 단면을 보여주는 사건들이다.

2) 정보절도

최근 정보기술의 발전과 장비의 고성능화로 컴퓨터 전산망을 이용하여 회사의 영업비밀을 알아내고, 회사의 각종 자료를 몰래 복사하고, 기타 컴퓨터에 저장되어 있는 자료에 무단침입하여 조작하는 사례가 늘고 있다.

예컨대 어느 병원전산시스템에 한 소년이 침입하여 환자기록들을 살펴본 후 재미있게 보았다는 내용의 글만 남기고 떠났다. 이 소년은 데이터를 말살하거나 변경하지도 않았고, 병원측에 피해를 준 사실도 없다. 병원측에서 많은 노력을 하였으나 소년의 침입을 막을 수는 없었다. 이 소년의 행위는 비윤리적인 행위인가? 병원측에 정보관리가 허술하다는 경고를 주었을 뿐이니 그로 인하여 병원에서 정보관리를 강화한다면 정보침입 그 자체는 비윤리적이 아니라고 볼 수도 있다. 그러나 이 소년의 행위는 비윤리적인 행위로 보아야 한다. 왜냐하면 무단으로 다른 사람의 파일에 침입한 것은 재산권의 침해이고, 또 프라이버시를 침범하였기 때문이다.

3) 시간의 절도

공적인 업무수행을 위해 설치된 컴퓨터나 전산망을 회사의 허락을 받지 않고 사적인 용도에 사용하는 것은 컴퓨터시간의 절도에 해당된다. 근무시간 이후 회사 컴퓨터를 이용하여 사적인 전자메일을 보내고, 인터넷에 접속하여 증권시세를 조회하고, 채팅을 하고, 게임을 하는 등의 행위는 윤리적인가? 비윤리적인가?

일반적으로 컴퓨터가 회사의 재산이고 컴퓨터를 이용하는데 비용이 소요되므로 비록 근무시간 이후라도 회사의 컴퓨터를 허가 없이 사용하는 것은 비윤리적이라고 볼 수 있다. 회사 전화나 사무기기를 사적으로 이용하는 경우나 업무용 차량을 사적인 용도로 이용하는 것도 마찬가지 경우일 것이다.

이것은 빈 택시가 거리를 달리는데 손님을 태우더라도 비용이 더 발생하는 것은 아니지만 가는 길에 손님이 승차했을 경우에는 요금을 내야 하는 것과 동일한 이치다. 그러나 현실은 반드시 그렇지만은 않다. 회사의 방침에 따라 이러한 행위가 비윤리적 행위가 될 수도 있고 그렇지 않을 수도 있다.

7. 컴퓨터윤리 10계명

우리나라 정보통신관련 단체(정보통신사업자, 정보통신윤리위원회, 한국정보처리전문가협회 등)들은 최근 윤리강령을 제정하여 선포하였다. 그리고 미국 컴퓨터기업협회와 컴퓨터윤리연구소도 각각 윤리강령을 정하고 있다.

최근 미국 컴퓨터윤리연구소가 발표한 컴퓨터윤리 10계명을 보면 그 내용은 다음과 같다.

① 다른 사람에게 해가 되는 일에 컴퓨터를 사용하지 말아라.

② 다른 사람의 작업에 방해가 되지 않도록 하라.

③ 도둑질을 하기 위하여 컴퓨터를 사용하지 말아라.

④ 거짓된 사실을 퍼뜨리기 위하여 컴퓨터를 사용하지 말아라.

⑤ 정당한 대가를 지급하지 않은 소프트웨어는 사용하지도 복제하지도 말아라.

⑥ 타인의 허락이나 적절한 보상 없이 남의 컴퓨터자원을 함부로 사용하지 말아라.

⑦ 다른 사람의 지적인 산출물을 자신의 것처럼 하지 말아라.

⑧ 악성 프로그램(malicious codes)을 만들지 말아라.

⑨ 뒷문 프로그램(back door), 트로이목마 프로그램(trojan horse), 논리폭탄(logic bomb), 컴퓨터 바이러스, 인터넷 웜 등의 비윤리적·비도덕적 프로그램을 이용하여 시스템을 공격하지 말아라.

⑩ 서브거부공격(denial of service attack)을 하지 말아라.

8. 해킹(hacking)

'해커'(hacker)는 원래 컴퓨터시스템의 내부구조와 동작원리 등에 심취하여 이를 알고자 노력하는 사람으로 컴퓨터 및 통신에 대한 뛰어난 실력을 가진 사람을 지칭하였다. 그러나 1990년대 초에는 다른 컴퓨터에 불법으로 침입하여 자료를 무단 열람, 변조, 파괴하는 등의 행위를 하는 침입자·파괴자를 함께 해커로 부르고 있다.

그리고 최근에 부르는 '해커'라는 용어는 인터넷을 주무대로 한 가상공간에서의 많은 사이버범죄를 일으킬 수 있는 기능성이 매우 큰 사람들을 통칭하는 용어로 주로 사용되고 있다.

다시 말해, 넓은 의미에서는 해커들이 저지르는 모든 불법적인 행위들을 해킹(hacking)이라고 하지만, 좁은 의미에서는 정보시스템에서의 보안침해사고를 발생시키는 행위들을 말한다. 해킹은 특정 전산시스템에 직접 침입해 정보를 빼내는 방식에서부터 시스템에 부하를 걸어 서비스를 멈추게 하는 방식까지 다양하다. 최근의 해킹수법으로는 특정 사이트에 엄청난 양의 정보를 쏟아 부어 시스템에 과부하가 걸리도록 해서 서비스를 중단시키는 '서비스거부공격'(dos, denial of service), 상대방 정보를 빼내는 '트로이 목마' 등이 있으며 또한 컴퓨터 바이러스와 해킹의 성격이 혼합되어 둘의 구분이 모호해지고 있는 실정이다. 여기서 자주 이용되는 대표적인 해킹기법을 살펴보면 다음과 같다.

1) 취약점 정보수집

보안취약점을 알아내는 보안검색기를 이용하여 외부망에서 접근이 가능한 전자우편, finger, telent 등 네트워크 서비스 및 취약점을 찾아내어 침입하거나 관리자 권한을 획득하는 것이다.

2) 버퍼 오버플로우 취약점(buffer overflow)

버퍼(buffer)로 지정된 공간에 지정된 양보다 더 많은 양의 데이터를 쏟아 부음으로써 시스템의 다른 영역까지 영향을 미치게 함으로써 시스템을 다운시키거나 오작동시키게 하는 공격방법이다. 최근에 많이 이용되고 있는 기법이다.

3) 사용자도용(impersonation)

다른 사람의 ID나 패스워드를 알아내서 그 사람으로 가정하여 시스템에 침입하는 방법이다. 사람들이 패스워드를 유추하기 쉽게 설정한 경우 공격대상이 될 수 있으므로 유의하여야 한다. 따라서 단순한 패스워드의 사용을 자재하여야 하며 일정기간 사용 후에는 변경하여 주는 것이 좋다.

4) 전자우편폭탄

전자우편폭탄(mail bomb)을 이용해 컴퓨터 통신시스템을 마비시키는 공격방법으로서 특정 사용자를 대상으로 대용량의 전자우편을 보내거나 적은 용량의 전자우편이라도 반복적으로 대량 발송함으로써 상대방의 시스템기능을 마비시킨다. 최근에는 다른 사람의 전자우편계정을 이용하여 광고성 전자우편을 다수의 사용자에게 보내는 스팸(spam)메일이 사회적 · 윤리적으로 문제가 되고 있다.

9. 지적재산권

오늘날에는 정보기술과 통신기술이 고도로 발달함에 따라 소프트웨어의 불법복제가 보다 용이하게 되었다. 창의적인 아이디어 뿐만 아니라 상당한 시간과 노력을 투입하여 개발한 소프트웨어를 큰 비용을 들이지 않고서도 진품과 동일한 성능과 기능을 가진 정교한 복제품을 만드는 것이 가능해졌다. 그래서 최근에는 고성능의 복제기기와 복제기술을 이용한 여러 가지 형태의 비윤리적이고 불법적인 재산권침해 사례가 점증하고 있다. 이로 인해 그동안 지적재산을 보호하기 위해 존재하여 왔던 법령과 사회적 규범이 크게 위협을 받고 있다.

소프트웨어의 불법복제는 소프트웨어산업의 매출액과 수익성을 떨어뜨리고, 장기적으로는 이 산업부문의 성장과 발전을 저해하게 된다.

지적재산은 개인이나 회사에 의해 창작된 무형의 재산이다. 우리나라에서는 1986년 '컴퓨터 프로그램 보호법'이 제정된 이래 수 차례 개정되어 왔는데, 이 법의 근본취지와 목적은 컴퓨터 프로그램 저작물의 저작자권리를 보호하고 프로그램의 공정한 이용을 도모하여 프로그램 관련산업의 발전과 기술을 진흥함으로써 국민경제가 건전하게 발전하도록 하는 데 있다.

한편, 지적재산권은 '거래비밀'과 '저작권'으로 세분되어 법률에 의해 보호되고 있는데 구체적인 내용은 다음과 같다.

1) 거래비밀(trade secrets)

거래비밀은 지적 창작물로서 특별한 공식, 도구, 패턴 또는 데이터의 컴파일 등을 예로 들 수 있으며, 독특한 요소, 절차 또는 편집기능을 갖춘 소프트웨어는 거래비밀로서 분류될 수 있다.

거래비밀의 보호를 규정하고 있는 법의 목적은 창작물에 포함되어 있는 아이디어 자체를 보호하기 위한 것이다. 창작자가 거래비밀의 보호를 청구하려면 일반인들에게 그 거래비밀을 공개해서는 안 된다. 그러나 거래비밀을 보호하는 데는 현실적으로 한계가 있다. 소프트웨어 프로그램마다 독특한 요소가 존재하더라도 그 소프트웨어가 널리 사용되면서 거래비밀에 포함되어 있는 아이디어가 일반대중에게 노출되지 않도록 하기란 결코 쉽지 않기 때문이다.

2) 프로그램 저작권(copyright)

프로그램 저작권은 프로그램이 공표된 다음 년도부터 50년간 보호받을 수 있다. 프로그램 저작권보호는 프로그램의 전체 또는 일부라도 복제하지 못하도록 하기 위한 것이다. 저작권침해에 대한 배상은 요구될 수 있다. 저작권보호의 한계는 창작물의 바탕에 깔려 있는 아이디어까지 보호하는 것이 아니고 단지 명시적으로 표현된 내용에 한정된다는 것이다. 그러므로 경쟁회사에서는 한 회사가 이미 개발한 소프트웨어를 사용해 보고, 어떻게 운영되는지 이해한 다음 저작권의 형식을 침해하지 않으면서 동일한 개념을 응용한 소프트웨어를 구축할 수도 있다.

개인차원에서 이루어지는 소프트웨어 불법복제는 윤리적으로 적지 않은 문제를 야기한다. 저작권법에 의해 보호되는 소프트웨어를 개인적 용도로 복제하는 일이 매우 흔히 일어나고 있다. 정보시대에 소프트웨어의 복제는 너무도 쉽고 완벽하게 이루어져서, 소프트웨어회사에서는 아예 보호장치를 포기한지 오래고, 결과적으로는 시장을 확대시키는 데 효과적인 경우도 있다.

그러나 모든 사람이 소프트웨어를 불법적으로 복제한다면 새로운 소프트웨어의 출현은 어려워질 것이다. 이런 지적재산의 보호문제는 개인적 차원을 떠나 사회적·정치적 차원으로 이어져서 새로운 지적재산의 보호장치를 강구하는 데 초점이 모아지고 있다.

[사례 1] 개인정보 유출

2015년은 무수히 많은 기업과 정부 데이터베이스에 허가받지 않은 접속권한을 획득한 사이버범죄자들에게 있어 아주 넉넉한 한 해였다. 2015년 수백만의 개인정보를 유출한 온라인 유출 사고 TOP10을 모았다.

[10위] 미국 국세청 유출된 개인 정보 수 : 약 33만 4,000

IRS(International Revenue Service)사이트에서 10만 명의 세금 정보를 도난당한 이 사고는 기술적으로 해킹이 아니다. 이는 취약한 보안의 대표적인 사례로, 범죄자들은 IRS세무 기록 사본 얻기 서비스에 보안 질문에 정확히 대답함으로써 침투했다. 사이버범죄자들이 사용한 보안 질문의 답은 어디서나 획득할 수 있거나 간단히 추정할 수 있는 피해자들의 개인 정보들이었다. 미국 국세청 개인 정보 유출 사고는 2015년 2월부터 5월 중순까지 발생했는데, 5월 26일 IRS에 의해 공공리에 공개됐다. 러시아에 주재하는 것으로 추정되는 이 범죄자의 목적은 아마도 훔친 개인 데이터(개인 생년월일, 사회보장번호, 집주소)를 사용해 세금 환급 사기를 저지르려는 것이었다. 조사가 좀 더 진행된 8월 17일, IRS는 피해자의 수를 10만에서 33만4,000명으로 변경했다.

[9위] 패트레온(Patreon) : 유출된 개인 정보 수 230만

그라우드펀딩 사이트인 패트레온은 일반인들이 예술가들의 창작 프로젝트를 지원하게 해 예술가들의 창작 활동 자금을 마련할 수 있도록 하는 틈새시장이었다. 2015년 10월 1일, 패트레온 사용자 정보가 모두가 볼 수

있는 인터넷에 게재됐는데, 이 데이터에는 15GB에 달하는 패트레온 사이트 소스코드 데이터가 포함되어 있었다. 이 사건으로 예술가들과 기부자들의 이메일 주소, 비밀번호, 이 사이트를 통해 사용자간 메시지 교환 기록까지 모든 정보가 들어났다. 온라인 보안 감시 사이트인 HIBP(Have I Been Pwned)의 운영자는 230만 이메일 주소 속에서 자신의 이메일도 발견했다.

[8위] 어덜트 프랜드 파인더(Adult Friend Finder) : 유출된 개인 정보 수 390만

어덜트 프랜드 파인더 회원들의 개인 상세 정보가 다크넷 포럼(darknet forum)에 폭로 됐다. 상세 정보에는 회원들의 나이, 이메일 주소, ip주소, 사용자명, 우편번호, 그리고 혼외정사를 구하는 관심도, 성적 취향 등도 포함되어 있었다. 5월 21일 영국의 체널4 뉴스는 이 소식을 보도하면서 이 사이트에서 유출된 개인정보를 통해 사이트의 한 회원을 추적했다. 해당 회원은 자신의 계정은 해킹을 당하기 이전에 삭제했다고 주장했다.

이 주장이 사실이라면 이 사이트는 계정을 삭제한 회원들의 정보를 삭제하지 않은 셈이다. 기즈모도는 온라인 포럼에서 어덜트 프랜드파인더 업체에 10만 달러를 주지 않으면 회원 정보를 밝히겠다고 협박 메일을 시도한 범인이라 할 수 있는 자와 연관이 있는 한 게시물을 발견했다.

[7위] 라스트패스(LastPass) : 유출된 개인 정보 수 440만(크롬과 파이어폭스 확장프로그램 사용자의 총수로 추정)

좋은 비밀번호 관리자는 아주 훌륭하다. 비밀번호 관리자는 웹사이트에서의 사용자 로그인 정보를 사용자 레지스트에 저장해 뒀다가 나중에 사용자가 해당 사이트에 방문할 때마다 사용자 이름과 비밀번호를 일일리 기입하지 않아도 자동적으로 들어갈 수 있다. 그러나 누군가가 비밀번호 관리자에 사용한 사용자 개인 정보를 접속할 권한을 획득했다면 이 비밀번호 관리자가 아주 나쁜 경우를 맞이 한다. 2015년 6월 15일, 라스트패스에서 이런 일이 발생했다. 사용자 이메일과 비밀번호 확인, 다른 중요한 상세 정보들이 담긴 라스트패스 서브에 침입한 흔적이 탐지됐다. 그러나 다행스럽게도 라스트패스 서비스에 있는 사용자 개인 비밀번호나 웹사이트 라스트패스 사용자가 라스트패스 계정에 저장한 비밀번호는 포함되지 않았다

[6위] 스콧트레이드(Scottrade) : 유출된 개인 정보 수 460만

이 온라인 중개업체에서 유출된 고객 이름과 그들의 집주소는 헤커들에게 아주 좋은 정보였다.

FBI에 의해 발견된 스콧트레이드 유출 사건은 2013년말부터 2014년 초에 발생한 것으로 추정되지만 2015년 10월 1일까지 공개되지 않았다. 이 사건에서 유출된 정보는 이메일주소, 사회보장번호뿐만 아니라 고객 자금 규모와 그들의 비밀번호 등 다른 민감한 고객 정보도 포함되어 있어 스콧트레이드의 거래 플랫폼이 해킹당한 것으로 추정된다. 사이버범죄자들은 투자사기 저지를 목적으로 이 회사의 고객 상세연락처를 원했던 것으로 보인다.

[5위] V Tech : 유출된 개인 정보 수 1,120만 이상

어린이들을 위한 장난감 제조업체 V테크의 자체 보안은 11월 14일 화이트햇 해커들이 이 회사의 고객 데이터베이스 접속권한을 획득할 정도로 나빴다. 화이트햇 해커는 v테크 제품을 구매한 약 500만에 가까운 사람들의 이름과 이메일 주소, 비밀번호, 집 주소 등을 파일에서 추출했다. 그러나 이보다 더 나쁜 것은 이 데이터에는 V테크 고객들과 연관된 630만 명 어린이의 첫 번째 이름과 생년월일, 성별 등이 있었으며, V테크 기기를 갖고 아이들과 그들의 부모가 나눈 수만의 채팅 메시지가 포함되어 있었다. 12월 15일, 이 해킹 사건과 관련해 영국 버크셔주에 거주한 21세 남성을 체포했다.

[4위] T Mobile과 Experian : 유출된 개인 정보 수 1,500만

2013년 9월 1일부터 2015년 9월 16일 사이에 T모바일에서 신규 계약을 허거나 폰을 장만한 사용자의 개인 정보는 허가받지 않은 접속권한을 가진 누군가에 의해 유출됐을지 모른다. 2015년 9월 15일까지 알려지지 않았던 이 사건으로 유출된 정보는 신청자 이름, 주소, 생년월일, 식별번호(운전면허번호 또는 여권 번호), 그리고 사회보장번호 등이다. 이 모든 데이터는 신용정보업체인 익스피리언에 의해 유출됐다. 그래서 T모바일은 익스피리언을 맹렬히 비난했다. T모바일 CEO 존 케제레는 자사의 고객들에게 보낸 메시지에서 "엄청나게 화가 나있다"며, "익스피리언과의 관계를 전면 재검토할 것이다"고 밝혔다.

[3위] 미국인사관리처(U.S. Office of Personnel Management, OPM) : 유출된 개인 정보 수 2,570만

2015년 6월 5일 미국 인사관리처는 자체 시스템들과 데이트베이스로부터 400만의 전 현직 미국 연방정부 종사자의 개인 데이터가 도난당했다고 발표했다. 한 달이 지난 후 OPM은 "자체 인사 배경조사 데이터베이스에서 별건의 침입 흔적이 발견됐다."며, 사회보장번호와 지문이미지를 포함한 2,150만 명의 개인정보가 유출된 것으로 밝혔다. 인사관리처가 최초 발표할 때에는 지문이미지 유출 숫자는 약 110만이었는데, 9월 23일 5배로 증가한 560만 개로 변경했다. 이 사이버 범죄자들은 중국을 기반으로 한 해커로 추정하고 있다.

[2위] 애슐리 매디슨(Ashley Madison) : 유출된 개인 정보 수 3,200만

2015년 7월 19일 이 부도덕한 연애 사이트의 회원 개인정보가 누군가에 의해 도난당했다. 이를 훔친 이들은 애슐리 메디슨과 자매 사이트인 에스테블리시드 맨(Established Men)사이트를 폐쇄하지 않으면 정보를 모두 공개하겠다고 협박했다. 이들은 이 요구가 받아들여지지 않자 8월 18일 9.7gb의 데이터를 다크웹(dark web)에 올렸다. 공개된 데이터에는 애슐리 매디슨 회원들의 이름, 주소, 암호화된 비밀번호, 전화번호, 그리고 지불 내역들이 고스란히 드러나 있었다. 특히 2008년부터 이름, 이메일 주소, 집주소 등을 모아두고 있었는데, 이는 불법적인 요소가 있다. 이 사건의 여파로 지난 여름, 애슐리 매디슨 회원으로 노출된 유명인사, 암호화된 회원 비밀번호를 성공적으로 풀어버린 사건, 수많은 회원 계정들이 실제 여성인가 하는 좀 더 깊은 고객분석, 이 해킹 사건의 배후에는 누가 있는가 등의 수많은 이슈들이 터져 나왔다.

[1위] 미국 건강보험업체들 : 유출된 개인 정보 수 1억 1,570만

2015년 미국 내 수많은 건강보험업체들이 자사의 고객 데이터베이스를 공격당해 고객 정보들을 잃었다. 각 사건들로 인해 전체 미국인의 절반에 가까운 이들의 개인 정보가 유출됐다.

자료 : IT월드(http://www.itworld.co.kr)

[사례 2] 같은 듯 다른, 상표권 침해

최근 명품 패션 브랜드를 본떠서 가게 이름을 지었던 한 치킨집에 1천4백만원이 넘는 배상금을 물리는 판결이 나왔다. 사건의 발단은 한 치킨집이 '루이비통닭'이라는 상호를 쓰면서 시작되었다. 언뜻 봐도 특정 프랑스 명품 브랜드가 떠오른다. 실제 브랜드와 비교해보면 영어 철자에서 'T'가 하나 빠져 있고, 로고의 모양이 조금 다르지만 글씨체나 분위기는 흡사합니다. 루이비통사는 치킨집이 이 상호를 쓰지 못하게 해달라며 법원에 가처분 신청을 했고, 법원은 이를 받아들였다. 그러자 이 치킨집은 상호와 간판을 살짝 바꿔 상호 앞에

'Cha'를 붙여 '차루이비 통닭'으로 상호를 변경하였고 '루이비'와 '통닭'단어 사이를 띄어서 간판의 띄어쓰기도 다르게 하고 대문자였던 글씨체도 소문자로 바꾼 뒤 계속 장사를 했다. 그러자 루이비통사에서 또다시 문제 제기를 했고 결국 법원이 "치킨집은 루이비통사에 1,450만 원을 배상하라"고 판결을 내렸다.

하나는 패션 명품 브랜드이고, 하나는 동네 통닭집 상호인데, 업종이 이렇게 서로 달라도 "상표권 침해"와 "부정경쟁방지법"을 위반했다고 본 것이다. 루이비통닭 치킨집의 경우에는 상호만 비슷하게 쓴게 아니라 이렇게 치킨 포장 상자나 음료수 컵에도 루이비통을 연상하게 하는 컬러와 로고를 본떠서 사용했고 법원은 치킨집이 상호와 상표를 따라 해서 '부정경쟁방지법'을 침해했다고 판단했다.

자료 : MBC뉴스(http://imnews.imbc.com)

Ⅴ. 윤리적인 회계 · 재무활동

1. 회계윤리의 의의와 중요성

회계(accounting)란 기업의 재무적 수입과 지출을 기록하고, 거기에 수반하는 기업의 수익과 비용관계를 명확히 기록 · 정리하는 과정이다. 이러한 기록을 통해서 기업은 일정기간의 영업성과와 재무상태의 변동을 정리하여 손익계산서와 대차대조표를 작성한다.

오늘날에는 기업의 경영진뿐만 아니라 기업활동과 직 · 간접적으로 이해관계를 가지고 있는 주주, 종업원, 투자자, 증권시장, 정부(세무당국) 등 많은 이해관계자들이 기업의 재무상태나 경영성과에 지대한 관심을 보이고 있다. 따라서 기업의 회계처리와 재무제표에 부정이나 비윤리적인 내용이 있다면 당해 기업은 이해관계자들의 불신을 초래하여 경영활동에 많은 지장을 받게 될 뿐만 아니라 기업에 대한 불신이 확대되어 자유경제체제 자체를 위태롭게 할 수가 있다. 이들 이해관계자는 기업의 회계처리와 그것을 기록 · 정리한 재무제표가 합법적일 뿐만 아니라 윤리적으로 작성되었기를 기대한다. 기업의 회계처리가 이해관계자의 이러한 기대에 어긋나면 기업의 공신력을 잃게되어 자금조달능력에도 직접적인 영향을 미치게 된다.

회계를 흔히 기업의 언어라고 한다. 회계란 재무적 성격을 지닌 기업의 모든 거래를 기록하고 분류하고 요약하여 그 결과를 해석 · 평가할 수 있게 하는 과정이고 기술이다. 미국회계학회의 기초적 회계이론에 관한 보고서(A Statement of Basic Accounting Theory: ASOBAT)에서는 회계란 "경제적 정보를 측정 · 전달하는 과정으로서 정보이용자의 경제적 의사결정에 유용한 정보를 제공하는 것"이라고 개념을 정의하고 있다. 따라서 회계윤리(Accounting Ethics)는 회계책임(accountability)을 이행하는 것이며, 회계보고서에 정확하게 정리하고 회계적 사실을 윤리적 · 도덕적 기준에 따라 반영하는 것이라고 정의할 수 있다.

기업의 신용을 유지하고 향상시키려면 회계활동과 기록의 합법성만으로는 부족하고, 법 이전의 수준에서 윤리적으로도 수긍이 갈 수 있어야 한다. 따라서 회계윤리는 회계정보의 이용자가 합리적 판단이나 윤리적 의사결정을 할 수 있도록 경제적인 정보를 인식하고, 측정하고, 전달하는 과정에 부정이 개입되어서는 안 된다.

사회적 신용이 가장 중대한 자산으로 인식되고 있는 오늘날의 기업경영에서는 무엇보다도 사회적 신용도평가의 기준이 되고 있는 회계활동이 윤리적이라야 한다. 이것은 기업의 장기적인 성장 · 발전을 위해서도 지극히 바람직한 일이며, 기업에 대한 사회의 공신력을 유지 · 제고시키고 자유시장체제의 경제질서를 유지하기 위해서도 회계윤리수준의 향상과 유지에 대한 노력은 절실하게 요구되고 있다.

2. 회계사의 윤리

회계사는 전문직업인으로서의 업무를 수행하는 데 있어서 여러 가지 윤리적 문제에 당면하게 된다. 이 중에는 이론적으로는 분명한데 윤리적으로 실천하기 어려운 문제가 있는가 하면, 이론적으로도 분명치 않은 문제도 있다. 여기서는 공인회계사들이 당면하는 이런 문제들을 검토해 보고자 한다.

1) 상충되는 이해관계의 조정

회계감사용역을 의뢰하고 보수를 지급하는 고객회사의 단기적 이익과, 기업의 이해관계자들에게 공정한 회계정보를 제공하고 객관적인 의견을 말해야 할 공인회계사의 임무 사이에 이해관계가 상충될 수 있다. 회계사의 활동에 대해서 기업이 만족하지 못하면 기업은 다른 회계사로 대치할 수 있다. 그래서 가장 객관적으로 공정성을 기해야 할 회계사의 활동이 감사받는 기업에게 불리하지 않도록 하는 방향으로 흐르기 쉽다. 따라서 객관성이 회계사의 기본임무이지만 실천하기가 어려운 것이 현실이다.[17]

17) 이종영, 기업윤리, 삼영사, 2003, p. 382.

2) 불법과 비윤리적 행위

현실적으로 회계사들은 고객회사로부터 회계기록을 변칙으로 처리하도록 압력을 받는 경우가 다반사다. 예컨대, 탈세를 위하여 이익을 줄이거나, 회계항목을 조작하거나, 애매한 비용항목을 손비로 처리하거나, 납세를 누락시키거나, 심지어는 서류를 위조하도록 요청받는 경우도 있다.

이런 일들은 개념적으로 이해하기 어려운 문제가 아니다. 즉, 이런 행위는 분명히 비윤리적이며 또한 불법적이다. 이러한 경우 회계사들은 어떻게 해야 하겠는가? 원칙은 분명하지만 상충되는 이해관계 때문에 회계사들이 원칙대로 처리하기란 쉽지가 않을 것이다.

이런 문제에 대처하기 위해서는 회계사는 자신의 전문직으로서의 회계업무의 공신력유지와 그것을 통해 장기적으로 회계직의 장래를 가장 중요하게 생각하여 판단하여야 한다.[18]

3) 특정 목적을 위한 재무제표의 조정

기업의 특정한 목적을 위하여 재무제표를 조정하기를 바랄 때가 많다. 예컨대, 세금을 감세받기 위하여 또는 융자를 위한 은행의 신용평가를 잘 받기 위하여 또는 상장기업의 경우 유리한 주가형성을 위하여 불법은 아니더라도 기업회계기준을 적절히 피하면서 회계기록을 가능한 한 조정해 주기를 회계사에게 바라는 경우가 흔히 있다. 이것을 위하여 회계사들은 적립금과 준비금을 증가시켜서 이익을 감소시킬 수도 있고, 감가상각비 처리기간과 감가상각비를 조정할 수도 있고 또는 이익잉여금의 처분방법을 조정하여 이익이 한기에 집중되지 않도록 평준화 또는 유연화(smoothing)할 수도 있다.

이익유연화(income smoothing)란 가령 연도별로 회사의 이익에 큰 차이가 날 경우, 재무제표상의 보고기간에 따라서 이익이 너무 차이가 나지 않게 조정하는 기법을 말한다. 이익유연화의 방법으로서는, 기업회계기준을 준수하면서 회계처리 방법을 달리하여 이익을 조정하는 방법과, 실제로 비용을 일찍 지출하거나 다음 회기로 연기함으로써 해당기간의 이익을 조정하는 등 몇 가지 방법이 있다. 따라서 이익유연화는 기업회계기준을 준수하면서 기간이익을 조정하는 방법이므로, 이익조작 등

---

18) 전게서, pp. 382-383.

소위 분식회계와 같은 위법행위와는 구별된다.[19]

여기서 문제되는 것은 세무당국이나 노동조합을 의식하여 이익을 축소하는 행위는 비합법은 아니더라도 그 의도에 따라서는 비윤리적인 행위로 구분될 수도 있다. 우리나라의 기업회계기준에서는 이익조작과 이익유연화를 개념적으로 구별하고 있는데, 실제에 있어서는 회계사들이 이익유연화를 이익축소와 이익조작의 방편으로 이용한다면 중대한 윤리적 문제가 발생하게 된다.[20]

1997년 말 우리나라는 유동성위기로 IMF(국제통화기금)로부터 공적 자금을 지원받게 되었다. 이로 인하여 우리나라의 기업회계제도는 혁명적인 변화를 가져오게 되었다. 즉, 외국투자자들은 한국기업의 회계처리 내용을 불신하여 외국투자를 유치하려면 먼저 회계의 투명성을 확보하라고 주장하면서 결합재무제표의 도입과 기업회계기준의 개선을 요구하였다. 여기에 세계은행이 차관공여 조건으로 '주주 집단소송제'의 도입을 요구하였다. 이러한 기업회계의 환경변화에 따라서 1998년부터 우리나라의 기업회계제도에는 획기적인 변화가 일어났는데, 회계의 투명성을 제고함으로써 재무제표의 신뢰회복을 목적으로 한 이러한 변화의 내용은 다음과 같이 요약될 수 있다.

3. 회계제도의 개선과 투명성 제고

1) 결합재무제표의 도입

결합재무제표는 기업그룹 내의 계열사 간에 상품이나 자금거래가 이루어지는 것을 중복 계산하지 않고 하나의 재무제표에 결합시킴으로써 기업집단의 실질적인 재무상태를 알 수 있게 한다.

예를 들면, 동림그룹의 계열사인 동아주식회사가 같은 그룹의 계열사인 대암주식회사에 원자재 10억 원을 판매하고, 대암주식회사는 그 돈으로 부품을 생산하여 같은 계열사인 부경주식회사에 15억 원에 판매하고, 부경주식회사는 그것으로 완제품을 생산하여 시장에 20억 원에 판매하였다고 가정하자. 이때 분리재무제표에는 계열사 간 거래(10억 원+15억 원+20억 원) 합계는 45억 원이 된다. 그러나 결합재무제표를 이용하면 동림그룹의 재무제표에는 계열사간 거래액(10억원+15억 원=25억 원)을 제외한 20억 원만 기재된다.

---

19) 한국경영학회 편저, 한국의 기업윤리, 세경사, 1992, p. 254.
20) 이종영, 전게서, p. 383.

결합재무제표에서는 그룹내부거래를 실질적인 거래로 볼 수 없다는 입장이다. 결합재무제표는 그룹이 실질적으로 지배하는 국내외의 모든 계열사를 다 포함함으로써 내부거래에 의한 판매액과 이익의 과장계산을 방지할 수 있다.

또 결합재무제표를 이용하면, 계열사 간 자본의 상호출자, 상호지급보증, 상호담보제공, 상호자금대출과 차용 등 자금거래내역이 명료하게 된다. 그러면 우량계열사가 부실계열사를 지원한 것이 노출되어 부당한 지원거래를 할 수 없게 된다. 이러한 계열사 간 자금이동은 그룹차원에서는 필요하겠지만, 각 계열사의 주주 입장에서는 부당하기 짝이 없고, 또 경쟁력이 없는 기업은 퇴출되어야 하는 시장원리에도 어긋난다.

계열사 간의 거래를 더욱 명료하게 하기 위하여, 결합재무제표는 매트릭스(matrix) 형식으로 나타내도록 하였다. 즉, 표의 가로축과 세로축에 각각 계열사를 쓰고 교차되는 좌표에 출자금이나 지급 보증한 금액을 기입하여 돈이 어느 계열사에서 어느 계열사로 이동하였는가를 알 수 있도록 재무제표 작성지침에 명시하였다.[21]

2) 기업회계기준의 개선

회계처리기준을 엄격히 하여 '이윤유연화' 등 자의적인 처리를 하지 못하도록 하고 외환손익, 감가상각비, 기술개발비의 처리기준을 명확히 하였다. 예컨대, 갑작스러운 환율변동으로 인하여 외환손실이 갑자기 많이 발생한 것을 몇 년간 조금씩 분할하여 처리할 수 없게 되었다. 그리고 주식, 채권 등의 유가증권의 평가도 공정하게 하도록 기준을 엄격하게 제정하였다. 업종의 특수성을 내세워 '회계상 면책특권'을 받아오던 은행, 증권회사, 보험회사 등 금융기관도 일반기업회계기준에 의하여 재무제표를 작성하여야 한다. 이러한 개선을 통하여 분식회계의 여지를 제거하였다.[22]

3) 감리제도의 개선

기업이 감사할 회계법인을 선택하고, 감사 수임료를 지급하는 '자유수임제' 아래서는 감사인(공인회계사)들은 독립적인 감사를 하기 어렵기 때문에 분식회계가 묵과되기 쉽다. 따라서 감사인의 독립성을 높이고, 소신있는 감사를 하도록 하기 위하여 감사인을 감사선임위원회가 선택하도록 하는 '배당수임제'를 도입하여 기업주가 감사

21) 상게서, p. 386.
22) 상게서, p. 387.

인을 임의대로 바꾸지 못하도록 하는 방안이 검토되고 있다.

4) 주주집단소송제 도입

세계은행의 요구에 의하여 분식회계나 부실감사를 하였을 경우에는 재무제표작성책임자와 감사인이 개인적으로 변상해야 하는 주주집단소송제도를 도입하기로 하였다. 예컨대 이익이 과대계상된 재무제표를 보고 투자한 주주가 과장된 재무제표가 폭로되어 주가가 하락하여 손해를 보았을 경우에는 그 허위 재무제표 작성책임자와 감사한 공인회계사를 상대로 손해배상을 청구할 수 있다.

소송에서 승소하면, 회계장부 작성책임자와 감사인은 같은 조건인 다른 모든 주주에게도 같은 액수의 변상을 해 주어야 한다. 이때에 정치적 압력이나 사장의 명령에 의해서 분식결산의 이유는 문제가 되지 않는다. 이 제도가 실시되면 비록 회사를 위하여 하였더라도, 관련 개인이 막대한 손실을 변상하여야 하기 때문에 재무제표의 정확성에 커다란 효과가 있을 것이라 생각된다.[23]

4. 회계사의 윤리성제고 방안

회계사의 윤리성 제고를 위한 몇 가지 방안을 제시해 보면 다음과 같다.

1) 회계사의 독립성 강화

회계사의 독립성이란 회계사의 감사행위나 의견표명과정에 있어서 감사 대상회사나 기타 회계사 본인 이외의 외부인의 영향을 받지 않는 것을 말한다. 회계사의 독립성에 영향을 주는 요소에는 직책상 상위자의 의향, 경제적 이해관계 및 회계사의 가치관 등이 있다. 그리고 이러한 독립성은 정신적 독립성과 외관상 독립성으로 구분하여 생각할 수 있다.[24]

(1) 정신적 독립성

정신적 독립성이란 회계사의 가치관과 업무수행상의 정직성을 말한다. 회계사의 업무수행에 있어서 공정한 자세를 유지하여야 하고, 비록 상사의 뜻이라도 전문적인

23) 상게서, p. 388.
24) 상게서, p. 389.

문제에 있어서는 영향을 받아서는 안 되며, 만일 회계감사 결과가 회계사 자신의 이해와 관련될 경우에는 그 감사에는 관여해서도 안 된다.

(2) 외관상 독립성

외관상 독립성이란 객관적으로 보아서 독립성 유지에 영향을 미칠 가능성이 있을 경우에는 그러한 감사업무에는 관여해서는 안 된다는 원칙을 말한다. 즉, ① 회계사가 감사대상회사의 주주일 경우(회계감사준칙에는 '지분 1% 이상'), ② 채권 · 채무관계가 있을 경우(회계감사준칙에는 '1억 원 이상'), ③ 현재 또는 근래에 그 회사의 임원, 직원인 경우(회계감사준칙에는 '최근 1년 이내')의 경우에는 외부적으로 보아 객관적이고 독립적인 업무수행에 영향이 있을 것이라고 판단되기 때문에 해당 회사의 감사업무에 관여해서는 안 된다.

2) 전문직업인으로서의 자긍심

회계사는 자랑스런 전문직업인으로서 자유시장경제체제의 유지 · 발전에 중추적인 역할을 수행하고 있다. 이러한 전문직업인으로서의 회계사의 자긍심은 마땅히 존중되고 유지되어야 한다. 그런데 전문직그룹으로서의 회계사의 이미지는 회계사그룹 차원에서 이루어져야 하는데 그러한 그룹에 대한 이미지는 몇몇 '비윤리적인 회계사들'에 의해서 커다란 타격을 받을 수 있고, 일단 실추된 이미지를 회복하는 데는 많은 노력과 시간이 소요된다. 따라서 회계사의 신용은 회계사 전문직그룹의 전체적 신용과 직결되므로 회계사 개개인의 윤리수준의 유지, 향상이 그룹의 신용에 직결되고 이것은 즉시 그 그룹의 일원인 회계사 개인에 대한 사회적 신망에 영향을 미친다. 따라서 회계사 자신의 장기적 긍지와 신용도 향상을 위해서는 개인의 윤리가 유지되어야 한다.[25)]

3) 공익보호원칙의 준수

회계사의 가장 근본적인 행동원칙은 공익보호의 원칙이다. 즉, 회계기록의 감사는 재무제표의 사회적 공신력을 유지하려는 것이 그 기본목적인데 그것을 위해서는 그 발표된 재무제표가 주는 정보를 이용할 일반투자자의 이익을 가장 먼저 고려해야 한다. 그러나 해당회사나 회계사의 단기적인 이해관계에 의해서 윤리적 행동에 영향을

---

25) 상게서, p. 390.

받는다면 장기적으로 보아서 회계사뿐만 아니고 해당회사에게도 손해가 된다. 따라서 회계사가 윤리성이 문제시 되는 문제에 대한 의사결정을 하기가 어려운 때에는 이해관계자 분석기법(stakeholder analysis)을 활용하여야 한다.

즉, ① 결정에 의해서 영향을 받는 이해관계자가 누구인가를 파악하고, ② 각 이해관계자에게 미칠 영향을 예측하고, ③ 그 중에서 누구의 이해관계를 가장 먼저 고려하는 것이 회계사와 해당회사의 장기적인 이익에 도움이 되는가를 분석한 다음 회계사가 취할 태도를 결정하여야 한다.[26)]

4) 독립성의 제도적 지원

회계사는 현저한 이해관계가 있는 기업의 회계감사업무에는 관여하지 않아야 하고(외관상 독립성), 또 업무수행에 있어서 외부로부터 압력을 받아도 공정하게 업무를 처리해야 한다(정신적 독립성)는 데에는 이론이 없을 것이다. 그러나 회계사도 인간이므로 독립성에 영향을 받는 사람이 있을 수도 있다. 따라서 제도적으로 독립성을 유지할 수 있도록 해야 할 필요성이 있다. 그 하나의 방법으로서 감사업무의 배정제도를 생각할 수 있다.

현재 우리나라에서는 '외부감사법'에 의해 자본금이 5억 원 이상 되는 주식회사는 외부감사를 받도록 의무화되어 있다. 이때 외부감사를 받아야 할 회사는 개별적으로 감사를 의뢰할 회계사를 임의적으로 선정받는 '자유수임제도'를 취하고 있다.

외부감사를 받아야 할 기업이 공인회계사협회(또는 기타 적절한 기관)에 감사신청을 하면 객관적으로 공정하게 선정된 회계사를 배정 받는 이른바 '배정수임제도'를 채택함으로써 회계사의 독립을 제도적으로 지원할 수 있을 것이다. 즉, 감사위탁자와 수임자의 관계를 제도적으로 조정함으로써 회계사가 독립성을 유지하는 데 제도적으로 도움을 줄 수 있다.[27)]

5. 재무관리의 윤리성

1) 재무정보의 중요성

세계화・정보화・국제화가 급진전되면서 최근 증권시장에서는 각종 금융상품의

26) 김성수, 기업경영윤리론, 삼영사, 2002, p. 274.
27) 이종영, 전게서, p. 390.

개발과 정보통신의 혁신적인 발전으로 본격적인 자본의 국제화추세가 나타나고 있다.

오늘날 정부의 규제축소와 정보기술의 발전으로 국제자본시장에서 일어나고 있는 각종 금융상품의 정보와 가격변동을 실시간(real time)으로 알 수 있게 되었고, 또한 이에 대처할 수 있는 여건이 조성됨에 따라 기업이나 투자자들은 자국의 규제 밖에서 자기에게 가장 유리한 자금을 조달하거나 투자할 수 있는 기회를 갖게 되었다.

따라서 각국은 자국의 자본시장에 대한 규제가 유망한 기업이나 투자자들을 다른 나라의 자본시장으로 가게 하는 결과를 초래할 수 있다는 사실을 예견하게 되었다. 이에 따라 경쟁국가에 비해 자국의 규제가 심하지 않도록 규제를 축소하게 되면서 정부 간에도 규제축소에 대한 경쟁을 하게 되었다고 할 수 있다.

급속한 증권시장의 국제화 추세 속에서 새롭게 부각되고 있는 문제는 국제적인 투자자들을 보호하는 것이다. 이제는 비전문적인 투자자들도 증권시장의 국제화에 따라 국제적인 투자에 관심을 갖게 되었다. 이들이 아직은 국제적인 투자경험과 지식이 부족하기 때문에 적극적인 참여는 하지 않고 있지만, 이들이 갖고 있는 증권시장에 대한 영향력은 무시할 수 없다. 사실 이들의 적극적인 참여 없이는 진정한 의미에서의 증권시장 국제화는 이루어질 수 없다. 비전문 투자자들이 국제적인 투자에 적극적으로 참여할 수 있도록 하기 위한 요건 중에 중요한 것이 그들에게 제공되는 재무정보의 신뢰성이다.

우리나라도 세계적인 증권시장의 국제화 추세와 더불어 그 동안 증권시장의 개방을 위한 노력을 꾸준히 진행하여 왔다. 1980년대에는 국내 주식투자 전용 외국인 펀드 등을 통하여 주식시장을 간접적으로 개방하여 오다가 1992년 1월 외국인에게 주식시장을 직접 개방한 후 점진적으로 외국인 주식투자 한도를 확대하여서 지금은 일반법인의 경우 종목별 한도가 15%로 되어 있으나 외국인 투자한도를 개별기업들이 점차 확대하고 있는 추세이며 지금은 30% 이상의 지분을 외국인들이 소유하고 있는 기업들도 많다.

따라서 우리나라 증권시장이 국제화에 성공하기 위해서는 첫째, 증권거래의 전 세계적인 전산망 구축을 통하여 세계 도처의 많은 투자자들이 용이하게 우리나라 시장에 접근할 수 있도록 해야 한다.

둘째, 정부의 간섭이나 규제를 최소화하여 시장경제원리에 의한 자유경쟁을 최대한 보장하여야 한다.

셋째, 증권시장에 제공되는 정보가 신뢰성이 있어서 투자전문가 뿐만 아니라 누구든지 쉽게 시장에 접근할 수 있어야 한다.

이들 세 가지 요건 중에서 특히 세 번째인 재무정보의 신뢰성 확보는 우리 나라의 자본시장의 효율성을 높이기 위하여 경영자들과 공인회계사들이 공동으로 져야 할 중요한 사회적 책임이다.

2) 재무정보의 자발적 공시

투자자가 투자할 기업을 선정하려면 그 기업의 재무상태와 영업성적에 관계되는 정보를 알아야 한다. 그러므로 기업은 투자판단에 필요한 정보를 신속하고 정확하게 투자자들에게 알려주어야 하는데 이것을 기업공시(corporate disclosure)라고 한다. 증권시장은 자본주의의 꽃이라고 불린다. 왜냐하면, 증권시장이 건전하게 발달해야 기업의 자금조달이 용이해진다. 증권시장이 건전하게 발달하려면 무엇보다도 주가가 적절히 형성되어야 하고, 그것을 위해서는 정확하고 올바른 기업공시가 이루어져야 한다.

현실적으로 증권시장에서는 기업경영자와 일반투자자들 사이에 기업의 현재 및 장래의 재무상태나 경영성과에 대한 정보의 불균형이 존재하고 있다. 이런 정보의 불균형을 해소하기 위한 하나의 방법은 투자자 자신들이 노력하여 기업에 대한 정보를 수집하는 것이고, 다른 하나의 방법은 경영자가 이러한 정보의 불균형을 해소하고자 자신이 갖고 있는 기업의 경영정보를 자발적으로 공개하는 것이다. 이들 중에서 경영자가 자발적으로 경영정보를 공개하는 것이 사회적으로는 비용이 적게 발생한다.

그러나 증권시장에서 기업공시에 대한 규제가 없어도 자발적으로 재무정보를 공시하고자 하는 동기가 있는가에 대한 많은 연구가 있었다. 그 중 대표적인 것이 신호이론(signaling theory)이다. Akerlof(1970)는 중고자동차시장의 예를 들어서 만일 중고자동차의 소유자가 자기 자동차의 성능을 제대로 시장에 알릴 수 없는 경우에는 결국 그 중고차시장이 붕괴될 것이라고 하고 있다. 왜냐하면 자기 자동차의 성능을 알릴 수 없는 상황에서는 모든 중고차가 시장 평균가격에 팔릴 것이기 때문에 평균보다 좋은 성능의 중고자동차는 시장에서 철수하게 되고 평균보다 나쁜 성능의 중고자동차는 시장에 더욱 유입되어 종국에는 제일 나쁜 성능의 중고자동차만이 시장에 남을 것이기 때문이라고 했다.

이와 같이 중고자동차시장이 붕괴하지 않으려면 중고자동차의 판매자와 중고자동차의 구매자 사이에 신뢰성 있는 정보의 교환이 이루어져 정보의 불균형이 없어지고 모든 중고자동차가 제성능에 따라 제값을 받아야 한다고 주장했다. 이러한 주장은 증권시장에도 그대로 적용될 수 있다. 만약 경영자와 투자자 사이에 정보의 불균형이 존재하고 이에 따라 주식들이 증권시장에 나와 있는 모든 주식의 평균가치에 의하여 거래된다면, 종국에는 제일 나쁜 주식들만 시장에 남게 되어 시장은 붕괴되고 말 것이다. 이러한 파국적인 상황을 피하기 위하여 제일 먼저 최우수기업들이 자발적으로 비용을 감수하며 자기 기업의 재무상태와 경영성적을 공시하여 주식을 제값에 팔려고 노력할 것이다.[28)]

그러나 기업의 자발적인 공시에는 한계가 있다. 기업공시가 기업에 미칠 영향을 생각하여 기업에서는 투자자가 곧 알아야 할 사항의 공시를 늦추든지, 불리한 정보는 공시하지 않든지, 기업에 유리한 정보만 공시하든지, 중요한 정보를 감추든지, 심지어는 거짓정보를 유포시키는 경우도 있다.

3) 기업공개와 내부자거래

자본주의경제체제 하에서는 기업의 이상적인 자본조달수단이 증권시장을 통한 주식발행이다. 이때 주가형성에 영향을 미치는 각종 윤리적 문제가 발생할 수 있다. 증권시장에서 기업의 비윤리적인 행위는 장기적으로 볼 때에는 투자자로부터 신용을 잃게 되어 결국에는 낮은 주가 등으로 기업에 매우 나쁜 영향을 주게 된다.

자본조달을 위하여 주식을 발행할 때 윤리적 문제가 발생하는 경우는 다음과 같다.

첫째, 기업공개를 하기 전에 많은 유상 또는 무상증자를 하는 경우이다. 기업의 총자산은 변하지 않았는데 주식을 더 발행하여 현재의 주주들에게 무상으로 나누어 주면 1주당 자산가치는 증자하기 전보다도 낮아져야 한다. 따라서 1주당 가치도 그 전보다도 내려야 한다. 그럼에도 불구하고 그전처럼 높은 가격으로 주식을 발행하여 그 차액을 회사측에서 이익으로 취하는 경우가 있다. 이것이 소위 '물타기'이다.

둘째, 기업공개를 할 때 주식의 가격을 결정하는 것은 쉽지 않다. 적정가격에 비하여 낮게 주가가 책정되면 공개기업이 손해를 보게 되고, 너무 높게 책정되면 주식이 팔리지 않을 수 있다.

현재 우리나라에는 20여 개의 증권사들이 생존경쟁을 벌이고 있는 실정이다. 따라서 주간사기관끼리 주식공개기업의 유치경쟁을 할 수 있다. 주식공개를 할 때 공개기업은 가급적 높은 가격을 제시하는 주간사회사에 공개업무의 알선을 의뢰한다.

---

28) 박헌준, 한국의 기업윤리, 박영사, 2000, p. 391.

그 결과 주식가치가 과대평가되는 경우가 많고, 그렇게 되면 주식청약이 미달되어 공개가 실패하든지, 투자자는 정당한 가치보다도 비싼 과대평가된 주식을 사게 된다. 그래서 공개 후 상장되었을 때 주식가격이 발행가격 이하로 거래되면 투자자들은 실망하게 되고 이것이 주식시장에 나쁜 영향을 미치게 된다.

내부자거래(insider trading)란 기업의 내부자가 그 기업의 경영에 관계되는 내부정보를 이용하여 부당한 거래를 하는 행위를 말한다. 여기서 내부정보란 기업의 내부자는 알아도 기업의 외부자는 모르는 정보를 말하는데, 영업비밀뿐만 아니라 회사의 영업전략도 포함한다. 내부정보를 이용한 내부자거래는 내부자가 근무하는 회사 자체에 손해를 끼칠 수도 있고, 회사에는 직접 손해를 끼치지 않더라도 다른 사람에게 손해를 끼칠 수 있다.

4) 지배구조의 윤리성

일반적으로 지배구조(corporate governance)는 기업의 성장과 가치창조를 위해 다양한 이해관계자들과 기업 간에 이루어진 명시적·묵시적 계약관계를 규정하고 관리하는 메커니즘을 의미한다. 즉, 기업자원의 분배권에 관한 이해관계자들(주주, 채권자, 종업원, 납품업자, 소비자, 거래처 등)의 권한을 설명하는 계약관계가 바로 지배구조이다.[29]

이러한 지배구조는 상이한 역사적 배경 하에서 발전해왔기 때문에 국가마다 그 강조점이 다르다. 즉, 일본과 독일 기업의 지배구조는 경영진 및 종업원의 이해를 주주의 이해와 동일시하거나 오히려 우선시하는 등 다양한 이해관계자의 이익을 모두 고려하는 이해관계자자본주의(stakeholder capitalism)의 특징을 지니고 있다.

반면, 미국과 영국의 지배구조는 주주가치의 극대화를 중점목표로 하고 있으며 이러한 의미에서 주주자본주의(shareholder capitalism)의 특징을 지니고 있다. 그러나 이들 지배구조는 그 강조점만 서로 다를 뿐 모두 이해관계자의 범위를 주주나 종업원 등 좁은 범위로부터 공급자 등을 포함한 보다 넓은 개념으로 확대해 가고 있다는 점에서는 동일하다.

(1) 지배구조의 등장배경

기업의 전략을 수립하고 실행하는 것은 경영자의 가장 중요한 역할 가운데 하나이

29) 조동성, 21세기를 위한 경영학, 도서출판 서울경제경영, 2000, p. 575.

다. 경영자는 이러한 역할을 제대로 수행하기 위해 기업을 이끌어 갈 비전과 역량을 지녀야 할 뿐만 아니라 주주 등 이해관계자에 대한 책임을 다하는 건전한 기업시민으로서의 자질도 갖추어야 한다.

① **기업의 사회적 책임**

일부 기업과 경영자들은 불공정계약과 환경오염을 야기하는 등 사회적 책임을 다하지 못함으로써 많은 비난을 받아 왔으며, 1980년대 중반 이후부터는 수탁자로서의 이해관계자에 대한 책임수행 문제와 관련하여 또 다시 주목을 받고 있다.

예컨대, 일부 경영자들은 바람직하지 못한 사업에 참여하고 신기술개발이나 경쟁위험에 효과적으로 대처하지 못하는 등 이해관계자에 대한 경영자로서의 책임을 충실히 이행하지 못하고 있다. 즉, 이들 경영자들은 이해관계자의 가치를 잠식하는 그릇된 전략을 지속할 뿐만 아니라 그들의 지위를 계속 확장해 가고 있는 것이다.

② **주주의 가치보호**

또한, 경영자들은 주주의 가치를 희생시켜 자신의 이익을 추구한다는 비난도 받고 있다. 그럼에도 불구하고 특히 우리나라의 경우, 기업에 대한 전적인 지배권한을 보유하고 있는 경영자들의 이기적인 행동을 규제하고 주주 등 이해관계자의 이익을 보호할 효과적인 통제시스템을 갖춘 지배체계가 마련되지 못하고 있다.

이와는 달리 미국, 일본, 독일 등 선진국에서는 기업지배구조 또는 지배체제가 세계화시대에서 기업의 경쟁력을 결정하는 중요한 요소 중 하나라는 인식이 널리 확산되고 있다.

③ **이해관계자의 이익증대**

기업이 경쟁우위를 확보하는 방법 중 하나는 시장과 밀착된 관계를 유지하는 것이다. 여기서 말하는 시장은 제품시장에만 국한되지 않고 자본시장, 노동시장 및 전략적 제휴를 통한 공급자 네트워크에의 참여 등을 모두 포함하는 개념으로 장기적인 가치창조를 위해서는 이 모든 시장에서 다른 기업들과 경쟁해야 한다. 따라서 주주, 종업원, 경영진, 소비자, 기술 및 부품공급업자 등을 모두 기업의 이해관계자로 인식하고 이들의 이익을 충족시켜 줄 수 있는 지배구조를 마련해야 할 필요성이 그 어느 때보다도 부각되고 있다.

기업이 21세기 무한경쟁시대에 살아남기 위해서는 자원을 최대한으로, 그리고 효율적으로 활용할 수 있는 바람직한 지배구조를 갖추어야 한다.

(2) 지배구조의 중요성

지배구조가 주된 관심의 대상으로 등장한 것은 세계화의 진전과 더불어 기업과 그 이해관계자 간 가치창조적 관계의 형성 및 유지가 경쟁우위 확보에 중요한 요소가 되었기 때문이다. 즉, 세계화된 상품시장, 자본시장, 전문 인력시장, 기술시장 등에서의 기업 간 경쟁이 격화되고 이들 시장에 참여하는 기업 이해관계자들의 요구가 증가함에 따라 이를 충족시키고 필요한 자원을 확보하는 것이 중요한 과제로 대두되었다. 다시 말해, 경쟁격화로 인해 기업의 실패가능성이 높아짐에 따라 경영전략상의 오류를 예방할 수 있을 뿐만 아니라 이미 발생한 오류를 조기에 발견하고 시정할 수 있는 지배구조의 마련이 시급해졌다.

또한, 국제자본시장, 상품시장, 전문 인력시장, 기술시장 등에 참여하는 세계화된 기업들은 기업지배구조의 국제적 정합성을 확보해야 할 필요성에 직면하고 있다. 예컨대, 우리나라 기업에게 특유한 지배구조는 외국의 투자자들에게는 만족스럽지 못할 수 있으며, 이들이 공급하는 자금을 보다 낮은 자본비용으로 조달할 수 있기 위해서는 국제수준의 회계투명성과 경영감시체제를 갖추어야만 한다.

그동안 우리나라 정부는 여신관리, 공정거래정책, 행정지도 등을 통해 기업이나 대주주 경영자의 활동에 대한 견제기능과 외부주주 등 기업 이해관계자들의 권익을 보호하는 중재자적 기능을 어느 정도 수행해 왔고 이에 따라 기업내부 및 시장 통제기구의 확립 필요성은 크지 않았다. 그러나 정부에 의한 감시기능수행은 경제 자율화, 기업의 세계화 등에 따라 그 효과가 제한적일 수밖에 없다. 뿐만 아니라 장부에 의한 감시는 기업의 신축적인 경영과 경쟁력 발휘를 저해하는 역기능적 성격만 부각될 가능성이 크다. 따라서 기업의 내부지배구조, 즉 자율적인 경영감시 및 조기 경보체제 확립과 외부 자본시장의 정보전달 및 규율기능 도입 등이 정부의 경영개입을 최소화시키기 위해서도 절실히 필요하다.

(3) 바람직한 지배구조의 형성

우리나라의 상호 주식보유는 법적으로 금지되어 있으나 기업집단 내 법인출자를 통한 간접적인 지분보유 관계는 복잡하게 형성되어 있다. 우리나라의 법인출자를 통한 내부지분보유는 일본이나 독일과 같이 경영권 독점에 대한 감시와 기회주의적 행위에 대한 견제목적이라기보다는 기업집단 지배주주의 경영권보호 및 기업확장 차원에서 이용되고 있다.

기업 전체적으로 볼 때 이러한 소유의 집중은 주주와 경영자의 이해관계를 일치시켜 주주의 대리비용을 절감시키는 장점이 있다.[30] 즉, 주인 있는 경영을 통한 효율성 제고가 가능하다는 것이다. 그러나 우리나라와 같은 기업집단의 소유집중은 다음과 같은 여러 가지 폐해를 안고 있다.

첫째, 소유의 집중은 계열기업 간 내부거래를 증가시켜 불공정거래 및 비효율적인 거래를 조장할 수 있다. 개별기업들 스스로 자율성 및 독립성을 가지고 경쟁적인 거래를 추구할 수 있는 기업지배구조상의 방편이 제한되기 때문이다.

둘째, 소유 집중은 기업집단의 투명성을 약화시킬 가능성이 높다. 그러나 보다 심각한 문제는 지배주주의 기업집단에 대한 경영권 독점을 견제할 수 있는 장치가 제 기능을 발휘하지 못하는 것이다.

우리나라 기업집단의 또 다른 특징은 상호지급보증 관행이다. 상호지급보증을 통하여 우리나라 기업집단들은 금융기관 대출을 통한 자금조달을 극대화하였다. 이러한 상호지급보증은 투자자금의 조달을 용이하게 하며, 특히, 대규모 사업에 필요한 투자자금 조달에 있어서는 금융비용을 절감할 수 있는 이점도 있다. 그러나 지나친 상호지급보증 사용은 불필요한 사업에 대한 과다투자나 경제성을 상실한 사업에서의 퇴출을 지연시킬 수 있다. 뿐만 아니라 여신독점 및 경제력 집중을 조장할 수 있고 지급불능으로 인한 연쇄파산 등 금융공황 위험에 대한 노출을 증대시키는 문제를 낳는다.

이러한 제반 문제점들을 제거하기 위해서는 공정거래법의 엄격한 적용과 사외 이사제도의 도입, 기업지배권시장(M&A시장)의 활성화, 기업집단 전체의 연결재무제표 작성 등과 같은 제도적 장치를 마련해야 한다.

기업의 지배구조와 관련된 윤리적 문제는 주로 ① 지배주주(소유경영자)의 자의적 소비문제, ② 그룹 내 상장기업과 비상장기업 간의 이전거래의 문제, ③ 경영권 보호문제 등이 주된 내용이다.

① 지배주주의 자의적 소비문제

지배주주의 자의적 소비(perk consumption)란 지배주주가 절대적 지배력을 확보한 후 자신들의 경제적 이익, 특수한 목적 또는 사적 취미를 위하여 일반주주들의 이익과는 상반되는 투자 또는 이익분배를 하는 행위를 말한다. 미국의 기업들은 주

---

30) 최도성," 주요국의 기업통할체제", 정광선 편, 21세기 한국기업의 통할체제, 서울대학교 증권·금융연구소, 1996.

식의 대중화로 한 회사의 주주의 수가 대단히 많고 전문경영자의 능력이 비교적 잘 발휘될 수 있는 상황이다. 그러나 우리나라의 기업그룹들은 대주주의 주식지분율(본인 소유분, 본인의 가족 등 특수관계자 소유분 및 계열회사 지분 포함)이 42%~68% 정도이고 평균 47% 정도라고 한다.[31)]

이러한 사정으로 인하여 우리나라 기업의 지배구조 하에서는 기업의 실질적인 소유자인 지배주주는 '회장'의 위치에서 기업의 기본방침을 정하고, 기업의 실무는 전문경영인을 사장(대표이사)으로 임명하여 관장케 하고 그래서 지배주주는 실무적 문제에 관한 법적 책임은 지지 않는 특수한 지배구조로 되어 있다.

지배주주의 자의적 소비(perk consumption) 형태는 매우 다양하지만, 몇 가지 유형의 예를 든다면 회사 돈으로 거대한 기념관을 건설한다든지, 그룹회장의 관심과 개인적 사정에 따라 축구를 좋아하여 축구후원회에 거액을 기부한다든지, 그림을 좋아하여 그림에 많은 지출을 한다든지 하는 등의 소비가 이에 해당된다.

이러한 지배주주의 과대한 자의적 소비는 자본시장의 주가에 악영향을 미칠 수도 있고, 경제적 효율을 지키려는 전문경영자에 의해 이사회결의를 통한 통제를 받을 수도 있다. 그리고 기업의 비경제적 활동을 우려하여 노동자들은 취업을 꺼려할 수도 있다. 그러나 이러한 기구들이 감시기능을 제대로 할 수 없는 것이 우리나라의 실정이다.

이와 같이 감시, 통제기구가 원래의 기능을 발휘하지 못하고 있는 현실 속에서 기업의 건전한 발전을 위해서는 이러한 지배주주의 자의적 소비문제와 도덕적 판단을 당사자의 윤리적 가치기준에 맡길 수밖에 없다는 것이 문제이다.[32)]

② **지배주주의 이전거래**

지배주주는 막강한 영향을 바탕으로 일반주주에게는 불리하고 자신에게 유리한 이전거래를 할 수 있는데 구체적인 예를 들자면 다음과 같다. 홍길동 씨는 동아주식회사의 주식 30%를 소유하고 있고, 이 회사에 납품하는 하청업체 대암주식회사의 주식 60%를 소유하고 있다고 가정하자.

대암주식회사에 정상가격 단가 10,000원인 부품 10,000개를 동아주식회사에 납품하는 과정에서 홍길동 씨는 지배주주의 영향력을 행사하여 대암주식회사는 이 부품을 단가 12,000원에 납품하도록 하고, 동아주식회사는 이 가격으로 구매하도록 했다.

---

31) 한국경영학회, 전게서, 1992, p. 193.
32) 이종영, 전게서, p. 397.

이러한 경우 결과적으로는 홍길동 씨가 6백만 원의 부당이득을 보게 되고, 동아주식회사의 일반주주들은 6백만원의 손해를 보게 된다.

- 정상거래 단가 : 10,000×10,000개=100,000,000원
- 이전거래 단가 : 12,000×10,000개=120,000,000원

[**대암주식회사의 초과이익**]

120,000,000원−100,000,000원=20,000,000원

- 이익분배 :
- 홍길동 : 20,000,000×60%=12,000,000원
- 일반주주 : 20,000,000×40%=8,000,000원

[**동아주식회사의 초과손실**]

100,000,000원−120,000,000원=−20,000,000원

- 손실배분 :
- 홍 길 동 : −20,000,000원×30%=−6,000,000원
- 일반주주 : −20,000,000원×70%=−14,000,000원
- 손익합계 :
- 홍 길 동 : 12,000,000(이익)−6,000,000(손실)=순이익 6,000,000원
- 일반주주 : 8,000,000원(이익)−14,000,000(손실)=순손실 6,000,000원

③ **지배주주의 과대한 경영권보호**

일반적으로 대주주들은 경영권의 침해를 우려하여 증자나 기업공개를 하지 않으려는 경향이 있다. 그리하여 기업공개와 유상증자를 촉진하기 위하여, 기업공개 촉진법이나 자본시장육성법에서는 경영권의 제도적 보호를 위해 대량주식소유를 제한하고, 공개매수를 제한하며, 의결권 대리행사를 제한한다. 그리고 주주총회의 질서유지권 한도를 부여하여 현재의 경영권을 보호하고 있다. 뿐만 아니라 경영권 침해를 받지 않고 자금을 조달할 수 있도록 의결권이 없는 우선주발행도 허용하고 있다. 일반적으로 무의결권 우선주는 의결권이 없는 대신 1%의 배당을 더 받는다. 따라서 이러한 과도한 경영권의 보호는 윤리적으로 문제가 될 수 있다.

④ **지배주주의 자의적 투자**

지배주주가 회사자금으로 비효율적인 투자를 하거나 자의적으로 경영의 다각화를

추진하여 기업의 수익성을 떨어뜨리고 이로 인하여 일반투자자에게 큰 손실을 가져다 줄 수 있다.

⑤ **지배주주의 규제방법**

지배주주의 자의적인 결정권이 기업의 손익에 커다란 영향을 미치고 이로 인해 일반투자자는 많은 피해를 보고 있음에도 불구하고 현실적으로 이를 통제하지 못하고 있다. 그래서 이러한 지배주주의 경영독주를 막고 일반 소액주주의 권익을 보호하기 위해서는 무엇보다도 일정비율의 '사회이사' 및 '사외감사'를 선임하는 '사외중역제'를 도입할 필요가 있다.

현재 우리나라 대부분의 기업들은 기업의 소유주(또는 지배주주)의 가족이나 지배주주가 자신의 영향력 하에 있는 회사임원을 이사로 임명하고 있다. 그 결과 이사회가 제 기능을 발휘하지 못하고, 지배주주는 이사회의 결의가 있기도 전에 거액의 정치적 기부금 헌납을 약속하거나, 거액의 개인적 비용을 계열사에 떠맡기는 등과 같은 자의적인 행동을 할 수가 있는 것이다.

이러한 지배주주의 독주를 견제하기 위하여 미국에서는 신규상장기업에는 2명 이상의 사외이사를 두도록 요구하고 있다. 일본에서는 1993년에 상법을 개정하여 감사 중 1명은 사외감사라야 하고, 사외감사의 자격요건에 취임 전 최근 5년간 해당회사의 임직원이 아니어야 한다는 규정을 두고 있다.

현재 우리나라는 이사 중 1/4은 사외이사로 하여 이사회를 구성하도록 되어 있다.

[사례 1] ABB(ASEA Brown Boveri) : 3년 연속 세계에서 가장 윤리적인 기업으로 선정

오늘날 글로벌 기업들은 여러 법률과 규제의 제약 아래서 사업을 하는 올바른 방법에 대해 끊임없이 연구한다. 비즈니스를 성공으로 이끄는 여러 조건 중에서, 윤리적인 리더십 운영이 그 어느 것보다 중요하다는 것에 경영자와 투자자는 물론 근로자와 고객에 이르기까지 기업의 모든 이해당사자들이 동의하고 있다. 윤리성이 기업의 청렴도, 투명성, 근로자 행동에까지 영향을 미치기 때문이다. 실제 세계적인 윤리기업들은 업계 리더십을 더 정교하게 하는 수단으로 윤리를 사용했고, 일상적인 업무에 기업 가치를 내재하고 근로자에 이를 주입하는 것은 물론 네트워크 안에 있는 모든 협력업체들에게까지 전달했다. 이로써 투명성, 규제 준수 등 면에서 우수한 성과를 달성하여 증명하고 있다.

ABB 역시 비즈니스와 조직에서 윤리와 투명성 문화를 육성하고 이를 발전시키는 데 노력을 다하는 것으로 유명한 글로벌 기업이다. ABB는 전력 및 자동화 기술 선도 기업으로, 유틸리티/산업/운송 및 인프라 고객의 생산성을 향상시키는 반면 환경으로의 영향을 최소화하는 것을 목표로 한다. 100여 개국에서 14만 여명이 근무하고 있으며, ABB그룹의 한국법인인 ABB코리아에는 850여 명의 임직원이 활동하고 있다. QBB는 최근 기업윤리와 지배구조에 대해 모범사례를 발굴하는 '에티스피어'로부터 객관적인고 표준화된 방식의 윤리지수에 의한 심사를 받았으며, 에티스피어(Ethisphere Institute)가 발표한 2015 세계에서 가장 윤리적인 기업에 이름을 올렸다. 이는 지난 2013년, 2014년에 이은 3년 연속 선정이다.

'2015 세계 최고 윤리기업' 리스트 선정은 수년간의 연구 끝에 개발된 에티스피어(Ethisphere Institute)의 윤리지수(EQ, Ethics Quotient)에 기초한다. 이론가들로 구성된 에티스피어 네트워크와 세계 최고의 윤리기업 방법론 자문 패널로부터 얻은 자문을 토대로 하였으며, 객관적이고 일관되고 표준화된 방식으로 조직의 성과를 평가하는 수단이라 할 수 있다.

'2015년 세계 최고 윤리기업'선정에 대해 울리히 스피스호퍼 ABB 최고경영자(CEO)는 "윤리문화를 창출하고 세계 최고의 윤리기업으로 인정받는 것은 단순히 대외적인 메시지 또는 몇몇 소수의 경영진이 말하는 것을 넘어 관여하고 있다"라며, ABB는 기업윤리와 안전을 중요하게 생각하고 이를 탄탄히 하기 위해 많은 노력을 해왔는데, 금번 선정을 모든 ABB직원의 공으로 돌린다고 말했다.

최민규 ABB코리아 대표는 "ABB는 기업윤리와 안전에 대한 모든 위험신호를 간과하지 않기 위해 지난해부터 전 세계 임직원을 대상으로 '모른척하지 않기' 캠페인을 진행하고 있다. 또 ABB코리아에서는 매년 온/오프라인으로 기업윤리에 대한 필수 교육을 실시 중이며, 직무 수행평가에도 기업윤리 항목을 추가하고 있다"고 설명했다.

한편 에티스피어는 기업 캐릭터, 시장 신뢰 및 사업 성공을 가소화하는 윤리적 거래 관행 기준 정의 및 선진화 부문의 글로벌 선도 기업이다. 세계 최고 윤리기업 식별 프로그램을 통해 윤리 경영에 대한 우수한 업적을 기리고 있으며, 산업 전문가 커뮤니티를 위한 '기업윤리 리더십 동맹(Business Ethics Leadership Alliance, BELA)'을 제공한다. 에티스피어 매거진을 발간하며 기업 윤리 동향과 모범사례를 소개하고 있다. ABB외 2015 세계최고 윤리기업 전체 리스트는 에티스피어 홈페이지에서 확인할 수 있다.

(에티스피어 홈페이지: http://ethisphere.com/world-most-ethical/wme-honorees)
자료: 비즈조선(http://biz.chosun.com)

[사례 2] 기업지배구조

'최순실 게이트'사태로 온 나라가 시끄럽지만, 이와 관련 국민이나 언론으로부터 아직 큰 관심을 받지 못하고 있는 부분이 있다. 바로 기업의 지배구조다. 외신 기자들이 한국 기업을 얘기할 때 으레 건드리는 주제가 한국 기업의 취약한 지배구조다. 한국 기업들이 지배구조 개선에 많은 노력을 기울였던 게 사실이다. 그런데 정실 자본주의(crony capitalism)라는 낙인을 떼지 못한다면 매우 억울하고 불행한 일이 아닐 수 없다.

필자는 한국 기업 대부분은 서양 기업과 같은 기업 지배구조 구축에서 상당한 진전을 이룩했다고 생각한다. 그러나 탁월한 기업지배구조에 이르기에는 아직 멀었다. 이를 위해서는 불법이나 비리에 대해 무관용의 원칙을 철저히 적용한다는 것을 보여줘야 한다. 흥미롭게도 한국만큼 기업의 최고경영자에게 엄격한 잣대를 요구하는 나라는 많지 않다. 엄격한 CEO기준에도 불구하고 기업 지배구조가 취약하다는 평을 듣는 것은 아이러니가 아닐 수 없다. 대표적으로 한국은 배임죄가 세계에서 가장 엄격한 나라 중 한 곳이다. 경영상 중요한 결정을 내릴 때마다 손실을 보면 배임죄에 걸릴지도 모른다는 생각 때문에 CEO는 자신의 재량에 한계를 느낀다. 또한 금융기관의 수장이나 경영진이 되려면 일반 기업에 비해 매우 엄격한 기준을 충족해야 한다.

선진적인 기업 지배구조는 골프에 비유하면 80타를 치는 주말골퍼가 아닌 싱글 플레이어가 될 것을 요구한다. 싱글골퍼가 되려면 게임 준비나 훈련 과정이 달라야 한다.

한국이 기업 지배구조에서 좋은 평가를 듣기 위해서는 기본적으로 4가지 핵심 요소를 갖춰야 한다. 첫째, 집단소송제도 도입이다. 기업이 잘못해 손해를 야기했다면 소액주주들이 기업을 상대로 소송을 제기할 수 있는 제도이다. 한국에서 집단소송은 아직까지 낯설다. 집단소송이 도입되면 기업 이사회가 경계심을 갖고 책임 있는 결정을 내리게 할 수 있다. 집단소송에는 부작용도 많지만 이사회가 자신의 결정에 의무와 책임을 갖게 한다는 점에는 이의가 없다. 둘째, 이사회 성과에 대한 외부 평가다. 선진국에서는 비정부기구나 주식 애널리스트들이 기업 이사회 성과를 평가해 공표하는 일이 드물지 않다. 이런 평가는 애널리스트가 특정 주식을 추천할 때 분석 보고서에 일부분으로 포함될 수 있다. 이제는 한국 투자자들도 이런 정보를 이용할 수 있어야 한다. 이사회 평가 내용을 타 기업과 비교하는 것은 해당 기업의 상대적 장점을 평가하는 좋은 방법이다. 셋째, CEO를 포함한 경영진과 이사회의 자격 기준을 더욱 엄격하게 만드는 일이다. 금융업계에서는 이미 엄격한 제약을 두고 있지만 일반 기업은 감옥에 갔다 온 CEO라도 형기를 마친 경우라면 업무 복귀가 어렵지 않은 게 우리 현실이다. 이사회 업무 핵심은 분명한 윤리적 잣대를 통해 회사 브랜드와 명성을 관리하고, 이를 어긴 경우 심각한 결과에 직면할 수 있음을 알리는 것이다. 이는 의료, 법률 등 정부의 면허가 필요한 다른 전문 직종과 크게 다르지 않다. 이런 분야에서 비윤리적 행위는 면허 취소로 이어질 수 있다. 넷째, 자회사의 이사회 구성과 관리에 관한 것으로 한국 기업들의 즉각적인 관심이 필요하다. 예를 들어 그룹 이익을 위한다는 명목으로 모기업이 모든 결정을 주도한다. 해당 자회사 주주에게는 아무런 혜택이 돌아가지 않는 경우가 수두룩하다. 자회사가 자체적으로 결정할 수 있는 게 없다는 점은 심각하다. 이에 대해 즉각적인 개선이 없다면 외국 투자자는 지속적으로 문제를 제기할 것이다.

자료: 베인코리아(http://www.bain.com/offices/seoul/ko)

[사례 3] 내부자거래

내부자거래란 기업과 특별한 관계가 있는 사람이 그 입장을 이용, 입수한 미공개 중요 정보를 기반으로 주식을 매매하는 불공정거래를 의미한다. 미공개 중요정보란 투자자의 투자판단에 중대한 영향을 미칠 수 있는 정보로 전자공시시스템, 방송 및 신문 등을 통해 공개된 후 일정시간이 경과하기 이전의 정보이다.

보통 내부자거래에서 내부자는 상장법인의 대주주, 임직원 등 회사의 내부에서 직무와 관련해 회사 관련 미공개 중요 정보를 알게 된 자만을 뜻한다고 생각하기 쉽다. 그러나 상장법인에 대한 감독 권한을 가진 자, 상장법인과 계약을 체결, 교섭하고 있는 자 등으로서 권한 행사, 계약의 체결, 교섭, 이행 과정에서 회사관련 미공개 중요 정보를 알게 된 준내부자(변호사, 회계사, 증권사 직원 포함)나 내부자 및 준내부자로부터 직접 미공개 중요 정보를 받은 1차 정부수령자도 상장회사의 미공개 중요 정보를 이용하여 주식매매를 할 경우 10년 이하의 징역 또는 부당이득의 5배(동 금액이 5억원 이하인 경우에는 5억원) 이하의 과징금에 처해질 수 있다. 이토록 내부자거래를 규제하는 목적은 증권시장 투자자들을 보호하고 공정하고 효율적 시장을 확립해 투자자의 신뢰감을 확보하여 건전한 시장질서를 유지하는 데 있다. 금융감독원은 2012년부터 2016년까지 5년 동안 미공개 중요 정보 이용행위로 처벌을 받은 사람이 총 566명이며 준내부자 적발건수가 늘어 나고 있다고 밝혔다.

내부자거래 실제 처벌 사례를 살펴보면, 2015년 신약기술 수출로 주가가 폭등한 한미약품 소속 연구원과 그 지인이 호재성 정보를 미리 활용해 부당이득을 올린 사실이 적발되어 구속 기소되었다. 그러나 증권사 애널리스트였던 지인으로부터 정보를 제공받아 261억원 상당의 부당이득을 취한 자산운용사 소속 펀드매니저들은 당시 2차 정보수령자를 처벌할 법률적 근거가 없어 처벌받지 않았다. 자본시장법 개정 이후인 2016년, 한미약품의 계약해지관련 악재성 미공개정보를 이용해 부당이득을 취한 한미약품 직원 및 개인투자자 수십명에게 형사처벌 및 과징금이 내려졌다. 특히 5차 정보수령자이지만 손실회피액이 큰 전업투자자에게는 13억원이 넘는 과징금이 부과되었다. 2015년 삼일회계법인 등 대형 회계법인 소속 20, 30대 회계사들이 회계감사 업무수행과정에서 취득한 영업실적 정보 등 미공개 정보를 공유하며 주식 등에 투자하다가 적발되어 억대 이득을 챙긴 이들이 구속되는 사건도 있었다.

미국의 경우 내부자거래 관련 감사와 처벌이 더욱 엄격하다. 미국 증권거래위원회는 기업의 실적 발표 등 주요 경영발표전후의 시장 상황을 예의 주시하고 있으며, 2010년 시장질서교란 분석 감사센터를 설립해 지난 15년간의 주식거래 데이터를 꼼꼼히 살펴 기업관련 큰 뉴스 앞뒤로 돈 버는 투자를 한 거래를 특별 점검하고 있다. 보통 집행유예로 풀려나는 우리나라와는 달리, 내부자거래 형량도 매우 높은 편이다. 2013년 SAC캐피탈은 내부자거래 관련 벌금 18억 달러를, SAC의 포트폴리오 매니저인 매튜 마토마는 알츠하이머 치료제 관련 정보를 미리 입수해 2억7천만 달러의 부당이득을 챙긴 혐의로 9년형을 선고 받았다.

2011년 억만장자 헤지펀드 매니저 라지 라자라트남은 인적 네트워크를 이용 투자대상회사의 미공개 정보를 적극적으로 수집 활용해 9000만 달러의 부당이득을 챙긴 혐의로 9280만 달러의 과징금과 11년 형을 선고 받았다. 한국증권거래소가 상장사의 내부자가 미공개 중요 정보를 이용해 불공정 거래를 하는 지 집중적으로 지켜보겠다는 경고 공문을 2천여 개 상장사에게 보냈다고 한다. 상장법인 임직원 뿐 아니라 내부자나 준 내부자로부터 미공개 정보를 미리 전달받아 이용하거나 타인에게 전달하여 이용하게 하는 경우 일반투자자도 처발받는다는 점을 특히 주의하여야 할 것이다.

자료: 항공대신문(http://www.kaupress.com)

Ⅵ. 윤리적인 생산관리

생산관리의 윤리(production management ethics)란 기업경영에 있어서 제조활동을 능률화하고, 생산력이 최고도로 발휘될 수 있도록 하기 위해 이루어지는 일련의 계획적·체계적 내지 윤리적인 관리활동을 의미한다. 따라서 윤리적인 생산활동을 위해서는 공정관리, 자재관리, 품질관리, 재고관리, 원가관리 등과 같은 광범위한 생산활동 영역에서 윤리적 운영을 도모해야 한다.

1. 제조물 책임(Product Liability: PL)

1960년대 이후 대량생산체제와 유통구조의 복잡화 그리고 신상품의 홍수 속에서 소비자의 피해가 속출하면서 이를 보호해야 할 필요성이 대두되었다. 이에 소비자와 생산자 간의 관계에서 새로운 개념으로 제조물 책임(Product Liability: PL)문제가 출현하게 되었다. 이것은 구체적으로 생산자와 소비자 간에 클레임 및 안전문제 등 법적인 소송형태로 발전하게 되었으며, 이를 통해 생산자의 제품에 대한 책임이나 의무를 강화하게 되었고, 그 시대적 상황에 따른 소비자보호의 정책적인 의지 내지 사상이 실체화된 것으로 볼 수 있다.

제조물 책임이 별도의 책임영역으로 등장한 것은 1930년대 미국의 보험업계에서 'Product Liability'라는 용어를 사용하면서 시작되었다. 현재 우리나라의 경우 제조물 책임에 대한 통일된 용어는 없으나 학자들에 따라서 '제조물 책임'(product liability), '제조업자 책임'(manufacturer's liability), '공급자 책임'(supplier's liability), '생산물 책임' 등의 용어를 사용하기도 하고 때로는 영어의 약자인 'PL'로 표현하기도 한다.

일반적으로 제조물 책임이라 함은 "결함 있는 제품에 의하여 그 제품의 소비자나 이용자 또는 3자의 생명, 신체 또는 재산에 생긴 손해에 대하여 제조업자, 판매자 등 그 제품의 제조, 유통, 판매 등의 일련의 과정에 관여한 자가 부담해야 할 민사상의 손해배상책임"을 의미한다.[33)]

1) 제조물 결함의 유형

일반적으로 제조물에 대한 책임문제는 '결함 있는 제품'으로 인하여 소비자나 이용자의 신체나 재산상의 손해가 발생한 경우에 야기된다. 그런데 여기서 말하는 '결함 있는 제품'이란 제품의 일반적인 사용이나 소비에서 예상된 안정성을 갖추지 못한 상태로서 그것이 최종소비자에게 부당하게 위험한 경우를 뜻하며, '불리한 위험'이란 제품의 성질에 관하여 일반사회인의 공통된 지식을 가지고 제품을 구입한 소비자가 예상하고 있는 정도의 수준을 벗어난 위험을 말한다.

그리고 이러한 제조물의 결함은 분류하는 학자들에 따라 다양하게 구분되고 있다. 미국 법원은 ① 설계상의 결함, ② 제조상의 결함, ③ 설명 · 경고상의 결함으로 분류하고 있는데,[34)] 슈와르츠(G. T. Schwarts, 1979)[35)]를 비롯해 많은 학자들이 이 삼분법을 따르고 있다. 또한 크레인(P. Crane)은 ① 설계상의 결함, ② 제조상의 결함 그리고 ③ 개발상의 결함(development defect)으로 구분하였다.[36)]

---

33) 홍천용, "제조물 책임", 민법학의 회고와 전망(민법시행 30주년 기념 논문집), 서울 한국사법행정학회, 1993, p. 704.

34) 권영준, "결함 제조물에 대한 경고의무의 근거", 재산법 연구, 김기선 박사 고희기념 논문집, 1998, p. 395.

35) G. T. Schwarts," Forward: Understanding Products Liability", *California Law Review*, Vol. 67, No. 3, May, 1979, pp. 435-496.

36) P. Crane, "Unsafe Products and the Sate of the Art: U. K. Proposals", *Journal*

(1) 제품설계상의 결함

제품의 설계·계획과정에서 발생한 결함은 제조결함의 경우보다 논란이 많고 복잡하다. 이는 설계의 적절성에 대한 가치판단을 해야 하기 때문에 과실책임 규명이 쉽지는 않다.

제조업자는 소비자가 해당제품을 용도에 맞게 사용한 경우와 일반적으로 예상되는 용도 이외의 다른 용도로 사용한 경우에도 위험이 발생하지 않도록 설계해야 한다. 제조업자는 설계 시에 제품의 목적에 적합하지 않은 사용이나 무리한 사용도 고려해야만 한다. 특히 소비자의 부주의한 취급을 고려하여 반드시 그에 대한 안전장치를 설치해야 하며, 제조당시 알고 있는 기술수준에 의해서 알고 있는 모든 위험방지 가능성을 동원하여 제품을 설계해야 한다. 제품을 안전하게 설계할 의무는 제품에 의하여 발생될 수 있는 모든 예상 가능한 위험에까지 미친다.

일반적으로 소비자의 입장에서 보면 제조상의 결함보다는 설계상의 결함을 입증하는 것이 훨씬 용이하다. 왜냐하면 설계상의 결함은 비전문가들도 쉽게 알 수 있기 때문이다.

(2) 제품제조상의 결함

이는 제조물의 제조·관리과정에서 본래의 설계와 다르게 제품이 제조됨으로써 발생하는 결함인데, 일반적으로는 제품의 품질검사단계에서 발견이 된다. 그러나 이러한 결함이 검사단계에서 발견되지 않고 생산되는 경우에는 문제가 된다.

설계상의 결함과 제조상의 결함은 다음과 같은 차이가 있다.

첫째, 설계상의 결함은 제품이 제조업자가 의도한 상태에 있지만, 제조상의 결함은 제품이 제조업자가 의도한 상태에 있지 않다는 점이다.

둘째, 설계상의 결함은 해당 설계가 적용되는 작업계열에서 생산된 모든 제품에 존재하지만, 제조상의 결함은 개별제품을 대상으로 존재한다는 점이다.

그리고 제조상의 결함에 대한 책임 여부를 결정하는 판단요소는 ① 재료의 선정과 사용, ② 생산절차, ③ 제품을 출하하기 전에 결함 유무를 판단하기 위한 검사의 적절성 내지 충분성 등이다.

---

of Products Liability, Vol. 3, No. 4, 1979, pp. 239-246.

(3) 설명 · 경고상의 결함

소비자가 제품을 사용하는 과정에서 위험이 발생할 가능성이 있는 제품의 경우에는 제조업자가 안전한 사용방법을 설명하고, 부적당한 사용으로 발생할 수 있는 모든 위험요소를 소비자에게 경고해야 한다. 따라서 위험의 경고의무는 제품에 아무런 하자가 없는 경우에도 존재한다. 다시 말해 제품 자체에 위험을 내포하고 있지는 않지만, 제품 사용방법에 대한 적절한 내용을 지시하지 않음으로써 소비자에게 피해가 발생한 경우에는 제품에 결함이 있는 것으로 처리하는 것이 경고상의 결함이다.

설명과 경고상의 결함은 경고나 지시가 적절하지 못하다고 인정되는 경우, 그 제품 모두가 경고상의 결함을 갖는다는 점과 결함 여부의 판단에 있어서 경고의 적절성에 대한 가치평가를 해야 한다는 점에서 설계상의 결함과 유사한 성질을 갖는다. 또한, 경고상의 결함은 다른 여타의 결함 유형보다도 전문가의 의견에 덜 의존한다. 설명과 경고는 그 제품이 사용되고 있는 환경에서 일반인, 즉 평균적 이용자의 주의를 집중시키는 것이 합리적으로 기대될 수 있는 방법으로 행해져야 한다.

경고의 적절성을 판단할 때 고려하는 일반적인 요소는 다음과 같다.

첫째, 합리적인 소비자라면 그 경고를 이해할 수 있는가?
둘째, 위험의 성격 및 정도가 사용자에게 충분히 경고되었는가?
셋째, 위험을 회피할 최선의 방법이 제시되었는가 등이다.

2) 제조물 결함의 판단기준

제조물 결함에 대한 통일된 판단기준은 아직 없지만, 다음과 같은 세 가지 기준에 의해 판단하는 것이 일반적이다.

(1) 표준 일탈기준(deviation from the norm test)

이 기준에 의하면 제품이 일반적인 상태에서 벗어난 경우에는 결함이 있다고 판단한다. 그러나 일반적인 상태를 어떻게 이해하느냐 하는 것은 문제이다.[37] 제조업자가 설계에서 의도한 것이 제품의 일반적인 상태이며, 제조업자가 설계상 의도한 것과는 달리 제품이 제조된 경우가 제조상의 결함이다. 따라서 이 경우에는 문제가 된 제품을 그 설계나 명세서 혹은 동일한 설계나 명세서대로 제조된 다른 제품과 비교함으로써 그 제품이 일반적 상태에서 벗어나 있는가 여부를 판단할 수 있다. 이때 그 제품이

---

37) 한국공업표준협회, 각국의 판례를 중심으로 한 제조물 책임, 1991, p. 73.

일반적 상태와 명백히 다른 경우 표준 일탈기준에 의한 제조상 결함이 있다. 그러나 설계상의 결함이나 설명·경고상의 결함에서는 표준 일탈기준이 적합하지 않다. 왜냐하면 이들의 경우에는 제품의 일반적 상태를 판단할 객관적인 기준이 없기 때문이다.

(2) 소비자 기대기준(consumer expectation)

이 기준은 가장 광범위하게 이용되고 있는 기준으로서 1965년 제2차 불법행위법 리스테이트먼트가 공표된 후 1967년의 오리건주 최고재판소 판결인 히톤(Heaton V. Ford Moter Co.)사건[38]판결 등 많은 재판소에 의해 결함기준으로 사용되고 있다.

이 기준에서는 일반적으로 소비자가 기대하는 안정성을 결여한 경우, 즉 제품이 일반소비자가 예상하는 것 이상으로 위험한 경우에는 제품의 결함이 존재한다고 판단한다.

(3) 위험효용기준(risk utility test)

이는 제품의 위험성과 유용성을 비교하여, 위험성이 유용성보다 큰 경우에는 결함이 존재하는 것으로 인정하는 방식이다. 이 기준은 소비자기대기준과 더불어 가장 널리 사용되고 있는 기준이지만 제품의 위험과 효용을 비교할 때 어떤 요소들을 고려하는가가 문제로 제기된다.

여기서 웨이드(Wade)가 제시한 위험성과 효용성에 대한 판단기준을 살펴보면 다음과 같다.

첫째, 제품의 유용성과 필요성
둘째, 손해발생의 개연성과 손해의 정도
셋째, 대체설계의 가능성
넷째, 제조업자에 의한 위험회피 가능성
다섯째, 소비자에 의한 위험방비 가능성
여섯째, 위험에 대한 소비자의 인식
일곱째, 제조업자에 의한 손실분산의 가능성 등이다.

---

38) Heaton v. Ford Moter Co., 435 P. 2d 806(Ore. Supreme Court 1967)-히톤이란 사람이 수렵용의 목적으로 4륜구동의 경트럭을 구입하여 약 7,000마일까지 아무 문제없이 주행함. 사고 당일 보통의 속도로 고속도로를 주행 중에 5~6인치의 돌이 날아와 맞은 후에도 트럭은 아무 일 없이 약 35 마일 주행하다가 도로에서 벗어나 뒤집힘. 히톤은 5~6인치의 돌을 맞은 후 차륜이 탈락하여 사고가 일어났다고 하여 트럭 제조업자에게 엄격책임에 의한 손해배상을 청구함. 엄격책임에서의 불합리하게 위험한 결함은 무엇을 기준으로 판정되는지가 쟁점이 됨.

2. 지역사회

지역사회는 기업활동에 직·간접적으로 많은 영향을 미치고 있는 중요한 이해관계자 집단이다. 기업은 지역사회를 통해 기업경영에 필요한 노동력을 공급받고, 지역환경을 이용하면서, 한편으로는 지역환경에 많은 영향을 미치고 있다. 따라서 기업은 지역사회의 구성원의 일원으로서 책임과 의무를 다하여야 한다.

기업구성원의 대부분이 각종 사회활동이나 자녀교육 등 그 지역사회에 생활의 터전을 두고 있기 때문에 생산윤리 면에서는 다음과 같은 두 가지를 생각할 수 있다.

첫째는 공장이전 문제를 생각할 수 있다. 기업의 경제적 판단에 따라 일방적으로 공장을 타지역으로 이전할 경우, 이로 인해 종업원과 지역사회는 직·간접의 많은 영향을 받게 된다. 따라서 공장입지의 선정과정에서 기업의 규모가 큰 경우에는 더욱이 심도 있게 윤리적 문제를 고려해 보아야 할 것이다.

두 번째 문제는 환경보호의 문제이다. 기업의 생산공장은 공장폐수, 소음, 매연, 산업쓰레기, 대형트럭운행으로 인한 교통량 증가 등으로 지역환경과 지역주민들에게 많은 부정적인 영향을 미친다.

그러나 기업이 이러한 환경문제를 고려하면 생산원가에 부담이 되어 기업활동은 그만큼 더 어려워진다. 따라서 경영자는 이러한 환경문제와 관련하여 많은 윤리적인 문제에 직면하게 되는 것이다. 예컨대, 홍수 때마다 공장폐수를 무단방류하여 사회적 저항과 무리를 일으킨 기업들은 대부분 원가를 절감하려는 사소한 기업이기심에서 그러한 비윤리적 범죄행위를 저질렀을 것이다.

그러나 환경이 파괴되면 지역사회가 피해를 보는 것은 물론이지만, 궁극적으로는 기업도 생존할 수 없다는 사실을 깊이 인식하고, 이제 환경의 문제는 더 이상 기업 외부의 문제가 아니라 내부적 문제라는 각성과 더불어 의사결정 시에는 환경문제를 아울러 생각하는 경영관리자가 되어야 할 것이다.

3. 근로자의 생산윤리

근로자는 생산활동과정에서 중추적인 역할을 능동적으로 수행하고 있는 기업의 소중한 자산이다. 과거에는 기업을 '자본, 설비, 원료 및 기술의 합리적인 조합인 물리적·기술적 시스템'으로 보았으나, 오늘날에는 기업을 '근로자, 관리자, 경영자가 기업목적을 달성하기 위해 만든 인적 시스템'으로 이해하고 있다.

따라서 경영자가 아무리 윤리적인 경영을 하려고 해도 근로자들의 윤리수준이 높지 못하면 효과가 나타나지 않는다. 일반적으로 근로자의 윤리적 문제는 다음과 같은 활동분야에서 많이 나타나게 된다.

1) 품질관리(Quality Control)

제품의 품질을 향상시키려면 우수한 양질의 원료와 재료를 사용해야 하고, 품질에 관한 일정한 기준을 준수해야 하며, 정상적인 절차와 방법에 따라 정성어린 노력으로 제품을 생산할 때 비로소 우수한 제품생산이 가능하게 된다. 그러나 대부분의 근로자들은 근로환경이나 조건에 불만이 많고, 시간에 쫓기면서 작업을 하다 보니 품질에 대한 관심은 소홀해지기 쉽다. 특히, 제품에 대한 결함이나 하자가 즉시 나타나지 않는 상황에서는 더욱 근로자의 비윤리적인 생산활동이 염려된다.

그동안 기업의 생산활동에서 품질관리 분임조나 QC서클 등이 품질향상을 위해 상당한 역할을 하여 왔으나 최근에는 QC서클이 품질향상을 위한 본래의 목적에서 벗어나 노조운동의 핵심적 역할을 하여 문제가 발생하기도 한다.

2) 노동생산성 향상

노동생산성(labor productivity)이란 생산을 위하여 투입된 노동이 생산과정에서 어떻게 효과적으로 다른 생산요소와 결합하여 생산물로써 실현되는가를 나타내는 지표이다. 따라서 노동생산성은 $\frac{\text{생산물의 산출량}}{\text{투입노동량(인원)}}$ 으로 나타낼 수 있다. 이는 노동자 한 사람이 하루에 생산해 낼 수 있는 생산의 양을 의미하는 것으로써 근로자의 자발적인 행동에 좌우된다. 근로의욕이 낮거나 동기유발이 부족하면 노동생산성은 떨어질 수밖에 없다.

과거 노동은 토지, 자본과 함께 중요한 생산요소의 하나였고, 근로자는 노동력을 제공하는 대상으로 인식하였다. 그러나 오늘날 지식사회에서 근로자는 지식을 가지고 있는 지식의 원천으로 새롭게 인식되고 있다. 따라서 지식을 가진 근로자로서의 자세와 긍지를 가지고, 지식근로자로서의 자신의 가치를 높이려는 노력을 할 수 있어야 한다.

3) 근로자윤리의 변화

근로자의 윤리는 오랜 세월 많은 변화의 과정을 거쳐 왔다. 일반적으로 근로자 윤리의 변화과정은 다음과 같은 네 단계로 구분하여 설명할 수 있다.

(1) 제1단계 : 장인윤리의 시대(18세기까지)

장인윤리(craft ethics)의 시대란 전문적인 생산기술을 가진 장인(匠人)이 많은 노력과 경험에 의해서만이 얻어질 수 있는 생산기술을 자랑스럽게 생각하는 '장인정신'이 생산현장을 지배하던 시기를 말한다.

이 시기의 장인들에게서는 다음과 같은 특징적인 사실을 찾아볼 수 있다.

첫째, 어려움을 참고 인내하는 강한 극기정신을 가지고 있다.

둘째, 떠들지 않고 묵묵히 자신의 일을 성실히 수행한다.

셋째, 질서와 서열을 엄격하게 유지하였다.

넷째, 결심한 것은 끝까지 완수하려고 하는 정신이 강하다.

다섯째, 검소한 생활을 하였다.

여섯째, 때로는 고집이 세고, 인색하고, 다른 사람과의 커뮤니케이션이 부족한 사람도 많았다.

(2) 제2단계(19세기) : 기업가윤리의 시대

기업가윤리(entrepreneurial ethics)의 시대란 위험을 감수하고 새로운 분야를 개척하고, 이익을 추구하는 개척자정신이 우세하였던 시기를 말한다.

산업혁명으로 생산의 기계화, 대량화가 급진전하게 되면서 위험을 감수하면서도 새로운 기업을 창업하려는 기업가정신이 출현하여 장인정신을 대체하게 되고, 윤리도 장인윤리보다는 '기업가윤리'가 보다 중요하게 되었다. 이 과정에서 기업가와 근로자 간의 관계는 '도제관계'(徒弟關係)에서 '계약고용관계'로 바뀌게 되었고, 경영자의 윤리문제가 동시에 나타나게 되었다.

(3) 제3단계(20세기) : 직업윤리의 시대

산업발전과 기업규모의 대형화로 각종 전문지식인에 대한 수요가 급증하자 근로자들은 평생직업인으로서의 생활안정에 보다 많은 관심을 갖게 되었다. 따라서 근로자들은 자신의 기술이나 직업상의 재능에 따라 정착하려 하였고, 이로 인해 직업윤리(career ethics)의 개념도 등장하게 되었다.

그리고 생산기술의 복잡화와 고급화의 진전은 '전문인정신'(professionalism)을 가지게 하였고, 이를 지키기 위한 '전문인윤리'(professional ethics)가 중시되었다.

(4) 제4단계(21세기) : 직업인의 자아실현시대

오늘날 기업조직의 거대화는 새로운 계층을 탄생시켜 보다 많은 승진기회를 창출한다. 조직생활에서 승진은 구성원의 지대한 관심사이다. 왜냐하면, 승진은 임금의 상승과 더불어 조직 내 영향력을 강화시켜 신분상승의 효과를 수반하기 때문이다. 그러나 수직적 계층구조 속에서 승진의 기회는 한정되어 있기 때문에 전문인으로서 근로자의 고민과 심리적 압박은 가중되고 있다. 이로 인해 '전문가정신'에도 문제가 나타나게 되었다.

그러나 오늘날에는 조직생활 속에서 승진만이 인간의 욕망을 충족시키는 유일한 수단이 될 수는 없다. 개인의 자아실현과 평생직업인 또는 전문인으로서의 긍지가 중요하게 평가받고 있는 시대이다. 조직 내에서도 수직적 관점이 아니고 수평적 또는 횡적 관점에서 보면 새로운 개념이 나타날 수 있다.

전문인정신에 기초를 두고 여기에 개성에 맞는 직업활동을 하면서 자아실현의 욕구를 충족하고, 생활의 보람과 성취의 보람을 함께 이루고자 하는 새로운 직업의식이 등장하였다. 따라서 오늘날에는 직업인의 자아실현을 위한 직업윤리(career ethics for self fulfillment)관이 중시되고 있는 것이다.

4. 생산윤리수준의 제고방안

생산윤리수준의 제고방안을 관리자차원과 근로자의 차원에서 각각 고찰해 보고자 한다.

1) 경영관리자 차원

경영관리자는 생산활동과 관련하여 많은 윤리적 문제에 직면하게 된다. 관리자의 생산윤리수준은 제품의 품질뿐만 아니라 기업경쟁력에도 많은 영향을 미친다. 따라서 경영관리자의 윤리수준을 높이는 것은 매우 중요한 문제가 된다. 여기서 관리자 차원에서 생산윤리수준을 높일 수 있는 몇 가지 방안을 제시해보면 다음과 같다.

첫째, 경영관리자는 근로자를 생산수단이나 도구로 보지 말고, 근로자를 목적으로 대할 수 있어야 한다. 현대기업에서 근로자는 인간으로서의 존엄과 가치를 가지고 인간답게 살아갈 권리가 있으므로 인간으로서의 근로자의 자아실현과 존엄성유지가 기업의 목적이 되어야 한다. 그리고 기업은 그 목적을 달성하기 위하여 적정한 경제활동이 필요하다고 보아야 한다. 다시 말해, 경영자는 종업원을 기업목적 달성을 위한 수단으로 보지말고, 종업원의 인간성향상 자체를 기업의 목적으로 삼아야 한다. 그리고 그러한 경영자의 뜻이 종업원에게 이해될 수 있도록 노력하여야 한다.

둘째, 경영관리자는 회사의 기본목표와 장기적 이익을 위하여 우선 고려해야 할 이해관계자가 누구인가를 파악하고 그들의 이익을 먼저 생각하고 고려하여 의사결정을 하여야 한다.

셋째, 경영관리자는 생산윤리수준의 향상을 위해 생산활동에 종사하는 모든 근로자들이 준수해야 할 '생산자의 윤리적 행동지침'을 작성하여 자발적으로 준수할 수 있도록 교육할 필요가 있다. 예컨대 "쓸 수 있는 자재를 버리지 않는다", "품질불량인 줄 알면서 생산라인을 지나가게 하지 않는다" 등 보다 구체적인 행동준칙을 제시하여 구성원 모두가 준수할 수 있도록 적절한 조치를 강구해야 한다.

그리고 근로자가 비윤리적 행위를 목격했거나 강요당할 경우에는 이것을 고발할 수 있는 제도적 장치를 마련하고, 이를 효과적으로 운영할 수 있어야 한다.

2) 근로자 차원

근로자차원에서 고려할 수 있는 생산관련 윤리수준의 제고방안은 다음과 같다.

첫째, 근로자는 직업인으로서의 자부심과 긍지를 가져야 한다. 지식사회에서 자신의 경쟁력은 자기 스스로 높인다는 사실을 깨닫고, 직업인정신과 전문인정신으로 자아실현이 가능하다는 사실에 확신을 가질 수 있어야 한다. 직업인으로서의 영역은 수직적 변화보다도 수평적 · 횡적 관점을 더 넓혀야 한다. 따라서 근로자의 직업윤리는 이러한 직업인으로서의 자아실현을 충족시키는 길이라 생각된다.

둘째, 건전한 조직풍토와 노사문화를 형성하려는 적극적인 의지와 노사관계에 대한 새로운 인식의 전환이 필요하다. 현대기업은 근로자, 관리자, 경영자로 구성되어 있고 이들은 모두 기업목적달성에 필요한 중요한 자산이다. 이들은 독립적으로 대립하는 존재가 아니라 각자의 인간성 실현을 도와주는 협력자로 이해하고 존재해야 한다.

셋째, 인간은 나약한 존재이다. 모두가 선한 사람이 될 수 없듯이, 모두가 윤리적인 행동만을 하지는 않는다. 조직생활에서 비윤리적인 행위를 목격했거나 요청받았을 경우에는 비윤리적인 상황이 더 이상 확산되지 않도록 과감한 '고발정신'을 발휘하여 고발할 수 있어야 한다. 이러한 고발문화가 기업에 건전하게 뿌리내릴 때 윤리수준은 제고될 수 있을 것이라 확신한다.

[사례] 기업의 생산일정

XYZ사의 마케팅 담당 부사장인 스코트 켈리(Scott Kelly)는 회사의 연구개발연구소의 신제품개발 책임자인 톰 에버스(Tom Evers)에게 전화하면서 다음과 같이 소리를 질렀다. "우리 회사는 딜러들에게 신형제품을 전달하기 바로 전에, 신형 제품 잠재 고객을 대상으로 대규모 캠페인을 전개할 예정이야. 그래서 신제품의 생산일정에 차질이 없어야 해. 지난번처럼 잘못되면 절대로 안 돼." 가쁜 숨을 몰아쉰 스코트는 말을 이어갔다. "연구개발부서 사람들은 말이야. 마케팅 쪽에 별로 신뢰감을 주지 못하고 있어. 무슨 일이 생기면 우리에게 너무 늦게 이야기하기 때문에 우리는 의견도 제시할 수 없고, 소통은 더욱 어렵지, 나는 아직도 우리 부서가 원치 않았던 정수기 비용을 확실히 기억하고 있어. 더욱이 우리가 그 프로젝트를 포기하라고 말했는데도, 그 프로젝트를 유지하려고 했었지. 그래서 믿기 어렵단 말이야."

톰은 켈리에게 생산개시 일정에는 문제가 없다고 확신을 시켰다. "우리는 수명실험을 포함한 광범위한 실험을 실시했습니다. 모든 실험결과는 '진행'결정으로 이어졌습니다. 앞으로 시험 생산을 해서, 그 제품들을 직원들이 집에서 사용해 볼 예정입니다. 이는 일상적인 재확인 과정입니다. 그래서 생산일정에는 차질이 없다고 말씀드릴 수 있습니다. 광고는 예정대로 진행하십시오. 이번에는 확실합니다."

그러나 톰의 말은 사실이 아니었다. 양산일정 바로 전의 시험생산과정에서 문제가 발생하였다. 마케팅부서가 제외된 sco로 급하게 소집된 엔지니어 회의에서는 제품설계 변경이 결정되었다. 새로운 시범 생산이 진행되었고, 시제품은 종업원의 집에서 테스트를 거쳤다. 한두 달 또는 그 이상의 양산과정 지연이 예상되었다. 이러한 변경을 결정하고서야, 톰은 마케팅 부서를 포함하는 회의를 개최하고 문제점과 새로운 생산일정을 공지하였다.

톰이 양산일정 지연을 이야기하자, 스코트는 바로 폭발하고 말았다. "당신은 지난번에 생산일정을 확신했어. 그래서 우리는 대규모 광고를 진행하고 있는데, 이 타이밍은 정말 중요해. 딜러들은 결국 신 모델 제품을 원하는 고객들에게 제품을 제공할 수 없게 되고 말았어. 고객들은 우리를 우습게 볼 것이고, 딜러들도 화를 낼 것은 불 보듯 뻔하단 말이야." 톰은 "잠깐만요"하면서 끼어들었다. "제가 생산일정을 100% 확신한다고 하지는 않았습니다. 그때 분명히 시범생산에서 문제가 발생할 수 있으며, 광고계획에 그 가능성을 포함하라고 제안드린 바 있습니다. 제가 말씀드렸던 대로 우리는 일정을 맞추기 위해 최선을 다하지만 새로운 제품에는 항상 문제가 있을 가능성이 있습니다. 딜러들이 고객에게 큰 문제가 있는 제품을 공급하기보다는 새로운 모형을 찾는 고객을 상대하는 것이 더 낫습니다."

질문

1. 톰은 분명 마지막 실행단계에서 지나치게 과신한 점이 있다. 그러나 그의 행동을 비윤리적이라고 할 수 있는가?
2. 스코트가 연구개발 부서를 잘 믿지 못한다는 점을 전제한다면 톰이 이야기했던 양산 일정을 그대로 믿지 말아야 하는 것 아닌가?
3. 사실, 스코트는 톰의 양산일정을 믿지 못했기 때문에, 톰과의 대화내용을 몰래 녹음했고 톰이 확실한 양산일정을 말하지 않았다고 주장했을 때 그 녹음내용을 공개했다. 톰은 "나에게 말도 하지 않고 대화를 녹음했군요. 이는 비윤리적인 사항입니다." 그런가?
4. 스코트의 행동은 향후 마케팅과 연구개발부서의 관계에 피해를 줄까? 어떤 방식으로 피해를 줄까? 어떻게 하면 이런 경우를 피할 수 있을까?

출처: W. Gale Cutler, "When R&D Talks, Marketing Listens on Tape", *Research Techology Management* 37, no. 4(July–August 1995), p.56.

Ⅶ. 국제경영윤리

1. 국제경영의 기본성격

오늘날의 경제는 세계를 하나의 단위로 하는 구조 위에서 영위되고 있다. 이같은 사실은 필연적으로 경제활동 내지 기업활동의 국제화를 초래하게 되는 것이다. 즉, 세계 각국의 경제 간에는 종래의 정치적·경제적 이념이나 또는 선·후진국 간의 차별을 떠나 상호 접근 내지 교류가 이루어지고 있는데 구체적인 경제활동에서 본다면 각 국가 간에 이루어지는 무역거래의 양적 확대와 질적 심화, 그리고 미국을 중심으로 한 선진국 내에 있어서 기업의 규모가 거대화됨에 따라 어떠한 형태로든지 외국시장에서 이윤추구의 기회를 포착하려는 기업의 세계화로 풀이할 수가 있다.

예컨대, 오늘날 세계경제에서 절대적 비중을 차지하고 있는 세계기업 내지 다국적 기업이라고 불리는 경영형태가 바로 그것이며, 세계를 하나의 시장 또는 기술교류의 동일무대로 생각하고 있는 것이다. 즉, 종래 시장체제나 기업활동 면에서 환경적 제약조건으로 작용하던 국경은 소멸되어 결국 기업활동에 간접적인 제한을 가하는 정보밖에 되지 않았고, 국내시장은 국제시장 중 일부분에 지나지 않으며 동시에 기업에는 법률적 국적만이 존재하는 국제기업으로서의 범국가적 활동영역과 또 그러한 활동을 전개하여야 한다는 자각 내지 결의를 가져야만 비로소 계속기업(going concerns)으로서 존재할 수 있다는 데까지 이르고 있다.

기업자원을 효율적으로 관리하고 분배하여 국제 간에 자본, 기술, 노동 및 경영기법의 이동이 활발해지면 제품생산이 가장 효율적인 장소에서 제조되어지는 경향이 있다. 선진국의 대기업들은 고도의 기술과 방대한 자본을 바탕으로 자연자원이나 저임금의 노동력이 풍부한 개발도상국으로 진출하며 그곳을 중심으로 한 국제기업활동을 전개하고 있는바, 이러한 활동은 단지 물품교류의 증대에 그치지 아니하고 선진국의 기술・자본 및 노하우(know-how) 등 경영자본의 이동을 필요로 하고 있는 것이다.

이같은 국제기업의 해외진출 형태는 진출목적에 따라 시장지향형과 자연자원지향형 및 인적자원지향형으로 대별할 수 있는 바, 궁극적 목적은 이윤의 획득과 신시장의 개척 및 확보에 두고 있다. 즉, 이것은 모든 국제기업이 성장정책의 하나로서 전략적인 관점에서 결정하는 것이며 이러한 세계기업은 세계 각국에서 활발하게 기업경영에 참가하고 있는 것이다.

이러한 경영참가의 형태는 주식을 취득하거나 공동투자(joint venture)의 방식을 중시하고 있는데, 1969년에 개정된 OECD의 자본자유화조항에 의하면 어떤 기업과 영속적인 것을 직접 및 합작투자로 정의하고 이러한 국제기업의 투자형태로는, ① 전액투자의 사업, 자회사 또는 지점의 설치 및 기존기업의 완전취득, ② 신설 및 기존기업의 경영참가, ③ 장기 대부의 세 가지 형태를 취하는 것으로 대별하고 있다.

한편, 국제기업 관리는 그것의 국제성으로 말미암아 여러 가지 특성도 지니는데, 이를 요약하면 다음과 같다.

첫째, 세계지향성을 지닌다. 국제기업이 세계시장을 대상으로 하는 만큼, 그 관리활동이 효율적으로 수행되기 위해서는 널리 세계시장의 동향을 파악하여 이에 적응하는 관리활동을 전개하여야 한다.

둘째, 치밀한 계획성을 지닌다. 국제기업환경에는 부단한 변동이 발생한다. 즉, 상대국의 수입제한이나 관세율의 변동 또는 국제분쟁 등이 그것인데, 이러한 사태에 대비하여 치밀한 계획을 세우고, 이에 따라 국제관리활동을 수행하여야만 한다.

셋째, 기동성을 지닌다. 널리 해외에 시장을 개척・확보할 것을 생명으로 삼는 국제기업은 해외사업기회를 포착함에 있어서나 해외진출을 저해하는 애로사항을 극복함에 있어서 진취적이고 능동적이어야 한다.

넷째, 적응성을 지닌다. 국제기업의 입장에서 볼 때, 국제기업환경의 격변은 통제할 수 없는 요인인 만큼, 국제기업은 이러한 변화에 창조적으로 적응해 나아가야 한다.

2. 국제경쟁환경의 변화

1990년대 후반부터 국제거래의 경쟁환경이 급변하고 있다. 제8차 우루과이협상에서 세계무역기구(World Trade Organization: WTO)가 창설되고, 그와 동시에 ISO 9000에 의한 제품품질관리의 국제적 인증제도가 실시되었고, 1997년부터는 그린라운드(Green Round: GR)에 의하여 국제무역에서는 제품품질이 일정 수준 이상일 뿐만 아니라 환경공해 관리도 일정수준 이상이라고 하는 것을 국제적으로 인증하는 ISO 14000이 요구되었다.

그리고 1997년 12월 17일에는 '부패라운드'(Corruption Round: CR)에 의하여 미국의 주도 하에 국제뇌물방지협정(Convention of Bribery of Foreign Public Officials in International Transaction)이 OECD에서 조인되어 외국에서의 비즈니스 관련 뇌물행위도 국내법에 의하여 처벌하도록 되었다. 이 협정은 1998년 중에는 각 국가별로 국내법을 정비하여 1999년 2월부터 발효되었다.

이 부패라운드는 1995년부터 제기된 '윤리라운드'(Ethics Round)의 일부분이다. 1995년 5월, 미국정부가 이 문제를 제기하여 'Model Business Principles'를 발표하면서, 'Best Global Business Practices(BGP) Program'을 개시하였고, 동시에 '기업윤리강령이 없는 외국회사와는 가급적이면 거래하지 않도록' 업계에 요구하였다. 여기에 대하여 아시아・태평양지역 미국 상공회의소에서는 즉시 지지성명을 발표하였다. 이렇게 시작된 윤리라운드는 부패라운드를 거쳐 2000년대 초까지는 '국제공통의 기업윤리강령'에 적어도 OECD회원국과 기업은 합의하도록 할 것을 목표로 미국 주도 하에 진행 중이다. 기업의 비윤리적 행위는 국제거래에서의 불공정거래이고 무역장벽이므로, 이것을 제거해야 한다는 것이 미국을 비롯한 선진국들의 주장이다.[39)]

21세기는 기업윤리가 새로운 강력한 경쟁력이 되는 시대이다. 따라서 본장에서는 국제경영에서의 기업윤리의 중요성과 효과를 검토하고, 그것을 실천하기 위한 문제점을 제시하고자 한다.

---

39) 박헌준, 전게서, p. 645.

1) 국제화의 필요성

세계 여러 나라의 기업들이 국제화를 추진하는 주된 이유는 흔히 ① 이익과 시장을 찾아서(in search for profit an markets), ② 힘과 이익을 위해서(for strength and profit), ③ 생존·이익 및 성장을 위해서(for survival, profit and growth) 등으로 표현되고 있다.

Hall과 McCulloh는 국제화의 필요성에 대해서 그 이유를 공격적인 것과 방어적인 것으로 분류하였다. 공격적인 이유에는 다음과 같은 내용이 포함될 수 있다.

첫째, 새로운 시장의 개척
둘째, 보다 많은 이익의 획득
셋째, 국내시장 혹은 기타 다른 해외시장을 위한 상품의 구득(求得)
넷째, 기업확장에 대한 경영자 욕구의 충족

그리고 방어적인 이유는 주로 이익, 판매, 시장을 보호하려는 것인데, 보다 구체적으로는 다음과 같은 내용을 들 수 있다.

첫째, 국내시장의 보호
둘째, 해외시장의 보호
셋째, 원자재 공급의 보장
넷째, 기술의 획득
다섯째, 지역적 다각화
여섯째, 정치적으로 안정된 생산기지의 탐색

기업의 국제화 이유를 좀더 구체적으로 열거해 보면 그 내용은 다음과 같다.

① 기업의 존속·성장을 위해 국내시장에 더하여 해외에서 추가적인 이익과 시장을 추구하려 함이다.

② 해외자원을 개발하여 본사의 생산활동을 지원함과 동시에 국내시장(home country market)이나 제3국시장(third country market)에 판매하려는 것이다.

③ 관세 및 비관세장벽(tariff and non-tariff barriers) 등과 같은 수출환경의 악화에 대응하려 함이다.

④ 직접투자를 통해 해외에 생산시설을 보유함으로써 현지국가의 시장수요에 신속히 대응함과 동시에 이들 시설을 해외생산기지로 삼아 본사 국내시장이나 제3국

시장을 상대로 마케팅활동을 전개하려 함이다.

⑤ 제품의 수명주기(product life and profit cycle)를 연장시키려 함이다. 즉, 본국에서는 이익생산이 어려운 제품들을 후진지역에서 생산·판매하려 함이다.

⑥ 날로 확대되어 가고 있는 공동시장(common market) 내지 지역집단(regional groupings)에 진출·개입하려 함이다. 오늘날 지역집단은 자유무역·관세동맹을 구축함으로써 회원국 간에는 서로 무관세를 적용하는 한편, 비회원국들에 대해서는 공동대외관세(common external tariff)를 적용하고 있다. 예컨대, NAFTA(북미자유무역협정), EU(유럽연합), AFTA(아세안자유무역지대)의 출현 등을 하나의 예로 들 수 있겠다. 따라서 경제통합을 추구하는 지역집단에 대해서는 직접투자를 통해 역내생산을 하는 것만이 공동대외 관세장벽에 대응하는 길이다.

⑦ 개발도상국이 외국인투자를 유치하기 위해 제공하는 각종 특혜 내지 유인을 이용하려 함이다. 즉, 세제 및 금융면에 있어서 특혜조치 따위를 잘 이용하면 큰 이익을 얻을 수 있기 때문이다.

⑧ 기업이 보유하고 있는 공업소유권(특허권, 상표권, 의장권, 실용신안권 등), 기술상 및 관리상의 노하우(technological and managerial know-how), 잉여설비 및 인력 등을 해외시장에서 활용하기 위함이다.

⑨ 국제기업에서 명성을 쌓게 되면 국제거래, 해외기채, 프로젝트의 수주 등과 같은 측면에서도 이점을 누릴 수 있게 된다.

2) 국제기업윤리

(1) 국제기업 경영자의 윤리관

해외 경영여건의 특수성에서 본다면 국제 사업본부형의 경영은 어디까지나 본사집권적인 경영이다. 그러나 경영의 국제화가 더욱 발전하여 해외경영의 비중이 높아지면 이것으로 수습되지 않는다.

종국으로는 본사 소재지의 경영단위와 해외의 지역별 경영단위를 구별하지 않고 모든 세계 경영시스템의 일환으로서 동일레벨로 경영하는 소위 세계기업형의 경영이 탄생하는 것이다.

더욱이 로빈슨(Richard D. Robbinson) 교수는 그 내용에서 다음과 같이 구별하여 이해해야 한다고 제안하고 있다.

첫째, 다국적기업(multinational enterprise)은 국경의 구별 없이 자사가 같은 경영관리의 최적활동을 목적으로 하여 수 개국 시장에 기업진출을 하고 있지만, 그 기업집단의 소유권이나 경영권이 아직도 그 기업의 본적국의 사람들에 의해 좌우되는 유형의 경영이다.

둘째, 범국적기업(transnational enterprise)은 같은 다국적기업이라 하더라도 가령 IBM이나 쉘(Royal Dutch Shell Group)과 같이 그 소유나 경영이 복수의 국적을 갖는 사람들에게 소유되어 있는 경영인 것이다.

셋째, 초국가기업(supernational enterprise)은 세계의 어느 나라에도 소속되지 않은 기업체이다. 만약 EC기업 등 지역경영권기업이 완성된다면 그 유형이 될 것이다.

넷째, 세계기업(world business)은 본국에의 지향성이 강한 민족중심기업(ethnocentric enterprise), 진출사회에서 조화를 지향하는 다국중심기업(polycentric enterprise), 그리고 문자 그대로 세계적인 경영전략을 기초로 하여 행동하는 세계중심기업(geocentric enterprise)으로 구분할 수 있다.

이와 같은 국제기업은 그 경영계획에 있어서 세계적인 기준에서 제자원을 이용하는데 여기에 자원은 경영자, 종업원, 기술, 노하우, 자금 · 시설 등을 포함한다.

오늘날 국제기업의 입장에서는 국경 내지 국가라는 개념이 점차 희박해지고 있다. 즉, 국제기업의 경영전략은 이윤을 찾아 나라를 가리지 않으며, 이윤만 보장된다면 '악마와도 손을 잡는다'는 식이다. 이렇듯 국제경영의 문제는 국내기업경영의 문제와는 차원을 달리하면서 여러 가지 상이한 복잡한 문제가 야기되지만, 윤리적인 면에서는 거의 동질적인 공통성을 갖는다.

국제기업 경영자의 윤리수준의 기준은 다음과 같은 3단계가 있다.

① 상대주의론(기업사회의 관행대로 하면 된다)

② 목적론(목적이 신하면 그 목석달성과정은 약간 비윤리적이라도 상관없다)

③ 의무론(목적과 과정이 다같이 선이라야 한다)

물론 국제수준의 윤리관은 의무론을 목표로 하고 있다. 그런데 한국과 일본의 경영자의 윤리적 신념을 비교한 조사결과를 보면, "나는 의무론자이다"라고 답한 응답자가 한국의 경우 52%, 일본의 경우 58%이었고, "다른 사람도 의무론자이겠지"라고 생각하는 응답자는 한국의 경우 27%, 일본의 경우 38%에 불과하였다. 특히 뇌물을 별 문제시하고 있지 않는 것으로 조사결과가 나타났다.[40)]

40) Lee and Yoshihara, "Business Ethics of Korea and Japanese Managers," *Journal of*

(2) 국제기업의 윤리성과 수익성

기업윤리수준의 제고가 기업이익에 어떤 영향을 미칠 것인가? 여기에 대한 한국과 일본의 경영자를 대상으로 조사한 연구결과를[41]보면 다음과 같다.

기업윤리수준의 향상이 어떤 결과를 가져올 것으로 기대하고 있는지에 대해 한국과 일본의 경영자를 대상으로 조사한 결과를 보면, 먼저 “기업윤리수준이 높아지면 수익 면에서는 기업의 장기적 이익이 향상될 것이다”라고 생각하는 경영자가 한국의 경우에는 81%, 일본의 경우에는 63%로 나타났고, 경영관리 면에서는 근로자의 작업태도가 향상될 것이라고 생각하는 경영자는 한국의 경우에는 82%, 일본의 경우에는 47%로 나타났다.

그리고 기업윤리수준의 변화와 기업의 장기적 수익성과와의 관계를 살펴보면 가장 바람직한 기업은 윤리수준도 높고 이익도 높은 기업이다. 물론 윤리라운드에서 지향하고 있는 기업도 바로 이러한 기업이다.

그러면 이러한 高윤리-高이익의 기업은 어떤 특징을 가지고 있는가? 이것을 요약하여 Mark Pastin은 다음과 같은 ‘高윤리-高이익 기업의 4대원칙’을 제시하였다.

- **제1원칙** : 高윤리-高이익의 기업(윤리수준이 높으면서 높은 수익을 올리는 기업)은 기업 내부 및 기업 외부에 있는 많은 이해관계자 집단들과 대화가 잘 통한다. 이러한 기업은 근본적으로 “이해관계자를 돕는 것은 기업 자체를 돕는 것이다”라는 시각을 가지고 있다.
- **제2원칙** : 高윤리-高이익의 기업은 공정성을 지킨다. 이들 회사는 다른 사람의 이익을 회사의 이익과 마찬가지라고 생각한다.
- **제3원칙** : 高윤리-高이익의 기업에서는 회사의 어떤 행동에 대한 책임은 그룹이 아니고 결정을 한 개인이 지도록 한다. 이들 회사는 개인은 자신의 행동에 대해서 책임을 져야 한다고 규정하고 있다.
- **제4원칙** : 高윤리-高이익의 기업은 그 활동을 ‘목적’면에서 본다. ‘목적’이 합의되면 종업원의 가치관이 인정을 받게 되고, 또 기업과 주위환경의 이해관계가 일치하게 된다.

Business Ethics, Jan. 1997, pp. 7-21.

41) Mark Pastin, “Lessons from High-Profit, High-Ethics Companies: An Agenda for Managerial Action,” 1986; in Hoffman-Michael-Moore, *Business Ethics*, 2nd ed., New York: McGraw-Hill Publishing Co., 1990, pp. 624-628에서 요약함.

다시 말해, 高윤리–高이익의 기업은 ① 이해관계자 집단과 대화가 잘 되고, ② 이해관계자의 이익과 회사의 이익을 동일시하고, ③ 비윤리적 행위는 결정한 개인이 책임지고, ④ 기업의 목적을 그 기업이 사회에 존재하는 '사명'면에서 본다.

기업윤리수준의 향상은 기업의 장기적 발전에 도움이 되고, 국제사회에서 신뢰성을 높여 국제경쟁력을 향상시킬 수 있지만 이것을 실천하는 데는 몇 가지의 기본조건이 있다.

3) 국제기업의 신뢰성 제고방안

(1) 장기이익지향

기업윤리의 효과는 장기에 걸쳐 서서히 나타나기 때문에 장기적 이익을 위해서는 때로는 단기적 이익이 희생될 수가 있다. 그것을 위해서는 다음과 같이 '이익의 질'을 중시하여야 한다.

첫째, 기업윤리를 '자산'이라고 생각하는 것이 필요하다. 즉, 기업윤리는 부가가치를 창조하는 무형의 기업자산이라는 사실에 대한 확신을 가져야 한다.

둘째, 기업윤리수준의 향상을 통하여 기업의 이미지를 보호・향상시킬 수 있다는 확신이 필요하다.

셋째, 효율성과 경쟁성만을 강조하는 '강한 기업'(strong company)보다도 지역사회와 함께 성장하는 인간성과 사회성을 강조하는 '선한 기업'(good company)을 지향하여야 한다.

넷째, 기업의 경영성과와 종업원의 영업성과를 평가하는 데 이익의 양(얼마나 많이 벌었느냐)보다도 이익의 질(어떻게 벌었는가)을 중요시하여야 한다.

(2) 윤리강령과 종업원행동지심의 무국석화

국제적 기업의 윤리강령과 종업원행동지침은 국내용과 국제용(현지용)이 따로 있어서는 안 된다. 언제 어디서든 누구에게나 적용될 수 있는 국제공통용어라야 한다. 즉, 기업의 윤리강령과 종업원행동기준의 무국적화가 필요하다.

(3) 개인책임의 명문화

기업의 윤리수준을 높이려면 종업원과 관리자들이 비윤리적인 행동을 했을 경우에, 비록 회사를 위해 한 행위일지라도 그 책임은 개인이 져야 한다는 점을 명백히 밝혀 둘 필요가 있다. '회사를 위해서' 한 일이면 비록 비윤리적인 행위일지라도 그런 행위를 한 개인에게 책임을 묻지 않는다면, '회사를 위해서'라는 명분 아래 온갖 비윤리적인 행동이 자행될 수 있을 것이고, 이를 기업이 통제한다는 것은 거의 불가능할지도 모른다.

따라서 기업의 윤리수준은 향상되지 않는다. 기업윤리강령이나 종업원행동지침에 "비록 회사를 위해서 한 일일지라도 비윤리적 행위는 개인이 책임을 져야 한다"라고 명문화했으면 그대로 실천하는 것이 매우 중요하다.

그러나 현실적으로 집단이익을 강조하면서 이를 중시하고 있는 동양적 문화와 기업풍토 속에서는 이를 받아들이기가 쉽지 않을 것이다.

(4) 내부자고발의 의무화

동양적인 기업풍토 속에서 더욱 실천하기 어려운 것은 내부자고발이다. 그러나 기업윤리수준의 향상을 위해서는 반드시 기업 내에서 비윤리적인 행위가 발견되거나 이를 알게 된 종업원에게 고발을 의무화하고, 그것을 윤리강령이나 종업원행동지침에 명시하도록 해야 한다.

아직도 우리나라 기업풍토에서는 내부자고발을 '고자질'이라고 생각하고, 내부고발자를 곱지 않은 따가운 시선으로 바라보는 경향이 있다. 그러나 최근에 이르러서는 합리적 사고방식이 보급・확산되면서 내부자고발 의무에 대한 생각에 변화가 나타나고 있으며, 기업윤리수준 향상에 긍정적인 신호로 받아들여지고 있다.

내부자고발에 대한 일본생산성본부의 조사결과에 따르면, 일본 경영자들은 25% 정도가 내부자고발에 대하여 긍정적인 태도를 가지고 있고, 노동조합 간부들의 50% 정도가 내부자고발제도를 지지하는 것으로 나타났다.[42]

21세기에는 '윤리라운드'의 장벽이 더욱 높아지면서 윤리수준의 향상이 강조될 것이다. 따라서 향후에는 기업윤리의 수준이 바로 해당 기업의 경쟁력지표가 될 것이다.

[사례] 내부고발의 위험과 어려움

회사의 나쁜 인간들에 맞서는 양심적이고 착한 사람들이라는 고전적인 틀에 맞추어서 내부고발자를 묘사하는 영화들은 그 이전부터 많이 있었다. 차이나 신드롬(The China Syndrome), 실크우드(Silkwood), 인사이더(The Insider)는 모두 내부고발자들이 자신이 발견한 정보를 다른 사람들에게 알리기 위해 감수해야 하는 위험과 어려움을 잘 묘사하고 있다.

42) 日本生産省本部, 日本的經營再構築野の方向を探る, 報告書, 1993, p. 42.

영화 "인사이더"는 주인공인 제프리 와이갠드(Jefferey Wigand) 박사가 자신이 일하는 브라운 앤 윌리암슨(B&W ; Brown & Williamson)이라는 담배회사가 의도적으로 담배의 니코틴 함량을 조작하고 있다는 사실을 대중에게 알리려는 결심을 하는 이야기이다. 그의 역할은 러셀 크로우(Russel Crowe)가 맡았고 그를 도와 고발을 하도록 만드는 CBS식스티 미닛(60 Minutes)푸로듀서 로웰 버그만(Lowel Bergman)의 역할은 알 피치노(Al Pacino)가 연기했다. 영화는 내부고발 시간에 공통적으로 등장하는 중요한 몇 개의 이슈들을 잘 포착하여 드러내고 있다.

- 회사의 반응은 즉각적이고 공격적이었다. 회사는 미시시피주가 담배회사들을 상대로 제기한 소송에서 와이갠드가 전문가 증인으로 증거를 제출할 수 없도록 하는 금지명령을 얻어내는데 성공한다. 그러나 와이갠드는 그럼에도 불구하고 법정에서 증언을 한다. 그 후 회사는 증인으로서의 신뢰성을 훼손하기 위해 그의 개인생활에 대한 자세한 정보들을 공개하기 시작했고, '공공기록물에 나타난 제프리 와이갠드의 비행'이라는 두꺼운 보고서를 제출하기에 이른다.

이러한 조사가 과장되었다는 사실이 나중에 뉴욕타임즈 기사에 조목조목 실리게 되었고 영화에서는 B&W가 와이갠드에 대한 공격이 근거가 없는 것임을 보여주기 위해 버그만이 뉴욕타임즈 기자에게 그러한 정보를 제공한 것으로 묘사되고 있다.

- 와이갠드의 증언은 회사에게 매우 타격이 컸다. 그는 회사 CEO인 토마스 샌더퍼(Thomas Sanderfur)가 1994년 하원 청문회에서 니코틴은 중독성이 없다는 허위진술을 했다고 비판하고 담배는 니코틴을 전달하는 시스템이라는 점을 강조했다.
- 비록 증인으로서 와이갠드의 신뢰성이 입증되었음에도 불구하고 CBS는 처음에는 CBS리포터인 마이크 월리스(Mike Wallace)가 와이갠드와 했던 인터뷰를 방송에 내보내지 않기로 했다. B&W가 CBS를 악의적 개입으로 소송을 걸지도 모른다는 우려가 컸기 때문이다. 불법적 개입이란 계약관계에 있는 두 분쟁 당사자의 사이에, 그것도 양자가 상호 비밀준수의무를 맺고 있는 상황에서 CBS와 같은 제3자가 기어들어 어느 한쪽의 입장을 거드는 행위를 말한다. 당시 CBS의 모회사는 CBS를 웨스팅하우스에 매각하려는 최종 협상 단계에 있었기 때문에 굳이 법적분쟁에 끼어들 위험을 피하려고 했을 것이라는 것이 당시 많은 사람들의 생각이었고 언론사로서 뭔가 바람직하지 못한 모습으로 비쳐지기도 했다. 하지만 CBS의 우려 자체는 나름대로 충분한 근거가 있는 것으로 드러났다.

ABC방송이 담배회사 필립 모리스가 자사 담배에 니코틴 함량을 증가시키고 있다고 데이원(Day One)을 통해 비난하는 방송을 내보낸 후 필립 모리스는 또 다른 담배회사인 레이놀즈와 함께 abc를 상대로 백억 달러에 이르는 천문학적인 소송을 제기했다. 결국 ABC는 원고 회사들에게 사과하는 한편 천오백만 달러에 이르는 원고 측 소송비용을 부담하기로 함으로써 사건을 종결지었다.

- 1998년 11월 B&W는 담배산업의 거인들인 필립 모리스, 레이놀즈, 로릴라드 등 3개 회사와 함께, 담배로 인한 질병으로 인해 들어간 의료비용을 회수하기 위해 46개 주정부가 담배회사들을 상대로 한 소송들 전체를 일시에 화해시키기 위한 마스터분쟁해결안에 사인을 했다. 합의를 위한 총금액은 2천 6십억달러이며 어린이들을 대상으로 한 직간접 광고를 금지하며 담배 제품을 홍보하기 위해 카툰이나 게시판, 제품의 진열, 스폰서 등의 행위를 금지하거나 제한한다는 내용의 조항이 포함되어 있다.
- B&W의 연구개발 부사장이었던 와이갠드는 이사회에 참석하는 회사의 핵심 임원이었고 따라서 당시까지 내부고발을 했던 사람 중에서 가장 지위가 높은 경우였다. 그가 고발을 한 대가로 얻은 보상은 회사에서 이사로 재직하면서 받았던 연봉 30만 달러에 휠씬 미달하는 낮은 수준이었다. 그의 이야기가 언론에 공개된 후 그는 캔터키주 루이스빌에서 화학과 일본어를 가르치는 교사 자리를 얻었으며 연봉은 3만달러였다.

그럼에도 불구하고 그는 지금까지 이 작업을 자랑스럽고 행복하게 수행하고 있다.

- 그의 결혼생활은 언론의 집중적인 검증과 관심을 견뎌내지 못했으며 회사는 그의 신용과 평판을 무너뜨리려고 노력했다.
- 6년 후에 와이갠드는 패스트 컴퍼니(Fast Company(라는 잡지와의 인터뷰에서 내부고발자라는 타이틀에 쏟아진 비난에 대한 자신의 고통과 생각을 다음과 같이 말한 바 있다. "내부고발이라는 단어는 당신이 고자질쟁이이고 불충한 사람이라는 것을 암시한다. 그러나 나는 조금도 신의를 배신하지 않았다. 사람들이 죽어가고 있었고 나는 윤리적 책임이라는 더 높은 차원의 요구에 충실했을 뿐이다."

질문

1. 와이갠드는 처음에는 자신의 정보를 언론에 공개하기를 꺼려했다. 그가 마음을 바꾸게 만든 것은 무엇인가?
2. CBS가 와이갠드의 스토리를 취재한 것은 그렇게 하는 것이 옳은 것이었기 때문인가 아니면 그것이 좋은 스토리였기 때문인가?
3. CBS는 와이갠드의 스토리를 대중에게 알리는데 매우 중요한 역할을 했다. 다른 방송들도 그러한 정보가 공개되었을 때 그를 지지해야 할 의무가 있다고 생각하는가? 그 이유를 설명하라.
4. CBS가 인터뷰를 방송하지 않기로 한 결정은 어떤 윤리적 고려에서 비롯된 것인가?

출처: Elizabeth Glech, "Where There's Smoke", Time, February 12, 1996, p. 54. Ron Schere, "One Man's Crusade against Tobacco Firm", Christian Science Monitor November 30, 1995, P. 3. and "Jefferey Wigand: The Whistle Blower", Fast Company, March, 2002.

토의과제

1. 종업원의 권리와 의무에 대해 논의해 보자.
2. 조직과 종업원의 선의지에 대해 토의해 보자.
3. 제조물책임법에 허와 실에 대해 토의해 보자.
4. 정보윤리의 중요성에 대해 논의해 보자.
5. 바람직한 직능별 윤리에 대해 토의해 보자.
6. 내부고발자의 위험과 고충에 대해 논의해 보자.

제 12 장
직장생활과 근로자 윤리

12

직장생활과 근로자 윤리

Ⅰ. 직장인으로서의 자기성찰

직장생활을 원만하게 유지하기 위하여 우리는 조직구성원의 한 사람으로서의 자신의 참모습에 대한 성찰을 하여야 한다. 역사를 통하여 인간성에 대한 모습을 밝히려는 많은 시도가 있어왔는데, 이들의 대부분에서 밝혀진 공통적인 것은 인간성이 다양하다는 것이다. 보다 구체적으로 말하자면 대부분의 경우에서는 인간성을 이중성(dual nature)이란 말로 표현해 왔다.

선과 악, 천한 것과 고상한 것, 내면적인 것과 외면적인 것의 이중성이 바로 그것이다. 기독교 교리를 체계화시킨 사도 바울도 그의 마음속에는 항상 선과 악이 투쟁하고 있다는 고백을 한 적이 있다.

나의 참된 모습은 어떤 것인가? 어떤 모습이 가면이고, 어떤 모습이 참 나의 모습인가? 대부분의 사람들은 선(善)을 바라고, 선을 추구하며, 선에서 인간의 참모습을 찾으려 노력한다.

모세(Moses)는 최고의 선을 정의(justice)로, 플라톤(plato)은 선의 본질을 지혜(wisdom)로, 그리고 예수(Jesus)는 선의 핵심을 사랑으로 보았다.

그러나 이들 선의 내용은 그것과 모순되는 인간본성 속에 있는 다른 어떤 것에 의하여 끊임없이 약화되고 있다. 그렇다면 이들 다른 어떤 것이란 무엇인가? 이에 대한 대답은 프로이드(Freud) 심리학에서 그 해답을 찾을 수 있다.[1)]

프로이드는 인간의 무의식 속에 존재하는 마음의 영역을 다음과 같이 세 가지로

1) 보다 자세한 내용은 졸저, 인간관계론, 무역경영사, 1999, pp. 87-97에 있음.

구분하였다.

1. Id(원초아, 본능아)

인간이 태어날 때부터 가지게 되는 본능적 충동(성, 공격)의 원천으로서 리비도(Libido, 원욕)라는 영역이 있다. 이 영역은 외부의 제약이 없으면 원시적이고 본능적인 쾌락추구의 충동적 행동으로 욕구충족을 일삼는 영역이다. 다시 말해, Id는 원초적인 에너지 시스템으로서 유전된 주관적이고 정신적인 실체로서 현실에 대한 아무런 지식도 없고, 그 작동원리는 긴장의 감소와 쾌락추구의 원칙에 의해 지배된다. 따라서 Id는 무의식 세계의 핵으로서 성적·공격적 특성을 지지며, 퍼스낼리티(personality)의 기초가 되며, 쾌락을 극대화하고 고통을 극소화하기 위해 노력하는 에너지의 원천이라 할 수 있다.

2. Ego(자아)

Id에 브레이크를 거는 현실원리(reality principle)를 중시하는 Ego는 인간 마음의 두 번째 부분으로서 Id가 사회적으로 용인된 방향으로 행동을 하도록 허용되었을 때 나타나는 정신생활의 영역인데, 객관적 세계인 현실세계와 교호작용을 하면서 인간의 성격을 관리·통제한다. 그리고 Ego는 인간행동이 일어나는 주된 배출구로서 Id와 Super-ego의 상충되는 욕구를 통합하는 역할을 한다.

Id가 무의식을 내포한 개념인데 비해 Ego는 의식적인 것이며 퍼스낼리티의 현실지향적인 부분으로 현실의 원리에 의해 지배되고, 쾌락을 지연시키며, 인지적·지적 기능으로서 현실검증과 탐색을 끊임없이 한다.

3. Super-ego(초자아)

초자아는 전통적인 가치나 이상을 내면적으로 대표하고 있으며 쾌락보다는 완성을 지향하고 양심과 자아, 이상(ego ideal)으로 구성되어 있다. 초자아는 일반적으로 양심으로 간주되며, 감시 메커니즘이고, 퍼스낼리티에 윤리적·도덕적 차원을 추구한다. 대부분 무의식에 속하는 초자아는 이상주의적이다.

예컨대, 배고픔에 지친 사람이 남의 가게에 가서 주인 몰래 빵을 훔쳐 먹으려고 자아의 영역에서 훔칠 계획을 세웠지만, 초자아의 영역에서 비도덕적인 행동을 못하게 판단을 내리면 아무리 배가 고파도 빵을 훔치는 행동을 하지 않는다. 이와 같이, 초자아는 쾌락이나 현실을 위해서보다는 이상적이고 완전한 것을 원하는 퍼스낼리티의 도덕적 · 윤리적 기준이다.

Ego가 Id와 Super-ego 간의 관계를 잘 조절해서 균형을 유지토록 할 때 그 사람은 선을 추구하고, 협동과 긍정적 사고와 행동을 유지하려는 Libido인이 된다. 그러나 Ego가 이들 간의 관계에 대한 조절에 실패를 하게 되면, 개인의 성격은 Mortido인이 되어 부정적 시각을 갖게 되고 비협조적이게 된다. Libido인과 Mortido인이 갖는 성격적 특성을 정리해보면 다음과 같다.

Libido 인의 성격적 특성

① 타인을 사랑하게 된다.
② 타인에게 접근하기를 즐긴다.
③ 협동적이다.
④ 타인을 격려하고 칭찬한다.
⑤ 건설적이고 진취적인 사고와 행동을 하며 항상 활기가 넘친다.
⑥ 출산(procreation) 지향적이며 동정적이다.
⑦ 타인을 용서할 줄 안다.
⑧ 다른 사람에게 주는 것을 좋아한다.

Mortido 인의 성격적 특성

① 다른 사람을 미워하게 된다.
② 타인으로부터 회피하기를 즐긴다.
③ 다른 사람과 다투기를 좋아한다.
④ 다른 사람을 실망시키거나 결점을 들추어낸다.
⑤ 파괴적인 생각으로 처신하고 항상 의기소침해 있다.
⑥ 살인(murder)지향적이며 분노에 차있다.
⑦ 보복적(retaliation)이다.
⑧ 남으로부터 받는 것만을 즐긴다.

이상에서 살펴본 바와 같이 인간은 퍼스낼리티가 갖는 세 가지 영역 중 가장 많은 에너지가 Id에 저장되어 있을 때 그 개인은 본능적인 행동이 나타나고, 많은 에너지가 Ego에 저장되어 있을 때는 논리적이고 이성적인 행동을 한다. 그리고 많은 에너지가 Super-ego영역에 저장되어 있을 때에는 도덕과 양심에 따라 행동하게 된다.

또한, 개인은 그가 성장하면서 어떻게 자신을 키워왔느냐에 따라 Libido 인 또는 Mortido 인의 특성을 나타낸다. 그러므로 성장과정에서 아이들을 지나치게 억압하거나 애정결핍 상태로 자라게 해서는 안 되며, 그렇다고 분별없이 키워서도 안 된다.

퍼스낼리티가 균형적으로 성숙된 인간은 동기유발요인 추구인(motivation-seeker)이 되어 적극적으로 협동하고 창조하며, 일을 즐기는 직업인이 될 수 있다. 그러나 그 반대일 경우에는 유지요인 추구자(maintenance seeker)가 되어 비협조적이고 반항하며 현상유지에 급급해 하는 안일무사하고 소극적인 직업인이 된다. 따라서 조직구성원의 한 사람으로서 바람직한 직장생활을 위해서는 무엇보다도 먼저 자신의 참모습부터 알아볼 수 있도록 하여야 한다.

Ⅱ. 성공적인 직장생활

성공적인 직장생활을 위해 먼저 경영자의 기대가 무엇인지를 살펴보고자 한다.

1. 경영자의 기대

우리가 어떠한 직장을 선택할 때는 선택한 직장과 자신의 직무에 대해 나름대로의 기대를 갖게 된다. 이에 못지 않게 고용주 또한 신입사원에게 나름대로의 기대를 가지고 채용이라는 결정을 하게 된다.

여기서 쌍방 모두가 자신의 입장을 상호이익의 기회로 생각하지 않거나 상대방의 임무와 기대를 이해하지 못하게 된다면 이들 사이에서는 아마도 바람직한 직장생활을 기대하기란 어려울 것이다.

고용주-종업원 사이의 상황과 관련되는 상호이익을 생각하여 보라. 경영자인 고용주들은 소비자들이 원하고 필요로 하는 재화와 용역을 생산하고 사업을 지속시키기 위해 이익을 남기며, 그 이익으로 자신의 사업을 번창시키고 자본을 가진 새로운 투자자들을 끌어들이며 능력 있는 사람들을 채용하게 된다.

반면에 종업원들은 자기 자신과 가족을 부양하는데 필요한 소득을 제공하는 일자리를 필요로 하게 된다. 이들은 또한 자신에게 의미 있고 흥미 있는 일자리를 찾고자 하며 결국에는 일에 대한 자신의 공헌이 의미 있고 가치 있다는 느낌을 갖게 된다. 만일 사업을 하거나 기업을 운영하는데 능력 있는 직원들이 없다면, 그 사업이나 기업은 계속해서 생존하지 못할 것이다. 그렇지만 능력 있는 직원들은 사업이나 기업이 무제한의 자원을 갖지 않는다는 사실, 즉 회사가 이익을 내지 못하게 되면 자신들이 일자리를 잃게 된다는 사실을 현실적으로 인정할 필요가 있다.

고용시장의 동요나 대기업의 재정적 파산이 직원들에게 어떻게 영향을 주었는가는 최근 IMF사태 이후 일어나는 일련의 사건들로 우리는 충분히 인식할 수 있을 것이다.

경쟁력의 강화를 위해 생력화(省力化)의 일환으로 사원을 감축하고 조기 정년퇴직을 권장하는 등의 일련의 사태들은 이를 잘 설명해 주는 예라 하겠다. 이익, 손실, 소득 그리고 지출 등은 경영자와 종업원들 사이에 있게 되는 상호이익의 전체적인 순환요소이다.

셔인 윌리암스(Sherwin Williams)회사의 법인 이사이며 인사담당자인 스태들러(E. B. Stadler) 씨는 고용에 있어서의 상호이익의 측면을 아주 간결하게 다음과 같이 요약하고 있다.[2)]

> "나는 일을 하고자 하는 사람들이 개선(improvements)에 기여할 수 있다고 믿는다. 이것은 개인과 분배된 책임 모두에 있어서 그렇다. 우리 회사의 경우에 우리 모두는 각자가 이러한 개선을 조장하도록 조직구조를 가동할 의무를 갖고 있다고 느낀다. 이는 이익을 얻고자 하는 자본주의사회의 욕구와 그 맥을 같이 한다. 나는 사업세계에서 조직구성원, 미래의 직원들, 경영자 모두의 열망에 기여하는 수단이나 이익이 없을 경우에 이들의 열망이 충족될 수 있다고는 전혀 생각지 않는다."

기업의 본질적인 목적은 유능한 사람을 얻고, 이들을 잘 훈련시켜, 적재적소(適材適所)에 배치하고, 그들에게 기업이 바라는 기대가 무엇인지를 이해시키며, 이들이 성공하도록 돕고, 자신의 업무를 책임지도록 하며, 직무수행을 통한 공헌에 대한 보상을 해주는 것이다. 이러한 원리들은 말하기는 쉽지만 실제 적용하기는 훨씬 더 어렵다. 그리고 이러한 요소들 중에서 가장 핵심적인 것은 유능한 사람을 얻는 것이다. 왜냐하면, 유능한 직원들을 발굴하지 못하면 나머지의 것들은 쓸모없는 것이 되어

2) 朱三煥·明濟昌 譯, 人間關係論, 法文社, 1987, p. 263. (E. B. Stadler가 보낸 편지를 재인용함)

버리기 때문이다.

"유능한 사람"이란 무엇을 의미하는가? 기업은 사람들의 어떤 측면을 보고서 직원을 채용하고자 하는가? 대부분의 기업들은 어떤 결과를 산출해 낼 수 있는 지적이고 다재다능(多才多能)한 사람들을 원할 것이다.

기업은 아마 교사가 학생들에게 기대하는 것과 똑같은 어떤 특성들을 직원들로부터 발견하고자 원할 것이다.

대체로 기업은 자기 자신을 원만하고 적응력이 있다고 생각하는 직원을 원한다는 것을 강조해 두지 않을 수 없다. 학업성적은 학생들이 자신의 직업에서 성공할 가능성을 평가하는데 사용되는 전체적인 인물 판단에서 중요한 부분이 되나, "사람을 대하는 기술"은 기계를 다루는 기술이나 학생의 학업성적 이상으로 중요한 부분이다. 그렇지만 대부분의 경우 학교 공부에서 성공적이었던 학생은 "사람을 대하는 기술"에서도 성공적이다.

그러면 새로운 직원을 채용하는데 있어서 경영자가 갖는 몇 가지 기본적인 기대에는 어떤 것이 있는지를 살펴보기로 하자.

1) 능력(competence)과 기술(skill)

직원채용과 관련된 1차적인 필수요건은 직무수행에 필요한 능력과 기술이다. 학교에서 배운 지식과 현장에서 실제로 적용하는 지식 사이에는 상당한 차(差, gap)가 있을 수 있다. 그렇다 하더라도 경영자들은 피고용인들에게서 자신이 부여받은 직무를 수행하는데 필요한 기본적인 기술을 구비하기를 기대한다. 물론 직종에 따라서는 요구되는 필수요건이 다를 것이기 때문에 기본적인 기술을 한정하기는 어렵다. 예를 들어, 법률 서기에게 요구되는 기술은 상업 미술가에게 요구되는 기술과는 다르다. 가령 법률 서기가 법률전문용어, 사업법규 등은 물론 일반적인 서기의 기술을 지녀야 한다면, 상업 미술가는 사진술, 설계기술에 관한 전문지식은 물론 일반적인 예술과 도안에 관한 지식을 지녀야 한다. 그리고 두 직종 모두에 걸쳐 나름대로의 계속적인 정교한 다듬질과 전문화가 있어야 될 것이다.

고용시장 내의 경쟁에서 일차적으로 채용되는 사람은 마땅히 갖추어야 할 기본적인 기술 이상의 것을 갖추도록 나름대로 준비를 해 온 사람들이다. 최상의 기술을 소지한 학생들은 자신의 직무를 이해할 수 있고, 또한 새로운 직무에 임해서도 자신감을 갖고 이를 수행할 수 있다.

기업이 요구하는 것은 직무수행에 필요한 기본적인 기술(raw skills)과 주어진 시간 내에 적절한 수준까지 직무를 숙달하는 능력이다. 기업은 직무에 적합한 기술수준을 요구한다. 그래서 완전히 계발된 기술을 필요로 하는 상황이 아니라면, 배운 것을 학습하고 이해하는 능력을 갖고 과오를 되풀이하지 않는 사람을 요구한다.

기술(技術)은 특정 지위에 따라 다르고 직무를 완수하는 문제와 직접적으로 관련된다. 즉, 조직 내의 모든 지위에는 그 업무와 직접 관련된 특정한 기술수준이 요구된다.

직무에 요구되는 필요한 기술수준을 구비하는 것과 능력의 정도는 자신의 자격증에 반영되고, 앞으로의 자신의 직무성공에 있어 디딤돌이 된다.

2) 주도성(initiative)

주도성이란 자기 스스로 강한 동기를 갖고 타인의 계속적인 감독을 필요로 하지 않으며 기대 이상으로 직무를 수행하는 사람, 즉 '솔선수범하는 사람'(self-starter)에 의해 연출되는 자질(quality)을 말한다. 사업을 하거나 기업을 운영하는 사람들은 점차적으로 직장의 문제에 직면해서 도전적이고 창조적인 안목을 발휘하는 사람들을 찾고자 한다.

사업계의 지도자들과 대화를 하게 되면, 주도성에 대한 이들의 공통적인 반응은 "더 많은 피고용인들이 주도성을 발휘해 준다면 우리 모두는 더 행복하게 될 것이요" 등과 같은 것이다.

기업은 도전적이고 기대 이상으로 직무를 수행하는, 즉 정상적인 직무수행 수준을 능가하는 사람을 찾고 있다.

주도성은 회사 내에서 개인의 장기적인 승진의 가능성을 높여 주는 가장 중요한 요인 중의 하나이다. 만일 사람들이 자기개선을 위해 주도성을 보여주고, 직무와 관련된 훈련이나 계속적인 교육을 받게 되면, 그 사람이 갖는 진로의 잠재가능성은 자연히 증대될 것이다. 또한 주도적으로 자신의 일을 만족스럽게 완성하게 되면, 그는 계속해서 성장하게 되거나 자기분야의 일에 대한 이해를 증대시킬 수 있을 것이다.

훌륭한 종업원은 직무를 잘 처리하고 있는 힘을 다해서 필요한 정보를 찾아내어 직무를 빨리 처리할 뿐만 아니라, 해결방안이 나올 때까지 문제와 끝까지 씨름하며 적절한 시기에 자신이 갖고 있는 견해를 표현한다.

승진의 기회가 왔을 때 누군가가 자신을 지목할 것이라고 기대하면서 홀로 옆줄에 앉아 있기만 하든지, 아니면 주도성을 발휘할 기회를 찾든지 하는 결정에서 어느 쪽을 선택하느냐 하는 문제는 자기 자신의 자유의사이다. 여기에서 명심해야 할 것은 주도성의 발휘가 다른 직원들을 마구 짓밟으며 입신출세(立身出世)하라는 말은 결코 아니며, 이 보다는 오히려 자신이 일에 전념하고 나름대로의 특별한 다른 활동을 하면서 회사를 도울 수 있고 전 직원의 일반적인 작업조건을 개선할 방안을 찾으라는 말이다. 채용을 통해서 사업조직에 관여한다 함은 협동적 팀(team)의 일원이 된다는 것을 뜻한다.

그리고 협동(cooperation), 동기화(motivation), 그리고 상호의존성(dependability)은 이러한 노력에 있어 중요한 측면이다. 한 개인으로서 인간은 자신의 특정한 직무를 수행하고 체제와 조직의 전반적인 목적에 기여하게 된다. 자신의 맡은 일을 하겠다는 의욕을 갖고 타인과 효과적으로 일하며 자신에게 부여된 과업에 대하여 책임을 질 수 있게 되었다는 것은 모두가 이러한 협동, 동기화, 그리고 상호의존성이 최종적인 결과로 생성된 것이다. 자신의 직분을 이해하고 세밀한 감독을 하지 않아도 일관되게 일하며 작업장에서 융통성을 발휘하는 것은 자신의 직무수행 기록의 일부가 된다.

직장생활에서 종업원의 주도적이고 혁신적인 생각과 활동이 종업원 자신의 진로의 성공에 지대한 영향을 주게 된다는 사실은 아무리 강조해도 지나침이 없을 것이다.

3) 회사에 대한 충성심

경영자들은 회사에 대한 종업원의 충성심(company loyalty)을 기대한다. 이러한 충성심은 회사의 제복을 착용함으로써 표현되기도 한다. 농구경기를 하는 경우에 자신이 입은 통일된 운동복의 색깔을 통해서 특정한 팀의 한 구성원으로서 자신을 인식하게 된다. 직원들이 반드시 제복을 입을 필요는 없지만, 이런 제복을 입은 상태에서의 그들의 행위, 말, 행동 등은 자기회사에 대한 충성심을 돋보이게 해준다.

충성심은 말로만 하는 것이 아니라 자기회사에 대하여 긍지를 느끼지 못하고 회사와 그 회사의 생산품을 하찮은 것으로 생각한다면, 이는 자신이 인식하든 인식하지 못하든 간에 충성심이 없다는 표현에 해당된다. 이렇게 되면 자기 자신이 그 회사에 계속 머물러 있을 것인가 하고 의문을 제기하는 것은 당연한 것이다.

어떤 경우에는 충성심이 회사의 안전문제와도 직접 관련된다. 회사가 기밀을 요하는 자료를 취급하거나 연구를 수행하게 되면, 회사의 안전과 관련된 기본정책이 있게 된다. 그러나 충격적이지도, 또는 내용상 '중요한' 것으로 보이지도 않는 대화, 부서 간에 오가는 메모, 또는 무심코 듣게 되는 논평 등과 같은 일상적인 사업상의

'비밀'과 직원의 충성심은 어떠한 관련성을 갖고 있는가? 불행하게도 어떤 직원들은 회사의 정보를 '누설하는' 경향이 있다. 자신의 부주의로 정보를 누설했든 아니면 자신이 중요한 요직에 있다는 것을 타인에게 과시하기 위해 누설했든 간에, 이러한 정보의 누설은 아주 나쁘게 오도되거나 회사에 손해를 입힐 수 있다.

회사 내의 모든 정보를 알고 있는 것처럼 행세하거나 이러한 것을 근거로 해서 타인에게 자기를 중요한 사람으로 보이게 하려는 정신병적인 경향성은 회사에 대한 충성심의 결여를 단적으로 나타내는 것이다. 회사의 정보가 밖으로 누설되어서는 안된다. 수위로부터 사장에 이르기까지 정말로 충성스럽고 '중요한' 직원은 회사의 정보를 타인에게 누설함으로써 자신이 중요한 요직에 있다는 것을 과시하지 않는다. 그리고 가격인하, 다른 회사와의 통합, 자동화, 기타 다른 정책결정 등과 같은 정보를 누설하는 것이 갖는 의미는 회사정보에 대한 충성심의 윤리적인 문제라 할 수 있다.

한편, 기업의 성과는 기본적으로 구성원의 능력과 마음에 의해서 결정되는 문제라 할 수 있는 데 아무리 탁월한 능력을 소유한 종업원이라 해도 그의 마음이 부정적이고 비협조적이라면 조직이 그 사람으로부터 기대할 수 있는 성과란 거의 없을 것이다. 우리가 조직구성원의 한 사람으로서 타인과 함께 일을 할 때에는 반드시 협동적이고 자발적인 노력을 하여야 한다. 조직에 대한 구성원의 충성심은 그의 자발적이고 협동적인 노력에 의해서 표출되며, 이러한 충성심의 강도에 따라 개인과 조직의 발전은 좌우되고 있는 것이다.

4) 적절한 용모(appropriate appearance)

사람의 인격은 용모에서부터 나타난다는 말이 있다. 대부분의 경영자는 조직구성원들이 그 직장의 분위기와 이미지에 걸 맞는 외관을 갖추어 주기를 희망하고 있다.

현대와 같이 "마음이 내키는 대로 생활하는" 개성이 강한 사회에서는 아주 낡고 시대에 뒤떨어진 것으로 생각될지 모른다. 그리고 어떤 사람들은 사람이 일을 하는 데 어떻게 보이는가 하는 것은 중요한 문제가 아니라고 주장한다. 그렇지만 현실적으로 '용모'는 사업을 하거나 기업을 운영하는 데 있어 단골손님이나 고객 모두에게 영향을 주는 아주 중요한 요인이 된다. 용모의 적절성이 일의 세계에서 생활양식의 중요한 부분이 되는 것과 마찬가지로, 복장과 용모의 개성화는 모든 사람들의 생활양식에 있어서 중요한 부분이 된다. 사업체에서는 적당한 복장이 있어야 한다는 태도가 완화되었지만, 경영자들은 아직도 직원들의 복장과 용모에 대한 일반적인 기준이 있어야 한다고 주장하고 있다.

경영자들은 근무하고 있는 직원들이 "회사의 이미지"를 반영한다고 느끼기 때문에, 직원들이 현명한 판단을 하여 깔끔하고 단정한 용모를 하고 직무에 임해 주기를 기대한다. 대부분의 인사정책편람을 보면 엄격한 복장규정을 설정하지 않고 있지만, 대신에 "간편한 복장", "점잖은 복장", "청결과 단정", "취향에 맞는 복장", "요란한 복장은 삼가" 등과 같이 일반적인 지침을 성해 놓고 있다.

어떤 경우에는 사람이 하고 있는 일의 형태에 따라 입어야 되는 복장의 형태가 결정되기도 한다. 공장에서 입는 복장이나 안전을 요하는 데서 입는 복장은 일부의 사람들만이 입는 것이고, 어떤 지역에서는 안전사고 예방을 위해 장발머리를 권장하며, 반면에 안전문제 때문에 보석을 몸에 휴대하는 것을 금지하기도 한다.

특정한 "최신의 유행" 형태의 복장은 어떤 형태의 직장에서는 허용되나 다른 직장에서는 전혀 허용되지 않는 경우가 있다. 그리고 자신이 거주하고 있는 지역의 위치나 도시의 상황에 따라 복장의 형태는 상당한 영향을 받게 된다. 좋은 취향을 가진 개인으로서 사람들은 또한 자기 자신과 자신이 다니고 있는 회사에 어떤 복장이 적합한가에 관해 자신의 판단력을 동원해야만 한다.

성공적인 대인관계나 직장생활을 위해 필요한 몇 가지 효과적인 복장지침을 제시하면 다음과 같다.

첫째, 복장은 책임질 수 있는 수준의 좋은 취향과 자신이 일하고 있는 환경과 부합되는 적절성을 충족시킬 수 있어야 한다. 대부분의 회사에서는 주로 직원들의 훌륭한 판단에 따라 복장을 입게 하고 있다. 그러나 이는 회사가 위치한 입지에 따라 다를 수 있으며 개인의 세심한 관찰과 노력이 필요하다.

둘째, 복장과 행동은 작업환경에 부합되어야 한다. 지나칠 정도로 평상복이나 보수적인 복장을 입는 것은 자신의 전문직업에도 도움이 되지 못하고 타인들에게도 긍정적인 영향을 주지 못한다.

셋째, 직장생활에 요구되는 복장은 작업장소와 하는 일에 적합하되 예절과 위생을 고려한 것이어야 한다. 이런 점 때문에 합리적인 업무판단이 먼저 표현되기를 기대하게 된다.

넷째, 적절한 근무복장이어야 한다. 그리고 용모는 타인에게 거부감이나 혐오감을 줘서는 안 된다. 다시 말해, 용모는 수행될 작업의 성격에 적합해야 하며 항상 단정하고 청결하며 고상한 풍취가 풍겨야 한다.

5) 태도(attitude)

태도란 "평상시에 자신의 행위나 행동에 영향을 주는 관념(ideas)의 군(群)이나 학습된 성향"이라 할 수 있는데, 이는 다른 모든 특성에 중복되어 나타나고 영향을 주고 있는 다른 어떤 특성보다도 빈번히 거론되는 특성이라 할 수 있다. 업무와 관련하여 인간이 갖는 정신적인 마음의 자세, 경향성, 그리고 태도 등은 대인관계 및 직무수행에 결정적인 영향 요인임을 잘 알고 있다.

모든 조직은 부가적인 책임을 지려는 바램을 강하게 가지고 있는 사람과 회사 내에서 직무수행의 효과성에 영향을 주는 개인적인 편견을 갖지 않는 사람을 원한다.

조직이 원하는 사람은 ① 수용적인 태도를 갖고 배우며 자신의 직무를 수행하는 사람, ② 자발적으로 직장의 규칙을 준수하는 사람, ③ 동료직원에 대한 관심을 갖고서 그들과 동고동락하려는 사람 등일 것이다.

조직구성원은 책임감과 전문적인 자질을 갖고 자신의 업무에 임해야 한다. 이러한 태도는 직무수행과 승진에 크게 기여한다. 또한, 근면과 변화를 수용하려는 자세도 아주 중요하다. 타인과 협동하고 타인을 존중하는 태도, 업무와 관련된 높은 수준의 성실성과 윤리의식, 공동이익에 기여하는 과업수행에 있어서의 온당한 융통성 등을 발휘할 수 있는 사람이어야 한다.

인간이 갖는 태도는 자신이 수행하는 업무의 모든 영역에 영향을 미친다. 그래서 자신이 하고 있는 업무를 중요하지 않은 것으로 생각하는 태도는 자신의 업무수행, 주도성, 용모, 타인과의 관계 등 모든 영역에 반영될 것이다.

바람직한 태도 형성을 위한 지침을 소개하면 다음과 같다.

- 평소 과업수행을 함에 있어 자신은 어떤 태도를 가지고 있었는지를 상세히 기록해 보라.
- 자신의 역할을 자기 자신의 과업수행을 감독하는 것으로 생각하고, 자신의 태도, 용모, 주도성, 협동성, 의존성, 기술 등에 비추어 자신의 과업수행에 대한 평가서를 작성해 보라. 되도록이면 세부적으로 기록하고 필요하다면 구체적인 실례를 들어가면서 작성할 것.
- 이러한 절차를 통하여 자신이 배운 것을 요약해 보라.
- 자기 자신이 손님이나 고객이 된 것으로 생각하고, 자신이 대하고 있는 직원이 업무를 중요하지 않은 것으로 여긴다고 여러분이 지각한 상황을 기술해 보라.
  · 무엇이 여러분에게 그러한 인상을 주었는가?

· 어떻게 해서 여러분은 그러한 느낌을 갖게 되었는가?
· 자신의 경험을 다른 사람에게 이야기하고 그 사람들의 경험을 들어 보도록 하라.
· 유사점과 차이점은 무엇인가?
· 이러한 것이 업무수행에서 태도의 중요성과 관련하여 무엇을 말해 주고 있는가를 자문해 보라.

2. 경영관리자의 충고와 조언

1) 경영관리자의 충고

경영관리자들 역시 모든 인간들이 갖는 성냄(pet peeves)이나 신경질적인 요소를 갖고 있다. 경영관리자들은 직원들의 잘못이나 자신들을 신경질 나게 하는 요소들로서 다음과 같은 내용을 지적하고 있다.

- 직원들이 만들어 낸 생산품의 질에 대한 관심의 결여
- 소극적인 정신적 태도
- 게으름
- 형편없는 몸치장과 개인적인 위생상태
- 퇴근시간까지 시계만 쳐다보는 모습

그리고 일반적으로 직원들이 범할 수 있는 가장 나쁜 모습은 ① 내가 맡은 일이니까 할 수 없이 한다. ② 시키니까 어쩔 수 없이 한다. ③ 나의 관심분야가 아니라서 하고 싶지 않다는 · · · · 등과 같은 인상을 풍기는 모습이다.

그리고 경영관리자들의 신경질을 돋구어주는 행동의 구체적인 예로는 ① 잡담을 해서 남을 괴롭히는 것, ② 다른 사람을 명시하는 것, ③ 남을 헐뜯는 것, ④ 승진과 관계된 헛소문을 유포하는 것, ⑤ 구질구질한 일이나 일터 등을 지적할 수 있다.

대부분의 학생, 공무원, 회사원들은 자신의 지위가 무엇이든 간에, 거의 모든 사람들은 너무나도 안이한 수단을 선택하고 있으며, 회사는 이렇게 저렇게 잘못하고 있고 행정기관은 자신들을 기만하고 있으며, 학교는 마땅히 이행해야 하는 책무를 수행하지 못한다고 말한다. 즉, "사람들은 이 모든 기관들을 구성하고 있는 각각의 사람들이 자기 자신이라는 사실을 너무나 자주 망각하고 있다. 따라서 우리 모두는 개선될 수 있는 그러한 영역을 변화시키도록 서로의 책임을 분담하고 있다는 사실을

항상 명심해야 될 것이다"라는 마지막 두 문장을 다시 한 번 읽어 보라. 이 말은 실로 우리들 모두가 각자 관계하는 기관에 대해 책임감이 있다는 것을 말해 준다. 그 어느 누구도 자기 자신이 갖고 있는 습관, 결점, 합리화, 투사 등을 변화시켜 줄 수 없다. 따라서 무엇보다도 먼저 인간은 자기 자신이 갖고 있는 이러한 측면을 인식하고 그러한 것들을 변화시키도록 하여야 할 것이다. 인간은 다른 사람들과 관계를 맺고 일하지만 책임감은 각자가 드러내는 행동을 통해 시작되고 또 종결된다.

새로운 직원들이 지녀야 할 가장 중요한 특성에 관해서 몇 명의 경영 관리자들은 다음과 같이 말하고 있다.

> 나는 직원들이 갖고 있는 지식과 기술을 그 사람이 어떻게 활용하느냐가 중요하다고 본다. 그리고 직원들의 능력과 지적인 수준이 어느 정도이든 간에, 이러한 능력과 수준에 비추어 최소달성자보다는 최초달성자를 나의 참모로 삼고 싶다.
>
> 나로 하여금 보편적으로 중요한 특성을 선택하라고 한다면, 나는 자발적으로 책임감을 수용하고 부과된 업무를 완성하는 자발성(willingness)을 선택할 것이다.
>
> 사람이 성공하는 데 필요한 유일한 특성은 없다. 이보다는 오히려 지능, 기술, 협동심, 의사소통의 능력을 주도성, 성실성, 일을 잘 수행하게 하는 올바른 판단능력에 잘 조화시키는 능력이 있어야 될 것으로 생각한다.

책임감을 갖고 일을 잘 수행해 나가고자 하는 자발성이 문제로 될 때 여러분은 그것을 어떻게 평가하겠는가? 자신의 성취수준은 어느 정도인가? 자신이 갖고 있는 능력을 활용하고 또 이를 신장시키고 있는가? 아니면 그럭저럭 자신이 성취한 것으로 만족하고 있는가? 우리는 성공의 토대 위에서 또 다른 성공이 있게 된다는 것을 알고 있다. 따라서 우리는 자신이 성취하고 이루어 온 것을 토대로 새로운 성공의 경험을 쌓아 나가야 할 것이다.

2) 구직 희망자에게 보내는 조언

'신나게' 산다는 것은 생산적이고, 인간을 초월하는 어떤 목적을 위해서가 아니라 바로 자신을 위하여 힘을 사용하고, 존재의미를 갖고, 인간적이란 의미이다.

경영관리자들이 구직을 희망하고 있는 사람들에게 주는 여러 가지 많은 조언을 요약・제시해 보면 다음과 같다.

(1) 자신이 처음에 갖고 있던 진로의 목표를 확인하라.

(2) 계속적이고 지속적인 변화에 대비하고, 자신의 직업분야에서 다른 사람과 어깨

를 나란히 하거나 이들보다 앞서기 위해서는 부가적인 교육과 훈련이 필요하다는 사실을 인식하라.

(3) 자신이 현재 하고 있는 일에서 탁월성(excellence)을 발휘하도록 하라. 즉, 자신이 하고 있는 일에 최선을 다하고 긍지와 즐거움을 갖고 임하라.

(4) 자신의 능력을 알도록 하라.

(5) 자신의 배경에 비추어 볼 때 적절한 것으로 생각되는 분야에 취직할 수 있도록 노력하라.

(6) 면접 시에는 정신을 차리고 자신감을 갖고 임하도록 하며 자신감을 잃지 않도록 하라. 이와 관련된 지침은 다음과 같다.

첫째, 선택을 하고, 신중하게 조사를 하고, 그리고 나서 가능하다면 학문적으로나 태도에 있어서나 경험적으로나 자신이 선택한 진로에 대해서 가능한 범위 내에서 철저하게 준비하라.

둘째, 자신의 진로나 선택이 변화될 수 있는 만큼 어느 정도의 융통성을 유지하도록 하라. 그리고 방심하지 말고 기회를 포착하라.

셋째, 무엇보다도 먼저 자기 자신, 자신의 진로, 그리고 자신의 생활에 대한 긍정적인 정신자세를 갖도록 하라.

확실히 최우선적으로 고려할 것은 구직자들이 갖고 있는 개인적인 기대일 것이다. 그러므로 구직자들은 먼저 자신이 느끼고, 하고 있고, 잘 할 수 있는 것이 무엇인지 결정해야만 한다. 구직자들은 “나는 비행기 조정사, 간호사 등이 되고 싶다”는 등의 말보다는 자신이 갖고 있는 특수한 재능, 기술, 지식을 토대로 결정해야 할 것이다. 이것은 몇 가지 점에 관해 대략적으로 열거한 것에 불과하다.

이제부터는 경제활동 속에서 요구되고 있는 여러 가지 직업활동을 고찰해 보고, 그 직업의 업무기능을 특정인이 갖고 있는 능력과 기대에 밀접하게 조화시키는 것이 논리적인 순서이다. 이렇게 하는 것은 사실상 직무명칭에 근거해 일하고, 매력 있는 분야로 이끌리고, 업무의 구성요소가 결코 인간의 강력한 소질에 의존하지 않는다는 것을 발견하기보다도 더 투사적인 것이 될 것이다. 대부분의 고용주들은 지원자들의 소질이 특정한 업무에 있어서의 성공에 도움이 될 것인지에 관하여 철저하게 알아보기를 원한다. 따라서 온전하게 사람과 일을 조화시키는 것은 고용주와 지원자 모두의 상호관심사가 된다.

이상 경영관리자들이 구직을 희망하고 있는 사람들에게 말하고자 하는 핵심은 무엇인가? 여러분은 이들의 조언을 자신에게 어떻게 적용시킬 것인가? 여러분 자신의 업무에 적용할 기술에는 어떤 것이 있는가? 이러한 기술은 여러분이 원하는 일과 잘하는 일에 어떻게 관련되는가? 여러분은 자신이 하고 있는 일에 대해 긍지를 갖고 있는가? 이에 대한 깊은 생각과 자기성찰이 있어야 할 것이다.

3. 근로생활의 질과 바람직한 직업태도

일생을 살아가면서 근로자들은 자신의 생의 절반 이상을 직장생활에 할애한다. 그들이 직장생활에서 만족을 얻지 못함으로써 근로생활의 질의 수준(level in quality of work life)이 바람직하지 못할 때, 그의 생활의 질(quality of life)도 바람직하지 못하게 된다. 직장은 재미있는 곳이어야 하고, 보람을 안겨줄 수 있는 곳이어야 하며, 인생을 걸 수 있는 곳이어야 한다. 특히 종업원은 자신이 일상적으로 수행해 나가야 할 직무 그 자체(job itself)에서 보람을 느낌으로써 그는 자신이 가진 심리적 성취의 만족감을 맛볼 수 있어야 한다. 중요한 것은 직무이고, 직무에서 인생을 걸지 못하면 인생은 헛된 것으로 전락되고 말 것이기 때문이다. 알베르 까뮈(A. Camus)는 일하지 아니할 때 그의 생은 타락하게 된다고(Without work, all life goes rotten)말한 적이 있다.

작업을 즐기면서(enjoy work), 일에서 열매를 맺을 수 있을 때 인간의 생은 가치 있는 것이다. 따라서 어느 한 개인의 인생의 질, 작업생활의 질을 결정해 주는데 있어서 무엇보다도 중요한 것은 그가 담당하는 직무의 특성(job characteristics)이 그의 기대와 가치관 그리고 인생을 보장해 줄 수 있을 만큼 의의가 있는 것인가 하는 것이다.

따라서 직업활동의 선택과 개발은 한 사람의 일생 동안 계속적으로 이루어지는 과정이다. 다시 말해 자신의 부모가 바꾸었던 것보다 더 자신의 직업을 바꾸게 될지도 모른다. 그래서 요즈음에는 일생 동안 6~7번 또는 그 이상으로 자신의 직업생활을 바꾸는 것이 별로 이상할 것이 없는 시대가 되었다.

> "오늘날 대부분의 사람들은 힘든 일과 직장에서 자기발전을 도모하는 것을 가치 있는 것으로 믿는 것처럼 보인다. 반면에 이들은 직원으로 근무하는 것에 대해서는 만족하지 않고 그러한 상태에 계속 머무르고자 하지도 않는다. 이들은 또

한 많은 것을 요구하며, 이러한 요구를 채울 수 없다고 생각되면 다른 곳에서 이를 찾으려 한다."[3)]

이것은 「현대 심리학 조사연구지」가 직업태도에 관해 내린 결론의 내용이다.

만약 어떤 이유에서든 자신이 직업을 전환시키고자 한다면, 자신이 현재 다니고 있는 직장의 인사담당부장을 찾아가서 그와 면담을 해 보라. 그래서 외부에서 다른 직장을 찾으려 하기 전에 먼저 자신이 현재 근무하고 있는 직장에서 자리를 바꾸어 볼 기회를 갖도록 하라. 대부분의 신규채용 업무를 맡고 있는 부서들은 자기네 회사의 지속적인 성공이 직원 개개인의 성공과 이들의 만족감에 의해 결정된다는 것을 잘 알고 있다.

많은 경영자들은 처음 배치된 부서에서 인내하며 일을 잘 해보려고 노력도 하지 않고 다른 부서로 옮겨가려고만 하는 종업원들을 아주 꺼려한다. 그리고 처음 배치된 부서에서 일을 훌륭히 해내지 못하는 사람이 근무하는 부서를 바꾼다고 해서 그 곳에 가서 일을 잘 하리라는 보장도 없다. 그러므로 회사에 취직하고자 하는 사람은 어느 직장이나 다소 자신의 취향에 맞지 않는 부분이 있다는 것을 일찍 터득할 필요가 있다.

자신의 업무를 수행하다 보면 거기에는 같이 일하고 싶지 않은 동료직원과의 문제, 욕구좌절과 불만족의 경험 등과 같이 자신이 좋아하지 않는 몇 가지 측면이 있을 것이다. 반면에 직무수행을 잘 해낸 데서 오는 만족감, 자신의 업무와 관련된 주체성 의식, 전문적으로나 개인적으로 다같이 성장할 수 있는 기회 등도 있을 것이다.

직장생활에 임하는 바람직한 생활자세에 관한 몇 가지 지침을 소개하면 다음과 같다.

- 동료직원과 더 좋은 관계를 촉진시키고, 자신의 업무로 인해 더 많은 보상을 얻을 수 있도록 자신이 변화시킬 수 있는 그러한 측면을 변화시키기 위해 인간관계에 관해 지금까지 이해한 것들을 이용하도록 하라. 자신이 맡은 첫 번째 업무나 그 이후의 업무가 자기 자신에게 만족감을 주게 될지는 알 수 없다.
- 성공할 기회를 자신의 업무뿐만 아니라 자기 자신한테서 찾도록 하라.
- 즉각적인 만족감은 기대하지 말라. 업무에서 성공하려면 자신이 일을 잘 배워야 하고, 어느 정도의 긍정적인 경험을 해야 되는 데 여기에는 상당한 시간이 걸린다. 물론 이러한 모든 것에 예외가 있다면, 그것은 황당무계(荒唐無稽)하거나 엉성한 계획에 의한 결과를 너무 성급히 받아들인 직업의 경우일 것이다.

---

3) Edward E. Lawler, Patricia A. Renwick, and the *Psychology Today* staff, *op. cit.*, p. 65.

- 어떤 형태의 '체제'가 자신에게 최고의 행복을 안겨다 주고, 어떤 체제 안에서 일을 가장 훌륭하게 수행할 수 있는지를 인식하라.
- 업무에서의 성공을 결정하는 데 있어 가장 결정적인 요인이 되는 것은 자신의 상사나 감독자라는 것을 명심하고, 가능한 범위 내에서 '최적'의 여건을 만들도록 하라. 세상에는 완전한 직업도 완전한 인간도 없다. 그러나 자신의 업무태도는 업무를 매력적이고 바람직하게 만드는 주요한 요인이 될 것이다.
- 도전할 만한 일을 찾고, 자신의 능력을 발휘하고, 자신의 업무에 대해서 최선의 노력을 경주하도록 하라. 자신이 받는 보상은 인간이 자신의 업무에 쏟는 노력의 직접적인 근거가 된다는 것을 알게 될 것이다.
- 자신이 할 수 있고 하기를 원하는 일이 무엇인가를 알아보고, 최선의 노력을 경주하여 열심히 일할 수 있는 조직이나 체제가 무엇인지를 찾아라. 그러면 기회는 온다.

결론적으로 직무에서 성공하는 길은 주로 사람을 어떻게 일에 맞추어 적재적소에 배치하느냐에 의해 좌우된다. 경영자가 갖는 기대는 상호이익의 개념에 기초한 것인데 여기에는 여러 가지가 있다. 새로운 직원을 선발하는 데 있어 경영자가 갖는 기대는 ① 능력과 기술, ② 주도성, ③ 협동성, ④ 동기화, ⑤ 상호의존성, ⑥ 회사에 대한 충성심, ⑦ 적절한 용모, ⑧ 긍정적인 태도 등이 있다. 사람들이 이러한 기대를 어떻게 평가하느냐는 자신의 직업적 성공에 영향을 주는 일차적인 요인이 될 것이다.

Ⅲ. 가정생활과 직장생활의 균형

Stephen R. Covey(2005)는 '성공하는 사람들의 8번째 습관'에서 조직구성원들의 직장생활에 대한 기본적인 태도를 다음과 같은 세 가지 유형으로 설명하였다.

첫째는 과업 중심의 생활태도로서 자신에게 부여된 과업수행을 생활의 최우선 목표로 삼고 있는 사람들이다. 이들은 과업에 대한 열정적인 몰입을 통해 상사로부터 인정을 받고 조직에서의 자신의 위상을 강화시키려고 노력한다.

둘째는 경력관리 지향적인 생활태도로서 이들은 자신의 야망을 실현하기 위해 요구되는 경력을 쌓는 일에 몰입한다.

셋째는 자신의 가치나 삶의 스타일 그리고 가족생활을 중요시 하는 사람들로서 가능한 한 편안한 직장생활을 영위하려고 노력하는 유형의 사람들이다.

직장생활에서 과업에 몰두하는 일과, 자신의 야망을 실현시키기 위해 경력관리를 하는 일 그리고 자신의 가치나 소중하게 생각하는 삶의 형태를 유지하는 일들은 결코 영립하기 어려운 것으로서 상충하는 일들이기에 우리는 직장생활에서 많은 갈등과 스트레스를 경험하게 된다는 것이다.

최근 우리 사회에서 가정-직장 균형에 대한 관심이 고조되고 있는 가장 큰 이유는 가정생활과 직장생활의 갈등으로 인해 파생되는 문제들이 사회에 미치는 파장의 범위가 넓고, 그 정도가 심각하기 때문일 것이다.

그 동안 이 분야에서 이루어진 많은 연구들이 가정-직장 생활의 갈등은 개인과 그 가족 구성원, 상관, 직장동료, 그리고 조직의 성과에 이르기까지 광범위하게 부정적인 영향을 미친다는 사실을 증명하고 있다.[4)]

따라서 가정-직장 생활의 갈등 내지 불균형을 해소하고 가정-직장의 균형을 이루게 되면 조직구성원들의 생활만족과 직무만족이 동시에 이뤄질 수 있을 뿐만 아니라 가정의 평화와 생활의 보람, 생산성이나 조직 유효성의 증대 등에 기대효과가 매우 클 것이다.

가정-직장 갈등(family-work conflict)은 가정-직장 두 생활영역에서 역할압력이 여러 가지 이유로 양립할 수 없는 경우 발생하는 역할갈등의 한 형태이다. 과중한 직장일 때문에 가정역할 수행이 어려운 경우와 가정일 때문에 직장역할 수행이 어려운 경우에 발생하는 역할갈등인 것이다. 이러한 갈등은 직장생활과 가정생활의 적합성을 반영하는 것으로서 직장환경이 가정생활의 질(quality of family life)에 영향을 주는 관계와 가정환경이 직장생활의 질(quality of work life)에 영향을 주는 관계 사이에 개입하여 두 영역을 연계하는 중요한 개념이라고 할 수 있다.

가정과 직장에 관련된 갈등의 원인들을 살펴보면, 먼저 가정 관련 변인으로는 결혼생활, 자녀유무, 배우자의 취업여부, 부모의 동거여부, 경제문제, 가족 적응문제 등을 생각해 볼 수 있다.

이는 가족구성원들이 지니고 있는 역할개념이 일치하지 않거나 혹은 역할수행 및 역할가치의 불균형 등이 갈등을 일으키고 있기 때문이다.

한편, 직장관련 변인들은 구조적 특성과 심리적 특성의 차원에서 많이 연구되어

4) Allen, T. D.(2000), Family-supportive work environments: the role of organizational perceptions, *Journal of Vocational Behavior*, Vol. 58, pp. 414-435.

왔는데, 구조적 특성 차원에서는 근무시간, 초과근무, 출장근무 등의 변수들이 영향을 미치는 것으로 나타났고, 심리적 특성에서는 직무특성, 업무과중, 재량권, 상사특성 등의 변수가 포함되는 것으로 나타났다. 이것들은 신체적, 정신적으로 지치게 함으로써 가정역할 기대의 충족을 어렵게 하는 부정적인 영향을 주는 요인으로 밝혀졌다. 그리고 연구자의 특성이나 연구목적에 따라 가정-직장 갈등의 변인들은 동일한 관점으로 다루어지기도 하고 때로는 서로 다른 관점에서 다루어지기도 하였다.

최근에는 여성들의 경제활동이 활발해지고 여성 경제활동 인구가 증대되면서 가정-직장의 균형문제는 기업과 연구자들의 중요한 관심사가 되고 있는데 이는 경영학보다는 가정관리학이나 심리학분야에서 보다 적극적인 관심을 보여 왔으나 최근에는 인적자원관리 영역에서도 적극적인 연구관심을 보이면서 한편으로는 서서히 일과 그 나머지 삶, 일과 여가, 또는 일과 복지 등으로 연구의 영역이 확대되고 있는 추세다.

이상에서 살펴본 바와 같이 가정-직장 균형이라는 문제는 직장생활과 개인의 삶의 질(quality of life)에 중대한 영향을 미친다고 볼 수 있다.

Ⅳ. 여가 및 여가활동

여가(leisure)란 라틴어 '리께레'(licere)와 그리스어인 '스콜레'(schole)에서 유래된 단어로 '허락하다'(to be permitted) 또는 '자유롭게 되다'(to bo free)란 뜻으로 자유로운 선택과 충동이나 외부압박이 없음을 의미한다.

여가의 본질적 요소는 일의 구속으로부터 벗어나 자유스러운 마음을 근거로 한다는 것과 심리적으로 즐거움을 갖는 문화생활 및 사회생활의 한 요소라는 점이다. 이러한 여가의 개념은 시대에 따라, 사회계층과 직업에 따라 또는 국적과 종교에 따라 그 정의를 달리하고 있어서 여가에 대한 명확하고 보편타당한 개념을 정립하기란 매우 어렵다. 그러나 여가 또는 여가활동이란 노동에 반대되는 개념이고, 강제성·의무성이 희박한 선택적 행위이며, 정신적·정서적인 면에서 자유·즐거움·휴식 등과 관련되어 있다고 볼 수 있다.

Dunazedier(1974)는 여가란 개인이 직장이나 가정·사회에서 부과된 의무로부터 해방되었을 때 휴식, 기분전환을 위해 또는 이익과는 무관한 지식이나 능력의 향상, 자발적인 사회참여 자유로운 창조력 발휘를 위해서 자발적으로 행하는 활동의 복합체라고 정의하였고, Kaplan(1978)은 여가를 일에서 해방된 시간, 자유 시간, 자신의 시간, 자기 취미를 즐길 수 있는 시간, 휴양 등으로 정의하였다. Duahl(1985)은 오늘날 인간이 바라는 여가란 자유시간이 아니라 우리를 바쁜 일정으로부터 심리적으로 해방시켜 줄 수 있는 신에 대한 감사의 마음과 평화라고 여가의 개념을 정의하였다.

이상에서 살펴본 여가의 개념을 종합적으로 정리해 보면 여가는 "생활에서 모든 의무와 책임 그리고 생활에 필요한 활동을 제외한 나머지 자유로운 시간인 동시에 자기개발, 자기수양을 찾을 수 있는 기회"라고 정의할 수 있겠다.

현대인들은 물질문명으로 상실되어 가는 인간성을 회복하기 위하여 정신문화를 지향하는 방향으로 가치변화를 추구하고 있는데 이러한 가치변화의 일례는 삶의 보람을 노동보다는 여가에서 찾으려는 경향성에서 찾을 수 있다.

오늘날 대부분의 인류는 선・후진국을 막론하고 여가생활에 대한 중요성을 강조하고 있다. 이는 여가시간을 인간의 정신문화와 예술적 소양이나 창조적 활동의 기회로 건전하게 이용하지 못할 경우 인류의 타락과 퇴폐를 가져올 위험성이 크기 때문일 것이다. 그리하여 일찍이 선진사회에서는 여가문제를 국가의 정책적 차원에서 다루고 있을 뿐만 아니라 국민복지의 하나로 인식하여 여가생활을 보람 있게 영위할 수 있는 터전을 국가차원에서 제공하고 제도적 배려를 아끼지 않고 있다.

이와 같은 여가활동은 여가를 분류하는 기준과 방법에 따라 매우 다양한 형태로 분류되고 있는데, Orthner(1976)는 여가활동 유형을 개인활동, 병행활동, 결합활동으로 분류하였는데, 여기서 개인활동은 혼자서 하는 활동으로 다른 사람과의 관계에 직접적인 영향을 받지 않는 것으로 명상 등이 있다. 병행활동은 다른 사람과의 상호작용을 위한 기회가 제한되어 있고, 주로 무생물을 이용하여 활동하는 것으로 TV시청, 수집, 음악감상, 요리 등이 있다. 결합행동은 다른 사람과의 신체적 활동을 통한 활발한 상호작용이 있는 것으로서 축구, 골프, 캠핑, 카누 등 대부분의 스포츠 활동이 이에 포함된다.

초기자본주의 사회에서의 여가는 근로의 수단으로서만 인정되었고, 개인은 금욕과 근면한 근로를 통해서만 신의 축복을 받는다는 인식이 강했다. 이러한 인식이 자본주의 발전의 기틀이 되었다고 할 수 있다. 그러나 오늘날 대부분의 산업국가에서 인간의 여가시간은 인간생활에서 매우 중요하고 필수적인 요소로 간주되고 있다. 이것은 비교적 최근의 인식변화이며, 이로 인해 인간이 장시간의 노예노동에서 벗어나게 되었다고 볼 수 있다.

Ⅴ. 근로자 윤리

근로자 윤리는 근로자 개인과 관계된 모든 윤리와 일과 관련된 윤리 그리고 행동실천을 포함하는 개념으로써 여기에서는 근로자 윤리를 근로자의 일에 대한 윤리, 근로자의 도덕적 신념, 그리고 근로자의 윤리규범 실천을 중심으로 논의하고자 한다.

1. 근로자의 일에 대한 윤리

일의 윤리란 일에 대해 개인이 가지는 옳고 그름에 대한 신념으로서, 일 자체의 가치, 자신의 생활공간에서 차지하는 일의 비중, 그리고 일을 수행하는 태도에 관한 도덕적이며 윤리적인 믿음을 의미한다.

일의 윤리와 관련된 용어로 직업윤리, 직업의식, 근로의식, 직업관(직업 가치관, 근로 가치관, 노동관), 근무윤리 등이 있다.

직업윤리(vocational ethics)는 "생활에 필요한 경제력을 얻기 위해 인간이 행하는 직업 활동에서 인간이 지켜야 할 행위규범"을 말하며, 직업의식은 "객체로서의 직업이 갖는 사회경제적 속성에 대한 인지(認知)와 평가 및 직업의 주체로서의 직업인이 자신의 직업, 직무, 직장에 대해 갖는 의식과 몰입"을 의미한다.

일의 윤리(work ethics)는 근로가치관(work value)의 하위의 개념인데, 근로가치관이란 "사람들이 일을 통하여 실현하기를 원하고, 또 실현할 수 있어야 한다고 생각하는 궁극적인 상태"라고 말할 수 있겠다. 이와 같은 근로가치관에 대한 정의에는 개인이 실제로 원하는 것으로서의 가치와 이상적인 것으로서의 가치개념이 포함되어 있다.

개인이 실제로 원하는 것에 대한 가치는 가치의 강도(중요도)와 관련된 것이며, 그것이 나에게 얼마나 중요한 것이냐를 통하여 측정될 수 있는 반면, 이상적인 것 혹은 사회적으로 바람직한 것으로서의 가치는 가치의 방향(옳고 그름)과 관련된 것으로서 모든 사람에게 있어서 그것을 얼마나 중요시 여기는가로써 평가되는 것이며, 이상적인 것 혹은 사회적으로 바람직한 것(the desirable)으로서의 근로가치는 흔히 '일의 윤리'(work ethic)라고 부르는 개념으로 볼 수 있다.

2. 근로자의 도덕적 신념

윤리이데올로기는 개인의 윤리성향을 상대주의(relativism)와 이상주의(idealism)로 나눈다. 상대주의는 도덕적인 절대규범에 대한 성향을 기준으로 낮은 상대주의는 절대적인 규범을 가지고 있는 경우를, 높은 상대주의는 도덕적 수준에 비교를 인정하는 경우를 지칭한다.

이상주의는 도덕적인 행위의 결과에 대한 신념을 의미한다. 도덕적으로 옳은 일을 했을 때 좋은 결과를 얻게 될 것이라고 생각하는 사람은 이상주의가 높은 경우이다. 하지만 도덕적으로 옳은 일을 하는 것이 바람직한 결과를 도출하지 못한다고 생각하는 경우는 이상주의가 낮은 경우이다.

포시스(Forsyth, 1980)는 이러한 두 가지 차원에서 사람들을 네 가지 유형으로 구분하였다.

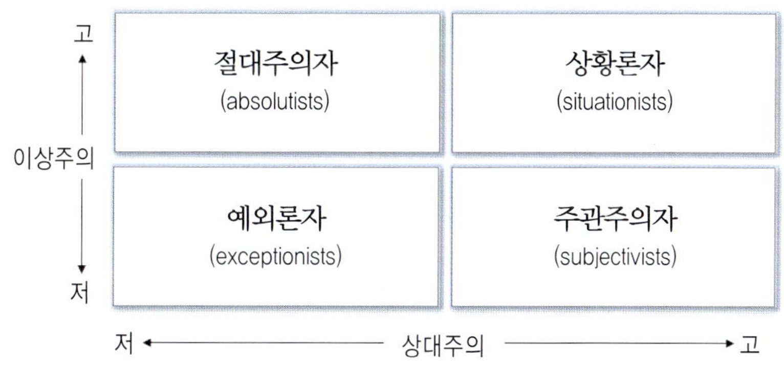

그림 12-1. 윤리 이데올리기의 유형

상황론자는 이상주의와 상대주의가 모두 높은 경우를 말하고, 절대주의자는 높은 이상주의와 함께 낮은 상대주의를 지닌 사람을 말한다. 상황론자들은 절대적인 기준보다는 상황논리에 따른 윤리행위의 잠재적 이익에 초점을 두지만, 절대주의자들은 낮은 상대주의와 함께 칸트가 주장했던 것처럼 어디에나 적용되는 보편적인 도덕기준을 신봉한다.

주관주의자는 낮은 이상주의와 높은 상대주의를 가진 사람들이다. 이들은 이기적인 개인의 판단을 우선시하는 높은 상대주의의 성향을 보이며, 윤리적인 행위가 가져올 편익에 대한 확신도 부족한 사람들이다.

마지막으로 예외론자는 이상주의와 상대주의가 모두 낮은 사람들이다. 이런 사람들은 보편적인 도덕기준은 받아들이지만, 도덕적인 행위가 가져올 편익에 대한 확신이 부족하기 때문에 예외적인 상황을 인정하고 받아들인다. 이렇게 사람들의 윤리이데올리기(ideology)를 유형화해 보면 왜 사람들의 윤리적인 의사결정이 다를 수 있는지를 알 수가 있다.

다시 말해 어떤 사람들은 윤리적인 결정을 할 때, 도덕적 절대기준에 의하는 반면(낮은 상대주의), 어떤 사람들은 그렇지 않다는 것이다(높은 상대주의).

두 번째 요인은 개인의 도덕적 태도에 있어서 이상주의 성향의 차이이다. 어떤 사람들은 옳은 일을 행함으로써 바람직한 결과를 성취한다고 믿는(높은 이상주의) 반면, 어떤 사람들은 올바른 일을 행하는 것이 항상 바람직한 일을 도출하지 않는다고 믿는 사람도 존재한다(낮은 이상주의).

높은 도덕적 이상주의의 실무자들은 가장 윤리적인 전략이 다른 사람들에 대한 피해를 최소화할 수 있다고 생각한다. 그러므로 도덕적 이상주의가 높은 근로자들은 항상 올바른 일을 행하려고 노력할 것이며 또한 다른 사람들에게 피해를 최소화하려고 하기 때문에 높은 결과행위를 얻으려고 노력할 것이라 추정한다.

3. 근로자의 윤리규범 실천

근로자의 윤리규범 실천은 조직에서 정한 기업윤리강령이나 종업원실천지침 등을 근로자가 실천하는 정도를 의미한다.

조직 내의 구성원들의 윤리규범 실천은 여러 환경요인들의 영향을 받게 된다. 즉, 도덕적이고 윤리적인 행동을 함에 있어 조직에서의 윤리적 풍토나 준거집단인 최고경영자 또는 동료의 윤리적 태도 등 조직적, 상황적 요인에 영향을 받게 된다.

개인의 윤리규범 실천은 그가 속한 준거집단, 조직 문화적 요소, 기업정책, 기업의 구조적 특성 등이 포함된다. Trevino(1986)는 윤리적 의사결정 과정에 상호작용적 관점을 도입하여 도덕발달 단계와 개인적 요인이 다른 상황변수들과 상호작용을 일으켜 개인적 윤리적 행위에 영향을 준다고 하였다.[5] 이때 개인적 요인은 윤리적 딜레마에서 옳고 그름을 판단하는 것은 그 자신의 인지적 도덕발달 단계에 의해 영

5) L. K. Trevino, "Ethical decision making in organizations: A person-situation interactionist model", *Academy of Management Review*, Vol. 11, 1986, pp. 601-617.

향을 받는다. 옳고 그름에 대한 개인의 인지만으로는 윤리수준을 설명하는데 부족한 점이 많기 때문에 다른 개인차원의 변수(자아의 강도, 통제의 위치, 현장 의존성)들과 함께 직무내용, 조직문화, 작업특성과 같은 상황변수 등이 고려되어야 한다는 것이다.

개인은 윤리적 판단을 내리기 위해 도덕적 책임의 수준을 결정할 때 일반적으로 고려하게 되는 요소는 첫째, 결과의 심각성(severity of consequences), 도덕적 확실성(moral certainty), 연루정도(degree of complicity), 압력의 정도(extent of pressure)이다.

Ⅵ. 직장생활과 인권침해

1. 노동인권에 대한 이해

1) 인권이란?

인권이란 인간이 인간답게 살아가기 위해 필요한 기본적 권리로서 자연권이며 기본권이다. 따라서 이에는 당연성, 무한성, 양도불가성, 절대성 등이 내포되어 있다.

2) 인권의 특징

인권이 갖는 주요 특징을 요약해 보면 그 내용은 다음과 같다.

첫째, 인권은 인간이 가지는 권리로서 그 권리의 확보와 행사를 위한 자유가 전제된다.

둘째, 모든 인간에게 타당하다는 점에서 보편성을 가진다.

셋째, 인간이라는 사실 자체가 인권의 근거이기 때문에 인권은 제도적 권리가 아니라 도덕적 권리이다.

넷째, 인권은 보편적이고 도덕적인 만큼 당위적 권리이다.

3) 인권의 내용

인권의 구체적인 내용은 경제적 영역과 사회적 영역으로 대별하여 살펴볼 수 있다. 경제적 영역에서의 인권은 인간다운 삶의 보장을, 그리고 사회적 영역에서는 노동인권의 보호로 대표될 수 있는 사회권이 인권의 범주에 포함된다. 여기서 사회권이란 근대시민사회의 발전 속에서 새로운 사회계층으로 등장한 근로자들의 생존의 권리를 보장하기 위한 개념이며, 노동권과 노동인권으로 대표될 수 있다.

이러한 사회권은 개인의 자유권 대신에 근로자의 집단적 권리개념에 근거하여 발전되어 왔다. 그리고 우리나라 헌법 제32조 제1항에서는 근로의 권리를 규정하면서 근로자의 고용증진과 적정임금의 보장을 규정하고 있다. 그리고 제32조 제3항에서는 근로조건의 기준을 법률로 정하도록 하였고, 제33조 제1항에서는 근로3권(단결권, 단체교섭권, 단체행동권)을 보장하는 등의 제도적 장치를 규정하고 있다.

노동권 혹은 노동인권의 내용

- 근로자를 개인적 차원에서 보호하기 위한 '근로의 권리'
- 근로자의 집단적 활동을 보장하기 위한 집단적 활동권
- 근로자의 자주적 조직체인 노동조합 활동을 보장하기 위한 '근로3권'

4) 노동인권

노동의 가치와 노동자의 권리를 중요한 내용으로 하며, 인권과 노동에 대한 이해를 전제로 한다. 따라서 직장생활에서 노동인권에 대한 올바른 교육을 통해 인권에 대한 이해와 지식을 습득하고, 인권을 존중하는 가치와 태도, 품성을 키우며, 인권침해 및 차별행위를 당할 경우 이를 극복할 수 있는 역량을 기르고, 타인의 인권보호와 증진을 위한 실천력을 길러 냄으로써 인권이 존중되는 사회를 만들어야 한다.

현대 민주주의사회에서는 조직구성원들이 노동권을 제대로 인식할 때만이 권리의식이 생기고, 부당한 인권침해가 줄어들 수 있다는 기대에서 노동자의 권리에 대한 내용을 노동인권의 주요 요소로 삼아야 할 것이다.

그리고 노동을 개인의 윤리적 태도로 접근하는 것은 노동자의 일방적인 희생만을 강요하게 될 우려가 있다. 따라서 사회역사적 맥락에서 노동의 의미를 파악하는 것과 노동의 다양한 양태 및 위계화를 이해하는 것이 필요하다.

결론적으로 인권의 올바른 이해와 교육은 자신의 소중함이 아니라 타인이 소중하다는 것을 깨닫고 주변의 모든 것에 대해 공감하는 능력을 키우는 것이 되어야 한다. 우리나라 헌법의 핵심 가치는 자유와 평등이다. 이처럼 모두에게 자유와 평등이 주

어진 이유는 바로 인간의 존엄성에서 출발한다. 모든 인간은 존엄하기 때문에 모두가 자유롭고, 평등하며 인간다운 삶이 보장되어야 한다. 존엄한 것은 함부로 대할 수 없고, 훼손될 경우 반드시 응분의 대가가 따라야 한다. 마음대로 짓밟고 인간의 존엄을 지키지 않았다면 그에 따른 책임을 물어야 한다.

- **노동자의 권리**
  ① 정당한 노동의 대가를 받을 권리
  ② 건강하게 일할 권리
  ③ 존중받으며 일할 권리
- **노동인권의 목적과 내용**
  ① 안전하게 일할 권리
  ② 근로조건에 관한 권리
  ③ 노동3권 : 단결권, 단체교섭권, 단체행동권
  ④ 사생활의 자유

2. 직장 괴롭힘의 이해와 보호방안

1) 직장 괴롭힘의 이해

직장 내 괴롭힘이란 사업주 또는 직장 내 상사, 직장 동료가 직장에서의 지위 또는 관계 등의 우위를 이용하여 업무상 적정범위를 넘어 다른 근로자에게 집단 따돌림, 방치, 괴롭힘, 성희롱, 명예훼손, 모욕 등의 방법으로 신체적, 정신적 고통을 주거나 근무환경을 악화시키는 일체의 행위를 말한다.

사용자는 직장 내 괴롭힘에 대한 예방과 대응조치에 관한 내용을 취업규칙에 기재하고, 관할지방고용노동관서에 신고해야 한다. 이를 이행하지 않으면 500만 원 이하의 과태료 부과대상이 된다.

2) 직장 내 괴롭힘의 형태

직장 내 괴롭힘의 유형을 살펴보면, 명예훼손(소문 퍼트리기, 사생활 폭로 등), 모욕(험담, 공개적 욕설, 망신주기) 등을 동반한 따돌림이 대표적이다.

3) 직장 내 괴롭힘의 대처방법

직장 괴롭힘에 대처하는 방법은 크게 세 가지로 생각할 수 있다.

첫 번째 방법은 법적인 절차를 통해 해결을 모색하기 전에 먼저 사내 규칙을 확인하고 이를 적극 활용하는 방법이다. 사내 규칙을 확인해 보면, 의외로 사내 규칙에는 직장 상사, 직장 동료의 성희롱, 폭행, 폭언 등의 행위에 대해 징계해야 한다는 규정이 있거나 징계를 요구할 수 있다는 규정이 마련되어 있는 경우가 많다. 각 회사 규칙에 따라 자신의 피해를 입은 내용과 증거를 마련하여 인사팀 혹은 인사위원회에 문제점을 제기할 수 있을 것이다.

두 번째는 형사 고소하는 방법이다. 회사가 미온적으로 대처한다면 공권력의 도움을 요청해야 한다. 따돌림 자체는 처벌규정이 없지만 따돌림에 수반되는 직장상사, 동료들의 행위 중에는 명예훼손, 모욕죄에 해당하는 것들이 존재할 수 있다.

세 번째 방법은 직장 내 괴롭힘 금지법으로 불리는 근로기준법, 산업안전보건법, 산업재해보상보험법(2019년 7월 16일 시행)의 규정에 따라 적극적인 구제절차를 밟는 방법이다.

이는 지금까지 형법상 명예훼손, 모욕, 폭행 등 형사고소 이외에는 회시규칙으로 밖에 보호받을 수 없었던 직장인들에게 직장 내에서도 보다 적극적으로 보호받을 수 있는 수단과 방법이 확보되었다는 점에서 큰 의의를 갖는다.

개정된 법 규정에 따라 직장 내 괴롭힘으로부터 어떤 보호를 받을 수 있을까? 구체적인 내용을 살펴보면 그 내용은 다음과 같다.

① 직장 내 괴롭힘 발생사실을 알게 된 경우 사용자에게 신고할 수 있다.

② 사용자는 신고를 접수하거나 직장 내 괴롭힘 발생사실을 인지한 경우 지체 없이 사실 확인을 위한 조사를 실시해야 한다.

③ 조사결과 직장 내 괴롭힘 발생사실이 확인된 때에는 사용자는 피해 근로자가 요청하면 근로자 보호를 위해 근무 장소의 변경, 배치전환, 유급휴가 명령 등의 적절한 조치를 해야 한다.

④ 사용자는 괴롭힘 행위자에 대하여는 징계, 근무 장소 변경 등의 적절한 조치를 취해야 한다.

만약 사용자가 피해 근로자 및 신고자에게 해고나 그 밖의 불리한 처우를 한 경우에는 3년 이하 징역 또는 3천만 원 이하의 벌금에까지 처해 질 수 있다.

직장 내 괴롭힘으로 발생한 질병을 업무상 재해로 인정하는 규정이 마련됨으로써 이제부터는 직장 내 괴롭힘으로 발생한 질병이 업무상 재해로 인정받게 된다. 직장 내 괴롭힘으로 업무상 정신적 스트레스가 원인이 되어 질병이 발생한 경우에도 산재보험에 따라 보상을 받을 수 있게 되었다.[산업재해보상보험법]

최근 우리 사회는 대형병원을 중심으로 확산되고 있는 태움 문화와 직장 괴롭힘에 대해 처벌을 강화하려는 움직임이 확산되고 있다. 태움 문화란 병원 간호사들 사이에서 쓰이고 있는 용어인데 이는 선배 간호사가 후배 간호사에게 업무상 지시, 교육을 명목으로 가하는 정신적, 육체적 괴롭힘을 의미한다. 이 단어는 '영혼이 재가 될 때까지 태운다'라는 것에서 유래한 것이라고 하니 이 얼마나 끔찍한 단어인지 마음이 서늘해진다.

2018년 2월 직장 내 괴롭힘의 고통을 유서로 남기고 세상을 떠난 한 간호사의 자살사건으로 병원 내 '태움'문화라는 단어가 일반인들에게 널리 알려지게 되었다. 병원의 직장 내 괴롭힘은 사실 이런 언론을 통해 알려진 극단적인 사례만은 아닐 것이다. 종합병원에서부터 소규모 개인병원에 이르기까지 정도의 차이가 있을 뿐 비일비재하게 일어나고 있음을 알 수 있다.

전국 보건의료산업노동조합에서 2만 1000여명의 병원 근로자를 상대로 실시한 실태조사 결과를 보면, 47.6%의 응답자들이 직장 내 폭행, 폭언, 성폭력을 경험했다고 응답하였다. 환자나 보호자에 의한 괴롭힘을 제외하면 폭언의 경우 의사의 폭언이 36.5% 상급자에 의한 폭언이 29.1%라고 하니 병원 내 괴롭힘의 정도가 어느 정도인지 쉽게 짐작이 된다.

앞서 소개한 간호사의 자살사건을 근로복지공단에서는 업무상 질병으로 판단하였는데 그 이유는 다음과 같다. 피해 간호사는 업무를 더욱 잘 하려고 노력하던 중 신입 간호사로서 중환자실에서 근무함에 따라 업무상 부담이 컸고, 직장 내 적절한 교육체계나 지원 없이 과중한 업무를 수행하면서 피로가 누적되고 우울감이 증가해 자살로 이어진 것으로 판단하였다.

병원의 구조적 문제에서 야기된 과중한 업무와 '태움 문화' 등 정신적 괴롭힘에 대해 산재를 인정한 이번 사례로 인해 향후 동일, 유사 직종 사건에 대한 선례가 되어줄 것이라 기대된다.

병원 특유의 문화 속에서 직장 내 괴롭힘을 당하는 의료종사자들을 심심치 않게 만날 수 있다. 이들의 고통을 지켜보고 있노라면, 왜 이런 극단적 선택이 일어나는지 이해가 될 만큼 불면증, 우울증 등에 시달리는 것을 볼 수 있다. 말 그대로 영혼이 재가 될 때까지 괴롭힘을 당했기 때문이라 사료된다.

3. 감정노동의 이해

1) 감정노동의 개념

감정노동은 사회학적 개념으로 출발한 용어이다. 상품의 판매나 서비스 제공 과정에서 개인의 본래 감정보다는 고객의 감정 상태를 중시한다는 점에서, 개인의 정체성을 고객 서비스의 일환으로 생산하고 소비하도록 요구하는 노동을 말한다.

이러한 감정노동은 종래의 육체노동, 정신노동의 구분으로는 설명하기 어려운 노동형태를 이르는데, 감정규칙(feeling rule)에 따라 자신의 감정을 조절・변경하는 일을 통해 일상적인 과업을 수행하는 노동형태이며, 서비스 종사자들이 고객과 감정적인 상호관계를 맺으면서 서비스를 제공하는 것을 의미한다.(국가인권위원회, 2011)

또한, 감정노동은 업무상 요구되는 특정한 감정 상태를 연출하거나 유지하기 위한 일체의 감정관리 활동이 직무의 40% 이상을 차지하는 노동유형으로, 전화 상담원, 간호사, 대형마트 점원, 판매원 등 대인서비스를 업무로 하는 서비스 노동자들이 공통적으로 감정노동을 수행하고 있다.(국가인권위원회, 2011)

이와 같은 감정노동은 쉽게 말해 자신의 감정과는 무관한 일을 하는 것을 말하며, 유통과 판매, 간호 등 주로 대인 서비스 현장에서 발생한다.

[현행 근로기준법]
근로를 정신노동과 육체노동으로 정의하고 있으며 감정노동에 대한 언급은 없음. 이로 인해 감정노동의 가치가 공식화되지 않고 감정노동으로 인한 업무상 질병이 업무상의 재해로 인정받기 어려운 실정임.

2) 감정노동의 구성 요소

Morris & Feldman(1996)이 제시한 감정노동의 구성요소를 보면 다음과 같다.

① **감정표현의 빈도** : 서비스를 제공하는 노동자와 고객 간의 상호작용 횟수

② **감정표현의 강도** : 감정표현이 얼마나 오랫동안 지속되는지, 또 얼마나 강력하게 이루어지는지와 관련된다.

③ **감정표현의 다양성** : 상황에 맞추어 표현해야 하는 감정이 자주 바뀌는 것

④ **감정의 부조화** : 실제 노동자가 느끼는 감정과 조직에서 요구하는 감정표현이 충돌하는 상태

3) 국내 감정노동자 현황

국가인권위원회는 2017년 현재 감정노동에 종사하고 있는 국내 노동자의 규모는 전체 임금노동자의 31~41%에 해당하는 약 560만~740만 명으로 추산한다. 그리고 고용노동부 통계에 따르면 전체 노동자 1천9백만 명 중 감정노동자는 800만 명에 달하며, 노동자 3명 중 1명이 감정노동을 하고 있는 것으로 추산하고 있다.

4) 감정노동과 인권의 문제

(1) 감정노동과 인권침해

감정노동자들의 자기감정의 지나친 조절과 통제는 노동자들의 마음을 병들게 하고 직업의욕을 저하시켜 이직과 같은 불행한 결과를 가져올 수 있다. 감정노동은 눈에 보이지는 않지만, 노동자의 정신과 육체적 건강을 위협하는 여러 가지 증상을 일으키며, 감정적인 요구가 큰 상황에 장기간 노출될 경우 노동자는 소진(burn out)-신체적, 정신적 탈진 상태-을 경험하기도 한다.

지나친 감정노동은 인권침해의 소지가 있고, 노동자의 정신건강 저하 및 노동력 상실, 이직률 증가로 인한 기업의 생산성 하락, 감정노동 예방과 치료에 소요되는 사회적 비용의 증가 등을 초래하며, 노동자와 기업, 사회 전반에 폐해를 초래하게 된다. 특히, 고객 서비스 응대 업무에는 여성이 더 많으며 여성에 대한 비하와 언어적 폭력, 성희롱, 신체적 폭력 등이 함께 발생하기도 하는 등 중요한 여성노동문제가 되고 있다.

감정노동은 조직이 노동자에게 과도한 친절을 요구하거나, 모니터링, CCTV, 암행감찰제도, 녹음, 온라인 게시판을 통한 민원제기 등 노동자를 감시하는 제도를 확대하고, 고객과의 갈등 발생 시 노동자에게 벌칙을 부과하는 제도(시말서, 임금 삭감, 승진 불이익, 공개사과, 부서이동, 해고 등)를 시행할 때 더욱 악화될 수 있다. 노동자의 서비스에 불만을 가진 고객이 문제제기를 할 경우 노동자들은 잘잘못을 가리기보다 일방적으로 사과를 해야 함으로써 굴욕감을 느끼거나 비난이나 처벌을 받는 경우가 많아 2차 피해를 겪을 수도 있다.

감정노동자들은 일반적으로 기업이 끊임없이 친절교육을 통해 요구해 온 '친절노동'과 고객의 무리한 요구, 폭언, 폭력, 성희롱으로부터 자유롭지 않고, 이러한 과로노동 때문에 우울증 에피소드, 적응장애, 외상 후 스트레스 장애와 같은 정신건강 훼손을 겪고 있으며, 잦은 이직과 높은 직무스트레스를 나타내고 있어 삶의 질도 떨어지는 상태에 놓여 있다.

표 12-1. 감정노동자가 겪는 주요 문제들

영 역	내 용
정신건강	감정노동 직무스트레스로 인한 화병, 우울증, 대인기피증, 수면장애, 공황장애 등이 발생되어 개인의 정신건강에 문제가 발생함.
인 권	헌법상 보장된 건강하게 살 권리와 행복추구권이 침해 받음.
이직률	과도하게 장시간 지속되는 직무스트레스를 견디지 못하고 직장을 떠나게 되는 이직률이 증가하게 되고, 이로 인해 기업은 숙련된 노동의 이탈로 인해 생산성에 손실을 가져 옴.
여성노동자 노동권	직무스트레스로 인해 일과 가정의 양립에 부정적 영향을 끼치고 있으며 헌법에서 보장하고 있는 여성노동자의 노동권을 침해
인간관계	스트레스를 해소하기 위해 가족, 친구, 동료 등 주변사람들에게 무의식적으로 행해지는 폭력적인 언행으로 인간관계가 손상됨.

(2) 감정노동과 인권문제

감정노동에 대한 인권적 접근은 자유로운 권리주체가 누려야 할 보편적 권리를 침해받고 있다는 인식에서 출발한다. 타인에게 감정을 강요함으로써 인격적 자율성을 침해하는 인격권, 불안과 각종 스트레스에서 오는 건강권의 침해, 작업장 내에서의 폭력 등 안전권 등과 관련되어 있다.

이수연(2015)은 '감정노동과 사용자 책임'이라는 주제로 감정노동의 문제를 노동법적·인권적 관점에서 논의하여 산재보험, 산업안전보건 등의 측면에서 노동자가 보호받아야 할 권리적인 측면을 강조하였는데, 감정노동의 인권적인 측면의 문제로는 업무상 요구로 인한 감정적, 정신적인 소진, 업무수행과정에서 상사, 동료 및 고객과의 상호 간 감정 작용에 의한 괴롭힘과 폭력의 문제 등이 있다.

특히, 노동자의 인격, 건강 등이 침해되지 않도록 배려할 의무, 안전한 노동환경을 제공하는 것은 노동자의 기본적인 권리로 인식되어야 할 것이다.

전윤구(2012)는 노동자의 생명과 건강을 유지해 나가야 할 인격적 주체라는 점에서 임금노동계약 관계에서부터 사용자가 노동자의 안전배려의무를 인격권 존중차원에서 실행해야 함을 강조하였다. 감정이 인간 자율성의 본질적 요소라면, 감정의 치밀한 통제는 인격적 자율성을 침해하기에 심각한 인권침해의 문제가 될 수 있다.

최근 우리 사회에서 발생하는 기업회장의 경비원 폭행사건, 백화점 고객의 직원 모욕 사건, 땅콩회항사건 등 이른바 '갑질 사건들'은 공통적으로 감정노동자들의 인격에 대한 폭력을 내용으로 하고 있다.

5) 감정노동자에 대한 성희롱 예방

현행 남녀고용평등과 일·가정 양립 지원에 관한 법률에서는'직장 내 성희롱'을 사업주, 상급자 또는 근로자의 행위로 한정되며, 이에 대한 금지 및 예방을 명시하고 있다. 여성 감정노동자에게 주로 발생하는 성희롱 양태는 고객 등 제3자에 의한 성희롱이나, 이는 위의 법에서 제시하고 있는 직장 내 성희롱에 포함되지 않는다. 다만 위 법 제14조의 2(고객 등에 의한 성희롱 방지)에 따라 사용자는 고충해소를 요청하는 근로자에 대해 근무 장소 변경, 배치전환 등 가능한 조치를 취하도록 노력하여야 하고 이에 따른 불이익을 금지하고 있다.

감정노동자에 대한 고객 등 제3자에 의한 성희롱을 사전에 예방하고, 성희롱 발생 시에는, 관계 법령에 따른 가해자 처벌이 가능하도록 사업주가 취해야 하는 조치를 의무화하여, 성희롱으로부터 여성 감정노동자를 보호할 수 있도록 「남녀고용평등과 일·가정 양립 지원에 관한 법률」 제14조의 2 관련 항목을 보완할 필요가 있다.

6) 감정노동자에 대한 법적 공식화 필요

(1) 감정노동에 대한 개념 정립

「근로기준법」 제76조(안전과 보건)에서는, 산업안전보건법에서 정하는 바에 따른다고 하고 있으나, 산업안전보건법에서도 감정노동에 대한 구체적인 언급은 없다. 따라서 근로기준법 및 산업안전보건법 상에 감정노동의 개념을 정의하고 사용자가 감정노동을 수행하는 근로자를 보호해야 한다는 점과 근로자 보호를 위해 의무적으로 취해야 할 구체적 조치를 명시할 필요가 있다.

금융부분의 감정노동자보호법인 「은행법」 등 5개 법령에서도 감정노동에 대한 정의를 별도로 규정하고 있지 않는다. 근로조건의 기본법령인 「근로기준법」 및 「산업안전보건법」에서 감정노동의 의미와 감정노동자에 대한 사용자의 보호의무 및 조치사항 등에 대한 명시가 필요하다.

(2) 감정노동의 산업재해 인정

2016년 3월 22일 「산업재해보상보험법 시행령」 개정에 따라, 고객 등으로부터 폭력 또는 폭언 등 정신적 충격을 유발할 수 있는 사건 또는 이와 직접 관련된 스트레스로 인하여 발생한 적응장애 또는 우울병 에피소드가 업무상 질병의 인정기준에 추가되기는 하였으나, 서비스산업의 발전 및 감정노동자의 증가 등을 고려하여 산업재해의 정의를 보완할 필요가 있다.

(3) 감정노동에 대한 사용자의 보건조치 의무 부과

「산업안전보건법」 제23조 및 제24조에서, 사업주가 위험 및 건강장해 예방을 취해야 할 안전 및 보건조치는 업무수행 과정에서 발생하는 산업재해를 물리적·신체적 위험 위주의 규율은 감정의 통제와 지속적인 저 강도 건강장해를 특징으로 하는 감정노동 직종에는 적합하지 않다. 감정노동자의 건강장해는 주로 근·골격계통 질환, 감염, 신경성 질환으로 나타나며, 대인서비스라는 업무의 속성상 업무상 위험의 종류는 서비스 이용자 혹은 소비자의 성희롱, 모욕, 폭언·폭행 등이다. 현행 「산업안전보건법」은 그와 같은 대인적 재해를 예방하고 관리하는 사용자의 안전조치 의무나 그에 필요한 기준을 제시하지 못하고 있으므로, 감정노동의 대인기피, 불안, 우울증 같은 정신적·심리적 상해를 예방하기 위하여 사용자의 구체적인 보건조치 의무를 부여할 필요가 있다.

4. 감정노동자 보호법과 활용

1) 감정노동자보호법의 입법 취지

감정노동이란 고객을 대하면서 자신의 감정을 절제하고 업무, 조직상 느끼는 감정과 다르게 표현하도록 요구되는 근무형태이다. 현대 사회에서 서비스산업을 중심으로 감정을 절제해야 하는 감정노동은 점차 증가하고 있다. 그 예로 감정노동은 콜센터·마트·병원·항공사·백화점 종사자 등 소비자를 직접 만나는 폭넓은 분야에서 진행되고 있는 만큼 개별 사업장이나 서비스 산업에 한정할 수 없는 상황이다.

이러한 사회에서 감정노동자의 피해 사례가 반복적으로 발생되었고, 이에 대한 해결방안으로 '감정노동자 보호법'이 도입되었다.

2) 감정노동자 보호법의 구성

국회 환경노동위원회는 2018년 3월15일 고용노동법안심사소위를 열어 감정노동자들의 인권과 건강 보호를 골자로 하는 산업안전보건법 개정안을 통과시켰고, 국회 본회의를 거쳐 2018년 10월 18일부터 적용되고 있다.

① 사업주의 건강장해 예방 조치가 의무화되고, 사업주는 고객 응대 과정에서 폭

언 등으로 노동자에 건강장해가 발생하거나 발생할 우려가 있는 경우 업무를 중단시켜야 한다.

② 감정노동자가 고객으로부터의 분리나 업무담당자 교체 등 고충 해소를 요청할 경우 사업주는 이를 반영한 조치를 취해야 한다.

③ 사업장에 고객의 폭언이나 욕설 등에 대해 대응 · 관리하는 부서를 설치해야 한다.

이러한, 감정노동자에 대한 안전 조치가 미흡하다고 판단될 경우 사업주에 최대 1000만원의 과태료가 부과된다.

현재 우리나라 감정노동자들의 실태를 살펴보면, 대면이나 전화통화 등의 방식으로 고객응대업무에 종사하는 다수의 노동자는 고객의 폭언이나 욕설 등으로 정신적 스트레스를 안고 사는 게 현실이다. 실제 2015년 인권위가 실시한 유통업 서비스 · 판매 종사자의 건강권 실태조사에 따르면, 응답한 감정노동자의 61%가 지난 1년 동안 고객으로부터 폭언, 폭행, 성희롱 등 '괴롭힘'을 경험했다. 96%는 의식적으로 고객에게 부정적 감정을 표현하지 않으려고 노력한 것으로 나타났다.

그럼에도 현행법에는 이러한 감정노동자의 정신적 스트레스를 관리하는 규정이 미비해 감정노동자들이 불안이나 우울과 같은 건강장해를 겪는 일이 늘고 있다.

3) 감정노동자의 스트레스 관리

감정노동자들이 감정노동으로 인해 스트레스를 받고 스트레스가 반복되어 소진에 이르는 경우가 더 이상 없도록 기업에서도 감정노동자도 예방을 위한 노력을 해야 할 것이다. 감정노동자 보호를 위해 기업에서는 악성 고객응대에 대한 기준과 매뉴얼을 만들고, 직원의 휴식시간을 보장하며, 직원의 스트레스관리를 위한 교육을 진행하는 등의 노력을 해야 한다. 동일한 환경에서 같은 업무를 하더라도 감정노동의 강도는 개인마다 다르고, 소진 또한 개인바나 나르다. 개인이 이를 어떻게 받아들이느냐에 따라 상황은 달라질 수 있다.

그렇다고 스트레스 지수가 많은 직원에게 개인이 문제라고 치부하면서 문제 직원으로 볼 수만은 없다. 감정노동자 스스로가 능동적으로 감정노동으로 인한 스트레스를 어떻게 해결하고 관리할 수 있는지에 대한 방법을 알아가는 것 또한 필요할 것이다.

미국 심리학자 윌리엄 제임스는 "나는 행복해서 웃는 것이 아니라 웃다 보니 행복하다"는 명언을 남겼다. 누군가는 웃는 감정노동으로 인해 소진을 경험하고, 누군가는 웃으며 행복감을 느낀다.

4) 감정노동자보호- 실무상의 유의점

감정노동 수행자들이 고객의 기분을 맞추기 위해 자신의 감정을 통제하는 과정에서 과도한 감정노동을 하면 해당자는 소진(Burn out, 신체적·정신적·감정적 탈진 상태)을 경험하게 된다.

이 경우 보호되지 아니한 감정노동은 수행자들의 신체적-정신적 질병을 유발할 뿐 아니라 이직의 원인으로 작용할 수 있으며 나아가 기업의 생산성 저하, 이미지 실추 등 유무형의 피해를 야기할 수 있다.

따라서 감정노동자 보호를 위한 적절한 조치를 취할 필요가 있으며, 이를 위해서는 우선 현재 작동 중인 기업 내부의 감정노동 예방 및 관리 시스템 점검을 실시해 조직의 취약한 부분이 무엇인지 확인한 뒤 이를 개선하는 것이 필요하다.

5) 감정노동자보호 - 실천방안

(1) 자체 실태조사 예시

① **감정노동 수행실태 파악** : 감정노동의 유형, 부서별 고객응대 업무내용, 고객응대 업무량을 조사

② **고객유형 파악** : 물리적 폭행, 과도한 요구 등을 하는 고객의 유형을 파악, 유형별 대응

③ **감정노동자의 건강문제 파악** : 감정노동자의 직무스트레스 요인 및 수준, 신체적·정신적 건강문제 파악. 예컨대 고객과의 민원문제를 근무평가에 과도하게 반영해 무리한 감정노동을 하지 않도록 하고, 직장 내 스트레스를 해소하기 위한 근로자 지원프로그램 실시 등을 고려해볼 수도 있을 것이다.

(2) 고객응대 매뉴얼 마련 및 건강장해 예방 등에 대한 교육 실시

① 문제고객에 대한 대응원칙과 기준을 담은 고객응대 매뉴얼 작성 : 개별 사업장의 특성에 맞는 매뉴얼을 자체적으로 만들어서 시행

② 고객응대업무 매뉴얼을 감정노동자가 숙지하여 문제 발생 시 신속하게 대처할 수 있도록 교육

③ 매뉴얼에 포함될 내용

- 감정노동으로 인한 문제 상황 발생 시 구체적인 대응지침
- 구체적인 사례를 바탕으로 한 처리절차
- 노동자 불이익 금지 및 보호원칙

또한 시스템 취약 부분에 대한 개선책 마련 시 감정노동 종사자 보호를 경영방침으로 설정하고, 고객과의 갈등을 최소화하기 위한 업무처리 재량권 부여, 고객응대 업무 매뉴얼 마련 등 '감정노동 종사자 건강보호 조치'를 참고하는 것도 좋은 방법이 될 수 있다.

(3) 고객으로부터의 분리 및 업무의 일시적 중단

① **감정노동자에게 업무중단 권한 부여** : 폭언 및 지나친 요구를 하는 고객에게 사전고지 후 전화를 끊을 수 있도록 한다. 폭언, 폭행, 성희롱 등을 행하는 고객에 대해 업무를 중단할 수 있는 권한을 부여한다.

② **고객으로부터 분리 및 업무의 일시적 중단** : 문제 상황 발생 시 피해 노동자를 해당 고객으로부터 분리하고 업무를 일시적으로 중단한다.

(4) 스트레스 치료 및 상담지원

① 고객응대 과정에서 발생된 스트레스를 해소하거나 완화하기 위한 기회 제공

② 심리상담 및 건강관리 기회 제공

- 입사 시 적성검사, 성격유형검사 결과를 업무배치에 활용
- 입사 후 정기적인 1:1 심리상담, 전 직원 직무스트레스 평가
- Healing Program 실시

[사례 1] "네가 최순실이냐 ..... 어디 창피해서 회사 다니겠냐?

같은 직장 내 동료였던 남성 A씨는 다른 직장 동료에게 피해자 B에 대해 험담을 하였다. A는 직장 동료에게 피해자 B에 대해 '모 주임에 대한 소문 유포자다. 거짓말을 하고 있다'라며 성적인 조롱까지 덧붙였다.

심지어 가해자 A는 "거짓말을 하는 게 한두 번이 아니다. 아버지 없이 자라서 그런지... 오빠도 그렇고 정상적인 가정이 아니다"라며 피해자 B의 가정사를 비하하기도 하였다.

이틀 후 가해자 A는 이번에는 여러 동료들이 지켜보는 자리에서 "B가 나한테 거짓말을 했는데 자기 잘못을 모른다." 라고 말한 뒤, 그 자리에 있던 피해자 B에게 직접 "진실이 밝혀졌으니 회사를 그만 둬라, 네가 최순실이냐? 쪽 팔려 회사 같이 다니겠냐? 천국 가겠냐?"라고 말하였다. 피해자 B에 대해 잘못을 저지른 사실이 드러났는데 계속 버티는 형태라고 주장하는 과정에서 최순실에 빗댄 것이다.

"네가 최순실이냐? 쪽팔려서 회사 다니겠냐?"

당시 다른 직장 동료들이 듣는 가운데 최순실에 빗대어 거짓말을 일삼는 사람처럼 들은 것에 수치심과 모멸감을 느낀 피해자 B는 직장을 그만 두게 되었다. 그리고 00법률사무소를 찾아 직장 내 모욕 내지 명예훼손으로 형사고소를 의뢰하였다.

"사실 수사기관은 의문을 제기하였다."

법원은 모욕죄를 인정하여 가해자 A에 대해 벌금 150만원을 선고하였다. 특히 "네가 최순실이냐"라고 말한 부분도 모욕죄로 봤다는 점에서 유의미한 판결이었다. 사실 욕설이 담기지 않은 "최순실이냐"라는 말이 모욕죄로 인정될지에 대해서는 수사기관에서 의문점을 제기하였다. 그러나 당시 국정 농단 사태가 한창 붉어질 시기에 "네가 최순실이냐"라는 말은 피해자의 사회적 평가를 저하하고 조롱과 모멸감을 주기 충분한 표현으로 모욕죄에 해당한다는 점을 경찰, 검찰에 전달하였다. 이와 같은 법률사무소의 의견이 고스란히 반영되어 결국 법원에서는 모욕죄로 유죄를 인정한 것이다.

이 사례는 일반적인 욕설은 안 했지만 사회적으로 부정적인 사건의 장본인을 빗대기만 하더라도 유죄를 받을 수 있음을 보여준 대표적인 사례로 남았다. 모욕은 무례함을 넘어선 범죄에 해당하는 행위이다. 더욱이 일회성으로 인간관계를 끊을 수 없는 직장에서의 모욕은 더 큰 피해를 주게 된다.

[사례 2] 회사의 비정상적인 요구

회사에 다니던 여직원 A씨, 직장 상사는 A씨에게 "하루 평균 7번 정도 화장실을 가시더군요."라며 화장실을 가는 횟수에 대해 지적했다. 어제는 화장실을 몇 번 가는지, 오늘은 화장실을 몇 번 가는지를 상사가 일일이 확인을 했던 것이다. 이러한 확인이 가능한 이유는 바로 '이석 장부'때문이었다.

회사는 A씨에게 잠시 커피를 타러 일어났다가 다시 자리에 돌아올 때는 물론 왜? 무슨 용무로 자리를 비웠는지까지 이석 장부에 모두 적게 지시를 했다. 이석 장부는 사무실 안에서 누구나 볼 수 있는 곳에 놓여 있었고, A씨는 회사를 상대로 손해배상청구 소송을 냈다. 회사가 A씨의 행복추구권과 일반적 행동의 자유, 사생활의 비밀과 자유를 침해했다는 이유에서 였다. 법원은 "회사가 사용자로서 정당한 지휘 감독권 한계를 일탈한 불법행위를 저질렀고, 결국 A씨의 행복추구권과 일반적 행동의 자유, 사생활의 비밀과 자유를 침해한다"며 위자료 2,000만원을 지급하라고 판결하였다.

"회사의 보호 및 배려 의무 위반"

이석 장부 뿐만 아니라 A씨를 괴롭히는 것이 또 하나 있었다. 바로 다른 직원이 회사 익명 게시판에 "A씨가 무전취식을 한다", "급식충 같다"고 비방성 글을 올렸는데, 회사가 9개월이 넘도록 방치한 것이었다. A씨는 회사에 대해 자신의 명예훼손적인 글에 대한 삭제의무를 이행하지 않은 책임을 물었다. 법원은 이에 대해서도 "회사가 근로계약에 수반되는 보호 및 배려의무를 위반했다"며 위자료 500만원을 추가로 지급할 것을 판결했다.

직장 내 괴롭힘, 직장 내 명예훼손 등으로 괴로운 직장생활을 하고 있다면 혼자서 고민하지 말고 전문가에게 상담을 받아 보기 바란다. 법원에서도 직장 내 괴롭힘에 대한 당사자는 물론 회사의 책임에 대해 인정하는 추세이다. 부당하게 정신적 고통을 받았다면 조금이나마 피해회복을 받아야 함이 당연한 것이 아닐까?

토의과제

1. 직장생활에서의 바람직한 생활태도에 대해 토의해 보자.
2. 가정과 직장의 균형문제에 대해 토의해 보자.
3. 바람직한 여가활동에 대해 토의해 보자.
4. 직장 상사들이 부하에게 갖는 기대는 무엇일까?
5. 행복한 가정생활에 대해 토의해 보자.
6. 근로자의 윤리이데올로기(ideology)유형에 대해 토의해 보자.
7. 직장 괴롭힘과 감정노동자의 인권보호에 대해 토의해 보자.

제 13 장

전문직 근로자의 윤리

13 전문직 근로자의 윤리

Ⅰ. 전문직이란?

'Profession'은 '직업'이란 뜻이며, 전문직은 'Learned Profession', 즉 '학문적 직업', '지적직업'이라 하여 일반적인 직업과 구별하여 전통적으로 법률가, 의사, 공무원, 성직자 등의 분야를 전문직으로 인정하여 왔다.

그러나 사회가 복잡하여지고 업무가 분업화, 세분화되면서 다양한 직업이 생겨나고 복잡화됨에 따라 각각의 직업분야에서 전문성을 요구하게 되었다. 일반적으로 전문직은 고도의 전문적인 교육을 거쳐 일정한 자격, 면허를 획득하여 전문적인 지식, 기술을 독점적·배타적으로 사용할 수 있는 직업이라고 정의할 수 있다.

현대사회에서의 직업의 범주가 이처럼 넓어지고, 다양화·세분화되어짐에 따라 이제 직업은 전문적인 것, 준전문적인 것, 반전문적인 것, 기능적인 것, 비기능적인 것 등으로 나누어지고 있다.

그런데 오늘날 우리 사회에서 전문직은 성장직업인 동시에 유망직업이다. 사회발전의 가속화에 따라 전문직의 수요는 꾸준히 늘어나고 있을 뿐만 아니라, 직업적 활동의 전망이 좋아 사회적으로 크게 선호되고 있다.

직업은 개인이 수행하는 사회적 활동의 근간을 이루는 것이기 때문에 직업에 대한 개인들의 가치관, 태도는 사회발전을 크게 좌우한다. 21세기는 전문직업의 사회이다. 지식이 세분화되고 전문적 지식의 직업적 중요성이 크게 늘어남에 따라, 이제 전문직도 다종다양해지고 전문직 종사자의 수가 크게 늘어나면서 사회적 영향도 갈수록 증가하고 있다. 따라서 전문직에 필요한 바람직한 직업윤리의 정립을 모색해 보고자 한다.

Ⅱ. 전문직의 특성

전문직은 일반직에 대비되는 개념으로 직업사회학적으로 볼 때, 일정한 직업적·사회적 특성을 갖추고 있으며 사회적으로 공인되는 어떤 특정한 직업범주를 지칭하는 것이라고 할 수 있다. 이러한 전문직은 다른 일반직에 비해 다음과 같은 특성을 지니고 있다.

① 고도의 일반화, 체계화된 지식분야와 그에 상응하는 지적 훈련을 지닌 일정한 자격을 갖추어야 한다.

② 사회적 이익과 공공의 봉사를 표방하며, 지식과 기술을 사회적으로 유익하게 사용할 책임을 진다.

③ 행동에 대한 자기규제성이 강하여 '윤리헌장'과 같은 구성원의 행동규범이 있다.

④ 업적에 따른 금전적인 보상과 명예가 주어지는 직업이다.

⑤ 협회를 통한 교육, 훈련, 홍보 등 구성원들의 발전을 도모한다.

전문직에 대한 리버만(Lieberman)의 견해는 다음과 같다.

① 전문직은 유일하고 독특한 종류의 사회적 봉사기능을 가지고 있다.

② 전문직은 기능수행상 고도의 지적기술을 필요로 한다.

③ 전문직에 종사하기 위해서는 장기간의 교육과 훈련이 요구된다.

④ 전문직은 개인적으로나 집단적으로나 광범한 자율권을 행사한다.

⑤ 전문직은 직무범위 내에서 행사한 행동과 판단에 대하여 종사자의 광범한 책임을 묻는다.

⑥ 선분직은 자치조직을 가지고 있다.

⑦ 전문직에 있어서 경제적 보수는 사회적 봉사보다 우선되지 않는다.

⑧ 전문직은 직무를 수행함에 있어 준수해야 할 윤리규범을 가진다.

미국교육연합회(NEA)의 교육정책위원회는 전문직의 기준으로서 다음과 같은 내용을 제시하고 있다.

① 전문지식의 모체에 기초를 두고,

② 자격증(license)을 요구하고,

③ 가입요원의 복지와 전문적 성장을 위해 봉사하고,
④ 윤리강령을 갖고,
⑤ 해당 분야의 공공정책에 영향력을 행사하고,
⑥ 집단응집력이 있을 것 등이다.

이상의 견해를 종합하여 전문직의 특성을 정리해 보면 다음과 같다.

첫째, 전문직은 수행되는 활동이 사회적으로 요구되어져야 하며, 그리고 그 활동은 집단에 의해 수행되어야 하며, 다른 일반직과는 구별될 수 있어야 한다.

둘째, 전문직은 물건의 생산이나 판매보다는 서비스의 제공이나 아이디어의 생산을 주로 하는 직업으로 고객에 대한 봉사 또는 고객의 욕구충족을 업무의 기본으로 한다. 비록 전문직이 전문지식과 기술을 사용하는 직업이라고 하더라도 제조업에 속하는 직업은 전문직이라고 할 수 없다.

셋째, 전문직은 특정 분야에 관한 체계적이고 과학적인 지식을 기초로 직무를 수행한다. 이러한 전문지식이나 기술은 장기간의 교육과 훈련을 필요로 하며, 요구되는 일정한 수준의 지식과 기술을 획득한 사람에게는 면허·자격, 학위, 증명에 의해 공식적으로 자격을 부여한다. 오늘날 많은 직업이 전문지식과 기술, 정보를 필요로 하지만, 이 모든 직업을 전문직이라고 하지 않는 것도 이러한 전문직의 특성 때문이다.

넷째, 전문직업은 직업활동을 신장하고 보호하기 위해서 전문조직이나 동업조합을 가지고 있다. 예를 들면, 이에는 의사협회, 약사협회, 변호사협회 등이 있으며, 이들은 자신들의 직업활동을 자율적으로 규제하기 위한 규정과 규범을 가지고 있다.

다섯째, 전문직에 종사하는 사람들은 일반 직업에 종사하고 있는 사람들에 비해 직업활동에서 의사결정의 자율성을 많이 누린다.

여섯째, 전문직에 종사하고 있는 사람들은 수행하고 있는 직무의 특성상 사회적 존경과 권위를 향유한다. 전문직은 일반인들이 쉽게 접근할 수 없는 높은 수준의 전문적 지식을 토대로 직업활동을 수행하기 때문에 직업상의 권위를 크게 누리며, 직무활동과 직·간접적으로 이해관계를 가지고 있는 사람들로부터 존경을 받는다.

이상과 같은 특성을 배경으로 하는 전문직은 오늘날 사회가 다양화·다변화·정보화·국제화라는 특성을 갖게 되면서 그 종류와 수를 더해가고 있는데, 특히 최근에는 지식 및 정보산업과 관련된 직업분야에서 전문직이 크게 확대되고 있는 추세다.

전문직과 일반직의 구분이 항상 명확한 것은 아니지만, 전문직은 크게는 두 가지 유형으로 대별할 수 있는데 하나는 기성 전문직이고, 다른 하나는 직업의 분화에 따라 새로이 출현하고 있는 신흥 전문직 또는 현대적 전문직이다.

전통적인 전문직에 속하는 직업에는 교수, 의사, 약사, 간호사, 공인회계사, 세무사, 변리사, 감정사, 각종 기술사, 고급선원, 교사, 연구원, 화가, 작가, 언론인 등이 있다.

이에 대해 새로이 출현하고 있는 전문직에 속하는 직업에는 방송·광고·영화·출판사업관련 전문직인 아나운서, copy-writer, 영화감독, 디자이너, 속기사, 각종의 컨설턴터, 정보처리 전문가, 컴퓨터 프로그램머, 시스템분석가, 전자기술자, 원자력 기술자, 관제사·조종사 등 항공관련 종사자 등 매우 다양하다.

현대적 전문직은 ① 장기간의 교육·훈련을 통해 고도의 전문지식과 기능을 습득해야 한다는 점, ② 직무활동이 서비스 지향적이라는 점, ③ 직무수행상 자율성이 강한 점, 그리고 ④ 직업의 사회적 영향력이 강한 점 등에서는 기성전문직의 특성을 함께 지니고 있으나, 한 가지 큰 차이점은 현대적 전문직은 역사가 일천하여 종사자 수가 적고, 동일 직종 종사자들 간의 연대의식이 제도적으로 형성되어 있지 않거나 아직은 형성과정에 있다는 사실이다. 그러나 급증하는 수요와 함께 신흥 전문직에 종사하는 사람의 수가 늘어나면서 직업상의 이익과 권위를 유지하기 위한 전문조직이나 동업조합의 형성이 활발하게 이루어질 것이고, 직업활동을 위한 제 규정과 규범도 정립될 것으로 본다.

Ⅲ. 전문직의 윤리기준과 방향

사회적으로 전문직은 직업의 특성상 일반직업에 비해 높은 수준의 윤리기준이 요구되고 있나. 왜냐하면 전문직에 종사자들이 제공하는 '독점적 지식과 기술'은 그 성격상 일반 고객들이 쉽게 이해하거나 접근할 수 있는 것이 아니다. 따라서 전문적 지식이나 기술을 이용해서 '비윤리적 방법과 수단'으로 부당한 이득을 추구할 경우, 전문성이 없는 일반 고객들로서는 속수무책일 수밖에 없다. 또한, 이러한 전문직에 의한 비윤리적 행위는 전문성을 가지고 있는 국가공무원이나 소비자단체 등의 시민단체들에 의한 감시와 규제를 통해서도 효과적으로 대응하기란 매우 어려울 뿐만 아니라, 한계가 있기 때문이다.

타율적인 규제는 대개 ‘소 잃고 외양간 고치는 식’이 되기 일쑤다. 그리고 ‘비윤리적 행위’라고 여겨질 수 있는 많은 문제들을 간과해 버리는 경우가 많다. 따라서 전문직에 의한 비윤리적 행위에 대한 규제는 전문직에 종사하는 사람들 스스로에 의한 ‘자율적 규제’를 제도화하는 것이 가장 바람직하고 효과적이 될 수 있다. 게다가 국가는 드러난 범법행위에 한하여 법적 규제를 가하고 시민단체 등의 감시기능을 강화한다면 그 효과는 더욱 크게 될 것이다.

그러므로 전문직은 자율적인 직업조직이나 동업조합(의사협회, 변호사협회 등)을 결성하여 윤리강령을 제정하여 실천하거나 보다 적극적으로 자체 내의 윤리위원회나 징계위원회를 운영함으로써 구성원들의 비윤리적인 행동을 규제하고 있는 것이다.

이와 같이 전문직은 그 성격상 개인적인 차원에서나 조직의 차원에서나 높은 수준의 윤리기준을 실천하지 않으면 안 되고, 그것을 위해서 엄격하고도 효율적인 규제를 위한 제도의 발전에 노력하지 않으면 안 된다. 그러나 때로는 전문직의 조직활동이 자율적인 규제보다는 직업적 집단이기주의에 치중하는 경우가 있다. 최근 의약분업실시 문제와 관련하여 자신들의 활동영역을 늘리기 위한 약사협회나 의사협회의 대 정부 간의 갈등과 집단행동은 그 대표적인 예가 되고 있다.

현실적으로 전문직 종사자들은 이러한 자율규제제도가 이상적으로 구비되어 잘 운영되고 있다고 하더라도 다음과 같은 다양한 종류의 윤리적 갈등을 경험하게 된다.

첫째, 전문직 종사자들 간에 발생하는 갈등이 있다. 전문직 종사자들은 대체로 동일한 이해관계를 가지고 강한 응집력을 기본으로 하여 동업조합을 결성하고는 있지만, 그들 자신들의 관계는 항상 경쟁관계에 놓여 있다. 따라서 각자가 더 많은 고객유치와 수입확대를 위해서 경쟁은 피할 수 없게 되어 있다. 그러므로 비윤리적인 행위도 이루어질 수 있으며, 그 폐해는 궁극적으로 고객에게 전가되게 되는 것이다.

둘째, 전문직업인의 경우에는 고객에 대한 서비스를 비합리적으로 혹은 비윤리적으로 왜곡시키는 경우가 있을 수 있다. 예컨대, 과잉진료나 과잉처방의 경우 전문지식이 없는 환자들로서는 이러한 사실을 정확하게 알 수 없을 뿐만 아니라, 설령 알 수 있다고 하더라도 이에 대처하여 사실을 입증하기란 매우 어렵다. 우리 사회는 아직도 소비자의 권익을 보호할 수 있는 법적・행정적 제도들이 미비하여 전문직업인에 의한 부당한 행위의 방지가 효과적으로 이루어지지 않고 있다.

셋째, 전문직업인들은 자신이 소속되어 있는 조직(병원, 회사, 대학 등)의 집단이익을 위해 고객이나 사회의 이익을 희생시키게 되는 윤리적 갈등을 경험하기도 한다.

예컨대, 자신이 고용되어 있는 회사의 이익을 위해 변호사가 산업재해를 입은 근로자들에게 불리한 판결이 내려지도록 노력한다든지, 세무사들이 자신들에게 보수를 지불하는 회사의 탈세문제에 법률적으로나 기술적으로 자문을 하는 등 전문직의 공신력과 직업적 위신을 추락시키는 사례들을 우리는 종종 보아왔다.

넷째, 전문직업인들은 자신이 소속된 조직의 집단이익과 사회 전체의 이익 간의 갈등을 경험하기도 한다. 예컨대, 특정 전문직에 종사할 수 있는 인원을 충원하여 전문직종사자의 수를 확대하면 일반 대중들은 보다 저렴하고 질 높은 서비스를 제공받을 수 있다. 이와는 반대로 전문직 종사자의 수를 지나치게 제한하는 경우 기존 전문직업인들은 기득권과 직업상 위세를 유지하고 경쟁압력도 회피할 수 있지만 일반 대중에 대한 서비스 개선을 위한 노력은 상대적으로 소홀하게 될 가능성이 높아진다.

이상에서 논의된 바와 같이 전문직업인의 비윤리적인 자율권의 행사는 사회적인 영향이 매우 강하여 사회적인 이슈가 되고 있다. 따라서 이하에서는 전문직업인의 바람직한 직업윤리의 정립을 위한 기본방향을 검토해 보고자 한다.

첫째, 전문직업인의 윤리문제는 타율적 규제의 필요성은 어느 정도 인정하지만, 기본적으로는 자율규제가 우선되어야 한다. 다시 말해, 자율규제가 전문직업인의 윤리성 정립에 중추적인 역할을 담당해야 하고, 국가나 시민단체 등에 의한 타율적인 규제는 보완적인 성격의 기능으로 한정될 필요가 있다. 타율적인 규제를 아무리 강화시킨다 해도 복잡하고 전문적인 직업활동을 일일이 파악하는 것은 불가능할 뿐더러 의도하는 효과도 얻을 수 있을지 의문이다. 이러한 점에서 자율적 규제의 능력을 신장시킬 수 있는 방안이 강구되어야 한다. 전문직업인들 스스로가 높은 윤리의식과 사회적 책임의식을 내면화하는 것이 무엇보다 우선되어야 할 것이다.

따라서 지나친 물질적 성공이나 출세를 지향하는 가치관을 내신하여 봉사지향적인 가치관들을 자각하고 윤리의식을 내면화(internalization)할 수 있는 방안이 교육과정과 충원과정에서 모색되어야 할 것이다. 오늘날 한국의 전문직 교육은 입시제도, 교육방법, 교육과정 등에서 직업윤리의 교육을 실제로 외면하고 있다고 해도 지나친 표현은 아닐 것이다. 또한 전문직의 충원제도의 결함으로 인해 전문직의 교육과정 등도 크게 왜곡되어 있는 것도 사실이다.

둘째, 전문직업인들을 고용하고 있는 조직들의 지나친 영리추구 본위의 경영방식이 개선되어야 한다. 전문직업인들이 아무리 고매한 윤리의식을 가지고 있다 하더라도 전문직업인을 고용하고 있는 조직들이 전문직의 공공성과 사회성, 윤리성을 바르게 인식하지 못하고 상업주의적 영리추구나 비용의 논리로 경영을 한다면 피고용자의 신분인 전문직업인 개인으로서는 조직의 요구에 따라 비윤리적 행위를 할 수밖에 없는 상황이 초래될 수 있기 때문이다.

셋째, 전문직업인들은 공신력을 높이기 위해서 자신들의 전문성제고에 노력해야 한다. 그리고 윤리강령의 준수 등 자율규제를 철저히 실행할 수 있어야 한다. 자율규제를 엄격하게 실행하지 않으면 정부나 시민단체의 간섭을 받게 될 뿐만 아니라 전문직 조직의 자율적 능력의 함양에도 역기능적으로 작용하게 될 것이다.

넷째, 전문직에 종사하는 개인이나 조직은 공익을 위한 봉사를 실천할 수 있어야 한다. 개인적인 차원에서는 물론이고 조직적인 차원에서도 공익을 위한 봉사자로서의 역할을 자발적으로 수행하지 않으면 안 된다. 전문직 조직은 이익집단의 성격을 가지고 있기 때문에 사회봉사를 위해 의식적으로 노력하지 않으면 집단이기주의에 빠져 사회로부터 신뢰와 존경을 잃을 수 있다. 따라서 전문직에 종사하는 개인이나 조직은 전체 사회의 환경문제, 인권문제, 복지문제 등 공공문제에 적극적인 참여와 관심을 가져야 할 필요가 있는 것이다.

마지막으로 전문직업인들은 자신들의 직업적 활동과 무관한 개인윤리나 생활윤리의 차원에서도 보다 엄격하고 차원 높은 윤리의식을 가짐으로써, 전문가로서의 존경과 신뢰를 받을 수 있는 인품을 지녀야 할 것이다.

Ⅳ. 종교인의 윤리

1. 종교와 인간생활

현대를 살아가는 사람이라면 그 누구라도 수천 년 동안 이어져 온 종교를 생각하지 않을 수 없을 것이다. 과학과 문화가 발달해서 생활이 편해졌고 인간의 지식과 지혜가 과거에 비해 비교할 수 없을 만큼 증진되었다고 하더라도 완전히 종교를 떠나서 살아갈 수는 없는 것처럼 보인다.

종교는 무엇보다도 인간이 인간 이상의 초인간적인 신성한 힘의 존재를 믿음으로써 시작되었다. 그것은 때로 인격적인 존재로 생각되기도 하였지만, 또 때로는 비인격적인 존재로 생각되기도 하였다. 어떤 경우에는 그 두 가지가 겹쳐서 그중 어느 하나가 보다 더 근원적인 자리를 차지하는 것으로 이해되기도 하였다.

종교는 인간이 무력함을 자각하는 것과 때를 같이하여 나타나는 현상이다. 인간의 역사를 더듬어 보면 인간이 인간의 힘을 크게 믿고 자신에 넘쳐 있을 때, 인간은 종교를 경시하거나 경멸하는 경향을 나타내 왔음을 알 수 있다. 종교의 양상은 이렇듯 인간 자신의 인간의 힘에 대한 자각이 어떠한 상태에 있는가 하는데 따라 달리 나타났었다는 사실을 지적할 수 있다. 서양에서는 휴머니즘이 대두하는 르네상스 이래 인간이 과학기술을 발달시키고 산업문명을 일으키면서부터 종교적 관습을 퇴색시켰고, 동양에서도 삼강오륜, 인간관계의 질서유지에 더욱 관심을 많이 돌렸던 유교에서는 인간의 종교적 태도를 약화시켰다.

종교를 정의함에 있어서 그리스도적 입장에 서 있던 학자들은 종교를 신과 인간 사이의 관계로 보고 그것을 신에 대한 신앙과 복종·예배의 관계로 해석하였다. 그리고 그들은 이러한 관계를 유지하는 생활에 있어서 필요한 이론, 즉 교의(教義)와 의식, 계명, 및 교회조직 등 제반 체계를 형성하고 유지하는 문제에 지대한 관심을 쏟아 왔다. 서양의 문화가 서양의 경제력·군사력의 증대와 더불어 전 세계에 막대한 영향력을 행사하게 됨에 따라 서양문화의 기초가 되었던 기독교는 세계인류의 생활을 규율하는 하나의 강력한 지도적 원리로서 군림해온 지 오래다.

그러나 제2차 세계대전 이후 이러한 경제적·군사적 체제의 점진적인 붕괴는 세계 인류의 종교관을 점차 바꾸지 않으면 안 되는 국면으로 몰고 왔다. 세계 인류 사이에는 오직 유일한 종교의 패턴만이 있는 것이 아니라, 매우 다양한 유형이 있음을 인정하지 않을 수 없게 되었고, 이제는 서양의 종교학자들 마저도 종교를 다시 정의하지 않을 수 없는 판국에 이르렀다. 그래서 이제는 종교를 "인간이 그 인간 스스로를 개변시키는 데 있어서의 궁극적인 관심이자 수단"이라고 정의하는데 큰 이론을 제기하지 않게끔 되었다.

과연 많은 동양인의 정신생활을 오랜 시기에 걸쳐 지배해온 불교는 성불이라는 이상을 통해 인간이 그 범용한 현실을 근본적으로 개편하여 차원 높은 새로운 인간으로서 탈바꿈하는 데에 두었던 것인데, 이제 그러한 이상이 종교의 목표로서 정당한 평가를 받기에 이르른 것이다.

현대는 산업화·정보화의 거센 물결이 세계의 구석구석에 파급되는 일대 전환의 시대이다. 아직도 산업화·정보화의 수준과 정도가 일률적으로 어디에서나 동등한 상태에 있지는 않다. 그러므로 아직도 세계의 도처에는 높은 차원의 종교 이해와 더불어 여전히 낮은 차원의 원시적 종교관이 뒤범벅이 되어 혼재하고 있는 것이 현실정이다.

낮은 수준의 원시적 종교관에서는 이론과 의식과 제도 · 윤리의식 등에 있어서 미신적이요, 폐쇄적인 경향이 없지 않다. 한편, 이러한 경향은 이른바 세계종교라고 불리는 대다수의 기성종교 단체 안에도 그대로 남아 있어 현대의 수준 높은 종교의식을 가진 사람들로부터 빈축과 혐오의 대상이 되고 있다. 아직도 차원 높은 종교 이해에 도달한 사람들은 조직화되지 않은 소수의 엘리트로 남아 있는 것 같은 느낌이다.

공산주의는 종교, 특히 기독교가 그 본래의 이상에서 멀어지고 그것을 외면함에 따라 생긴 사회적 반동이라고 보는 견해들이 있다. 니콜라이 베르디아예프 같은 사람의 주장은 그 대표적인 것이다. 오늘 이 세계의 인간들은 대체로 물질의 힘과 과학 기술의 힘을 외곬으로 만능시하는 사고방식에 젖어 있다. 그리고 그들은 인간의 의 · 식 · 주의 물질적 생활만 충족하고 따라서 인간이 감각적으로 만족을 누리면 그것으로써 인간은 행복해진다고 믿는 것이다. 이러한 허황한 꿈에서 깨어날 줄 모르는 것이 현대인들이다.

그러나 아직도 세계의 선각자들 사이에서는 인간의 정신적 수련의 절대불가결성을 확신하는 사람들이 많다.

종교는 한 개인의 내세의 행복을 추구하는 그러한 차원에서가 아니라, 이러한 현실적 · 사회적 차원에서 인간을 변혁시키는 관심이요 수단으로서 신봉되고 생활화되어야 할 것이다.

2. 종교와 사회변동

현대사회는 기술혁신에 수반하는 공업화의 영향 아래 크게 달라지고 있다. 즉, 공업화는 대기업의 도시집중을 가져오며, 그와 함께 촌락으로부터 다수의 인구가 도시로 집중한다. 도시 이주자는 의지할 곳도 없이 고독한 도시생활 속에서 텔레비전이나 라디오 등 매스컴의 영향을 받으며 남의 눈치나 살피고 하면서 뚜렷한 자아를 상실한 대중이 되어 간다.

이러한 현대사회의 변동에 따라 종교도 변화하고 있다. 우선 이전에 종교에 포함되었던 종교예술 · 여행 · 경기 · 학교교육, 나아가서는 사회사업 등이 종교로부터 독립한다. 이것들은 대중문화가 되거나 레저 산업에 흡수되면서 공공화(公共化)한다. 바로 종교의 세속화이다. 이리하여 그 활동의 몇 가지를 마치 손발을 잘리듯이 박탈당한 기성종교는 사회변화의 강력한 힘에 놀라 그 대책에 고민한다. 가장 일반적인 대책은 사회의 변화를 교의에 비추어 긍정하고 교단조직을 관료화하거나 대중포교의 방법을 채용함으로써 사회변동의 흐름에 부응해 가는 방법이다. 그러나 사회변동이 낳은 새로운 시대에는 새로운 종교가 필요해 진다. 예언자적인, 혹은 초자연적인 능력을 지닌 종교적 지도자가 사회변동에 대처할 수 없는 기성종교의 모순을 예리하게 파헤치고 신흥종교를 만들어 낸다. 시대의 흐름에 부응한 신흥종교는 자기의 생활방침마저 상실한 대중에게 새로운 가치관을 제공한다. 이 가치관이 실제로 진행 중인 사회변동에 대한 지렛대의 구실을 하는 것이다. 또한 새로운 종교의 가르침이 현대의 사회변동과는 전혀 다른 새로운 변동을 일으키는 수도 있다. 그러나 새로운 종교가 체제 내에서의 모순 처리의 역할을 하는 것에 불과한 경우도 많다. 이렇기 때문에 종교가 혁명의 에너지는 될 수 없다고 하여 마르크시즘에서는 종교가 사회모순을 혁명에 호소하지 않고 빈곤자의 마음을 달리 갖도록 함으로써 체제 내에서 처리해버린다고 한다. 그러므로 종교는 지배자에 의해 사회통제의 수단으로 사용되기 때문에 종교는 아편이란 주장을 하였고 나아가 무신론 및 반종교운동을 전개시켰던 것이다.

그리고 오늘날에는 기술만능 · 과학만능의 시대가 됨에 따라, 초자연적이라든지 신의 은총 없이 주로 인간의 노력에 바탕을 두고 사회를 개혁하려는 세속주의가 대두하고 있다. 이에 의하여 종래의 초자연적인 절대자를 중심으로 한 세계관에서 인간중심의 세계관으로 대체되기 시작한다. 달리 말하면, 인간의 관심이 내세(來世)에서 실제로 자기들이 생활하는 현세(現世)로 옮겨진다고도 하겠다. 이러한 세속화현상의 결과 종교에 대한 무관심의 태도가 증가한다. 그리고 한편에 있어서는 종교적 지도자나 종교교단이 세속적 활동에도 종사할 수 있도록 되어버린다. 그리고 다른 한편에 있어서는 종래 종교와 결부되었던 종교예술이 독자적인 예술로서 종교에서 분리되거나, 학교경영 · 자선사업 등도 공공기관의 손에서 행해지게 되는 것이다.

3. 종교와 금욕주의

금욕주의(asceticism)는 그 어원상 신체적 강건 · 예지 · 미덕 · 경건 등의 이상목적을 얻기 위한 수양훈련을 가리키는 그리스어의 아스케시스(askesis)에서 유래한다. 내용적인 면에서는 일반적으로 신체적 내지 정신적인 자기극복을 목표로 하는 종교적 고행을 의미한다. 금욕주의는 신체라든가 세계가 부정함을 전제로 하고 특정한 실천활동을 통하여 청정성(淸淨性)을 얻으려 하며, 또한 그것으로써 자기 힘의 강화를 꾀하고 죄를 없애며 지상행복을 목표로 하려고 한다. 금욕으로써 맑아지고 신적 힘을 부여받은 자는 그 초자연적인 성스런 힘을 갖추게 됨으로써 이른바 성자로서의 숭앙을 받는다.

금욕의 방법에는 ① 단식처럼 일정기간 내지는 계속적으로 어떤 음식의 섭취를 금하는 것. ② 성행위를 기피하는 것. ③ 추위·더위를 참고 인내하면서 남루한 옷에 초라한 음식을 예사로 삼고 방랑생활을 하면서 육체적·감성적 욕구를 저지·억압하는 것. ④ 편타고행(鞭打苦行)처럼 오직 자기를 책고(責苦)하는 것. ⑤ 사고의 집중이나 관상 등이 있다.

이는 은자(隱者)나 독거수사(獨居修士)의 경우처럼 단독으로 하거나 혹은 수녀원·수도원·승당(僧堂) 등에서 집단적으로 행해지나 어느 것이건 단식 등이 부정성(不淨性)을 순환시키고 절제가 신성과의 교통을 용이하게 한다고 하여, 그 때문에 모든 감성적인 것이 배척·포기되고 육체로부터의 영혼·정신의 자유와 고양이 요구된다.

예컨대 고대 인도에서의 고행이나 요가, 자이나교나 유태교에서의 단식, 중세 기독교에서의 수덕(修德)과 결부된 청빈 등이 있다.

금욕과 세속생활과의 관계에 주목하여 세속 안에서의 금욕주의자와 세속 밖에서의 금욕주의 등 두 가지로 나눌 수도 있다. 전자는 프로테스탄트 각파에서 볼 수 있으며, 내세에서 신의 축복을 받기 위해 현세의 신앙생활을 확고히 하려는 것이며 그 때문에 신의 섭리에 바탕을 둔다고 생각되었던 세속적인 의무, 특히 자기작업에 충실하고 소비·향락을 기피하며 노동만을 목적으로 하는 신앙생활이 생겨난 것이다.

후자는 수도회처럼 청빈·정결·복종 등의 서원으로 세속과는 금욕제(禁慾制)에 따라 교류를 끊고 자급자족적 생활을 추구하여 오직 그리스도교적 완전한 덕을 목적으로 함과 동시에 현세적 재물에 무관심한 신앙생활에서 볼 수 있다.

4. 종교와 정치

종교와 정치의 관계는 세 가지로 생각할 수 있다. 첫째는 종교와 정치가 불가분으로 결부되고 있을 경우의 문제, 둘째로는 정치권력에 의해 종교가 이용되고 있을 경우의 문제, 셋째는 정치권력에 대한 종교적 반항의 문제이다.

① 종교와 정치가 합치한 형태는 제정일치(祭政一致) 또는 신정일치(神政一致)라고 부른다. 이 경우에는 정치적 지도자가 종교적 지도자를 겸하고 또한 종교에 부응하여서 정치를 한다.

② 정치권력에 의한 종교 이용은 정치와 종교가 일단 분리된 국가에서 행해진다. 이 경우에는 국가권력이 국가통합의 수단으로서 가장 적합하다고 생각되는 종교를 국교 또는 준 국교로서 공인하고 정치적으로나 경제적으로나 보호를 받는다. 그리고 그 대상으로서 종교로 하여금 국가목적 달성에 협력하도록 하는 것이다. 그리고 국가가 신앙의 자유를 보장하는 입장에서 특정 종교를 국교·준 국교로까지는 하지 않는다 해도 각 종교를 교묘한 종교행정 아래에 사회통제의 도구로 하여 이용하는 수도 가끔 있다.

③ 정치에 대한 종교의 반항은 특히 기독교·불교·이슬람교 등 보편종교에 현저하다. 정치는 국민으로 하여금 국가에의 충성을 요구함에 대하여 보편종교는 신자로 하여금 국가의 범위를 초월한 절대신, 자연의 법에 대한 충성을 요구한다. 그 결과로 보편종교의 신자는 필연적으로 자기 신앙과 상반되는 국가정책에 대하여 혹은 국교에 대하여 반항하게 된다.

이런 종교 신자가 국가이해에 바탕을 둔 전쟁에 반대하여 인류애의 입장에서 평화운동을 일으키거나 종교정당을 만들어 국가권력에 대항하는 등의 일을 한다. 한편, 특히 동양의 여러 종교의 신자에게 있어서는 정치권력의 압력에서 피하여 신비주의적 운동에 종사하는 경우도 있다.

5. 종교와 문화

문화는 상징으로써 표명되는 인간의 생활양식을 말한다. 그것은 사회구성원에 의하여 분류·학습·전달된다.

종교는 그 근원적인 종교경험을 상징을 써서 외적으로 표명하고 객체화함으로써 처음으로 사회구성원이 공유물로서의 성격을 지닐 수 있다. 그럴 경우 종교경험은 상징화의 과정에서 시가(詩歌)·문학·예능·연극·음악·건축·회화 등의 형태를 취하는 수가 많다. 그렇기 때문에 이러한 문화는 종교와 밀접한 관계를 지니며 발달하여 왔다. 또한, 종교윤리나 도덕이 일상생활의 규범으로 되어 있는 경우가 많다.

그리고 종교는 자칫하면 무미건조에 빠지기 쉬운 나날의 생활에 대해, 순례라든가 경기 등 레크리에이션의 수단까지 제공했다. 그러나 종교가 세속화됨에 따라 종교예술·종교윤리·순례나 경기 등이 종교와는 분리한 독립된 예술·도덕·여행 등이 되는 것은 어쩔 수 없는 일일 것이다.

6. 종교와 윤리

종교윤리란 종교의 교의에 바탕을 둔 개인의 일상생활에서의 행위나 인간관계의 본연에 관한 규범을 말한다.

종교적 성격이 박약한 것은 도덕이라고 부른다. 특히, 보편종교는 일정한 종교윤리를 지니는 것을 큰 특징으로 한다. 기독교에서는 "정성을 다하여 하나님을 섬기고" 또한 "자기를 사랑하듯 그대의 이웃을 사랑할 것"을 주장하며, 형제애에 바탕을 둔 인간애의 중요성을 강조한다.

또한, 불교에서는 악을 응징하고 선을 권하며, 특히 살생·도둑·간음·거짓말·아첨·욕설·잔소리·탐하는 것·노여움·사견(邪見) 등 열 가지 악업(惡業)을 금하고 있다. 그 밖에 우리나라에서는 이러한 종교윤리 이상으로 유교윤리의 영향이 강하게 작용하고 있다고 하겠다.

7. 종교와 노동과 경제

생산활동인 노동은 사회생활에서 불가결의 것이나 고통을 수반하는 경우가 많다. 종교는 이러한 노동에 대하여 종교적 의미를 부여하고 이에 따라 노동자가 오히려 기꺼이 노동에 종사할 수 있도록 한다.

「구약성서」 속에서 볼 수 있는 노동신성의 사상, "주어진 노동에 전념하고 사치를 삼가는 것이 신으로부터의 구원을 확신하는 길"이라는 프로테스탄티즘의 윤리, 현세에서의 고통스런 노동에 온힘을 다함으로써 내세에서 선을 얻을 수 있다는 불교의 윤회사상에 따른 윤리 등은 이의 대표적인 것이다.

그리고 종교와 경제의 관계는 교단재정, 종교와 기술, 직업윤리의 세 가지로 생각할 수 있다.

첫째, 교단재정은 신자의 기부·포교 등 종교활동에서 얻는 수입 및 여러 수익사업으로부터 발생된 이익금으로 충당된다. 그리고 일반적으로 교단재정은 종교의 세속화가 되지 않으며 종교적 지도자의 권력이 크고 더구나 세속사회의 특권계급과 결부되는 경우에는 윤택하다고 하겠다.

둘째, 종교는 수렵·어로·목축·농업 등의 기술과 직접 관계를 갖는 경우가 많다. 이러한 생산기술과 병용되는 종교의례를 생산의례라고도 한다. 사람들은 생산기술을 지장 없이 발휘해도 우연히 돌발하는 재해를 방지하기 위해 기술과 병행하여 종교의례를 갖는다. 말할 나위도 없이 이러한 의례는 직접 생산과 결부되지는 않는다. 그러나 생산의례를 시행하는 것이 확신을 갖고 생산활동에 종사하고 생산활동에 수반하기 쉬운 정서적 불안을 진정시키는 구실이나 생산집단을 통합시키는 구실을 하고 있음은 물론이다.

셋째, 종교윤리, 특히 직업윤리는 직업이나 노동에 종교적 의미를 주고 적극적으로 자기 직무나 노동에 전념시키는 구실을 한다. 이러한 직업윤리를 내면화하고 그것에 따라 사회활동을 하는 사람들에 의해 경제의 발전이 초래됨은 베버 이후 수많은 사회학자에 의해 밝혀진 바이기도 하다.

현대사회에는 수많은 직업이 병존하며 각 개인이 자기에게 부여된 직무를 충실하게 이행함으로써 사회생활이 운영되는 형태를 취한다. 종교는 이러한 직업에 대하여 각자의 교의에 비추어 종교적 의미를 부여하고 있다. 그리고 각 개인이 직무에 충실하게 노력하도록 동기를 부여하고 있는 셈인 것이다. 이러한 직업에 관한 종교적 의미 부여를 일반적으로 직업윤리라고 부른다. 그러므로 직업윤리는 경제생활에 대한 종교적인 의미 부여인 경제윤리와 불가분의 관계에 있다고 하겠다.

8. 종교인의 자기반성

성서에는 부패하고 타락한 소돔과 고모라 성에 의인(義人) 열 사람만 있어도 그 성을 멸하지 않겠다는 말이 있다. 사회가 부패하고 타락해도 종교만은 제자리를 지킬 수 있어야 하지 않겠는가? 우리가 마땅히 지켜야 할 행위규범에는 법, 도덕, 관습, 종교 등의 규범이 있지만, 이 모든 규범을 초월하여 존재하는 것은 종교규범이다. 그러기에 종교인에게 요구되는 윤리성은 그 차원을 달리하고 있는 것이다.

따라서 오늘날 종교와 종교인들은 종교 본연의 참 모습을 회복하고, 현실적 종교체제가 갖고 있는 책무에 부응하기 위해서 어떠한 종교적 윤리를 실천해야 할 것인가를 이제 검토해 볼 필요가 있겠다.

첫째, 오늘날 종교인들은 종교의 진리를 머리와 입으로만 외칠 것이 아니라 마음과 행동으로 실천에 옮겨야 할 것이다. 종교의 진리를 개인적인 생활에서 뿐만 아니라 교계의 기관과 기구들의 운영에서도 분명하게 보여 주어야 할 것이다. 다시 말해, 신자 한 사람 한 사람이 세상의 빛이 되고 소금이 되어야 할 뿐만 아니라 기관들 역시 그 운영과 관리에 있어서 세상 기관들의 빛이 되어야 한다는 것이다.

둘째, 오늘날 종교인들은 좀더 분명한 사회적 의식을 가져야 한다. 한국교계 특히 교계의 지도층 인사들 가운데 심각하게 문제가 되는 것 중의 하나는 사회의식을 결여하고 있다는 점일 것이다. 이것이 종교인들과 종교계의 지도자들로 하여금 사회문제를 취급하고 판단함에 있어서 오해를 범하게 한다.

사회의식을 결여한 종교인들이 범하기 쉬운 두 가지 중대한 잘못이 있는데, 그 하나는 문제의 사회적 원인을 보지 못하기 때문에 문제의 해결을 낙관시하고 개인에 대한 종교적 설교나 도덕적 설득이면 문제가 간단하게 해결되리라고 믿는 안이한 감상주의에 빠진다는 점이고, 또 다른 하나는 자신들이 사회악과 부정에 얼마나 깊이 말려들어 있는지를 깨닫지 못하기 때문에 자기 기만과 위선에 떨어지기 쉽다는 점이다.

악과 불의가 구조화된 사회에서는 종교인도 직접 악을 범하지는 않을지라도 사악하고 불의(不義)한 사회제도와 구조에 대한 협조자요 공범자인 것이다.

셋째, 오늘날 봉사기능은 자선이나 구제와 같은 방법에 의해서가 아니라 구원적인 사회치유에 의해서 수행해야 한다. 다시 말해, 교회와 종교인은 사회구원의 책임을 적극적으로 수행하지 않으면 안 된다는 말이다. 물론 종교의 고유한 근본적인 기능은 개인구원에 있다. 종교가 과학과 근본적으로 다른 점은 종교만이 인간의 인격혁명의 기능을 가지고 있다는 점이다. 불의하고 부패한 사회가 스스로 달라져 깨끗하고 정의로운 사회가 될 수는 없다. 달리진 사회적 이념을 생각해낼 수 있고, 거듭난 선한 사람이라야 사회를 선하게 운영할 수 있는 것이다.

그렇다고 해서 종교인 개인이 선해지면 사회도 자동적으로 선하게 된다는 식의 단순한 낙관주의에 빠져서는 안 된다. 인간의 사회적 관계에 있어서는 집단이기주의가 강력하게 작용하기 때문에 종교적 설교나 도덕적 설득으로는 지극히 제한된 효과밖에 얻을 수 없다.

그러기 때문에 종교인들은 사회구원의 책임을 수행하기 위해서 전 세계가 조직된 하나의 기구로서 그 가진 힘을 계획과 전략을 가지고 조직적이고도 효과적으로 동원하고 활용하여야 한다는 사실에 대해서 자각할 필요가 있다.

이렇게 말하는 것은 교회가 정당을 조직하거나 정당에 정치자금을 지원하는 일과 같은 활동을 해야 한다는 말은 아니다. 물론 기독교인도 하나의 시민으로서 정당에 가입할 수도 있고, 정당을 조직할 수도 있다. 그러나 하나의 기구로서 교회가 성서의 진리에 입각해서 진리를 증언하고 사회의 부조리를 비판하며, 정치적 권위가 그것이 본래 맡은 바 본연의 책임과 사명을 옳게 수행하도록 비판하고 권고하는 책임과 사명을 수행할 수 있어야 한다는 것이다. 그리고 이러한 책임과 사명의 수행은 개개의 기독신자의 호소나 설득만으로는 별로 효과가 없고, 교회 전체가 하나로 뭉쳐서 힘을 집중적으로 발휘할 때만이 가능한 것이다.

Ⅴ. 공직자의 직업윤리

우리 사회는 최근 남북정상회담, 남북장관급회담, 남북이산가족의 상봉 등 남북관계가 급진전하고 있고, IMF 이후 경제위기를 극복하기 위한 경제주체들의 몸부림, 즉 조직개혁과 혁신, 구조조정, M&A, 새로운 노사관계의 정립 등 새롭고 복잡한 환경들이 우리를 힘들게 하고 있다. 이처럼 조국통일과 국가발전이라는 민족의 대과업을 수행해야 하는 중요한 시점에서, 국내외적으로 많은 혼란을 겪고 있으며 이러한 와중에서도 난국 극복의 주체가 되어야 할 공직자들의 크고 작은 사건들이 계속되어 국민들의 정부에 대한 불신감이 팽배되고 있다.

이에 국회차원에서는 '국회의원윤리강령' 및 '국회의원윤리실천규범'을 제정하여 시행하고 있고, 정부에서는 청와대에 '특명사정반'을 구성하여 운영하고 있고, 검찰에 특수부서를 설치하는가 하면, 감사원, 총리실 등에서도 별도의 대책을 세우는 등 공직사회의 고질적인 부조리 제거를 위하여 많은 노력을 하고 있다.

기업 측에서도 '기업윤리헌장'을 제정했고 심지어 언론기관에서도 '기자윤리강령'을 채택하는 등 일찍이 사회지도층의 윤리문제가 지금처럼 크게 부각된 적이 없었다.

미국의 경우에도 워터게이트(Watergate)사건 이후 공직자 윤리에 관한 관심이 고조되어 마침내 공직자윤리법이 제정되었던 사실이 있다.

따라서 공직자의 직업윤리문제가 다른 어느 때 보다도 중요하다는 인식 하에 공무원의 바람직한 행동규범을 중심으로 이에 대한 논의를 가져 보고자 한다.

1. 공직자 직업윤리의 개념

공직자의 직업윤리란 협의로는 공직자의 직무수행에 부정부패가 없는 상태를 의미하고, 광의로는 공직자가 직무를 수행함에 있어 마땅히 지켜야 할 도리를 뜻한다. 즉, 모든 공직자가 직무를 수행함에 있어서 마땅히 지켜야 될 것으로 사회적으로 기대되고 있는 마음가짐, 직무수행 정신 · 기질을 말하는 것이다.

이러한 윤리의 문제는 결국 사람의 문제이며 그 내용 또한 사람에 따라, 형편과 처지에 따라 다소간의 차이를 보이게 된다. 그러므로 일반시민의 윤리, 자유직업인의 윤리, 민간조직이나 공직자의 직업윤리 등으로 구분될 수 있는 것이다.

또한, 사람이 무엇을 어떻게 해야 하는지를 규정하는 윤리는 당위적 · 가치적 개념이며, 규범 또는 행동기준의 체계라고 할 수 있고, 다양한 가치와 행동규범의 질서를 내포하는 윤리체계는 매우 복잡하며, 윤리체계가 추구하는 추상적이고 일반적인 목적가치가 사람들의 실천적인 행동에 기준을 제공할 수 있으려면 연속적인 구체화의 단계를 거쳐야 한다.[1)]

윤리와 비슷한 용어에는 도덕, 규범, 가치, 책임, 부패 등이 있다. 도덕은 어떤 이성의 관념의 체계에 속하는 것이 아니라 인간사회의 일반적인 생활양식의 풍습에서 유래하는 문화적 산물이라는 점에서 윤리와 유사하다. 또한, 규범은 사회적 혹은 개인적으로 수용 가능한 묵시적 기준이라 할 수 있으며 윤리와 같은 수준에서 파악될 수 있다. 가치는 관념세계에서만 일어날 수 있는 것으로서 주관적이며, 동기를 유발시킬 수 있는 힘이 있는 개인의 지각 · 마음 · 의식의 기능을 말한다.

책임은 일반적으로 이해할 수 있는 "responsibility"와 업무수행의 결과에 대한 책임을 묻는 것으로 이해되는 "accountability"가 있다. 전자는 책임사항이나 책임의 내용으로 이해할 수 있고, 후자는 지시된 기준에 따라 책임사항을 수행하고 권한을 행사하는 의무로 설명하고 있다. 그리고 부패란 공직자의 직업윤리가 준수되지 않을 때 나타나는 하나의 병리현상에 해당된다고 볼 수 있으며, 이를 요약해 보면, 일반적 가치로부터 공직자에서의 윤리 · 도덕 · 의무가 파생되며 이를 확보하기 위하여 공직 책임이 요청되고 책임을 고취하기 위하여 감시와 통제가 필요한 것이라고 하겠다.

2. 공직자의 기능과 윤리의 중요성

현대 국가에서 공직자가 수행해야 할 주요한 기능[2)]은 다음과 같다.

첫째, 사회 안정화 기능이다. 전통적으로 정부는 법과 질서의 유지 · 공공사업 · 과세징수 등과 같은 대내적인 활동과, 외교활동 · 국방 등과 같은 대외적인 활동을 수

1) 오석홍, 인사행정론, 박영사, 1997, pp. 561-565.
2) 박연호, 행정학개론, 박영사, 1998, p. 23.

행한다.

둘째, 국민형성의 기능이다. 정부는 국민적 상징을 통하여 국민적 일체감을 높이고, 지역적·정치적 이익보다 국가정책이나 국민적 가치를 우선시킴으로써 국민적 통일성을 촉진시키고, 교육·종교·문화 활동에 대한 적극적인 지원을 통하여 민족적 주체의식을 고취시킴으로써 국민적 사회화에 기여하고, 자립적 성장, 공정한 분배, 광범한 정치참여 및 개인의 자아실현 등을 통하여 국민생활의 질적 향상을 도모하려고 한다.

셋째, 경제관리의 기능이다. 정부는 국민경제에 대한 관리책임을 지고 있다. 특히, 개발도상국에 있어서는 정부가 경제발전의 주도적인 역할을 담당하고 있으며, 이러한 경제적 역할은 혁신적인 사회변동에 대응하여 더욱 강화되고 있다. 정부가 수행하는 대표적인 경제관리 기능에는 보조금·기술제공 등 원조의 제공, 국민경제의 규제, 사업의 운영, 국민경제에 관한 기획과 안정화의 기능 등이 있다.

넷째, 사회복지의 기능이다. 정부는 보건·후생시설의 확충 및 효과적인 운영, 의료보험, 국민연금 제도의 실시 및 효율적 운영, 의무교육의 강화, 공공주택 사업 등 사회복지기능을 수행하여야 한다. 따라서 복지국가란 최소한의 인간다운 생활이 보장되는 국가임을 뜻한다고 할 수 있다.

다섯째, 환경관리 및 통제의 기능이다. 오늘날 정부는 자원의 보호·보전, 국토개발계획의 수립 및 추진, 각종 환경오염의 방지 등과 같은 환경통제의 기능을 수행하여야 한다.

이상에서 살펴본 공직자의 기능을 수행함에 있어 유의할 사항은 다음과 같다.

① 공익과 사익에 대한 개념을 명확히 구분하고 사익의 추구는 억제해야 한다.

② 비윤리적인 행위에 대해서는 일반인에 대한 규제보다 엄격해야 한다.

③ 직무상의 권한은 국가발전과 공익실현의 수단으로 사용해야 한다.

④ 행정 및 행정권의 확대를 민간이나 동료 등이 원한다고 해서 이를 행정수요로 착각해서는 안 된다.

⑤ 새로운 정책의 결정에 이해관계자의 참여를 억제해서는 안 된다.

⑥ 직무를 수행함에 있어 관료적 이익과 결부된 거짓말을 해서는 안 된다.

⑦ 전문 직업인으로서의 직무수행 태도뿐만 아니라 국민에게 봉사하는 기본자세를 확립해야 한다.

⑧ 적극적이고, 창의적이고, 혁신적인 직무수행 자세를 가져야 한다.

오늘날 공직자들은 과거와 같이 대규모 관료제의 톱니바퀴와 같은 존재가 아니라 국가의 주요한 정책을 입안하고 집행하는데 있어 상당한 재량권을 행사하고 있다.

담당공무원의 성공적인 직무수행은 행정의 효율성뿐만 아니라 국가발전에도 직결된다. 최근 여러 가지 이유로 공직자에 대한 책임성에 대한 신뢰문제가 자주 논의되고 있고, 공직자의 윤리성에 대한 일반국민의 신뢰가 위기에 처해 있는 것도 사실이다.

또한, 행정의 모방성, 형식성, 공직자들의 발전능력부족, 공익보다는 개인적 편익중시, 운영상 자율권 등을 특징으로 하는 개발도상국에서는 공직자들이 상당한 권력을 자신의 이익을 위하여 종종 행사하고, 부정부패가 일반화되어져 가는 것이 심각한 문제로 지적되고 있다.

오늘날 대부분의 국가에서 공직자의 역할과 재량권은 지속적으로 확대되고 있으나, 아래와 같은 공직자의 직업윤리를 저해하는 사례 또한 줄어들지 않고 있다.

① **부정행위**

상당수의 공직자들이 횡령·사기·수탈 등에 의한 부정행위를 자행하고 있으며, 특히 개발도상국에서는 공직자의 부패가 중대한 사회문제로 되어 있다.

② **비윤리적 행위**

공직자는 복무규정과 법률의 조문에 위배되지 않고, 형사상 소추되지 않으면서도 공복으로서의 직업윤리에 배치되는 심각한 행동을 할 수도 있다. 또한, 사익을 위하여 행동할 수 있는 허점이 법에 있는 것도 사실이다.

③ **법을 무시하는 행위**

공직자가 법적 권한이 없이 행동하거나 법률을 위반하는 경우가 있다.

④ **부하에 대한 불공정 대우**

공직사회에서 기관장이 소속직원에 대하여 불공정한 인사조치를 취하는 경우가 있다. 예컨대, 무능하다는 이유로 해직되었으나 사실은 상관에 대한 노골적인 비난이나 뇌물상납을 하지 못한 경우 등이다.

⑤ **법의 정당한 절차위반**

행정기관이 외부 관계자에 대하여 적법절차에 위반되는 결정을 내리고, 시민과의 접촉에 있어서 공평하게 행동하지 않는 경우가 빈번하다.

⑥ **입법의도 무시**

공직자가 법률적으로 하자 없이 행동하고 적법절차를 밟았다고는 하나, 법제정의 의도를 존중하지 않거나, 의사결정에 의해 불이익을 당하는 사회집단의 의견을 고려하지 않는 경우가 있다.

⑦ **직무수행 능력의 부족**

공직자가 직무수행 능력이 없으면 국민이 피해를 당하고, 행정기관이 맡은 바 직무를 수행하지 못하면 그 책임을 이행하지 않는 것이 된다.

⑧ **실책의 은폐**

공직자가 중대한 과오나 실책을 엄폐하려고 획책하거나 관계자에게 협조하기를 거부하기도 한다.

⑨ **적극성의 결여**

공직자가 적극적으로 정책결정을 하지 않고, 자신의 재량권도 행사하지 않는 경우가 있다. 이와 같은 행위는 공직자가 집행하는 법을 찬성하지 않고 있거나 기본적으로 적극성이 결여되었기 때문이다.

이와 같은 점들을 감안할 때 공직자에 대한 통제 및 직업윤리의 확립은 그 중요성을 아무리 강조해도 지나침이 없을 것이다.

오늘날 국가 행정기능이 양적으로 확대되고 질적으로 급변하면서 공직자가 국민생활에 많은 영향을 미치게 되었다. 또한, 공직자는 광범위한 재량권과, 자원배분에 대한 권한을 행사할 수 있게 됨으로써 권력의 비대화에 따른 부패의 가능성이 많게 되었다. 그리고 공권력의 증대는 더욱 많은 가치판단을 요구하게 되었으며 이에 대한 합리성 확보를 위하여서는 그들의 윤리관에 의지할 수밖에 없다.

따라서 공직자의 확고한 직업윤리의식을 정립하지 않고서 기술문제나 능률문제를 다루는 것은 무의미할 뿐만 아니라 위험한 일이기도 하다. 모든 국가에서 공직자의 윤리의식을 향상시키기 위해서 부단한 노력을 경주하고 있는 것도 바로 이러한 이유이며 공직자의 직업윤리가 행정연구의 중심과제가 되고 있는 것도 바로 이 때문이다.

우리나라 공직자는 다른 국가의 공직자와는 달리 급진전되는 남북관계, IMF 이후 경제난국 극복을 위한 과정 속에서 나타나고 있는 집단이기주의, 노사분규, 사회 각층의 욕구분출 등 많은 갈등과 어려움 속에서, 이를 슬기롭게 극복하고 평화적인 조국통일을 이룩해야 하는 민족적 사명을 띤 세계유일의 분단국 공직자로서 분단국가의 특수성과 일반적·보편적 특수성을 동시에 고려하여야 하는 어려운 과제를 지니고 있는 것으로 사료된다.

3. 공직자의 행동규범

공직자에 대한 윤리적 기대를 규정하는 공직자의 행동규범은 크게 공식적인 것과 비공식적인 것으로 나누어 생각해 볼 수 있다. 공식적인 규범에는 법령, 규칙, 윤리강령, 선언문 등이 있고, 비공식적인 규범에는 선례, 관습, 비공식적 기대 등이 있다.

우리나라는 공직자의 행동규범이 자율적으로 준수되도록 조장하는데 그치지 않고 중요한 것을 법으로 규정하여 의무화하고 있는데, 국가공무원법에서 공무원의 법적 의무로 규정한 내용을 살펴보면 다음과 같다.

① **취임선서 의무**

공무원의 취임선서 내용을 보면 "나는 국민 전체에 대한 봉사자로서의 책임과 조국의 번영을 이룩하는 영광스러운 길잡이임을 깊이 자각하고 법령 및 직무상의 명령을 준수·복종하며 창의와 성실로서 맡은 바 의무를 다할 것을 엄숙히 선서합니다." 라고 되어 있다. 즉, 이 선서의 내용은 국가발전의 선도자적 역할, 국민 전체에 대한 봉사, 명령에 대한 복종, 충실한 직무수행을 강조하고 있는 것으로 요약된다.

② **성실의무**

공직자는 국민 전체의 이익을 위한 봉사자로서 공익을 위하여 법을 지키며 자기가 맡은 직무를 성실하게 수행하여야 한다. 성실의무는 모든 의무의 원천이 되는 기본적인 의무로서 인간이 지녀야 할 가장 소중한 가치의 하나이며 어떠한 일을 하든지 항상 몸에 지녀야 할 귀중한 덕목인 것이다. 따라서 성실의무는 공직자의 행동을 규제하기 위한 규범이라기보다는 공직자가 마땅히 지향해 가야 할 행동지표로 보는 것이 타당할 것이다.

③ **복종의무**

공직자는 직무를 수행함에 있어서 소속상관의 직무상의 명령에 복종하여야 한다. 공직자는 계층구조 속에서 직무를 수행하기 때문에 위계질서를 명확하게 하여 근무기강을 확립해야 한다. 그런데 상관의 명령이 위법이거나 행정규범과 상충될 때 복종하지 않은 공직자를 어떻게 보호하여 공직윤리를 향상시킬 것인가 하는 문제가 제기될 수 있다.

④ **직장이탈금지**

공직자는 소속상관의 허가 또는 정당한 사유 없이 직장을 이탈하지 못한다. 이 규정은 보다 좁은 의미로서 출근부의 날인, 외출·출장기록부에 자기소재를 항시 기록

표시할 의무를 포함하게 된다. 그리고 수사기관이 현행범이 아닌 공직자를 구속하고자 할 때에는 사전에 그 소속기관의 장에게 통보하여야 한다. 직장이탈을 금지하는 규범은 직무를 충실히 수행하고 직장 내의 질서를 유지해야 한다는 규범을 보완하는 것으로 이해된다.

⑤ **친절 · 공정의 의무**

공직자는 국가에 대한 봉사자로서 민간인으로의 봉사자라는 뜻을 갖고 있다. 따라서 공직자는 국민의 복지향상을 위해 친절하고 공명정대한 봉사를 하여야 할 법적 의무를 지닌다. 친절 · 공정의 의무는 단순한 도덕적 · 윤리적인 의무가 아니다.

⑥ **비밀엄수의 의무**

공직자가 공공업무를 수행함에 있어서 알게된 사실이나 비밀은 재직 중에는 물론이고 퇴직 후에도 엄격히 보존해야 할 책임이 있다. 이는 직무상의 기밀로 규정된 비밀을 지키라는 뜻으로 해석하면 된다. 그러나 오늘날 민주국가에서는 상충되는 다른 요청으로 인해 쟁점화되고 있는 경우가 많다. 국민 전체의 안위나 조직 내 질서유지, 고객의 이익과 인권의 보호 등을 위해서 비밀유지의 필요성이 인정되지만, 한편, 국민의 알 권리와 언론자유 그리고 국민에 의한 행정통제의 요청 등을 어떻게 조화롭게 절충시켜 나갈 것인가가 당면한 과제가 되고 있다.

⑦ **청렴 의무**

공직자는 직무와 관련하여 직 · 간접적으로 사례, 향응, 증여 등을 수수할 수 없으며, 직무상의 관계 여하를 불문하고, 그 소속상관에게 증여하거나 소속공무원으로부터 증여를 받아서는 안 된다. 이 의무를 위반하게 되면 공직자는 징계사유가 될 뿐만 아니라, 형사상의 증 · 수뢰죄를 구성하게 된다.

⑧ **영예 등의 수령규제**

공직자가 외국정부로부터 영예 또는 증여를 받을 경우에는 대통령의 사전 허가를 받아야 한다.

⑨ **품위유지의 의무**

공직자는 국민의 공복으로서 직무의 내외를 불문하고 그 품위를 손상하는 행위를 하여서는 안 된다. 깨끗하고 단정한 용모를 갖출 것은 물론이고, 언행에 있어서도 공직자로서의 어긋남이 없어야 한다. 이는 공직자의 체면 · 위신 · 신용을 유지하기 위한 것이므로, 공직자는 국민의 공복으로서, 국민 전체에 봉사자로서의 직책을 다 함에 손색이 없는 인품을 지녀야 한다는 뜻이다.

⑩ **영리업무 및 겸직금지**

공직자는 공무 이외의 영리를 목적으로 하는 업무에 종사할 수 없다. 그리고 소속 기관장의 허가 없이 다른 직무를 겸직할 수도 없다. 이 조항은 공직자의 충실한 직무수행과 이익추구로 인한 공적 피해를 막기 위한 규범이라 하겠다. 공직자가 영리업무에 종사하게 되면 권력남용이나 불법을 저지르기 쉽고 공무에 전념할 수도 없게 된다.

⑪ **집단행위의 금지**

공직자는 노동운동이나 기타 공무 이외의 일을 위한 집단행동을 할 수 없다. 그러나 노무에 종사하는 철도노조원이나 체신노조원은 예외이다. 따라서 공직자는 단결권, 단체교섭권, 단체행동권과 같은 노동3권을 포기해야 한다.

⑫ **정치운동의 금지**

공직자는 정치적 중립을 지켜야 하며, 정당 기타 정치단체의 결성에 관여하거나 이에 가입할 수 없다. 그리고 선거에서 특정인을 지지하거나 반대하기 위한 행동을 해서도 안 된다.

그리고 공직자의 충성의무에 관해서는 공무원 법규에 별도의 조항을 두고 있지는 않으나 공직자의 국가에 대한 충성의무는 지극히 당연한 것이라 사료된다.

4. 공직자의 바람직한 윤리의식

21세기의 공직자는 우리 사회가 바라는 조국의 평화통일과 국가발전이라는 막중한 임무를 성실히 수행할 수 있어야 한다. 그러기 위해 공직자가 가져야 할 바람직한 윤리의식을 살펴보면 다음과 같다.

첫째, 새 시대의 공직자에게는 청백리의 모습이 요구된다. 이는 공직자의 청렴성이 가장 중시된다는 뜻이다.

둘째, 새 시대의 공직자에게는 인본주의적 요소가 강조되어야 한다. 우리나라 공직사회는 지난날 권위주의에 사로잡혀 약한 자에게는 군림하고 강한 자에게는 비굴할 정도로 아첨하는 작태를 보여왔다. 새 시대에는 인권을 존중하고 모든 사람을 동등하고 평등하게 대해주는 기본자세를 갖추어야 하겠다.

셋째, 새 시대의 공직자에게는 형평성을 강조해야 한다. 공직자는 시민을 대할 때 항상 공정성과 형평성을 잃지 않아야 한다. 모든 공무가 사회적 지위와 신분에 관계

없이 공평하게 처리될 수 있을 때 우리 사회는 밝고 건강한 사회가 될 수 있다.

넷째, 새 시대의 공직자에게는 강한 책임감이 요구된다. 무책임한 언행은 공직자의 신뢰를 상실하게 만든다.

다섯째, 새 시대의 공직자에게는 주인의식이 요구된다. 이는 자기 삶에 대한 주인의식은 물론이고, 소속된 직장과 일터에서 자긍심을 가지고 직무수행에 성실하게 임하는 기본적인 생활자세가 확립되어 있어야 한다는 것이다.

여섯째, 새 시대의 공직자에게는 자기분수를 알고 지킬 줄 아는 지혜가 요구된다. 공직자는 분수에 맞는 생활을 해야하고, 축재와 사치 그리고 과소비와 같은 분수에 어긋나는 행동을 해서는 안 된다.

일곱째, 새 시대의 공직자에게는 높은 윤리의식과 윤리적 행동이 요구된다. 무도덕 무규범성은 윤리의식의 상실에서부터 비롯된다. 우리 사회의 부정과 부조리를 척결하기 위해서는 무엇보다도 공직자의 높은 윤리의식이 필수적이라 생각된다.

여덟째, 새 시대의 공직자에게는 강한 직업소명의식이 요구된다. 공직에 대한 자긍심을 가지고, 공직을 천직으로 여기면서 국민을 위해 봉사하는 기쁨으로 생활할 수 있는 자세가 필요하다.

5. 공직자의 윤리헌장

정부는 1980년 12월 29일 공직자 윤리헌장을 제정·선포했다. 이는 당초 1961년 6월 29일 내각수반훈령 제8호로 발령된 전문 11개조문의 「공무원의 윤리강령」을 1969년 대통령령 제27호로 된 전문 3개조항의 「공무원의 신조」로 개편하였던 바 그 내용이 너무 추상적이고 포괄적일 뿐만 아니라 정신적 이념과 역사관이 부족하다는 지적이 있어 다시 제정하게 된 것이다. 공직자의 윤리헌장은 크게 전문·본문·공무원의 신조로 나누어져 있으며, 전문에서는 민족적·국가적 차원에서 공무원에게 부여된 사명과 공무원이 겨레의 사명에 따라 준수해야 할 정신적 지표를 국가과업의 분야에 따라 항목별로 선정하고 있으며, 공무원의 신조에서는 위와 같은 철학적·정신적 이념을 실천하는데 필요한 행동지침, 실천목적을 제시하고 있다.

▌공무원 윤리헌장

- 우리는 영광스러운 대한민국의 공무원이다.
- 오늘도 민족중흥의 최 일선에 서서 겨레와 함께 일하며 산다.
- 이 생명은 오직 나라를 위하여 있고, 이 몸은 영원히 겨레 위해 봉사한다.

- 충성과 성실은 삶의 보람이요, 공명과 정대는 우리의 길이다.
- 이에 우리는 국민 앞에 다하여야 할 숭고한 사명을 민족의 양심으로 다지며, 우리가 나가야 할 바 지표를 밝힌다.
- 우리는 민족사적 정통성 앞에 온 신명을 바침으로써 통일 새 시대를 창조하는 역사의 주체가 된다.
- 우리는 창의적 노력으로 최대의 능력을 발휘함으로써 민주 한국을 건설하는 국가의 역군이 된다.
- 우리는 불의를 물리치고 언제나 바른 길만을 걸음으로써 복지국가를 실현하는 겨레의 기수가 된다.

공무원의 신조

- 국가에는 헌신과 충성을
- 국민에게는 정직과 봉사를
- 직무에는 창의와 책임을
- 직장에서는 경애와 신의를
- 생활에는 청렴과 질서를

공무원윤리헌장 실천 강령

◇ 국가에는 헌신과 충성을

① 애국선열의 위국충정을 귀감으로 삼고 신명을 바쳐 국가안보에 앞장선다.
② 새 역사 창조의 기수로서 민주복지국가발전에 이바지한다.
③ 확고한 민족주체의식을 가지고 사대주의 사상을 단호히 물리친다.
④ 실속이 없는 전시행정이나 지속성 없는 졸속행정의 폐습을 지양한다.
⑤ 공개행정을 실천하여 국민의 참여와 협조를 얻도록 노력한다.
⑥ 민원인을 대할 때에는 내 집의 손님처럼 친절과 예절을 다한다.

◇ 직무에는 창의와 책임을

① 전문지식과 기술을 부단히 연마하여 부여받은 업무를 창의적으로 개선시켜 나간다.
② 모든 업무는 신중히 검토하고 사심없이 처리하며, 그릇된 제도나 정책은 과감히 시정한다.
③ 맡은 바 직무는 어떠한 유혹에도 굴하지 않고 소신있게 처리한다.
④ 업무처리는 분명히 하고, 그 결과에 대하여는 스스로가 책임을 진다.
⑤ 기관 간의 업무협조를 원활히 하여 전체적인 행정목적 달성에 적극 기여한다.

⑥ 근무시간 중에는 직무에만 전념하고 사사로운 일로 시간을 낭비하지 아니한다.

◇ 직장에선 경애와 신의를

① 내 직장을 내 집같이 여겨 명랑하고 화목한 근무환경을 조성한다.
② 상사의 명령에 복종하되, 부당한 지시는 소신껏 건의하여 바로 잡도록 노력한다.
③ 부하의 인격을 존중하여 올바른 건의는 진지하게 받아들이고 잘한 일은 칭찬으로 격려한다.
④ 독선과 아집을 버리고 이해와 겸손으로 동료 간의 융화를 도모한다.
⑤ 언행의 일치와 약속의 이행으로 서로 믿을 수 있는 공직풍토를 조성한다.
⑥ 직장 내의 파벌조성을 삼가며 남을 비방하거나 모함하지 아니한다.

◇ 생활에는 청렴과 질서를

① 조상이 남긴 청백리 정신을 계승하여 공직사회의 기강확립에 앞장선다.
② 직권을 이용하여 이권에 개입하지 않고 사사로운 정에 끌리는 정실을 물리친다.
③ 허례허식을 삼가고 근검절약의 실천으로 분수에 맞는 생활을 한다.
④ 준법정신을 생활화하고 공중도덕을 준수하여 사회질서 확립에 앞장선다.
⑤ 화목한 가정생활과 올바른 자녀교육을 위하여 노력한다.
⑥ 이웃과는 항상 웃으며 인사하고 상부상조하는 미풍양속을 솔선하여 실천한다.

Ⅵ. 언론인의 직업윤리

21세기는 정보화사회이다. 정보화사회에서는 누가 필요한 정보를 보다 신속・정확하게 그리고 보다 많은 양의 정보를, 확보하고 관리하고 이용할 수 있느냐에 따라 개인의 성공과 삶의 질이 다르게 된다. 다시 말해, 이는 우리의 삶의 환경을 조성하는 정보를 창출하고 제공해 주는 언론 혹은 매스미디어가 얼마나 양질의 정보를 생산하고 공급하느냐에 따라 우리의 삶의 질이 결정된다는 뜻이다.

우리가 언론인의 직업윤리에 관심을 가지는 이유도 바로 여기에 있다. 언론 또는 매스미디어의 능력과 양식은 이제 우리의 삶의 질을 좌우하는 중추적인 역할과 기능을 담당하게 되었다.

1. 언론인의 직업윤리란?

언론인의 직업윤리란 사회공기로서의 언론이 공적 과업을 수행함에 있어 준수해야 할 규범체계라 할 수 있다. 따라서 언론인의 직업윤리는 조직으로서의 언론매체가 준수해야 할 규범인 동시에 전문적인 직업인으로서의 언론인 개개인의 직무수행상의 규범이기도 하다. 우리는 여기서 언론조직이 전문인 조직이며, 또한 규범조직이라는 점에 유의할 필요가 있다. 왜냐하면, 규범조직이란 통제와 복종의 관계가 공통된 규범과 가치관에 입각한다는 점 때문이다. 따라서 규범조직으로서 언론 전문인의 조직은 일의 자율성이 생명이다. 그러므로 언론인의 직업윤리의 준수는 타율에 의한 통제를 요청하고자 하는 것이 아니라 자율적 통제에 의해 사회적 책임을 다해 줄 것을 기대하는 것이라 하겠다. 사실상 일 그 자체에서 오는 충족감과 일에 대한 관심과 참여는 전문직의 경우 자율에 의해서만 극대화될 수 있는 것이다.

다시 말해, 조직차원에서의 언론윤리는 사회적 공기로서의 언론이 공적과업을 수행함에 있어서 준수해야 할 규범체계이며, 언론의 기본적 가치체계의 확립을 의미하는 것이고, 언론인 개인차원에서의 언론윤리는 언론인의 행위가 옳고 그른 것, 선하고 악한 것, 또 책임 있고 없는 것을 스스로 판단할 수 있도록 어떤 행위의 규범을 제시하는 것,[3]또는 언론인의 사회적 역할과 연관된 가치지침 내지 행동지침으로서 기본적으로 신문이든 방송이든 간에 뉴스보도를 담당하는 기자들의 행동지침들[4]과 연관되어 있다고 설명할 수 있다. 그러나 언론인 개인으로서의 윤리를 강조하는 개념이나 조직으로서의 윤리를 강조하는 개념 모두 궁극적으로는 언론행위로 귀결된다고 할 때 언론윤리는 언론인과 언론조직을 망라하는 언론행위에 있어서의 가치기준이자 도리이며 도덕규범의 총체라고 정의될 수 있을 것이다.

2. 신문・방송과 직업윤리

현대사회에서 신문과 방송의 영향력은 절대적이다. 오늘날 신문과 방송이 수행하는 가장 중요한 기능은 우리의 일상생활환경에서 일어나는 일들을 알려주는 보도의 기능과 그러한 일들이 지니고 있는 의미를 해설해 주거나 논평하는 기능일 것이다.

---

3) 이광재, 언론윤리의 개념과 그 발전에 관한 역사적 고찰, 현대사회와 언론의 자유, 팽원순 교수 회갑기념 논문집, 서울: 나남, 1989, p. 256.
4) 김학수, 언론윤리와 한국 언론 변동활동, 서울: 서강대학교 언론문화연구소, 1991, p. 12.

다시 말해, 언론은 지식과 정보를 제공하고, 문화를 전달하고 보전하며 또한 문화의 확산과 변화를 주도하기도 한다. 뿐만 아니라 교육, 사회화(socialization), 오락, 선전, 광고 등의 기능도 수행하며 이로 인해 여러 가지 역기능도 나타나고 있다. 또 우리는 이 같은 언론의 기능을 통해서 우리의 삶을 영위하고 있는 현실을 인식하게 된다.

1) 신문과 직업윤리

신문은 신문 자체가 지닌 공공성에 비추어 볼 때, 마땅히 높은 품격과 긍지가 요구되며 저급한 행동이나 그 유인이 되는 행동은 일체 용납되지 않는다. 신문인은 그 양식으로서 신문윤리강령을 채택하고 이에 충실하여 사회적 요구에 부응하여야 한다.

신문인에게 신문윤리강령의 준수의무를 부과하고 있는 가장 주된 이유는 신문 자체가 지닌 사회공기로서의 중요성 때문이다. 여기서 한국신문윤리위원회가 준칙으로 삼고있는 신문윤리강령의 내용을 요약 정리해보면 그 내용은 다음과 같다.

첫째, 보도와 평론의 태도

① 보도와 평론의 분리, 집필자의 성명을 밝히지 않고 개인의 의견을 삽입하지 않는다.

② 미확인 사실을 보도할 때는 미확인임을 명시하고 과대보도하지 않을 의무, 비공식적이고 사적인 담론은 공공이익에 절대로 필요하지 않는 한 보도를 하지 않을 의무

③ 사실보도 및 사실왜곡을 하지 않을 의무

④ 재판의 판결에 영향을 주는 취재 평론을 하지 않을 의무

⑤ 사실과 다르거나 부정확한 보도를 즉각 정정할 의무

둘째, 독립성

① 특정 청탁 등의 압력 배제

② 정치상의 선입견 또는 개인 또는 기관단체의 이익을 위해 고의로 사실을 과정, 감쇠를 하지 않을 의무

③ 종교, 종파를 부당하게 공격하여 종교상 증오와 분규 야기를 하지 않게 할 의무

④ 내외의 국가원수의 명예의 존중

셋째, 타인의 명예와 자유

① 공공이익을 위함이 아니고는 개인의 명예를 훼손하는 보도 · 평론을 해서는 안된다.

② 공공의 이익에 관련되지 않는 한 개인의 사생활을 보도 또는 논평해서는 안 된다. 공공의 이익과 대중의 호기심은 엄격히 분리되어야 한다.

③ 공직자 또는 기관단체에 대해 부당하고 저열한 표현을 하는 공격금지

④ 형사사건을 보도함에 있어 피고인의 유죄의 판결을 받을 때까지는 무죄라는 원칙을 엄수해야 한다.

⑤ 미성년자 또는 피고인 및 능욕을 당한 부녀자의 성명과 사진을 공개해서는 안 된다.

⑥ 비판받은 자에게 지면에서 변명의 기회를 제공해야 한다.

넷째, 품격

① 신문인은 품격을 유지하여야 한다. 특히 강자에 영합하는 모든 언동을 피해야 하며 물질적 · 정신적임을 막론하고 뇌물을 요구하거나 받아서는 안 된다.

② 신문인에 대해서는 품격이 유지될 수 있는 적정한 조건이 조성되어야 한다.

③ 취재대상이 되는 개인 또는 기관단체에 대해 필요한 예의를 지켜야 하며 특히 취재내용을 제공한 자를 보호해야 한다. 따라서 취재내용의 기사화 여부에 관한 언약은 이를 피해야 하되 만일 기사화하지 않음을 언약한 경우에는 그것이 공공의 이익에 절대적으로 필요하지 않는 한 이를 지켜야 한다. 또 신문인은 기사 출처의 비밀을 지켜야 하며 전직 후라도 이 원칙을 지켜야 한다.

④ 출판물의 내용 표절금지 등을 들 수 있다.

⑤ 기자는 출입하는 곳에서 취재 자유보장을 위한 것 이외의 목적으로 결속되어서는 안 된다.

2) 방송과 직업윤리

현대사회에서 방송의 영향력은 신문에 비해 보다 신속하고 강하며 영향력의 범위 또한 광범하다. 이러한 이유로 우리나라에서는 1981년 3월 30일 방송심의규정을 제정 · 공포하였는데, 여기에서는 방송에 관한 주요 결정사항들을 규정하고 있다. 따라서 구체적인 방송심의규정을 요약하여 정리해보면 그 내용은 다음과 같다.

첫째, 보도방송에 관련된 내용

① 보도방송에 불필요한 객담이나 억양으로 뉴스를 허위, 과장 또는 왜곡함으로써 시청자나 청취자의 오해를 불러일으키지 않도록 할 의무

② 뉴스보도에서 주관적인 표현이나 해석을 하지 않아야 할 의무

③ 특정 단체나 개인을 비방하거나 중상 또는 인신공격하는 표현은 쓰지 아니할 의무

④ 찬반의 주장이 대두될 경우 어느 한쪽을 비호하거나 강조하거나 회피하지 않을 의무

⑤ 이해가 상충되는 공공문제는 다각적으로 취급하여 편중보도를 하지 않을 의무

⑥ 미확인 보도는 신중하게 다룰 의무

⑦ 사실보도라 할지라도 사회악을 유발할 내용이나 이를 비방·조장할 우려가 있는 것은 이를 예방차원에서 취급해야 할 의무

⑧ 미성년자, 범죄피의자, 욕을 당한 부녀자의 주소공개는 시, 군, 면, 동까지만 공개할 의무, 교육·종교 등의 기관 명은 밝히지 않을 의무

⑨ 뉴스의 취급은 공안과 공익에 유의하여 사회질서와 국민생활 안정을 우선적으로 배려할 의무

⑩ 시청자나 청취자가 경악, 불안 또는 불쾌감을 느낄 수 있는 자극적인 표현을 피할 의무

둘째, 사회교양방송에 관련된 내용

① 점·유사종교·수상이나 관상학·독심술·최면술 등에 관한 주제취급은 신중을 기할 의무

② 부인병 등 상담에서 방송의 품위손상을 하는 직설적인 표현을 하지 않을 의무

③ 지역감정을 유발·조장·자극하는 표현이나, 직업의 귀천을 암시하는 표현을 하지 아니할 의무

④ 특정인의 추행이나 추태를 확대 과장하여 묘사하지 아니할 의무

셋째, 연예·오락방송에 관련된 내용

① 역사물을 소재로 한 방송극은 미래지향적인 계도역할을 할 수 있도록 묘사한다.

② 방송국에서 상업흥신소의 업무가 마치 개인의 프라이버시(privacy)를 조사할 수 있는 것처럼 묘사해서는 안 된다.

③ 무대 소도구 사용에서 상표, 상호, 전화번호, 주소, 공공기관 명 등을 부당하게 밝히는 일로 특정인에게 이익이나 불이익을 주어서는 안 된다.

④ 미풍양속을 해치는 퇴폐적인 오락풍조는 이를 조장하여 다루지 아니한다.

⑤ 게임프로그램 진행담당자는 게임진행규칙을 준수토록 유도한다.

⑥ 코미디 소재에 있어서 상대방의 언행, 술수를 공격함으로 만족감을 얻거나, 가장의 무기력하고 비굴한 모습이나 행동을 부각시키는 일은 하지 않는다.

넷째, 음악방송에 관련된 내용

① 전승해 오는 민요라 해도 저속, 퇴폐적인 민요, 가요는 방송선곡에서 신중을 기한다.

② 외국가요는 가사, 창법, 선율 등 작품 전체에서 풍기는 품위 등이 우리 사회의 통념과의 조화를 고려하여 선곡한다.

다섯째, 광고방송에 관련된 내용

① '씨엠송'에 있어서 광고가사에 기존선율을 인용해서 방송하지 아니한다.

② 광고모델에서 외국인 모델 사용은 주체성을 해치는 것이어서는 안 된다.

③ 안내광고는 공익성이 결여된 것이어서는 안 된다.

이상에서 살펴 본 바와 같이 우리나라의 언론윤리는 각 매체 영역별로 자율적 통제기구나 또는 심의위원회 등을 통해 매체별 윤리기준을 제공하고 있다.

이러한 자율적 통제장치로 마련된 윤리강령이나 실천요강 가운데서 가장 먼저 제정되었고 모범이 되는 것은 앞에서 살펴본 신문윤리강령과 그 실천요강이라 할 수 있다. 이 윤리강령과 실천요강은 1957년 4월 7일 신문의 날을 맞아 선포, 채택된 것으로 한국 신문편집인 협회가 제정한 것이다. 그 후 한국 일간신문 발행인 협회(현, 한국신문협회), 한국통신협회, 한국기자협회 등 언론단체들이 추가 채택하였다. 이 강령과 요강은 그 뒤 다른 매체의 윤리강령이나 실천요강의 기본 틀이 되었다는 점에서 의의가 크다고 하겠다. 따라서 이 강령과 요강은 한국언론 윤리의 기준이라고 보아도 잘못은 아닐 것이다.

마지막으로 엄격한 것으로 잘 알려진 〈워싱턴 포스트〉지의 보도기준 및 윤리를 정리해 보면 다음과 같다.

첫째, 〈워싱턴 포스트〉는 언제 어디서나 가능하면 이해상충이나 이해상충의 인상을 피할 것을 천명한다. 우리는 이 문제에 관한 엄격한 정책을 채택하고 있으며 이 정책이 사기업의 세계에서 관행적으로 통용되는 것보다 훨씬 더 엄격하다는 것을 알고 있다.

둘째, 우리는 우리의 비용을 우리 자신이 지불한다. 우리는 뉴스 원(源)으로부터 선물을 받지 않는다. 우리는 무료여행도 받아들이지 않는다. 선물불가 규정에 대한 예외는 최소한의 것이고 명백한 것에 한한다(예를 들면 식사초대). 공중에게 무료가 아닌 어떤 행사에도 무료로 입장하지 않는다. 유일한 예외는 기자석과 같은 일반 공중에게 판매되지 않는 좌석의 경우이다. 가능할 때는 언제나 그러한 좌석에 대해서도 요금을 지불한다.

셋째, 우리는 상급자의 허가 없이는 〈워싱턴포스트〉외의 누구를 위해서도 일하지 않는다. 정부와의 결탁은 가장 혐오스럽다. 기업이나 금융시장을 보도함에 있어서 이해상충을 피하기 위해 기업 및 금융을 담당한 직원은 그 부서의 장에게 자신의 증권소유를 공개해야 한다. 편집국의 어느 부서에서 일하든 기자나 편집자는 〈워싱턴포스트〉를 위해 보도나 편집을 할 때 이해상충 관계에 있을 수 있거나 그렇게 보이는 금융에 대한 이해관계를 해당 부장에게 공개해야 한다. 부장은 자신의 금융상황을 편집국장에게 공개해야 한다.

Ⅶ. 간호사의 직업윤리

1. 간호사 직업윤리란?

오늘날 현대사회에서는 인간 삶의 질의 향상이 무엇보다 중시되면서 간호에 대한 사회적 요청이 크게 증대되고 있다. 최근 간호사들의 역할과 활동영역이 크게 확대되면서 사회 속에서 간호사의 존재의미도 더욱 커지고 있다. 이제 간호사들은 단순히 병원이나 의사의 지시를 그대로 따르는 수동적인 존재가 아니라 타인들의 건강과 생명에 관련되는 중요한 결정에 참여해야 하는 처지에 놓이게 된 것이다.

그러나 간호사들은 자신들이 처한 현실 속에서 당면하는 도덕적 문제에 대해 개별적이거나 상식적 또는 감정적 차원에서 대처하고 있는 실정이다. 따라서 복잡하고 심각한 문제들에 직면하게 되면 많은 갈등과 무력감마저 느끼는 경우가 많다. 이와 같은 현실을 감안해 보면 간호사들의 적극적인 도덕적 논의가 시급하다고 판단된다.

지금까지 간호사들의 상식적인 윤리관이나 양심 그리고 간호사윤리강령 등이 행동규범으로 작용해 왔다. 그러나 이러한 개인의 윤리관이나 양심이 전문적인 간호사 직무에 행동규범으로 적용되기에는 미흡한 면이 많았다. 다시 말해 상식적인 윤리관이나 양심은 너무 개별적이거나 주관적이며 간호사윤리강령 또한 그 내용이 지나치게 포괄적이고 일반적인 것이어서 실제 간호사의 직무수행을 위한 구체적인 행동지침으로서는 부족한 점이 많았다. 따라서 간호사들이 현실적으로 당면하고 있는 제 문제들을 바르게 해결하고, 마땅히 수행하여야 할 의무를 제대로 수행하기 위해서는 실제적인 행동규범이 될 수 있는 간호윤리의 모색이 절실하게 요구되고 있는 것이다.

간호사의 직업윤리를 바르게 이해하기 위해서는 간호에 대한 이해가 전제되어야 한다. Dolan(1963)에 의하면 원시시대에 여성의 역할은 가족과 부족을 위하여 음료수와 음식을 마련하는 일, 주거환경을 위생적으로 관리하는 일, 질병의 전파를 막는 일, 질병 발생 시 치료를 받도록 주선하는 일, 불구를 예방하는 일 등이었다고 하는데 이는 전통적인 간호업무와 일치하며 많은 간호학자들이 간호의 본질로서 제시하는 내용과도 일치함을 볼 때 간호의 본질은 인류역사의 시작과 더불어 여성의 역할을 그 모태로 하고 있다고 볼 수 있다.

간호는 추상적이고 복합적인 개념으로 내용이 포괄적이므로 한 마디로 정의하기란 어렵다. 역사적으로 볼 때 가장 오래되고, 가장 기본적인 간호개념은 모성애적 본능에 의한 보살핌과 보호, 양육이라고 할 수 있다. 간호(nursing)를 한자로는 보살피고 보호한다는 의미에서 볼 간(看), 보호할 호(護)자를 쓴다. 또한, 영어로는 간호를 nursing이라 하는데 이는 먹이다, 기르다, 양육하다 등의 의미가 포함된 nurture에서 유래되었다. 이러한 기본적인 간호개념은 시대와 사회적 변천, 그리고 건강에 대한 사회적 요청의 변화 및 간호 이론의 발달에 따라 점점 포괄적인 개념으로 변화, 확대되었다. 따라서 오늘날 간호의 개념 속에는 인간을 위한 봉사 혹은 인간을 돕는다는 의미가 내포되어 있으며, 전인적인 개별화된 간호를 지향하고, 간호의 비인간화와 간호부재를 초래하는 모든 비인격적 체계를 거부한다.

간호에 대한 개념 정의는 학자에 따라 다소간의 견해를 달리하고 있으나 대한간호협회에서는 "간호란 모든 개인, 가정, 지역사회를 대상으로 하여 건강의 회복, 질병예방, 건강유지와 증진에 필요한 지식, 기력, 의지와 자원을 갖추도록 직접 도와주는 활동이다"라고 정의하고 있다.

Florence Nightingale은 "간호는 과학이고 예술이며 전문적 직업이다"라는 근대간호학의 기초를 확립하였다.

간호의 본질은 변함이 없으나 간호의 기능은 시대를 달리하면서 그 내용 또한 변하고 있다. 따라서 현대적 의미에서 간호란, 인류를 위한 봉사를 기본적인 사명으로 하고 모든 사람의 건강유지 및 증진을 위해 안전한 환경을 조성하고 간호대상자인 인간의 전체, 즉 그들의 육체적·정신적·정서적 또는 사회적·영적인 모든 면에서 그들을 돌보고 위로하고 평안하게 도와주며 그들의 치료와 회복을 위해 다른 의료·보건에 종사하는 사람들과 협조하며, 그들의 질병예방과 보건교육까지도 실시하는 것이라고 할 수 있겠다. 모든 사람, 즉 환자는 물론 건강한 사람들까지도 일생을 통해 더욱 건강하고 행복하게 살도록 돌보고 도와주는 것을 의미하는 것이다.

간호는 인간을 대상으로 한다는 점에서, 그리고 여성, 특히 어머니들의 모성애적 본능과 기독교적 박애정신에 의해 가족을 돌보고 보호하고 양육한 것으로부터 비롯되었다는 점에서 인본주의 전문직으로서의 특징을 지닌다. 그러므로 간호는, 인간을 사랑하고 인간의 생명과 존엄성과 권리를 존중하는 인본주의 이념과 윤리를 중요시하며, 인간의 건강 증진과 질병예방, 인간회복 및 고통경감을 위해 의무와 책임을 다하는 것을 궁극적 목적으로 한다. 즉, 인간을 총체적이며 자율적인 존재로 이해하며, 개별화된 간호와 참되고, 인간적인 간호, 혹은 인간성 회복을 돕는 양질의 간호를 제공하기 위해, 간호의 수단이나 방법보다 간호를 제공하는 간호사의 간호이념, 가치, 신념에 의한 목적을 더욱 중요시한다. 그 이유는 간호지식과 기술은 간호 제공을 위한 도구로 사용될 뿐, 간호사의 목적에 따라 그러한 지식과 기술이 간호를 위해 유익하게 사용될 수도, 혹은 유해하게 사용될 수도 있기 때문이다.

2. 간호사의 윤리강령

간호사의 윤리강령은 개인과 간호, 건강 그리고 사회의 본질에 관한 신념에 기초가 되며, 간호는 대상자의 건강보호 및 증진과 회복, 질병예방, 고통경감을 포괄하며 개인·가족·집단과 지역사회를 포함한다.

임상에서 윤리적인 판단을 내릴 때 간호사들은 일반적인 도덕원칙과 결과를 고려하여 의사결정을 하며 간호행위를 처방하고 정당화한다. 이러한 원칙의 가장 기본적인 것은 개인에 대한 존중이다. 이 기본원칙에서부터 자율성, 선행, 무해성, 정직, 신의, 성실성 그리고 정의 등의 원칙이 파생된다.

윤리강령의 진술과 해석은 전문직의 윤리적 의무와 양질의 간호수행과 함께 일관성 있는 행위를 위해 행동지침을 제공하는 것이며, 사회로부터 맡겨진 신뢰와 책임에 대한 전문직의 수용을 암시하고, 사회와 간호전문직 사이에 내포된 계약의 조건 아래 사회는 전문직의 업무수행이 가능할 수 있도록 명백한 자율성과 권한을 부여한다. 따라서 윤리강령의 발달은 전문직 행위를 위해 중요한 것이고, 전문직의 자기통제를 위한 수단을 제공한다. 그러므로 간호사들의 윤리강령은 간호사 개인에게 강요된 외적인 행위규범이라기보다 간호양심과 철학의 집단표현인 것이다.

따라서 간호사 윤리강령은 간호행위를 안내하고 평가하기 위한 일반적인 원칙을 제공하며, 간호사들이 윤리적 의사결정을 할 때 그리고 대상자와 다른 건강요원들과 전문직을 위해 책임을 수행할 수 있도록 기본적인 틀을 제공하는 것이다.

오늘날 간호사의 윤리강령은 법률 이상의 의미를 가지며 간호 전문직 업무수행의 나침반이 되며 윤리적 지침을 제공하는 것이다.

1) 한국 간호사의 윤리강령

우리나라에서는 1966년에 대한간호협회 윤리위원회가 발족하였고, 1972년에 윤리강령을 제정하여 그 해 5월 12일 국제간호사의 날에 공포하였는데 구체적인 내용은 다음과 같다.

◇ 한국간호사 윤리강령의 서문

윤리강령의 서문에서는 간호의 근본이념과 기본책임, 강령제정의 구체적인 목적과 긍정적인 목표 그리고 목적에 이르는 방법을 다루고 있는데 구체적인 내용은 다음과 같다.

간호의 기본책임은 건강의 증진, 질병의 예방, 건강의 회복 및 고통의 경감에 있고, 간호의 근본이념은 인간생명의 존엄성과 기본권리를 존중하는 것이다. 따라서 간호는 국적이나 인종, 종교, 사상, 성별, 사회적 배경에 의해 영향을 받지 않는다. 간호사는 인류의 건강복지증진, 간호사업의 발전 및 간호사의 권익을 위하여 윤리강령을 제정하고, 각 간호현장에서 이를 준수하여 복지사회를 실현하는 데 이바지한다라고 규정하고 있다.

그리고 간호의 근본이념에서 말하는 인간생명의 존엄성이라는 개념에서 중요하다고 생각되는 요소에는 첫째, 인간의 종족보존이며, 둘째, 가계의 보존이고, 셋째, 인간에게는 다른 인간을 보호하는 데서 기쁨을 얻을 수 있는 권리가 있다. 즉, 인간에게는 부당하게 다른 사람의 생명을 빼앗을 권리가 없으며, 또한 생명을 파괴하거나 생명의 가치를 떨어뜨리는 결과를 가져올 권리조차 주어져 있지 않다. 넷째, 개인적인 선행과 자기결정에 대한 존중으로서 개인이 자기의 개인적인 운명에 영향을 미치는 선택을 스스로 할 수 있도록 허용한다는 것을 의미한다. 다섯째, 개인의 신체나 신체 일부분에 대해 어떤 강요를 하거나 해를 끼쳐서는 안 된다는 점이다.

◇ 대상자에 대하여

간호사와 대상자에 대하여는 세 개의 조항으로 구성되어 있는데 제1항에서는 국가사회에 대한 간호전문직의 입장과 의무 및 책임의 바탕을 다루었고, 제2항, 제3항에서는 간호대상자 개개인에 대한 상황을 다루고 있는데 구체적인 내용은 다음과 같다.

① 간호사는 국가사회의 일원으로서 건강사회구현의 주인임을 인식하고 권위와 긍지를 가지고 간호직무에 임하며 국가 비상시에 임한다.

② 간호사는 개인의 신앙, 가치관 그리고 관습을 존중한다.

③ 간호사는 직업상 알게 된 개인의 비밀을 전문적 판단 없이는 개방하지 않는다. 이 부분에서는 특히 윤리원칙 중에서 자율성, 진실을 말하기, 정직, 신의성, 사전동의의 문제와 관련하여 판단하여야 한다. 그리고 대상자에게는 정보를 알 권리와 프라이버시에 대한 권리 및 연구・실험에 대해 알 권리가 있는데, 구체적으로 살펴보면, 첫째, 환자는 정보에 의거한 동의를 하고 자신의 가치관에 근거해서 결정을 내리기 위해 진단과 치료에 관련된 모든 정보를 제공받아야 한다. 또한 법에 의해 허용된 정도까지는 치료를 거부할 권리가 있으며 나아가 이러한 치료가 가져올 의학적인 결과에 대한 정보를 제공받을 권리도 있다.

둘째, 프라이버시에 대한 권리로서 모든 사례논의, 진찰, 검사, 치료 등은 비밀리에 이루어져야 한다. 또한 병원기록에의 접근에 대한 제한은 환자 치료계획에 대한 정보를 제공해 주는 자료가 타인과의 관계에서 환자에게 불리하게 이용될 수 있기 때문이다.

셋째, 병원이 환자의 간호나 치료에 영향을 미칠지도 모르는 연구나 실험을 하고자 한다면 그 환자는 그것에 대해서 알 권리를 지닐 뿐만 아니라 그것에의 참여를 거절할 권리도 있다는 점을 고려해야 한다.

◇전문직 업무에 대하여

전문직 업무에 대해서는 네 개의 항으로 구성되어 있는데, 구체적인 내용은 다음과 같다.

④ 간호사는 간호업무와 간호교육의 표준을 정하고 이를 시행하는데 있어 그 주역을 담당한다.

⑤ 간호사는 전문교육과 훈련을 바탕으로 간호활동을 전개하며, 간호의 학문적 발전에 능동적으로 참여한다.

⑥ 간호사는 실제적으로 가능한 최고수준의 간호를 제공한다.

⑦ 간호사는 간호사업의 발전과 사회적 지위향상 및 권익을 위하여 조직체의 활동에 적극 참여한다.

간호업무는 고유한 업무이므로 그 표준을 결정하는 주된 책임은 스스로에게 있으며 표준에 따라 수행할 능력을 길러야 하기 때문에 간호교육의 표준을 결정하는 일도 자율적으로 해야 한다. 그리고 과학적 지식과 전문기술을 간호활동에 적용하여야 하며 학문적 체계확립을 위해 노력하여 전문직으로 발전하여야 함을 밝히고 있다. 제6항은 부족한 인력, 물품, 부적절한 시설 등 전쟁이나 재해 또는 지리적 고립에 의해 발생하는 각종 상황에 대처할 때에도 주어진 상황에서 최고수준의 간호를 제공할 책임이 있음을 의미한다. 마지막으로는 윤리강령의 제정목적에 대한 수단을 제시하고 있다.

◇ 협동자에 대하여

간호사의 협동자에 대해서는 3개의 항으로 구성되어 있는데 구체적인 내용은 다음과 같다.

⑧ 간호사는 법적 권한과 의무를 정확히 알고 타 전문직의 영역을 침해하지 않는다.

⑨ 간호사는 업무와 관련된 모든 사람들을 협조한다.

⑩ 간호사는 대상자가 타인에 의해 안전에 위협받을 가능성이 있을 시 이를 보호하기 위한 적절한 행위를 한다.

먼저 간호 전문직에게 국가사회가 법적으로 위임한 권한이 무엇이고 책임과 의무가 무엇인지를 알아야 하며, 간호현장에서의 권한과 책임을 정확히 알고 책임과 의무를 충실히 수행하여 타인의 영역을 침해하지 않아야 한다고 밝히고 있다.

다음으로 업무에 관련된 사람들과의 협조는 건강간호와 관련된 정보를 함께 나누고 같이 계획하며, 수행의 책임을 합리적으로 분담하고 수행과정에서 서로 돕고 평가하는 대등한 관계에서의 협조를 의미한다. 마지막으로 건강요원이나 동료간호사의 부주의로 인하여 안전에 위험이 따를 가능성이 있을 때 거부하는 것을 포함하여 적절한 행동을 취해야 함을 밝혔다.

2) 국제간호사 윤리강령

국제간호협의회는 1899년 창립 당시부터 법적인 문제와 윤리적인 문제에 관심을 두고 있었고, 1953년 브라질에서 개최된 제10차 정기총회에서 국제간호윤리규약(ICNE: International Code of Nursing Ething)이 제정되고 채택되어 전 세계간호사들의 간호활동과 윤리적 바탕은 물론이고 전 세계 간호관계법령의 윤리적 바탕을 제공하여 왔는데 구체적인 국제간호윤리규약의 내용은 다음과 같다.

◇ 국제간호사 윤리강령의 서문

간호사의 기본책임은 건강증진, 질병예방, 건강회복 및 고통경감의 네 가지로 본다. 간호의 요구는 전 세계적으로 보편적이고 간호 본연의 자세는 인간생명의 존엄성과 권리를 존중하는 것이며, 이러한 간호는 국적이나 인종, 종교, 피부색, 연령, 성별, 정치 또는 사회적 배경에 의해 제한을 받지 않는다. 간호사는 개인이나 가족 또는 지역사회와 그에 관련된 여러 단체들에게 보건사업을 제공한다.

◇ 간호사와 인간에 관해서

제1항 간호사의 주요책임은 간호를 요하는 사람에게 있다.

제2항 간호사는 개개인의 신앙과 가치관 그리고 그의 습관을 존중한다.

제3항 간호사는 알게 된 개인의 비밀을 은밀히 간직해야 하며, 그러한 비밀을 다른 사람에게 알려야만 할 때는 판단을 해야 한다.

◇ 간호사와 업무에 관해서

제4항 간호사는 계속적인 연구로서 간호행위의 자격을 보존하는 데 대한 자신의 책임을 수행한다.

제5항 간호사는 특수한 상황의 현실 속에서 가능한 최고수준의 간호를 제공하도록 한다.

제6항 간호사는 책임을 맡거나 위험할 때 개인의 능력에 맞는 판단을 한다.

제7항 간호사는 전문직업인의 자격으로 행동할 때 항상 전문직의 명예가 반영되어질 개인행동의 규범을 준수한다.

제8항 간호사는 공공의 건강요구와 사회요구에 부합되는 자발적인 활동과 지원적 활동에 대해 여러 시민들과 책임을 나누어 갖는다.

제9항 간호사는 간호학 분야나 다른 학문분야에서 협동자와의 협동적인 관계를 유지한다.

제10항 간호사는 그의 간호가 협동자나 다른 사람에 의해서 위태롭게 될 때 개인을 보호하기 위한 적합한 행위를 취한다.

제11항 간호업무와 간호교육의 바람직한 표준을 결정하고 실시하는데 주요한 역할을 한다.

제12항 간호사는 전문지식의 핵심적 근원을 발전시키는데 능동적이다.

제13항 전문직업의 단체를 통하여 활동하는 간호사는 사회적 · 경제적으로 공평한 취업상태를 설립하고 유지하는데 참여한다.

3) 미국간호사의 윤리강령

제1항 간호사는 대상자의 사회적 · 경제적 배경, 개인의 특성, 건강문제에 제한을 두지 않고 인간으로서의 유일성과 존엄성을 존중하여 간호를 제공한다.

제2항 간호사는 개인의 신의와 관련된 정보를 분별 있게 보호하며, 사생활의 권리를 보장한다.

제3항 간호사는 대상자나 대중의 동료의 능력결여나 비윤리적 · 비합법적 행위로 건강과 안녕에 영향을 받을 때 안정을 보장한다.

제4항 간호사는 개별적 간호행위와 판단에 책임을 진다.

제5항 간호사는 간호에 있어 능률성을 유지한다.

제6항 간호사는 문의, 책임수용, 타인에게 간호행위를 위임할 때 그 기준으로서 개인적인 능력과 자격을 이용하여 사전 판단을 한다.

제7항 간호사는 전문지식의 계속적인 발전에 기여하기 위해 능동적인 참여를 한다.

제8항 간호사는 간호표준을 증진하고 적용하기 위해 전문직 노력에 참여한다.

제9항 간호사는 최고수준의 간호를 결정하고 유지하기 위해 전문직 노력에 참여한다.

제10항 간호사는 통합을 유지하고 잘못된 정보로부터 대상자를 보호하기 위해 전문직 노력에 참여한다.

제11항 간호사는 대상자의 건강요구를 충족시키기 위한 지역적 · 국가적 노력에 참여하며 다른 건강전문요원과 협력한다.

나이팅게일 선서(Nightingale Oath)

- 나는 일생을 의롭게 살며 전문 간호직무에 최선을 다할 것을 여러분 앞에 선서합니다.
- 나는 간호의 수준을 높이기 위하여 전력을 다하겠으며, 간호하면서 알게 된 개인이나 가족의 사정은 비밀로 하겠습니다.
- 나는 성심으로 보건의료인과 협조하겠으며, 나의 간호를 받는 사람의 안녕(安寧)을 위하여 헌신하겠습니다.

토의과제

1. 전문직 종사자의 윤리성의 중요성과 본질에 대해 토의해 보자.
2. 바람직한 공직자의 직업관에 대해 토의해 보자.
3. 바람직한 종교인의 윤리성에 대해 토의해 보자.
4. 언론인의 직업윤리의 중요성에 대해 토의해보자.
5. 바람직한 간호사의 직업윤리에 대해 토의해 보자.

찾아보기

ㅈ

ㅊ

ㅋ

ㅌ

ㅍ

저자소개

윤대혁

[학력 및 경력]
동아대학교 경영학박사
(사)한국인적자원관리학회 회장 역임
(사)부산메세나진흥원 이사장
(사)동남지식서비스산업연합회 이사장
(전) 부산외국어대학교 교수
경북대학교 경영학부 초빙교수

[저서]
인간관계와 커뮤니케이션(탑북스)
조직행동론(무역경영사)
글로벌시대의 윤리경영론(탑북스)
현대사회와 직업윤리(무역경영사)
노사관계론(도서출판 피엔씨미디어)
글로벌시대의 경영조직론(탑북스)
글로벌시대의 인적자원관리론(삼영사)
인간관계론(삼영사)
기업윤리론(무역경영사)
경영학원론(탑북스)
외 다수

윤정현

[학력 및 경력]
영남대학교 대학원 졸업(경영학 석사)
영국 Newcastle University(UK) ph. D
포항공과대학교 연구교수
영국 플리머스대학교 연구원
영남대학교 사회과학연구소 선임연구원
(현) 영남대학교 경영학과 조교수

[주요저서 및 연구논문]
인적자원의 이해와 활용
Organizational structure and innovation performance: Is employee innovative behavior a missing link?
The role of networks among innovators in regional innovation: Comparative analysis between China and South Korea.
초기창업기업의 성공요인에 관한 연구: 창업보육센터 입주기업을 대상으로
기업가정신 변화주도행동과 진로준비행동에 미치는 영향에 있어 회복탄력성의 매개효과

김대수

[학력 및 경력]
영남대학교 대학원 졸업(경영학 석사・박사)
대경대학교, 영진전문대학, 경남과학기술대학교 외래교수
울산대학교 객원교수
영남대학교 사회과학연구소 선임연구원
경북일자리 100인포럼 고용정책분과위원
경북지역 및 맞춤형 일자리 통합 플랫폼 위촉위원
기업가정신 교육전문 강사
(현) 영남대학교, 울산대학교 외래교수
(현) (재) 한국행정자치연구원장

[논문]
지역 일자리 창출을 위한 산학연관 통합방안에 관한 연구
Core self-evaluation Linking career social support to life satisfaction
Empirical Relationships among Technological Characteristics, Global Orientation, and Internationalisation of South Korean New Ventures
이 외에 기업가정신, 직장인 음주행위, 심리적 주인의식, 일・가정 갈등, 음주문화 등에 관한 다수 연구